STUDIEN ZUR MITTELALTERLICHEN
GEISTESGESCHICHTE UND IHREN QUELLEN

MISCELLANEA MEDIAEVALIA

VERÖFFENTLICHUNGEN DES THOMAS-INSTITUTS DER UNIVERSITÄT ZU KÖLN

HERAUSGEGEBEN VON ALBERT ZIMMERMANN

BAND 15

STUDIEN ZUR MITTELALTERLICHEN
GEISTESGESCHICHTE UND IHREN QUELLEN

WALTER DE GRUYTER · BERLIN · NEW YORK
1982

STUDIEN ZUR MITTELALTERLICHEN GEISTESGESCHICHTE UND IHREN QUELLEN

HERAUSGEGEBEN VON ALBERT ZIMMERMANN
FÜR DEN DRUCK BESORGT VON GUDRUN VUILLEMIN-DIEM

WALTER DE GRUYTER · BERLIN · NEW YORK
1982

CIP-Kurztitelaufnahme der Deutschen Bibliothek

Studien zur mittelalterlichen Geistesgeschichte und ihren Quellen / hrsg. von Albert Zimmermann. Für d. Dr. besorgt von Gudrun Vuillemin-Diem. − Berlin ; New York : de Gruyter, 1982.
(Miscellanea mediaevalia ; Bd. 15)
ISBN 3-11-008940-8
NE: Zimmermann, Albert [Hrsg.]; GT

VORWORT

Die Erforschung der Geistesgeschichte hat nicht nur das Ziel, die Erinnerung an bedeutende Kulturleistungen wachzuhalten, sondern sie klärt uns auch ständig darüber auf, daß wir — bei allem Fortschritt der Erkenntnis und allen Änderungen der Lebensverhältnisse und der Gesellschaften — in einer Tradition stehen, aus der wir schöpfen und der wir mehr verdanken, als vielen bewußt ist. Sie gilt somit zu Recht als eine erstrangige Aufgabe, durch deren Erfüllung jede Generation zum Wissen vom Menschen, von seinen Leistungen und seiner Würde beiträgt.

Wie alle wissenschaftliche Arbeit erfordern auch die Erschließung unserer geistigen Vergangenheit und die Pflege ihres Erbes eine oft mühsame und geduldige Hinwendung zum Detail, die häufig nur der Fachmann zu würdigen vermag. Spezialisierung in Methode und Forschungsgebiet sowie entsprechende Beschränkungen sind dabei unumgänglich.

Das Thomas-Institut der Universität zu Köln ist zum Zweck der Erforschung der mittelalterlichen Philosophie gegründet worden. Es ist — seit längerem oder kürzerem — unmittelbar an der kritischen Edition bedeutender Werke aus der mittelalterlichen Philosophie beteiligt: Aristoteles Latinus, Averroes Latinus, Meister Eckhart, Nikolaus von Kues. Des weiteren werden Texte zur Logik und wichtige Kommentare zu verschiedenen Werken des Aristoteles ediert. Schließlich ist es ein Anliegen der am Institut tätigen Wissenschaftler, einigen der zahlreich auftauchenden Einzelfragen nachzugehen, um das Verständnis alter Lehren und Lehrmeinungen zu fördern.

Die bisher erschienenen Bände der ‚Miscellanea Mediaevalia' geben die Vorträge und Beiträge der internationalen und interdisziplinären Tagungen zur Mittelalterkunde wieder. Der vorliegende Bd. 15 enthält eine Reihe von Aufsätzen, die in letzter Zeit von Mitarbeitern des Instituts oder auf deren Anregung hin angefertigt wurden. Die Studien sind verschiedenen Themen gewidmet, entsprechend den Problemen, welche die Aufmerksamkeit der einzelnen Autoren auf sich gezogen haben. Der Band gibt somit einen Einblick in den Ertrag unserer Tätigkeit, und er liefert, wie wir hoffen, zugleich einen Beitrag zur Erforschung der mittelalterlichen Philosophie und ihren Quellen.

Da die Arbeiten am ‚Averroes Latinus' besonders viele Vorstudien verlangen und überdies noch mit Organisationstätigkeit im Zusammenhang der Gesamtedition des Corpus Averroicum verknüpft sind, bleiben entsprechende Ergebnisberichte einer späteren Publikation vorbehalten.

Mein Dank gilt dem Verlag de Gruyter, vor allem Herrn Prof. Wenzel, der seit vielen Jahren die Publikation der ‚Miscellanea Mediaevalia' ermöglicht. Ebenso danke ich den Mitarbeitern des Instituts und den Autoren, vor allem Frau Vuillemin-Diem, die sich — wie schon oft — der Mühe unterzog, die Drucklegung zu besorgen. Herrn Hermann Hastenteufel M. A. sei für die Erstellung des Registers gedankt.

Köln, im Juni 1982 Albert Zimmermann

INHALTSVERZEICHNIS

WAHRHEITSBEGRIFF UND ΝΟΥΣ-LEHRE BEI ARISTOTELES UND EINIGEN SEINER KOMMENTATOREN

von Karl Bormann

Es gibt wenige philosophische Lehren, welche in gleicher Weise nachwirkten und die Kommentatoren beschäftigten wie die Aristotelische Lehre von der Wahrheit. Abgesehen davon, daß die Aristotelische Auffassung von der Wahrheit als Übereinstimmung der Aussage mit den Tatsachen identisch ist mit dem, was die meisten Menschen unter „Wahrheit" verstehen, bietet Aristoteles eine metaphysische Grundlegung seiner Wahrheitslehre, die, freilich umgestaltet und in anderer Terminologie, auch noch in der neuzeitlichen Philosophie angetroffen wird. Aber dem sei hier nicht nachgegangen. Im folgenden befassen wir uns mit einigen oft diskutierten Stellen des Corpus Aristotelicum und mit einigen Kommentaren hierzu.

1.

Zunächst ist zu klären, was das griechische Wort ἀλήθεια bedeutet. Auf die Etymologie gehe ich nicht ein[1], wohl aber ist darauf hinzuweisen, daß ἀλήθεια umfassendere Bedeutung hat als „Wahrheit" oder „truth"[2]. Die wichtigsten Bedeutungen sind: Wirklichkeit, Wahrheit (= erkannte Wirklichkeit), Wahrhaftigkeit; sie finden sich auch noch bei Aristoteles. Gemäß Aristoteles besteht ἀλήθεια in der Übereinstimmung von Aussage und Sachverhalt[3]. Von hier aus ist erklärlich, daß ἀλήθεια und ἀληθές sowohl der in der Aussage formulierten Erkenntnis als auch dem ὄν und der οὐσία zugesprochen werden können, wie zum Beispiel Rhet. 1364b9 (ἀληθές hier gleichbedeutend mit „Sachverhalt") und Metaph. 993b30: ἕκαστον ὡς ἔχει τοῦ εἶναι, οὕτω καὶ τῆς ἀληθείας zu entnehmen ist. Das ist zweifellos eine Reminiszenz an Platon, Staat 508d5: das Licht der Wahrheit und des Seienden (οὗ καταλάμπει ἀλήθειά τε καὶ τὸ ὄν) und Staat 509b6—7: Das ἀγαθόν ist nicht nur Grund des γιγνώσκεσθαι, sondern auch des εἶναι und der οὐσία. Die vorhin zitierte Aristoteles-Stelle aus

---

[1] Cf. Sextus Empiricus, Adv. math. 8,8: τὸ μὴ λῆθον τὴν κοινὴν γνώμην.

[2] Cf. E. Heitsch, Die nichtphilosophische ἀλήθεια, in: Hermes 90 (1962) 24 sqq.; P. Friedländer, Platon I, Berlin ³1964, 233 sqq.

[3] Metaph. 1011b27.

Metaph. 993 b 30 ist Ausgangspunkt der scholastischen Lehre vom transzendentalen *verum*, was jedoch nicht unbestritten ist[4].

Über ἀλήθεια als gesellschaftliche ἀρετή[5] wird hier nicht gehandelt[6], sondern ausschließlich über das Problem der metaphysischen Grundlagen der Erkenntniswahrheit.

2.

Bei diesem Problem geht es Aristoteles um zweierlei: 1) Was ist der eigentliche Grund allgemeingültiger Aussagen? Hiermit verbunden ist die zweite Frage: 2) Wenn es allgemeingültige Aussagen gibt − und Aristoteles zweifelte nie daran, daß es allgemeingültige Aussagen gibt −, was ist dann der Grund dafür, daß es trotz der Verschiedenartigkeit der Menschen Aussagen gibt, die überall und zu allen Zeiten gültig sind? Die Verschiedenartigkeit der Sprachen steht einer Lösung dieses Problems nicht entgegen: „Die Sprachwörter sind symbolische Zeichen für seelische Vorgänge, die Schrift wiederum ist symbolisches Zeichen für die Sprache. Wie nicht alle Menschen dieselbe Schrift verwenden, bringen sie auch nicht dieselben Sprachlaute hervor. Aber die seelischen Vorgänge, welche die Worte direkt symbolisieren, sind bei allen Menschen dieselben, ebenso wie die Dinge, die die Sprache abbildet, dieselben sind."[7] Ein Wort hat von Natur und von seinem Klang her keine Bedeutung, sondern Bedeutung hat es nur, wenn es als Symbol dient, dessen Bedeutung auf Konvention beruht.

Hiermit ist darauf hingewiesen, daß Wortanalysen im Sinne einer ordinary language philosophy oder Untersuchungen gemäß der späteren formalen Logik hier nicht weiterhelfen: ἄλλης γὰρ πραγματείας[8], unser Problem gehört in eine andersgeartete Untersuchung. In welche es gehört, ist auch gesagt: περὶ μὲν οὖν τούτων εἴρηται ἐν τοῖς περὶ ψυχῆς[9], es gehört in die Metapsychologie, nicht in eine empirische Psychologie moderner Art. An dieser Stelle sei darauf hingewiesen, daß demjenigen, der Metaphysik für Nonsens hält, auch die diesbezüglichen Äußerungen des Aristoteles als Nonsens erscheinen werden. Von Aristoteles her ist hierzu freilich zu sagen, daß ein solcher Mensch die Leistungsfähigkeit der Vernunft unterschätzt.

---

[4] Cf. K. Bärthlein, Die Transzendentalienlehre der alten Ontologie I, Berlin 1972; H. Seidl, in: Philosophisches Jahrbuch 80 (1973) 196−200.

[5] Eth. Nic. 1127 a 19 sqq.

[6] Cf. Fr. Dirlmeier, Aristoteles, Nikomachische Ethik, Berlin−Darmstadt ³1964, 388 zu 90,3.

[7] Cf. Peri hermeneias 16 a 3 sqq.

[8] Ibid. 16 a 9.

[9] Ibid. 16 a 8.

3.

Wo sind die metaphysischen Grundlagen der Erkenntniswahrheit zu suchen, und wo können sie vielleicht gefunden werden? Eine Lösung scheint sich von Metaph. 1051a34 – 1052a11 anzubieten. Der überlieferte Text scheint Wahrheit und Falschheit als die primäre Bedeutung von „Seiend" und „Nichtseiend" auszugeben: τὸ δὲ κυριώτατα ὂν ἀληθὲς ἢ ψεῦδος[10]. Indessen sind die Worte κυριώτατα ὄν, wie Sir David Ross (Metaph. II 275) erkannt hat, entweder eine in den Text eingedrungene Glosse, oder sie gehören in 1051a34: τὸ μὲν ⟨κυριώτατα ὂν⟩ κατὰ τὰ σχήματα τῶν κατηγοριῶν. Die spätere Lehre vom transzendentalen *verum* (*omne ens est verum*) ist jedenfalls bei Aristoteles nicht nachzuweisen; in Metaph. 1051a34 – 1052a11 wird ausgeführt, daß unsere Aussagen ihren Halt an der Wirklichkeit finden[11], was immer die Überzeugung des Aristoteles gewesen ist, und daß jedes Seiende der Erkenntnis zugänglich ist[12]. Das besagt aber nicht, daß es eine den Dingen immanente oder ontologische Wahrheit gäbe: Wahrheit und Falschheit gibt es nicht in den Dingen, sondern nur im Denken, bezüglich des Einfachen und der Wesenheiten gibt es sie noch nicht einmal im Denken[13].

4.

Selbst wenn Aristoteles die Lehre von der ontologischen Wahrheit verträte, wäre damit nicht mehr erreicht als mit seiner Auffassung, daß Erkennen und Aussagen ihren Halt an der dinglichen Ordnung finden. Hiermit ist nämlich noch keineswegs gewährleistet, daß es Dinge und Sachverhalte gibt, die von allen Menschen zu allen Zeiten in der gleichen Weise erkannt und beurteilt werden. Mehreres ist hier zu bedenken, nämlich die Verschiedenheit der Sprachen, der Kulturkreise, der Sitten usw., darüber hinaus ist zu fragen, ob nicht die Unterschiede zwischen den einzelnen Menschen, auch wenn sie demselben Kulturkreis angehören, so beträchtlich sind, daß eindeutige Verständigungsmöglichkeit unerreichbar ist[14]. Diesbezüglich ist die Lehre des Aristoteles: Eindeutige Verständigung ist möglich, weil die

---

[10] Metaph. 1051b1.
[11] Ibid. 1052a1.
[12] Cf. ibid. 993b30 im Zusammenhang mit der unmittelbar vorher präsentierten Lehre, daß Wahrheitserkenntnis immer Erkenntnis der Gründe ist und demzufolge die Seinsgründe von etwas in höherem Maße ἀληθεῖς, der Erkenntnis zugänglich, sind als das Begründete, 993b23 sqq.
[13] Cf. ibid. 1027b25.
[14] Cf. Nicolaus Cusanus, De coniecturis I n. 2: Es ist unmöglich, daß einer das, was ein anderer meint, „fehlerlos begreifen kann, wenn auch der eine näher herankommen mag als der andere".

Wörter konventionelle Zeichen sind, über deren Gebrauch man sich einigen kann. Beträchtlich schwieriger ist zu erklären, daß „die seelischen Vorgänge, welche die Worte direkt symbolisieren, bei allen Menschen dieselben sind"[15]. Aristoteles löst dieses Problem durch die Theorie vom später so genannten νοῦς ποιητικός[16].

Auf die aristotelische Wahrnehmungstheorie brauchen wir in diesem Zusammenhang nicht einzugehen; die Angleichung der Wahrnehmungsfähigkeit an das Wahrnehmbare kommt durch die Einwirkung eines stofflichen Dinges auf die stofflichen Sinnesorgane zustande; wir nehmen die Dinge so wahr, wie sie sind; die Frage, was die Dinge unabhängig von unserer Wahrnehmung und von unserer Erkenntnis sind, ist eine sinnlose Frage. Der νοῦς dagegen ist unstofflich und demzufolge von ganz anderer Beschaffenheit als alles Stoffliche. Diese Sonderstellung des νοῦς gegenüber den σώματα und gegenüber den psychischen Vermögen des Wahrnehmens und Strebens begründet Aristoteles durch einen Vergleich des νοῦς mit den Sinneswahrnehmung[17].

Das Denken verhält sich analog zu seinen Objekten wie die αἴσθησις, das Wahrnehmungsvermögen, zu den Objekten der Wahrnehmung, aber nur in einer bestimmten Hinsicht. Das Erfassen der Wahrnehmungsobjekte durch die αἴσθησις beruht auf einem Affiziertwerden von Wahrnehmungsobjekten, d.h. auf einem πάσχειν. Mit dem Wort πάσχειν kann alles bezeichnet werden, was einer Person oder einer Sache widerfährt; jede Sinnesempfindung von Lust oder Schmerz kann πάσχειν heißen. Da auch das Denken das Erfassen von etwas ist, könnte argumentiert werden: Wie das, was wahrnimmt, durch das Wahrnehmungsobjekt affiziert wird, so wird auch das, was denkt, von den Objekten des Denkens affiziert, was bedeuten würde, daß das Denken durch Rezeptivität charakterisiert wäre in gleicher Weise wie die αἴσθησις[18]. Das weist Aristoteles zurück: Das Denken richtet sich immer auf Allgemeines; Begriffe von Singulärem gibt es nicht; das Allgemeine existiert nicht an sich selbst; folglich kann das Allgemeine als Objekt des Denkens nicht auf das Denkvermögen einwirken. Das Denken schafft seine Objekte, und hierin liegt der wesentliche

---

[15] Peri hermeneias 16a6.

[16] Der Ausdruck ποιητικὸς νοῦς findet sich erstmals bei Alexander von Aphrodisias; er muß jedoch vor Alexander als Bezeichnung für den aktiven νοῦς aufgekommen sein, weil Alexander ihn ohne jede kommentierende Bemerkung verwendet.

[17] Textgrundlage für die aristotelische Lehre vom νοῦς ist De anima (= An.) III, 4–8; die besten modernen Kommentare hierzu sind: Aristotle, De anima, edited, with introduction and commentary, by Sir David Ross, Oxford 1961; Aristoteles, Über die Seele, übersetzt von W. Theiler, Berlin ⁵1979 (= Aristoteles, Werke in deutscher Übersetzung, Bd. 13); zum Teil veraltet und für unser Problem wenig ergiebig ist die Untersuchung von O. Hamelin, La théorie de l'intellect d'après Aristote et ses commentateurs. Ouvrage publié avec une introduction par Edmond Barbotin, Paris 1953.

[18] An. 429a13.

Unterschied von Denken und Wahrnehmen[19]. Der νοῦς ist ganz anders beschaffen als das auf Sinnesorgane angewiesene Wahrnehmungsvermögen. Da das Hauptmerkmal der αἴσθησις die Rezeptivität (πάσχειν) ist, kann die Rezeptivität nicht auch Hauptmerkmal des νοῦς sein. Der νοῦς als das, was denkt, steht nicht in physiologischer Gemeinschaft mit dem Leib und mit dessen Organen; es gibt kein Organ des Denkens. Hiergegen könnte eingewendet werden: 1. Es ist erwiesen, daß das Denken an Gehirnfunktionen gebunden ist. 2. Aristoteles selbst vergleicht den νοῦς als Denkfähigkeit mit einer Schreibtafel, auf der noch nichts geschrieben ist[20]. Das heißt doch wohl, daß der Intellekt stofflich ist und an die Funktion von Organen gebunden ist, weiterhin, daß er seine Einsichten passiv aufnimmt, wie eine Tafel die Schrift passiv aufnimmt. — Beides aber, sowohl einzeln als auch zusammen genommen, ist kein Einwand gegen Aristoteles.

Zu 1: Daß das Denken Funktionen irgendwelcher Organe voraussetzt, war in der Antike bekannt[21]. Gemeint ist von Aristoteles folgendes: Zwar setzt die Tätigkeit des Denkens die Funktionen von Organen voraus, aber das Verstehen und Einsehen erfolgt ohne Einwirkung der Denkobjekte auf irgendwelche Organe.

Zu 2: Zwar wird der Intellekt mit einer leeren Tafel verglichen[22], aber das bedeutet lediglich, daß der Intellekt von sich her keine aktualen Inhalte hat; es gibt keine aktual angeborenen Einsichten. Wenn wir den Tafelvergleich erklären, dann ist zu sagen: Der Intellekt ist eine Fähigkeit, aber er ist nicht die Tafel selbst. Die Schreibtafel ist „Bild für die zweite Stufe der innewohnenden Möglichkeit aller Formen der Mitteilung . . . Für den Stoiker ist, davon verschieden, die *tabula rasa* die Grundlage für die ersten von außen kommenden Eindrücke; vgl. Boethius consol. philos. 5 m. 4,1ff. (*ut quondam celeri stilo mos est aequore paginae quae nullas habeat notas pressas figere litteras*)"[23]. Der νοῦς ist weder stofflich noch gibt es ein Organ des Denkens.

Nun ist zu fragen: Was setzt den νοῦς in Tätigkeit, wenn die Objekte des Denkens nicht auf ihn einwirken? Diese Frage wird in dem berühmten und zugleich berüchtigten Kapitel An. III 5 beantwortet. Es ist bekannt, daß die fünfzehn Zeilen dieses Kapitels mehr Erklärungsversuche hervorgerufen haben als irgendein anderer philosophischer Text und daß sie im 13. Jahrhundert Anlaß zur Kontroverse um die numerische Einheit oder Vielheit des Intellekts waren.

---

[19] Die anderen Argumente aus An. III 4, mit denen Aristoteles den Unterschied des νοῦς gegenüber der αἴσθησις herausstellt, brauchen hier nicht berücksichtigt zu werden.

[20] An. 430 a 1; cf. Platon, Theaitetos 191 c 8 sqq.

[21] Platon: Funktionen des Gehirns; Aristoteles: Funktionen des Herzens; des weiteren setzt das Denken die Funktionen der Sinnesorgane voraus.

[22] An. 430 a 1.

[23] W. Theiler, op. cit., 141 zu 430 a 1.

5.

Da für die Interpretation jedes Wort dieses Kapitels wichtig ist, biete ich zuerst die Übersetzung. In der Textkonstitution folge ich, ausgenommen 430a22, der Ausgabe von Sir David Ross[24].

„Da es im gesamten Naturbereich[25] erstens Stoff[26] für jede Gattung gibt – er ist das, was der Möglichkeit nach jedes zur Gattung Gehörige ist – und zweitens das Ursächliche und Wirkende, insofern es alles wirkt, wie sich die Kunst[27] zu ihrem Material verhält, müssen diese Unterschiede auch in der Seele sein. Es gibt einen Geist von solcher Art, daß er zu allem wird, und einen von solcher, daß er alles wirkt [macht] als eine Aktivität[28] wie das Licht; denn auch das Licht macht auf gewisse Weise die möglichen Farben zu wirklichen Farben. Und[29] dieser Geist ist getrennt, leidensunfähig und unvermischt, da er dem Wesen nach Tätigkeit ist. Immer nämlich ist das Wirkende ehrwürdiger als das Leidende und der Grund[30] ⟨ehrwürdiger⟩ als der Stoff[31]. Aber nicht denkt er bald, bald nicht. Getrennt nur ist er das, was er ist; und dieses allein ist unsterblich und ewig. Wir behalten keine Erinnerung, weil dieses zwar leidensunfähig, der leidende Geist aber vergänglich ist. Und ohne dieses denkt nichts."

6.

Die Unterscheidung von potentiellem und aktivem Intellekt ist in der Seele anzusetzen[32]. Deshalb kann der aktive Intellekt nicht eine göttliche Vernunft außerhalb der Seele sein. Denkbar wäre, daß der aktive νοῦς identisch ist mit dem als sich selbst denkenden νοῦς verstandenen ersten Beweger[33]; aber das ist unmöglich, weil Metaph. XII nicht gestattet, den

---

[24] Sir David Ross, op. cit.

[25] φύσις ist die Wesenheit der Dinge, die das Prinzip der Veränderung in ihnen selbst haben, cf. Metaph. 1015a14.

[26] ὕλη als Bezeichnung für das Potentielle.

[27] τέχνη als praktisches Können.

[28] ἕξις in der Bedeutung Aktivität; W. Theiler, op. cit., 143, verweist auf An. 418b19; cf. Metaph. 1022b4 ἕξις δὲ λέγεται ἕνα μὲν τρόπον οἷον ἐνέργειά τις τοῦ ἔχοντος καὶ ἐχομένου κτλ.

[29] W. Theiler, dem ich hier nicht zustimme, versteht καὶ in der Bedeutung von „auch", op. cit., 143.

[30] ἀρχή.

[31] Die folgende Stelle 430a19 τὸ δ' – 22 οὐ νοεῖ wird von Sir David Ross getilgt. Das ist zu viel; die Worte 430a22 ἀλλ' οὐχ ὁτὲ μὲν νοεῖ ὁτὲ δ' οὐ νοεῖ dürfen nicht athetiert werden. Ich folge hier W. Theiler.

[32] Seele ist die erste Vollendung eines natürlichen Körpers, welcher der Möglichkeit nach Leben besitzt und mit Werkzeugen für die Lebensführung ausgestattet ist; cf. An. 412a27 und 412b5. In 430a13 ist die Denkseele gemeint, cf. 431a14 τῇ ... διανοητικῇ ψυχῇ.

[33] Metaph. 1074b33.

ersten Beweger als etwas aufzufassen, das der menschlichen Seele immanent sein könnte. Lediglich einen Hinweis kann Gener. An. 736 b 27–29 geben: „Physische Aktivität hat nichts mit der Aktivität des νοῦς gemeinsam; so bleibt nur übrig, daß der νοῦς allein von außen in den Organismus hineinkommt und daß er allein göttlich ist[34]."

Trotz aller Bedenken, in diesem Zusammenhang auf Gener. An. 736 b 27–29 zu verweisen[35], legt An. 408 b 18–19 „Der νοῦς scheint als eine Wesenheit hineinzugelangen und nicht der Zerstörung zu verfallen" es nahe, den von außen kommenden νοῦς mit dem aktiven νοῦς[36] zu identifizieren[37].

Der aktive νοῦς verhält sich wie die Kunst zu ihrem Material. Was besagt diese Metapher? Sir David Ross[38] bietet folgende Erklärung: „ . . . one may suggest that by active reason he means the faculty by which we (1) form general conceptions, (2) grasp universal truth, and (3) from two universal truths infer a third . . . If this suggestion be right, 'passive reason' is called passive . . . because it depends on sense-perception either for all or for one of its premisses." Der eigentliche Unterschied zwischen aktivem und passivem Intellekt besteht nach Ross darin, daß beide verschiedenes Objekt haben: „ . . . the passive reason recognizes the presence of universals in particular things which are instances of them, the active reason divines the existence of abstractions that are never presented in experience"[39].

Dieser Interpretation stimme ich nicht zu[40]: 1) Es gibt keinen Hinweis darauf, daß der aktive νοῦς andere Objekte hat als der passive. 2) Nichts deutet darauf hin, daß die Abstraktion der Mathematica, über die Aristoteles in Metaph. XIII 3 recht ausführlich handelt, vom aktiven νοῦς vorgenommen wird, wie Sir David Ross[41] meint. 3) Aristoteles sagt nirgendwo, das Erfassen allgemeingültiger Wahrheiten und das Schließen aus zwei allgemeingültigen Prämissen komme dem aktiven νοῦς zu. 4) Die von Ross vorgelegte Interpretation ist nur deshalb möglich, weil Ross An. 430 a 22 ἀλλ᾽ οὐχ ὁτὲ μὲν νοεῖ ὁτὲ δ᾽ οὐ νοεῖ tilgt[42]. Der aktive νοῦς denkt immer; hierdurch unterscheidet er sich wesentlich vom passiven. Dieser

---

[34] Gener. An. 744 b 21 will ich nicht heranziehen, weil diese Stelle wahrscheinlich korrupt ist.

[35] In 736 b 27–29 wird nicht zwischen potentiellem und aktivem νοῦς unterschieden; überdies wird dort nur gesagt, daß der νοῦς sich nicht wie die anderen Seelenvermögen aus dem Sperma entwickelt, sondern „von außen in den Organismus hineinkommt".

[36] An. III 5.

[37] An. 408 b 18–29 enthält einige Berührungen mit An. III 5.

[38] Op. cit., 47.

[39] Ibid., 46.

[40] Cf. I. Düring, Aristoteles, Heidelberg 1966, 581.

[41] V. adnot. 39.

[42] Cf. supra p. 6 n. 5.

Satz[43] macht Dürings Vermutung[44] „Vielleicht meint Aristoteles das ab-
strakt-konstruktive Denken überhaupt" unmöglich; das abstrakt-konstruk-
tive Denken ist nicht immer in Tätigkeit.

Was aber ist gemeint, wenn Aristoteles sagt, der aktive νοῦς verhalte
sich wie die Kunst zu ihrem Material? I. Düring hält es für „die natürlichste Erklärung dieser Metapher . . ., daß der Geist frei und konstruktiv
operiert, ohne sich direkt auf Wahrnehmungsbilder zu stützen"[45]. Das ist
keineswegs die „natürlichste Erklärung dieser Metapher". Wenn Aristoteles Metaphern verwendet, sind die Metaphern Schritt für Schritt zu übertragen, wenn auch nicht in allen Einzelheiten; andernfalls würde es sich
um κενολογεῖν . . . καὶ μεταφορὰς λέγειν ποιητικάς[46] handeln. Die einzig
richtige Deutung, die übrigens trotz aller Kontroversen um die Einheit
oder Vielheit des aktiven Intellekts von griechischen, arabischen und lateinischen Kommentatoren geboten wurde, ist die von W. Theiler vorgelegte:
„ . . . während bei der Wahrnehmung der Gegenstand außen ist und so
wirkend . . ., daß die Möglichkeit der Wahrnehmung verwirklicht wird,
ist beim Denken der Denkgegenstand nicht außen; er fällt mit dem Denken
zusammen; das Denken hat die Führung. Da ist also eine höhere Instanz
nötig, um das Denken anzutreiben, ein Wirkendes, Tätiges . . ., eben der
später sogenannte νοῦς ποιητικός . . . "[47].

Für die Interpretation der Kunst-Metapher ergibt sich: Der aktive Intellekt schafft nicht aus dem Nichts; er wirkt auf bestehende ὕλη ein, die er
aus der Möglichkeit in die Wirklichkeit überführt. Wenn wir fragen, was
die ὕλη für den aktiven Intellekt ist, ergibt sich aus An. III 5 als einzige
Antwort: Die ὕλη ist der potentielle νοῦς. Entsprechend den Eingangsworten des Kapitels muß an eine Einwirkung des aktiven auf den potentiellen νοῦς gedacht werden; der aktive νοῦς verhält sich zum passiven wie
die Kunst zu ihrem Material. Der passive oder der potentielle Intellekt
wird alles: Hiermit kann nur der Akt des Begreifens gemeint sein; im
Erkenntnisakt wird der potentielle νοῦς identisch mit seinem Objekt. Das
bedeutet, daß der Akt der begrifflichen Erfassung dem potentiellen Intellekt
zugeschrieben wird. Welche Funktion aber hat der aktive Intellekt im
Erkenntnisvorgang? Gesagt wird, er mache alles[48] als eine Aktivität wie
das Licht und verhalte sich wie die Kunst zu ihrem Material[49]. Die Lichtmetapher ist einigermaßen aufschlußreich; Licht ist „Vollendung des Transparenten"[50]. Die beiden Stellen, An. 418b9 und 419a11, sind ein Beispiel

---

[43] An. 430a22.
[44] I. Düring, op. cit., 581 sq.
[45] Ibid., 581.
[46] Metaph. 1079b26.
[47] W. Theiler, op. cit., 142.
[48] An. 430a15; cf. ibid. a12.
[49] Ibid. 430a12.
[50] Ibid. 418b9; 419a11.

dafür, daß Aristoteles ἐνέργεια und ἐντελέχεια in gleicher Bedeutung verwendet. Der aktive Intellekt ist, wie sich aus der Lichtmetapher ergibt, ἐνέργεια oder ἐντελέχεια[51]; da er immer denkt[52], ist er zweite Entelechie, der nichts von Möglichkeit beigemischt ist. Nun können die Metaphern von der Kunst und vom Licht interpretiert werden: Die τέχνη[53] stellt ihren Gegenstand her, indem sie das vorgegebene Material bearbeitet und zum Kunstding macht. Mit der Metapher kann nur gemeint sein, daß der aktive Intellekt derart auf den passiven einwirkt, daß dieser mit seinen Objekten identisch wird, indem er sie erfaßt. Gemeint ist folgendes: Der Übergang vom Nichtwissen zum Wissen ist ein Übergang von der Potenz zum Akt; dieser Übergang erfordert, daß etwas in uns ist, welches, getrennt und verschieden von unserem Denkvermögen, immer aktuales Wissen hat[54]. Weil der aktive νοῦς von unserem Denkvermögen, dem potentiellen νοῦς, getrennt und verschieden ist, sind wir meist des aktiven νοῦς nicht gewahr; dennoch aber steht er mit unserem Denkvermögen in irgendeiner Beziehung und führt es zur aktualen Erkenntnis und zum aktualen Wissen. Wenn diese Interpretation richtig ist, wirkt der aktive Intellekt auf den potentiellen ein; dieser ist eine Art gestaltbarer ὕλη[55]. Das heißt: Der potentielle Intellekt ist nicht selbst Stoff, aber er ist gestaltbar wie der Stoff[56]. In den gestaltbaren νοῦς, der wie gestaltbarer Stoff ist, prägt der aktive νοῦς die Wesensformen wißbarer Dinge ein. Hieraus ergibt sich, daß der in An. 430a24 genannte παθητικὸς νοῦς der potentielle νοῦς ist; es geht nicht an, unter beiden etwas Verschiedenes zu verstehen.

Der aktive νοῦς ist „getrennt"[57], d. h. selbständiger Existenz fähig. Das bedeutet, daß der aktive νοῦς, der eine Zeitlang mit dem potentiellen νοῦς vereinigt ist, von ihm getrennt werden kann: Im Tod vergeht der potentielle Intellekt, während der aktive νοῦς überlebt. Zweifellos ist Aristoteles der Auffassung, daß der aktive νοῦς nicht entsteht; denn Unsterbliches ist unentstanden. Hiermit stimmt überein, daß dieser νοῦς von außen in den Organismus hineinkommt[58].

Der aktive νοῦς ist leidensunfähig[59]: Er ist gänzlich vom Organismus unabhängig und empfängt keine Eindrücke[60]; auf ihn kann nichts einwirken, weil er keine unverwirklichte Potentialität in sich enthält. „Unver-

---

[51] Cf. ibid. 430a18.
[52] Ibid. 430a22.
[53] Ibid. 430a12.
[54] Cf. ibid. 430a18 τῇ οὐσίᾳ ὢν ἐνέργεια und 430a22: Der aktive Intellekt denkt immer.
[55] Cf. ibid., 430a10.
[56] ὕλη ist Bezeichnung für das Potentielle und Gestaltbare; auch Unstoffliches hat ὕλη, z. B. die Zahlen, cf. Metaph. 1036a9—12 und 1059b16 über die intelligible ὕλη.
[57] An. 430a17 χωριστός.
[58] Ibid. 408b18—19; Gener. An. 736b27—29.
[59] An. 430a18.
[60] Cf. ibid. 408a18—28.

mischt" – An. 430a18 – hebt noch eigens hervor, daß der aktive νοῦς keine Gemeinschaft mit dem Organismus hat und nicht mit Potentialität durchsetzt ist. Die Begründung heißt[61]: Er ist seinem Wesen nach Tätigkeit. Aus dem Vorhergehenden ergibt sich, daß diese ἐνέργεια jede Passivität und Potentialität ausschließt. Die zusätzliche Begründung, „immer nämlich ist das Wirkende ehrwürdiger als das Leidende und der Grund als der Stoff"[62], darf nicht überraschen: Zwischen δύναμις oder ὕλη und ἐνέργεια oder ἐντελέχεια besteht ein ontologisches Rangverhältnis; das der Möglichkeit nach Seiende ist ontologisch von niedererem Rang als das aktual Seiende.

Als reine Aktualität denkt der aktive νοῦς immer[63]; wäre er mit Potentialität vermischt, dann würde er bald denken, bald nicht denken. Die dann folgenden Worte[64] haben folgende Bedeutung: Solange der aktive νοῦς im menschlichen Organismus gegenwärtig ist, ist sein Wesen verdeckt; in seiner Reinheit existiert er, wenn er vom Organismus getrennt ist. Hiermit dürfte auch gemeint sein, daß der aktive νοῦς nach der Trennung vom Leib sein Wissen nicht verliert.

„Wir behalten keine Erinnerung"[65]: Gemeint ist mit Sicherheit, daß das Gedächtnis nicht den Tod überdauert; vgl. An. 408b27–29: „ . . . Man erinnert sich bei der Zerstörung dessen, was den νοῦς hat, nicht . . . ; . . . der νοῦς ist wohl etwas Göttlicheres und leidensunfähig". Gemeint ist aber auch, daß wir keine Erinnerung an die Zeit behalten, während der der aktive νοῦς getrennt vom Leib existiert: Es gibt keine Wiedererinnerung im platonischen Sinne[66]. Die Begründung heißt: „Dieses ist leidensunfähig, der leidende Geist aber ist vergänglich."[67] Gedächtnis als das Bewahren von Eindrücken setzt ein „Erleiden" voraus, nämlich die Rezeptivität der Eindrücke. Diese Begründung zeigt, daß Aristoteles hauptsächlich daran denkt, daß das Gedächtnis nicht über den Tod hinaus besteht. Weil der aktive νοῦς leidensunfähig ist, rezipiert er keine Eindrücke; der potentielle νοῦς vergeht beim Tod des Menschen mit der gesamten Seele, also auch mit dem Gedächtnis.

Die Schlußworte des Kapitels[68] heißen: καὶ ἄνευ τούτου οὐθὲν νοεῖ. Sie können bedeuten[69]:
1. Und ohne den potentiellen Intellekt denkt der aktive nichts.
2. Und ohne den aktiven Intellekt denkt der potentielle Intellekt nichts.

---

[61] Ibid. 430a18.
[62] Ibid. a18–19.
[63] Ibid. a22.
[64] Ibid. a22–25.
[65] Ibid. a23–24.
[66] W. Theiler, op. cit., 144.
[67] An. 430a24.
[68] Ibid. a25.
[69] Cf. Sir David Ross, Aristotle, London (repr.) 1971, 152.

3. Und ohne den potentiellen Intellekt denkt nichts.

4. Und ohne den aktiven Intellekt denkt nichts.

Willy Theiler entscheidet sich für die erste Möglichkeit: „ἄνευ τούτου drückt die *condicio sine qua non* aus . . . Immer ist das Materielle . . . in diesem Sinne *condicio* . . . "[70]. Ich bestreite nicht, daß das Materielle und Potentielle *condicio* für die Aktuierung ist, indessen scheint mir das mit dem Schlußsatz nicht gemeint zu sein. Der aktive Intellekt denkt immer[71]; sein wahres Wesen besitzt er nach der Trennung vom Organismus und auch nach der Trennung vom potentiellen Intellekt[72]. Das aber widerspricht der ersten oben genannten Möglichkeit; der aktive Intellekt denkt auch nach der Trennung vom potentiellen Intellekt immer. Die Gegenwart des aktiven νοῦς ist unerläßliche Bedingung für aktuales Denken; der aktive Intellekt ist es, der den potentiellen Intellekt aus der Möglichkeit in die Wirklichkeit überleitet; als reine Tätigkeit denkt der aktive Intellekt auch ohne den potentiellen. Hiermit ist die erste Möglichkeit hinfällig. Daß nur solche aus Stoff und Form bestehenden Seienden aktual denken, welche die Denkfähigkeit haben (dritte Möglichkeit), ist selbstverständlich und braucht nach den Eingangsworten des Kapitels nicht eigens am Schluß gesagt werden. Was die zweite Möglichkeit betrifft, so ist durch den Anfang des Kapitels längst geklärt, was hiermit gemeint ist. Somit bleibt die vierte Möglichkeit: Es gibt überhaupt kein Denken ohne den aktiven Intellekt[73].

Abschließend ist noch eine kurze Bemerkung zu einer weit verbreiteten Interpretation zu machen: Viele trennen den passiven Intellekt[74] vom potentiellen Intellekt. Diese Auffassung ist falsch; was gegen sie vorzutragen ist, wurde von W. Theiler[75] gesagt.

7.

Nicht zu verkennen ist die Relevanz dieser Theorie, mit welcher Aristoteles es unternimmt, die Fähigkeit des menschlichen Denkens, wahre Einsichten zu erlangen, ontologisch zu fundieren. Wahre Erkenntnis ist nicht irgendwelchen Kulturkreisen vorbehalten, sondern allen Menschen zugänglich, wenngleich Aristoteles die Athener für die in jeder Hinsicht am besten begabten hielt[76]. Dies, zugleich jedoch auch die Schwierigkeiten und Dun-

---

[70] W. Theiler, op. cit., 144.

[71] An. 430 a 22.

[72] Ibid. a 22–23.

[73] Sir David Ross, Aristotle, op. cit., 152; id., De anima, op. cit., 48, "and without the active reason nothing thinks".

[74] παθητικὸς νοῦς, An. 430 a 24.

[75] W. Theiler, op. cit., 142 sq.

[76] Cf. Pol. 1327 b 20–38. Zu diesem Themenbereich cf. meine Abhandlung „Überein-

kelheiten der aristotelischen Ausführungen über den aktiven Intellekt, sind Anlaß dafür, daß die griechischen Kommentatoren Klarheit zu schaffen sich bemühten. Zudem ist die νοῦς-Theorie des sogenannten mittleren und neuen Platonismus auch als Auseinandersetzung mit Aristoteles konzipiert. Beeinflußt von der νοῦς-Theorie des Aristoteles ist auch die stoische Logos-Lehre, worüber die andersgeartete Terminologie nicht hinwegtäuschen darf, wenngleich die primären Impulse von Heraklit ausgingen. Ich werde mich darauf beschränken, einige Positionen darzustellen, nämlich die des Alexander von Aphrodisias (um 200), des Themistios (4. Jhdt.), des Johannes Philoponos und des Averroes. Kurz werde ich auf Albertus Magnus und Thomas von Aquin hinweisen.

8.

Alexander von Aphrodisias[77]

Das vornehmste Vermögen der menschlichen Seele ist der νοῦς[78]; als Seelenvermögen ist es vergänglich, wie die menschliche Seele vergänglich ist[79]. Dieses rationale Seelenvermögen ist in zwei rationale Vermögen unterteilt: in das praktische und in das theoretische[80]. Gegenstände des theoretischen Vermögens sind die ἀίδια καὶ ἀναγκαῖα[81], also die Gegenstände der Wissenschaft, weshalb das theoretische Seelenvermögen auch νοῦς ἐπιστημονικός τε καὶ θεωρητικός heißt[82]. Gegenstand des rationalen praktischen Vermögens ist der Bereich, innerhalb dessen unsere Aktivität, etwas zu vollbringen und herzustellen, sich entfaltet, ohne daß hierbei jeweils Einsicht in die Wesensgründe besteht oder erlangt wird. Urteilen ohne Einsicht in die Wesengründe heißt: δοξάζειν; das praktische Seelenvermögen wird entsprechend seinem Objektbereich νοῦς πρακτικός τε καὶ δοξαστικὸς καὶ βουλευτικός genannt[83]. „Vermögen", „Fähigkeit" heißt bei Aristoteles δύναμις; demgemäß wird das zweifach gegliederte rationale Seelenvermögen von Alexander als ὁ δυνάμει νοῦς bezeichnet[84].

---

stimmung und Verschiedenheit der Menschen", in: Mitteilungen und Forschungsbeiträge der Cusanus-Gesellschaft 13 (1978) 88–104.

[77] Text: De anima liber cum mantissa, ed. Ivo Bruns, Supplementum Aristotelicum II, Berlin 1887; cf. ferner P. Moraux, Alexandre d'Aphrodise exégète de la noétique d'Aristote, Liège 1942.

[78] De anima liber cum mantissa, op. cit., 90,15.

[79] Ibid.; Alexander hält ebenso wie Aristoteles die menschliche Seele für vergänglich.

[80] Ibid., 81,8 sqq.; cf. hierzu Aristoteles, Eth. Nic. 1139a5–15.

[81] De anima liber . . ., op. cit., 81,7.

[82] Ibid. 81,12.

[83] Ibid., 81,10.

[84] Ibid., 81,23.

Das rationale Seelenvermögen kann sich in der Erkenntnis allem angleichen[85]; d.h. es kann im Erkenntnisakt die Wesensformen aller Dinge aufnehmen. Von hier aus ergibt sich eine andere Bezeichnung des rationalen Seelenvermögens: Dasjenige, das die Wesensformen aufnimmt, nennt Aristoteles ὕλη[86]; daher ist das rationale Seelenvermögen der νοῦς ὑλικός[87], was selbstverständlich nicht bedeutet, das rationale Seelenvermögen sei stofflich[88]. Das Ergebnis der Aktuierung des rationalen Seelenvermögens durch Gewöhnung und Belehrung[89] ist der „erworbene Verstand", ἐπίκτητος νοῦς[90]. Der ἐπίκτητος νοῦς besitzt das Erkennen als feste Grundhaltung und verhält sich zum δυνάμει νοῦς oder ὑλικὸς νοῦς als das εἶδος zur ὕλη. Das ist nicht nur ein Vergleich: Das Erkennen als feste Grundhaltung (ἕξις) ist die Wesensform und erste Vollendung des potentiellen Verstandes[91]. Alle Menschen bis auf wenige Ausnahmen[92] besitzen den νοῦς ὑλικός, wobei mehr oder weniger Begabung zu konstatieren ist[93]; wenngleich das rationale Seelenvermögen keineswegs bei allen Menschen durch ἄσκησις und μάθησις[94] aktuiert ist, kann dennoch allen, die von Natur den ὑλικὸς νοῦς haben, ein Anteil am ἐπίκτητος νοῦς zugesprochen werden, insofern sie, „von Natur geleitet"[95], Allgemeinbegriffe bilden und, wenn auch in engen Grenzen, urteilen können[96]. Diesen naturhaften Anteil am ἐπίκτητος νοῦς versteht Alexander als den κοινὸς νοῦς[97].

Da alles in der Möglichkeit Befindliche durch etwas Aktuales in die Wirklichkeit übergeleitet wird, muß es einen aktiven νοῦς geben als Ursache dafür, daß der ὑλικὸς νοῦς zum ἐπίκτητος νοῦς wird[98]. Der ποιητικὸς νοῦς ist nicht wiederum durch einen anderen Intellekt aktuiert, sondern er ist reine Wirklichkeit ohne jede Potentialität[99]. Als reine Wirklichkeit ist der ποιητικὸς νοῦς unvergänglich[100], während der ἐπίκτητος νοῦς

---

[85] Ibid., 106,25—26; cf. Aristoteles, An. 431 b 21: „Die Seele ist gewissermaßen alle Seiende."

[86] So auch Alexander, cf. De anima liber . . ., op. cit., 81,24—25.

[87] Ibid., 81,24; 106,19.24.25.

[88] Ibid., 106,20—23.

[89] Ibid., 81,25.

[90] Ibid., 82,1; 107,21—28.

[91] Ibid., 81,25—26; cf. 107,22—24.

[92] Ibid., 81,21.

[93] Ibid., 81,27—28.

[94] Cf. ibid., 82,2.

[95] Ibid., 82,13—14.

[96] Ibid., 82,12—14.

[97] Ibid., 82,14; auf den κοινὸς νοῦς kommen auch andere Kommentatoren zu sprechen; es geht hierbei um die Interpretation von Aristoteles, An. 408 b 29—30; dort ist mit κοινόν das vernunftbegabte Sinnenwesen gemeint.

[98] De anima liber . . ., op. cit., 88,23—24.

[99] Ibid., 88,24 sqq.; 89,11—12.17; 108,34 sqq.

[100] Ibid., 89,16; 90,23; 108,29.

vergänglich ist wie der νοῦς ὑλικός, dessen Entelechie er ist[101]. Aristoteles bestimmt[102] den unbewegten Beweger als νοῦς, der sich selbst denkt und der reine Wirklichkeit ohne jede Potentialität ist. Alexander identifiziert den ποιητικὸς νοῦς mit dem ersten unbewegten Beweger; der ποιητικὸς νοῦς ist das πρῶτον αἴτιον[103]. Folglich ist dieser νοῦς nicht Teil oder Vermögen der Seele[104], sondern kommt von außen in die Seele[105].

Hinsichtlich der Frage nach der numerischen Einheit oder Vielheit des aktiven Intellekts ergibt sich also: Der νοῦς ποιητικός ist identisch mit dem ersten unbewegten Beweger und als solcher numerisch einer.

Wenn wir die Theorie des Alexander mit der des Aristoteles vergleichen, ergibt sich folgendes: Vom ἐπίκτητος νοῦς findet sich bei Aristoteles nichts; bezüglich der Theorie vom aktiven Intellekt stimmt Alexander in folgenden Punkten mit Aristoteles überein: Der aktive Intellekt ist weder Teil noch Vermögen der menschlichen Seele, sondern gelangt von außen in sie hinein; er allein ist unsterblich. Abweichend von Aristoteles identifiziert Alexander den aktiven Intellekt mit dem ersten unbewegten Beweger. Diese Deutung widerspricht der deistischen Lehre der aristotelischen Metaphysik; wenngleich Aristoteles sich nicht darüber ausläßt, was genau unter dem aktiven Intellekt zu verstehen ist, kann mit einiger Wahrscheinlichkeit gesagt werden, daß der aktive Intellekt eine der unstofflichen Intelligenzen ist.

9.

Themistios[106]

Die von Alexander gebotene Deutung, der νοῦς ποιητικός sei der erste unbewegte Beweger, wird von Themistios abgelehnt mit dem Hinweis auf An. 430a10—14, wonach der Unterschied von Potenz und Akt die gesamte Physis und somit auch die menschliche Seele betrifft[107]. Demzufolge muß der aktive Intellekt etwas in der Seele sein; er ist der vorzüglichste Seelenbestandteil[108]. Themistios interpretiert Aristoteles' An. III 5 in folgender Weise: Zu unterscheiden sind νοῦς παθητικός[109], νοῦς δυνάμει und νοῦς

---

[101] Ibid., 90,14—16; 91,2—3.
[102] Metaph. 1072b19sqq.; 1074b34.
[103] De anima liber . . ., op. cit., 89,18.
[104] Ibid., 108,22—23.
[105] Ibid., 89,19—20; 108,22; cf. Aristoteles, An. 408b18—19; Gener. An. 736b27—29.
[106] Text: Themistii in libros Aristotelis de anima paraphrasis, ed. Ricardus Heinze, Commentaria in Aristotelem Graeca, V 3, Berlin 1899.
[107] Ibid., 102,36sqq.
[108] Ibid., 103,4—6.
[109] Cf. Aristoteles, An. 430a24.

ποιητικός. Was die Abhebung des νοῦς παθητικός vom νοῦς δυνάμει[110] anbelangt, so beruft sich Themistios zu Unrecht auf Theophrast[111]. Der νοῦς παθητικός ist mit dem Organismus verbunden, nicht von ihm trennbar und somit vergänglich[112]. Themistios identifiziert den νοῦς παθητικός mit den an ihnen selbst irrationalen Seelenvermögen[113], von denen Platon im Timaios[114] handelt; diese Seelenvermögen sind in der rationalen Seele nicht gänzlich irrational[115], was dadurch bewiesen ist, daß sie der Vernunft folgen können[116]. Hieraus ergibt sich, daß der νοῦς παθητικός ein πάθος λογικόν, eine vernunftgemäße Rezeptivität ist: Die irrationalen Seelenvermögen sind aufgrund der Gegenwart des Intellekts fähig, auf die Vernunft hinzuhören[117], und haben Anteil an der Vernunft. Diese Vereinigung aus Irrationalem und Rationalem, ein aus ὕλη und εἶδος bestehendes σύνολον, womit der νοῦς παθητικός gemeint ist, versteht Themistios als den νοῦς κοινός[118].

Im Gegensatz zum νοῦς παθητικός verbindet sich der νοῦς δυνάμει nicht mit dem Organismus[119], er hat kein körperliches Organ[120], nimmt die Wesensformen auf, ist leidensunfähig, kann selbständig existieren[121] und ist gleichsam der Vorläufer des νοῦς ποιητικός[122], so wie die Helligkeit Vorläufer des Lichtes und die Blume Vorläufer der Frucht ist[123]. Der Vergleich besagt: In allen Naturbereichen wird der vollendende Abschluß nicht unvermittelt gegenwärtig, „sondern vor dem Vollendeten geht weniger Vollendetes, das aber dem Vollendeten verwandt ist, einher"[124]. So ist der δυνάμει νοῦς zwar selbständiger Existenz fähig, „unvermischt und leidensunfähig", aber nicht in gleicher Weise wie der νοῦς ποιητικός[125], sondern in Abhängigkeit von ihm, „so wie wir auch von der Sonne sagen, sie sei in höherem Maße selbständiger Existenz fähig als die Helligkeit"[126], d.h. so wie das Licht gesondert von den Farben existieren kann, aber in Abhängigkeit von der Lichtquelle.

---

[110] Themistii in libros . . ., op. cit., 101, 5 sqq.
[111] Ibid., 108, 14 sqq.; cf. W. Theiler, op. cit., 143.
[112] Themistii in libros . . ., op. cit., 105, 28 sq.; 106, 14.
[113] Ibid., 106, 15 sqq.
[114] Loc. cit., 69 c sqq.
[115] Themistii in libros . . ., op. cit., 107, 7 sqq.
[116] Ibid., 107, 8.
[117] Ibid., 107, 18—21.
[118] Ibid., 106, 14; v. supra p. 13.
[119] Ibid., 105, 24—25.
[120] Ibid., 105, 25.
[121] Ibid., 105, 23—24.
[122] Ibid., 105, 30—31.
[123] Ibid., 105, 31—32.
[124] Ibid., 105, 32—34.
[125] Ibid., 105, 34—35.
[126] Ibid., 106, 7.

Der δυνάμει νοῦς ist in den einzelnen Menschen zeitlich früher als der νοῦς ποιητικός (die Vernunftbegabung ist in den einzelnen Menschen zeitlich früher als die Aktuierung der Vernunftbegabung); von Natur früher ist der νοῦς ποιητικός[127]. Sowohl der νοῦς δυνάμει als auch der νοῦς ποιητικός gelangen von außen in den Menschen[128]; sie sind keine mit dem Organismus verbundenen Vermögen. Die zwischen den beiden νοῖ und dem Organismus vermittelnde Instanz ist der νοῦς παθητικός.

Wie jedes in der Möglichkeit Befindliche von etwas aktuiert werden muß, das selbst aktual ist, so bedarf es des νοῦς ποιητικός, des aktualen und vollendeten νοῦς, damit der δυνάμει νοῦς aus der Möglichkeit in die Wirklichkeit übergeleitet wird[129]. Der νοῦς ποιητικός bewegt den δυνάμει νοῦς[130] und bewirkt in ihm das Erkennen als feste Grundhaltung[131]. νοῦς ποιητικός und νοῦς δυνάμει sind εἶδος und ὕλη des menschlichen Verstandes[132], was bedeutet, daß der νοῦς ποιητικός die Wesensform des potentiellen Verstandes ist[133]: „Die Wesensbestimmtheit eines jeden Individuums (das Ich-Sein, τὸ ἐμοὶ εἶναι) stammt von der Seele, aber nicht von der ganzen Seele. Sie stammt nämlich nicht vom Wahrnehmungsvermögen, weil dieses die ὕλη der Einbildungskraft ist, nicht von der Einbildungskraft, weil diese die ὕλη des potentiellen Intellekts ist." Diese Stelle legt übrigens nahe, den νοῦς παθητικός mit der Einbildungskraft zu identifizieren; indessen ist das nicht die Auffassung des Themistios[134]. „Sie stammt auch nicht vom potentiellen Intellekt; denn dieser ist ὕλη des νοῦς ποιητικός. Dieser nämlich ist als einziger Wesensform im wahren Sinne, oder vielmehr Wesensform der Wesensformen, die anderen Seelenkräfte aber sind zugleich Substrat und Wesensform. Die Natur ging so vor, daß sie diese als Wesensformen für das Tieferstehende verwendete und als ὕλη für das Höherstehende. Die letzte und höchste Wesensform ist der νοῦς ποιητικός . . . Wir selbst also sind der νοῦς ποιητικός", d.h. unsere Wesensform im eigentlichen Sinne ist der aktive Intellekt.

Was die Frage nach der Einheit oder Vielheit des νοῦς ποιητικός betrifft, so bietet Themistios folgende Lösung: Der Lichtvergleich[135] legt scheinbar nahe, die numerische Einheit anzunehmen[136]. Zu beachten ist jedoch, daß Aristoteles den aktiven Intellekt zwar mit dem Licht, aber nicht mit der

---

[127] Ibid., 106,9—14.
[128] Ibid., 106,10.12 ἐγγίγνεσθαι, παραγίγνεσθαι.
[129] Ibid., 98,28—32.
[130] Ibid., 98,30—31.
[131] Ibid., 98,30—32.
[132] Ibid., 100,16—37.
[133] Ibid., 100,28 — 101,1.
[134] Cf. supra p. 15.
[135] Aristoteles, An. 430a15—17.
[136] Themistii in libros . . ., op. cit., 103,21 sqq.

Sonne vergleicht[137]. Das bedeutet folgendes: Das Licht verteilt sich im Ausgang von seiner Quelle, der Sonne, und gelangt zu den Sehorganen der einzelnen Menschen[138]. Ebenso verhält es sich mit νοῦς ποιητικός und νοῦς δυνάμει: Die Quelle der vielen νοῖ ποιητικοί ist der eine νοῦς ποιητικός, an dem alle Menschen partizipieren[139]. Von dem einen νοῦς ποιητικός gehen die vielen νοῖ ποιητικοί, die höchsten menschlichen Wesensformen, aus; sie vereinigen sich mit den vielen νοῖ δυνάμει als ihrer ὕλη und aktuieren den jeweils individuellen menschlichen Verstand[140]. Die Wesenseinheit der vielen νοῖ ποιητικοί, begründet durch die Partizipation an dem einen überindividuellen νοῦς ποιητικός, ist Grund für die κοιναὶ ἔννοιαι, für Verständigungsmöglichkeit, für Lehren und Lernen[141]. In der Vereinigung mit dem potentiellen Intellekt erleuchtet diesen der νοῦς ποιητικός, was in der Weise zu verstehen ist, daß der aktive Intellekt das potentiell Intelligible aus dem Sinnenfälligen entnimmt und es aktual intelligibel macht[142]. Erleuchtet vom aktiven Intellekt bildet der νοῦς δυνάμει die Allgemeinbegriffe und setzt die Begriffe zu Urteilen zusammen[143]. Als Ort der Allgemeinbegriffe und überhaupt des Wissens ist der aktuierte Intellekt der καθ᾽ ἕξιν νοῦς.

10.

Auf Johannes Philoponos sei deswegen eingegangen, weil er der erste Vertreter des christlichen Aristotelismus ist und in seiner Bedeutung einem Thomas von Aquin verglichen werden kann[144].

Da der unter dem Namen des Philoponos überlieferte Kommentar zu Aristoteles, De anima III gemäß Hayducks plausibler Argumentation[145] nicht von Philoponos stammt, sondern wohl dem Stephanos von Alexandrien zuzuweisen ist, gehe ich zunächst kurz auf Philoponos' Kommentar zum ersten Buch von De anima[146] ein.

Philoponos lehnt wie Themistios[147] die von Alexander vorgenommene Interpretation ab, wonach der aktive Intellekt in der ψυχή identisch mit

---

[137] Ibid., 103,34—35.
[138] Ibid., 103,33—34.
[139] Ibid., 104,2 sqq.
[140] Ibid., 103,32; cf. 103,21 sqq.
[141] Ibid., 103,38 sqq.
[142] Ibid., 99,1 sqq.
[143] Ibid., 109,4 sqq.
[144] Text: Ioannis Philoponi in Aristotelem de anima libros commentaria, ed. Michael Hayduck, Commentaria in Aristotelem Graeca, XV, Berlin 1897.
[145] Ibid., V.
[146] Ad An. 408b18. b29.
[147] Cf. supra p. 14 n. 9.

dem ersten unbewegten Beweger sei: Diese Deutung widerspricht dem
Aristoteles-Text[148]; der göttliche Intellekt gelangt nicht als eine Wesenheit
in die Menschen hinein[149]. Wenn Aristoteles[150] sagt, der Intellekt gelange
als eine Wesenheit in die Menschen und sei unvergänglich, dann ist hiermit
gemeint, daß der νοῦς nicht aus dem Stoff und auch nicht aus der Vereinigung der Seele mit dem Leib entsteht, sondern wie jede Wesensform
von außen in den Stoff gelangt. Durch seine Unvergänglichkeit unterscheidet sich der aktive Intellekt von den anderen Wesensformen[151].

Der Verfasser des Kommentares zu De anima III faßt den Inhalt von
De anima III 5 in zehn Thesen zusammen[152]: 1. Der Intellekt bewirkt alles.
2. Er wirkt aufgrund seiner Wesenheit; da seine Wesenheit Tätigkeit ist, ist
seine Wesenheit nicht Quelle der Tätigkeit. 3. Der aktive Intellekt denkt
immer. 4. Er ist etwas in der Seele. 5. Er ist unsterblich. 6. Er ist geson-
derter Existenz fähig. 7. Er steht in Analogie zu fester Grundhaltung (ἕξις)
und zum Licht; „wie nämlich das Licht nicht die Farben macht, sondern
sie sichtbar macht, so macht der aktive Intellekt nicht die Dinge, sondern
prägt schon Bestehendes dem potentiellen Intellekt ein". 8. Der potentielle
Intellekt unterscheidet sich zeitlich, nicht substratmäßig vom aktiven Intellekt. 9. Der Intellekt vergißt. 10. Er wirkt immer mit Hilfe der Einbildungskraft[153]. „Der Text sagt, dieses komme in der Hauptsache dem aktiven
Intellekt zu, und sagt nichts weiter aus; deshalb schlugen die Interpreten
viele unterschiedliche Wege ein und faßten den aktiven Intellekt jeweils
anders auf."[154] Es folgt eine Übersicht über die von Alexander von Aphrodisias, Marinos von Sichem, Plotin und dem Neuplatoniker Plutarch vorgenommene Auslegungen, verbunden mit Kritik[155], wobei der Verfasser
sich vornehmlich mit der Lehre des Plutarch einverstanden erklärt[156]. Ich
gehe hierauf nicht ein.

Bezüglich der dunklen Andeutung des Aristoteles über den aktiven Intellekt nimmt der Verfasser des Kommentars zum dritten Buch von De anima
folgende Position ein: Der aktive Intellekt ist der νοῦς in der Seele; in der
menschlichen Seele gibt es den potentiellen Intellekt als ὕλη und den
aktiven Intellekt als das ποιητικὸν αἴτιον[157]. Der göttliche νοῦς darf nicht

---

[148] Ioannis Philoponi . . ., op. cit., 159, 30 sqq.
[149] Cf. ibid., 165, 8 sqq.
[150] An. 408 b 18 sq.
[151] Ioannis Philoponi . . ., op. cit., 160, 23 sqq.
[152] Ibid., 534, 19 – 535, 1.
[153] Der παθητικὸς νοῦς von An. 430 a 24 wird mit der Einbildungskraft identifiziert, cf.
Ioannis Philoponi . . ., op. cit., 542, 2–3.
[154] Ibid., 535, 1–4.
[155] Ibid., 535, 4 sqq.
[156] Ibid., 535, 13.
[157] Ibid., 539, 15–20.

mit dem aktiven Intellekt in der menschlichen Seele identifiziert werden[158]; denn der göttliche νοῦς läßt Wesenheiten von sich ausgehen[159], was der aktive Intellekt in der Seele nicht vermag[160].

Die aristotelischen Aussagen, die es unmöglich zu machen scheinen, sie auf den νοῦς in uns zu beziehen, werden in folgender Weise interpretiert: Wenn der νοῦς seinem Wesen nach als Tätigkeit bestimmt wird[161], so ist das auf die Wesensform des νοῦς zu beziehen, der das Wissen hat. „Der Wissende besteht nämlich aus Seele und Wissen. Die Seele entspricht der ὕλη, das Wissen dem εἶδος; da . . . bei einem jeden das εἶδος in höherem Masse Wesenheit ist als die ὕλη, ist das Wissen die Wesenheit des Wissenden, und der Wissende handelt aufgrund des Wissens."[162] Auf die Sukzession bezieht sich die aristotelische Aussage, der νοῦς denke immer[163]; wenn ich nicht denke, denkt irgendein anderer; immer denkt irgendjemand[164]. Zusätzlich wird eine andere Interpretation vorgelegt[165]: Wer den νοῦς hat, kann immer dann denken, wann er will (beides ist unaristotelisch). Im Vollzug der θεωρία trifft auf den νοῦς zu, daß er „getrennt nur das ist, was er ist"[166], daß er „getrennt, leidensunfähig und unvermischt"[167] ist[168]. Wenn Aristoteles den tätigen Intellekt mit einer Aktivität[169] vergleicht, ist hiermit die Entelechie gemeint[170]: Der aktive Intellekt ist die Entelechie des potentiellen Intellekts. Die Wirkungsweise des tätigen Intellekts besteht darin, daß er die Wesensformen von allem dem potentiellen Intellekt einprägt[171]. Anfang eines jeden Wissens ist die Wahrnehmung[172]; die Einbildungskraft[173] ist die zwischen Wahrnehmung und Denken vermittelnde Instanz. Folglich ist der Intellekt nicht tätig ohne die Einbildungskraft[174]. Aus alledem ergibt sich: Aktiver und potentieller νοῦς sind εἶδος und ὕλη der rationalen Seele; der „von außen kommende νοῦς" ist der göttliche Geist, der uns erleuchtet; das Ergebnis der Erleuchtung

---

[158] Ibid., 539,31.

[159] Ibid., 539,32.

[160] Cf. auch die Abhebung des θύραθεν νοῦς, des göttlichen νοῦς, vom νοῦς in uns, ibid., 540,12.

[161] An. 430a18.

[162] Ioannis Philoponi . . ., op. cit., 538,13 sqq.

[163] An. 430a22.

[164] Ioannis Philoponi . . ., op. cit., 538,34 – 539,7.

[165] Ibid., 539,7–8.

[166] An. 430a22.

[167] Ibid. a17–18.

[168] Ioannis Philoponi . . ., op. cit., 540,3 sqq.; 541,2 sqq.

[169] ἕξις, An. 430a15.

[170] Ioannis Philoponi . . ., op. cit., 539,32–35.

[171] Ibid., 538,5.

[172] Ibid., 542,14 sq.

[173] Der παθητικὸς νοῦς, ibid., 542,2–3.

[174] Ibid., 542,7 sqq.

ist das Wissen[175]. Von einigen Änderungen abgesehen entspricht das alles
dem, was Themistios über den aktiven und potentiellen Intellekt vorträgt.

11.

Eine zwischen Alexander und Themistios vermittelnde Position nimmt
A v e r r o e s ein, dessen Deutung bekanntlich die Kontroverse der lateinischen Philosophen des Mittelalters um die numerische Einheit oder Vielheit des *intellectus agens* und des *intellectus possibilis* auslöste. Der Einfluß
des Averroes auf die Lateiner war beträchtlich, selbst wenn seine Einheits-
lehre vielfach abgelehnt wurde. Im folgenden beziehe ich mich nicht auf
einen arabischen Text, sondern ausschließlich auf die lateinische Übersetzung des Großen Kommentars zu De anima[176].

Averroes unterscheidet den *intellectus passivus*, den *intellectus materialis*
und den *intellectus agens*. Unter dem *intellectus passivus*[177] versteht er die
Einbildungskraft[178]: *Et intendit per intellectum passivum virtutem imagi-
nativam*. Was die Bezeichnung *intellectus materialis* angeht, so bedeutet
sie keineswegs, dieser Intellekt sei stofflich[179]: *Ista substantia quae dicitur
intellectus materialis neque est corpus neque forma in corpore, est igitur
non mixtum cum materia omnino. Intellectus materialis* heißt er, weil er
in Potenz zu allen erkennbaren Formen steht[180]. Averroes rechtfertigt die
Bezeichnung *intellectus materialis* durch einen Vergleich mit der *materia
prima*[181]: Der *intellectus materialis* hat lediglich *naturam possibilitatis, cum
denudetur ab omnibus formis materialibus et intelligibilibus*[182], so wie die
materia prima die Seinsmöglichkeit ohne jede Form ist. Der *intellectus
materialis* unterscheidet sich insofern von der *materia prima*, als er die
Formen der stofflichen Dinge, die er aufnimmt, erkennt, was für die
materia prima nicht gilt; die *materia prima* erkennt die Formen, die sie
rezipiert, nicht[183]. Außerdem nimmt die *materia prima* die individuellen
Formen auf; in den *intellectus materialis* dagegen gehen nur universale
Formen ein[184]. Weil der *intellectus materialis* die Möglichkeit ist, die universalen Formen des Stofflichen aufzunehmen und zu erkennen, ist er selbst

---

[175] Cf. ibid., 539,2−4.
[176] Averrois Cordubensis Commentarium magnum in Aristotelis de anima libros, rec.
F. Stuart Crawford, The Mediaeval Academy of America, Cambridge, Mass. 1953.
[177] παθητικὸς νοῦς, Aristoteles, An. 430a24.
[178] Averrois Cordubensis . . ., op. cit., 409,640.
[179] Ibid., 285,78.
[180] *materialis* entspricht dem Adjektiv ὑλικός. Zum νοῦς ὑλικός cf. supra p. 13.
[181] Averrois Cordubensis . . ., op. cit., 387,9sqq.
[182] Ibid., 387,14−16.
[183] Ibid., 387,28sqq.
[184] Ibid., 388,35−37.

weder universale noch individuelle Form; er ist weder Körper noch Form im Körper noch Kraft, Vermögen (*virtus*) im Körper[185]; er ist kein bestimmtes, d. h. durch Formen geprägtes, Seiendes[186]. Die Begründung heißt[187]: Was alle Formen erkennen kann, darf keine Form in sich enthalten[188].

Hieraus ergibt sich: Der *intellectus materialis* ist die Fähigkeit des Erkennens. Diese Erkenntnisfähigkeit ist nicht in der Seele von Natur immanent; denn als psychische Fähigkeit wäre der *intellectus materialis* ein bestimmtes Seiendes. Vielmehr ist der *intellectus materialis* als Substanz nicht vom *intellectus agens* verschieden[189]: *Et ex hoc modo dicimus quod intellectus continuatus nobiscum, apparent in eo duae virtutes, quarum una est activa et alia de genere virtutum passivarum.* Insofern der numerisch eine *intellectus agens* mit uns[190] in Kontakt gelangt, entsteht die Erkenntnisfähigkeit, nämlich der *intellectus materialis* als eine Fähigkeit des *intellectus agens*, Erkenntnisse aufzunehmen. Ein und derselbe Intellekt erweist sich somit als aktiv und als rezeptiv. Die Unterschiedlichkeit der Erkenntnisvorgänge ist bedingt durch die jeweils individuelle Einbildungskraft, den *intellectus passivus*. Der *intellectus passivus* (= *virtus imaginativa*) ist notwendige Bedingung (in der lateinischen Übersetzung *praeparatio* genannt) für die Verstandeseinsicht[191].

Das Zustandekommen unserer Verstandeseinsichten erklärt Averroes auf die folgende Weise: Der *intellectus agens* vollzieht die Hinwendung auf die Einbildungskraft, illuminiert und vergeistigt die Vorstellungsbilder der Einbildungskraft und führt sie dem *intellectus materialis* zu. Dieser vollzieht die Begriffsbildung; er ist es auch, der die Begriffe zu Urteilen und die Urteile zu Schlüssen zusammensetzt[192]. Wenn der *intellectus agens* nicht die Hinwendung auf die Einbildungskraft vollzieht, erkennt der *intellectus materialis* nichts[193]. Das Verhältnis der beiden Verstandeskräfte, die substantial eine Einheit sind, ist derart, daß der *intellectus agens* sich zum *intellectus materialis* wie das Licht zum Transparenten verhält[194]. Wie das Licht die Vollendung des Transparenten ist[195], so ist der *intellectus agens* die *perfectio* des *intellectus materialis*[196]. Das heißt nicht,

---

[185] Cf. ibid., 388, 38; 389, 61.

[186] Ibid., 388, 38: *non est aliquid hoc*; cf. 389, 61: *iste non est hoc*; *hoc* steht für das aristotelische τόδε τι.

[187] Cf. Aristoteles, An. 429 a 15–16.

[188] Averrois Cordubensis . . ., op. cit., 585, 67 sqq.

[189] Ibid., 451, 219–222.

[190] Genauer: mit der Einbildungskraft, cf. ibid., 451, 236 sqq.; 452, 269–272; außerdem cf. ibid., 404, 501 sqq.; 405, 519.

[191] Ibid., 405, 537 sqq.

[192] Ibid., 384, 45 sqq.; 463, 9 sqq.

[193] Ibid., 18, 64–65; cf. 401, 405–410; cf. Aristoteles, An. 431 b 2.

[194] Cf. den Lichtvergleich bei Aristoteles, An. 430 a 15–17.

[195] Ibid., 418 b 9; 419 a 11.

[196] Averrois Cordubensis . . ., op. cit., 411, 691–693.

daß in der aktualen Erkenntnis der *intellectus materialis* in den *intellectus agens* aufgehoben würde, sondern daß der *intellectus materialis* aus der Erkenntnisfähigkeit in die aktuale Erkenntnistätigkeit durch den *intellectus agens* übergeleitet wird. Der aktuierte *intellectus materialis* ist der *intellectus speculativus*, der das Erkennen als feste Grundhaltung besitzt[197]; andere Bezeichnungen für den aktuierten *intellectus materialis* sind: *intellectus in habitu, intellectus in actu*[198].

Ich fasse zusammen: Der *intellectus agens* ist numerisch einer; durch seinen Kontakt mit der Einbildungskraft, d.h. mit dem *intellectus passivus*, entsteht der *intellectus materialis*. Dieser ist substantiell identisch mit dem *intellectus agens*, so daß ein und dieselbe Verstandessubstanz im Kontakt mit der menschlichen Einbildungskraft sich als zwei *virtutes* erweist, als *agens* und als *recipiens*. Der *intellectus agens* illuminiert und separiert die Vorstellungsbilder der Einbildungskraft und leitet sie seiner eigenen rezipierenden *virtus* zu. Der *intellectus materialis* vollzieht die Begriffsbildung und setzt die Begriffe zu Urteilen und die Urteile zu Schlüssen zusammen. Insofern er durch die Tätigkeit des *intellectus agens* zum aktual erkennenden Intellekt wird, ist er *intellectus speculativus sive intellectus in habitu sive intellectus in actu*. Der *intellectus agens* ist numerisch einer, ebenso numerisch einer ist der *intellectus materialis*. Der aktuierte Intellekt dagegen, der *intellectus speculativus*, ist aufgrund seiner Vorstellungsbilder, die aus der je individuellen Einbildungskraft abstrahiert sind, jeweils individuell.

12.

Diese Lehre des Averroes vermag sehr gut das Zustandekommen der Verstandeserkenntnisse zu klären; zugleich hält Averroes sich recht eng an den Aristoteles-Text, kann aber die Unklarheiten des Aristoteles-Textes sehr erhellen. Es ist daher kein Wunder, daß die radikalen Aristoteliker ihm uneingeschränkt folgten; darüber hinaus beeinflußt Averroes auch solche Philosophen und Theologen, die seine Theorie von der numerischen Einheit des *intellectus agens* und des *intellectus materialis* ablehnten. Das läßt sich sehr gut am Beispiel des Albertus Magnus beweisen.

Albert sagt im Kommentar zu De anima III tract. 3 c. 11: „Ich weiche in wenigen Punkten von Averroes ab . . . und ich habe an seinen Worten

---

[197] Ibid., 389, 80 e. a.

[198] Zu vergleichen sind auch Formulierungen wie in 406, 569: . . . *opinandum est quod in anima sunt tres partes intellectus, quarum una est intellectus recipiens* ⟨= *intellectus materialis*⟩, *secunda autem efficiens* ⟨= *intellectus agens*⟩, *tertia autem factum* ⟨= *intellectus speculativus*⟩; 436, 8—13: *intellectus qui est in potentia* ⟨= *intellectus materialis*⟩, *intellectus qui est in actu* ⟨= *intellectus speculativus*⟩, *intelligentia agens*; ähnlich 437, 8 sqq.

nur das geändert, was auch Aristoteles geändert hätte. Aristoteles sagte, daß in jeder Natur, in der ein rezipierender Bestandteil angetroffen wird, es auch einen aktiven gibt, und so müssen diese Unterschiede auch in der Seele sein[199]. Aufgrund dessen ist für uns klar, daß der *intellectus agens* ein Teil und eine Kraft der Seele ist." Einer der zahlreichen Einwände Alberts gegen die numerische Einheit des *intellectus agens* ist: Es kann nicht angenommen werden, daß bei der Begriffsbildung nicht unser eigenes Denken tätig ist, sondern daß eine mit unserem Verstand nicht identische Intelligenz in unserem Verstand die Begriffe bildet[200]. Eine solche Annahme widerspräche jedem Befund der Selbstbeobachtung. Zumindest der *intellectus possibilis* ist eine Kraft der menschlichen Seele. Dann aber ergibt sich folgende Überlegung: Der *intellectus possibilis* ist die rezeptive Verstandeskraft, die durch den *intellectus agens* aktuiert wird. „Zwischen dem Bewegenden und dem Bewegtwerdenden gibt es kein Mittelglied . . . wenn also der *intellectus possibilis* eine Kraft der Seele ist, kann der *intellectus agens* nicht eine außerpsychische Intelligenz sein."[201] *Intellectus agens* und *intellectus possibilis* sind innerpsychische Kräfte; das ist die einzige Änderung, die Albert an der Theorie des Averroes vornimmt.

Thomas von Aquin[202] weist die Theorie des Averroes von der numerischen Einheit des *intellectus materialis* und seiner substantialen Identität mit dem *intellectus agens* etwas grobschlächtig zurück und wird den subtilen Überlegungen des Averroes keineswegs gerecht. Im einzelnen sei das aber hier übergangen; ich beschränke mich darauf, die thomistische Lehre kurz zusammenzufassen[203].

Zu unterscheiden sind:

1. *intellectus agens separatus*. Er ist numerisch einer. Von Averroes wird Thomas hier durch die Auffassung getrennt, der *intellectus agens* sei nicht eine der übermenschlichen Intelligenzen, sondern Gott.
2. die *intellectus agentes*. Sie partizipieren am *intellectus agens separatus*[204] und sind mit jeder menschlichen Seele unzertrennbar verbunden[205].

---

[199] Cf. Aristoteles, An. 430a10—14.

[200] Summa de creaturis II q. 55 a. 3 sed contra 6.

[201] Ibid. sed contra 3.

[202] De unitate intellectus; Summa contra gentiles II 76.78; Summa de theologia I q. 79 a. 4. 5; Quaestio disputata de anima a. 5.

[203] Thomas folgt hauptsächlich dem Themistios und dem unter dem Namen des Johannes Philoponos überlieferten Kommentar zu De anima III — cf. supra p. 17 n. 10 —, übersetzt durch Wilhelm von Moerbeke.

[204] Daß die Partizipationslehre unaristotelisch ist, ist selbstverständlich. Von Partizipation reden ist für Aristoteles gleichbedeutend mit κενολογεῖν . . . καὶ μεταφορὰς λέγειν ποιητικάς; Metaph. 1079a25—26.

[205] Gegen Aristoteles, den Thomas diesbezüglich mißversteht, und gegen Averroes, mit Themistios.

3. *intellectus possibilis*. Der *intellectus possibilis* ist eine innerpsychische Kraft[206].

4. *intellectus passivus*. Unter *intellectus passivus* versteht Thomas mit Stephanos von Alexandria[207] und mit Averroes die Einbildungskraft.

Soweit sei diesem Problem nachgegangen. Wenn wir es weiter verfolgen wollen, müßten wir bis zu Kants Lehre von der transzendentalen Einheit der Apperzeption und bis zu Hegels Lehre vom Geist vordringen; indessen ist Hegel mehr vom Neuplatonismus als von Aristoteles beeinflußt. In allen diesen Überlegungen präsentiert sich uns die Überzeugung, daß Erfahrungserkenntnis bedingt ist durch Grundlagen, welche die Erfahrungserkenntnis transzendieren, und daß in jeder wahren Erkenntnis die Erfahrung immer transzendiert wird. Auf die Frage nach diesen Grundlagen versuchen Aristoteles und die Aristoteliker in der dargestellten Weise zu antworten.

---

[206] Mit Themistios — und mit Avicenna — gegen Averroes.
[207] Cf. supra p. 17 n. 10.

,GUT' UND ,SCHLECHT'
DIE ANALYSE IHRER ENTGEGENSETZUNG BEI ARISTOTELES, BEI EINIGEN ARISTOTELES-KOMMENTATOREN UND BEI THOMAS VON AQUIN

von Klaus Jacobi

Problemstellung

,Gut' und ,schlecht' als Beispiele für konträr Entgegengesetztes (Aristoteles, Cat.)

In Aristoteles' Untersuchungen über die Weisen, wie etwas zu etwas in Gegensatz stehen kann[1], gilt das Begriffspaar ,gut — schlecht' als einleuchtendes Beispiel für den konträren Gegensatz[2]. Genauer wird der Gegensatz zwischen dem Guten und dem Schlechten demjenigen Typus von Kontrarietät zugeordnet, bei welchem es etwas Mittleres zwischen den Extremen gibt; nicht notwendig kommt einem Subjekt, dem diese konträren Prädikate zukommen können, auch tatsächlich das eine oder das andere dieser Prädikate zu[3].

Für ,gut' und ,schlecht' können in diesen Analysen auch die Worte ,tüchtig (σπουδαῖον)' und ,minderwertig (φαῦλον)' oder die Worte ,Trefflichkeit (ἀρετή)' und ,Schlechtigkeit (κακία)' stehen[4]. Dies zeigt, daß Aristoteles, wenn er den Gegensatz ,gut — schlecht' als Beispiel anführt, von einer Verwendung ausgeht, in der diese Prädikate primär — wenn auch vielleicht nicht ausschließlich — von menschlichen Handlungen ausgesagt werden. Der Handelnde selbst gilt als gut (bzw. als schlecht), sofern sein Handeln und seine Intentionen habituell gut (bzw. schlecht) sind. ,Gut' und ,schlecht' scheinen demnach Bestimmungen in der Kategorie des Beschaffenseins zu sein.

---

[1] Aristoteles, Cat. 10; vgl. Top. II 8; Metaph. Δ 10; I 4.

[2] Cat. 10, 11b19—21; vgl. 11b35—36; 12a9—25; 11, 13b36—14a6; 14a19—25; ferner 7, 6b15—16.

[3] Cat. 10, 12a9—20: ὧν δέ γε μὴ ἀναγκαῖον θάτερον ὑπάρχειν, τούτων ἔστι τι ἀνὰ μέσον· οἷον ... φαῦλον ... καὶ σπουδαῖον κατηγορεῖται μὲν καὶ κατ' ἀνθρώπου καὶ κατ' ἄλλων πολλῶν, οὐκ ἀναγκαῖον δὲ θάτερον αὐτῶν ὑπάρχειν ἐκείνοις ὧν κατηγορεῖται· οὐ γὰρ πάντα ἤτοι φαῦλα ἢ σπουδαῖά ἐστι. καὶ ἔστι γέ τι τούτων ἀνὰ μέσον, οἷον ... τοῦ ... φαύλου καὶ τοῦ σπουδαίου τὸ οὔτε φαῦλον οὔτε σπουδαῖον. Vgl. Metaph. I 7.

[4] Cat. 7, 6b15—16; 11, 14a22—25.

,Gut' als homonymes, überkategoriales Prädikat
(Aristoteles, Top.; EN)

Nun betont Aristoteles an anderen Stellen, daß die Bestimmungen ‚gut'
und ‚schlecht' verschiedenen Kategorien zugehören können. Gut (bzw.
schlecht), so wird in der „Topik" ausgeführt, kann etwas nicht nur als
ein irgendwie Beschaffenes genannt werden, sondern auch, sofern es eine
gute (bzw. schlechte) Beschaffenheit bewirkt, ferner als Zeitpunkt oder
auch als ein Wieviel. ‚Gut' und ‚schlecht' sind folglich homonym[5]. In der
„Nikomachischen Ethik" geht Aristoteles noch einen Schritt weiter. Nicht
nur in verschiedenen, sondern „in allen Kategorien" wird ‚gut' ausgesagt,
also „in gleich viel Bedeutungen wie ‚seiend' "[6]. Die Frage nach dem
Zusammenhang aller Bedeutungen von ‚gut' wird aufgeworfen[7], doch geht
Aristoteles dieser Frage weder hier noch an irgend einer anderen Stelle
nach.

Ein Teilproblem, vielleicht sogar ein Schlüsselproblem bezüglich der von
Aristoteles unbeantwortet gelassenen Frage besteht darin, zu prüfen, ob
‚gut' in allen Bedeutungsformen und Verwendungsweisen einen Gegenbegriff ‚schlecht' zuläßt und ob das logische Verhältnis zwischen ‚gut' und
‚schlecht' stets das der Kontrarietät ist[8]. Aristoteles scheint dies voraus-
zusetzen. Auch an Stellen, an denen er hervorhebt, daß ‚gut' nicht in
irgendeiner Gattung ist, setzt er ‚schlecht' als konträren Gegenbegriff, von
welchem dann ebenfalls gelten soll, daß er nicht in irgendeiner Gattung
ist[9]. Ob diese Voraussetzung richtig ist, ist zweifelhaft. Zumindest der
Substanz (οὐσία), so sagt Aristoteles, ist nichts konträr[10], und ‚οὐσία' ist
diejenige Bedeutung von ‚seiend', auf die alle anderen Bedeutungen bezogen sind. Wenn nun ‚gut' in gleich viel Bedeutungen wie ‚seiend' ausgesagt wird, muß es dann nicht zumindest eine Bedeutung geben, in
welcher auch ‚gut' „nichts konträr" ist?

---

[5] Aristoteles, Top. I 15, 107 a 3–12. Vgl. J. L. Ackrill, Aristotle on 'Good' and the
Categories, in: Islamic Philosophy and the Classical Tradition, hg. S. M. Stern, A. Hourani,
V. Brown, Oxford 1972, 17–25; Nachdruck in: Articles on Aristotle, 2. Ethics and Politics,
hg. J. Barnes, M. Schofield, R. Sorabji, London 1977, 17–24.

[6] Aristoteles, EN I 4, 1096 a 23–29, zitiert: a 28–29 und a 23–24; vgl. a 17–23.

[7] EN I 4, 1096 b 26–31.

[8] Fragen solcher Art spielen auch in modernen sprachanalytischen Untersuchungen eine
große Rolle; vgl. G. H. von Wright, The Varieties of Goodness, London–New York 1963.

[9] Aristoteles, Top. IV 3, 123 b 8–12: πάλιν (σκοπεῖν) εἰ ὅλως ἐν μηδενὶ γένει τὸ τῷ
εἴδει ἐναντίον ἀλλ᾿ αὐτὸ γένος, οἷον τἀγαθόν· εἰ γὰρ τοῦτο μὴ ἐν γένει, οὐδὲ τὸ ἐναντίον
τούτου ἐν γένει ἔσται ἀλλ᾿ αὐτὸ γένος, καθάπερ ἐπὶ τοῦ ἀγαθοῦ καὶ τοῦ κακοῦ συμ-
βαίνει. οὐδέτερον γὰρ τούτων ἐν γένει, ἀλλ᾿ ἑκάτερον αὐτὸ γένος. Ganz ähnlich: Cat. 11,
14 a 19–25, zitiert unten S. 31.

[10] Cat. 5, 3 b 24–27; vgl. Metaph. N 1, 1087 b 2–3.

Verschiedenheit, Unterschied, Kontrarietät, Haben – Beraubung
(Aristoteles, Metaph.)

Wenn man der gestellten Frage auf aristotelischer Grundlage nachgehen will, dann sind, obwohl vom Gegensatz ‚gut – schlecht' nicht thematisch gehandelt wird, die Untersuchungen der „Metaphysik" mit in Betracht zu ziehen. Die Wissenschaft vom „Seienden als Seienden" und von dem, „was diesem an sich zukommt"[11], hat nicht nur die Bedeutungen von ‚seiend' zu analysieren und deren Einheitspunkt aufzuweisen[12], sondern auch die Negationsformen von ‚seiend' zu untersuchen[13]. Ebenso hat sie auch hinsichtlich der mit ‚seiend' konvertiblen Prädikate[14] deren Bedeutungs- und deren Negationsformen zu klären. Mit ‚seiend' konvertibel ist ‚eines'. Zur Theorie des Prädikats ‚eines' und seiner Negationsformen gehört die Theorie von Identität und Verschiedenheit; zu dieser Theorie wiederum gehört die Bestimmung dessen, was ‚Unterschied (διαφορά)' besagt. Von diesem Punkt ausgehend muß auch geklärt werden, was ‚Kontrarietät' als Sonderart von ‚Unterschied' besagt und unter welchen Bedingungen Prädikate zueinander konträr sind[15].

Der Gegensatz zwischen Selbigkeit und Verschiedenheit (ἑτερότης) ist kein kontradiktorischer Gegensatz. Während nämlich bei kontradiktorisch Entgegengesetztem ohne jede Einschränkung immer je das eine Glied des Gegensatzes wahr und das andere falsch sein muß, gilt für die Gegensatzglieder ‚dasselbe – das andere' eine Anwendungsbedingung: Nur unter der Voraussetzung, daß nur von Seiendem, nicht von Nicht-Seiendem die Rede ist, gilt der Satz ‚Ein jedes (nämlich: Seiende) ist im Verhältnis zu jedem (Seienden) entweder dasselbe oder ein anderes'[16].

Unterschied (διαφορά) ist gegenüber Verschiedenheit der engere Begriff. Wenn unterschieden wird, wird nicht nur vorausgesetzt, daß beide Unterschiedene seiend sind, sondern darüber hinaus auch, daß sie irgendeine inhaltliche Bestimmung miteinander gemein haben. Die Unterscheidung besteht in der Angabe einer weiteren Bestimmung, durch welche das Unterschiedene sich unterscheidet[17]. Kontrarietät (ἐναντιότης) ist äußerste, vollendete Unterschiedenheit[18]. Eine gattungshafte Gemeinsamkeit bleibt vorausgesetzt. Innerhalb dieser Gattung kann es zwar in der für die Unterscheidung relevanten Hinsicht viele Gradabstufungen geben, aber nur einen

---

[11] Aristoteles, Metaph. Γ 1, 1003 a 21–22.
[12] Metaph. Γ 2, 1003 a 33.
[13] Metaph. Γ 2, 1003 b 7–10.
[14] Metaph. Γ 2, 1003 b 22–24.
[15] Metaph. Γ 2, 1003 b 33 – 1004 a 21.
[16] Metaph. I 3, 1054 b 18–22; vgl. Γ 7, 1011 b 23–28; Cat. 10, 13 b 27–35.
[17] Metaph. I 3, 1054 b 22–31; vgl. Δ 9, 1018 a 12–15; Cat. 11, 14 a 15–19.
[18] Metaph. I 4, 1055 a 3–16.

größten Unterschied. Also ist, wenn dieselbe Hinsicht gewahrt bleibt, je einem immer nur eines konträr[19].

Aristoteles führt den konträren Gegensatz auf den Gegensatz von Haben und vollständiger Beraubung (ἕξις – τελεία στέρησις) zurück[20]. Innerhalb einer gemeinsamen Gattung besteht die größte Differenz darin, daß die differenzierende Bestimmung bei dem einen der Unterschiedenen voll ausgebildet vorhanden ist, bei dem anderen dagegen gänzlich fehlt. Diese Rückführungsthese bedarf jedoch der Ergänzung. Unbeachtet bleibt in ihr, in welchem Verhältnis die differenzierende Bestimmung zur gemeinsamen Bestimmung steht. Im wichtigsten Fall der Unterscheidung, nämlich im Fall der Spezifikation, tritt die Differenz nicht gleichsam additiv zur Gattungsbestimmung hinzu, sondern sie differenziert die Gattungsbestimmung selbst. Wenn z. B. der Artbegriff ‚Mensch‘ als ‚vernunftbegabtes Sinnenwesen‘ definiert wird, dann ist damit gemeint, daß das Sinnenwesensein als solches im Menschen durch Vernunftbegabung geformt und bestimmt ist. Nun gibt es kein Wesen, dem bloß die Bestimmung ‚Sinnenwesen‘ und keine weitere spezifizierende Bestimmung zukäme. Das Sinnenwesensein ist in je anders gearteten Sinnenwesen je unterschiedlich geformt und bestimmt, nirgends aber einfach unbestimmt. Wenn etwa definiert werden sollte, was ein Pferd ist, so wäre klarzustellen, daß auch mit der bloß negativen Bezeichnung ‚nicht-vernunftbegabt‘ ein spezifizierender (und weiter differenzierbarer) Sinngehalt gemeint ist[21]. ‚Rückführung der Kontrarietät auf den Gegensatz von Haben und vollständiger Beraubung‘ kann also nicht heißen, daß das Kontrarietätsverhältnis mit dem Verhältnis ‚Haben – Beraubung‘ gleichgesetzt werden dürfte. Die „Rückführung‘‘ erklärt das Moment der Entgegengesetztheit der *contraria*; die Betrachtung der artbildenden Unterschiede lehrt, daß – zumindest in diesem Fall – beide *contraria* einen positiven Sinngehalt bezeichnen[22], während die bloße Beraubung „nichts setzt‘‘[23].

Der Gegensatz ‚gut – schlecht‘ als Gegensatz von Haben und Beraubung (Johannes Philoponos)

Wenn man mit den hier in Kürze erinnerten begrifflichen Unterscheidungen zwischen Verschiedenheits- und Gegensatztypen an den Gegensatz ‚gut – schlecht‘ herangeht, dann können wohl Zweifel aufkommen, ob

---

[19] Metaph. I 4, 1055 a 19–23.
[20] Metaph. I 4, 1055 a 33–35; b 14–15; b 26–29; vgl. Γ 2, 1004 a 12–16; 6, 1011 b 16–20.
[21] Metaph. I 8, 1057 b 35 – 1058 a 8; a 21–28.
[22] Vgl. Thomas von Aquin, In Metaph. L. X l. IV, n. 1988; l. VI, nn. 2037–2038; L. IV l. XV, n. 719.
[23] Vgl. Thomas von Aquin, In Metaph. L. X l. VI, nn. 2043–2045.

Aristoteles' Bestimmung dieses Gegensatzes überhaupt das Rechte trifft. Bei einigen der spätantiken Aristoteles-Kommentatoren jedenfalls sind solche Zweifel deutlich. Diese Kommentatoren sind aus der neuplatonischen Schule hervorgegangen, deren besonderes Interesse für Fragen nach Einheit und Vielheit und nach Identität und Differenz bekannt ist. Wie stellt sich ihnen Aristoteles' These, ‚gut' und ‚schlecht' seien einander konträr, dar?

Johannes Philoponos hält diese These für ungenau; nach seinem Verbesserungsvorschlag muß hier der Gegensatz von Haben und Beraubung angesetzt werden. Zur Begründung seiner Gegenthese rekurriert er auf die Lehre, daß bei konträren Gegensätzen – z. B. ‚weiß – schwarz' – jedes Gegensatzglied „einen bestimmten Sinngehalt hat" und deshalb „eine Art bildet". ‚Schlecht' aber bezeichne bloße „Ungemessenheit" und könne deshalb nicht spezifizieren. Philoponos vertritt diese Gegenthese generell für jede Verwendung von ‚schlecht'. Auch ‚Schlechtigkeit' als Gegenbegriff zu ‚Trefflichkeit' bezeichne nur „Abwesenheit von Trefflichkeit", also kein konträr Entgegengesetztes, sondern bloße Beraubung[24].

Philoponos ist weiter der Auffassung, daß ‚gut' nicht in jeder Verwendung einen Gegenbegriff zuläßt. Mit dem Hinweis auf den Satz aus der Kategorienschrift des Aristoteles, der Substanz sei nichts konträr, begründet dieser Kommentator seine These, das „an sich Gute, das substanzhaft Gott zugrundeliege", habe kein konträr Entgegengesetztes; nur das „beiläufig (κατὰ συμβεβηκός) Gute", womit das „in uns" Gute gemeint ist, werde in Entgegensetzung (πρὸς ἀντιδιαστολήν) zum Schlechten benannt[25].

‚Gut' und ‚schlecht' als gänzlich voneinander geschieden? (Simplikios gegen Plotin)

Der Stil, in dem der scharfsinnige und gelehrte Simplikios die „Kategorien" kommentiert, gibt der kritischen Diskussion großen Raum. Simplikios prüft Thesen und Argumentationen, nicht nur die von Aristoteles selbst stammenden, sondern auch die des „großen Plotin"[26] und seiner

---

[24] Philoponi (olim Amonii) In Aristotelis Categorias Commentarium, ed. A. Busse, Berlin 1898, 190,28 – 191,3 zu: Cat. 11, 14a19–21 (= CAG XIII,1).
[25] Philoponos, In Cat., 170,31 – 171,4 zu: Cat. 10, 11b21.
[26] Simplikios zitiert Plotin häufig mit diesem Beinamen; er benennt ihn auch als „den göttlichsten". Vgl. die in den Namenregistern der kritischen Editionen angegebenen Belegstellen. Der Kommentar des Simplikios zur Kategorienschrift wird im folgenden nach der griechischen und nach der lateinischen Edition zitiert: Simplicii In Aristotelis Categorias Commentarium, ed. C. Kalbfleisch, Berlin 1907 (= CAG VIII) – Simplicius, Commentaire sur les Catégories d'Aristote, Traduction de Guillaume de Moerbeke, ed. A. Pattin (tome I en collaboration avec W. Stuyven), Louvain–Paris 1971–1975 (= Corpus Latinum Commentariorum in Aristotelem Graecorum V, 1–2).

Schüler wie auch die der Stoiker. Einige der von ihm geführten Diskussionen betreffen die Frage, wie ‚gut‘ und ‚schlecht‘ einander entgegengesetzt sind. Sie können helfen, die in dieser Frage liegenden Probleme scharf zu sehen.

Plotin hatte in seiner Abhandlung „Was das Schlechte ist und woher es stammt"[27] das Schlechte als „Abwesenheit"[28] und „Beraubung"[29] von jeglichem Guten bestimmt. Was das Gute ist, umschreibt Plotin mit Titeln wie „das Unbedürftige"[30], „Maß und Grenze aller Dinge"[31], „geistige Einheit von allem"[32], „erste Wirklichkeit" und „erste Wesenheit"[33]. Dem Guten stellt er das Schlechte als „Ungemessenheit", als „das Unbegrenzte", „Ungestaltete", „Bedürftige" und als „Armut" gegenüber[34]; all dies sind Benennungen des Stoffs (ὕλη), der „Wesen des Schlechten (κακοῦ οὐσία)" sei[35].

Anknüpfend an Platon[36] und in Gegenwendung gegen Aristoteles' Ausspruch, der Substanz sei nichts konträr[37], fragt Plotin nun, wie es überhaupt zu dem Guten einen Gegensatz (ἐναντίον) geben könne, wenn doch „das Gute Wesenheit (οὐσία) ist" oder gar noch „jenseits der Wesenheit liegt"[38]. Seine Antwort lautet: Der Gegensatz zwischen dem Guten und dem Schlechten sei freilich kein Gegensatz im gewöhnlichen Sinn; es gebe hier überhaupt keine Gemeinsamkeit, auch nicht im Sinne einer gattungshaften Einheit, sondern von allem, was das eine brauche, um sein Wassein zu erfüllen, sei im anderen gerade das Gegenteil (τὰ ἐναντία) vorhanden[39]. Entgegengesetzt seien das Gute und das Schlechte als Wesenheit und Nicht-Wesenheit (οὐσία — μὴ οὐσία)[40], wie lichthaftes Sein und Schatten[41], — entgegengesetzt im Sinne von „gänzlich voneinander geschieden"[42] und „den weitesten Abstand voneinander habend"[43]. Es handelt sich hier also

---

[27] Plotin, Enn. I 8. Plotins Schriften, übers. v. R. Harder, Neubearbeitung mit griech. Lesetext u. Anm. fortgeführt v. R. Beutler u. W. Theiler, Bd. V, Hamburg 1960.

[28] Enn. I 8, 1, 11—12.

[29] Enn. I 8, 1, 17; vgl. I 8, 11, 1—4.

[30] Enn. I 8, 2, 4.

[31] Enn. I 8, 2, 5; vgl. I 8, 6, 41—44.

[32] Enn. I 8, 2, 7—21.

[33] Enn. I 8, 2, 21—22.

[34] Enn. I 8, 3, 12—20; vgl. I 8, 6, 41—44; I 8, 8, 37—38.

[35] Enn. I 8, 3, 35—40; vgl. I 8, 9, 15—18.

[36] Platon, Theait. 176a; Plotin, Enn. I 8, 6, 20—25.

[37] Aristoteles' Name wird von Plotin nicht genannt. Es ist aber klar, daß er sich auf Cat. 5, 3b 24—27 bezieht; Simplikios beurteilt mit Recht in seinem Kommentar zu dieser Passage der Kategorienschrift Plotins Ausführungen als Gegenthese gegen Aristoteles.

[38] Plotin, Enn. I 8, 6, 27.

[39] Enn. I 8, 6, 35—38.

[40] Enn. I 8, 6, 32.

[41] Enn. I 8, 3, 1—9.

[42] Enn. I 8, 6, 38; I 8, 6, 54—56.

[43] Enn. I 8, 6, 38.

nach Plotin nicht um eine äußerste Differenz innerhalb einer gemeinsamen Gattung, sondern um den Urgegensatz zwischen der überwesenhaften Einheit, die Prinzip alles Seienden ist, und dem Alleräußersten, das aus ihm hervorgeht[44], dem ganz formlosen[45] und qualitätslosen Stoff[46], der reine Beraubung ist[47].

Simplikios zeigt die Schwierigkeiten, die in der Theorie Plotins und „aller, die aus der Einheit anfangend" philosophieren[48], liegen. Sofern doch auch das dem Guten Entgegengesetzte aus dem Guten stammt, so lautet Simplikios' in verschiedenen Varianten vorgetragener Einwand, muß es auch mit diesem etwas gemein haben und ihm in irgendeiner Weise zugeordnet bleiben. Es kann also zwischen dem Guten und dem Schlechten nicht die von Plotin behauptete völlige Disparatheit bestehen[49]. Und wenn das „Äußerste" seine ganze Existenz aus dem Prinzip hat, wie kann es diesem überhaupt entgegengesetzt sein[50]? Disparat könnte allenfalls ein dem Guten gleichrangiges Gegenprinzip sein; dann aber wäre zum einen unverständlich, inwiefern das eine Prinzip „das Gute", das andere aber „das Schlechte" sein sollte, zum anderen, wie diese Prinzipien überhaupt zusammenwirken können[51].

Schwierigkeiten in Aristoteles' Behandlung des Gegensatzes ‚gut — schlecht': Sind die Kontrarietäts- und die Homonymiethese miteinander verträglich? (Simplikios)

Der Kommentator Simplikios findet aber auch in Aristoteles' Ausführungen über den Gegensatz ‚gut — schlecht' erhebliche Schwierigkeiten. Lehrreich ist besonders die ausführliche und gründliche Diskussion der bereits erwähnten Passage aus c. 11 der Kategorienschrift. Dort heißt es:

„Notwendig ist jedes Konträre entweder in derselben Gattung, oder (es ist) in konträren Gattungen, oder die Glieder des konträren Gegensatzes sind selbst Gattungen. Weiß und schwarz nämlich sind in derselben Gattung — ihre Gattung ist: Farbe —, Gerechtigkeit und Ungerechtigkeit dagegen sind in konträren Gattungen — für das eine ist die Gattung: Trefflichkeit, für das andere: Schlechtigkeit —, gut und schlecht schließlich sind nicht in einer Gattung, sondern für sie trifft zu, daß sie Gattungen für anderes sind."[52]

---

[44] Enn. I 8, 7, 16—20.

[45] Enn. I 8, 9, 15—18.

[46] Enn. I 8, 10.

[47] Enn. I 8, 11, 1—4.

[48] Simplicius, In Cat., CAG 109,29—32 — CLCAG 147—148, Zeilen 21—23.

[49] In Cat., CAG 109,7—11 — CLCAG 147,95—00; CAG 110,6—11 — CLCAG 148, 30—35.

[50] In Cat., CAG 109,12—17 — CLCAG 147,2—7.

[51] In Cat., CAG 109,20—29 — CLCAG 147,10—21.

[52] Aristoteles, Cat. 11, 14a 19—25.

Strittig ist das dritte Glied dieser Unterscheidung. Simplikios blickt auf eine lange Kontroverse zurück, die keine befriedigende Lösung gebracht hat. Er zitiert Stellungnahmen zu dieser Passage von Nikostratos[53], von Philosophen aus dem Kreis um Porphyrios[54], von Theophrast[55] und von Iamblichos[56], und er zieht ergänzend eine Passage aus der Schrift des Archytas „Über die Gegensätze" hinzu[57], in der er die Vorlage des Aristoteles sieht.

Die These, es gebe mindestens einen Fall von Kontrarietät, nämlich den Gegensatz ‚gut — schlecht', ohne daß es für die Gegensatzglieder eine gemeinsame Gattungsbestimmung gebe, steht in Konflikt mit der Begriffsbestimmung von Kontrarietät, in der eine gemeinsame Gattung gerade gefordert ist[58]. Außerdem ist nicht klar, ob die genannte These mit der Kategorienlehre vereinbar ist. Die Kategorien sind höchste Gattungen. Will Aristoteles sagen, die Bestimmungen ‚gut' und ‚schlecht' fielen nicht mehr unter eine Kategorie, weder unter die des Beschaffenseins, noch unter eine andere? Dann hätte er nicht hinzufügen dürfen, ‚gut' und ‚schlecht' seien selbst Gattungen; diese Hinzufügung bringt ihn in Konflikt mit der Kategorienlehre[59].

Es liegt nahe, eine abschwächende Interpretation der These zu versuchen. Danach will Aristoteles gar nicht bestreiten, daß ‚gut' und ‚schlecht' Bestimmungen innerhalb der Kategorie der Beschaffenheit sind; mit dem Wort ‚Gattung' in der zitierten Passage sind die Kategorien nicht mitgemeint. Es kommt ihm vielmehr auf den Nachweis an, daß konträre Gegensätze eine unterschiedliche Stellung in einer Begriffshierarchie einnehmen können. Erstens können *contraria* als Arten unmittelbar einer gemeinsamen nächsten Gattung zugeordnet sein. Zweitens können *contraria* als Arten unmittelbar Gattungen zugeordnet sein, die ihrerseits konträr sind; gemein-

[53] Simplicius, In Cat., CAG 414,26—33 — CLCAG 569,8—15; vgl. CAG 388,4—13 — CLCAG 529,57—67.

[54] In Cat., CAG 414,33 — 415,7 — CLCAG 569—570, Zeilen 15—24.

[55] In Cat., CAG 415,15—19 — CLCAG 570,32—37.

[56] In Cat., CAG 415,20—22 — CLCAG 570,37—40; CAG 415,30—34 — CLCAG 570—571, Zeilen 49—52 (ungenau übersetzt).

[57] In Cat., CAG 416,7—20 — CLCAG 571,63—76.

[58] In Cat., CAG 414,27—30 — CLCAG 569,8—12; CAG 415,34 — 416,2 — CLCAG 571,52—57. Die Tatsache, daß die genannte Begriffsbestimmung in der Kategorienschrift weniger eindeutig formuliert ist als in den Untersuchungen der „Metaphysik" kann hier außer Betracht bleiben. Für die spätantike und mittelalterliche Kommentierungstradition bilden Aristoteles' Schriften ein einheitliches Corpus. Wenn Aristoteles irgendwo klare und überzeugende Definitionen gegeben hat, dann werden weniger prägnante Passagen im Licht dieser Definitionen interpretiert oder, wenn nötig, korrigiert. Aus einem ähnlichen Grund braucht uns auch hier die Frage nicht zu berühren, ob die Kategorienschrift im ganzen und besonders ob deren letzte Kapitel authentisch sind oder nicht. Es genügt, daß sie für die genannte Kommentierungstradition als echt gelten.

[59] In Cat., CAG 414,30—33 — CLCAG 569,12—15; vgl. CAG 415,20—22 — CLCAG 570,38—40.

sam ist dann nicht die nächste, sondern eine entfernte Gattung. Drittens gibt es ursprüngliche *contraria*, die nicht mehr auf logisch frühere *contraria* zurückführbar sind, auf die dagegen andere *contraria* als auf ihre Prinzipien zurückführbar sind[60].

Gegen diese Interpretation ist manches einzuwenden. Sie beseitigt das Anstößige allzu gewaltsam. An die Stelle von „Gut und schlecht sind nicht in einer Gattung" tritt ‚Gut und schlecht sind nicht in konträren Gattungen'; an die Stelle von „Gut und schlecht sind Gattungen für anderes" tritt ‚Gut und schlecht sind Prinzipien für anderes konträr Entgegengesetztes'[61]. Überdies ist die Einteilung nicht homogen. Im ersten und zweiten Glied werden konträre Arten behandelt, im dritten aber eher konträre Unterschiede. Würde man auch im ersten Fall statt der Arten die artbildenden Differenzen einsetzen, so wäre nicht mehr zu sehen, worin sich der dritte Fall vom ersten noch unterscheidet[62]. Schließlich ist die Voraussetzung der Interpretation angreifbar, daß ‚gut' und ‚schlecht' Qualitätsbestimmungen sind und in keiner anderen Kategorie ihren legitimen Platz haben.

Die Gegeninterpretation setzt gerade hier an. Nach ihr unterscheidet Aristoteles zwischen homonymen und nicht homonymen *contraria*, wobei die nicht homonymen *contraria* nochmals in zwei Unterarten unterschieden werden[63]. ‚Gut' ist homonym im Sinne des „von einem (Bezugspunkt) her"[64] gemäß „früher und später"[65] „von vielem"[66] „in mehrfachem Sinn"[67] Gesagtem; dasselbe gilt nach dieser Interpretation für den Gegenbegriff ‚schlecht'. Homonyma haben zwar eine „gemeinsame Benennung", nicht aber eine gemeinsame Definition[68]. Sie können also auch nicht unter einen gemeinsamen Gattungsbegriff fallen; denn sonst würde zumindest dieser von all ihren Instanzen univok prädiziert[69]. Im Anschluß an Theophrast macht Simplikios darauf aufmerksam, daß es außer den *contraria* ‚gut – schlecht' noch andere „Prinzipien von Konträrem" gibt, die ihrerseits konträr und „nicht in einer Gattung" sind. Genannt werden die Gegensätze ‚Ruhe – Bewegung', ‚Übermaß – Mangel' und ‚Gestalt – Beraubung'[70].

---

[60] In Cat., CAG 415,9–13 – CLCAG 570,26–30; CAG 415,22–28 – CLCAG 570,40–46; CAG 416,3–7 – CLCAG 571,57–62; vgl. CAG 416,8–20 – CLCAG 571,63–76.

[61] Vgl. in Cat., CAG 415,9.13–14 – CLCAG 570,26.30–31; CAG 415,32–33 – CLCAG 571,51.

[62] In Cat., CAG 415,14–15 – CLCAG 570,31–32.

[63] In Cat., CAG 414,33–415,7 – CLCAG 569–570, Zeilen 15–24. Nach Simplikios' Auskunft stammt diese Interpretation von Philosophen aus der Umgebung des Porphyrios.

[64] In Cat., CAG 415,3–4 – CLCAG 570,20–21.

[65] In Cat., CAG 415,30 – CLCAG 570,49.

[66] In Cat., CAG 415,3 – CLCAG 570,20.

[67] In Cat., CAG 415,22 – CLCAG 570,39.

[68] Aristoteles, Cat. 1, 1a1–2.

[69] Vgl. Simplicius, In Cat., CAG 415,28–30 – CLCAG 570,47–49.

[70] In Cat., CAG 415,15–19 – CLCAG 570,32–37.

Vorausgesetzt, daß auch diese Gegensätze nicht nur unter eine einzige Kategorie fallen, wäre auch auf sie die Interpretation im Sinne der Homonymie-Theorie auszudehnen.

Eine befriedigende Antwort auf die aufgeworfenen Fragen gibt jedoch auch diese Interpretation nicht. Wenn Homonyma nicht unter einen gemeinsamen Gattungsbegriff fallen, dann können sie auch nicht Gattungsbegriffe sein. Aristoteles' Formulierung wäre irreführend; nach ihr müßten ‚gut‘ und ‚schlecht‘ von ihren Instanzen univok prädiziert werden[71]. Außerdem bestätigt diese Interpretation den Konflikt mit der Begriffsbestimmung von Kontrarietät, statt ihn aufzulösen[72].

Aristoteles scheint die Bestimmungen ‚gut‘ und ‚schlecht‘ bald als Unterscheidung von Haltungen, Verfaßtheiten oder Beschaffenheiten der Kategorie des Beschaffenseins unterzuordnen, bald umgekehrt bestimmte Beschaffenheiten dem Guten und andere Beschaffenheiten dem Schlechten unterzuordnen[73]. Die Vereinbarkeit beider Ordnungen wird nicht gezeigt. Angesichts dieser Sachlage nehmen einige Interpreten ihre Zuflucht zu der Auskunft, Aristoteles spreche in der strittigen Passage gar nicht in eigenem Namen, sondern er passe sich der Auffassung der Pythagoräer an, deren ganze Theorie auf einer Lehre über einander entgegengesetzte Prinzipien beruht. Nach dieser Lehre repräsentiert in allen Gegensätzen je das „rechte“ Glied das Bessere und das „linke“ Glied das Schlechtere. Simplikios, außerstande, die Probleme, die er scharfsinnig aufgewiesen hat, zu lösen, schließt sich diesen Interpreten vorsichtig an[74].

Nochmals: Der Gegensatz ‚gut — schlecht‘ als Gegensatz von Haben und Beraubung (Simplikios)

Während sich die bisher dargestellte Diskussion mit einem einzigen Satz aus der Kategorienschrift befaßte, der gewiß so, wie er da steht, nicht zu halten ist, wirft Simplikios im folgenden, auf Aristoteles' Ausführungen über die Gegensätze zurückblickend, ein grundsätzliches Problem auf. Er fragt, ob Aristoteles' Standardbeispiele für Konträres, nämlich ‚das Gute — das Schlechte‘, ‚Trefflichkeit — Schlechtigkeit‘, ‚Tüchtigkeit — Minderwertigkeit‘, ‚Gerechtigkeit — Ungerechtigkeit‘ und ‚Gesundheit — Krankheit‘, richtig gewählt sind oder ob sie nicht eher — wie ‚Sehkraft — Blindheit‘ — sämtlich Beispiele für den Gegensatz von Haben und Beraubung sind[75].

---

[71] In Cat., CAG 415, 7–8 – CLCAG 570, 24–25.

[72] In Cat., CAG 415, 34 – 416, 2 – CLCAG 571, 52–57.

[73] In Cat., CAG 415, 8–9 – CLCAG 570, 25–26; vgl. CAG 388, 4–13 – CLCAG 529, 57–67.

[74] In Cat., CAG 415, 30 – 416, 2 – CLCAG 570–571, Zeilen 49–57; vgl. CAG 418, 6–9 – CLCAG 573, 32–35.

[75] In Cat., CAG 416, 21–28 – CLCAG 571–572, Zeilen 77–85.

Dieser Fragestellung liegt eine Bestimmung von Kontrarietät zugrunde, die zwar so nirgends in der Kategorienschrift zu finden ist, die aber als schulmäßige Fassung der aristotelischen Lehre gelten kann, daß spezifizierende Unterschiede jeweils konträr zueinander sind: *Contraria* sind „gleich stark", „gleichen Ursprungs" und jeweils „beide naturgemäß"[76]. In diesem Sinn sind z. B. weiß und schwarz oder warm und kalt konträr[77]; es handelt sich hier um Unterschiede, mit denen keine Bewertung verbunden ist. In den genannten Beispielen des Aristoteles dagegen ist je ein Glied des Gegensatzes naturgemäß, das andere aber widernatürlich (παρὰ φύσιν)[78]. Beim Schlechten, bei der Krankheit, auch bei der Ungerechtigkeit handelt es sich nach Simplikios' Auffassung um Fälle von Mißglücken, von Zufallsexistenz, von Verfehlung dessen, was naturgemäß ist (ἀποτυχίαι, παραλλάξεις, παρατροπαί, παρυποστάσεις)[79]. Zwar ist der, der z. B. eine Augenkrankheit hat, der Sehkraft nicht vollständig beraubt wie der Blinde, aber er befindet sich doch in einem Prozeß des der Sehkraft Beraubtwerdens[80]. Simplikios findet es so offensichtlich verfehlt, nur das vollständige Beraubtsein ‚Beraubung' zu nennen, das Beraubtwerden aber dem Konträren zuzuordnen[81], daß er sich fragt, wie ein solcher Fehler überhaupt zustande kommen konnte. Als Erklärung bleibt die Vermutung, daß Aristoteles und seine Nachfolger sich von der pythagoräischen Tradition nicht befreien konnten, „welche die beiden einander zugeordneten Elemente (τὰς δύο συστοιχείας), das Bessere und das Schlechtere, als konträr setzte"[82].

In seiner zurückhaltenden Art deutet Simplikios die grundsätzliche Bedeutung, die er der vorgenommenen Korrektur beimißt, nur knapp an: Wenn man, „wo etwas widernatürlich ist, eher von ‚Beraubung' als von ‚Konträrem'" spricht, dann liegt darin auch die richtige Antwort „gegen

---

[76] In Cat., CAG 416,29–30 – CLCAG 572,85–87; CAG 416,32–33 – CLCAG 572, 89–90 (ungenau übersetzt); CAG 417,8–9 – CLCAG 572,99–00; CAG 417,27 – CLCAG 573,19–20; CAG 418,15–16 – CLCAG 574,42–43.

[77] In Cat., CAG 417,8–9 – CLCAG 572,99–00.

[78] In Cat., CAG 416,33–417,1 – CLCAG 572,90–91; CAG 417,4–7 – CLCAG 572,95–99; CAG 418,1–2 – CLCAG 573,26–27; CAG 418,7 – CLCAG 574,44.

[79] In Cat., CAG 416,30–32 – CLCAG 572,87–89; CAG 417,1–4 – CLCAG 572, 91–95; CAG 417,27–29 – CLCAG 573,20–22; CAG 418,16–17 – CLCAG 574,44–45. CAG 418,5–6 – CLCAG 573,31–32 wird Iamblichos als Hauptzeuge für die Auffassung genannt, das Schlechte bestehe in einer Zufallsexistenz (ἐν παρυποστάσει) und in einem Mißglücken (ἐν ἀποτυχίᾳ). Zugleich aber bemerkt Simplikios, daß Iamblichos sich hiermit nicht gegen Aristoteles habe richten wollen; er hat zu Simplikios' Verwunderung offenbar „nicht verstanden", daß er mit dieser Theorie die aristotelische Ansicht, ‚gut' und ‚schlecht' seien konträr, aus den Angeln hebt (CAG 418,4–6 – CLCAG 572,29–32).

[80] In Cat., CAG 417,9–29 – CLCAG 572–573, Zeilen 1–22.

[81] In Cat., CAG 417,12–15 – CLCAG 572,3–7.

[82] In Cat., CAG 418,3–9, zitiert 418,7–8 – CLCAG 573,28–35, zitiert 573,32–34.

die, die das Schlechte als Prinzip setzen"[83]. Man kann versuchen, in derselben Richtung weiterzudenken. Liegt nicht in dem Vorschlag, das Schlechte als Beraubung zu fassen, auch die richtige Antwort auf die im vorigen Abschnitt diskutierten Probleme? Die Thesen, daß (1) *contraria* das jeweils in einer Gattung am meisten Unterschiedene sind und daß (2) ,gut' und ,schlecht' überkategoriale und also homonyme (analoge) Prädikate sind, stehen nur dann in Konflikt miteinander, wenn der Gegensatz ,gut – schlecht' als konträrer Gegensatz gilt. Der Konflikt ist beseitigt, wenn die zweite These eine andere Gegensatzart, nämlich den Gegensatz von Haben und Beraubung, betrifft.

Allerdings hat auch Simplikios' Korrekturvorschlag einen Makel. Die glatte Konsistenz ist nicht ohne Preis erkauft. Geschwunden ist die ursprüngliche Phänomeneinsicht, von der Aristoteles ausgegangen war: In der Ethik verwendet man die Bestimmungen ,gut' und ,schlecht', um Haltungen oder Einstellungen, aus denen heraus jemand handelt, zu spezifizieren. Schlechtigkeit wie auch besondere Fehlhaltungen wie Ungerechtigkeit oder Feigheit sind keine Weisen des zufälligen Mißglückens von Trefflichkeit bzw. von Gerechtigkeit oder Tapferkeit. Sofern über menschliches Handeln gesprochen wird, ist die Zuordnung des Gegensatzes ,gut – schlecht' zu dem Gegensatztyp ,Kontrarietät' zutreffender als die Zuordnung zum Gegensatztyp ,Haben – Beraubung'.

Ungelöste Fragen

Wenn man mit dem differenzierten Instrumentarium der aristotelischen Gegensatztheorie den Gegensatz ,gut – schlecht' untersucht, kommt man nicht um das Eingeständnis herum, daß das Schlechte dem Guten nicht stets in derselben Weise entgegengesetzt ist. Die diskutierten Verallgemeinerungen, sowohl die, ,gut' und ,schlecht' seien stets wie Haben und Beraubung entgegengesetzt', als auch die, ,gut' und ,schlecht' seien typischerweise konträr, erweisen sich als kontraintuitiv. Gesucht ist eine Theorie, die genau bestimmt, wann, in welchen Bedeutungsformen und Verwendungsweisen, der Gegensatz von ,gut' und ,schlecht' als Gegensatz von Haben und Beraubung und wann er als konträrer Gegensatz aufzufassen ist. In den aus den Kommentaren des Johannes Philoponos und des Simplikios zur Kategorienschrift referierten Passagen wird die Verschiedenheit dieser Gegensatzarten betont. Aristoteles hatte eher ihre Verwandtschaft, die „Rückführbarkeit" der Kontrarietät auf den Gegensatz von Haben und Beraubung, unterstrichen, ohne jedoch das Verhältnis zwischen beiden Gegensatzarten ganz klar begreifbar zu machen. Hier ist anzusetzen. Im Ausgang von der Bestimmung des Schlechten als Beraubung ist begründend

---

[83] In Cat., CAG 418,1–3 – CLCAG 573,26–28.

zu erklären, unter welchen Bedingungen es angemessen ist, von der Entgegensetzung ‚Haben – Beraubung' zur Entgegensetzung ‚Kontrarietät' überzugehen, und was dieses Übergehen genau bedeutet[84].

Thomas von Aquins Problemlösung

Im folgenden soll nachgewiesen werden, daß sich aus Untersuchungen des Thomas von Aquin eine Theorie des Gegensatzes ‚gut – schlecht' gewinnen läßt, die die dargestellten Probleme überzeugend löst. Diese Theorie tritt freilich bei Thomas nirgends in den Vordergrund. Die Analyse der logischen Struktur des Gegensatzes zwischen ‚gut' und ‚schlecht' bildet nicht das Thema einer Abhandlung oder eines Artikels, sondern sie gehört zum Argumentationsinstrumentarium, mittels dessen theologische und philosophische Sachfragen präzisiert, geklärt und beantwortet werden. Auf diesen Argumentationshintergrund richten wir unsere Aufmerksamkeit, um die Konsistenz und Erschließungskraft von Thomas' Theorie des Guten und des Schlechten zu erweisen.

‚Gut' als transzendentales Prädikat

Die Transzendentalienlehre als Grundlage dieser Theorie muß als bekannt vorausgesetzt werden. Nur die für unser Vorhaben unerläßlichen Bestimmungen seien in möglichster Kürze erinnert[85]. ‚Gut' gehört zu den überkategorialen, mit ‚seiend' konvertiblen Bestimmungen. In ihnen wird etwas ausgedrückt, was in der Bezeichnung ‚seiend' nicht ausgedrückt ist. Die transzendentalen Prädikate fügen zu ‚seiend' keinen neuen Sachgehalt hinzu; denn ‚seiend' umfaßt alle Sachgehalte. Sie bezeichnen auch keine besondere Seinsweise. Das durch sie zu ‚seiend' Hinzugefügte ist eine begriffliche Artikulation eines Sinngehalts.

Der durch ‚gut' zu ‚seiend' hinzugefügte begriffliche Aspekt wird ausgelegt als Zielhaftigkeit.

„Der Sinngehalt von ‚gut' besteht darin, daß etwas geeignet ist, ein anderes zielhaft zu vollenden."[86]

---

[84] Beiläufig sei darauf hingewiesen, daß die deutsche Sprache einen ähnlichen Ansatz nahelegt. Als „Übel" ist das Schlechte Beraubung des Guten, als „Böses" konträrer Gegensatz zum Guten. Beide Verwendungsweisen sind aber nicht ohne Bezug zueinander: Das Böse ist selbst ein Übel.

[85] Thomas von Aquin, De ver. q. 1 a. 1; q. 21 a. 1; vgl. S. th. I q. 5 a. 1.

[86] De ver. q. 21 a. 2: *Cum ratio boni in hoc consistat quod aliquid sit perfectivum alterius per modum finis, omne illud quod invenitur habere rationem finis habet etiam rationem boni.* Vgl. q. 21 a. 1: *Primo et principaliter dicitur bonum ens perfectivum alterius per modum finis; sed secundario dicitur aliquod bonum quod est ductivum in finem.*

In dieser Explikation des Sinngehalts von ‚gut‘ wird ein Verhältnis zwischen einem vollendeten Ziel und einem „anderen“, das vollendbar ist, gesetzt. Dieses Verhältnis muß nicht ein Diskrepanzverhältnis sein. Im Gegenteil: Wenn ‚gut‘ nur begriffliche Explikation von ‚seiend‘ ist, nichts, was zu ‚seiend‘ noch real hinzugefügt werden könnte, dann ist auch die Unterscheidung zwischen dem vollendenden Ziel und dem durch dieses Ziel vollendbaren „Anderen“ nur begrifflich. Sofern das „Andere“ ist, ruht es auch im Ziel und ist es auch gut[87]. Nun besagt ‚Sein‘ für Thomas ‚Aktualität‘; ihr gegenüber steht ‚Potentialität‘. Erst aus dieser Spannung zwischen Potentialität und Aktualität resultiert die mögliche Diskrepanz zwischen dem Vollendbaren und seiner Vollendung. Einzig Gott, der reine Aktualität ist, der nicht nur am Sein teilhat, sondern das Sein selbst ist, ist ganz gut ohne jede Möglichkeit der Beimischung eines Schlechten[88]. Für alles Geschaffene gilt: Es ist gut in dem Maße, in dem es aktual ist; es ist aber nicht „schlechthin gut“, sofern ihm Potentialität beigemischt ist. Thomas nennt das Gutsein, das jedem Seienden zukommt, sein „wesenhaftes Gutsein“ (*bonitas essentialis, bonitas substantialis*); er betont, daß etwas gemäß diesem wesenhaften Gutsein nur „in einer bestimmten Hinsicht“ (*secundum quid*) ‚gut‘ genannt werde. Zum Gutsein schlechthin würde gehören, daß etwas auch in seinen akzidentellen Bestimmungen vollendet ist[89].

‚Schlecht‘ ist in diesen metaphysischen Erörterungen überall nur der privative Gegenbegriff zu ‚gut‘. Schlechtigkeit ist nichts anderes als mangelnde Vollendung[90].

Die einem Ding eigentümlich zukommende Vollendung – Schlechtigkeit als Mangel

„Offenkundig ist nicht allen Dingen ein und dieselbe Vollendung eigen, sondern verschiedenen Dingen eine je verschiedene.“[91] Wenn ‚gut‘ von einem bestimmten Seienden prädizierbar sein soll, dann muß in die allgemeine Sinnbestimmung (*ratio communis*) von ‚gut‘ eine Differenzierungsanweisung eingearbeitet werden, die anzeigt, daß das Prädikat ‚gut‘ im Verhältnis zu dem Subjekt, von dem es ausgesagt wird, bestimmt aufzufassen ist. Thomas spricht von der einem Ding (*res*) je „eigentümlichen

---

[87] De ver. q. 21 a. 2: *Ipsum . . . esse habet rationem boni, unde sicut impossibile est quod sit aliquod ens quod non habeat esse, ita necesse est ut omne ens sit bonum ex hoc ipso quod esse habet.*

[88] Vgl. S. c. g. I cc. 37–41, besonders c. 39; De ver. q. 21 a. 5; De malo q. 1 a. 2.

[89] De ver. q. 21 a. 5, c. a. und ad 1; S. th. I q. 5 a. 1 ad 1.

[90] Vgl. De malo q. 1 aa. 1–2; S. th. I q. 48 aa. 1–4; S. c. g. III c. 7.

[91] De malo q. 2 a. 4: *Manifestum est autem quod non est eadem perfectio propria omnium, sed diversa diversorum.*

Vollendung"[92] oder von dem einem Ding „entsprechenden" Gutsein[93].
Durch diese Differenzierungsanweisungen wird zum einen angezeigt,
daß Dingen unterschiedlicher Art auch eine unterschiedliche Vollendung
„wesenhaft" zukommt. Sie zeigen aber weiter auch an, daß wir durch das
Prädikat ‚gut' bestimmte Individuen im Hinblick auf bestimmte Eigenschaften, Verhaltensweisen oder Tätigkeiten auszeichnen können. Wird ein
bestimmtes Individuum ‚schlecht' genannt, so ist damit gemeint, daß ihm
etwas fehlt, was ihm „von Natur zugehört und was es besitzen soll"[94].
Besonders im Hinblick auf Akte, Tätigkeiten oder Vollzüge gebraucht
Thomas die Begriffe ‚konvenient' und ‚inkonvenient'. Der Sinngehalt von
‚gut' und ‚schlecht' kann differenzierend folgendermaßen expliziert werden:

> Ein Akt ist in dem Maße gut, in dem er „der Natur des Agierenden
> konvenient ist";
> er ist in dem Maße schlecht, in dem er der Natur des Agierenden
> nicht konvenient ist[95].

Wenn wir eine Verhaltensweise, eine Eigenschaft oder einen Akt eines
Tieres ‚gut' oder ‚schlecht' nennen, dann ist – ausgeschlossen den Fall,
in dem wir nur die Brauchbarkeit für unsere eigenen Zwecke im Auge
haben – damit gemeint, daß die entsprechenden Organe in Ordnung oder
nicht in Ordnung, gesund oder krank sind. Wir beziehen uns auf die
spezifische Natur des Subjekts, von dem wir sprechen. Die Prädikate ‚gut'
und ‚schlecht' selbst haben keinen spezifizierenden Sinn[96]. Der Gegensatz
ist der von Haben und Beraubung, nicht der der Kontrarietät.

‚Gut' und ‚schlecht' als konträre Spezifikationen von Gegenständen menschlichen Handelns: Begriffsbestimmung

In der Ethik jedoch sind nach Thomas ‚gut' und ‚schlecht' als einander
konträr aufzufassen. Wenn wir menschliche Verhaltens- oder Handlungs-

---

[92] De malo q.1 a.2: *Quamvis autem quodcumque ens, sive in actu, sive in potentia,
absolute bonum dici possit, non tamen ex hoc ipso quaelibet res est bonum hoc. . . . Tunc
dicitur aliquid bonum hoc, quando habet perfectionem propriam.*
[93] Vgl. z.B. De malo q.2 a.4.
[94] Vgl. z.B. S.c.g. III c.6, n.1899: *Malum quidem in substantia aliqua est ex eo quod
deficit ei aliquid quod natum est et debet habere*; c.7, n.1911: *Malum . . . nihil est aliud
quam privatio eius quod quis natus est et debet habere.*
[95] De malo q.2 a.4: *In rebus autem naturalibus actus bonus est qui est secundum convenientiam naturae agentis, malum autem qui non convenit naturae agentis.* Vgl. S.th. I–II
q.18 a.1.
[96] Vgl. S.th. I–II q.18 a.1: *De bono et malo in actionibus oportet loqui sicut de bono
et malo in rebus: eo quod unaquaeque res talem actionem producit, qualis est ipsa.* Im Argument 1 des Artikels 5 derselben *quaestio* wird dieser Satz als Obersatz mit folgendem Unter-

weisen ‚gut' oder ‚schlecht' nennen, dann haben diese Prädikate spezifizierenden Sinn. Thomas ist sich klar darüber, daß er für diese These Argumente beibringen und starke Gegenargumente entkräften muß[97]. Er tut dies, indem er die Vernunft als Tätigkeitsprinzip von den Tätigkeitsprinzipien nicht-vernunftbegabter Wesen unterscheidet.

Im eigentlichen Sinn menschliche Handlungen (*actiones proprie humanae*) sind Handlungen, die aufgrund von Vernunfterwägungen gewollt sind[98], deren Inhalt der Handelnde also aufgrund von Überlegung bestimmt. Das, was eine Art von Handlungen von anderen Handlungsarten unterscheidet, nennt Thomas den „Gegenstand" (*obiectum*) der Handlung[99]. ‚*Obiectum*' ist in seinem Sprachgebrauch stets ein Relationsbegriff: Objekt ist etwas in bezug auf ein Tätigkeitsprinzip[100]. Die Frage, ob eine Differenz im Objektbereich Handlungsarten spezifisch unterscheidet oder nur beiläufig ist, ist deshalb nur im Rückbezug auf das Tätigkeitsprinzip zu entscheiden[101].

Die Frage nach dem Charakter der Differenz zwischen guten und schlechten menschlichen Handlungen läßt sich nun folgendermaßen formulieren: Läßt sich aus dem vernünftigen Wollen als Tätigkeitsprinzip eine Unterscheidung zwischen solchen Handlungsgegenständen, welche der Art nach gut sind, und solchen Handlungsgegenständen, welche der Art nach schlecht sind, gewinnen? Gibt es darüber hinaus eine Art von vernünftig gewollten Handlungsinhalten, so daß diese Inhalte weder gut noch schlecht im spezifischen Sinne sind[102]?

Der Handlungsgegenstand ist dasselbe wie das unmittelbar intendierte Handlungsziel. Daß Prozesse und Akte aus ihrem Ziel spezifiziert werden, gilt allgemein. Zumindest bei Lebewesen besteht die Antwort auf die Frage

---

satz verbunden: *Sed in rebus bonum et malum non diversificant speciem: idem enim specie est homo bonus et malus.* Daraus wird gefolgert, daß ‚gut' und ‚schlecht' auch als Aktprädikate nicht spezifizieren. Diese Folgerung gilt für Thomas innerhalb der Naturphilosophie.

[97] Vgl. S. th. I–II q. 18 a. 5 arg. 2; De malo q. 2 a. 4 arg. 8, arg. 10.

[98] S. th. I–II q. 1 a. 1: *Actionum quae ab homine aguntur, illae solae proprie dicuntur humanae, quae sunt propriae hominis inquantum est homo. Differt autem homo ab aliis irrationalibus creaturis in hoc, quod est suorum actuum dominus. Unde illae solae actiones vocantur proprie humanae, quarum homo est dominus. Est autem homo dominus suorum actuum per rationem et voluntatem. . . . Illae ergo actiones proprie humanae dicuntur, quae ex voluntate deliberata procedunt. Si quae autem aliae actiones homini conveniant, possunt dici quidem hominis actiones; sed non proprie humanae, cum non sint hominis inquantum est homo.* Vgl. q. 18 a. 5; De malo q. 2 a. 4; S. c. g. III c. 9.

[99] Vgl. S. th. I–II q. 18 a. 2; a. 5.

[100] Vgl. hierzu besonders instruktiv die wissenschaftstheoretischen Quaestionen in Thomas' Kommentar *In Boethium De Trinitate*, besonders q. 5 a. 1.

[101] Eine bestimmte Objektdifferenz kann bezogen auf ein Tätigkeitsprinzip Akte spezifizieren, bezogen auf ein anderes Tätigkeitsprinzip aber beiläufig sein. Vgl. De malo q. 2 a. 4; S. th. I–II q. 18 a. 5.

[102] Vgl. De malo q. 2 a. 4; S. th. I–II q. 18 a. 8.

‚Was ist das für eine Art von Prozeß?' nicht in einer bloßen Beschreibung, sondern in der Angabe des Nächstzieles, dem dieser Prozeß dient[103]. Für den Menschen charakteristisch ist, daß er Ziele nicht nur erfaßt – dies tun auch Tiere, wenn sie auf Nahrung aus sind oder vor Bedrohung Schutz suchen –, sondern daß er sie als solche erfaßt. Er versteht, was ‚Ziel' heißt (*ratio finis*), und dieses Verständnis ist die Bedingung dafür, daß er wollend seine Ziele bestimmen kann[104]. Wegen der aufgewiesenen engen Verbindung zwischen dem Zielbegriff und der Explikation dessen, was ‚gut' heißt, kann auch gesagt werden: Nur der Mensch versteht, was ‚gut' heißt, und dieses Verständnis ist die Bedingung dafür, daß er entscheiden kann und muß, worein er – hier und jetzt oder auch langfristig – sein Gut zu setzen wählt[105]. In jeder Handlung (und in jeder Unterlassung) wird hierüber entschieden. Die Frage ‚Was tust du? Was ist das für eine Handlung?' wird zwar zunächst inhaltlich durch Angabe des intendierten Ziels beantwortet. Wenn – was noch nicht gezeigt ist – sich aber Handlungen durch die Unterscheidungen ‚gut', ‚schlecht', ‚indifferent' spezifizieren lassen, dann ist dies die letztlich relevante Spezifikation[106].

Der Begriff der guten, der schlechten und der indifferenten Handlung ergibt sich, wenn man in die oben allgemein in bezug auf Akte eingeführten Explikationen als Tätigkeitsprinzip die Vernunft einsetzt:

> Eine menschliche Handlung ist der Art nach genau dann gut, wenn der Handlungsgegenstand etwas einschließt, was der Vernunft konvenient ist.
> Eine menschliche Handlung ist der Art nach genau dann schlecht, wenn der Handlungsgegenstand etwas einschließt, was der Vernunft widerstreitet.
> Eine menschliche Handlung ist der Art nach genau dann indifferent, wenn der Handlungsgegenstand weder etwas einschließt, was der Vernunft konvenient ist, noch etwas, was ihr widerstreitet[107].

Der Weg zum Erweis von Thomas' These, daß bezüglich menschlicher Handlungen ‚gut' und ‚schlecht' konträre, spezifizierende Bestimmungen sind, führt über den Nachweis der Erfüllbarkeit dieser Begriffe. Es wird

---

[103] Vgl. S. th. I–II q. 1 aa. 2–3.
[104] S. th. I–II q. 1 a. 2.
[105] Vgl. S. th. I–II q. 1 a. 2 ad 3.
[106] Vgl. S. th. I–II q. 1 a. 3 ad 3.
[107] De malo q. 2 a. 5: *Est autem aliquod obiectum quod importat aliquid conveniens rationi, et facit esse bonum ex genere, sicut vestire nudum; aliquid autem obiectum quod importat aliquid discordans a ratione, sicut tollere alienum, et hoc facit malum in genere; quoddam vero obiectum est quod neque importat aliquid conveniens rationi, neque aliquid a ratione discordans, sicut levare festucam de terra, vel aliquid huiusmodi; et huiusmodi dicitur indifferens.*

sich zeigen, daß für diesen Nachweis eine genauere Erklärung des Kriteriums ‚der Vernunft konvenient' erforderlich ist.

Um Mißverständnisse auszuschließen, soll zuvor noch geklärt werden, was mit dem Begriff der der Art nach indifferenten Handlung genau gemeint ist. Nicht jedes Tun von Menschen ist eine im eigentlichen Sinn menschliche Handlung. Wenn jemand unüberlegt und unwillkürlich, ohne damit überhaupt etwas zu wollen, seine Hand oder seinen Fuß bewegt, so ist dies gewiß im allgemeinsten Sinn ein Tun dieses Menschen. Aber solches Tun ist dem von Thomas vorgeschlagenen Unterscheidungskriterium nicht zugänglich. Es liegt vor der Differenz zwischen ‚der Art nach gut' und ‚der Art nach schlecht'[108]. Ähnliches gilt für das Handeln von Kindern. Die angegebenen Definitionen betreffen nur solche Handlungen, über die der Handelnde Herr ist[109] und die ihm deshalb zugerechnet werden können. Die Definition der der Art nach indifferenten Handlung ist also durch unwillkürliche oder unzurechenbare Handlungen nicht erfüllt; gefragt ist vielmehr, ob und in welchem Sinn es ein menschliches, verantwortliches Handeln gibt, das in der Differenz von gut und schlecht steht, aber weder der Art nach gut noch der Art nach schlecht ist[110].

‚Schlecht' als Spezifikation: Erfüllbarkeitsnachweis

Da der Zwischenbereich des der Art nach Indifferenten nur negativ durch Abgrenzung gegen die Extreme bestimmt ist, ist es logisch vorrangig, den Erfüllbarkeitsnachweis für diese Extrembegriffe zu erbringen. Problematisch scheint dieser Nachweis für die der Art nach schlechten Handlungen. Wie kann es aufgrund von vernünftiger Überlegung gewollte Handlungsgegenstände geben, die etwas einschließen, was der Vernunft widerstreitet?

Alles, was gewollt wird, wird notwendigerweise als ein Gutes (sub ratione boni) gewollt, und alles, was als ein Gutes aufgefaßt wird, ist auch in irgendeiner Hinsicht erstrebenswert, also gut[111]. Dächte man sich eine vollkommen isolierte Handlung, die keine weiteren Folgen für den Handelnden hätte und auch sonst niemanden beträfe, so gäbe es kein Kriterium, sie als schlecht zu beurteilen. Aber gerade dieser Gedanke ist unmöglich; es handelt sich um eine Abstraktion, die das Phänomen des Handelns verfehlt. Die Realisierung einer beliebigen Handlung impliziert zumindest,

---

[108] Vgl. S. th. I–II q. 1 a. 1 (zitiert oben Anm. 98); ibid. arg. 3 und ad 3; De malo q. 2 a. 5 mit ad 6; S. th. I–II q. 18 a. 9.

[109] Vgl. S. th. I–II q. 1 a. 1; q. 6 a. 2 ad 2; q. 21 a. 2.

[110] Vgl. S. th. I–II q. 18 a. 5: Dicuntur . . . aliqui actus humani, vel morales, secundum quod sunt a ratione.

[111] Vgl. S. th. I–II q. 8 a. 1: Voluntas est appetitus quidam rationalis. Omnis autem appetitus non est nisi boni. Vgl. q. 19 a. 1 arg. 1 und ad 1; S. c. g. III cc. 3–6.

daß eine andere Handlung, die statt ihrer möglich gewesen wäre, unrealisiert bleibt. Die unrealisierte Handlung aber hätte sich ebenfalls auf etwas gerichtet, was mindestens in irgendeiner Hinsicht ein Gutes ist, vielleicht ein Besseres. Aus der einfachen Tatsache, daß der Handlungswille je partikulär ist, folgt also, daß der Vernunftanteil an ihm nicht darauf beschränkt sein kann, nur etwas als gut vorzustellen, sondern eine Abwägung zwischen verschiedenen Handlungsobjekten impliziert. Die ausführliche Fassung der Definition der der Art nach schlechten Handlung lautet deshalb, daß ihr Handlungsgegenstand etwas einschließt, was der Ordnung der Vernunft widerstreitet[112]. Entsprechend sind die Definitionen für der Art nach gute und der Art nach indifferente Handlungen zu ergänzen.

Der Nachweis, daß ‚schlecht' bezüglich menschlichen Handelns spezifische Differenz sein kann, besteht in folgenden Momenten: Eine schlechte Handlung ist möglich, sofern ihr Gegenstand in irgendeiner Hinsicht als gut vorgestellt werden kann. Sie ist schlecht, sofern der Gegenstand der Vernunftordnung widerstreitet. ‚Schlecht' kann spezifische Differenz sein, sofern das Gewollte „etwas Positives" ist, nämlich ein bestimmter Handlungsgegenstand[113].

Bemerkungen zur inhaltlichen Füllung des Begriffs ‚Vernunftordnung'

Auf die Art und Weise, wie Thomas den *ordo rationis* inhaltlich bestimmt, kann hier nur kurz eingegangen werden. Die Beispiele, die Thomas konstant für spezifisch gute, spezifisch schlechte und spezifisch indifferente Handlungen verwendet, lauten: „dem Bedürftigen Almosen geben" oder „den Nackten bekleiden" für ‚gut', „Fremdes wegnehmen" für ‚schlecht', „aufs Feld gehen" oder derartiges für ‚indifferent'[114]. Diese Beispiele zeigen, daß nach Thomas' Auffassung zur inhaltlichen Füllung des Begriffs der Vernunftordnung der Bezug auf den Mitmenschen gehört. Thomas rechtfertigt seine Beispielwahl nicht ausführlich. Es genügt ihm, darauf

---

[112] S. th. I–II q. 18 a. 8: *Actus humanus, qui dicitur moralis, habet speciem ab obiecto relato ad principium actuum humanorum, quod est ratio. Unde si obiectum actus includat aliquid quod conveniat ordini rationis, erit actus bonus secundum suam speciem, sicut dare eleemosynam indigenti. Si autem includat aliquid quod repugnet ordini rationis, erit malus actus secundum speciem, sicut furari, quod est tollere aliena. Contingit autem quod obiectum actus non includit aliquid pertinens ad ordinem rationis, sicut levare festucam de terra, ire ad campum, et huiusmodi: et tales actus secundum speciem suam sunt indifferentes.*

[113] S. th. I–II q. 18 a. 5 ad 2: *Dicitur . . . malus actus secundum suam speciem, non ex eo quod nullum habeat obiectum sed quia habet obiectum non conveniens rationi, sicut tollere aliena. Unde inquantum obiectum est aliquid positive, potest constituere speciem mali actus.* Vgl. De malo q. 1 a. 1 ad 12; q. 2 a. 4 ad 8; q. 2 a. 5 ad 3; S. c. g. III cc. 8–9.

[114] Vgl. De malo q. 2 a. 5 (zitiert oben Anm. 107); S. th. I–II q. 18 a. 8 (zitiert oben Anm. 112).

hinzuweisen, daß die Vernunft, mit der die gute Handlung übereinstimmt und mit der die schlechte Handlung in Widerstreit steht, die „durch das göttliche Gesetz entweder auf natürliche Weise oder durch Belehrung oder durch gnadenhafte Eingießung geformte Vernunft" ist[115]. Man kann für Thomas' Beispielwahl auf der Grundlage des bereits erwähnten Nicht-isolierbarkeits-Axioms argumentieren. Menschliches Handeln und Unterlassen betrifft nicht nur den Handelnden, sondern normalerweise auch andere, die wir ‚seine Nächsten' nennen können. Wie wir durch eigenes Handeln das Wohlergehen anderer fördern oder beeinträchtigen können, so sind wir auch in unserem eigenen Wohlergehen von Tun und Lassen anderer abhängig. Für die Vernunftordnung, aufgrund derer entscheidbar sein soll, welche Handlungsinhalte der Art nach gut, welche der Art nach schlecht und welche der Art nach indifferent sind, ist das Faktum des sozialen Miteinanders konstitutives Moment. Dieses Faktum ist Rechtfertigungsgrund für die Maxime, beim Abwägen möglicher Handlungsinhalte das Wohl des Nächsten zu berücksichtigen[116]. Ein Handeln, das ausdrücklich aus dieser Maxime entspringt, nennen wir ‚gut' oder zumindest ‚gut gemeint'; ein Handeln, das ausdrücklich gegen diese Maxime verstößt, nennen wir ‚schlecht' oder ‚böswillig'.

Thomas füllt den Begriff ‚Vernunftordnung' durch eine sehr differenzierte Darstellung der guten und schlechten menschlichen Grundhaltungen, der Tugenden und Laster, inhaltlich aus[117]. Die Tugenden und die aus ihnen hervorgehenden Handlungen entsprechen der Vernunftnatur des Menschen; die Laster und die aus ihnen hervorgehenden Handlungen widerstreiten ihr[118]. Es muß hier genügen, die anthropologischen Positionen zu nennen, die Thomas' Abhandlungen über die einzelnen positiven und negativen Haltungen zugrunde liegen. Es ist der rationalen Natur des Menschen angemessen, die eigenen Triebkräte (*passiones*) zu lenken und das erkannte Gute auch zu vollbringen; dem entsprechen die Tugenden des Maßes und der Tapferkeit. Es ist der sozialen Natur des Menschen angemessen, das Wohl seines Nächsten zu respektieren; dem entspricht die Tugend der

---

[115] De malo q. 2 a. 4: *Loquimur autem nunc de actibus hominis: unde bonum et malum in actibus, secundum quod nunc loquimur, est accipiendum secundum id quod est proprium hominis in quantum est homo. Haec autem est ratio, unde bonum et malum in actibus humanis consideratur secundum quod actus concordat rationi informatae lege divina, vel naturaliter, vel per doctrinam, vel per infusionem.*

[116] Zum Versuch, den Begriff des Nächsten philosophisch zu adaptieren, vgl. G. H. von Wright, The Varieties of Goodness, London – New York 1963, X, § 5; I. Craemer-Ruegenberg, Moralsprache und Moralität. Zu Thesen der Sprachanalytischen Ethik. Diskussion, Kritik, Gegenmodell, Freiburg-München 1975, VI, besonders 148–149; 156–160.

[117] Vgl. Dom O. Lottin, L'ordre moral et l'ordre logique d'après saint Thomas d'Aquin, in: Annales de l'Institut Supérieur de Philosophie 5 (1924) 301–399, besonders 323, 332–333, 389–392.

[118] Vgl. S. th. I–II q. 54 a. 3.

Gerechtigkeit, die bei Thomas nicht eng legalistisch gefaßt wird, sondern das gesamte Sozialverhalten des Menschen betrifft. Das allgemein als gut Erkannte muß konkret in situationsangemessene Einzelhandlungen umgesetzt werden; dem entspricht die Tugend der Klugheit. Es ist der kontingenten Natur des Menschen angemessen, anzuerkennen, daß er als Bild Gottes geschaffen ist; dem entsprechen die theologischen Tugenden des Glaubens, der Hoffnung und der Liebe.

Beurteilung von Handlungsarten und Beurteilung von Einzelhandlungen

Bisher wurde erörtert, welche Arten von Handlungsinhalten allgemein als gut, welche allgemein als schlecht und welche weder allgemeingültig als gut noch allgemeingültig als schlecht zu beurteilen sind. Bei der Beurteilung konkreter Einzelhandlungen kommen – außer dem Handlungsobjekt – weitere Momente zur Geltung: das Motiv des handelnden Individuums und die Situation, in welcher die Handlung geschieht[119]. Wenn z.B. jemand Almosen gibt, nur weil er sich davon Reputation verspricht, wird man seine Handlungsweise nicht einfachhin ,gut' nennen. Das Urteil über einen Diebstahl wird sich zumindest mildern, wenn er begangen wird, um die Not eines Nächsten zu lindern[120]. Dieser letzterwähnte Fall kann andererseits auch als Beispiel dafür gelten, daß ein schlechtes Mittel einen guten Zweck korrumpiert. Bei der Handlungsbeurteilung können ferner auch Umstände der Quantität oder des Ortes und der Zeit eine Rolle spielen. Ein Bankeinbruch wird anders beurteilt als ein Ladendiebstahl; der Kirchenraub gilt nicht einfach als Diebstahl, sondern als Sakrileg.

Dieser sehr weitgehenden Konkretisierung steht aber eine Schwierigkeit entgegen. Umstände sind Akzidentien der menschlichen Handlung[121]. Kennzeichnend für die theoretische Philosophie ist – jedenfalls nach aristotelischer Konzeption, die Thomas übernimmt – die strikte Scheidung zwischen Wesensbestimmtheit und akzidentellen Bestimmungen. Zwar sind auch die Naturdinge als Gegenstände der theoretischen Philosophie konkret gegeben nur in ihrer akzidentellen Bestimmtheit; die Aufgabe der Theorie ist aber hier gerade, aus den individuellen Konkretionen die Wesenheit zu abstrahieren[122]. Kann die Theorie der Praxis anders ver-

---

[119] Der Betrachtung der Umstände widmet Thomas bereits in den Grundlegungsquaestionen der Moraltheologie eine ganze *quaestio*, S. th. I–II q. 7. Vgl. besonders a. 2, *Utrum circumstantiae humanorum actuum sint consideranda a theologo.* Vgl. weiter S. th. I–II q. 18 a. 3; De malo q. 2 aa. 6–8.

[120] Vgl. S. th. I–II q. 18 a. 4 arg. 3 und ad 3.

[121] Vgl. S. th. I–II q. 7 a. 1; q. 18 a. 3 arg. 2; q. 88 a. 5.

[122] Zur differenzierteren Bestimmung der Abstraktionsarten vgl. die wissenschaftstheoretischen Quaestionen *In Boethium De Trinitate*, besonders q. 5 a. 3.

fahren? Muß nicht auch sie gleichsam eine „letzte Wesensform" fixieren und die individuellen Besonderheiten aus der Betrachtung ausklammern? Wie ist es zu verstehen, daß eine aufgrund ihres Inhalts allgemeingültig als gut bestimmte Handlung im besonderen Fall wegen des subjektiven Tatmotivs nicht mehr gut, sondern schlecht sein soll? Wie ist es zu verstehen, daß eine bestimmte Art von Verfehlung wegen eines bloßen Situationsumstandes in eine andere Art von Verfehlung übergehen können soll?

Vor besonders augenfällige Probleme stellt Thomas' Auffassung von der indifferenten Handlung. Thomas' These ist nämlich, daß jede spezifisch indifferente Handlung „wegen irgendeines Umstands" doch entweder gut oder schlecht ist[123], so daß es also eine individuelle Handlung, die indifferent ist, nicht gibt. Verwickelt sich Thomas hier nicht in einen Widerspruch, sofern er eine Art von Handlung behauptet, die kein Individuum enthält, also unerfüllbar ist[124]?

Thomas verteidigt die These, daß „ein Umstand eine Spezies des guten und schlechten Aktes konstituieren kann"[125]. Das Theoriemodell der naturphilosophischen Wesensbetrachtung ist nicht auf die praktische Philosophie übertragbar. Menschliche Handlungen sind anders konstituiert als Naturdinge. Während die Vernunft hinsichtlich der Naturdinge deren metaphysische Konstitution und spezifische Bestimmtheit lediglich abstrahierend erfaßt, hat sie die Konstitution und Bestimmung ihrer eigenen Akte selbst zu vollbringen.

„Wie die Arten der Naturdinge aus natürlichen Formen konstituiert sind, so werden die moralischen Handlungen aus Formen, sofern sie von der Vernunft (selbst) konzipiert sind, konstituiert. . . . Weil aber die Natur auf eines determiniert ist und weil der Naturprozeß nicht ins Unendliche gehen kann, gelangt man notwendig zu einer letzten Form, aus der die spezifische Differenz zu entnehmen ist, nach welcher es eine weitere spezifische Differenz nicht geben kann. Und daher kommt es, daß in den Naturdingen das, was Akzidenz für eine Sache ist, nicht als Differenz, welche eine Art konstituiert, aufgefaßt werden kann. Der Fortgang der Vernunft dagegen ist nicht auf eines determiniert, sondern die Vernunft kann über jede Gegebenheit stets weiter fortschreiten. Daher kann das, was bezüglich eines Aktes als ein Umstand aufgefaßt wird, welcher dem die Art des Aktes bestimmenden Gegenstand (nur) hinzugefügt ist, von der ordnenden Vernunft selbst wieder als relevante Bestimmung (principalis conditio) des die Art des Aktes bestimmenden Gegenstandes aufgefaßt werden."[126]

---

[123] S.th. I–II q. 18 a. 9: *Oportet quod quilibet individualis actus habeat aliquam circumstantiam per quam trahatur ad bonum vel malum.* De malo q. 2 a. 5: *Si . . . loquamur de actu morali secundum individuum, sic quilibet particularis actus moralis necesse est quod sit bonus vel malus propter aliquam circumstantiam.*

[124] Vgl. S.th. I–II q. 18 a. 9 arg. 1.

[125] S.th. I–II q. 18 a. 10: *Utrum aliqua circumstantia constituat actum moralem in specie boni vel mali.*

[126] S.th. I–II q. 18 a. 10.

Genau dies ist z. B. der Fall, wenn ein Diebstahl durch den Ort, an dem er stattfindet, als Sakrileg beurteilt wird.

„Wann immer (also) ein Umstand eine(n) spezielle(n) (Aspekt der) Vernunftordnung betrifft, sei es, daß er ihr gemäß ist, sei es, daß er ihr widerstreitet, muß dieser Umstand dem guten oder schlechten moralischen Akt eine (neue) Spezies geben."[127]

Der Übergang von der Beurteilung einer Handlung aus dem, was im Handlungsobjekt der Vernunftordnung konvenient oder inkonvenient ist, zur Einbeziehung der jeweiligen Handlungsumstände und des persönlichen Motivs des Handelnden ist kein Übergang zu einer neuen Art von Betrachtung[128], sondern ein Übergang von der Beurteilung abstrakter Typen von Handlungen zur Betrachtung von Handlungen, wie sie tatsächlich geschehen. Die Bestimmung der Handlung aus dem Objekt ist nur ein erster Schritt, der offen ist für weitere Spezifizierungen. Das Kriterium, nach dem menschliche Akte beurteilt werden, bleibt dasselbe: Wie der Handlungsgegenstand, so werden auch die Umstände und die persönlichen Tatmotive daraufhin untersucht, ob sie der Vernunftordnung entsprechen oder widerstreiten. Für diesen Spezifikationsprozeß gibt es keine prinzipielle Grenze, da die Vernunft ihr Kriterium immer wieder anlegen kann. Damit ist nicht gesagt, daß bei der Beurteilung konkreter Handlungen jeder Umstand berücksichtigt werden müßte. Moralisch relevant sind nur solche Umstände, welche dem genannten Beurteilungskriterium zugänglich sind[129]. Wohl aber kann gesagt werden, daß die Entscheidung, welche Umstände moralisch relevant sind und welche nicht, nur konkret durch Analyse der jeweiligen Einzelhandlung zu treffen ist. Es ist für keinen Umstand von vornherein auszuschließen, daß er für das moralische Urteil ins Gewicht fällt.

Mit der zuletzt gemachten Bemerkung ist bereits angedeutet, warum es legitim und sogar notwendig ist, zwischen der ersten Bestimmung der Handlung aus ihrem allgemeinen Inhalt einerseits und deren Weiterbestimmung aus den individuellen Tatumständen und -motiven andererseits zu unterscheiden, obwohl doch die Umstände und Motive streng genommen

---

[127] S. th. I–II q. 18 a. 10: *Quandocumque aliqua circumstantia respicit specialem ordinem rationis vel pro vel contra, oportet quod circumstantia det speciem actui morali vel bono vel malo.* Vgl. q. 18 a. 5 ad 4. Thomas' Analyse des Fortgangs der ihre Gegenstände konstituierenden Vernunft ist von großer Tragweite. Sie ist geeignet, auch den grundsätzlichen Ansatz der neuzeitlichen experimentellen Naturwissenschaft zu beleuchten. Sofern nämlich „die Vernunft . . . die Natur (nötigt), auf ihre Fragen zu antworten" (I. Kant, Kritik der reinen Vernunft, Vorrede zur zweiten Auflage, B XIV), konstituiert sie selbst ihre Gegenstände; folgerichtig kann auch dieser Bestimmungsprozeß keine Grenze haben, vielmehr kann das, was in einer Untersuchung als irrelevanter Umstand ausgeklammert wird, stets in einer weiteren Untersuchung als relevante Bedingung aufgefaßt werden.

[128] Vgl. S. th. I–II q. 18 a. 7.

[129] Vgl. De malo q. 2 a. 6 mit ad 2; q. 2 a. 7; S. th. I–II q. 18 a. 3 ad 2; a. 5 ad 4.

48 Klaus Jacobi

zur vollen Bestimmung des Handlungsobjekts gehören[130]. Die allgemeinen Urteile über Gutsein oder Schlechtsein von Handlungstypen beanspruchen, aus der Natur des Menschen als eines unter Mitmenschen handelnden Vernunftwesens verbindlich begründbar zu sein; dieser Anspruch ist argumentativ zu rechtfertigen. Urteile über singuläre Handlungen dagegen sind in dem Maße, in dem sie die jeweiligen kontingenten Handlungsumstände berücksichtigen, Ermessensurteile. Vollends gibt es für Urteile, was für persönliche Handlungsmotive im Spiel sind, kaum überprüfbare Argumente; solche Urteile beruhen auf Einfühlung und Intuition, und häufig genug kann nicht einmal der Handelnde selbst zuverlässig über seine Motive Auskunft geben. Die Theorie über gutes und schlechtes Handeln bleibt als Theorie notwendig abstrakt. Diese Abstraktheit ist so lange unschädlich, wie sie deutlich gesehen wird. Thomas reflektiert sie als Kluft zwischen allgemeiner Theorie und konkreter Handlung, indem er bereits in den Grundlegungspartien seiner Morallehre eindringlich darauf hinweist, daß die Umstände häufig und die Motive stets für das Gutsein oder Schlechtsein des Handelns relevant sind, indem er jedoch andererseits vermeidet, die Entscheidung über den Einzelfall vorweg durch eine Typologie möglicher Umstände und Motive inhaltlich zu reglementieren. Die Situationsbeurteilung ist Sache der Klugheit als praktischer Tugend.

Der Gegensatz zwischen ‚gut' und ‚schlecht'
bezüglich einzelner Handlungen

Vergleicht man die allgemeinen Urteile über Handlungsarten mit den konkreten Urteilen über Einzelhandlungen, so fällt eine eigentümliche Asymmetrie der Werturteile auf. Eine konkrete Einzelhandlung ist nicht schon dann gut, wenn sie dem durch den Handlungsgegenstand bestimmten allgemeinen Typus nach gut ist, sondern erst dann, wenn geschieht, was soll, „wann es soll, . . . wie es soll und so weiter"[131] und wenn die Handlung auch „auf das gesollte Ziel hingeordnet ist"[132]. So ist z. B. die dem Typus

---

[130] Zu den folgenden Überlegungen vgl. die Reflexionen von Th. Gilby in seiner mit Anmerkungen und interpretierenden Appendices versehenen Übersetzung der Quaestionen 18–21 der I–IIae: St. Thomas Aquinas, Summa theologiae, Vol. 18: Principles of Morality, London-New York 1966, besonders App. 1 §§ 6–7; App. 8, § 1; App. 9, § 4; App. 10; App. 11; App. 12, § 2; ferner die Anmerkungen p. 8 und p. 15.

[131] De malo q. 2 a. 5: *Non . . . potest contingere quod actus singularis sine circumstantiis fiat, quae ipsum rectum faciant, vel indirectum. Si enim fiat quodcumque quando oportet et ubi oportet et sicut oportet etc., huiusmodi actus est ordinatus et bonus; si vero aliquid horum deficiat, actus est inordinatus et malus.*

[132] S. th. I–II q. 18 a. 9: *Cum . . . rationis sit ordinare, actus a ratione deliberativa procedens, si non sit ad debitum finem ordinatus, ex hoc ipso repugnat rationi, et habet rationem mali. Si vero ordinetur ad debitum finem, convenit cum ordine rationis: unde habet rationem boni. Necesse est autem quod vel ordinetur, vel non ordinetur ad debitum finem. Unde*

nach gute Handlung, einem Bedürftigen zu helfen, konkret erst dann einfachhin gut, wenn dem Bedürftigen das gegeben wird, was er wirklich
braucht, auf eine Weise, die ihn nicht demütigt, und wenn das Motiv der
Handlung uneigennützig ist. Uneingeschränkt gut ist eine Einzelhandlung
also dann und nur dann, wenn sie in jeder relevanten Hinsicht, dem Objekt,
den Umständen und dem Ziel nach, dem *ordo rationis* konvenient ist. Ist
die Handlung in irgendeiner relevanten Hinsicht dem *ordo rationis* inkonvenient, so ist sie in ebendieser Hinsicht nicht gut, sondern schlecht. *Qui-*
libet singularis defectus causat malum, bonum autem causatur ex integra
causa lautet das von Thomas immer wieder zitierte Axiom des Pseudo-
Dionysius[133]. Aus dem Gesagten folgt: Das Verhältnis zwischen einem
abstrakt-allgemeinen und einem konkreten Mißbilligungsurteil ist von
anderer logischer Struktur als das Verhältnis zwischen einem allgemeinen
und einem konkreten Billigungsurteil. Die dem allgemeinen Typus nach
gute Handlung kann im Einzelfall wegen irgendwelcher für das Werturteil
relevanten Umstände oder wegen ihrer Zielsetzung schlecht sein. Die dem
allgemeinen Typus nach schlechte Handlung aber kann *in concreto* nicht
gut sein[134]; das Urteil über sie kann sich durch Einbeziehung von Umständen und Motiven nur mildern. Auch ehrenhafte Motive machen aus einer
der Art nach schlechten, weil dem *ordo rationis* widerstreitenden, keine im
Einzelfall gute Handlung.

Gibt es einerseits zwar Handlungsarten, die unter allen Umständen
schlecht bleiben, nicht aber Handlungsarten, die unter allen Umständen
gut bleiben, so gibt es andererseits zwar Einzelhandlungen, die in jeder
Hinsicht gut sind, nicht aber Einzelhandlungen, die in jeder Hinsicht
schlecht sind[135]. Ein Rest von Vernunftkonvenienz bleibt in jeder Handlung bestehen. Das Handlungssubjekt kann sich in seinem Streben und
Wollen niemals vollkommen täuschen und niemals gänzlich pervertieren:
Was immer gewollt wird, wird als ein Gutes gewollt, und auch das scheinbar Gute ist stets in irgendeiner Hinsicht wirklich erstrebenswert, also gut.

Die aufgewiesenen Asymmetrien der Werturteile über Einzelhandlungen
folgen schlüssig aus dem von Thomas zugrundegelegten Bewertungskrite-
rium. ‚In jeder Hinsicht der Vernunftordnung entsprechend' ist ein Voll-
kommenheitsbegriff, dem gegenüber jede Einschränkung einen Mangel
bedeutet.

---

necesse est omnem actum hominis a deliberativa ratione procedentem, in individuo considera-
tum, bonum esse vel malum.

[133] Ps.-Dionysius, De divinis nominibus, c. 4 § 30; vgl. Thomas von Aquin, In De div.
nom., l. XXII; vgl. die Zitate in: S. th. I–II q. 18 a. 4 ad 3; De malo q. 2 a. 4 ad 2.

[134] De malo q. 2 a. 4 ad 2: *Actus malus non potest bene fieri; ex quo enim actus malus*
est, non potest esse integrum bonum; sed actus bonus potest male fieri, quia non requiritur
quod sit integrum malum, sed sufficit quod sit particulariter malum. Vgl. S. th. I–II q. 18
a. 5 ad 4.

[135] Vgl. S. th. I–II q. 18 a. 8 ad 1.

Diese Überlegungen zeigen: Bezogen auf Einzelhandlungen gibt es kein Mittleres und keinen Bereich der Indifferenz zwischen gut und schlecht. ‚Einfachhin gut' und ‚in irgendeiner Hinsicht schlecht' stehen sich als unmittelbare Gegensätze gegenüber[136].

Moralisch neutrale Einzelhandlungen kann es nicht geben. Wenn nicht aufgrund äußerer Umstände, so wird doch jedenfalls aufgrund der zu jeder überlegt gewollten Handlung gehörigen Intention auf ein Ziel hin notwendig jede Einzelhandlung „entweder zum Guten oder zum Schlechten hingezogen"[137]. Denn der Handlungsabsicht nach ist eine jede Handlung entweder auf das „gesollte Ziel" hingeordnet und damit der Vernunftordnung gemäß oder nicht; einen Zwischenbereich, in welchem die Vernunftordnung weder positiv noch negativ tangiert wäre, kann es konkret nicht geben.

Zwei disputierte Fragen in der Ethik – Hinweise auf ihre Beantwortung aus der vorgetragenen Analyse

Man könnte die vorgelegte Analyse noch ergänzen, etwa indem man zwischen spezifizierenden Umständen einerseits und das Gutsein oder Schlechtsein einer Handlung nur vermehrenden oder vermindernden Umständen andererseits unterscheidet[138] oder indem man das Verhältnis zwischen der Gutheit oder Schlechtheit der inneren Willensakte und der Gutheit oder Schlechtheit der äußeren Akte untersucht[139]. Ich will solche weiteren Differenzierungen und Präzisierungen hier nicht mehr vornehmen.

Es scheint mir jedoch lohnend, wenigstens kurz zu zeigen, wie man Thomas' Definitionen und Distinktionen gebrauchen kann, um umstrittene Fragen der Ethik und der Handlungtheorie zu klären. Ich wähle zwei Fragen aus, die Thomas selbst – jedenfalls in der Form, in der ich sie formuliere – nicht untersucht hat.

Ein zentrales Problem der Ethik ist die Frage des Widerstreits zwischen mehreren Handlungsregeln oder -normen, deren jede als gültig anerkannt ist. Im Zusammenhang unserer Untersuchung stellt sich das Problem des Normenkonflikts als Einwand gegen die These, die der Art nach schlechte Handlung bleibe unter allen Umständen schlecht. ‚Fremdes wegnehmen'

---

[136] De malo q. 2 a. 5: *Sic ergo bonus actus et malus actus ex genere sunt opposita mediata; et est aliquis actus qui in specie consideratus est indifferens. Bonum autem et malum ex circumstantia sunt immediata, qui distinguuntur secundum oppositionem affirmationis et negationis, scilicet per hoc quod est secundum quod oportet et non secundum quod oportet secundum omnes circumstantias. Hoc autem bonum et malum est proprium actus singularis; et ideo nullus actus humanus singularis est indifferens.*

[137] S. th. I–II q. 18 a. 9 (zitiert oben Anm. 123 und Anm. 132).

[138] Vgl. De malo q. 2 aa. 6–7; S. th. I–II q. 18 aa. 10–11; q. 72 a. 9; q. 73 a. 7; q. 73 a. 9.

[139] Vgl. S. th. I–II qq. 19–20.

wurde als Beispiel für eine der Art nach schlechte Handlung genannt. Ist diese Handlung aber ausnahmslos schlecht? Kann sie nicht unter Umständen sogar geboten sein, wenn z. B. das vom Überfluß des einen Weggenommene zur Linderung vitaler Not anderer dienen soll? Auf solche Fragen ist folgendermaßen zu argumentieren: Regeln wie ‚Fremdes wegnehmen ist schlecht' sind Kurzformeln. Allgemeingültig und allgemeinverbindlich sind solche Regeln nur in Verbindung mit dem allgemeinen Kriterium: ‚Fremdes wegnehmen ist schlecht, weil und sofern der Vernunftordnung widerstreitend'. Die Begründung stellt die Geltungsbedingung der Regel dar. Zu prüfen ist, ob im konkreten Fall wirklich eine Verletzung der so begründeten Regel vorliegt. Für den im Beispiel genannten Fall heißt das: Zu prüfen ist, ob der Besitzer überhaupt ein aus der Vernunftordnung begründetes Recht auf das weggenommene Eigentum hat, ob also das Weggenommene wirklich ein „Fremdes" ist. Falls die Antwort negativ ist, ist weiter zu prüfen, wer im konkreten Fall das Recht hat, das weggenommene Nicht-Eigene zu vergemeinschaften. Geprüft wird nicht, ob und unter welchen Umständen eine allgemeine Regel Ausnahmen zuläßt. Geprüft wird vielmehr, wie ein Tatbestand den Regeln zuzuordnen ist. In dieser Prüfung werden die Regeln selbst an ihrem Verbindlichkeitskriterium gemessen.

Die Frage, wie ‚gut' und ‚schlecht' als Handlungsprädikate einander entgegengesetzt sind, ist ein Thema auch der modernen Ethik, Metaethik und Handlungstheorie. Zur Beantwortung dieser Frage konkurrieren zwei Modelle. Die Disputanten orientieren sich entweder an der Logik des Sollens („deontische", „deontologische Logik", „Normenlogik") oder an der Logik des Vorziehens („prohairetische Logik"). Die erste Theorie gelangt zu folgender Klassifikation, die analog zum logischen Quadrat darstellbar ist: Eine Handlung ist entweder allgemeingültig gut – d. h. geboten – oder allgemeingültig schlecht – d. h. verboten – oder moralisch neutral – d. h. freigestellt. ‚Allgemeingültig gut' und ‚allgemeingültig schlecht' sind entander konträr. Nach der zweiten Theorie wird hinsichtlich jeder Handlung entweder das Tun dem Unterlassen oder das Unterlassen dem Tun vorgezogen, d. h. entweder das Tun oder das Unterlassen wird gutgeheißen. Einen Zwischenbereich der Gleichgültigkeit oder Neutralität gibt es nicht. Die Aufgabe, beide Ansätze miteinander zu vermitteln, indem das relative Recht beider gezeigt wird, ist, wenn ich recht sehe, ungelöst. Die Vermittlung ist aber nötig. Einerseits kann die ethische Reflexion nicht hinnehmen, daß eine Klasse von Handlungen ins individuelle Belieben freigestellt bleibt. Gerade dann, wenn Tun oder Unterlassen nicht gesetzlich geregelt ist, stellt sich die Frage, was denn hier ethisch richtig und was ethisch falsch ist. Andererseits bleibt die an der Logik des Vorziehens orientierte Handlungstheorie rein deskriptiv, wenn sie keine allgemeinen Kriterien erarbeitet, aufgrund derer begründet werden kann, warum das Tun einer bestimmten Handlung dem Unterlassen oder das Unterlassen dem Tun vorzuziehen ist. Thomas zeigt, wie beide Ansätze zueinander ins Verhältnis zu setzen sind.

Der erste entspricht der Beurteilung von Handlungstypen, der zweite der Beurteilung von Einzelhandlungen. Die Beurteilung von Handlungstypen erstarrt bei Thomas deshalb nicht zu einer legalistischen Normentheorie, weil Thomas die Notwendigkeit betont, diese abstrakte Beurteilung in der Situation klug zu konkretisieren. Klugheit ist keine bloße Geschicklichkeit zu beliebigen Zwecken. Der Kluge, Einsichtige beurteilt seine Handlungssituation im Lichte von sittlich guten Vorentscheidungen, die Thomas (mit Aristoteles) ,ethische Tugenden' nennt.

„Man kann keine Klugheit haben, ohne die ethischen Tugenden zu haben. Denn Klugheit ist rechte Vernunft betreffs dessen, was getan werden kann. Sie geht — wie von Prinzipien — von den Zielen dessen, was getan werden kann, aus. Zu diesen aber verhält man sich durch die ethischen Tugenden in der rechten Weise."[140] „Zu einer guten Wahl gehört zweierlei. Erstens, daß man die gesollte Absicht auf ein Ziel hat; dies geschieht durch die ethische Tugend, durch die das Streben zu dem der Vernunft entsprechenden Gut neigt, welches Gut das gesollte Ziel ist. Zweitens, daß man recht auffaßt, was zum Ziel führt; dies kann nur durch die recht beratende, beurteilende und vorschreibende Vernunft geschehen; es gehört zur Klugheit . . . Also kann es keine ethische Tugend ohne Klugheit geben."[141]

---

[140] S. th. I–II q. 65 a. 1; vgl. q. 58 a. 5; De virt. card. q. un. a. 2; Quodl. 12 q. 15 a. 1.
[141] S. th. I–II q. 58 a. 4; vgl. De virt. card. q. un. a. 2; Quodl. 12 q. 15 a. 1.

GOTT, FREIHEIT UND NOTWENDIGKEIT IN DER CONSOLATIO PHILOSOPHIAE DES BOETHIUS

von Paul-Bernd Lüttringhaus

Einleitung

Die Frage nach dem Verhältnis von Freiheit und Notwendigkeit gehört zu den großen Themen der abendländischen Philosophie. Sie wurde erstmals im Hellenismus zwischen Stoikern und Skeptikern kontrovers diskutiert und beschäftigte das philosophische Denken bis hin zu Kant und Hegel. Die Frage lautet, wie Freiheit neben der Notwendigkeit bestehen könne. Diese Frage stellt sich mit besonderer Schärfe dann, wenn sie — wie bei Boethius und im Mittelalter, aber auch bei Leibniz — angesichts eines Gottesbegriffs diskutiert wird, der Gott als ein allmächtiges und allwissendes Wesen begreift. Ist Freiheit dann überhaupt noch möglich? Hat nicht vielmehr das Allwissen resp. die Allmacht Gottes determinierende, d.h. freiheitsaufhebende Kraft? Leibniz hielt dieses Problem seiner Struktur nach für ‚labyrinthisch‘[1].

Wir wollen uns im Folgenden mit diesem Labyrinth am Leitfaden der Trostschrift des Boethius[2] auseinandersetzen, dessen Werk insgesamt dem lateinischen Mittelalter (bis weit ins 12. Jh.) etwas vom Problemhorizont der antiken Philosophie vermittelt hat. — Die Consolatio war das beliebteste und weitestverbreitete Werk des Boethius[3], und zwar deshalb, weil dieses

---

[1] Vorrede zur Theodicee (ed. Gerhard VI, 29).

[2] Ich zitiere nach der doppelsprachigen Ausgabe der Consolatio, die Ernst Gegenschatz und Olof Gigon in der Reihe ‚Die Bibliothek der alten Welt‘ veranstaltet haben (Boethius, Trost der Philosophie. Lateinisch und Deutsch, herausgegeben und übersetzt von Ernst Gegenschatz und Olof Gigon, eingeleitet und erläutert von Olof Gigon. Zürich ²1969). Die Übersetzungen im Text folgen weitgehend dieser Ausgabe, sind jedoch nicht in allen Fällen damit identisch.

[3] Das Werk wurde schon früh in die Nationalsprachen übersetzt, so von Notker Labeo ins Althochdeutsche, von König Alfred d. Gr. ins Altenglische, von Jean de Meung (der den zweiten Teil des Rosenromans verfaßte) ins Altfranzösische. Der Byzantiner Maximos Planudes († um 1310) übersetzte die Consolatio ins Griechische. Weitere bekannte Übersetzer: Geoffrey Chaucer (der Schöpfer der Canterbury Tales) und Königin Elisabeth I. v. England. — Kommentiert wurde die Consol. u. a. von Remigius v. Auxerre, Wilhelm v. Conches, Thomas Anglicus. Starke Einflüsse der Consolatio — wie überhaupt des boethianischen Werkes — lassen sich in der Schule v. Chartres, einem Zentrum frühmittelalterlicher (vorscholastischer) Gelehrsamkeit, nachweisen.

Werk nicht nur eine philosophische Abhandlung (im engeren Sinne), sondern auch ein — in der Tradition antiker Trostliteratur[4] stehendes, zugleich an Platons Dialogen geschultes — literarisches Kunstwerk ist.

Zur ‚Handlung' der Consolatio, den Personen der Handlung und ihrem Szenarium: Boethius, ehemals Vertrauter Theoderichs des Großen und römischer Konsul, sitzt — wie weiland Sokrates in Athen — zu Pavia im Kerker. Seine Feinde (v. a. die Hofintriganten Cyprianus und Opilio) haben ihm die Gunst Theoderichs entzogen; er ist wegen Hochverrats zum Tode verurteilt und erwartet — nicht ohne Hoffnung auf Revision[5] — die Vollstreckung des Urteils. Vom höchsten Gipfel des Glücks ist er ins tiefste Unglück gestürzt. Boethius, zutiefst niedergeschlagen, klagt *Fortuna* ob ihrer launischen Unbeständigkeit an. Die Musen umgeben ihn und suchen sein Leid zu trösten. Doch die *Philosophia* (als *dramatis persona*: ein kostbar gekleidetes weibliches Wesen[6]) tritt dazwischen und verscheucht die klagenden Musen[7]. Sie will die leiderfüllte Seele des Boethius nicht durch

---

[4] Zur Trostliteratur vgl. R. Kassel, Untersuchungen zur griech. u. röm. Konsolationsliteratur, München 1958.

[5] So jedenfalls deutet Gigon (ed. cit., Anm., 284) die Stelle lib. II, pr. 2, lin. 45.

[6] Das rhetorische Kunstmittel der Prosopopoiie (*personificatio*), das Boethius noch einmal in lib. II (als Prosopopoiie zweiter Stufe gleichsam) anwendet, indem er die *Philosophia* die personifizierte *Fortuna* auftreten und sich rechtfertigen läßt, konnte Boethius in Platons Kriton finden. Dort treten (50 A sqq.) die Gesetze auf und ermahnen den Sokrates, nicht aus dem Kerker zu fliehen.

[7] Die Vertreibung der Musen durch die Philosophie steht für eine Grundüberzeugung des abendländischen Denkens, das erstmals bei Platon (Rep., lib. X: Vertreibung der Dichter aus der πόλις) in aller Schärfe hervortritt: Wenn das reine Denken spricht, hat die schöne Kunst zu schweigen. Diesen von Platon vorentschiedenen und von Boethius hier aufgenommenen Vorrang der Philosophie vor der schönen Kunst finden wir noch einmal von Kant (in Auseinandersetzung mit Schiller über die Prinzipien der praktischen Philosophie) eindrucksvoll bestätigt. Schiller hatte die rein rationale Fassung des Pflichtgesetzes, das unbedingt und streng allgemein (also für jeden jederzeit unter allen Umständen) verbindlich ist und sich daher den bei jedem je nach Situation anderen Antrieben (Neigungen) der Sinnlichkeit gegenüber antagonistisch verhalten kann, kritisiert und an die Stelle der kalten Würde des Pflichtgesetzes das anmutige Zusammenspiel von Pflicht und Neigung setzen wollen; als ob für Kant das Wesen der Moralität darin bestünde, jederzeit seine Neigungen zu bekämpfen: Der Kampf gegen die Antriebe der Sinnlichkeit ist vielmehr lediglich eine mögliche — nicht einmal notwendige — Folge aus dem Pflichtgesetz, dann nämlich, wenn die Gebote der Pflicht und die Antriebe der Sinnlichkeit nicht einstimmig untereinander sind. Kants Replik auf Schiller findet sich in seiner Religionsschrift (Die Religion innerhalb der Grenzen der reinen Vernunft, 1. Stück, Fußnote zur Anmerkung, Akad. Ausg,. VI, 23). — Eine einzigartige Ausnahme bzgl. der Bestimmung des Verhältnisses von Denken und schöner Kunst bildet die Philosophie des frühen Schelling. In Schellings System des transzendentalen Idealismus (1800) kommt die Kunst, und zwar aus immanenten Gründen des philosophischen Systemdenkens, über die Philosophie zu stehen, derart, daß nun die Kunst das „allgemeine Organ der Philosophie" ausmacht (6. Hauptabschnitt: „Deduktion eines allgemeinen Organs der Philosophie, oder: Hauptsätze der Philosophie der Kunst nach Grundsätzen des transzendentalen Idealismus"). — Hegels Ästhetik statuiert wieder ganz entschieden den Vorrang des Denkens vor der Kunst: Die Kunst ist nach Hegel das sinnliche Scheinen, die sinnliche Präsenz der absoluten Idee.

Klagelieder, sondern – wie der Arzt – durch Verabreichung immer stärker wirkender Arzneien (d. h. durch Gedanken, Argumente) heilen[8].

Unschwer erkennt man die Vorbilder des Szenariums: Es sind die beiden großen ‚Kerkerszenen‘ der philosophischen Literatur: Platons Phaidon und Kriton.

Exposition des Problems

Die Bestimmung des Verhältnisses von Freiheit und Notwendigkeit ist ein theoretisches Problem, jedoch so, daß die theoretische Entscheidung dieses Problems über Bestand oder Unbestand von Praxis und damit über Sinn oder Unsinn praktischer Philosophie entscheidet, sofern gilt, daß Praxis Freiheit voraussetzt.

Für die erste klassische Gestalt der praktischen Philosophie, wie sie in den Ethiken des Aristoteles niedergelegt ist, ist Freiheit für die Möglichkeit von Phänomenen wie der προαίρεσις oder dem βουλεύεσθαι (dem mit sich oder anderen zu Rate Gehen) vorausgesetzt. Phänomene wie προαίρεσις und βούλευσις sind *cum fundamento in re* nur analysierbar bei Voraussetzung der Freiheit. Mit der Freiheit aber setze ich zugleich auch einen Bereich voraus, in welchem Kontingenz statthat, Zufall möglich ist[9]: den Bereich des ἄλλως καὶ ἄλλως ἔχειν. Der zentrale Begriff der praktischen Philosophie des Aristoteles ist dann auch nicht der der Freiheit[10], sondern der der Glückseligkeit (εὐδαιμονία).

Das eigentliche, adäquate Element der absoluten Idee ist aber nicht die Sinnlichkeit, sondern das Denken. Erst im Denken (d. h. natürlich konkret: in der Phänomenologie des Geistes und der Logik) gelangt die absolute Idee zu ihrer spezifischen *adaequatio*, zur Wahrheit ihrer selbst. Das bloß sinnliche Scheinen ist lediglich Vorschein dieser Wahrheit. Dann aber ist die Kunst, wenn ihrer höchsten Bestimmung nach sinnliches Scheinen der Idee, obsolet geworden, ihrem höchsten Wesen nach etwas Vergangenes. In der Tat hält Hegel die Entwicklung der Kunst für bereits abgeschlossen und durch sein Denken – auch hier (wie sonst) ist Hegel der ‚Philosoph des siebten Tages‘ – für definitiv beendet.

[8] Der Gedanke der *sanatio affectuum* durch Philosophie ist stoisch. Die Affekte (hier im Falle des Boethius: die Trauer) sind Krankheiten der Seele (*perturbationes animi*), die einer Heilbehandlung bedürfen. Vgl. M. Pohlenz, Die Stoa, I, 150 sq., II, 82; K. Bormann, Zur stoischen Affektenlehre, in: Pathos, Affekt, Gefühl, Freiburg/München 1981, 79–102 (bes. 99; dort Quellenhinweise).

[9] Aristoteles' Auseinandersetzung mit dem Phänomen des Zufalls sucht dieses gar nicht gegen einen es negierenden Determinismus zu retten. Er sucht lediglich (das schlägt sich noch bei Boethius, Cons. Phil., lib. V, pr. 1 nieder), den Zufall gegen seine Fehlinterpretation durch das begriffliche Unding, den Ungedanken eines ‚ursachelosen Geschehens‘ in Schutz zu nehmen. Vgl. Metaph. K, 1065 a 16 sqq. Naturphilosophisch analysiert Arist. den Zufall Phys. II, 4–6.

[10] Die Freiheitsanalyse des Aristoteles (für ihn ein Nebenthema der praktischen Philosophie) findet sich EN III (ἑκούσιον – ἀκούσιον); vgl. auch EE 1223 a 4 sqq.; Plat. Leg. X, 904 B–C.

Die Freiheit (die Möglichkeit freien Handelns, freier Willensentscheide) wird erstmals fraglich in der Stoa (die stoischen Positionen und die Einwände der Skeptiker dagegen sind uns in Ciceros De fato überliefert, der ersten erhaltenen ‚Freiheitsschrift‘ der europäischen Philosophie). Wenn man, wie die Stoiker, ein allwaltendes *fatum* annimmt (und die Physik[11], gemäß stoischer Lehre nach der Logik der theoretische Teil der Philosophie, spricht dafür), ist dann nicht die Freiheit und damit die Grundlage der Ethik (nach stoischer Auffassung der dritte Teil der Philosophie) in ihrer Wurzel bedroht? Das Verhältnis von Freiheit und Notwendigkeit erscheint hier erstmals in der Gestalt, welche durch Kant ihre berühmteste Fassung erhalten hat: als aufzulösendes antinomisches Verhältnis[12].

Dem Boethius, der seinen Cicero kannte[13], werden die stoischen Argumente aus De fato geläufig gewesen sein. Doch Boethius ist nicht Stoiker,

---

[11] Die Physik ist für die Stoiker nach dem Vorausgang des Xenokrates (s. Sext. Emp., adv. math. 7,16) zugleich auch Metaphysik. Ein angebbares Unterscheidungskriterium zwischen Physik und Metaphysik gibt es nach stoischer Lehre nicht. Auch das stoische Gotteswesen ist ein Naturwesen, es ist vernunftbegabtes, allwaltendes Feuer, Einheit von Geist und Materie. Sein und Natur sind für die Stoiker identisch. – Diese stoische Physik (darin unterscheidet sie sich nicht von der klassischen neuzeitlichen) setzt eine universale Gültigkeit des Kausalgesetzes für alle Geschehnisse in der Welt an. Die Position eines universalen Kausalzusammenhangs scheint aber doch in sich die Negation der Möglichkeit von Freiheit zu sein (vgl. die Antithesis der kantischen Freiheitsantinomie). – Daß die Stoiker durch das *fatum* die universale Gültigkeit des Kausalgesetzes für verbürgt halten, zeigt sich auch darin, daß sie das griechische Wort für *fatum*, εἱμαρμένη, von εἱρμὸς αἰτιῶν (Cicero: *ordo seriesque causarum*) ableiten wollen (fälschlicherweise: Das Wort hängt mit μείρομαι zusammen).

[12] Einerseits impliziert das *fatum* das durchgängige Walten der Naturkausalität (also Notwendigkeit), andererseits wollen die Stoiker an der Freiheit als Grundbedingung der Möglichkeit des praktischen wie auch des theoretischen Verhaltens der Menschen festhalten. Die natürlichen Antriebe unterliegen nach stoischer Lehre der freien Zustimmung (συγκατάθεσις, *adsensio*) des Menschen. Von den Antrieben, die mich berühren, kann ich mich also leiten lassen (d.h. ihnen meine Zustimmung erteilen) oder aber nicht (d.h. meine Zustimmung zurückhalten). Schuld kann sich ergeben, wenn ich die Zustimmung nicht in der rechten Weise erteile – was wiederum voraussetzt, daß es sich um eine freie Zustimmung handeln muß. Auch das Erkennen (qua Urteilen) ist vom freien Willen (dem Erteilen der freien Zustimmung) abhängig. Gegenstand der *adsensio* sind hier die Sinneseindrücke (φαντασίαι, *visa*). Wenn ich den Sinneseindruck ‚runde Säule‘ habe, so ist es Sache meines freien Willens, zu entscheiden (d.h. zu beurteilen), ob ich diesen Sinneseindruck als Repräsentant einer außer mir existierenden runden Säule zulasse und das Urteil fälle: ‚Diese Säule da ist rund‘. Ich muß also dem zustimmen, daß das *visum* ‚runde Säule‘ einer wirklichen runden Säule entspricht. (Descartes nimmt, um die Falschheit von Urteilen als möglich erklären zu können, diese ‚voluntaristische‘ Urteilslehre in seiner Med. IV wieder auf.) Irrtum besteht somit darin, die freie Zustimmung nicht in der rechten Weise erteilt zu haben. – Die Antinomie von Freiheit und Notwendigkeit stellt sich somit für die Stoa in aller Schärfe. Eine ausgezeichnete Darstellung der stoischen Versuche, diese Antinomie aufzulösen (sowie der skeptischen Kritik dieser Auflösungsversuche) bietet B. Platz, Fatum et libertas. Unters. zu Leibniz’ ‚Theodizee‘ und verwandten Schriften sowie Ciceros ‚De fato‘. Diss. Köln 1973, 1–80.

[13] Vgl. etwa den Hinweis auf De divinatione (lib. V, pr. 4). – Ciceros Topik hat Boethius sogar kommentiert (PL 64, col. 1039–1174).

sondern (stoisch beeinflußter) Neuplatoniker. Auf dem Hintergrund des Neuplatonismus gewinnt Boethius' Freiheitslehre (als Lehre von der praktischen Freiheit) ihren eigentümlichen Akzent. Denn für den klassischen Neuplatonismus plotinischer Prägung ist die Freiheitsfrage weniger ein Problem der praktischen Philosophie, sondern vielmehr eine ontologisch-metaphysische Frage. Plotins ‚Freiheitsschrift' ist seine Abhandlung VI, 8: Περὶ τοῦ ἑκουσίου καὶ θελήματος τοῦ ἑνός. Frei ist danach dasjenige, das ganz und gar durch sich selbst bestimmt ist und daher sich selber genügt, also keines anderen zu seinem Sein bedarf. Diese Selbstgenügsamkeit (αὐτάρκεια, *sufficientia sui*) wird bei Plotin zum *criterium libertatis*. Diese Autarkie kann aber im Vollsinne nur dem obersten Seinsprinzip, dem Einen (τὸ Ἕν) zugebilligt werden. Nur es ist „schlechthin frei" (καθαρῶς αὐτεξούσιος; VI, 8, 20), da ganz und gar durch sich selbst hervorgebracht. Nur es — als *causa sui*[14] — ist Herr seines Seins. Im Gegensatz zum Einen, das ganz durch sich selbst hervorgebracht und durch dieses Hervorgebrachtsein (also durch sich selbst) bestimmt ist, hat der Mensch sein Sein nicht aus sich selbst; er ist, indem er — wie vermittelt auch immer — aus dem Einen hervorgegangen ist. Das aber heißt: Er ist nicht Herr seines Seins; er ist nicht das Sein selbst, aus welchem er nur abstammt und — kraft dieser Abstammung — teilhat (VI, 8, 12). Dann aber ist nur der Teil des Menschen, der dem Sein selbst, dem Einen[15], am nächsten steht, die Geistseele nämlich, in einem abgeleiteten Sinne frei, denn sie hat, sofern sie am Einen teilhat, auch an der absoluten Freiheit des Einen[16] teil. Die Freiheit der Seele (welche

---

[14] Der durch Spinoza (einem Plotin verwandten Denker) berühmt gewordene Begriff einer *causa sui* scheint einen Widerspruch zu enthalten. Etwas, das sich selbst bewirkt, wirkt ja, bevor es ist. Dieser Einwand behält mit Blick auf physische Erzeugungsverhältnisse immer Recht. Damit aber ist ein metaphysisch sinnvoller Gebrauch dieses Begriffs nicht ausgeschlossen. Plotin wendet ein ganzes Kapitel auf (VI, 8, 20), um diesen Begriff (ohne das Wort zu verwenden) metaphysisch zu legitimieren.

[15] Streng genommen ist das Eine nicht das Sein selbst; das Ἕν ist weder εἶναι noch οὐσία. Plotin hält die platonische Position: Das Ἕν (identisch mit dem platonischen Ἀγαθόν) ist ἐπέκεινα τοῦ εἶναι καὶ τῆς οὐσίας. VI, 8, 13 (47—50) entschuldigt sich Plotin für die Verwendung von — im Sinne seiner eigenen Position — überkühnen Ausdrücken (z. B. οὐσία): „Übrigens möge man Nachsicht haben, wenn wir in der Aussage über jenen Höchsten notgedrungen, um eine Andeutung zu geben, solche Ausdrücke gebrauchen, die wir streng genommen nicht zulassen; man möge in jedem Einzelfalle ein ‚gleichsam' (οἷον) mitverstehen" (Trl. Harder [Beutler, Theiler] in: Plotins Schriften, IV, Hamburg [Meiner] 1967, 39—41).

[16] Bekanntlich identifiziert Plotin dieses durch sich selbst hervorgebrachte Eine mit der Idee des Guten Platons. Um dies einsichtig zu machen, bedient sich Plotin des aus der praktischen Philosophie geläufigen Begriffs des Guten (vgl. VI, 8, 13). Das Gute ist der Gegenstand der ὄρεξις (*appetitus*), denn: Gut ist das, wonach alle streben (so die berühmten Einleitungszeilen der EN, 1094 a 1—3). Sofern ich aber nach etwas strebe, habe ich es nicht, es ist etwas außer mir (meiner Verfügung). Um dieses Erstrebte zu erreichen (zu bekommen), handle ich. Das Eine aber hat nicht irgendein Gut außer sich, nach dem es streben, um dessentwillen es handeln könnte. Es hat vielmehr alles Gute in sich. Sofern das Eine wirkt, wirkt es nicht umwillen irgendeines Gutes außer ihm, es wirkt vielmehr, wenn es wirkt — da ja alles Gute in

die zweite Hypostase des Einen Guten ist und daher auch an der ersten Hypostase des Guten, dem νοῦς)[17] teilhat, manifestiert sich nun nicht eigentlich im freien Handeln in dieser Welt, sondern vielmehr in der Abwendung von der Welt, der Hinwendung zum νοῦς, d.h. zu den Ideen, deren Sein der νοῦς ist. Das Heimischwerden im Bereich der Ideen (dem κόσμος νοητός) dient aber nur der Vorbereitung eines weiteren Schrittes, in welchem die Seele versucht, mit dem Einen selbst in einem Akt mystischekstatischer Einigung (ἕνωσις, *unitio*) eins zu werden. Gelingt der Seele diese Einigung mit dem Einen, gelingt es ihr, sich in das Eine mystisch ‚aufzuheben‘ (durchaus im hegelschen Sinne, als *negatio, conservatio,* v.a.

---

ihm ist –, um seiner selbst willen, d.h.: Es ist das Gute selbst. In seinem Wirken entläßt es aus sich (unmittelbar oder vermittelt) das andere Seiende (νοῦς, ψυχή, αἰσθητά) in seine selbständige Existenz. All dieses stammt zwar aus dem Guten, ist aber nicht das Gute selbst. Das aber heißt: Für dieses Seiende gibt es Gutes außer ihm, das es erstreben kann. In diesem Streben nach Gütern (Boethius nimmt das in lib. III auf) wird aber letztlich das Gute selbst erstrebt (nämlich die Einigung mit ihm).

[17] Plotin wendet sich VI, 7, 37 gegen Aristoteles, für den die νόησις νοήσεως das höchste Seiende, das ‚Absolute‘ ist. Plotin aber besteht darauf: Das Höchste und Vollkommenste ist das völlig Ungeteilte, das Eine, welches keinerlei Unterschied in sich trägt. Jeder νοῦς (auch der göttliche) enthält den Unterschied von Denken und Gedachtem (Denkakt und Denkinhalt). Das Gedachte ist das vom Denken Unterschiedene, ist nicht selbst das Denken. Also ist der νοῦς nicht reines Sein, es gibt in ihm ein μὴ ὄν, weil das Denkende nicht selbst das Gedachte ist und umgekehrt. Auch wenn der νοῦς als νόησις νοήσεως sich selber denkt, so ist doch das gedachte Denken (der Denkinhalt) nicht das Denken selbst in seinem Vollzug (als Denkakt). Auch auf seiner höchsten Stufe – als νόησις νοήσεως – kommt der νοῦς nicht über die ihn strukturell bestimmende Zweiheit (d.h. Vielheit) hinaus. – Nach Plotin ist nun nicht nur der νοῦς, sondern auch das Gedachte des νοῦς (seine νοητά) selber vielfältig. Dieser Inhalt des νοῦς ist die Vielheit der (platonischen) Ideen, deren Sein der νοῦς selber ist. Indem aber der νοῦς die Ideen denkt, denkt er auch sich selbst (und ist als solcher νόησις νοήσεως). Er denkt sich als den, dessen Denken das Sein der Ideen ausmacht (anders Platon: Für Platon sind die Ideen zwar auch νοητά, aber der νοῦς ist nicht Bedingung der Möglichkeit ihres Seins. Es gibt die Ideen auch ohne den νοῦς, sie sind ontologisch nicht als Gedanken des νοῦς bestimmt). Die ψυχή, die Gesamtheit der εἴδωλα, die mit der Materie zusammen die sinnliche Welt ausmachen, ist dann eine weitere Vervielfältigung des an sich schon vielheitlichen νοῦς. – Je vielheitlicher etwas ist, desto mehr ist es durch Nichtsein bestimmt. Wenn aber auch der νοῦς durch Vielheit (also durch Nichtsein) bestimmt ist, dann kann er das Höchste, das ‚Absolute‘ nicht sein. Das Eine denkt deshalb nicht, weil ihm dann ein Unterschied innewohnte, es durch Vielheit und Nichtsein bestimmt wäre; gerade dadurch, daß es nicht denkt, ist es das ‚Absolute‘. Ebensowenig will das Eine etwas. Willensakte würden im Guten Veränderung, Wandel hervorrufen (abgesehen davon: was sollte das Eine wollen, da es schon alles ‚hat‘?). Ist aber das Gute willenlos, so kann es auch die Welt (die Hypostasen) nicht hervorgebracht haben, indem es sie schafft. Die Welt geht immer schon, ohne daß es das Eine ‚will‘, aus ihm hervor. So wahr das Eine Gute ist, so wahr ist auch die Welt. Die Welt geht aus dem Einen mit strenger Wesensnotwendigkeit hervor (so wie die Welt aus dem Gott Spinozas), d.h.: Die Welt ist nicht erschaffen, entspringt nicht einem freien Willensbeschluß des Absoluten – eben weil das Absolute nicht wollen kann. Die berühmte Streitfrage des 13. Jh., ob die Welt einen zeitlichen Anfang hat oder nicht, ist für den klassischen Neuplatonismus eine Frage ohne Sinn. – Also: Zu denken und zu wollen ist Zeichen eines ontologischen Mangels, ein Zeichen fehlender Vollkommenheit.

aber *elevatio*), dann erst ist sie eigentlich frei. Frei ist sie in mystischer Aufhebung ihrer selbst. — Ob der Mensch frei ist oder nicht, entscheidet sich für Plotin weniger an der Frage, ob der Mensch Herr seiner Handlungen ist (das würde Plotin indifferent konzedieren: Die Handlungen des Menschen sind frei im Sinne eines schwachen Abglanzes der Freiheit des Einen), sondern vielmehr daran, ob er Herr seines Seins ist. Nur was Herr seines Seins ist, ist frei. Man sieht: Für Plotin steht die Bestimmung des Wesens der Freiheit in keinem essentiellen Zusammenhang mit der Frage nach der Möglichkeit freier Handlungen in der Welt, steht also gar nicht im Horizonte der praktischen Philosophie. Frei im wesentlichen Sinne ist der Mensch kraft eines Aktes äußerster Entweltlichung, einem Akt, der alle φύσις hinter sich läßt. Freiheit ist ein Begriff, der (dessen Korrelat) auf dem höchsten Gipfel der spekulativen Metaphysik angesiedelt ist. Man kann sogar sagen: Gemäß diesem Freiheitsbegriff gibt es keine Willensfreiheit, nicht, weil der Wille durch ein *fatum* determiniert wäre, sondern weil es Freiheit erst auf einer ontologischen Stufe gibt, auf der es keinen Willen mehr gibt. — Dieser Freiheitsbegriff ist, wenn Freiheit mit der ontologisch radikal verstandenen Autarkie gleichgesetzt wird, vollkommen konsequent. Er hat jedoch nichts mit der Freiheit zu tun, die für προαίρεσις und βούλευσις vorausgesetzt wird. Es ist kein Begriff einer praktischen oder politischen Freiheit. Das wird auch daran klar, daß Aristoteles der προαίρεσις eine Art von Bewußtheit, Denken zuordnet (Aristoteles bestimmt die Art dieses Denkens als φρόνησις), während die Freiheit, welche durch die Vereinigung mit dem Einen gewährt wird, alle Bewußtheit gerade ‚aufhebt‘, verschwinden macht, da das Eine selbst, mit dem die Seele sich vereint, weder denkt noch will (d.h. zugleich: weder allwissend noch allmächtig ist), was, wie Plotin darlegt, kein Mangel, sondern ein Vorzug ist (vgl. Anm. 17)[18].

Boethius aber ist christlicher Neuplatoniker[19]. Für ihn stellt sich das Freiheitsproblem im Ausgang von der praktischen Philosophie, als Problem

---

[18] Diese Position ändert sich grundlegend im christl. Neuplatonismus. Der christliche Neuplatonismus setzt das Eine Gute mit dem Göttlichen (d.h. dem plotinischen νοῦς) gleich. Das Eine jedoch ist für Plotin — weil undenkend — etwas Übergöttliches, wenngleich Plotin bisweilen nicht davor zurückscheut, das ἕν metaphorisch θεός zu nennen. Der νοῦς (= Gott) wird zum Absoluten, wohingegen das Göttliche für Plotin lediglich die erste Hypostase des Absoluten, also etwas dem Absoluten Nachgeordnetes war. Manche christliche Platoniker vereinigen des Aristoteles These über das höchste Seiende mit der Plotins (eine Synthese, deren Syntheta Plotin für unverträglich gehalten haben würde). Die Gleichsetzung des Absoluten (des höchsten und vollkommenen Seins) mit dem Göttlichen hat die metaphysische Theologie der Folgezeit (auch der Neuzeit) bestimmt. Auch der mittelalterliche Aristotelismus bleibt in seiner Gottesbestimmung vom Neuplatonismus wesentlich geprägt: Gott (νόησις νοήσεως) ist reine ἐνέργεια (*actus purus*) — soweit Aristoteles — zugleich aber *ipsum esse subsistens* oder *diffusivum sui* — das neuplatonische Gute.

[19] Die Cons. Phil., die sich namentlich in der Konzeption des Gottesbegriffs als Werk eines christlichen Neuplatonismus ausweist (im Sinne der vorigen Anmerkung), gibt sich aller-

der Sicherstellung der Freiheit der Tat und des sie tätigenden Willens. Für den christlichen Neuplatonismus muß sich die Freiheitsfrage als Problem der Freiheit des Willens auch deshalb stellen, weil im Christentum ewige Glückseligkeit dem Guten (und d. h. dem innerweltlich, in dieser Welt gut Handelnden) als Lohn verheißen bzw. die Höllenpein dem Schlechten als Strafe angedroht ist. Eine Handlung aber, wenn sie belohnt bzw. bestraft soll werden können, muß dem Handelnden zurechenbar sein; Lohn und Strafe — wie auch Lob und Tadel — setzen voraus, daß ein Handelnder anders hätte handeln können, als er gehandelt hat, setzen also Freiheit voraus. Die Sicherung der Freiheit der Willkür für das diesseitige Handeln verbürgt für christliche Denker a u c h die innere Konsistenz der Glaubenslehre, die ewiges Glück für das jenseitige Leben verheißt bzw. ewige Strafen androht. — Während das Freiheitsproblem für Plotin seinem Kern nach Sache der theoretischen Metaphysik ist, muß es für Boethius zugleich auch, und zwar essentiell, Gegenstand der praktischen Philosophie sein. Die in der Consolatio auftretende *Philosophia* ist dann auch die Einheit von theoretischer und praktischer Vernunft. Boethius macht das an der Schilderung des Gewandes der *Philosophia* deutlich: In dieses sind die Buchstaben Π und Θ (für πρᾶξις und θεωρία) eingewebt[20]. — Boethius setzt die philosophische Untersuchung (lib. II, III) an im Ausgang vom Zentralbegriff der klassischen praktischen Philosophie: der Glückseligkeit. Bekanntlich ist bereits für Aristoteles die Autarkie ein *criterium felicitatis*[21]. Das nimmt Boethius (mit neuplatonischer Umbildung des Autarkiebegriffs) auf. Wir sahen bereits, daß für Plotin Autarkie das *criterium libertatis* war. Nicht im freien Handeln in dieser Welt ist der Mensch eigentlich frei, sondern kraft der Vereinigung mit dem Einen. Sollte nun der Mensch, sofern er sich mit dem Einen eint (an dessen Autarkie höchsten Anteil hat), nicht sowohl frei als auch glücklich sein, sofern Freiheit und Glück in der Autarkie bestehen? Auf dem Boden plotinischer Metaphysik ließe sich diese Frage leicht lösen:

---

dings streng philosophisch und vermeidet weitgehend (wohl bewußt) inhaltliche Bezüge auf das Christentum. Wenn Gott in dem berühmten metr. 9 (lib. III) als Vater angeredet wird (v. 22, ebenso metr. 6, v. 2), so kann das zwar, braucht aber nicht im Sinne der ersten trinitarischen Person verstanden werden — auch Zeus wurde als ‚Vater der Götter und Menschen‘ angesprochen (Homer, Ilias, I 544, ebenso Hesiod, Theog., 47). Die Erwähnung jenseitiger Strafen (lib. IV, pr. 4, ed. cit. 192) kann zwar, muß aber wiederum nicht mit der christl. Lehre von Hölle und Fegefeuer in Verbindung gebracht werden. Spekulationen über Jenseitsstrafen finden sich bereits bei Platon (Gorg. 523 A sqq.: Mythos vom Totengericht; vgl. auch Rep. X, 614 B sqq.).

[20] Lib. I, pr. 1 (ed. cit. 4, lin. 17–19).

[21] Die wesensgemäße Vollendung (also Eudaimonie) findet der Mensch hinsichtl. seines praktischen Lebens nach Aristoteles im ‚bürgerlichen Leben‘ (βίος πολιτικός, *vita socialis, v. civilis*), in der Teilnahme am Leben der πόλις, d. h. in der politischen Praxis. Diese Dimension steht bei Boethius (angesichts der dem Neuplatonismus — im Unterschied zu Aristoteles und Platon-immanenten Tendenz zur Entweltlichung des Lebens) außer Betracht.

In der Einigung mit dem Einen ist der Mensch frei und glücklich, Freiheit ist Glück. Boethius' Lösung wird in diese Richtung gehen, aber: Das höchste Seinsprinzip ist für Boethius nicht das Eine Gute Plotins, sondern Gott. Dadurch kommen neue Probleme auf, die sich auf dem Boden des plotinischen Denkens nicht stellen. Während bei Plotin das Eine Gute (und eigentlich Freie) den Freiheitscharakter der Willensentscheidung verbürgte (freilich im Sinne eines schwachen Abglanzes der Freiheit des Einen), so gerät bei Boethius diese Freiheit durch das Höchste in Gefahr und muß gegen dieses (Gott) sichergestellt werden, eben weil das Höchste nicht mehr das Eine (τὸ Ἕν), sondern Gott ist, verstanden als allmächtiges und allwissendes Wesen. Der Freiheit des menschlichen Willens steht nicht mehr die völlig andere Freiheit des willen- und bewußtlosen Einen gegenüber, sondern die absolute Freiheit eines allmächtigen göttlichen Wesens. Der Mensch sieht sich einem höchsten Wesen gegenüber, das – wie er selbst – durch die Prädikate ‚Wissen‘ und ‚Wollen‘ bestimmt ist. Nicht bei Plotin, wohl aber bei Ansetzung eines allmächtig-allwissenden Gottes als des höchsten Seienden droht die Freiheit des höchsten Seienden mit der Freiheit des menschlichen Willens inkompatibel zu werden. Erst wenn das höchste und vollkommenste Sein (das Eine Gute, als *esse simpliciter perfectum*) mit dem metaphysischen Gott (dem *ens perfectissimum*[22]) gleichgesetzt wird, ist die Freiheit des weltlichen Handelns durch den allmächtigen und allwissenden Schöpfer und Planer eben dieser Welt bedroht. Wenn man auch sagen konnte, daß der Wille bei Plotin ‚eigentlich‘ unfrei ist, so doch nicht im Sinne einer Determination seines Wirkens durch etwas anderes, sondern weil eigentliche Freiheit dort zu Hause ist, wo kein Wille mehr zu Hause ist (Boethius wird sich lib. V, pr. 2 diesem Gedanken zwar annähern, ohne ihn aber in der Bestimmtheit und Konsequenz denken zu können, wie Plotin ihn dachte). Es kommt jetzt zu der paradoxen Situation, daß Gott, dem wir (als unserem Richter) für unser Handeln auf der Welt Rechenschaft im Jenseits schulden, gerade derjenige zu sein scheint, welcher die Freiheit bedroht, die doch notwendige Voraussetzung dafür ist, daß er von uns Rechenschaft verlangen kann.

---

22 Es bleibt allerdings festzuhalten, daß z. B. Thomas v. Aquin die Rede vom *ens perfectissimum* (überhaupt von der *perfectio dei*) nur als uneigentliche Redeweise zuläßt (vgl. S. th. I, q. 4, art. 1 ad 1). Für Thomas ist Gott *ipsum esse subsistens*, als welches Plotin auch das übergöttliche Gute hätte bestimmen können. Es bleibt freilich zu fragen, wie das an ihm selbst stehende Sein allmächtig und allwissend sein soll, da doch beides nach Plotin Einschränkung des Seins ist. Will man daran festhalten, daß Gott sowohl das Sein selbst als auch allmächtig und allwissend ist, so ist die zweite Bestimmung immer im Sinne einer *theologia negativa* zurückzunehmen. Thomas gelingt die Vereinigung der *theologia negativa* und der *theologia affirmativa* zur *theologia eminentiae* durch seine – hier nicht weiter darzustellende – Lehre von der *analogia entis*. Die *via analogiae* und *negativa* finden sich der Sache nach (bezogen auf das Gute) bereits bei Plotin (VI, 7, 36). Aus der Gleichsetzung des Guten mit Gott folgt dann, daß die *via negativa* zur *theologia negativa* wird.

Wir werden sehen, wie Boethius diese Frage angeht und zu lösen versucht. Dabei sehen wir zugleich, wie Boethius das höchste Seinsprinzip Plotins, das Ἕν Ἀγαθόν, in den Gottesbegriff des christlichen Neuplatonismus überführt[23]. Dieser Gottesbegriff boethianischer Prägung ist derjenige, der die metaphysische Theologie auch der Neuzeit maßgeblich geprägt hat.

Zum Text

Wir gehen aus von lib. III, das die falsche und wahre Glückseligkeit und die Bestimmung des höchsten Guten zum Thema hat; wir verfolgen sodann in lib. IV Boethius' Wesensbestimmung des Schlechten und das Verhältnis des Schlechten zum Guten. Am Ende von lib. III ist folgendes Ergebnis erreicht: Das höchste Gut (und darum das letzte Ziel alles Strebens) ist Gott. Dieser ist durch die Prädikate Allmacht (*omnipotentia*) und Allwissen (*omniscientia*) bestimmt. Dieses allmächtig-allwissende Gute ist zugleich Ursprung der Welt, die, wenn aus diesem Guten hervorgegangen, nicht schlecht sein kann. Für Boethius stellt sich daher in lib. IV die Frage nach dem Ursprung des Schlechten. – Ein damit zusammenhängendes Problem besteht in dem Verhältnis von *fatum* und *providentia dei* (als Einheit von *omnipotentia* und *omniscientia*). Beide implizieren Notwendigkeit. Während jedoch das *fatum* (‚Schicksal‘, Leibniz: ‚Verhängnis‘) vorverstanden ist als eine zwar allmächtige, aber doch blind (also nicht wissensgeleitet) waltende Macht, impliziert der Begriff der *providentia dei*, daß diese auch alles zum Besten leiten wird. Das Walten des *fatum* dagegen ist indifferent gegen gut und schlecht. – Auf dem Hintergrund der Wesensbestimmung Gottes ergibt sich dann in lib. V die Frage nach dem Verhältnis von Freiheit und Notwendigkeit. Wenn Gott wirklich allmächtig und allwissend ist, dann kommt ihm auch ein Vorwissen (*praescientia, praenotio*) bezüglich aller künftigen Geschehnisse in der Welt zu, zu welchen Geschehnissen ja auch die Handlungen des Menschen gehören. Boethius interessiert sich weniger, wie sich zeigen wird, für die aus Gottes Allmacht folgende Vorherbestimmung (*praedispositio, praeordinatio, praedestinatio*) der Weltabläufe, sondern mehr für diejenige Determination menschlicher Handlungen, die aus dem göttlichen Wissen von ihnen für sie folgt. Kann angesichts des göttlichen Wissens den Handlungen des Menschen Freiheit zugesprochen werden?

---

[23] Diese Überführung hat Boethius nicht als erster geleistet; sie liegt historisch bereits vor (Augustinus, C. Marius Victorinus, Ps.-Dionysius Areopagita). Neben Boethius u. Augustinus wurde v. a. (durch die Übersetzung des Johannes Eriugena) Ps.-Dionysius im Mittelalter (v. a. in der Schule v. Chartres; vgl. Anm. 3) wirksam.

a) Lib. III

Die Philosophie hat im Voraufgegangenen (lib. I, II) den Boethius soweit getröstet und wiederaufgerichtet, daß er sich den Schlägen, die das ‚Schicksal' ihm zufügte, nunmehr gewachsen fühlt. In lib. II hatte die *Philosophia* dem Boethius die Fraglichkeit all dessen, was Menschen gemeinhin für Glück halten (Reichtum, Ehre, Macht), dargelegt. Diese Destruktion des falschen Glücks wiederholt sich nun, wenngleich auf gedanklich höherem Niveau. Die Entlarvung gewisser Glücksgüter als Scheingüter ist material in lib. II und III identisch; sie unterscheidet sich durch die Weise der Darbietung. Die Argumente des lib. III sind gedanklich tiefer — gemäß dem ‚Heilprogramm' der sich als Ärztin verstehenden *Philosophia*, des Boethius Seele schrittweise durch Verabreichung immer stärker wirkender Arzneien zu heilen. Nach lib. II hält sich der Patient für hinreichend gefestigt, stärkere Medizin (d. h. anspruchsvollere Argumente) verabreicht zu bekommen[24]. Auf die systematische Fragestellung bezogen, heißt das: Worin besteht die wahre Glückseligkeit, wenn sie nicht in gewissen inhaltlich bestimmten Glücksgütern (wie Reichtum, Ehre) besteht? — Der Schlußteil von pr. 1 nimmt deutlich auf das platonische Höhlengleichnis Bezug: Was die Menschen als Glück zumeist erstreben, sind „Schattenbilder" (*imagines*) des wahren Glücks. Es bedarf, um das wahre Glück zu erlangen, einer Blickwendung[25], es bedarf der von Platon im Anschluß an das Höhlengleichnis geforderten περιαγωγὴ ὅλης τῆς ψυχῆς.

---

[24] Zu den inhaltlichen Übereinstimmungen zwischen lib. II, pr. 5—7 und lib. III, pr. 1—8 bemerkt Gigon (ed. cit., Einl. XXXVI—XXXVII) aus der Sicht des klass. Philologen: „Aber wenn dort (sc. lib. II) die verschiedensten Argumente locker aufgereiht waren, so haben wir es hier (sc. lib. III) mit einem geschlossenen Ganzen zu tun. So nahe die Abschnitte einander sachlich stehen, so groß ist der Unterschied in der Darbietung. Er ist so groß, daß man ihn nicht nur vom pädagogischen und therapeutischen Gesichtspunkt her erklären kann, also etwa so, daß Boethius dieselbe Sache zuerst in einer einfacheren, dann in einer anspruchsvolleren Form hätte vortragen wollen. Dieses Moment ist sicher wichtig, aber kaum ausreichend. Boethius hat hier nach zwei verschiedenen Vorlagen gearbeitet. Etwas überspitzt gesagt, gehört die erste Vorlage in die Nähe hellenistischer, jedenfalls vorneuplatonischer Protreptik, die zweite in die Nähe neuplatonischer Systematik; natürlich haben wir damit die Höhen neuplatonischer Ontologie und Theologie noch nicht erreicht, aber wir nähern uns ihnen. Daß Boethius von nun an einem neuplatonischen Traktat ‚Peri Eudaimonias' folgt, scheint mir jedenfalls die im ganzen wahrscheinlichste Annahme."

[25] Ed. cit. 91, lin. 23—92, lin. 2: *Sed quae tibi causa notior est, eam prius designare verbis atque informare conabor, ut ea perspecta, cum in contrariam partem flexeris oculos, verae specimen beatitudinis possis agnoscere.* Die Formulierung *cum in contrariam partem flexeris oculos* greift unverkennbar auf die Bildwelt des Höhlengleichnisses zurück: Der platonische Weise blickt von der Wand der Schatten weg auf die hinter ihm befindlichen schattenwerfenden Gegenstände und die sie beleuchtenden Lichtquellen. Auf der gegenüberliegenden Wand sieht er dann den Aufgang zum Ausgang der Höhle, d. h. zur Sonne und der Welt der von dieser beleuchteten Dinge. — Der Eingangssatz weist auf die hier verfolgte Methode hin: Die *Philosophia* geht aus von dem, was die meisten für glücksbringend halten (als *causa notior*,

Pr. 2 legt nun ein Kriterium für wahre Glückseligkeit vor: Jeder erstrebt sein Glück im Erstreben gewisser Güter, von denen er glaubt, daß ihr Besitz beglücke. Nun wird bestimmt, welche Beschaffenheit dasjenige Gut haben muß, dessen Besitz wahrhaft glücklich macht: Es muß so beschaffen sein, daß einem, wenn man es erlangt hat, nichts zu wünschen übrigbleibt. Ein solches Gut ist „höchstes Gut" (*summum bonum*), denn es enthält alle möglichen Güter in sich; wäre das nicht der Fall, so wäre es nicht das höchste Gut. Es bliebe ja außerhalb seiner noch ein Gut übrig, das Gegenstand des Wünschens sein könnte. Glücklichsein heißt also: wunschlos glücklich sein. Die Wunschlosigkeit ist Kriterium der Glückseligkeit. Wenn man nun dieses eine Gut (das die „Vereinigung" aller anderen „Güter" – *congregatio bonorum* – ist und daher kein Gut als noch wünschbar außerhalb seiner übrigläßt) erlangt hat, ist man wahrhaft und vollkommen glücklich.

Es treten nun fünf Prätendenten für den Rang des höchsten Gutes auf: Geld, Ehren, Macht, Ruhm, Lust und körperliche Vorzüge. Dabei ist nicht ausgeschlossen, daß diese Glücksgüter Kombinationen und Subordinationen untereinander eingehen, also eines (oder mehrere) der fünf als höchste(s) Gut (Güter) und andere als Mittel zur Erlangung dieses höchsten Gutes (dieser höchsten Güter) erstrebt werden; denn einige „ersehnen dann Reichtum um der Macht und Lust willen, oder Macht um des Geldes oder der Verbreitung ihres Namens willen"[26], womit (mindestens im ersten Fall) schon implizit ausgeschlossen ist, daß irgendeines dieser Güter das höchste sein kann. – Gleichwohl hat das Erstreben solcher Güter sein relatives Recht, denn wahre Glückseligkeit kann ja nicht in einem Zustand bestehen, in dem genau das fehlt, was der Besitz eines dieser Güter verbürgt. In der Tat scheint doch die Anhäufung von Besitz einen Zustand reicher Fülle zu verbürgen, „der Fremdes nicht bedarf, sondern sich selbst genügt"[27].

Von pr. 3 bis pr. 8 werden die fünf Prätendenten, die den Rang des wahrhaft beglückenden höchsten Gutes beanspruchen, auf ihre Legitimität hin überprüft. Legitim wären sie, wenn sie wahre Autarkie (= wahres Glück, Wunschlosigkeit) verbürgen könnten[28]. – Der Reichtum vermag das nicht. Dem Reichen bleiben prinzipiell Wünsche offen. Der Reiche kann unzufrieden sein, weil etwas absent ist (z. B. Sicherheit), dessen Präsenz erwünscht bzw. etwas präsent (z. B. die Gefahr des Diebstahls), dessen

---

dem *prius quoad nos*, welches *per se* ein *posterius* ist), um dann das eigentliche Glück (das *posterius quoad nos*, aber *prius per se*) ins Auge fassen zu können.

[26] Ed. cit. 94, lin. 26–29: *Sunt etiam, qui horum fines causasque alterutro permutent, ut qui divitias ob potentiam voluptatesque desiderant vel qui potentiam seu pecuniae causa seu proferendi nominis petunt.*

[27] An dieser Stelle (pr. 2, ed. cit. 96, lin. 58–59) formuliert Boethius explizit die Autarkie (*sufficientia sui*) als *criterium felicitatis*: . . . *status nec alieni egens, sed sibi ipse sufficiens.*

[28] Wir fassen pr. 3 bis pr. 8 kurz zusammen und verzichten auf Einzelanalysen.

Absenz erwünscht ist. Also: Reichtum führt nicht zur Wunschlosigkeit, d. h.: Geld macht nicht glücklich. – Auch Würden und hohe Ehrenämter (z. B . das Kaisertum) machen nicht glücklich. Einem schändlichen Kaiser (z. B. dem Nero) wäre die Tugend wünschbar. Diese aber folgt nicht natürlich aus einem hohen Amt. Sofern mindestens ein Gut (die Tugend nämlich) den Würden und Ehrenämtern nicht inhäriert, machen diese nicht wahrhaft glücklich. – Ist es nun die Macht, die glücklich macht? Ist es Glück, den Willen aller anderen dem eigenen Willen zu unterwerfen? Muß ich, wenn ich glücklich werden will, Tyrann werden? Nun, der Tyrann ist angewiesen auf Büttel und Vasallen, die seine Herrschaft sichern und durchsetzen. Er ist nicht wahrhaft Herrscher, sondern geradezu der Sklave seiner Diener[29]. Tyrannenmacht ist keine wahre Macht[30], kein wahres Glück. Sie ist vielmehr eine sich selbst verschleiernde Weise der Ohnmacht und des Unglücks. – Auch durch den Ruhm erlange ich nicht die Autarkie. Das ist – ohne daß Boethius dieses Argument bringt – schon klar aus der formalen Struktur des Ruhms: Der Ruhm ist ein Relationsbegriff, er ist bezogen auf die Mitwelt, die den Ruhm trägt: man ist berühmt bei ... (Griechen, Römern). – Auch die Lust kann nicht die wahre Glückseligkeit ausmachen. Wollte man die körperlichen Lüste (Völlerei, Wullust) als das wahre Glück des Menschen ansehen, so hinderte nichts, auch das Vieh, „dessen ganze Absicht darauf geht, seine körperliche Leere auszufüllen"[31], glücklich zu nennen, wenn es frißt, säuft und sich begattet. Ebensowenig konstituieren gewisse körperliche Vorzüge (Masse, Kraft, Schnelligkeit) Glück. Jeder Elefant ist massiger, jeder Stier kräftiger, jeder Tiger schneller als jeder Mensch. Auch die körperliche Schönheit ist nichtig und nicht erstrebenswert, ja sie ist in Wahrheit Häßlichkeit. Wir sehen von einem Körper lediglich seine Oberfläche und empfinden diese dann als schön oder häßlich. Wenn wir aber unsere Sehkraft ins Äußerste gesteigert denken, wenn wir über die Augen des Lynkeus (jenes Argonauten, der durch Berge hindurchsehen konnte), also gleichsam über Roentgenaugen verfügten, was

---

[29] Bereits Platon (Rep. IX, 576 C) nannte den Tyrannen, weil er in Wahrheit nicht Herrscher, sondern Sklave ist, den unglücklichsten aller Menschen. – Dieser platonische Gedanke findet sich noch in den Eingangszeilen (Buch 1, Kap. 1) von Rousseaus Contrat social (1763): „Der Mensch ist frei geboren, und überall ist er in Ketten. Mancher hält sich für den Herrn seiner Mitmenschen und ist trotzdem mehr Sklave als sie."

[30] Die Macht (potentia) ist nicht an sich ein Scheingut. Das ist, mit Perspektive auf das Folgende, auch klar: Wenn dem höchsten Guten (Gott) auch das Prädikat der Allmacht (omnipotentia) zugesprochen wird, kann die recht verstandene Macht kein Scheingut sein. Die Widerlegung des Tyrannen als eines Glücklichen kann dann nur aufweisen, daß Tyrannenmacht in Wahrheit keine Macht (= Glück), sondern Ohnmacht (= Unglück) ist. D. h. zugleich: Die göttliche Allmacht ist keine Tyrannenmacht, Gott ist kein Tyrann.

[31] Lib. III, pr. 7 (ed. cit. 116, lin. 10–12): ..., quarum omnis ad explendam corporalem lacunam festinat intentio. Ähnlich bereits Arist., EN I, 3: Mit Hinweis auf seinen viehischen Charakter wird der βίος ἀπολαυστικός als Weise des εὖ ζῆν abgelehnt.

sähen wir dann vom Körper? Wir sähen die Eingeweide, verdaute und halb-
verdaute Nahrung – all das, von dem sich das Auge gemeinhin, weil häßlich, abwendet. Also: Einen Körper schön zu nennen, ist ‚oberflächlich‘,
denn das Prädikat ‚schön‘ bezieht sich nicht auf den ganzen Körper, sondern nur auf seine Oberfläche, d.h.: Die Schönheit des Körpers ist seine
nicht ‚durchschaute‘ Häßlichkeit[32].

Die Gestalt der falschen, „lügnerischen Glückseligkeit" (*mendax felicitas*)
ist nun dargelegt. Ab pr. 9 soll die wahre Glückseligkeit gefunden werden.
Es bleibt festzuhalten: Das Erstreben der vorgenannten Güter hat sein relatives Recht. Die wahre Glückseligkeit muß all das – aber in vollkommener
Weise – gewähren, was das Erlangen von Macht, Ehre etc. in nur unvollkommener Weise gewährte. Das wahre Glück muß also wahre Fülle, die
mich mir selbst genügend, d.h. autark macht, gewähren; es muß wahre
Macht, wahrer Ruhm, wahrer Glanz, wahre Ehre, wahre Freude sein. Das
wahre Glück muß all jene Momente, die vorher isoliert für sich erstrebt
wurden, in ungeteilter Einheit enthalten. Es war eben ein Fehler zu glauben,
wenn man viel Geld habe, sei man unabhängig, autark, es fehle einem dann
an nichts. Wie gesehen, fehlt dem Reichen noch manches, z.B. Macht,
diese verstanden als das Vermögen, ganz aus sich, ohne äußere Stützen,
wirken zu können. Solche Macht gewährt der Reichtum nicht, ebensowenig
aber auch die Macht, sofern ich sie isoliert, für sich allein, erstrebe; diese
nämlich, aus dem Strukturzusammenhang des höchsten (wahrhaft beglückenden) Gutes gelöst, von ihm getrennt, ist die auf äußere Stützen
angewiesene Tyrannenmacht. Wirklich autark ist diejenige Macht, die ohne
äußere Stützen mächtig ist. Wahre Autarkie und wahre Macht sind ein und
dasselbe. Dieser Zustand ist auch ein solcher wahrer Fülle, in der alles enthalten ist, und die auf nichts Äußeres verwiesen ist. D.h.: Wahre Autarkie
ist zugleich auch wahrer Reichtum. Wahrer Macht und wahrem Reichtum
aber folgt, bezogen auf andere, ganz natürlich die „Ehrwürdigkeit"
(*reverentia*). Solches, das wahre Fülle, wahre Macht und Ehre ungeteilt in
sich enthält, ist aber nicht unansehnlich und häßlich, sondern das Glän-
zendste und Schönste. Solches gewährt auch wahre Freude, wahre Lust,
welche unvermischt ist mit Trauer (wohingegen der Sättigung der körperlichen Lust nach der Behauptung von pr. 7 innere Leere und Reue folgte). –
Also: Wahres Glück besteht im Erlangen eines Gutes, das das Mannigfache,
das vorher erstrebt wurde, vielheitslos, in ungeteilter Einheit in sich enthält. Die verschiedenen erstrebten Güter sind also lediglich dem Namen

---

[32] Es sei darauf hingewiesen, daß bereits die EN eine Untersuchung einiger der auch hier
untersuchten Glücksgüter bietet (vgl. I,3; noch ausführlicher Rhet. I,5). Im Anschluß an
Aristoteles und Boethius untersucht auch Thomas eine Reihe von Anwärtern für den Rang
des wahren Glücks: S.th. I–II, q.2, *De beatitudine hominis, in quibus consistat.* Die einzelnen Artikel fragen dann: *Utrum beatitudo hominis consistat* 1. *in divitiis* 2. *in honoribus*
3. *in fama sive gloria* 4. *in potestate* 5. *in aliquo corporis bono* 6. *in voluptate* 7. *in aliquo
bono animae* 8. *in aliquo bono creato.* Die Rezeption der Consolatio ist hier unverkennbar.

nach verschieden, der Sache nach dasselbe. Die Fehlformen menschlichen Strebens rühren daher, daß die praktische Vernunft die verschiedenen Namen (Aspekte) einer und derselben Sache für verschiedene Sachen hält. Das, was seiner Natur nach einheitlich und ungeteilt ist (nämlich das Gut, dessen Besitz wahres Glück ausmacht), entzieht sich dem Menschen dadurch, daß er es teilt, es in Gestalt verschiedener materieller, partikulärer Güter erstrebt. Im Erlangen des Reichtums erlange ich — eben den Reichtum, nicht aber das Glück. Wenn ich einen Aspekt des Glücks als das Glück selbst setze, so verfehle ich die wahre Glückseligkeit, vernachlässige die anderen legitimen Aspekte des Glücks. Der Tyrann etwa verachtet den Ruhm, der der Macht entbehrt. Der Reiche scheut das Ansehen, das Licht der Öffentlichkeit. Er will lieber abseits stehen, im Dunkel leben, um nur nicht die Diebe auf sich zu lenken. Also: Wenn man die genannten Güter *in sensu distributivo*, d.h. eines oder jedes (aber im Unterschied zu jedem anderen, nicht als Moment jedes anderen) zu erlangen sucht, so entzieht sich das wahre Glück; keines dieser Güter macht, für sich genommen, daß ich mir selbst genüge.

Im Schlußteil der pr. 9 wird nun der Übergang vom praktischen Bereich, dem Bereich des Strebens und Handelns, in den Bereich der metaphysischen Theologie vorbereitet. Die *Philosophia* fordert den Boethius auf, „den Blick des Geistes" — in Anspielung auf die Bildwelt des Höhlengleichnisses — „auf die entgegengesetzte Seite zu lenken"[33]. Gesucht wird ein Gut, welches den Menschen zugleich selbstgenügend (reich), mächtig, ehrwürdig, glanzvoll und heiter macht. Ein solches Gut aber kann nicht „in den hinfälligen und sterblichen Dingen" (*in ... mortalibus caducibusque rebus*) gefunden werden. Wo aber sollen wir es suchen? Rhetorisch raffiniert wird nun der Übergang zu Gott als dem *summum bonum* vorbereitet. Die Philosophie erinnert den Boethius an das Diktum Platons[34], auch bei kleinen Angelegenheiten den göttlichen Schutz zu erflehen; um wieviel mehr dann aber bei solch großen Angelegenheiten wie der Frage, wo denn der Sitz des höchsten Guten sei. Bis zum Ende der pr. 9 ist noch nicht ausgemacht, worin das höchste Gut, das bereits pr. 2 formal bestimmt worden war, inhaltlich besteht. In der folgenden Anrufung Gottes, dem berühmten metr. 9, wird — was nicht verwundert — Gott selbst als Sitz des höchsten Guten gesetzt, eine Setzung, die ab pr. 10 argumentativ eingeholt werden soll.

Bisher hatten wir die Gestalten des unvollkommenen Glücks kennengelernt. Wir nennen aber etwas unvollkommen nur mit Blick auf Vollkommenes. Im Begriff des Unvollkommenen ist der Begriff eines Vollkommnen mitgesetzt. Unvollkommen ist etwas als Einschränkung des Vollkommenen. Wenn es also Unvollkommenes gibt, so muß es auch Vollkommenes

---

[33] Ed. cit. 126, lin. 84—85: *Deflecte nunc in adversum mentis intuitum.*
[34] Tim. 27 C–D.

geben. Mit Blick auf die Sache: Nur das Vollkommene kann Entstehungs-
grund des Unvollkommenen sein, nicht aber umgekehrt. Denn dann ent-
stünde aus etwas, dem etwas mangelt, etwas, dem nichts mangelt; es ent-
stünde also aus etwas nichts, was unmöglich ist. Also: Das Vollkommene,
das es geben muß, wenn es Unvollkommenes soll geben können, kann nicht
„von Unvollkommenem" (*ab deminutis*) seinen Ausgang nehmen. Wenn es
also eine unvollkommene Glückseligkeit gibt (die ich erreiche im Erlangen
unvollkommener Güter), so muß es eine vollkommene Glückseligkeit
geben, die konsequent nur der Besitz eines vollkommenen Gutes sein kann.

Dieses höchste, vollkommene Gute ist Gott. Diese Setzung beruht auf
zwei Prämissen: 1. Gott ist „Anfangsgrund aller Dinge" (*principium omnium rerum*). 2. Eine allen Menschen gemeine „Vorstellung" (*conceptio*) besagt, daß Gott gut ist. – Die erste Prämisse ist eine außerphilosophische,
die kein ‚heidnischer' Neuplatoniker (Plotin, Porphyr, Jamblich, Proklos)
in dieser Form zugegeben hätte. Die zweite Prämisse ist ein *argumentum
e consensu gentium*. Die erste Prämisse enthält die Gleichsetzung des obersten Seinsprinzips mit Gott. Die zweite Prämisse erlaubt, von Gott ‚gut' zu
prädizieren. Aus der ersten Prämisse folgt dann aber, daß Gott nicht nur
gut, sondern vielmehr dasjenige Gute ist, über das hinaus es kein Besseres
gibt[35]. Denn: Wäre er nicht das Beste (also das Gute an ihm selbst), so wäre
er (neuplatonisch) nicht das, was er nach der ersten Prämisse ist: Ursprung
aller Dinge. Vielmehr wäre das, was wirklich das Beste ist (nämlich das
Gute selbst), der Ursprung der Dinge. Hier ist die Gleichsetzung des plotinischen Ἕν Ἀγαθόν mit Gott explizit vollzogen. Es folgt nun das einzige
philosophische Argument für diese Gleichsetzung: Wenn man Gott nicht
mit dem Besten identifiziere, in der Reihe der Verursachungen nicht bei
Gott stehenbleibe, so folge daraus ein *regressus in infinitum*. Dieses Argument verfängt gerade gegen Plotin nicht. Plotin steht keinen Augenblick in
der Gefahr, sich in einen solchen Regreß hineinzubegeben. Plotin würde

---

[35] Der Begriff eines *summum bonum* ist der Begriff eines Maximums. Der große mittelalterl. Neuplatoniker Anselm v. Canterbury hat Gott ebenfalls durch einen Maximalbegriff zu
bestimmen versucht (Proslogion, c. 2): Gott (*summum ens*) ist das, *quo maius cogitari non
potest*. Anselm bestimmt Gott *a parte cogitandi*. Boethius rein formale Bestimmung des
summum bonum (pr. 2, ed. cit. 92, lin. 5–11), das jetzt als mit Gott identisch gesetzt ist, sagte
dasselbe *a parte desiderandi*: Das höchste Gut ist das, *quo quis adepto nihil ulterius desiderare
queat* (loc. cit., lin. 6). Beide Hinsichten lassen sich vermitteln. In der dem Proslogion vorausgehenden Schrift, dem Monologion (c. 2), weist Anselm darauf hin, daß das (im Proslogion
als Bestimmung wieder verwendete) ‚maius' nicht im Sinne der Kategorie der Quantität zu
verstehen sei, sondern vielmehr als „das Größte in dem Sinn, wie etwas um so besser oder
um so würdiger ist, je größer es ist, wie dies etwa von der Weisheit gilt. Da nun nur das zuhöchst groß sein kann, das auch zuhöchst gut ist, so muß es notwendig ein Größtes und
Bestes geben, als das Höchste unter allem, was da überhaupt ist." – Boethius' Quellen
für die Lehre von *summum bonum* sind: Stoa (vgl. Diog. Laert., 7, 119) sowie Plotin I, 4, 16
(vgl. auch I, 4, 7 [40–42]). Die Quellen der Anselmschen Gottesbestimmung sind: Seneca,
Quaest. nat. (praef., I, 13), Cicero, De nat. deor., 2, 18.

sagen: Zweifellos ist Gott, weil Emanation des Guten, selbst gut, aber darum noch nicht das Gute selbst. Gott ist genau das Gute, über das hinaus es noch ein Besseres gibt: das übergöttliche Gute selbst. Nicht Gott, sondern das Gute selbst ist das wahrhaft Beste und als solches auch Ursprung der Dinge. Dieses Gute ist der absolute Anfang der Erzeugungs-, bzw., vom Erzeugten her gesehen, das absolute Ende der Verursachungsreihe. Boethius geht hier mit keinem Wort auf die Argumente, die gegen die Identifizierung sprechen (s. Anm. 17, 18), ein. Gerade mit Blick auf Plotin wird deutlich, daß die Gleichsetzung des höchsten Guten (des Guten selbst) mit Gott nicht philosophisch motiviert, sondern Ausfluß des biblischen Schöpfungsglaubens ist. Es bleibt festzuhalten: Der Gottesbegriff des christlichen Neuplatonismus, welcher den Gottesbegriff der gesamten Tradition wesentlich bestimmt hat, ist zwar philosophisch konzipiert, aber theologisch motiviert.

Wir nehmen im Folgenden die Gleichsetzung des höchsten Guten mit Gott als gegeben hin. Diese Gleichsetzung wird nun näher expliziert. Da in Gott das höchste Gut liegt, besitzt er höchste Glückseligkeit. Dieses ‚Besitzen' aber ist recht zu verstehen; es gehört nicht in die Kategorie des Habens. Diese ist sowenig wie jede andere Kategorie auf Gott anwendbar. Gott und die kraft des in ihm liegenden höchsten Gutes „innegehabte Glückseligkeit" (*habita beatitudo*) können ihrem Wesen nach nicht verschieden sein. Gott kann das, was in ihm liegt, nicht von außen empfangen haben. Denn dann wäre das, von dem er es hätte, ihm vorgeordnet, der Geber wäre größer und hervorragender als er (was ja nach Plotin auch der Fall ist). − Weiter: ‚Gott' und ‚höchstes Gut' können dem Begriffe nach nichts Verschiedenes sein. Andernfalls müßte es vor Gott jemanden geben, der Gott mit dem Gehalt ‚höchstes Gut' verknüpft hätte. Der Grund der Antwort: ‚Das höchste Gut' auf die Frage: ‚Was (wer) ist Gott?' läge dann nicht in Gott selbst. − Zudem: Wenn die Natur Gottes von der des höchsten Gutes verschieden wäre, so wäre die Natur Gottes, eben weil sie vom höchsten Gut, vom Guten selbst, verschieden wäre, nicht das Erste und Höchste. Da aber nach der ersten Prämisse (s. o.) Gott der Anfangsgrund von allem ist, muß er das höchste Gut selbst sein, mit ihm identisch sein[36]. − Der folgende Gedanke beweist die Einzigkeit Gottes durch den Nachweis, daß es keine zwei ihrem Inhalte nach verschiedene höchste Güter geben kann. Das eine ‚höchste' Gut enthielte jeweils das nicht (oder einiges von dem nicht), was das andere enthält. Beide ‚höchste Güter' wären durch einen Mangel gekennzeichnet, also unvollkommen. Über beide hinaus wäre eben ein Besseres denkbar, das nämlich, welches auch das enthält, was

---

[36] All diese Gedanken bringt Boethius als bare Selbstverständlichkeiten. Daß sie in keiner Weise selbstverständlich sind, haben wir gesehen. Man merkt, daß die Gleichsetzung des Guten mit Gott ein schon vor Boethius vollzogener Vorgang, für Boethius bereits ein Faktum ist (vgl. Anm. 23).

...

beide nicht enthalten. Es kann also nur ein höchstes Gut (d.h. zugleich: einen Gott) geben. – Nun ist auch klar, das derjenige, der das höchste Gut in der Weise hat, das er es selbst ist, zuhöchst glücklich ist. Der Mensch, sofern er nach Glück strebt, strebt also nach Gottähnlichkeit. Diese kann er erreichen durch Angleichung an Gott (ὁμοίωσις θεῷ)[37]. Der Mensch strebt danach, durch Teilhabe an Gott göttlich (Boethius sagt sogar: selbst ein Gott) zu werden. – Am Ende der pr. 10 steht fest: Gott, das Gute und Glückseligkeit sind nur dem Namen nach verschieden, der Sache nach ein und dasselbe. Alle drei sind untereinander konvertibel. Wenn ich also in rechter Weise die Glückseligkeit erstrebe, dann erstrebe ich das höchste Gut, d.h. Gott, dem ich ähnlich zu werden suche, an dessen Sein ich teilnehmen möchte (und, wenn ich die wahre Glückseligkeit erlangt habe, auch aktual teilnehme).

Ich erstrebe aber, wie pr. 11 nachweist, noch weiteres: die Einheit (ἑνότης). Das bedeutet: Gott (der in jedem Streben eigentlich Erstrebte) ist nicht nur das Gute (τὸ Ἀγαθόν), sondern auch das Eine (τὸ Ἕν). – These: Einessein und Gutsein ist dasselbe. Ich erstrebe im Streben nach Gutem immer auch Einheit. Wir sahen ja, daß das Streben nach Macht, Ehre etc. nicht völlig verfehlt war; der Fehler lag nur in der Art des Strebens. Wenn ich diese Güter im Unterschied voneinander (etwa die Macht im Gegensatz zur – oder zum Zwecke der – Lust) erstrebe, so erlange ich kein vollkommenes Gut. Ich muß diese Güter so erstreben, daß ich im Erstreben eines dieser Güter auch alle anderen erstrebe. Das wahre Gute „entsteht" dann, wenn sich diese Güter „gleichsam zu einer Form und Wirksamkeit versammeln, so daß das, was Autarkie ist, identisch ist mit Macht, Ehre, Glanz und Freude, und daß diese nur dann unter das Erstrebenswerte gerechnet werden dürfen, wenn sie alle ein und dasselbe sind"[38]. Solange diese Güter untereinander verschieden (also vielheitlich) sind, sind sie nicht gut. Erst wenn sie miteinander identisch, also Eines werden, werden sie gut. Also: Wahrhaft gut wird etwas durch Erlangen der Einheit. D.h.: Das Eine und das Gute sind dasselbe. – Dieses Ergebnis wird nun mit Blick auf die belebte und unbelebte Natur befestigt. Alles, was ist, ist, sofern es ist, Eines; sobald es sich in die Vielheit seiner Bestandteile auf-

---

[37] An die Stelle der plotinischen ἕνωσις mit dem Guten tritt nun die ὁμοίωσις θεῷ. Dieser Gedanke (sogar die Formulierung) stammt von Platon (Theaet. 176 B), wobei immer gegenwärtig zu halten ist, daß der platonische Gott nicht mit dem Guten selbst identisch ist (wie überhaupt Platon zu seinen geschichtlichen Nachfolgern und Auslegern wahrscheinlich gesagt haben würde: Ich bin Platon, und weder Platoniker noch Platonist). – Die ὁμοίωσις θεῷ als ein leitendes Motiv der Consol. Phil. auszulegen, hat V. Schmidt-Kohl unternommen: Die neuplat. Seelenlehre in d. Cons. Phil. d. Boethius, Beitr. z. klass. Philologie (H. 16), Meisenheim a. Gl. 1965 (urspr. Diss. Köln 1964), 41 sqq.

[38] Ed. cit. 142, lin. 15–19: *... in unam veluti formam atque efficientiam colliguntur, ut, quae sufficientia est, eadem sit potentia, reverentia, claritas atque iucunditas, nisi vero unum atque idem omnia sint, nihil habere, quo inter expetenda numerentur.*

löst, hört es auf, zu bestehen. Zu sein und Eines zu sein ist dasselbe. Wenn ein Körper und seine Form, die Seele, eine Einheit eingehen, so heißt diese Einheit Lebewesen. Wird aber diese Einheit aufgelöst, trennt sich die Seele vom Körper, so erlischt das Leben, das Lebewesen hört auf zu sein. Jegliches also besteht in seiner Bestimmtheit (als Dieses), solange es eine Einheit ist; es geht als dieses unter, wenn es nicht mehr Eines ist[39]. „Der Trieb, sich selbst in seinem Bestehen zu erhalten" (*subsistendi appetentia*), ist nichts anderes als der Trieb, auf der Einheit und Identität seiner selbst zu beharren, es ist der Widerstand, sich in die Vielheit seiner Bestandteile auflösen zu lassen. Wer also zu bestehen begehrt und die Vernichtung meidet, begehrt die Einheit und meidet die Vielheit, die das ontologisch Schlechte ist. Das Eine aber ist, wie gesehen, dasselbe wie das Gute; beide sind konvertibel. Alles strebt, indem es Einheit erstrebt, nach dem Guten. Dieses Eine Gute (Gott) muß dann, weil von allen erstrebt (das folgt analytisch), das „Endziel aller Dinge" (*rerum omnium finis*) sein.

Die *Philosophia* fragt nun in pr. 12 den Boethius, wodurch („durch welche Steuer", *quibus gubernaculis*) die Welt gelenkt werde. Diese Frage war bereits lib. I, pr. 6 gestellt worden, damals aber unbeantwortet geblieben. Jetzt sieht Boethius sich im Stande, sie zu beantworten: Der Steuermann der Welt ist Gott. Die Welt besteht nämlich aus divergenten Teilen. Diese Teile wären niemals von sich aus zu einer Einheit zusammengetreten, wenn nicht einer sie zu dieser Einheit verbunden hätte. Die Weltteile würden auch wieder auseinanderfallen (aus der Einheit austreten), wenn nicht einer sie zusammenhielte. Auch die Ordnung der Naturbewegungen könnte nicht sein ohne ein Bewegungsprinzip, das selbst unbewegt ist[40]. Dieses, wodurch die Welt dauert und sich bewegt, benennt Boethius mit einem „bei allen gebräuchlichen Namen" (*usitato cunctis vocabulo*): Gott. – Wir sehen: Boethius' Heilungsprozeß hat bis hier gute Fortschritte gemacht. Die Philosophie verheißt ihm, daß er bald wohlbehalten sein Vaterland, also die Stätte, wo wahres Glück zu Hause ist, wiedersehen werde. Sie führt ihn durch weitere Argumente diesem Vaterland näher zu[41]. – Gott war als Sitz des wahren Glücks erwiesen worden.

---

[39] Dies gilt nach Boethius für alles Seiende, also auch für die vegetative und unbelebte Natur. Wir verzichten darauf, hier alle darauf bezüglichen Argumente aus pr. 11 vorzutragen. Vgl. hierzu auch Plotin VI,9 (1 sqq.) u. die in ed. Henry-Schwyzer dazu angegebenen Quellen; s. auch Proklos, Element. theol., prop. 1–6.

[40] Verbindung zur aristotelischen Gotteslehre: Das Göttliche ist das unbewegt Bewegende.

[41] Der Topos ‚Wiedererlangung der Heimat', ‚des Vaterlandes' tritt öfters auf (z. B. I, pr. 5, IV, pr. 1, V, pr. 1). Die eigentliche Heimat liegt außerhalb, jenseits dieser Welt. Das εὖ ζῆν ist hier ein entweltlichtes Leben. Aufgabe und Bestimmung des Menschen ist die ὁμοίωσις θεῷ, und das impliziert die Abkehr von den Händeln dieser Welt. Folgerichtig konnte der Neuplatonismus nicht, wie Aristoteles, eine eigene praktische oder gar politische Philosophie hervorbringen. Für eine solche lag ein inneres Motiv nicht vor (vgl. Anm. 21). – Eine neuplatonische Interpretation der biblischen Lehre vom Leben als einer irdischen Pilgerfahrt (vgl. 2 Cor. 5,6–8, Hebr. 11,13–16) legte sich für das Christentum selbstverständlich

Glück aber heißt: Selbstgenügen, Autarkie. Daraus folgt für die göttliche Weltenlenkung, daß diese keiner äußeren Stützen bedarf − im Gegensatz zur tyrannischen Lenkung eines Gemeinwesens. Der Tyrann ist angewiesen auf Vasallen seiner Macht. Gottes Lenkung bedarf solcher Stützen nicht; er ist wahrhaft mächtig (allmächtig). D.h. zugleich: Gottes Macht ist keine tyrannische Macht. Gott ist das Gute selbst. Also ist die göttliche Weltregierung zuhöchst gut. Da aber alles „auf Grund eines natürlichen Gerichtetseins" (*naturali intentione*) zum Guten strebt, geben sich die Weltwesen ganz von selbst, ‚freiwillig‘, der Leitung durch das höchste Gute hin, denn seine Herrschaft erfüllt ja in höchstem Maße das Kriterium jeder guten Herrschaft, daß sie nämlich den Beherrschten nütze. Sofern aber alles nach seinem Nutzen (dem für es Guten) strebt, kann keiner dem höchsten Guten Widerstand leisten, ja ihm nicht einmal widerstehen wollen. Widerstand gegen das Gute selbst wäre, wenn alles seiner Natur nach zum Guten hin- und nichts von ihm wegstrebt, in sich absurd, widersprüchlich, nichtig, und d.h. für einen Neuplatoniker zugleich: schlecht. − Die folgenden Gedanken leiten über zum Thema von lib. IV, in dem es um das Schlechte geht. Das höchste Gute ist „zu allem fähig" (*omnium potens*), d.h. allmächtig. Es gibt nichts, was es nicht könnte. Schlechtes aber kann das Gute nicht vollbringen. Dann aber „ist das Schlechte nichts, wenn derjenige es nicht tun kann, der nichts nicht kann"[42]. Boethius nimmt hier die erstmals von Plotin gedachte Bestimmung des Schlechten auf, der gemäß das Schlechte ein Mangel an Gutsein (*privatio boni*) ist. Das Gute ist Wesensfülle, das Schlechte Wesenslosigkeit. Es gibt keine eigene Natur, kein eigenes Wesen des Schlechten[43]. Dies nachzuweisen ist Absicht von lib. IV.

b) Lib. IV

Boethius fragt nun (pr. 1): Wenn der allmächtige und allwissende Gott[44] das Gute selbst und daher die göttliche Weltregierung zuhöchst gut ist, wie

---

nahe (vgl. Kirchenlieder wie: „Wir sind nur Gast auf Erden, und wandern ohne Ruh, mit mancherlei Beschwerden der ewigen Heimat zu").

[42] Ed. cit. 156, lin. 94−95: *Malum igitur . . . nihil est, cum id facere ille non possit, qui nihil non potest.*

[43] Vgl. Anm. 42. Das Prinzip des Schlechten ist nach Plotin (I, 8) die ὕλη. Diese ist das schlechthin Vielheitliche, und d.h.: Nichtige. Die Schlechtigkeit (moralisch betrachtet, also auf den Willen bezogen: die Bosheit) eines Menschen ist die Schwäche seiner Seele. Diese wendet sich nicht den Ideen, dem wahrhaft Seienden, sondern von diesem ab der Materie, dem Nichtigen, zu. Auf diesen Gedanken Plotins geht die für die Tradition maßgebliche Bestimmung des *malum* als *privatio boni* zurück. Nur Schelling − im Nachgang zu der in Kants Religionsschrift dargelegten Lehre vom ‚radikal Bösen‘ − hat versucht, in der sog. Freiheitsschrift (1809) ein Eigenwesen des Bösen metaphysisch zu konstruieren. Vgl. auch K.-H. Volkmann-Schluck, Plotins Lehre vom Wesen und von der Herkunft d. Schlechten (Enn. I, 8), in: Philos. Jahrbuch 75 (1967) 1−21.

[44] Allmacht und Allwissen (*potens omnia, sciens omnia*) werden hier (ed. cit. 164, lin. 17−18) explizit eingeführt.

kann es dann das Böse (Schlechte) geben? Zudem: Wie kommt es, daß
höchste Schlechtigkeit oft unbestraft bleibt? Überall scheint doch die
„Schlechtigkeit" (*nequitia*) zu herrschen, wohingegen die Tugend nicht nur
nicht belohnt, sondern mit Füßen getreten, ja sogar bestraft zu werden
pflegt. Die Gerechten büßen doch nur zu oft an Stelle der Frevler, ja sie
büßen oft genug mit dem Tode[45]. Der Schlechte scheint stark und mächtig,
der Gute schwach und ohnmächtig zu sein. – Doch dieser Schein ist
trügerisch und muß aufgeklärt werden: In Wahrheit sind die Guten nicht
kraftlos, sondern stark, die Bösen, die so stark erscheinen, sind in Wahrhaft schwach und ohnmächtig (These von pr. 2). In Wahrheit bleibt auch
das Schlechte (moralisch: das Laster) nie ohne Strafe, das Gute (die Tugend) nie ohne Lohn (These von pr. 3).

Pr. 2 behauptet also: Die Guten sind stark und mächtig, die Schlechten
kraftlos, schwach und ohnmächtig. Wenn nämlich das höchste Gute zuhöchst mächtig ist, so muß seinem Gegensatz das Gegenteil höchster
Macht, nämlich Ohnmacht zukommen. Das wird weiter erläutert: Die
Wirksamkeit menschlicher Handlungen beruht auf zweierlei: dem Willen
und der Fähigkeit, „Macht" (*potestas*), das Gewollte auch zu erreichen, seine
Erreichung durchzusetzen. Ohne Willen gäbe es kein Gewolltes, ohne ein
dem Willen korrespondierendes Vermögen, das Gewollte auch aktual zu
erreichen, wäre der Wille „vergeblich" (*frustra*), er hätte kein *fundamen-
tum in re*. Will jemand etwas, ohne es erreichen zu können (z. B. 100 m
hoch springen), so steht es eben nicht in seiner Macht, das Gewollte zu
erreichen. Wenn aber jemand etwas Gewolltes erlangt hat, so hat ihm auch
die Kraft, es zu erlangen, nicht gefehlt. Alle Strebungen des Willens aber
gehen auf das wahre Glück, welches im Guten selbst liegt. Das Gute selbst
ist es, welches alles Streben, alles Wollen als letzter Grund trägt. Nach dem
Guten aber streben alle Menschen, Gute wie Schlechte, einfach deshalb,
weil ihnen allen ein Strebevermögen innewohnt. – Gut aber wird ein
Mensch genannt, wenn er die Teilhabe am Guten selbst erlangt hat.
Schlecht sind dann die, die das Gute nicht erlangt haben, nicht an ihm

---

[45] Diese Stelle (ed. cit. 164, lin. 9–17) klingt wie ein Lamento des Boethius auf die eigene
Situation. Die Ungerechten triumphieren, der Gerechte (er selbst) sitzt in Haft und ist zum
Tode verurteilt. Boethius gab bereits explizite Hinweise lib. III, pr. 5: Nero ließ den edlen
Seneca, Caracalla den großen Juristen Papianus töten – man ergänze: Theoderich wird den
gerechten Boethius töten lassen. Das ganze Kerkerszenarium ist der implizite, diskrete Hinweis auf Sokrates (Kerkerszenen in Kriton und Phaidon), der durch die Machenschaften der
korrupten πόλις zugrunde ging. Dies alles legt, wenn man nach Motiven für die Abfassung
dieses Werks fragt, die Vermutung nahe, daß der todgeweihte, vor der Exekution stehende
Boethius mit der Consolatio das Dokument eines grandiosen Abgangs hinterlassen wollte,
eines Abgangs, der mit dem des Sokrates und des Seneca einen Vergleich wohl aushält. Sollte
diese Vermutung stimmen, dann hätte sich Boethius mit der Consolatio selbst das Denkmal
des eigenen Endes gesetzt, so wie Platon im Phaidon und Kriton dem Ende des Sokrates ein
Denkmal gesetzt hat (vgl. auch Anm. 6).

teilhaben. Die Schlechten wären nicht schlecht, wenn sie am Guten teil-
hätten. Die Guten aber und die Schlechten streben nach dem Guten selbst,
sofern dieses nach neuplatonischer Auffassung letzte Bedingung der Möglichkeit von Streben überhaupt ist. Nur: Es steht offensichtlich nicht in der
Macht des Schlechten, das erstrebte Gute zu erlangen – sonst wäre er ja
nicht schlecht. Also sind die Schlechten ohnmächtig; sie vermögen das nicht
zu erlangen, wonach sie streben. Dem Guten aber ist es offensichtlich gelungen, am Guten teilzuhaben. Es stand also in seiner Macht, das erstrebte
Gute auch zu erlangen. Also ist es der Gute, der eigentlich mächtig ist; er
hat die Macht, er vermag es, das in allem Streben Erstrebte auch wirklich
zu erreichen.

Wie aber wird der Gute gut, wie gelangt er zur Teilnahme am Guten?
Der angemessene Weg zur Erlangung des Guten ist der Weg der Tugend[46].
Der Schlechte ist dadurch schlecht, daß er das Gute, nach welchem ja auch
er strebt, durch Laster (hemmungslose Befriedigung seiner Begierden) erreichen will. Er erstrebt die Befriedigung der Begierden als ein Gut. Für die
Seelenverfassung des Schlechten bedeutet das: Die Seele steigt hinab in die
Niederungen der materiellen Welt, sie läßt sich, da ohne Kraft, in den Bereich der ὕλη hinabziehen. Das lasterhafte Streben aber ist, wenn alles Streben seinen es tragenden Grund im Guten hat, nur dann möglich, wenn die
Materie und die durch sie mitkonstituierte Welt selbst noch ein letzter,
kraftloser Ausfluß des Guten selbst sind. Das lasterhafte Streben erstrebt
das Gute selbst, das *diffusivum sui* (so die Kennzeichnung des Guten bei
Ps.-Dionys), das an ihm selbst – ohne an Fülle zu verlieren – in die Vielheit der Hypostasen Überfließende; der Schlechte erreicht es in seiner ab-
geschwächtesten, ,zerflossensten', ,diffusesten' Gestalt.

Die Schwäche des Schlechten hat drei mögliche Gründe: 1. Unbildung,
Unwissenheit[47]; 2. Kenntnis des wahrhaft Erstrebenswerten bei gleichzeiti-
ger Unfähigkeit (Schwäche) der Seele, den Strebungen der niederen Seelen-
teile zu widerstehen; 3. wissentliche und willentliche Hinwendung zum
Schlechten (Abwendung vom Guten, obwohl man es kennt, und obwohl
man Macht über seine Begierden hat, also nicht deren Sklave ist). Die dritte
Möglichkeit beunruhigt am meisten: die freie Entscheidung zum Schlechten, die weder durch Unkenntnis noch durch ein Übermaß sinnlicher Begierden veranlaßte Abwendung vom Guten. (Gerade dieses Phänomen ist
es gewesen, das Schelling in seiner Metaphysik des Bösen [s. Anm. 53] zur
Abkehr von der traditionellen Bestimmung des Bösen veranlaßte. Der

---

[46] Die Passage bezieht ihre suggestive Kraft v. a. dadurch, daß Boethius die ontologische
und die moralische Bedeutung von ,gut' und ,schlecht' rhetorisch ineinander übergehen läßt.

[47] Um Kenntnis vom wahren Guten zu erlangen, bedarf es nach Platon (Rep., lib. VII,
518 sqq.) der bereits erwähnten περιαγωγὴ ὅλης τῆς ψυχῆς. Dieser Umwendung der Seele ist
eine bestimmte τέχνη zugeordnet. Platon bestimmt diese τέχνη περιαγωγῆς als ,Bildung'
(παιδεία). – Platon legt hier (in Auseinandersetzung mit den Bildungssophismen seiner Zeit)
eine erste metaphysische Theorie der Bildung vor.

freien Abwendung vom Guten, der ‚Revolte' gegen es, scheint doch ein
eigener Zug von Größe innezuwohnen; es scheint jedenfalls alles andere als
Ohnmacht zu sein.) Doch die *Philosophia* belehrt den Boethius eines
Besseren: Die freie Abwendung vom Guten ist sehr wohl größte Ohnmacht, ja mehr: Sie ist Aufhören des Seins. „Rein und einfachhin" (*pure
atque simpliciter*) betrachtet, sind die Schlechten nicht. Wie man einen
Leichnam nicht einfach und schlechthin ‚Mensch' nennt, sondern ‚toter
Mensch', so auch beim schlechten Menschen: Er ist eigentlich nicht, nämlich nicht das, was er zu sein scheint: Mensch. „Denn nur dasjenige, was an
seiner Ordnung festhält und seine Natur bewahrt, ist; was aber von dieser
abfällt, gibt auch das Sein, das in seiner Natur begründet ist, auf."[48] Derjenige, der sich freiwillig dem Schlechten zuwendet (also von seiner Natur,
die auf das Erlangen des Guten gerichtet ist, abweicht), begeht in einem
‚intelligiblen' Sinne Selbstmord, vernichtet sich selbst[49]. – Nun ist nicht
zu bestreiten, daß die Schlechten etwas vollbringen; sie wirken ja in der
Welt. Wenn aber, wie schon am Ende von lib. III gezeigt, das Schlechte
nichts ist, dann vollbringt der, der Schlechtes tut, im eigentlichen Sinne
nichts. Die Ohnmacht und Nichtigkeit des Schlechten wird nun (wieder
im Nachgang zur Schlußprosa von lib. III) von der Allmacht des höchsten
Guten her verdeutlicht. Das höchste Gute ist zu allem fähig, allvermögend.
Zum Schlechten aber ist dieses allmächtige Gute gerade nicht fähig (wie
sollte dem Guten selbst Schlechtigkeit beigemischt sein?). Allmacht heißt
also: nur des Guten fähig sein. Die Menschen können gerade deshalb, weil
sie nicht allmächtig sind, auch schlecht handeln; das kann der Allmächtige
nicht. Das Unvermögen, Schlechtes zu tun, ist also kein Beweis gegen, sondern für das Allvermögen, die Allmacht des höchsten Guten. Indem ich
nach Teilhabe am Guten strebe, strebe ich auch nach Teilhabe an seiner Allmacht. Also werde ich im Erlangen des Guten auch wahrhaft mächtig. Die
„Möglichkeit" (*possibilitas*), schlecht zu handeln, ist also keine „Macht"
(*potentia*), sondern Ohnmacht, nämlich die Unfähigkeit, gut und damit zugleich wahrhaft mächtig zu sein. Der Schlechte wendet sich ja von der
höchsten Macht ab; wie sollte er da mächtig sein? – Pr. 2 schließt mit einem
die Darlegungen bestätigenden Zitat aus Platons Gorgias (466 DE).

Pr. 3 behauptet: Dem Guten folgt Lohn, dem Schlechten (Bösen) Strafe.
Denn: Das Erreichen dessen, was man erstrebt, kann man den Lohn des
Strebens nennen. Wer das Gute erstrebt (und erreicht), wird durch die er-
reichte Teilhabe am Guten selbst gut, und d. h. zugleich: wahrhaft glücklich. Alle Guten sind dadurch, daß sie gut sind, glücklich. Der Sitz der
wahren Glückseligkeit aber ist Gott. Also ist der dem Guten zuteil wer-

---

[48] Ed. cit. 176, lin. 120–123: *Est enim, quod ordinem retinet servatque naturam; quod
vero ab hac deficit, esse etiam, quod in sua natura situm est, derelinquit.*

[49] Die Zuwendung zum Schlechten, die Hinwendung zur ὕλη, zur materiellen Welt, ist,
wenn die ὕλη das Prinzip der Vielheit, d. h. der Nichtigkeit ist, in der Tat Selbstvernichtung.

dende Lohn seine Vergottung: Er selbst wird ein Gott (so bereits lib. III, pr. 10). Umgekehrt wird den Schlechten durch das, was sie durch ihr Handeln erreichen, die gerechte Strafe zuteil. Die Strafe ist der ‚Lohn des Bösen'. Worin aber besteht die Strafe der Bösen? Nun, darin, daß sie das, was alles Streben leitet, das Gute, *ipso facto* nicht erreichen. – Wir hatten gesehen, daß alle Seiende Eines und das Eine selbst das höchste Gute ist. Die Abwendung vom Guten aber führt dazu, daß die Schlechten ihr Sein, d. h. ihr Menschsein verlieren. Von ihrem Menschsein bleibt nur noch ein menschlich aussehender Körper übrig; ihrer Natur nach haben sie sich nicht, wie die Guten, in Götter, sondern in Tiere verwandelt. Das bezeugt auch die Sprache: Den gewalttätigen Räuber vergleicht man mit dem reißenden Wolf, den Zanksüchtigen mit dem kläffenden Hund, den Jähzornigen mit dem brüllenden Löwen, den hinterlistigen Betrüger setzt man dem schlauen Fuchs gleich, den Stumpfsinnigen mit dem Esel, den Wollüstigen mit der schmutzigen Sau. Die Folge (der ‚Lohn') der Schlechtigkeit ist also die Vertierung des Menschen[50].

Pr. 4 resümiert: Die Lasterhaften behalten nur das äußere Aussehen eines Menschen, den Eigenschaften des Geistes nach aber verwandeln sie sich in wilde Tiere, d. h.: Ihr Geist dient nur noch dazu, Mittel und Wege zu einer noch intensiveren Bedürfnisbefriedigung zu finden. Der Geist wird rein instrumentell, wird zur bloßen technisch-praktischen Intelligenz, welche für sich allein keinen Wesensunterschied zwischen Mensch und Tier stiftet[51]. – Die folgenden Darlegungen entnimmt Boethius weitgehend dem platonischen Gorgias; die pr. 4 ist im Grunde nichts als eine Ausarbeitung zentraler Passagen dieses Dialogs (ebenso schon pr. 2)[52].

Boethius wendet gegenüber der *Philosophia* ein: Es mag sein, daß die Schlechten schon durch die Folgen ihrer Schlechtigkeit bestraft sind, aber hätte die Weltregierung gestatten dürfen, daß die Taten der Schlechten den Guten zum Schaden ausschlagen? Nun, die göttliche Weltregierung hat solches auch nicht gestattet, wie die *Philosophia* an geeigneter Stelle zeigen wird (pr. 5 u. 6; bereits lib. II, pr. 6 fand sich der Gedanke, daß der

---

[50] Zur metaph. Anthropologie des Neuplatonismus (zur Stellung des Menschen zwischen Tier und Gott) vgl. V. Schmidt-Kohl, op. cit. (s. Anm. 37), 45–48. – Als Menschen haben die Schlechten also abgedankt. Das ist konsequent, wenn die Bestimmung des Menschen in die ὁμοίωσις θεῷ gesetzt wird. Verzichte ich auf diese ὁμοίωσις, habe ich auf mein Menschsein verzichtet.

[51] Daß die technisch-praktische Intelligenz für sich keinen Wesensunterschied zwischen Mensch und Tier stifte, ist die Überzeugung der gesamten metaphysischen Tradition. Prägnant formuliert dies ein zeitlich ganz später Vertreter der metaphysischen Tradition, Max Scheler: „Zwischen einem klugen Schimpansen und Edison, dieser nur als Techniker betrachtet, besteht nur ein – allerdings sehr großer – gradueller Unterschied" (Die Stellung d. Menschen im Kosmos, Ausg. München 1947, 38).

[52] Plat., Gorg., 469 BC u. 472 D–481 B.

Schlechte dem Guten in Wahrheit nichts anhaben kann: Wenn ein Tyrann einen Weisen foltert, so macht dieser die Martern zur *materia virtutis,* zum Stoff, zum Substrat, an welchem seine Tugend sichtbar wird). Wenn nämlich die Bösen das, was ihr frevlerischer Wille erstrebt, nicht erreichten, so wären sie nicht gestraft; dem bösen Willen entsprächen ja keine aktual bösen Folgen, durch welche allein ein böser Wille gestraft sein kann. Derjenige, der das Schlechte nur will, ohne es vollbringen zu können, ist weniger schlecht (und d.h.: weniger unglücklich) als der, der das Schlechte nicht nur will, sondern dieses Gewollte auch in die Tat umsetzen kann. Der Unglücklichste ist dann aber der, der das gewollte Schlechte nicht nur tun kann, sondern auch tatsächlich tut. Wer Schlechtes aktual vollbringt, der ist der Unglücklichste, und d.h. nach dem Vorausgegangenen: der am meisten Bestrafte. Der Schlechte wäre schlechthin unglücklich, wenn die Schlechtigkeit immer dauerte. Ein ewiges Leben wäre für den Schlechten die schlimmste Strafe, sie wäre die ewig fortdauernde Preisgabe seines Menschsein, die ewige Vertierung. Doch die Schlechtigkeit des Schlechten währt nicht immer; wenigstens der Tod befreit den Schlechten. Diese These ist, wie die *Philosophia* zugibt, paradox, und doch folgt sie aus dem bisher Gesagten. – Im Folgenden wird nun (was im Text rhetorisch überspielt wird) von Strafe in einem anderen, bezogen auf den bisherigen Gebrauch äquivoken Sinne geredet: als Strafe qua Bestrafung durch eine Instanz der Gerechtigkeit. Die Guten sind glücklich, die Schlechten unglücklich. Wenn nun dem Unglück eines Menschen ein Gut (also etwas Beglückendes) hinzugefügt wird, so ist ein solcher Mensch glücklicher als derjenige, dessen Unglück nicht mit irgendeinem Guten gemischt ist. Gerecht aber ist es, daß der Schlechte bestraft wird, ungerecht, wenn er straflos davonkommt. Gerechtigkeit aber ist ein Gut. Also wird dem Bösen, wenn er gerecht bestraft wird, etwas Gutes (Glückbringendes) angetan. Der gerecht Bestrafte erlangt mit der Strafe also etwas Gutes. Die gerechte Strafe ist also keine Strafe im vorigen Sinne. Sie ist vielmehr ein dem Bösen unverdient zuteil werdender Lohn. Daraus folgt, daß der unbestrafte Übeltäter weit unglücklicher ist als der gerecht Bestrafte. Die schwerste Strafe (im ersten Sinne) besteht also darin, der gerechten Strafe zu entgehen, weil dann seiner Schlechtigkeit (seinem Unglück) kein Gut (kein Glück) hinzugefügt wird. Wenn also Boethius bedauerte, daß das Schlechte ungestraft triumphiere, so ist er jetzt belehrt: Das (im zweiten Sinne) ungestraft waltende Böse ist das am schwersten gestrafte Böse, die ungerechte Straflosigkeit die schwerste Strafe (im ersten Sinne). Die *Philosophia* gibt noch einmal zu, daß dieser Gedankengang befremdlich sei und dem gesunden Menschenverstand ins Gesicht schlage. Doch der gesunde Menschenverstand ist die Sichtweise der Gefangenen in der Höhle des platonischen Gleichnisses, die Sichtweise, die an Finsternis gewöhnt ist und ihren Blick nicht „zum Licht durchsichtiger Wahrheit" (*ad lucem perspicuae veritatis*) umwenden kann. Die Sicht des gesunden Menschenverstandes gleicht den Augen der Nachttiere, die nur im Dunkel sehen können, weil sie das Tageslicht blendet[53]. Dieser Sichtweise scheint das Los des Bösen ein Glückslos zu sein. Um die Wahrheit des Gegenteils zu erkennen, bedarf es eben jener περιαγωγὴ ὅλης τῆς ψυχῆς. Diejenigen, die Strafe ‚verdienen‘, sind unglücklich. Jeder Richter erkennt dem, der Unrecht begangen hat, Strafe zu; erst die empfangene Strafe wird den Ungerechten glücklicher machen. Daraus folgt: Unglücklicher ist der, der Unrecht tut, als der, der es erleidet. Wer Unrecht erleidet, bedarf keiner Strafe, die sein Glück wieder restituiert; er ist auch ohne Strafe glücklich. Mitleid verdient also eher der Täter als das Opfer. Würde der Übeltäter eine dunkle Ahnung vom wahren Guten und wahren Glück haben, so würde er vor Gericht auf Verteidiger verzichten (sofern diese ihn vor der Strafe bewahren sollen) und freudig das Strafurteil des Richters erwarten. Für den Weisen gilt: Es gibt keinen Grund, die Schlechten zu hassen; eher verdienen sie Mitleid. Sie einem Gericht zu überantworten, und sie so ihrer gerechten Strafe zuzuführen, ist dann kein Zeichen des Hasses gegen sie, sondern ein Zeichen des Mitleides mit, ja der Liebe zu ihnen[54].

Boethius (so die pr. 5) hat verstanden: Wahres Glück und wahres Elend folgen gleichsam analytisch dem Gutsein bzw. dem Schlechtsein. Es bleibt aber eine Frage offen: Die Strafen (z. B. Kerker- oder Todesstrafe) dienen doch der Besserung (Beglückung) der Schlechten. Wie kommt es aber, daß die Guten, die solcher Besserung nicht bedürfen, in den Kerkern sitzen und vom Tode bedroht sind? Daß die Guten bestraft werden (also den Lohn[55] der Bösen empfangen), ist doch eine „ungerechte Verwirrung" (iniusta confusio). Solche iniusta confusio wäre nicht weiter verwunderlich, wenn die Welt durch „beliebige Zufallsgründe" (fortuitis casibus) gelenkt würde. Doch war in lib. III, pr. 12 bereits gezeigt worden, daß Gott Lenker der Welt ist. Wodurch kann man sein Lenken vom Walten des blinden Zufalls unterscheiden?

---

[53] Vgl. Arist., Metaph. α, 993 b 9.

[54] Diese Gedankengänge sind über diese pr. 4 ins Mittelalter gelangt. Gigon (ed. cit., Anm., 298) weist darauf hin, daß der Inhalt dieser Prosa für die Rechtfertigung der Strafe bis weit ins 17. Jh. Einfluß ausgeübt hat. Die Strafe dient weniger der Vergeltung oder Abschreckung, sondern ist Besserungsmittel. Sie dient dem Bestraften selbst, sie ist eine Beförderung seiner Glückseligkeit. Auch die Todesstrafe erscheint dann in einem besonderen Licht: Sie befreit den Schlechten vom weiteren Andauern seiner Schlechtigkeit; er ist ja um so unglücklicher, je länger seine Schlechtigkeit dauert. Kriterium für die Gerechtigkeit (Gutheit) einer Strafe ist die Angemessenheit; sie muß zum Ausmaß der Schlechtigkeit in angemessenem Verhältnis stehen. Der weniger Schlechte bedarf einer geringeren Strafe, um seine Glückseligkeit wiederzuerlangen als ein noch Schlechterer. Ungerecht (schlecht) ist eine Strafe, die den Schlechten härter resp. schwächer bestraft, als es seine Schlechtigkeit erfordert. Letztes Kriterium der Strafe ist also die Wiederherstellung der Gutheit (= Glückseligkeit) des Schlechten.

[55] Im zuerst eingeführten Sinne von Strafe stand diese dem Lohn gegenüber. Der Lohn war das wahre Glück, er wurde dem Guten ipso facto zuteil, ebenso die Strafe, das Unglück, dem Schlechten. Wenn aber die gerechte Strafe dem Schlechten Glück zufügt, ist sie nicht mehr Strafe im ersten Sinne, sondern deren Gegenteil: Lohn. Die Redewendung ‚Die Strafe ist der Lohn des Bösen‘ ist vor diesem Hintergrund keine bloß metaphorische.

Diese Frage sucht die *Philosophia* in pr. 7 zu beantworten. Mit pr. 7 erreichen wir den höchsten Punkt der Betrachtung: Von da an bis zum Ende der Schrift geht es um die Wesensverfassung Gottes, diese betrachtet in Beziehung auf Welt und Mensch.

In pr. 6 legt die *Philosophia* den *modus procedendi* für das Folgende fest. Es soll im Folgenden um die „Einfachheit der Vorsehung (*providentiae simplicitas*) und ihr Verhältnis zur „Schicksalsverkettung" (*fati series*) gehen, dann um das Wesen des „Zufalls" (*casus*), schließlich um „die göttliche Erkenntnis und Vorbestimmung" (*cognitio ac praedestinatio divina*) in ihrem Verhältnis zur „Freiheit der menschlichen Willenswahl" (*arbitrii libertas*).

Die *Philosophia* setzt an mit der Unterscheidung von Vorsehung (*providentia*) und Schicksal (*fatum*)[56]. Der göttliche Geist, Ursprung und Lenker alles Seienden, heißt, sofern er Ursprung und Lenker a l l e s Seienden ist, Vorsehung. Wird die Vorsehung jedoch mit Bezug n u r auf die Dinge d i e s e r Welt betrachtet, so heißt sie *fatum*. Das *fatum* ist also das Walten der Vorsehung in der Zeit, die ja nach Plotin (III, 7) erst auf der Stufe der dritten Hypostase, der ψυχή, also im Bereich der αἰσθητά, d. h. in der diesseitigen Welt auftritt. Die göttliche Vernunft, an ihr selbst betrachtet, umfaßt all das immer schon einheitlich in sich, was in dieser Welt und über diese hinaus geschieht. Wenn es so steht, dann ist die „Schicksalsordnung" (*ordo fatalis*) abhängig von der Vorsehung, ja sie i s t in einer bestimmten Modifikation diese. Das Verhältnis von *fatum* und *providentia* verdeutlicht Boethius in einer ersten Weise durch Analogie zum Kunstwerk. Das Kunstwerk kommt zweimal vor: einmal als Eines und Ganzes (als Plan) in der Imagination des Künstlers, zum anderen (aktual, *extra mentem*) als Produkt vieler aufeinander folgender Arbeitsgänge. Was unmittelbar als *fatum* erscheint, ist mittelbar die Vorsehung selbst, die sich zur Lenkung der materiellen Welt vielleicht gewisser Medien bedient — seien diese nun Schicksalsgeister, Dämonen, Engel, der Lauf der Gestirne; Boethius läßt das offen. Wie die fertige Statue aus dem Plan des Künstlers hervorgeht, nicht aber der Plan aus der fertigen Statue, so ist alles, was dem *fatum* unterworfen ist, auch der Vorsehung unterworfen; nicht alles jedoch, was der Vorsehung unterworfen ist, ist auch dem *fatum* unterworfen, nämlich all das nicht, was nicht in den Bereich der materiellen Welt gehört. Boethius verdeutlicht dieses Verhältnis weiter durch ein Beispiel aus der Geometrie: Unter konzentrischen Kreisen ist der innerste, kleinste Kreis dem einfachen, unteilbaren (weil teillosen) Mittelpunkt am nächsten, der äußerste, größte Kreis am fernsten. Der größte Kreis enthält die meisten Teile, ist

---

[56] Ebenso wie der Begriff des Schicksals (εἱμαρμένη) ist auch der Begriff der Vorsehung (πρόνοια) stoischen Ursprungs. Der Gott der Stoiker (vgl. Anm. 11) verfügt über πρόνοια. In den Platonismus gelangen diese Begriffe durch Plotin (III, 1: Περὶ εἱμαρμένης, III, 2 u. III, 3: Περὶ προνοίας).

also am stärksten durch Vielheit bestimmt. Je näher die Kreise dem Mittelpunkt sind, um so weniger Teile haben sie, um so mehr haben sie teil an der Einheit und Einfachheit (Teillosigkeit) des Mittelpunktes. Die durch Materie (d. h. zugleich: durch Zeit[57]) konstituierte Welt entspricht in einer Menge konzentrischer Kreise dem äußersten Kreis. Je mehr ich mich also aus dieser Welt hinausbegebe, mich dem einfachen, teillosen Einen Guten (d. h. der Vorsehung) annähere, desto weniger bin ich von der Ordnung dieser Welt, dem *ordo fatalis*, bestimmt. In dem Maße, in dem ich mich der göttlichen Vorsehung annähere, bin ich von der Ordnung dieser Welt, dem *fatum*, entbunden. „Wie sich also Überlegung zu Einsicht, Werdendes zu Seiendem, Zeit zu Ewigkeit, der Kreis zum Mittelpunkt verhält, so verhält sich auch die bewegte Schicksalsreihe zur beständigen Einfachheit der Vorsehung.“[58]

Das *fatum* ist eine Ordnung, ist der *ordo fatalis*, welcher *ordo* die Gesetzlichkeit und Beständigkeit der Naturabläufe in dieser Welt garantiert. Das *fatum* (εἱμαρμένη; Cicero, De divin., I 55,125: *ordo seriesque causarum*, d. i. kausalgesetzlich geregelte Natur, Naturkausalität) ist eine Weise, wie das einfache Eine die materielle Welt an seiner Einheit teilnehmen läßt. Das *fatum* verbürgt, daß diese Welt nicht ins Chaos versinkt, sich nicht in das Nichts der bloßen Materie auflöst, sondern auch in der materiellen Welt, der Welt des Entstehens und Vergehens, Ordnung, d. h. Beständigkeit des Wechsels und Wandels herrscht. Diese Schicksalsordnung bestimmt auch den Menschen, sofern er Teil dieser Welt ist. Als Teil dieser Welt ist der Mensch durch das *fatum* determiniert (das aber heißt: Der Determination durch das *fatum* entgehe ich nur dann, wenn ich mich von dieser Welt und ihrer Ordnung abwende; erst in der Entweltlichung bin ich wahrhaft frei).

Die Ordnung dieser Welt ist dem Menschen freilich nicht immer im Einzelnen als Ordnung erkennbar. Daher erscheint diese Ordnung dem Menschen oft als chaotisch, willkürlich, verworren, mit einem Wort: als schlecht. Sie ist aber gut, sofern sie dem Einen Guten entstammt. – Im Folgenden legt Boethius (d. h. die ihn belehrende *Philosophia*) eine Theodizee vor, den Versuch, mit Hilfe von Einzelbeispielen nachzuweisen, daß das Böse (Schlechte), wenn es wirklich ist, gut ist. Den Nachweis, daß die angeblich schlechte Weltordnung in Wahrheit die rechte Ordnung ist, bereitet Boethius durch ein Beispiel aus der Medizin vor: Gewissen gesunden Menschen ist Süßes für die Erhaltung ihrer Gesundheit nützlich,

---

[57] Zugleich deshalb, weil die Materie das Prinzip einer bestimmten Bewegung, der des Entstehens und Vergehens, die Zeit aber nach Aristoteles (Phys. IV) Maß der Bewegung überhaupt ist.

[58] Ed. cit. 206, lin. 79–208, lin. 82: *Igitur uti est ad intellectum ratiocinatio, ad id quod est, id quod gignitur, ad aeternitatem tempus, ad punctum medium circulus, ita est fati series mobilis ad providentiae stabilem simplicitatem.*

anderen Bitteres. Manchen Kranken hilft eine stärkere, manchen eine schwächere Medizin. Im Bereich der Seele ist nun die „Rechtschaffenheit" (*probitas*) der Zustand der Gesundheit, das Laster aber eine Krankheit der Seele[59]. Wie der Arzt weiß, was den verschiedenen Gesunden bei der Erhaltung ihrer Gesundheit bzw. den Kranken für die Wiederherstellung derselben förderlich ist, so weiß Gott, was für die Tugend- bzw. Lasterhaften gut ist. Uns steht darüber ein Urteil nicht zu (wie ja auch der Nichtarzt die Kunst des Arztes nicht adäquat beurteilen kann). Auf Grund dessen, daß Gott das höchste Gute ist, steht fest, daß das, was uns eine „verkehrte Verwirrung" (*perversa confusio*) zu sein scheint, in Wahrheit doch die rechte Ordnung ist. Das soll nun durch – allerdings sehr schlichte – Einzelbeispiele gezeigt werden. So wird dem Guten deshalb Unglück geschickt, damit er angesichts des Unglücks seine Tugend übe und beweise, oder, damit er durch zu langes Glück nicht übermütig werde (falls in seiner Seele eine Disposition zum Übermut, also zum Schlechten, vorliegen sollte). Auch das unverdiente Glück der Schlechten ist gut. Ist ein Schlechter z. B. reich, so vielleicht deshalb, weil Armut ihn zu einem noch größeren Verbrecher machen würde etc. etc. Ergebnis: Die Wirksamkeit des Bösen schlägt immer zum Guten aus. Im göttlichen Weltplan ist auch das sogenannte Böse gut, weil es immer eine gute Wirkung zeitigt. Daß es eine solche zeitigt, wissen wir auf Grund der Einsicht, daß Gott (und damit auch seine Lenkung der Welt) zuhöchst gut ist, auch wenn wir die *bonitas* des Bösen im Einzelfall nicht erkennen können. Aber wir können erkennen, daß die Welt im Ganzen auf Grund ihres Urhebers gut ist; daß auch im Einzelnen letztlich alles zum Besten geschieht, darauf können wir nur vertrauen – allerdings auf Grund eines Wissens: des Wissens von der Gutheit Gottes.

Es war gezeigt worden: Das Böse ist nichtig, ja nichts. Aber bedürfte es dann einer Theodizee? Gott hätte ja zugelassen, was gar nicht ist. – Wenn auch der Satz über die Nichtigkeit des Schlechten prinzipiell bestehen bleibt, so erscheint er jetzt in einem neuen Licht. Für die natürliche Welterfahrung, die das Schlechte doch überall in der Welt handgreiflich sieht, war diese These ohnehin ein Paradox. Diese natürliche Welterfahrung kommt jetzt zu ihrem relativen Recht: Das, was wir gemeinhin das Böse (Schlechte) nennen, ist in der Tat nicht nichts. Das sogenannte Böse, sofern es ist, ist nicht schlecht, sondern gut[60]. Denn wenn wir behaupten, daß Böses

---

[59] Das Schlechte ist bestimmt als *privatio boni*. Das Laster (das moralisch Schlechte) wird nun beziehungsreich mit der Krankheit verglichen, die (als *privatio sanitatis*) neben der Blindheit für die Tradition das Standardbeispiel für *privatio* ist.

[60] Das Böse ist das moralisch Schlechte. Wie hängt die ontologische Bedeutung von schlecht mit der moralischen zusammen? Der ‚böse Wille' gehört derjenigen Seele zu, die sich von den Trieben in die hyletische Welt (das ontologisch Schlechte) hinabziehen läßt. Man erinnere sich zur Verdeutlichung des aus Platons Phaidros (246 A sqq.) stammenden Bildes von

(Schlechtes) ist, so behaupten wir, daß, da ja alles, sofern es ist, aus dem Guten hervorgeht, das Böse gut ist. Es ist, wie wir sahen, die diffuseste Manifestation des Guten als des *diffusivum sui*; das Schlechte ist das schlechteste (d. h. am wenigsten) Gute. Für die göttliche Vernunft kann es das Schlechte im Sinne der natürlichen Weltsicht gar nicht geben. Das Gute wie das weniger Gute (= Schlechtere) sind gemäß dem göttlichen Bauplan der Welt in ein bestmögliches Zusammenspiel gebracht[61]. Auf Grund seiner Endlichkeit verfügt der Mensch über kein Wissen von diesem Bauplan. Aus diesem Nichtwissen aber zu schließen, die Weltordnung sei von einer *perversa confusio* bestimmt, hieße fehlzuschließen, welcher Fehlschluß seinen Grund in einer *confusio* der menschlichen Vernunft hat.

Pr. 7 weist auf dem Boden dieser Darlegungen nach, daß es ein wirklich schlechtes Geschick nicht geben kann. Auch in dem − aus unserer beschränkten Perspektive − blind, zufällig zuschlagenden *fatum* waltet die göttliche Vorsehung. Wer aus ihm widerfahrendem Unglück schließt, es gebe keine gute und gerechte Weltregierung, der (dessen Vernunft) wandelt − um im Bild des vorerwähnten Beispiels zu bleiben − auf dem äußersten Kreis, dessen Vernunft ist nicht in die Nähe des einfachen, teillosen Mittelpunktes vorgestoßen. Er hat nicht eingesehen, daß das *fatum* die Weise der Wirksamkeit der einfachen göttlichen Vorsehung in der Vielfalt (im raum-zeitlichen Auseinander) dieser Welt ist[62]. Welche Schicksalsschläge ich auch erleide, was immer das *fatum* mir zuteilt, es kann mir nichts zuteilen, was dem Plan des höchsten Guten zuwiderliefe. Das

---

der Seele als geflügeltem Pferdegespann. Die Seele hat nach Platon drei Teile: λογιστικόν, θυμοειδές, ἐπιθυμητικόν. An ihr selbst ist die Seele λογιστικόν. Durch den Abstieg in den Körper (durch welchen der Körper belebt wird) wachsen der Seele das θυμοειδές und das ἐπιθυμητικόν an. Beide sind in Platons Bild die Pferde des Gespanns. Das ἐπιθυμητικόν zieht seiner Natur nach nach unten, das θυμοειδές ist gegen oben und unten neutral. Es kann in beide Richtungen ziehen; das kommt auf den Lenker an. Der Lenker ist ‚böse' (schwach), wenn er seine Seele (den Wagen) vom ἐπιθυμητικόν nach unten ziehen läßt. Dieses platonische Bild war jedoch − im Zuge der Hypostasenmetaphysik − bei Plotin und Proklos Umdeutungen ausgesetzt, worauf hier nicht einzugehen ist.

[61] Eine bis zu Leibniz wirksame Rechtfertigung des Schlechten ist gefaßt in der bekannten Formel: *Malum auget decorem mundi.* Das Schlechte hat die Funktion, die *bonitas* des Guten um so heller erstrahlen zu lassen, wie Dissonanzen in einem Musikstück die Harmonien um so hörbarer machen. Vgl. dazu W. Hübener, ‚Malum auget decorem in universo'. − Die kosmologische Integration d. Bösen i. d. Hochschol., in: Misc. Mediaev. 11, Berlin 1977, 1−26.

[62] Es ist eine *confusio* der menschlichen Vernunft, Vorsehung und *fatum* miteinander konkurrieren lassen zu wollen. − Das *fatum* ist die Wirksamkeit der Vorsehung auf der Stufe einer bestimmten Hypostase. − Wie nachgerade volkstümlich die Entgegensetzung von *fatum* und *providentia* geworden ist, zeigen die Worte des Jägerburschen Max aus C. M. v. Webers Freischütz (Text: Friedr. Kind). Dort heißt es (Nr. 3, Takt 122−133): „Hat denn der Himmel mich verlassen? Die Vorsicht ganz ihr Aug' gewandt? Soll das Verderben mich erfassen? Verfiel ich in des Zufalls Hand?" Und etwas später (Takt 170−217): „Mich faßt Verzweiflung, foltert Spott! ... Herrscht blind das Schicksal? Lebt kein Gott?" Diese Fragen des Max sind auch die des Boethius. Die ihn durch ihre Belehrung tröstende *Philosophia* würde diese Fragen beantwortet zu haben beanspruchen.

fatum kann mir nichts wirklich (objektiv) Schlechtes tun. Habe ich das erst eingesehen, so bleibe ich gefaßt angesichts des sogenannten Unglücks; im Grunde habe ich mich (durch den Vollzug dieser Gedanken) schon von der Schicksalsordnung befreit, habe mich vom äußersten Kreis (auf dem es so etwas wie Unglück objektiv nur gibt) in die Richtung des teillosen Mittelpunktes begeben, mich also aus dieser Welt und ihrer Ordnung (dem *ordo fatalis*) hinausbegeben. Ich nehme jetzt eine der göttlichen angenäherte Perspektive ein, sofern ich dem teillosen Einen durch ὁμοίωσις ähnlich zu werden versuche. Gut und schlecht sehe ich nicht mehr in Bezug auf mich, sondern mit Bezug auf das Weltganze. Dabei kann es das ‚für mich Schlechte' (z.B. ungerechte Kerkerhaft) *materialiter* durchaus noch geben, nur ist es nicht mehr in dem alten Sinne ‚für mich' schlecht, weil ‚ich' ja jetzt ein anderer, nämlich dem *ordo fatalis* Entronnener bin. Ich ‚bin' ja nicht mehr der Vorige (vor dem Vollzug der περιαγωγὴ ὅλης τῆς ψυχῆς), sofern ich durch den Vollzug jener περιαγωγή sogar aufhöre, ein Mensch zu sein, sofern ich dabei bin (vgl. die Überlegungen lib. III, pr. 10), ein Gott zu werden. Das im alten Sinne ‚für mich Schlechte' gibt es ja nur im *ordo fatalis*, gibt es für mich als Bürger dieser Welt, der anzugehören ich aufhöre.

c) Lib. V

Es geht in pr. 1 um den Zufall (stoisch meist: τύχη, aristotelisch: αὐτόματον, casus). Kann es in einer gemäß dem göttlichen Bauplan gestalteten Welt den Zufall geben? Der Begriff des *fatum* scheint dies nahe zu legen; das ‚Schicksal' wird ja gemeinhin mit dem Zufall verbunden (vgl. Zitat Anm. 62), es erscheint ja als blind, regellos schaltende Macht, die ohne Grund zuschlägt. Nun ist aber der *ordo fatalis* der gemäß dem Kausalgesetz geordnete Gang dieser Welt. Wenn ich also Zufall und Schicksal zusammenbringen will, so darf der Zufall nicht als das verstanden werden, als was ihn der alltägliche Verstand gemeinhin versteht: als ein Ereignis ohne Ursache, als unverursachtes Ereignis (vgl. Anm. 9). Unverursachte Ereignisse wären Ereignisse, die keinen Grund ihres Stattfindens hätten; sie wären etwas, das aus nichts entsteht, was unmöglich ist. Zufall, als unverursachtes Geschehen verstanden, ist ein Begriff *sine fundamento in re*, ein „leeres Wort" (*inanis vox*). Um zu einer angemessenen Fassung des Zufalls zu kommen, greift Boethius auf Aristoteles zurück. Wenn ich z.B. einen Acker pflüge und einen vergrabenen Schatz finde[63], so ist das Zufall — und zwar ein Glückszufall (τύχη, εὐτυχία), man kann auch sagen: das *fatum* in seiner erfreulichsten Gestalt, als *bona fortuna*. Ein solches Ereignis aber ist, genau betrachtet, kein unverursachtes Ereignis. Vielmehr begegnen sich, überschneiden sich zwei Ursachenreihen, ohne daß ihr Aufeinandertreffen vom

---

[63] Vgl. Arist., Metaph. Δ, 1025 a 17–20.

Willen des Menschen verursacht wäre. Diese Überschneidung ist nicht vom Menschen geplant, nicht von seinem Willen verursacht; ihm entsteht dann leicht der Schein, daß Zusammentreffen beider sei überhaupt nicht verursacht, welche Behauptung zu viel behaupten würde. Auch zufällig Eintretendes gehorcht eigenen Regeln, es geschieht nur scheinbar regellos. Die Schlußzeilen des metr. 1 statuieren: „Was so als Zufall scheint mit schleifendem Zügen zu fließen, trägt geduldig den Zaum und wandelt nach eigenem Gesetzt."[64] Der Grund des Zusammentreffens von Ursachenreihen mag uns unbekannt sein, was nicht heißt, daß es ihn nicht gibt. Dieser Grund liegt in der göttlichen Vorsehung, die alle Ursachen und Ursachenreihen, die im *ordo fatalis* auftreten, von Ewigkeit her verknüpft hat. Unter Bedingungen des *fatum* (der dritten Hypostase) ereignet sich diese seit Ewigkeit feststehende Verknüpfung zu einem bestimmten Zeitpunkt an einem Ort und wird so raum-zeitlichen Wesen sichtbar (jetzt finde ich hier diesen Schatz). Also: Alles ist mit allem von Ewigkeit her verknüpft, und zwar − unter Bedingungen des *fatum* − gemäß der Relation *causa-effectus*. Wir können mit Blick auf das allmächtig-allwissende Gotteswesen wissen, daß es so ist; wie im Einzelnen alles miteinander verknüpft ist, können wir nicht wissen.

Ab pr. 2 wird die Freiheitsfrage zum Thema; sie wird bis zum Ende der Schrift das Thema bleiben. Die Freiheitsfrage wird exponiert angesichts der Bedrohung der Freiheit durch das *fatum*. Später wird sich zeigen, daß nicht allein, ja nicht einmal in erster Linie, das *fatum* es ist, das die Freiheit bedroht. − Wie ist nun Freiheit, so wird zunächst gefragt, möglich angesichts der unverbrüchlichen Ursachenkette, die das Schicksal ausmacht? Umschließt diese „schicksalhafte Kette" (*fatalis catena*) auch alle Bewegungen der menschlichen Seele? D.h. in praktischer Hinsicht: Ist unser Streben und Wollen unausweichlich durch die Ursachenfolge determiniert, oder gibt es eine Freiheit des Strebens und Wollens? Sind Willensakte Wirkungen von den Willen bestimmenden Ursachen außer ihm, oder ist der Wille selbst, von sich her (*sponte*) Ursache, und d.h.: Erstursache bestimmter Geschehnisse (Handlungen) in der Welt? Die *Philosophia* bejaht das Letzte; die folgenden Prosen dienen dem Nachweis dieser Bejahung.

Vernunftbegabte Wesen vermögen mittels ihrer Urteilskraft jedes von jedem zu unterscheiden; wenn aber jedes, so auch das, was gut (erstrebenswert) ist, von dem, was schlecht, also zu vermeiden ist. Der Mensch verfügt über die Unterscheidung von gut und schlecht. Er erstrebt das Gute und meidet das Schlechte. Der schlechte Mensch erstrebt zwar etwas Schlechtes, aber nicht a l s Schlechtes. Er erstrebt ein a n s i c h Schlechtes als ein f ü r i h n Gutes. Das Schlechte hat hier, aristotelisch gesprochen, den Charakter

---

[64] Ed. cit. 232, v. 11−12: *Sic, quae permissis fluitare videtur habenis, / Fors patitur frenos ipsaque lege meat.*

eines *bonum apparens*. Das geht ontologisch natürlich nur, wenn auch das Schlechte, sofern es ist, gut, nämlich das schwächste Gute ist. Nur so, als *formaliter* Gutes, kann Schlechtes Gegenstand des Strebens sein. Ein Selbstmörder z. B. erstrebt sein physisches Ende nicht als Übel, sondern weil es ihm besser erscheint, zu sterben als weiterzuleben.

Wann aber bin ich frei? Die grundsätzliche Antwort – sie stimmt strukturell mit der Plotins (s. o. S. 57 ff.) überein – lautet: Die menschlichen Seelen werden frei in dem Maße, in welchem sie sich Gott (Plotin: dem Ἀγαθόν), dem eigentlich Freien, angleichen, also die ὁμοίωσις θεῷ (Plotin: die ἕνωσις) vollziehen. Je tiefer sich der Mensch in die materielle Welt hinabbegibt, desto unfreier ist er, desto mehr ist er der Ordnung dieser Welt, dem *ordo fatalis*, also der Naturnotwendigkeit ausgeliefert, durch sie determiniert. Liefere ich mich nämlich der materiellen Welt aus (moralisch: gebe ich mich den Lastern hin), so bin ich unfrei, Sklave, Sklave nämlich meiner natürlichen Antriebe. Solche Menschen haben sich „vom Besitz der eigenen Vernunft getrennt" (*rationis propriae possessione ceciderunt*; vgl. Anm. 50 u. 51). Die Vernunft ist nicht mehr Bestimmungsgrund des Handelns, sondern nur noch Instrument für die Befriedigung der den sinnlichen Antrieben erwachsenen Bedürfnisse. Aber: Dieser Knechtung durch die Bedürfnisse kann ich mich, wenn mein Wille nicht pathologisch gestört ist[65], durch einen Willensbeschluß, eine Willensanstrengung, entziehen. Diese Unfreiheit ist ein Ergebnis freier Wahl, Ergebnis einer freiwillig unterlassenen Willensanstrengung: Sie ist Unfreiheit aus Freiheit.

Genau diese Freiheit muß nachgewiesen werden. Es muß nachgewiesen werden, daß ich frei bin, mich dieser Unfreiheit (Knechtschaft) zu entziehen. Ohne diesen Nachweis bleibt die Rede von Freiheit ein Gerede ohne Sinn. Diese Freiheit bedarf, als Bedingung ihrer Möglichkeit, des Nachweises, daß sie in der durch den *ordo fatalis* bestimmten Welt überhaupt möglich ist. Der Versuch solchen Nachweises beginnt mit pr. 3. – Anders als z. B. Kant, dessen theoretische Untersuchung der Freiheit diese nur durch das Gesetz der Kausalität (hier: *fatum*) bedroht sieht, steht Boethius vor dem zusätzlichen Problem, wie ein freier Wille angesichts des göttlichen Allwissens (das mit Bezug auf die Zukunft ein Vorauswissen, *praescientia*, ist) möglich sei. Bei Boethius wird die Möglichkeit der Freiheit nicht primär durch das Kausalgesetz, durch den *ordo fatalis* bedroht (dessen Geltung ich mich ja durch die ὁμοίωσις θεῷ entwinden kann), sondern durch das Allwissen Gottes. Für Boethius wiederholt sich die Antinomie von Freiheit und Notwendigkeit gewissermaßen noch einmal auf der Stufe des *mundus intelligibilis*. Die Behauptung, ich sei frei, wenn ich mich dem

---

[65] Daß ich, wenn ich schlechthin nicht Herr (also Knecht) meiner Triebe bin, *eo ipso* auch unfrei bin, bezeugt alle Rechtspraxis. Der pathologische Triebtäter ist unzurechnungsfähig, kann für sein Tun (eben weil es nicht aus Freiheit geschieht) nicht verantwortlich gemacht werden; daher ist er strafunfähig.

Göttlichen angleiche, sagt nichts darüber, ob ich auch zu dieser Angleichung frei bin, ob ich die Freiheit habe, mich dem jenseitigen ‚Reich der
Freiheit' zuzuwenden. Wenn nun gilt, daß das göttliche Sehen alles, also
auch das Zukünftige sieht, dann gilt auch, daß es keine Willenshandlung
gibt, die Gott nicht voraussieht. Im Wissen Gottes steht seit Ewigkeiten fest,
wie sich ein mit Willen (praktischer Vernunft) begabtes Wesen entscheiden
wird. Es steht auch fest, ob ich mich für oder gegen die ὁμοίωσις θεῷ,
welche die eigentliche Freiheit erbringt, entscheiden werde. Fehlt dann aber
nicht eine fundamentale Bedingung, vermöge derer ich allein von Freiheit
reden kann? Bin ich nicht vielmehr durch Gottes Wissen von ihnen in
meinen Entschlüssen gebunden (necessitiert)?

Pr. 3 stellt fest: Wenn Gott alles vorausweiß, dann kann ein freier Wille
nicht bestehen. Freiheit setzt voraus, daß nicht jeder Bereich der Welt
determiniert ist. Wenn Gott aber alles vorhersieht und sich darin als vollkommenes Wesen nicht täuschen kann, dann muß das, was er voraussieht,
mit Notwendigkeit eintreten. Es gibt also kein Geschehnis in der Welt, von
dessen Eintreten oder Nichteintreten die göttliche Vorsehung nicht mit
Notwendigkeit weiß. Das göttliche Allwissen scheint die Annahme, daß
unser willentliches Handeln ein freies sei, *ad absurdum* zu führen. Umgekehrt müßte gelten: Wenn es wirklich Freiheit soll geben können, dann
darf Gott nicht allwissend sein; er dürfte nicht alles wissen, nämlich genau
das nicht, zu was sich ein Willenswesen zu irgendeinem künftigen Zeitpunkt entscheiden wird. Das aber ist wiederum schlechterdings inkompatibel mit dem hier angesetzten Gottesbegriff.

Untauglich erscheint Boethius folgender Lösungsversuch (dessen Struktur aber schließlich doch, vermehrt um einen — allerdings entscheidenden —
Gedanken, die boethianische Lösung der Freiheitsantinomie bestimmen
wird): Etwas geschieht nicht deshalb, weil die göttliche Vorsehung es vorhersieht, vielmehr hat die göttliche Vorsehung ein Vorwissen von etwas,
sofern dieses geschehen wird. Notwendig ist jetzt nicht mehr, daß etwas,
weil Gott es vorhersieht, geschieht, vielmehr ist jetzt notwendig, daß alles
Künftige, sofern es eintritt, von Gott vorausgesehen wird. Das faktische
Geschehen ist jetzt Ursache dafür, daß Gott es vorausweiß, nicht aber ist
das göttliche Vorwissen Grund dessen, daß etwas faktisch geschieht[66]. Ob
aber Geschehnisse eintreten, weil Gott sie voraussieht, oder ob Gott sie
voraussieht, weil sie eintreten, ist für das zur Frage stehende Problem, ob
angesichts der *praescientia dei* Freiheit möglich ist, gänzlich ohne Belang.
Denn: Wenn jemand (z.B. Peter) sitzt, so ist der Satz ‚Peter sitzt' notwendig wahr. Umgekehrt: Wenn der Satz ‚Peter sitzt' wahr ist, dann ist es

---

[66] Nach Boethius ist dies auch schon deshalb unstimmig, weil dann das faktische zeitliche Geschehen das göttliche Vorwissen, also eine Bestimmtheit des ewigen Gottes, verursachen müßte, was, da Zeit und Ewigkeit in keinem angebbaren Verhältnis stehen, unmöglich ist. (Vgl. ed. cit. 238, lin. 49—55).

notwendig, daß Peter sitzt. Zwar ist richtig, daß nicht auf Grund des Faktums, daß der Satz ,Peter sitzt' wahr ist, Peter sitzt, vielmehr ist der Grund der Wahrheit dieses Satzes das von diesem Satz unabhängige Sitzen von Peter. Wenn aber der Satz wahr ist, dann folgt aus der Wahrheit dieses Satzes analytisch die Notwendigkeit des Sitzens von Peter. Auf die *praescientia dei* angewandt: Ob künftige Geschehnisse eintreten, weil Gott sie vorausweiß, oder ob Gott sie vorausweiß, weil sie eintreten, tut nichts zur Sache. Wenn das göttliche Vorauswissen ein Wissen ist, so geschehen die vorausgewußten Geschehnisse mit Notwendigkeit. Dieser Lösungsversuch beseitigt in der vorliegenden Form die Bedrohung der Freiheit durch die Notwendigkeit nicht.

Machen wir uns das noch weiter klar: Wenn ich sage ,Morgen wird eine Seeschlacht stattfinden'[67] und wüßte (gewiß wäre), daß dieses Urteil wahr ist, dann müßte morgen, eben weil dieses Urteil ein gewußtes (d. h. wahres) ist, eine Seeschlacht stattfinden. Ich hätte in diesem Fall ein Vorwissen bezüglich der morgigen Schlacht. Wenn aber dies wirklich ein Vorwissen ist, dann kann es nicht falsch sein, daß morgen eine Seeschlacht stattfindet, weil Wissen als Wissen immer wahr ist: es gibt kein falsches Wissen[68]. Über ein solches Vorwissen (im strengen Sinne) verfügt der Mensch − er sei denn ein Seher − nicht. Wir können nur mehr oder minder starke Gründe der Wahrscheinlichkeit des Eintretens oder Nichteintretens von etwas angeben, Wahrscheinlichkeitsurteile bezüglich der Zukunft fällen. Der Wahrscheinlichkeitsgrad ist am größten (nämlich am meisten der Notwendigkeit angenähert) bei solchen Ereignissen, deren Stattfinden naturgesetzlich geregelt ist. Wir können vorausberechnen, wann diejenigen Ursachen vorliegen werden, die z. B. eine Sonnenfinsternis verursachen. Aber selbst hier liegt keine unbedingte Gewißheit − und daher keine *praescientia* im strengsten Sinne − vor, wenn man berücksichtigt, daß der allmächtige Gott jederzeit durch Mirakel den naturgesetzlich geregelten Lauf der Dinge unterbrechen könnte. Die den naturwissenschaftlichen Gesetzesaussagen innewohnende Notwendigkeit ist also nur eine *necessitas ex hypothesi (ex suppositione)*; sie gelten notwendig nur unter der Voraussetzung, daß Gott den gesetzmäßigen Gang der Welt nicht unterbricht. In diesem Betracht sind Gesetzesaussagen nur wahrscheinliche Aussagen, wenngleich höchstwahrscheinliche. Das aber heißt: Unsere Urteile über Zukünftiges sind

---

[67] Das Beispiel stammt von Arist., Int. 9. Aristoteles bringt die Problematik der *contingentia futura* an der angegebenen Stelle nicht in Zusammenhang mit der Willens- oder Providenzproblematik, die in einer Schrift logisch-grammatischen Inhalts auch fehl am Platze wäre. Da sich diese Problematik aber sachlich nahelegt, wird sie im Mittelalter bevorzugt im Anschluß an Int. 9 behandelt (z. B. bei Abaelard und Thomas). Reichhaltige Auskünfte zur Providenzproblematik finden sich im Mittelalter also zumeist in De-Interpretatione-Kommentaren.

[68] Wohl allerdings Wissen von Falschem. Der Satz: „Die Behauptung ,1 + 1 = 3' ist falsch" ist ein Wissen, da es ja wahr ist, daß das Urteil ,1 + 1 = 3' falsch ist.

allesamt nur wahrscheinliche Aussagen; sie können falsch sein, sind also kein Vorwissen im strengen Sinne von Wissen.

Ein wirkliches Vorwissen von der Seeschlacht hat der Mensch: Er weiß, daß sie morgen entweder stattfindet oder nicht stattfindet. Der Satz ‚Morgen wird eine Seeschlacht stattfinden oder nicht stattfinden' ist aus rein logischen Gründen immer wahr, also ein wirkliches (Vor-)Wissen. Das aber verstehen wir nicht unter einem göttlichen Vorwissen. Die *praescientia divina* ist von anderer Art als die *praescientia humana*. Im Begriff einer *praescientia divina* ist (weil diese als Modifikation des Allwissens verstanden ist) mitgesetzt, daß dieses Wissen auch weiß, welcher Teil der Alternative wahr ist, und nicht nur, daß die Alternative als Ganze wahr ist. Dem allwissenden Gott kann nichts ungewiß sein; dann aber weiß er auch, welcher Teil der Alternative wahr ist (wahr sein wird) und welcher falsch. Über ein solches Wissen verfügt der Mensch nicht – es sei denn, Gott habe es ihm mitgeteilt[69]. – „Daher", so lautet das Fazit, „gibt es für menschliche Planung und menschliches Handeln keine Freiheit, welche alle der göttliche Geist ohne Falschheit und Irrtum voraussieht und zu bestimmtem Eintreten festbindet und festhält."[70]

Falls dies als Fazit wirklich und endgültig zutrifft, so folgt daraus ein völliger „Zusammenbruch der menschlichen Dinge" (*occasus humanarum rerum*). Unsinnig wäre es jetzt, jemanden zu belohnen oder zu bestrafen (im Sinne einer verdienten, gerechten Bestrafung). Keiner hätte Lohn oder Strafe verdient, da beides die Verantwortlichkeit (Imputabilität) des Belohnten bzw. Bestraften für sein Tun voraussetzt, die Imputabilität aber die Freiheit der Tat voraussetzt. Man muß, soll die Handlung eines Handelnden moralisch (oder juristisch) qualifiziert werden können, jederzeit zu sagen im Stande sein: ‚Dies hast Du gut gemacht', oder: ‚Dies hättest Du besser machen können', bzw.: ‚nicht machen sollen'. Bei Suspension der Freiheit sind Lohn und Strafe *sine fundamento in re*, vom Standpunkt der Gerechtigkeit aus: Lohn und Strafe sind ungerecht, weil es gerechten Lohn bzw. gerechte Strafe prinzipiell nicht geben kann. Der ‚Gute' und der ‚Böse' können prinzipiell nicht dafür verantwortlich gemacht werden, daß sie so sind, wie sie sind. Dann aber wird die Unterscheidung von Tugend und Laster (als moralischer Kategorien) prinzipiell hinfällig. Das, was man

---

[69] So die traditionelle Auffassung vom Sehertum. – Wenn aber jemand am 31.10.1755 gesagt hätte: „Morgen wird Lissabon durch ein Erdbeben zerstört werden oder nicht zerstört werden", so wäre der Sprecher dieses Satzes kein Seher gewesen. Jeder Mensch hätte diese ‚Prophezeiung' machen können. Boethius macht sich – nach Gigon (ed. cit., Anm., 303) mit Bezug auf Horaz, Serm. 2, 5, 59 sq. – über die sich als solche disqualifizierende Prophezeiung des Teiresias lustig, die sich vorbehält: „Was ich sage, wird entweder geschehen oder nicht geschehen" (ed. cit. 240, lin. 78–79: *Quidquid dicam, aut erit aut non*). Solches nennt man eben nicht Prophezeiung.

[70] Ed. cit. 240, lin. 85–87: *Quare nulla est humanis consiliis actionibusque libertas, quas divina mens sine falsitatis errore cuncta prospiciens ad unum alligat et constringit eventum.*

Laster (Schlechtigkeit) nennt, steht zu Gott in der nämlichen Beziehung wie die sogenannte Tugend.

Auch das Phänomen der Hoffnung wäre ohne Basis, da ja jeder Hoffende eine in irgendeiner Weise offene (indeterminierte) Zukunft seinem Hoffen zu Grunde legt. Zugleich wären Gebete, die die Gnade der Gottheit erflehen, sinnlos, da der Lauf der Welt schon seit Ewigkeiten feststeht. Es steht dann auch fest, welchen Menschen (falls überhaupt) die Gnade Gottes zuteil wird.

Die Wesensaufgabe des Menschen war vorher in die ὁμοίωσις θεῷ gesetzt worden. Wir hatten gesehen, daß der Weg der Tugend der Weg zum Guten (Gott) ist. Die Tugend ist nun aber prinzipiell vom Laster nicht mehr zu unterscheiden. Tugend und Laster wären, wenn man an dem Gedanken der ὁμοίωσις θεῷ festhält, in gleicher Weise Wege zum Guten, also ὁμοίωσις θεῷ; dann aber sind auch gut und schlecht ontologisch ununterscheidbar geworden. Die Bestimmung Gottes als des höchsten Guten ist dann sinnlos: Gott wäre zugleich das höchste (beste) Gute und das höchste (schlechteste) Schlechte. Gott scheint zum Gott der Deisten geworden zu sein, der die Welt in ihrem Lauf festgelegt hat und sie dann ihrem Schicksal (*fatum*) überläßt. Die frühere Unterscheidung von *providentia* und *fatum* (die nur unter der Voraussetzung Gottes als des höchsten Guten sinnvoll war) verliert jetzt ihr Fundament. Zu diesem Verursachungsprinzip stehen ‚gut‘ und ‚schlecht‘ in keiner möglichen Beziehung; dieser auf die bloße *prima causa* zurückgenommene Gott hat die Welt so eingerichtet, wie sie ist; ob er sie gut oder schlecht eingerichtet hat, ist keine in einem objektiven Sinne vernünftige Frage mehr, da das Gotteswesen indifferent gegen schlecht und gut ist. ‚Gut‘ und ‚schlecht‘ wären subjektive Geschmacksbegriffe des Menschen: Gut ist die Welt für die, denen sie gefällt, schlecht für die, denen sie mißfällt. Diese Begriffe in einen objektiven Zusammenhang mit der Verfassung der Welt zu bringen, besteht jetzt kein Anlaß mehr.

Die Folge für die Menschen: Sie würden − so schon lib. IV, metr. 6, v. 43 − „ermatten" (*fatiscere*). Die adäquate Haltung der praktischen Vernunft wäre dann die der *ratio ignava*. Das Handeln wäre kein Agieren, es verkümmerte zu bloßem Reagieren, zur bloßen Reaktion auf Reize, wäre also kein Handeln mehr − und das, gemäß dem Vorigen, schon deshalb nicht, weil ein notwendiges Strukturmoment des Handelns, das Gute, um dessentwillen alles geschieht, ohne jede Bestimmtheit (d.h. ohne jeden Unterschied zum Schlechten) ist. − Angesichts der *praescientia dei* (diese immer strikt als *scientia* genommen) bricht die Verbindlichkeit alles vorher Gesagten zusammen. Alle bisherigen Darlegungen sind jetzt in Frage gestellt. Um all dies in seiner Verbindlichkeit halten zu können, bedarf es der Rettung der Freiheit. Das wird ab pr. 4 versucht.

Daß durch Gottes Allwissen (bezogen auf die Zukunft: Vorwissen) und durch seine allvermögende Lenkung der Welt (*omniscientia* bzw. *prae-*

scientia und *omnipotentia*; beide vereint gedacht: *providentia*) die menschliche Freiheit bedroht sei, ist — so soll gezeigt werden — ein Schein, der auf der Inkongruenz der Vollzugsweise der menschlichen *ratio* und der göttlichen *intellegentia* (Übersetzungswort für νόησις) beruht. Vorauswissen kann, wie schon früher gesehen, als Wissen nicht selbst Ursache des Eintretens des Vorausgewußten sein. Niemals nämlich ist das Wissen von einem Geschehen der Grund dieses Geschehens. Freilich: Wenn das Wissen von einem Geschehen wirklich ein Wissen ist, so muß auch das Gewußte geschehen, aber d a ß das Wissen von einem Geschehen wirklich Wissen ist, bewirkt nicht das Wissen selbst (d.h. das Denken, sofern es etwas weiß), sondern das dem Wissen von ihm strukturell vorausliegende Geschehnis selbst. Das muß, sofern es sich beim Vorwissen um ein Wissen handelt, auch von diesem gelten. Auch vom Vorwissen muß gelten, was von jedem Wissen gilt, daß es nämlich das Gewußte (seinem Gehalt nach) nicht hervorbringt[71]. In dieser Hinsicht scheint das Vorwissen keine Notwendigkeit des Vorausgewußten zu involvieren, also die Freiheit nicht durch eine materiale Determination der Zukunft zu bedrohen. Gleichwohl aber scheint ein Vorauswissen (als Wissen) Zeichen des notwendigen Eintretens des Vorausgewußten zu sein; das Vorauswissen verweist auf das notwendige Eintreten des Vorausgewußten, sofern es zwar 1. als Wissen die Notwendigkeit eines Geschehens nicht faktisch verursachen kann, gleichwohl aber 2. als Vorwissen formal nur dann ein Wissen ist, wenn es jetzt schon wahr ist, daß morgen z.B. ein Erdbeben eintreten wird. Wenn aber das Erste gilt, dann kann es nur ein Vorwissen von solchem geben, das auch ohne dieses Vorwissen von ihm, unabhängig von diesem, notwendig eintreten würde. Das Vorauswissen ist dann nur Zeichen der Notwendigkeit eines Ereignisses, welches auch ohne dieses Zeichen notwendig geschähe — was einmal mehr zeigt, daß das Vorwissen (formal, bloß als Wissen) nicht die Notwendigkeit des wirklichen Eintretens des Vorausgewußten begründet, sondern umgekehrt die vorgängige Notwendigkeit eines Geschehens das Vorwissen seiner erst ermöglicht.

Folgende These ist nun zu beweisen: Nicht alles, was die Vorsehung als künftig geschehend voraussieht, tritt deshalb seiner Natur nach mit Notwendigkeit ein. Das Vorwissen als solches impliziert also nicht die Unmöglichkeit von *contingentia futura*. So wie das Wissen eines Geschehens (z.B., daß Peter sitzt) dieses nicht zu einem hinsichtlich seines Eintretens (Eingetretenseins) Notwendigen macht, so macht auch das Vorauswissen

---

[71] Und doch bleibt bestehen, daß, wenn Vorausgewußtes ein Gewußtes ist, es eintreten muß. Da Gott alles vorausweiß (nicht nur, wie wir, gesetzmäßig Eintretendes, z.B. eine Sonnenfinsternis), scheint der Gang der Welt gänzlich determiniert zu sein. Wissen und Freiheit widerstreiten sich nicht, wohl aber Vorauswissen (das Moment des ‚voraus‘) und Freiheit. Wenn dem göttlichen Wissen in irgendeiner Weise das Moment des ‚voraus‘ genommen werden könnte, dann implizierte das göttliche Wissen nicht mehr die Negation der Freiheit.

von Künftigem dieses nicht zu einem hinsichtlich seines Geschehens Notwendigen[72].

Genau im letzten Teil dieser These liegen die Schwierigkeiten. Sofern zwar das Wissen seinen Gegenstand nicht dem Sein nach hervorbringt, gleichwohl aber ein Wissen nie falsch sein kann, muß jedes Vorausgewußte notwendig eintreten. Wenn das Vorauswissen auch nicht der Grund der Notwendigkeit des Eintretens von etwas ist, so doch sehr wohl die Folge. Wir haben ein sicheres Vorwissen vom Eintreten einer Sonnenfinsternis[73] als Folge der notwendigen (und unserem Denken zugänglichen) Gesetze, kraft derer eine Sonnenfinsternis eintritt. Von allem aber, was nicht sicher (mit Notwendigkeit, also gesetzmäßig) eintritt, kann es kein wirkliches (Vor-)Wissen, sondern allenfalls eine wahre Meinung (ein Wahrscheinlichkeitswissen) geben. Gott aber, dem Allwissenden, schreiben wir keine Vormeinung, sondern ein Vorwissen zu. Wenn wir diese aber (im strikten Sinne) Gott zusprechen, können wir uns dann noch Freiheit zusprechen, oder müssen wir uns die Freiheit dann nicht vielmehr absprechen? Alles hängt jetzt an einem rechten Verständnis der *praescientia divina*.

Im Folgenden wird aus den Unterschieden zwischen dem tierischen, dem menschlichen und dem göttlichen ‚Sehen‘ der Dinge die Rede von der *praescientia dei* einsichtig gemacht und als uneigentliche Redeweise entlarvt[74].

Die Dinge werden nämlich nicht nur an ihnen selbst, nicht „nur gemäß ihrer eigenen Kraft und Natur" (*ex ipsorum tantum vi atque natura*) erkannt. Zur Erkenntnis von Dingen gehört auch und sogar in erster Linie die Natur und Beschaffenheit des Erkenntnisorgans; ein Ding wird weniger gemäß seiner Eigenschaft, sondern „mehr gemäß dem Vermögen des Erkennenden erfaßt" (*secundum cognoscentium potius comprehenditur facultatem*). Boethius verdeutlicht das Gemeinte auf eine erste Weise an einem Beispiel: Dem Auge ist eine Kugel anders gegeben als dem Tastsinn. Das Auge ersieht die Kugel unmittelbar als Ganze, begreift unmittelbar (durch

---

[72] Natürlich hat auch Kontingentes, wenn es einmal eingetreten (also faktisch geworden) ist, eine gewisse Art der Notwendigkeit, nämlich die Notwendigkeit alles Faktischen: Es kann jetzt (1982) nicht anders sein (d. h. nicht falsch sein), daß am 18. Januar 1871 zu Versailles das Deutsche Reich ausgerufen wurde (d. h.: das Gegenteil dessen ist jetzt unmöglich). Der Satz: ‚Das Deutsche Reich wurde zu Versailles am 18. Januar 1871 nicht ausgerufen‘, ist seit dem 19. Januar 1871 (für alle seitherige Zukunft) notwendig falsch. Aber heißt dies, daß das genannte Ereignis mit innerer Notwendigkeit zum genannten Zeitpunkt (oder überhaupt) hätte eintreten müssen?

[73] Allerdings — wenn wir das S. 87f. einschränkend Gesagte berücksichtigen — auch nicht im strengsten Sinne.

[74] Vgl. Anm. 71. Dort war gesagt worden, daß das Moment des ‚voraus‘ die Freiheit unmöglich macht. — Wir deuten die Lösung des Boethius jetzt schon an: Gottes *praescientia* ist in Wahrheit kein Vorauswissen, sondern ein Wissen von gegenwärtig Vorliegendem. Aus solchem Wissen aber folgt nichts für oder gegen die Kontingenz von Geschehnissen, und d. h.: von Freiheit.

sinnlichen *intuitus*) das Ganze der Kugel, sieht die Teile der Kugel simul-
tan, und d. h.: unmittelbar als Teile eines Ganzen (der Kugel). Der Tastsinn
dagegen begreift die Kugel sukzessiv durch Ertasten (Ergreifen) der Kugel-
teile; er tastet sich gleichsam um die Kugel herum und begreift erst zum
Schluß, daß der Gegenstand seines Tastens eine Kugel ist. – Wenn schon
den Sinnen ein und derselbe Gegenstand auf verschiedene Weise gegeben
ist, so ist die Verschiedenheit des Gegebensein noch fundamentaler, wenn
etwas nichtsinnlichen Organen des Begreifens als Gegenstand gegeben ist.
Allen Sinnen, so verschieden sie auch – wie gesehen – begreifen, ist eines
gemein: Sie be- und ergreifen die je einzelne, materielle (und d. h. zugleich
individuierte) Gestalt (*figura*), sofern diese leibhaft anwesend ist. – Die
Einbildungskraft (*imaginatio*) dagegen macht eine Gestalt zwar ebenfalls als
etwas Einzelnes (als Einzelanblick) vorstellig, dies jedoch „ohne Materie"
(*sine materia*). Ich kann mir jeden Gegenstand (hinsichtlich seiner *figura*),
wenn ich ihn nur einmal (unmittelbar oder durch Bilder vermittelt) bewußt
und aufmerksam angesehen habe, jederzeit wieder vorstellig machen, ohne
daß dieser Gegenstand (oder ein Bild von ihm) aktual vor Augen liegt. So
kann ich mir, wenn ich ihn selbst oder sein Bild nur einmal gesehen habe,
den Parthenon auf der Akropolis vorstellen, ohne in Athen zu sein oder
eine Abbildung zur Hand zu nehmen. Die *imaginatio* teilt mit den Sinnen,
daß auch sie nur ein bestimmtes *singulum* vorstellen kann, dies aber, ohne
daß das *singulum* materiell und faktisch da ist (es kann sogar faktisch
materiell sich schon aufgelöst haben). Über diese Art des Vorstellens verfügen die Sinne nicht. – Die Vernunft (*ratio*) übersteigt nun das Einzelne
als Einzelnes; ihr Gegenstand ist nicht das Einzelne, sondern das vielen
Einzelnen gemeinsame (all diesen gemeine) Was, die *species*. Gegenstand der
ratio ist also nicht Sokrates oder der Parthenon, sondern das, was Sokrates
ist, nämlich Mensch, oder das, was der Parthenon ist, nämlich Tempel.
Sache der Vernunft ist also: Mensch überhaupt, bzw.: Tempel überhaupt. – Die göttliche Sicht der Dinge (*intellegentia*) ist die höchste Weise
des Sehens. Gott sieht mehr als die menschliche Vernunft (nämlich alles)
und anders als die menschliche Vernunft. Die menschliche Vernunft sieht
das allgemeine Was derjenigen Dinge, die auch den Sinnen (und diesen als
singula) gegeben sind (also die *species*, sofern sie der Materie inkorporiert
ist; aristotelisch: das εἶδος ἔνυλον). Gott dagegen sieht auch das Seiende,
das außerhalb des Erfassungsbereichs der *ratio* liegt, z. B. das immaterielle
Was der reinen Intelligenzen (christl.: Engel). Wie aber sieht die göttliche
Intelligenz all dies? Antwort: „... indem sie mit einem schlagartig erfassen-
den Blick des Geistes von der Form her das Ganze erschaut" (... *uno
ictu mentis formaliter ... cuncta prospiciens*). Das von der göttlichen Intelligenz Gesehene ist die (in ihr selbst liegende) „einfache Form" (*forma
simplex*), welche natürlich identisch ist mit der Gott bereits lib. III, metr. 9,
v. 5–6 zugesprochenen „Form des höchsten Guten" (*summi forma boni*).
Von dieser Form her haben alle anderen Formen ihre Bestimmtheit; die Be-

stimmtheit einiger dieser Formen macht dann die Bestimmtheit der *sensibilia* aus. Das von Gott Gesehene ist also gleichsam die *forma formarum* und mit und in dieser alle anderen Formen. Dies aber sieht Gott *uno ictu mentis*, also mit einem Schlage, unmittelbar. Die göttliche Intelligenz hat also die Vollzugsform des *intuitus*, die Vollzugsform der intellektuellen Anschauung. Das menschliche Denken aber ist diskursiv und geht sukzessive von *species* zu *species*. Es verhält sich zum göttlichen Sehen wie der Tastsinn zum sinnlichen Sehen (im obigen Beispiel).

Wie aber ist das Verhältnis aller genannten Sichtweisen untereinander beschaffen? Antwort: Die jeweils höhere umspannt auch die Vermögen der niederen, diese besitzt aber nicht die Vermögen der höheren (so wie die *providentia* das *fatum* umfaßte, dieses aber nicht die *providentia*)[75]. Die göttliche Weise des Sehens (die intuitiv sich vollziehende *intellegentia*) befaßt also alle anderen Möglichkeiten des Sehens in sich, und zwar so, daß es die anderen Weisen des Sehens als Einschränkungen (Privationen) seines eigenen Sehens weiß und in diesem Wissen auch all das, all die Gehalte sieht, welche die Privationen seines Sehens sehen[76]. − Also: Das in einer Erkenntnis Erkannte (ihr Inhalt) ist nicht nur bedingt vom Gegenstand der Erkenntnis, sondern auch von der Verfaßtheit des Erkenntnisorgans.

Boethius weist nun in pr. 5 (s. bereits Anm. 75) die einzelnen Sichtvermögen bestimmten Stufen des Lebens zu. Die bloß sinnliche Sichtweise kommt den niederen Lebewesen (z. B. Seemuscheln, die nicht über alle fünf Sinne vermögen) zu, die sensitiv-imaginative Sichtweise den höher entwickelten Tieren (alle Tiere, die mit einem vollständigen Sensorium − also allen fünf Sinnen − ausgestattet sind, verfügen über *imaginatio*); der Mensch verfügt über *sensus, imaginatio* und *ratio*. Die höchste Sicht (die göttliche *intellegentia*) sieht all das, was Tier und Mensch auch sehen können, aber sie sieht dies aktual als Ganzes (Menschen und Tiere sehen aktual immer nur einen Ausschnitt des Ganzen) und d. h.: anders (*via intuitus*), und darüber hinaus sieht sie noch (seinem Gehalt nach) Anderes, zu welchem keine Sichtweise außer der göttlichen Zugang hat. − Boethius deutet nun ein fingiertes Streitgespräch zwischen Vernunft und Sinnlichkeit an. Die Sinne sagen: Etwas, das wahrnehmbar (also ein Einzelnes) ist, kann nicht zugleich auch allgemein sein. Die Vernunft dagegen sagt: Es ist eben

---

[75] Wir sehen hier deutlich die im christlichen Neuplatonismus vollzogene Intellektualisierung des Emanationsschemas. Die Hypostasen, die Seinsstufen (*gradus entitatis*), werden jetzt von ihrer Weise des Sehens her gefaßt. Das höchste Gut ist jetzt denkend, freilich auf eine mit unserem Denken unvergleichliche Weise. Die dem menschlichen Sehen untergeordnete Sichtweise, die *imaginatio*, kommt den höheren, die bloß sinnliche Sichtweise (*sensatio*) den niederen tierischen Lebewesen zu. Das Anorganische aber verfügt über keine Sichtweise und steht so der Materie, dem ontologisch Schlechten, am nächsten.

[76] Der Ausdruck ‚in sich befassen‘ meinte natürlich nicht, daß Gott auch über Sinnesorgane verfügt.

meine Weise des Sehens, daß ich die Dinge, die Euch (den Sinnen) als
Einzelne gegeben sind, „gemäß der Allgemeinheit" (*in universitatis ratione*)
erblicke. Wir, die Menschen, die wir die Sichtweise der ratio kennen —
es ist ja unsere Sichtweise —, gäben in einem solchen Streit zweifellos der
ratio Recht. Ein dem Verhältnis von *sensus* (*imaginatio*) und *ratio* analoges
Verhältnis liegt auch zwischen *ratio* und *intellegentia* vor. Die *ratio* denkt —
und sie kann gemäß ihrer Verfassung nicht anders denken: Nur Notwendiges kann voraus gewußt werden. Von den *contingentia futura* gibt es qua
contingentia kein Wissen. Gäbe es das, so wäre das künftig Kontingente
nicht kontingent, sondern notwendig. Dieser Schluß ist vollkommen kor-
rekt. Nur: Er ist die Weise, wie der menschliche Geist, die *ratio* (plotinisch gesprochen: der νοῦς unter Bedingungen der ψυχή) denkt. Es ist
durchaus als möglich zuzugeben, daß eine andere Weise des Sehens (Denkens) künftiges Geschehen auch anders sieht (denkt) als wir.

Mit dem letzten Schritt (pr. 6) erreichen wir den höchsten Gipfel der
metaphysischen Betrachtung. Wir versuchen, einen Einblick in die Verfassung der göttlichen Intelligenz zu gewinnen. Was hier versucht wird, ist
nichts anderes als der theoretisch-intellektuelle Versuch des Vollzuges der
ὁμοίωσις θεῷ. Am Schluß der pr. 5 heißt es: „... wir wollen versuchen,
sofern wir es vermögen, uns zum Gipfel jener höchsten Einsicht empor-
zurecken. Denn dort wird die menschliche Vernunft sehen, was sie in sich
nicht erschauen kann"[77] — so wie die sinnlich-imaginative Sichtweise in
sich das Allgemeine, das nur der *ratio* Sichtbare, nicht findet. — Was aber
soll gefunden werden? Antwort: Auf welche Weise es ein sicheres „Voraus-
kennen" (*praenotio*) von künftig Kontingentem geben kann. Gemäß dem in
pr. 5 statuierten Grundsatz, daß Erkenntnis nicht nur durch den Erkennt-
nisgegenstand, sondern v. a. durch die Verfaßtheit des Erkenntnisorgans
bedingt ist, muß jetzt untersucht werden, auf welche Weise Gott Zukünftiges sieht. Für die *ratio* ist eine *praenotio* der *contingentia futura* ein
Widerspruch. Denn entweder ist dann das Kontingente nicht kontingent,
oder aber das Wissen ist kein Wissen. Beharrt die *ratio* auf diesem Standpunkt, dann muß sie entweder die menschliche Freiheit oder das göttliche
Allwissen leugnen. Gemäß dem obigen Grundsatz aber müssen wir zu-
geben, daß für ein anders organisiertes Denken dieser Widerspruch vielleicht nur ein Scheinwiderspruch und die den Widerspruch vermeidende
Alternative (Freiheit oder Allwissen) eine Scheinalternative sein könnte.

Die Sichtweise der *intellegentia* ist die Gott eigene Sicht. Gott aber ist
ewig. Doch was heißt das? Ein zureichender Begriff von Ewigkeit wird —
so Boethius — „uns gleicherweise die göttliche Natur und das göttliche
Wissen offenbar machen. Ewigkeit ist der vollständige und vollendete Be-

---

[77] Ed. cit. 260, lin. 51—53: ... *in illius summae intellegentiae cacumen, si possumus,*
erigamur; illic enim ratio videbit, quod in se non potest intueri ...

sitz unbegrenzbaren Lebens, zugleich, was aus dem Vergleich mit dem Zeitlichen noch klarer wird."[78] Kein Zeitliches hat die ganze Fülle seines Seins und Lebens gleichsam in einem Zeitpunkt. Alles in der Zeit Existierende – auch wenn es, wie Aristoteles von der Welt behauptet, immer währt – besitzt die Vergangenheit (seine vergangenen Zustände) nicht mehr und die Zukunft noch nicht. Nur was die ganze Fülle seines unendlichen Seins ganz umgreift und besitzt, dem weder Zukunft fehlt noch Vergangenheit abgeht, ist ewig[79].

Was ist nun die Zeit? Die Zeit ist die Abfolge von Augenblicken, Jetzten. Das Jetzt (*nunc*) ist an ihm selbst für uns unfaßbar, denn es hat keine Dauer seiner Anwesenheit, es ist immer schon entschwunden, es hat den Charakter des ‚flüchtigen Augenblicks‘. Ich kann mich zwar konventionell darauf verständigen, was ich als Jetzt, als Augenblick ansehe, z. B.: 1 Sek. Aber selbst diese kleinste konventionelle Zeiteinheit ist beliebig weiter teilbar. Durch Konventionen („Jetzt‘ = 1 Sek.) versuche ich, das Jetzt zum Stehen zu bringen, ihm eine Dauer seiner Anwesenheit zu verschaffen, die es an ihm selbst nicht hat. Es selbst ist seiner Natur nach nicht faßbar, es ist eigentlich, da nie faßbar, nicht, ist immer schon verflossen. Wenn wir also die Zeit vom Jetzt her denken, so ist sie der unaufhörliche Jetzt-Fluß, sie ist konstituiert durch das instantane, fließende Jetzt (*nunc instans sive fluens*, wie es in der Schulterminologie heißt).

Wir versuchen nun, vom Jetzt her die Ewigkeit zu denken; diese ist, vom Jetzt (also einem Konstitutionsmoment der Zeit) her gedacht, das ‚stehende Jetzt‘ (*nunc stans*)[80]. Ewigkeit ist dann das Stillstehen des Jetztflußes und damit das Stillstehen und Aufhören der Zeit (als des *nunc fluens*). Die Augenblicke hören jetzt auf zu fließen, sie versammeln und verdichten sich zu einem einzigen Jetzt, das sich nicht, wie das zeitliche Jetzt, in seinem Jetztsein (seiner Gegenwärtigkeit) immer schon und immer wieder entzieht und in die Zeitdimensionen von Vergangenheit und Zukunft zerfließt, sondern vielmehr in reiner Jetzthaftigkeit (Gegenwart) beharrt. Diese reine,

---

[78] Ed. cit. 262, lin. 8–11: . . . *nobis naturam pariter divinam scientiamque patefaciet. Aeternitas igitur est interminabilis vitae tota simul et perfecta possessio, quod ex collatione temporalium clarius liquet.* Diese Definition der Ewigkeit (als Zeitlosigkeit – *simul*!), die auf Plotin III, 7, 3 zurückgeht, ist in der abendländischen Philosophie und Theologie führend geblieben.

[79] Wenn die berühmte Debatte des 13. Jh., ob die Welt einen zeitlichen Anfang habe (also durch Willensbeschluß Gottes geschaffen sei) oder nicht, unter dem Namen ‚aeternitas mundi‘-Debatte läuft, so ist ‚ewig‘ zeitlich und damit (im strengen Sinne) falsch verstanden. Eine ungeschaffene, immerdauernde Welt ist eben keine ewige Welt im definierten Sinne von Ewigkeit. Eine solche Welt wäre nicht ewig (*aeternus*), sondern immerwährend (*sempiternus*). Diese Unterscheidung wird Boethius noch in dieser pr. 6 (ed. cit. 266, lin. 58–60) aufstellen.

[80] Die Unterscheidung der Zeit und der Ewigkeit vom Jetzt her (*nunc stans* – *nunc fluens*; diese Terminologie hat sich durchgesetzt) legt Boethius in einer kurzen (höchst einflußreichen) theologischen Schrift vor: De trinitate (c. 4: PL 64, col. 1253. Statt *nunc stans* – *nunc fluens* dort *nunc permanens* – *nunc currens*). – Vgl. auch Plat., Tim. 37 C–38 C.

nicht von der Zukunft in die Vergangenheit fließende Gegenwart ist die
Ewigkeit, die in sich das Nichtsein (weil Aufhören, Stillstehen) der Zeit ist.
Das Jetzt beharrt jetzt, es stellt sich gleichsam in einem Punkt still und
hört auf, sich zu bewegen[81]. − Das *nunc fluens* aber, jener immer schon
entzogene ‚flüchtige‘ Augenblick, ist die Gegenwart *quoad nos*, die Gegenwart in ihrer diffundierten, zerflossenen Form. Diese zeitliche Gegenwart
qualifiziert Boethius als schwaches Abbild des *nunc stans,* der beharrenden
Gegenwart; durch die zeitliche Gegenwart (das *nunc fluens,* als *nunc* betrachtet) bezeugt die Zeit (die Jetztfolge) ihre Abkunft aus der Ewigkeit.
Die Zeit ist also das zum *nunc fluens* verblaßte *nunc stans*; die Zeit ist Einschränkung (Privation) der Ewigkeit − Ewigkeit aber Negation der Zeit.
    Wir haben nun die Ewigkeit in ihrem Unterschied zur Zeit hinreichend
profiliert. Gott aber ist der Ewige. Er lebt sein unbegrenzbares Leben in
reiner, einfacher Gegenwart, sein Leben zerfließt nicht in die Zeitdimensionen der Vergangenheit und Zukunft. Gott ist sich gleichsam in einem
(‚Zeit‘-)Punkt vollständig präsent. Auch die Welt hat − jedenfalls nach
Aristoteles (aber auch nach Plotin) − ein unbegrenzbares Leben; durch
keinen Zeitpunkt (Augenblick) ist ihrem Leben eine Grenze gesetzt, sie hat
weder einen Anfang noch ein Ende in der Zeit. Aber: Ihr unbegrenzbares
Leben ist kein ewiges Leben. Ihr Sein vollzieht sich ja nicht in einfacher
Gegenwart, sondern in der Jetztvielfalt, im unbegrenzten Fluß der Augenblicke[82]. Selbst die vornehmste Bewegung des Kosmos, die Kreisbewegung
des ersten Himmels, ist vielheitlich (eben weil sie Bewegung ist). Die
oberste Himmelssphäre sucht die Einfachheit des ewigen (d. h. zugleich:
unbewegten) Gottes nachzuahmen, erreicht diese aber nicht und fällt somit
in die Vielheit, d. h. Bewegung, d. h. Zeit. In diesem Sinne, als *causa finalis,*
ist Gott das unbewegt Bewegende im Sinne des Aristoteles[83]. Nachgeahmt
und erstrebt wird die Unbewegtheit (Einfachheit) Gottes. Das Nichterrei-
chen dieser Einfachheit ist in sich der Übergang in die Vielheit, Bewegung,
Zeit. Diese vornehmste und, weil unmittelbar zu Gott stehend, rang-

---

[81] Zeit ist Bewegung, Fluß von Jetzten. Weil aber die Zeit als Jetztfluß in sich Bewegung
ist, kann sie auch das Maß anderer Bewegungen sein. Auf der Stufe des (plotinisch verstandenen) νοῦς − noch weniger auf der Stufe des Ἕν Ἀγαθόν − kann es Bewegung nicht
geben. Bewegung nämlich ist Nichtsein (Entstehen − Vergehen: noch nicht − nicht mehr;
Ortsbewegung: jetzt nicht mehr hier, sondern dort). Auch von hierher ist klar, daß es Zeit
nur auf der Stufe der ψυχή (des *mundus sensibilis*) geben kann, weil es nur dort Bewegung
gibt.

[82] Daß Gott ewig ist, in einem Jetzt (also in reiner Gegenwart) lebt, ist klar, denn wie
sollte er sonst das Eine (τὸ Ἕν) sein? Lebte er in der Zeit (der Vielheit der Jetzte), so wäre
ihm ja Vielheit (also Nichtsein) beigemischt. Da die Vielheit an ihr selbst das ontologisch
Schlechte ist, kann Gott Zeitlichkeit auch in der Hinsicht, daß er das höchste Gute ist (was
ja nach lib. III, pr. 11 mit dem Einessein identisch ist) nicht zukommen.

[83] Die Lehre des Aristoteles vom unbewegten Beweger versteht Gott (*causa prima movens*)
nicht als *causa efficiens* der Bewegung − dann wäre Gott nicht unbewegt −, sondern als
causa finalis.

höchste Bewegung im Kosmos, die Kreisbewegung des mit νοῦς begabten ersten Himmels, ist unvergänglich, jedoch, eben weil Bewegung, nicht „ewig" (*aeternus*), sondern „immerdauernd" (*perpetuus*)[84].

Der ewige Gott aber ist allwissend. Sein Wissen ist dann ein ewiges Wissen; es umfaßt als gegenwärtig vorliegend die unendlichen Zeiträume dessen, was wir Vergangenheit und Zukunft nennen. Also ist das, was wir bisher *praescientia dei* nannten, gar kein Vorwissen einer etwaigen Zukunft, sondern das Wissen von Gegenwärtigem, „von einer nie entschwindenden Gegenwart" (*scientia numquam deficientis instantiae*). In gewissem Sinne hat die menschliche *ratio* Recht behalten: Vorwissen und Kontingenz von Künftigem ist in der Tat miteinander unverträglich. Aber der bisher entwickelte Begriff einer *praescientia divina* war die Weise, wie wir Gottes Allwissen, bezogen auf eine bestimmte Zeitdimension, die Zukunft, ansahen. Gottes Vorwissen war nur *sub specie humani* ein Vorwissen, an ihm selbst betrachtet (*sub specie aeterni*) ist es ein Wissen von Gegenwärtigem, denn für Gott gibt es Vergangenheit und Zukunft nicht. Alles, was sich für uns in die drei Zeitdimensionen entfaltet, liegt vor der göttlichen *intellegentia* in reiner Gegenwärtigkeit ausgebreitet. Die göttliche Vorsehung ist, so Boethius, nicht *praevidentia*, sondern *providentia*; Gott hat alles vor (*pro*) sich liegen, alles liegt vor Gott (*coram deo*) ausgebreitet, was für uns in ein Vorher und Nachher zerfällt. – Wenn Gottes Wissen aber ein Wissen von Gegenwärtigem ist, dann liegt in ihm keine Gefährdung der Kontingenz von Künftigem, und damit keine Gefährdung der durch diese bedingten Freiheit. Die Freiheit konnte nur durch eine Art von Wissen gefährdet werden (nämlich durch die *praescientia* im vorher entwickelten Sinne), welche einem ewigen Wesen gar nicht zukommen kann. Diese *praescientia* gibt es für Gott nicht, sondern nur für den Menschen[85]. Der bisher entwickelte Begriff der *praescientia divina* beruhte auf einer Konfundierung des göttlichen Allwissens mit der Wissensweise zeitlich bestimmter Wesen. Aus dieser Konfusion ergab sich dann der Schein einer Gefährdung der Freiheit durch Gottes Allwissen, welches uns dann auch ein Wissen von Künftigem zu sein schien (von Künftigem, das es aber als Künftiges für Gott nicht gibt). – Gott sieht alles, was war, ist und sein wird. Wir sehen einiges als gegenwärtig, von manchem wissen wir, daß es war, von wenigem, daß es sein wird. Betrachten wir nun unser Wissen von Gegenwärtigem: Wir sehen manches faktisch geschehen, z. B., daß Peter läuft. Halten wir aber das, was wir da sehen (und wissen), deshalb für an sich notwendig? Zweifel-

---

[84] Im Mittelalter (und der Schulterminologie) statt *perpetuus* häufiger *sempiternus*.

[85] Aber eben nicht von Kontingentem. Der Mensch weiß voraus, daß (nicht wann) er sterben wird, weil die Sterblichkeit aus seinem Wesen folgt. Er weiß voraus, daß die Sonne aufgehen wird, weil ihr Aufgang notwendigen Bewegungsgesetzen unterliegt. Dies alles weiß Gott natürlich auch, aber es ist für ihn kein Vorauswissen. Er ist derjenige, der ein Vorauswissen nicht haben kann, weil es für ihn die Zukunft nicht gibt.

los nicht; wenn wir Peter laufen sehen, so halten wir das nicht für einen an sich notwendigen Vorgang. Wenn wir aber die Sonne aufgehen sehen, so halten wir das sehr wohl für einen gesetzmäßig geregelten, in sich notwendigen Ablauf (von dem wir deshalb auch ein Vorwissen haben können). Trägt aber unser Wissen (und Vorwissen) irgend etwas zur Seinsmodalität der Dinge bei? Nein. Der Sonnenaufgang ist auch ohne Beziehung auf unser Wissen von ihm notwendig. Unser Wissen ändert nichts an der Seinsmodalität dieses Vorgangs. Warum sollte dann unser Wissen etwas an der Seinsmodalität anderer gegenwärtiger Vorgänge (z.B. des Laufens von Peter) ändern? Dann aber folgt aus Gottes Allwissen, weil es sich auf Gegenwärtiges richtet, ebensowenig wie aus unserem Wissen von Gegenwärtigem etwas für die Seinsmodalität der Dinge. Der morgige Sonnenaufgang ist *coram deo* schon jetzt gegenwärtig, er weiß ihn, wie wir den jetzt geschehenden Sonnenaufgang, als an sich notwendig geschehend, ohne daß diese Notwendigkeit sich seinem Wissen verdankt. Ebenso weiß er die morgige Seeschlacht, weil sie für ihn gegenwärtig vorliegt, wie für uns das Laufen von Peter. Dieses Wissen aber ändert nichts an der inneren Kontingenz dieses Ereignisses. Wir erblicken einiges in unserer zeitlichen (verfließenden) Gegenwart, Gott aber erblickt alles in ewiger Gegenwart. Sein Sehen der (für ihn insgesamt gegenwärtigen) Dinge verändert deren Natur so wenig wie unser Sehen der für uns gegenwärtigen Dinge. Bzgl. der *contingentia futura* weiß Gott, daß sie sein werden (aber eben deshalb, weil sie für ihn, vor − *coram* − ihm, schon sind) und zugleich, daß sie der Notwendigkeit ihrer Existenz entbehren. Wie wir einiges Gegenwärtige einmal als notwendig (Sonnenaufgang), einmal als kontingent (Laufen) qualifizieren, so auch Gott. Von dem für ihn Gegenwärtigen (wovon ein Teil für uns zukünftig ist) sieht er einiges, das sein muß, und einiges, das sein wird, ohne sein zu müssen. Also: Das göttliche Wissen gibt ebensowenig wie das menschliche für die Seinsmodalität der Dinge etwas her.

Boethius fällt nun noch einmal hinter den Gedankengang zurück und gibt so der *Philosophia* Gelegenheit zur Vertiefung des Gedankens. Sofern etwas von Gott als künftig geschehend erschaut wird, so muß es eintreffen, so wahr Gottes Wissen ein Wissen ist. Thematisch wird jetzt die Notwendigkeit, welche mit der Form des Wissens als Wissen verbunden ist. Als Gewußter ist nämlich jeder Sachverhalt, unangesehen seiner eigenen Natur und Seinsmodalität, notwendig. Aber: Dies ändert nichts an der Seinsmodalität. Wenn ein künftig Geschehendes an sich notwendig ist (Sonnenfinsternis), so wird es (unabhängig von allem Wissen) eintreffen, wenn aber kontingent (Seeschlacht), nicht. Allerdings: Sofern wir die morgige Seeschlacht auf das ewige Wissen Gottes beziehen, ist sie, sofern Gottes Wissen ein Wissen ist, notwendig. Diese Notwendigkeit wächst dem Kontingenten aber von etwas anderem her zu, sie beruht ja auf der Form, wie dieses Kontingente vorkommt: als Gewußtes nämlich, in der Form des Wissens. Damit bleibt das Ereignis selbst aber kontingent;

das wiederum heißt: Die Entscheidung des Admirals, es morgen zu einer Seeschlacht kommen zu lassen, bleibt eine freie Entscheidung.

Es sind also zwei Notwendigkeitsbegriffe zu unterscheiden. Boethius nennt die erste (die ‚innere‘) Notwendigkeit „einfache Notwendigkeit" (*necessitas simplex*). Beispiel dafür wäre die Sterblichkeit des Menschen, denn das Sterbenmüssen folgt aus dem Wesen des Menschen. Diese einfache Notwendigkeit wohnt auch mathematischen Sätzen inne: Daß die Winkelsumme im Dreieck = 2R sei, folgt aus dem Wesen des Dreiecks. Ein anderer Fall der einfachen Notwendigkeit ist — neben der Wesensnotwendigkeit — die Gesetzesnotwendigkeit, gemäß welcher z.B. eine Sonnenfinsternis zum Zeitpunkt x notwendig ist. — Notwendig ist aber auch ein Ereignis, sofern es gewußt wird. Wenn ich vom Laufen Peters weiß, wenn es also wahr ist, daß Peter läuft, dann ist es auch notwendig, daß er läuft. Diese zweite Notwendigkeit aber ist keine innere Notwendigkeit, keine Notwendigkeit, die einer Sache aus sich, sondern von außen, von einem anderen her, der Form des Wissens nämlich, zukommt. Boethius nennt sie *necessitas condicionis*. Es ist notwendig, daß, wenn eine Sache im zweiten Sinne notwendig sein soll, zu dieser eine Bedingung hinzutritt, nämlich die, eine Gewußte zu sein. Aus dieser zweiten (hypothetischen) Notwendigkeit folgt nicht die erste (einfache) Notwendigkeit. Die *necessitas condicionis* bezieht sich ja sowohl auf das, was einfachhin (also im ersten Sinne) notwendig ist, als auch auf das, was kontingent ist. Der an sich notwendige Sonnenaufgang wie die an sich kontingente Seeschlacht können Gegenstand des Wissens sein; beide sind in diesem Betracht notwendig. Kontingenz ist also ein Gegenbegriff nur zur Notwendigkeit im ersten Sinne. Die *necessitas condicionis* ist also eine Notwendigkeit (modern gesprochen) auf der Metaebene.

Also: Die innere Kontingenz von Künftigem kann durch kein Wissen gefährdet werden, auch durch das göttliche nicht. Zukünftige Geschehnisse, sofern sie einem Willensakt entstammen, geschehen für Gott schon ‚jetzt‘. Auf sein Sehen (*intuitus*) bezogen (relativ zu diesem), geschehen sie mit Notwendigkeit (wie das gegenwärtige Laufen von Peter, das, auf unser Sehen bezogen — wenn wir also sehen, daß er läuft —, mit Notwendigkeit geschieht), gemäß ihrer eigenen Natur, für sich (absolut) betrachtet, sind sie dennoch kontingent. Der diese Geschehnisse vollziehende Wille eines Menschen bleibt als frei denkbar. Der Wille aber ist (wirklich) frei, sofern er nicht von einem anderen Willen determiniert wird. Gottes allmächtiger Wille mag einen menschlichen Willen (z.B. den des Pharao beim Auszug der Juden aus Ägypten) hindern, zu tun, was er will; Gottes Wissen hindert den menschlichen Willen allemal nicht daran. Weil Gott alles, was für uns Vergangenheit, Gegenwart, Zukunft ist, als gegenwärtig vor sich hat, geschieht ohne Zweifel auch alles, was er weiß[86] (so wahr all das ge-

---

[86] Wir können für dieses von Gott gewußte Kontingente noch eine Notwendigkeit in

schieht, was wir wissen und sofern wir es wissen). Mit Blick auf die Handlungen meines freien Willens: Relativ auf das göttliche Wissen (*sub specie aeterni*) geschehen sie notwendig, an sich (absolut, vom Bezug auf das göttliche Wissen absolviert) betrachtet, sind sie von dieser Notwendigkeit (im zweiten Sinne) entbunden, und daher, sofern ihnen die erste Art der Notwendigkeit (die einfache, innere Notwendigkeit) nicht zukommen sollte, frei — so wie alles, was die Sinne betrachten, wenn man es auf die Vernunft bezieht (also relativ zu dieser) ein Allgemeines, an sich aber (losgelöst vom Bezug auf die Vernunft) ein Einzelnes ist.

Eine letzte Grenzziehung zwischen göttlichem Wissen und freiem menschlichen Willen ist noch zu leisten: Der freie Wille ist fähig, „den Vorsatz zu ändern" (*mutare propositum*). Mache ich aber damit zunichte, was das göttliche Wissen ‚voraus' gesehen hat? Kann ich dem göttlichen Wissen im dauernden Ändern meiner Vorsätze (ich tue so, als wollte ich dieses, werde aber bestimmt etwas anderes tun) gleichsam ein Schnippchen schlagen? Antwort: Nein. So wenig das göttliche Wissen meinen freien Willen vernichtete, so wenig vernichtet mein freier Wille das Wissen der Vorsehung. Die Vorsehung sieht nämlich in einem Schlage all meine Vorsätze, Vorsatzänderungen und die daraus entspringenden Handlungen vor sich. Sie sieht, 1. daß ich meinen Vorsatz ändern kann, 2. ob ich es tun werde oder nicht, und welche die Folgen meiner Vorsätze sein werden. Die Vorsehung sieht eben die Bewegungen der handelnden Seele nicht im Nacheinander der Zeit, sondern in reiner Gegenwart. Das göttliche Wissen setzt die Freiheit des menschlichen Willens nicht außer Kraft, die Willensfreiheit aber auch nicht das göttliche Wissen. Solches etwa anzunehmen, beruhte wiederum auf einer *confusio*, einer Vermengung der göttlichen mit der menschlichen Sichtweise. Ich betrachte die göttliche *intellegentia* nach Art einer anderen *ratio*, die ich allerdings mit laufenden Vorsatzänderungen (heute will ich dieses, morgen das Gegenteil) verwirren und täuschen kann. — Damit löst sich auch ein Problem, das bereits pr. 3[87] kurz erörtert worden war. Für die *ratio* trifft es zweifellos zu, daß sie ein Wissen von einer Handlung nur nach der Handlung (bzw. nach Beginn der Handlung) haben kann. Das Stattfinden der Handlung ist also Ursache und Bedingung des Wissens von diesem Stattfinden. Nun konnte das auf das göttliche Wissen schlechterdings nicht angewandt werden. Unsere künftigen Handlungen (die Vollzüge unseres freien, bald dieses, bald jenes wollenden

---

einem von der *necessitas condicionis* verschiedenen Sinn konstatieren: Für uns geschieht eine Seeschlacht in einem Zeitabschnitt, für Gott aber geschieht sie immer schon — wir können ebenso (da Gott indifferent gegen Zeit, also auch gegen Vergangenheit ist) sagen: ist sie immer schon geschehen. Jede künftige Seeschlacht verfügt bei Gott über diejenige Notwendigkeit, über welche z.B. die (vergangene, an sich kontingente) Seeschlacht von Salamis für uns verfügt: über die Notwendigkeit alles Faktischen (vgl. Anm. 72).

[87] Ed. cit. 238, lin. 49—55 (lib. V, pr. 3). — Vgl. Anm. 66.

Willens) konnten nicht die Ursache des göttlichen Wissens von ihnen sein. Jetzt sehen wir: Sie sind es auch nicht, denn alle künftigen Handlungen (und die ihnen vorausliegenden Vorsätze und Vorsatzänderungen) liegen im göttlichen Wissen schon als gegenwärtig vor[88].

Für Boethius steht nun fest: Freiheit ist kein leeres Wort. Es gibt sie und ihren Effekt, die freie Tat. Gottes Wissen kann der Freiheit des Willens nichts anhaben. Dann aber ist die Imputabilität des handelnden Menschen gerettet; er ist verantwortlich für sein Tun. Der drohende „Zusammenbruch der menschlichen Dinge" (lib. V, pr. 3, lin. 88) ist vermieden. Tugend und Laster rücken nicht zur Ununterscheidbarkeit zusammen, Lohn und Strafe, Hoffnung und Gebet behalten ihren Sinn (nur: Gott weiß ‚vorher', daß jemand sich hoffend und betend an ihn wenden wird; ob er es tut, ist Sache seine freien Willens).

Die Schlußsätze der *Philosophia* lauten[89]:

„Wendet euch also ab von den Lastern, pfleget die Tugenden, erhebt den Geist zur rechten Hoffnung, richtet demütige Bitten in die Höhe. Euch ist, wenn ihr euch nicht verstellen wollt, eine gewaltige Notwendigkeit, rechtschaffen zu sein, auferlegt, da ihr vor den Augen des alles sehenden Richters handelt."[90]

---

[88] Schon im Begriff der Ursache (*causa*) ist ein zeitliches Verhältnis zum Bewirkten mitgesetzt. Für ein neuplatonisches Denken ist es an sich ganz unmöglich, im Verhältnis Gott-Welt von Verursachung zu reden (es als Verhältnis *causa-effectus* zu denken), da dies das Moment der Zeit in das höchste Sein hineinträgt. Die Relation *causa-effectus* gibt es nur unter Bedingungen der ψυχή, sie gehört nicht (oder, da man Schöpfung einzig mittels dieser Relation denken kann, nur analog) in das Gotteswesen hinein.

[89] Ed. cit. 272, lin. 179–274, lin. 183: *Aversamini igitur vitia, colite virtutes, ad rectas spes animum sublevate, humiles preces in excelsa porrigite. Magna vobis est, si dissimulare non vultis, necessitas indicta probitatis, cum ante oculos agitis iudicis cuncta cernentis.*

[90] Das Werk endet abrupt. Ein Epilog fehlt. Möglicherweise wurde Boethius exekutiert, ohne das Werk noch einer Endredaktion unterziehen zu können. Man vermißt, wie Gigon (ed. cit., Anm., 305) bemerkt, „daß mit keinem Worte mehr auf die besondere Situation des Boethius eingegangen wird und (wie man erwarten würde) seine endgültige Heilung und Tröstung durch die Philosophie sichtbar gemacht wird". – Vgl. dazu auch H. Tränkle, Ist die Cons. Phil. d. Boethius zum vorgesehenen Abschluß gelangt? in: Vigiliae Christianae 31 (1977) 148–156. – Verf. dankt für eine Reihe sachlicher Hinweise Prof. K. Bormann, für lesbarkeitsfördernde stilistische Ratschläge B. Heimbüchel und I. Znidar M. A.

UNTERSUCHUNGEN ZU WILHELM VON MOERBEKES METAPHYSIKÜBERSETZUNG

I. Revision und Neuübersetzung. II. Die griechische Quelle: Vind. phil. gr. 100 (J)? III. Das Theophrast-Scholion und seine Verwechslung

von Gudrun Vuillemin-Diem

Die folgenden Untersuchungen haben sich aus der Editionsarbeit an Wilhelm von Moerbekes Metaphysikübersetzung ergeben; sie beschäftigen sich mit drei verschiedenen Fragen, die jedoch untereinander zusammenhängen*.

Im Mittelpunkt steht die in der zweiten Untersuchung behandelte Frage nach der griechischen Quelle dieser Übersetzung. Man kann hier vielleicht zum erstenmal der Möglichkeit nahekommen, eine der heute noch erhaltenen griechischen Handschriften — es handelt sich um den lange übersehenen, inzwischen berühmt gewordenen Kodex Vindobonensis phil. gr. 100 (J) — als Modell einer Übersetzung Moerbekes zu identifizieren. Da ein Teil von Moerbekes Übersetzung die Bearbeitung und Revision einer älteren Übersetzung, der Translatio Anonyma („Media"), auf Grund einer griechischen Vorlage darstellt, ein anderer Teil direkte Neuübersetzung aus dem Griechischen ist, sind damit zwei voneinander verschiedene Grundlagen für den Vergleich zwischen Moerbekes Text und der griechischen Überlieferung gegeben. Die zweite Untersuchung setzt daher voraus, daß der genaue Umfang dieser beiden Textpartien gegeneinander abgegrenzt und richtig bestimmt ist.

Mit dieser Frage befaßt sich die kurze erste Untersuchung. Es wird hier nachgewiesen, daß die Neuübersetzung einen größeren Teil des Textes umfaßt, als man bisher annahm. Man glaubte nämlich bisher, daß Moerbeke den gesamten Text der Translatio Anonyma revidierte und daß er nur das darin fehlende XI. Buch (K) neu übersetzte. In der Tat hat er aber, wie sich herausstellen wird, die Translatio Anonyma nur bis zum Anfang des XIII. Buches (M) zugrunde gelegt und überarbeitet. Er hat nicht nur Buch K, wie man bisher annahm, sondern auch die Bücher M (ab c. 2, 1076b9) und N neu übersetzt.

---

* Für hilfreiche Hinweise und Kritik danke ich K. Bormann (Köln), F. Bossier (Louvain), L. Minio-Paluello (Oxford) und ganz besonders P. Moraux (Berlin), der mir u. a. mehrere wertvolle und noch unveröffentlichte Beobachtungen zum Kodex Vind. gr. 100 mitgeteilt hat.

Die dritte Untersuchung, welche ein in drei Handschriften von Moerbekes Übersetzung überliefertes Scholion behandelt, setzt ihrerseits die zweite Untersuchung voraus. Das Scholion, das bereits durch die divergierenden Formen innerhalb seiner lateinischen Überlieferung Fragen aufwirft, bezieht sich im lateinischen Wortlaut auf das I. Buch (A) der Metaphysik des Aristoteles und scheint sich so in eine merkwürdige Tradition einzufügen, in der an der Echtheit dieses Aristotelischen Buches gezweifelt wurde. Es stammt jedoch aus einer griechischen Quelle, in der es sich auf das sogenannte Metaphysische Fragment des Theophrast bezog, und hat eine eigenartige und folgenreiche Verwechslungsgeschichte durchlaufen, die bereits mehrfach besprochen und interpretiert wurde, die sich aber im Zusammenhang mit den über Moerbekes griechische Vorlage gewonnenen Erkenntnissen in bestimmter Weise präzisieren läßt.

I. Revision und Neuübersetzung

In seinem grundlegenden Aufsatz über die griechisch-lateinischen Metaphysikübersetzungen des Mittelalters hat F. Pelster anschließend an seine Entdeckung der sogenannten Metaphysica Media — der von Albert kommentierten und Thomas benutzten Metaphysikübersetzung in dreizehn Büchern — das Verhältnis der Translatio Nova, der weit verbreiteten und als Werk Wilhelms von Moerbeke angesehenen Übersetzung in vierzehn Büchern, zu dieser wiedergefundenen älteren Übersetzung untersucht[1]. Das Ergebnis seiner Untersuchung ist bekannt, es ist in alle neueren Veröffentlichungen übernommen worden: Wilhelm von Moerbeke hat die dreizehn Bücher der Metaphysica Media (ich werde im weiteren die inzwischen angenommene Bezeichnung Translatio Anonyma verwenden), d.h. die Bücher A-I, Λ-N[2], mit Hilfe eines griechischen Textes überarbeitet und hat Buch K, das in der Translatio Anonyma ebenso wie in der arabisch-lateinischen Überlieferung fehlte[3], neu übersetzt. Beide Behauptungen hat Pelster durch innere Kriterien nachgewiesen, nämlich durch den stilistischen Vergleich der beiden Texte und die Gegenüberstellung mit anderen Übersetzungen Moerbekes. Besonders aufschlußreich war in diesem Zusammenhang die Untersuchung der Partikel, Konjunktionen und Pronomina. Pelster hat festgestellt, daß der Redaktor zahlreiche Elemente seiner

---

[1] F. Pelster, Die griech.-lat. Metaphysikübers. des Mittelalters, in: BGPhMA, Suppl. 2 (1923) 89—118, cf. 106—113.

[2] Um Unklarheiten zu vermeiden, wird im allgemeinen die griechische Bezeichnungsweise der Bücher verwandt werden, die römischen Zahlen nur ausnahmsweise und dann in folgender Bedeutung: I = A, II = α, . . . XI = K, XII = Λ, . . XIV = N.

[3] Zum Fehlen von Buch K vgl. Arist. Lat. XXV 2, Metaphysica (Lib. I—X, XII—XIV), Transl. Anonyma sive ,Media', ed. G. Vuillemin-Diem, Leiden 1976, XVI—XIX.

lateinischen Vorlage, auch wenn sie der von ihm sonst befolgten Übersetzungsmethode nicht entsprechen, übernimmt, bei den Änderungen jedoch zwei klare Tendenzen verfolgt, nämlich erstens einen engeren Anschluß an den griechischen Text: es wird größere Genauigkeit in der Wiedergabe des Griechischen angestrebt, sowohl in Hinblick auf die für den
Sinnzusammenhang bedeutenden Worte als auch in Hinblick auf die Partikel; zweitens Einförmigkeit oder besser Einheitlichkeit des Vokabulars:
der Redaktor läßt zwar oft die Partikel oder andere feste Ausdrücke der
Vorlage unberührt, wenn er aber ändert, so setzt er meistens jeweils ein und
dasselbe lateinische Wort für einen bestimmten griechischen Terminus ein.

Diese Beobachtungen sind der Sache nach zutreffend: der Vergleich mit
den Indices von seitdem veröffentlichten Übersetzungen Moerbekes und mit
inzwischen erschienenen Studien über seine Übersetzungsmethode[4] bestä-

---

⁴ Aufschlüsse über Moerbekes Übersetzungsmethode bzw. das von ihm benutzte Vokabular geben die *indices verborum* und Ausführungen in den Vorworten der neueren Texteditionen. Vgl. u. a.: Arist. Somn., ed. H. J. Drossaart Lulofs, Leiden 1943, cf. XI–XIX;
Arist. Insomn., ed. H. J. Drossaart Lulofs, Leiden 1947; Plat. Lat. III, Parmenides nec non
Procli Comm. in Parm., edd. R. Klibansky et C. Labowsky, London 1953; Procli Diad. tria
opusc. lat. G. d. Moerbeka vert., ed. H. Boese, Berlin 1960; Arist. Lat. I 1–5, Cat., ed.
L. Minio-Paluello, Bruges 1961; Arist. Lat II 1–2, Int., edd. L. Minio-Paluello et G. Verbeke, Brugge–Paris 1965; Arist. Lat. XVII 2. V, Gener. An., ed. H. J. Drossaart Lulofs,
Bruges–Paris 1966; Arist. Lat. XXXIII, Poet., ed. L. Minio-Paluello, ed. alt. Bruges–Paris
1968; Arist. Lat. IV 1–4, Anal. Post., edd. L. Minio-Paluello et B. G. Dod, Bruges–Paris
1968; Arist. Lat. VI 1–3, Soph. El., ed. B. G. Dod, Leiden–Bruxelles 1975; Arist. Lat.
XXXI 1–2, Rhet., ed. B. Schneider, Leiden 1978; Thémistius, Comm. sur le traité de l'âme
d'Aristote, Trad. de G. de Moerbeke, ed. G. Verbeke, Louvain–Paris 1957, ²Leiden 1973
(= CLCAG I), cf. LXIII–LXVII; Ammonius, Comm. sur le Peri Hermeneias d'Aristote,
Trad. de G. de Moerbeke, ed. G. Verbeke, Louvain–Paris 1961 (= CLCAG II); Alexandre
d'Aphrodise, De fato ad imper., Version de G. de Moerbeke, ed. P. Thillet, Paris 1963,
cf. 20–59; Jean Philopon, Comm. sur le De anima d'Aristote, Trad. de G. de Moerbeke,
ed. G. Verbeke (= CLCAG III), Louvain–Paris 1966; Alexandre d'Aphr., Comm. sur les
Météores d'Aristote, Trad. de G. de Moerb., ed. A. J. Smet, Louvain–Paris 1968 (=
CLCAG IV); Simpl., Comm. sur les Catég. d'Aristote, Trad. de G. de Moerb., edd.
A. Pattin, W. Stuyven, C. Steel, Louvain–Paris 1971–1975 (= CLCAG V 1–2); Archimedes
in the Middle Ages, Vol. II, The Translations from the Greek by William of Moerbeke, ed.
M. Clagett, Philadelphia 1976, cf. 28–53. – Unter neueren Spezialstudien vgl.: L. Minio-
Paluello, Guglielmo di Moerbeke tradutt. della ‚Poetica' d'Aristotele, 1278, in: RFNS 39
(1947) 1–17; id., Henri Aristippe, G. de Moerbeke et les traduct. latines médiév. des Météor.
et du De gen. et corr., in: RPL 45 (1947) 206–235 (beide Aufsätze und weitere Studien jetzt
in: L. M.-P., Opuscula. The latin Aristotle, Amsterdam 1972); C. Vansteenkiste, Procli
Element. Theol. transl. a G. de Moerbeke. Notae de methodo transl., in: TPh 14 (1952)
503–546; G. Verbeke, G. de Moerbeke et sa méthode de traduction, in: Medioevo e Rinascimento. Studi in onore di B. Nardi, II, Firenze 1955, 779–800.

Eine gute Übersicht über die Übersetzungen Moerbekes mit Angaben über die ältern und
neueren Editionen und weitere Literaturhinweise findet man – außer in den oben angeführten
Editionen von P. Thillet, 28–36, und M. Clagett, 28–32 – in L. Minio-Paluello, Moerbeke,
William of, in: Dictionary of Scient. Biography, 9, New-York 1974, 434–440. – Zur allgemeineren Information sind außerdem zu nennen: G. Lacombe, L. Minio-Paluello u. a., Arist.
Lat., Codices, Pars Prior, Rom 1939, ²Bruges 1957, Pars Posterior et suppl., Cambridge 1955,

tigt die Argumente Pelsters. Sie gelten jedoch nicht in dem ganzen von Pelster dafür angenommenen Umfang. Wie es bei der Fülle von neuen Entdeckungen und Erkenntnissen, die seine Untersuchung geliefert hat, leicht geschehen konnte, hat er aus den an verschiedenen Stellen der beiden Texte gemachten Proben den dann scheinbar naheliegenden Schluß auf das Ganze gezogen.

Die Übersetzung Wilhelms von Moerbeke ist in der Tat eine Überarbeitung der Translatio Anonyma, jedoch nur bis zum Anfang von Buch M (c. 2, 1076 b 9) [= 12. Buch der Tr. Anon.]. Von dieser Stelle an bis zum Ende von Buch N [= 13. Buch der Tr. Anon.] haben wir es, ebenso wie in Buch K, mit einer Neuübersetzung zu tun.

Ein Vergleich beider Übersetzungen vor und nach dieser Stelle wird das deutlich machen. Ich gebe zunächst eine Gegenüberstellung beider Texte vor der Übergangsstelle (1076 a 8 – 1076 b 9), sodann ein dem Umfang nach gleiches Stück (ca. 40 Bekkerzeilen) nach dieser Stelle (1076 b 9 – 1077 a 14). Die Translatio Anonyma ist nach dem im Aristoteles Latinus edierten Text zitiert[5], die Translatio Guillelmi nach dem für die Edition vorbereiteten Text[6]. Die Unterschiede zwischen beiden Übersetzungen sind durch Kur-

---

Suppl. altera, Bruges 1961 (mit bibliogr. Informationen und Angaben zu den Übersetzungen Moerbekes, jedoch z. T. durch neuere Studien zu ergänzen), und das umfassende, aber mit einer gewissen Vorsicht zu benutzende Buch von M. Grabmann, Guglielmo di Moerbeke O. P., il tradutt. delle opere di Arist., Rom 1946 (= Misc. Hist. Pont. XI 20).

[5] Arist. Lat. XXV 2, op. cit. [Anm. 3].

[6] Moerbekes Übersetzung ist, vollständig oder teilweise, in 211 Handschriften aus dem 13.–15. Jh. überliefert. Die Handschriften des 15. Jh. und einige Fragmente konnten von vornherein ausgeschieden werden. Von den restlichen 173 Handschriften wurden Probekollationen angefertigt, nach deren stemmatischer Auswertung und fortschreitender Elimination folgende 11 Handschriften ausgewählt wurden, die ganz oder teilweise der Textkonstitution und dem Variantenapparat zugrunde liegen (die Reihenfolge der Aufzählung ist alphabetisch und sagt nichts über den Wert der Handschriften aus; Siglen werden nur angegeben, soweit sie im Verlauf dieser Untersuchung benutzt werden): Flor. Laur. Cruc. Plut. XII Sin 7 (A. L. 1362), s. XIVin. (Fv); Flor. Laur. Cruc. Plut. XIII Sin 6 (A. L. 1367), s. XIIIex.; Paris. Maz. 3458 (A. L. 521), s. XIII; Paris. Nat. lat. 16584 (A. L. 694), s. XIII; Paris. Nat. lat. 17809 (A. L. 712), s. XIII; Scorial. monast. f. II. 1 (A. L. 1217), s. XIV (Si); Vat. Barb. 165 A (A. L. 1717), s. XIIIex.; Vat. Borgh. 309 (A. L. 1743), s. XIII–XIV; Vat. Pal. lat. 1060 (A. L. 1791), s. XIV (Da); Vat. lat. 2082 (A. L. 1841), s. XIIIex.; Venet. Marc. 1639 (A. L. 1636), s.XIV (Zl). Diese Handschriften repräsentieren in einigen Teilen des Textes drei, in anderen zwei unabhängige Überlieferungszweige, die ohne gemeinsames Zwischenglied auf das Original zurückgehen, so daß Fehler der gesamten lateinischen Tradition im allgemeinen (d. h. bis auf Undeutlichkeiten in der Schreibweise des Originals, Korrekturen, ev. Doppellesarten etc.) ausgeschlossen sind. Im Revisionsteil ist die Lage etwas komplizierter, da man aus einigen Anzeichen schließen kann, daß Moerbeke seine Korrekturen am Rand oder über der Linie in das von ihm benutzte Exemplar der Translatio Anonyma eingetragen hat, was zusätzliche Undeutlichkeiten und Fehlerquellen für die daraus stammenden Abschriften bedeuten mußte. Varianten der Handschriften führe ich jedoch hier und im folgenden im allgemeinen nicht auf; sie werden nur in den Fällen angegeben, in denen sie für den unmittelbar betrachteten Zusammenhang eine Rolle spielen.

sivdruck gekennzeichnet, Auslassungen der einen relativ zur anderen durch
*. Beide Texte sind der Einfachheit halber auf die Zählung der Bekkerzeilen
bezogen.

Translatio Anonyma	Translatio Guillelmi

1076 a 8 — 1076 a 31

(8) * *Ergo* de sensibilium substantia dictum est que est, (9) in methodo quidem physicorum de materia, posterius (10) vero de ea que est secundum actum; quoniam vero perscrutatio est utrum (11) est aliqua preter sensibiles substantias immobilis et sempiterna aut non (12) est, et si est que est, primum que ab aliis dicta sunt (13) *speculativa sunt*, ut si *qui* non bene dixerunt, *eis* non (14) *assentiamus*, et si *quod* commune dogma nobis *fuerit* et illis, (15) hoc separatim ne adversum nos graves simus; amabile namque si (16) quis hec quidem melius dicit illa vero non deterius. Due vero sunt (17) opiniones de hiis; nam *mathematici* dicunt substantias (18) esse *quasdam*, ut numeros et lineas et hiis cognata, (19) et *omnes* ydeas. Sed *quod* hii quidem duo genera *eadem* (20) faciunt: ydeas et mathematicos numeros, alii (21) unam naturam utrorumque, et alii quidam mathematicas (22) solum substantias esse dicunt, perscrutandum est primum quidem de (23) mathematicis, nullam aliam addentes eis naturam, (24) ut utrum ydee sint aut non, et utrum principia (25) et substantie entium aut non, sed quasi *apud mathematica* solum (26) sive sint sive non sint, *quodsi* sunt, quomodo sunt; *quoniam que* post (27) *ea* separatim *et* de ydeis ipsis simpliciter et *quodcumque* legis (28) gratia; divulgantur enim multa ab exterioribus (29) rationibus, amplius autem ad illam oportet perscrutationem *omnium esse* (30) plurimam rationem, quando perscrutamur si substantie et (31) principia en-

(8) De sensibilium *quidem igitur* substantia dictum est que est, (9) in methodo quidem physicorum de materia, posterius (10) vero de ea que est secundum actum; quoniam vero perscrutatio est utrum (11) est aliqua preter sensibiles substantias immobilis et sempiterna aut non (12) est, et si est que est, primum que ab aliis dicta sunt (13) *speculandum* *, ut si *quid* non bene dixerunt, non *eisdem* (14) *rei simus*, et si *quid* commune dogma nobis * et illis, (15) hoc separatim ne adversum nos graves simus; amabile namque si (16) quis hec quidem melius dicit, illa vero non deterius. Due vero sunt opiniones de hiis; nam *mathematica* dicunt substantias (18) esse *quidam*, ut numeros et lineas et hiis cognata, (19) et *iterum* ydeas. Sed *quoniam* hii quidem duo *hec* genera (20) faciunt, ydeas et mathematicos numeros, alii (21) unam naturam utrorumque, et alii quidam mathematicas (22) solum substantias esse dicunt, perscrutandum est primum quidem de (23) mathematicis, nullam aliam addentes eis naturam, (24) ut utrum ydee sint aut non, et utrum principia (25) et substantie entium aut non, sed quasi *de mathematicis* solum (26) sive sint sive non sint, *et si* sunt, quomodo sunt. *Deinde* * post (27) *hec* separatim * de ydeis ipsis simpliciter et *quantum* legis (28) gratia; divulgantur enim multa ab exterioribus (29) rationibus, amplius autem ad illam oportet perscrutationem *obviare* (30) plurimam rationem, quando perscrutamur si substantie et (31) principia entium numeri

Translatio Anonyma

tium numeri et ydee sunt; nam *prius*[7] (32) ydeas *ea* restat tertia perscrutatio. – Necesse *est* vero, si sunt (33) mathematica, aut in sensibilibus esse *ea* quemadmodum (34) dicunt quidam, aut separata a sensibilibus (dicunt autem et (35) ita quidam); aut si neutraliter, aut non sunt aut alio modo sunt; (36) quare dubitatio nobis erit non de esse sed de (37) modo. – (38) *Quia equidem* in sensibilibus impossibile esse (39) et simul *cum plasmate* ratio, dictum est quidem et in (b1) dubitationibus quia duo solida simul esse impossibile, amplius (2) et quia eiusdem rationis alias potentias et naturas (3) in sensibilibus esse et nullam separatam. *Ea* (4) * *ergo* dicta sunt prius, sed ad hec palam quia (5) impossibile dividi quodcumque corpus; nam secundum superficiem *dividitur*, (6) et *hoc* secundum lineam *ea* secundum punctum, (7) quare si punctum dividere impossibile, et lineam, (8) quodsi *eam*, et alia. Quid ergo differt aut *eas* esse (9) tales naturas, aut *eas* quidem non,

Translatio Guillelmi

et ydee sunt; nam *post* (32) ydeas *hec* restat tertia perscrutatio. – Necesse * vero, si sunt (33) mathematica, aut in sensibilibus esse *ipsa* quemadmodum (34) dicunt quidam, aut separata a sensibilibus (dicunt autem et (35) ita quidam); aut si neutraliter, aut non sunt aut alio modo sunt; (36) quare dubitatio nobis erit non de esse sed de (37) modo. – (38) *Quod quidem igitur* in sensibilibus impossibile esse (39) et simul * *fictitia* ratio, dictum est quidem et in (b1) dubitationibus quia duo solida simul esse impossibile, amplius (2) et quia eiusdem rationis alias potentias et naturas (3) in sensibilibus esse et nullam separatam. *Hec* (4) *quidem igitur* dicta sunt prius; sed ad hec palam quia (5) impossibile dividi quodcumque corpus; nam secundum superficiem *dividetur*, (6) et *hec* secundum lineam et *hec* secundum punctum, (7) quare si punctum dividere impossibile, et lineam, (8) quodsi *hanc*, et alia. Quid ergo differt aut *has* esse (9) tales naturas, aut *ipsas* quidem non,

1076 b 9 – 1077 a 14

sed esse in *eis* tales (10) naturas? Idem enim accidet; *nam* divisis (11) sensibilibus dividentur, aut *nec* sensibiles. *Verum* (12) *nec* separatas *quidem* esse naturas tales possibile. *Nam* si (13) *sint* solida preter sensibilia separata ab hiis *diversa* et (14) sensibilibus priora, palam *quia* * preter superficies (15) *alias necesse est* esse superficies separatas et (16) puncta et lineas (eiusdem enim *est* rationis); *quodsi eadem, iterum* (17) preter solidi mathematici *plana* et lineas (18) *et puncta alia separata* (nam priora com-

esse *autem* in *ipsis* tales (10) naturas? Idem enim accidet; divisis *enim* (11) sensibilibus dividentur, aut *neque* sensibiles. At vero (12) *neque* separatas * esse naturas tales possibile. Si *enim* (13) *erunt* solida preter sensibilia separata ab hiis *altera* et (14) priora sensibilibus, palam *quod et* preter superficies (15) *alteras necessarium* * esse superficies separatas et puncta (16) et lineas (eiusdem enim * rationis); *si autem hec, palam* (17) preter solidi mathematici *superficies* et lineas (18) * *alie separate* (priora *enim*

---

[7] In der Edition habe ich *post* konjiziert (op. cit. [Anm. 3], 226.5); *prius* (oder eine daraus entstandene weitere fehlerhafte Variante) steht in allen überlieferten Handschriften und geht auf einen Fehler des Archetyps unserer Überlieferung zurück. Da Moerbekes Exemplar ebenfalls aus diesem Archetyp stammt, und er daher sicherlich *prius* gelesen hat, habe ich hier die Konjektur nicht aufgenommen.

Translatio Anonyma

positis (19) sunt *non composita*; et si *
sensibilibus priora *sunt* (20) corpora non
sensibilia, eadem ratione *superficiebus* et
(21) *eis* que *sunt* in immobilibus solidis eadem secundum se, quare (22) *alia* *
sunt plana et linee ab *eis* que * *sunt* cum
solidis (23) separatis; *alia* * *namque* simul *sunt* cum mathematicis (24) solidis
alia * priora mathematicis solidis). Iterum (25) *et harum superficierum* erunt
linee, quibus prius (26) *alias* lineas et
puncta esse oportebit * *eadem* (27) *ratione*; et *hiis* in prioribus lineis (28)
* priora puncta, quibus non *amplius*
priora *alia*. *Absurda namque* (29) fit
congeries (*accidunt etenim* solida quidem unica (30) *circa* sensibilia, [. ⁙ . (31)
. ⁙ .], et que in mathematicis solidis (32)
et *que circa ea que sunt* in hiis, *sed* linee
vero quaternarie (33) *et* puncta *quina-
ria*; quare circa *que* erunt scientie mathematice (34) horum? Non enim * circa
ea que *sunt* in solido immobili (35) plana
et lineas et puncta; semper enim circa
priora *est* (36) scientia); *est et eadem* *
ratio de numeris; (37) *nam preter singula puncta diverse erunt unitates, et*
(38) *preter singula entia, sensibilia aut
intelligibilia, quare erunt* (39) *genera
mathematicorum numerorum*. Amplius
que * in (a 1) *questionibus decurrimus*
quomodo contingit solvere? (2) *Nam*
circa que est astrologia, *est autem* similiter *et circa* sensibilia et (3) circa que
geometria; esse *vero* celum et partes *eius*
(4) quomodo possibile *est*, aut aliud
quodcumque habens motum? Similiter *
et (5) *optica* et armonica; *est* enim vox
et visus (6) *circa* sensibilia et singularia,
quare palam *quia* * (7) alii sensus et alia
sensibilia; quid enim magis (8) hec *aut
hec*? *Quodsi eadem*, et animalia erunt,
si * et (9) sensus. Amplius scribuntur
quedam universaliter a mathematics (10)
preter *eas* substantias. Erit igitur et *ea*
quedam alia (11) substantia *media* separata ab ydeis et * *mediis*, que (12) *nec*

Translatio Guillelmi

compositis (19) sunt *incomposita*; et si
quidem sensibilibus priora * (20) corpora non sensibilia, eadem ratione et
planorum (21) * que * in immobilibus
solidis eadem secundum se, quare (22)
altera hec * plana et linee ab *hiis* que
simul * cum solidis (23) separatis; *hec
quidem enim* simul * cum mathematicis
(24) solidis, *hec autem* priora mathematicis solidis). Iterum (25) *igitur horum
planorum* erunt linee, quibus prius (26)
oportebit *alteras* lineas et puncta esse
propter eandem (27) *rationem*; et *harum*
in prioribus lineis *altera* priora (28)
puncta, quibus non *adhuc* priora *altera*.
Inconveniens itaque (29) fit *coacervatio*
(*accidit enim* solida quidem unica (30)
preter sensibilia, *plana autem triplicia
preter sensibilia* (31) — *et que preter sensibilia* et que in mathematicis solidis (32)
et * *preter* ea que * in hiis — * linee
autem quadruplices, puncta (33) *autem
quintupla*; quare circa *qualia* horum
scientie erunt mathematice? (34) Non
enim *utique* circa ea que * in solido immobili (35) plana et lineas et puncta;
semper enim circa priora * (36) scientia); * eadem *autem* ratio et de numeris.
[(37) . ⁙ . (38) . ⁙ . (39) . ⁙ .] Amplius
que *quidem et* in (a 1) *dubitationibus per-
tractavimus* quomodo contingit solvere?
Circa que (2) *enim* astrologia est, similiter * *sunt* * *preter* sensibilia, et (3) circa
que geometria; esse *autem* celum et partes *ipsius* (4) quomodo possibile *, aut
aliud quodcumque habens motum? Similiter *autem* et (5) *perspectiva* et armonica; *erit* enim vox et visus (6) *preter*
sensibilia et singularia, quare palam *quod
et* (7) alii sensus et alia sensibilia; quid
enim magis (8) hec *quam illa*? *Si autem
hec*, et animalia erunt, si *quidem* et (9)
sensus. Amplius scribuntur quedam universaliter a mathematicis (10) preter *has*
substantias. Erit igitur et *ipsa* quedam
(11) substantia alia *intermedia*, separata ab ydeis et *hiis que intermedia*, que

Translatio Anonyma	Translatio Guillelmi
numerus est *nec* puncta *nec mensure nec* tempus. *Sed* si (13) hoc impossibile, palam *quia* et *ea* impossibile *est* esse separata (14) a sensibilibus.	(12) *neque* numerus est *neque* puncta *neque magnitudo neque* tempus. Si *autem* (13) hoc impossibile, palam *quod* et *illa* impossibile * esse separata (14) a sensibilibus.

Wenn man die Differenzen der Translatio Guillelmi gegenüber der Translatio Anonyma im ersten und zweiten Vergleichsabschnitt betrachtet, fällt sofort auf, daß die Anzahl der Differenzen im zweiten Abschnitt erheblich größer ist als im ersten. Es ist zwar ein etwas grobes Mittel des Textvergleichs, die Unterschiede zu zählen, aber es kann doch einen ersten Anhaltspunkt geben, und führt, wenn man andere umfangsgleiche Textabschnitte hinzunimmt, zu einem überraschend konstanten Ergebnis. Als Einheit für die Zählung der Differenzen soll im allgemeinen jede Worteinheit gelten, d. h. als „1" Differenz jedes in Hinblick auf den Vergleichstext in irgendeiner Weise verschiedene, zugefügte oder weggelassene Wort. Längere Zufügungen oder Auslassungen (von mehr als zwei Worten), die ein zusammenhängendes Textstück betreffen, sollen jedoch, um die Zählung nicht zu verfälschen, nur als „1" Unterschied gelten. Nach dieser Zählungsregel enthält die Translatio Guillelmi im ersten Vergleichsabschnitt 41 Differenzen gegenüber der Translatio Anonyma, im darauffolgenden gleichlangen zweiten Vergleichsabschnitt mehr als zweieinhalbmal so viel, nämlich 114. Daß es sich bei dieser sehr unterschiedlichen Anzahl der Differenzen in den beiden Abschnitten nicht um einen Zufall handelt, sondern beide repräsentativ sind, zeigen Zählungen der Differenzen in anderen umfangsgleichen Textabschnitten aus den vorausgehenden Büchern einerseits, aus den beiden letzten Büchern andererseits:

Differenzen zwischen Translatio Guillelmi und Translatio Anonyma

Überarbeitung A–I, Λ–M 2, 1076 b 9		Neuübersetzung ([K], M 2 1076 b 9–N)	
987 a 1–987 b 6 (A 1):	47	1076 b 9–1077 a 13 (M 2):	114
997 b 1–998 a 5 (B 2):	40	1080 b 1–1081 a 3 (M 6–7):	110
1038 a 1–1038 b 6 (Z 12–13):	43	1086 a 1–1086 b 3 (M 9):	115
1076 a 8–1076 b 9 (M 1–2):	41	1092 a 1–1092 b 5 (N 4):	119

Die Zahlen zeigen, daß das Verhältnis der Differenzen konstant bleibt, wenn wir andere Textabschnitte einerseits vor, andererseits nach dem Anfang von Buch M herausgreifen und einander gegenüberstellen. Die Schwie-

rigkeit der letzten beiden Aristotelischen Bücher und häufigere Mißverständnisse, Auslassungen, Fehler in der Translatio Anonyma in diesem Teil
könnten die Vermutung nahelegen, daß der Redaktor hier gezwungen war,
mehr und mehr in seine Vorlage einzugreifen, so daß die Überarbeitung sich
schließlich einer Neuübersetzung nähern würde. Ein so plötzlicher Sprung
in einem vorher und nachher konstanten Verhältnis von Differenzen läßt sich
aber auf diese Weise nicht erklären.

Vergleicht man die beiden Abschnitte nun mit dem griechischen Text —
es genügt hier ein allgemeiner Vergleich mit der griechischen Textüberlieferung, wie sie durch die neueren Editionen zugänglich ist, die Frage nach
der spezifischen Stellung der beiden Übersetzungen innerhalb der griechischen Tradition kann hier zunächst ausgeklammert werden — so wird ein
grundlegender Unterschied sofort deutlich. Im ersten Abschnitt stellt Moerbekes Übersetzung (g) eine offensichtliche, sparsame, aber systematische
Korrektur der Translatio Anonyma (a) dar, deren Prinzipien auch an diesem kurzen Textstück zu erkennen sind. Sämtliche Änderungen sind unter
die beiden folgenden Gesichtspunkte zu ordnen: 1. Korrekturen hinsichtlich der von der Translatio Anonyma wiedergegebenen griechischen Lesart,
d. h. Änderungen auf Grund einer anderen griechischen Lesart (es handelt
sich hier in allen Fällen um Fehler im griechischen Exemplar der Translatio
Anonyma oder um Lesefehler des anonymen Übersetzers), z. B.

1076 a 19 *omnes* (πάντας?) a: *iterum* (πάλιν τὰς vulg.) g;
1076 a 26 *quoniam que* (ἐπεὶ τὰ?) a: *deinde* (ἔπειτα vulg.) g;
1076 a 29 *omnium esse* (ἀπάντων?) a: *obviare* (ἀπαντᾶν vulg.) g;

2. Korrekturen von Ungenauigkeiten oder Inadäquatheiten in der lateinischen Wiedergabe; allzu freie Übersetzungen werden geändert, z. B. 1076 a
13—14 *eis non assentiamus* a: *non eisdem rei simus* (μὴ τοῖς αὐτοῖς ἔνοχοι
ὦμεν vulg.) g, inadäquate Ausdrücke werden verbessert, z. B. 1076 a 39
plasmate ratio a: *fictitia ratio* g, Zufügungen der Kopula relativ zum Griechischen werden gestrichen, ausgelassene Partikel eingesetzt, Mehrdeutigkeiten des Vokabulars, insbesondere in der Wiedergabe der Pronomina,
beseitigt. Es läßt sich nicht immer entscheiden, ob eine Korrektur unter den
1. oder den 2. Gesichtspunkt fällt, wichtig ist, daß alle Änderungen im
ersten Abschnitt durch eines der beiden Prinzipien zu verstehen sind. Vom
Beginn des zweiten Abschnittes an werden diese Prinzipien jedoch durch-
brochen, und wir finden eine ganze Reihe von Differenzen, die sich diesem
Schema nicht mehr einfügen.

Wenn man nun das Vokabular im einzelnen untersucht und die Übereinstimmungen und Differenzen zwischen den beiden Texten im ersten und
zweiten Abschnitt vergleicht, so wird der bereits festgestellte plötzliche und
radikale Wechsel vollends bestätigt. Schon Pelster hatte in seinem oben
zitierten Aufsatz festgestellt, daß gewisse Termini, Partikel, Konjunktionen,

Pronomina von Moerbeke regelmäßig geändert werden, andere nur gelegentlich, aber dann in ganz bestimmter Weise. So wird zum Beispiel das Demonstrativpronomen οὗτος, das in der Translatio Anonyma häufig durch *is*, manchmal durch *idem, iste, talis*, übersetzt ist, regelmäßig und durchgehend in *hic* korrigiert. Hier ist sicher das Bestreben nach Genauigkeit in der Wiedergabe des Griechischen und Eindeutigkeit der lexikalischen Abbildung ausschlaggebend. Andererseits werden die Partikel δέ und γάϱ z.B. nur gelegentlich von Moerbeke aus dem ihm „fremden" Vokabular der Translatio Anonyma (*vero, sed, et* für δέ, *nam, namque* für γάϱ) in „seine" Termini, die er in den Neuübersetzungen fast ausschließlich gebraucht – nämlich *autem* für δέ, *enim* für γάϱ geändert[8]. Hier sind die verschiedenen Ausdrücke, zum mindesten was *autem/vero, enim/nam/namque* angeht, synonym und gleichermaßen genau in der Wiedergabe. Es gibt – außer einer gewissen stilistischen Vorliebe, die sich gelegentlich äußert – keinen eigentlichen Grund zur Änderung. Diese Termini sind natürlich ganz besonders geeignet, als Kriterium für eine Unterscheidung zwischen Überarbeitung und Neuübersetzung zu gelten. Im folgenden gebe ich daher eine Gegenüberstellung der in den beiden Textabschnitten vorkommenden Äquivalente für δέ und γάϱ:

Überarbeitung (1076a8–1076b9)		Neuübersetzung (1076b9–1077a13)	
Tr. Anonyma	Tr. Guillelmi	Tr. Anonyma	Tr. Guillelmi
δέ:		δέ:	
76a10 *vero*	*vero*	76b9 *sed*	*autem*
10 *vero*	*vero*	b16 *quod (si)*	*(si) autem*
16 *vero*	*vero*	24 om.	*autem*
16 *vero*	*vero*	30 [om.]	*autem*
19 *sed*	*sed*	32 *sed…vero*	*autem*
20 om.	om.	33 *et*	*autem*
21 *et*	*et*	36 om.	*autem*
29 *autem*	*autem*	77a3 *vero*	*autem*
32 *vero*	*vero*	4 om.	*autem*
34 *autem*	*autem*	8 *quod(si)*	*(si) autem*
b1 om.	om.	12 *sed*	*autem*
8 *quod(si)*	*quod(si)*		

---

[8] Die Aussagen über die Übersetzungsmethode und das üblicherweise benutzte Vokabular der Translatio Anonyma einerseits, Wilhelms von Moerbeke andererseits sollen hier nicht im einzelnen belegt werden, sie können vom Leser leicht nachgeprüft werden. Für die Translatio Anonyma verweise ich auf den griech.-lat. Index der oben [Anm. 3] zitierten Ausgabe und

Überarbeitung (1076 a 8 – 1076 b 9)		Neuübersetzung (1076 b 9 – 1077 a 13)	
Tr. Anonyma	Tr. Guillelmi	Tr. Anonyma	Tr. Guillelmi
γάϱ:		γάϱ:	
76a 15 *namque*	*namque*	76b 10 *enim*	*enim*
17 *nam*	*nam*	10 *nam*	*enim*
28 *enim*	*enim*	12 *nam*	*enim*
31 *nam*	*nam*	16 *enim*	*enim*
b 5 *nam*	*nam*	18 *nam*	*enim*
		23 *namque*	*enim*
		29 *etenim*	*enim*
		34 *enim*	*enim*
		35 *enim*	*enim*
		37 *nam*	[om.]
		77a 1 *nam*	*enim*
		5 *enim*	*enim*
		7 *enim*	*enim*

Im 1. Abschnitt hat Moerbeke die Termini der Translatio Anonyma ohne jede Änderung übernommen, im 2. Abschnitt finden wir für δέ keine Übereinstimmung mehr, für γάϱ nur noch an Stellen, an denen in der Tr. Anonyma das von Moerbeke ausschließlich verwandte *enim* gebraucht wird. Auch hier sind die beiden Vergleichsabschnitte repräsentativ. Wenn man den Text weiterverfolgt, so findet man bis zum Ende des 4. Kapitels von Buch M in der Tr. Guillelmi nur noch *autem* für δέ (42 ×) und *enim* für γάϱ (39 ×), während in der Tr. Anonyma *vero, sed, autem, et* etc. für δέ, *nam, namque, enim* für γάϱ weiterhin abwechseln. Jede beliebige Textprobe bis zum Ende von Buch N zeigt dasselbe Bild.

Zu den Worten, deren lateinische Äquivalente bei beiden Übersetzern verschieden, aber in Hinblick auf das Griechische bedeutungsgleich sind, die also für die Frage nach Revision oder Neuübersetzung aufschlußreich sind, und die außerdem häufig genug vorkommen, um eine sichere Beurteilung zu erlauben, gehören, neben δέ und γάϱ, auch οὐδέ, ἄτοπος und ἔτι. In seinen selbständigen Übersetzungen verwendet Moerbeke fast ausschließlich *neque* für οὐδέ, fast niemals *nec*. In der Transl. Anonyma wird dagegen fast immer *nec* (220 ×), selten *neque* (10 ×) gebraucht. Die beiden Vergleichsabschnitte bieten hier nicht genügend Material, da das Wort οὐδέ im 1. Abschnitt nicht vorkommt. Wenn man aber zurückgeht und das ganze Buch Λ untersucht, so findet man für οὐδέ (37 ×) in der

---

auf eine entsprechende Untersuchung in G. Vuillemin-Diem, Die Metaphysica Media, Übersetzungsmethode und Textverständnis, in: AHDLM 42 (1976) 7–69; für Wilhelm von Moerbeke auf die oben [Anm. 4] angegebene Literatur.

Tr. Anonyma *nec* (31×), *neque* (3×), om. (2×), *non* (1×). In Moerbekes Revision wird *nec* fast immer ungeändert übernommen (25×) und nur selten, im allgemeinen nur im Zusammenhang mit einer Korrektur der umliegenden Worte, in *neque* geändert (6×). Nach 1076b9 finden wir jedoch, was schon im 2. Vergleichsabschnitt sichtbar wird und sich dann bis zum Ende von Buch N bestätigt, nur noch *neque* in der Tr. Guillelmi, das Wort *nec* aus der Tr. Anonyma taucht hier nicht mehr auf.

Das Verhältnis der lateinischen Übersetzungen für ἄτοπος in den beiden Texten vor und nach 1076b9 ist ebenfalls typisch. Moerbekes Terminus ist *inconveniens*. Die Tr. Anonyma verwendet daneben auch *absurdus*. Moerbeke duldet das: in sechs von sieben Fällen vor 1076b9 läßt er *absurdus* ungeändert. Nach 1076b9 taucht *absurdus* ebenfalls noch siebenmal in der Tr. Anonyma auf: Moerbekes Text hat hier stets *inconveniens*.

Bei der Wiedergabe von ἔτι geht die Rechnung nicht ganz so glatt auf wie in den bisherigen Fällen. Moerbekes Terminus ist *adhuc*, nur ausnahmsweise *amplius*, während der Übersetzer der Tr. Anonyma wie viele andere mittelalterliche Übersetzer fast ausschließlich *amplius* gebraucht. Moerbeke ändert gelegentlich *amplius* in *adhuc*. In den beiden obigen Vergleichsabschnitten kommt auch dieser Terminus nicht oft genug vor. Wenn wir Buch Λ einerseits, das ganze restliche Buch M andererseits hinzunehmen, so ergibt sich, daß Moerbeke vor der Stelle 1076b9 von 20 *amplius* der Vorlage 16 übernommen hat. Nach dieser Stelle finden wir zunächst, außer einem *adhuc* (1076b28), noch viermal dicht hintereinander *amplius* (1077a1−24), danach aber nur noch *adhuc* (insgesamt 29mal); das in der Tr. Anonyma an all diesen Stellen gebrauchte *amplius* taucht in der Übersetzung Moerbekes nicht mehr auf. Auch in Buch N ist ἔτι nur noch durch *adhuc* wiedergegeben.

Das viermalige Vorkommen von *amplius* kurz nach der Stelle, an der wir den Übergang angesetzt haben, könnte, für sich allein genommen, vermuten lassen, daß dieser Übergang von Revision zu Neuübersetzung erst etwas später (nach 1077a24) erfolgt ist. Im Zusammenhang mit dem Komplex der bisher untersuchten Übereinstimmungen und Differenzen, deren einzige und auch nur um einige Zeilen verschobene Ausnahme das Wort *amplius* bildet, können wir nur annehmen, daß der vorher ständig gelesene Ausdruck der Tr. Anonyma Moerbeke noch so geläufig war, daß er ihn zunächst noch automatisch verwandte, und erst nach einigem Vorkommen des Wortes endgültig zu „seinem" Vokabular zurückkehrte. Man könnte hierin im übrigen ein kleines Anzeichen dafür sehen, daß Moerbeke ohne zeitliche Unterbrechung von der Revision zur Neuübersetzung übergegangen ist.

Zu erwähnen sind auch noch die Übersetzungen des Terminus ἐπίπεδον, der in beiden Vergleichsabschnitten vorkommt. Auch hier sind die beiden Abschnitte repräsentativ, wie eine Untersuchung des gesamten Textes zeigt. Beide Übersetzer gebrauchen, neben der üblichen Wiedergabe durch *superficies*, auch das Wort *planum*. Eine Bedeutungsunterscheidung ist weder in der Tr. Anonyma noch bei Moerbeke zu erkennen. Im gesamten Text vor 1076 b 9 hat Moerbeke den jeweiligen Terminus der Translatio Anonyma – *superficies* oder *planum* – stets übernommen. Nach dieser Stelle finden wir, neben einigen Übereinstimmungen sofort die Differenzen: dort, wo in der Tr. Anonyma *planum* gebraucht wird, steht in der Tr. Guillelmi *superficies* (1076 b 17 1077 a 27) und umgekehrt (1076 b 20, 25 1077 a 9, b 29 etc.).

Diese Beispiele mögen genügen. Eine so plötzliche Änderung der Revisionsmethode, gerade was diese relativ unwichtigen, bedeutungsgleichen oder bedeutungsgleich gebrauchten Worten angeht, ist ausgeschlossen. Wenn Moerbeke in den letzten beiden Büchern zwar größere Modifikationen für nötig gehalten hätte, aber die Tr. Anonyma weiterhin zu Grunde gelegt hätte, so müßte irgendwo ein *vero, nam, namque, nec, amplius* (nach 1077 a 24) auftauchen. Auch wenn wir die umgekehrte Probe machen, und die Übereinstimmungen zwischen beiden Texten nach der Stelle 1076 b 9 untersuchen, so zeigt sich, wie das bereits im 2. Vergleichsabschnitt deutlich wird, daß sie entweder zum Standardvokabular aller oder der meisten Übersetzer für die entsprechenden griechischen Termini gehören, wie *natura, sensibilia, divisa, separata, possibile, solida, preter, priora, puncta, linea* etc., oder zu dem von Moerbeke bevorzugten – aber auch in der Tr. Anonyma verwandten – Vokabular, wie *accido* für συμβαίνω, *talis* für τοιοῦτος, *palam* für δῆλον[9].

Die Frage, warum Moerbeke die Translatio Anonyma mitten in einem Satz verlassen hat, ist nicht mit Sicherheit zu beantworten. Man könnte vermuten, daß das ihm zur Verfügung stehende Exemplar dieser Übersetzung am Schluß eine Reihe von Blättern verloren hatte und eben an dieser Stelle abbrach, so daß er den lateinischen Text, soweit er ihm zur Verfügung stand – auf diesem Exemplar selbst – korrigierte, und alles, was im Vergleich zu seiner griechischen Vorlage fehlte, d. h. den gesamten Text nach 1076 b 9 ebenso wie auch Buch K, ergänzte. Es gibt einige Gründe für diese Vermutung:

1. Wenn ihn das fortschreitende Schlechterwerden der Vorlage gezwungen hätte, sie aufzugeben, so müßten sich in dem unmittelbar voraufgehenden Text von Buch Λ und dem Anfang von M mehr Änderungen in seiner Überarbeitung finden als in den ersten Büchern der Metaphysik. Das ist jedoch, wie wir gesehen haben, nicht der Fall.

2. Es gibt kein Anzeichen dafür, daß er die lateinische Übersetzung nach dieser Stelle überhaupt noch benutzt hat. Er hat sie sicher nicht zu Korrek-

---

[9] Zu den prinzipiellen Methoden, Abhängigkeit bzw. Unabhängigkeit zweier Übersetzungen desselben Textes festzustellen, vgl. L. Minio-Paluello, Henri Aristippe [Anm. 4] 232–233, und G. Vuillemin-Diem, Jakob von Venedig und der Übersetzer der Physica Vaticana und Metaphysica Media, in: AHDLM 41 (1975) 7–25.

turen seiner griechischen Vorlage herangezogen, denn es finden sich keine spezifischen Übereinstimmungen zwischen seinem Text und der Translatio Anonyma nach dieser Stelle hinsichtlich der jeweiligen griechischen Lesarten[10]. Die Tatsache, daß seine Übersetzung hier außerdem Auslassungen, Mißverständnisse, gewisse Verschlechterungen gegenüber der älteren Übersetzung enthält, während sie im vorangehenden Text eine evidente Verbesserung darstellt[11], scheint immerhin nahezulegen, daß er diese hier nicht mehr zur Verfügung hatte.

Während im Revisionsteil nur solche Worte in Moerbekes Übersetzung gegenüber der Anonyma fehlen, deren Nichtvorhandensein auf seine griechische Vorlage zurückgeht, so findet man in den letzten beiden Büchern Auslassungen gegenüber dem Griechischen an Stellen, an denen die ältere Übersetzung in Übereinstimmung mit der griechischen Überlieferung den vollständigen Text hat. Ein Beispiel befindet sich im 2. oben aufgeführten Textabschnitt, wo mehrere Zeilen (1076 b 37−39) in Moerbekes Übersetzung (Homoioteleuton im Griechischen) fehlen. Später fehlen noch hier und da einzelne Worte. Solche Auslassungen finden sich auch im neuübersetzten Buch K. Die handschriftliche Überlieferung und ihre stemmatische Einordnung weisen darauf hin, daß wir es hier nicht mit den Fehlern eines lateinischen Archetyps, sondern mit aus dem Autograph stammenden Auslassungen gegenüber der griechischen Überlieferung zu tun haben, die Moerbeke, wenn er zusätzlich zu seinem griechischen Text noch die lateinische Übersetzung verglichen hätte, wohl nicht gemacht hätte. Es gibt auch sonst einige Mißverständnisse an Stellen, an denen die ältere Übersetzung den Text richtig interpretiert hat. Es würde zu weit führen, dies hier im einzelnen zu belegen. Ein Beispiel für einen in der Tr. Anonyma richtig, von Moerbeke dagegen falsch verstandenen komparativischen Genitiv findet sich ebenfalls bereits im oben angeführten Abschnitt: 1076 b 27 τούτων: *hiis* [sc. *punctis*] a: *harum* [sc. *linearum*] g.

3. In der handschriftlichen Überlieferung gibt es keinen Hinweis darauf, daß sich das bis 1076 b 9 von Moerbeke korrigierte Exemplar der Tr. Anonyma nach dieser Stelle durch den unkorrigierten Text dieser Übersetzung fortsetzte. Keine der überlieferten Handschriften, von denen einige zwischen beiden Übersetzungen kontaminiert oder stückweise aus beiden Übersetzungen gemischt sind, schwenkt gerade an dieser Stelle von der Revision Moerbekes zum unrevidierten Text der Tr. Anonyma über.

4. Es gibt, wie wir oben gesehen haben, ein Indiz dafür, daß sich die Neuübersetzung zeitlich unmittelbar an seine Revision der Translatio Anonyma anschloß. Allerdings scheint mir dieses einzige Merkmal nicht

---

[10] Siehe unten, S. 145.
[11] Vgl. hierzu die oben [Anm. 8] angeführte Untersuchung, in der den in der Translatio Anonyma mißverstandenen Textstellen die − fast immer guten − Korrekturen Moerbekes gegenübergestellt sind.

ausreichend, um einen direkten zeitlichen Anschluß der Neuübersetzung der letzten beiden Bücher tatsächlich sicherzustellen.

Die angeführten Beobachtungen legen es nahe, den plötzlichen Wechsel durch die Unvollständigkeit seines lateinischen Exemplars zu erklären. Aber es lassen sich auch andere Erklärungen denken (vgl. unten, S. 155). Sicher ist nur, daß es irgendein äußerer, materieller Umstand war, der Moerbeke zur Aufgabe der lateinischen Vorlage — sozusagen mitten in einem Satz — veranlaßte.

II. Die griechische Quelle: Vind. phil. gr. 100 (J)?

In einigen seiner Übersetzungen hat Moerbeke sich ausdrücklich über die Beschaffenheit seines griechischen Modells geäußert. Er beklagt sich an dieser oder jener Stelle über dessen korrupten Zustand, über Wasserflekken, materielle Lücken im Text, abgerissene Stücke, das Fehlen einer Seite[12]. Wenn man versucht, die griechische Vorlage einer seiner Übersetzungen zu bestimmen und ihren Platz unter den überlieferten griechischen Handschriften zu suchen, so sind solche Bemerkungen höchst willkommen, weil sie das einzig sichere, direkte Entscheidungskriterium in positiver oder negativer Hinsicht darstellen.

In den Handschriften seiner Revision und Neuübersetzung der Metaphysik läßt sich ein derartiger Hinweis nicht finden. Wir müssen also den indirekten Weg gehen und versuchen, im lateinischen Text der Übersetzung selbst und seinem Vergleich mit den überlieferten griechischen Handschriften Aufschlüsse über die griechische Vorlage des Übersetzers zu finden.

1. Voraussetzungen

Die Voraussetzungen dafür sind einigermaßen günstig, denn kaum ein anderer mittelalterlicher Übersetzer hat versucht und erreicht, mit seinem lateinischen Text ein so genaues Spiegelbild des griechischen Modells zu schaffen, wie wir es bei Wilhelm von Moerbeke finden. L. Minio-Paluello hat das, im Zusammenhang mit einer Untersuchung von Moerbekes Revision der Boethianischen Übersetzung der Soph. El., in einer beiläufigen Bemerkung glänzend ausgedrückt: „Boezio voleva rendere Aristotele in latino, Guglielmo voleva far legger il greco in lettere latine"[13]. Die Arbeits-

---

[12] Vgl. z. B. Alexandre d'Aphr., Comm. Météor. [Anm. 4], CXXI—CXXII; Simplicius, Comm. Catég. [Anm. 4], XII—XV, 605; Jean Philopon, Comm. An. [Anm. 4], 119; Archimedes [Anm. 4], 50—51.

[13] L. Minio-Paluello, Note sull'Arist. Lat. Med. VI: Boezio, G. Veneto, G. d. Moerbeke, J. Lefèvre d'Etaples e gli Elenchi Sofistici, in: RFNS 44 (1952) 408.

weise Moerbekes, die inzwischen durch Texteditionen und Einzelstudien schon gut erforscht ist, erlaubt es, in den meisten Fällen aus dem lateinischen Wortlaut die Lesart seiner griechischen Vorlage zu erschließen[14].

Allerdings darf man dabei nicht vergessen, daß auch er nicht wie eine Maschine arbeitete, sondern daß es z. B. selbst bei den ziemlich genormten Partikelübersetzungen durchaus vorkommt, daß ein und dasselbe lateinische Wort für verschiedene griechische Termini gebraucht wird. Man darf und muß sogar annehmen, daß auch er, wie jeder, der einen Text in irgendeiner Form reproduziert, Fehler machen, sich verlesen oder verschreiben, ein Wort oder eine Zeile überspringen konnte. Schließlich ist es sicher, daß Moerbeke den griechischen Text nicht immer als absolute Gegebenheit hinnahm, sondern an offensichtlich korrupten Stellen versucht hat, ihn in Ordnung zu bringen, in einem anderen − griechischen oder lateinischen − Text eine Hilfe zu finden, durch eigene Konjektur eine andere griechische Lesart zu erschließen, und jedenfalls dem Text ein Verständnis abzugewinnen. Gerade auf dieses, in gewisser Weise editorische Moment seiner Tätigkeit, das seine Methode der genauen Wiedergabe nicht einschränkt, sondern ergänzt, ist bisher vielleicht noch zu wenig geachtet worden. Es ist aber in jüngster Zeit durch die Edition von Moerbekes Autograph der Archimedes-Übersetzungen und die darauf bezüglichen Untersuchungen M. Clagetts in erstaunlicher Weise sichtbar geworden. Die im Autograph bezeugten Korrekturen und Konjekturen Moerbekes hinsichtlich seiner griechischen Vorlage sind um so ernster zu nehmen, als dies der einzige Fall ist, in dem nicht nur das lateinische Autograph existiert, sondern in dem auch seine griechische Vorlage zwar nicht erhalten, aber historisch identifizierbar und durch erhaltene Abschriften ziemlich sicher rekonstruierbar ist[15]. − Diese Umstände muß man berücksichtigen, wenn man nicht die Gefahr laufen will, ein völlig fiktives Exemplar zu rekonstituieren, und jede Sonderlesart des lateinischen Textes auf einen Fehler oder eine Kontamination in der griechischen Vorlage zurückzuführen.

---

[14] Vgl. außer der oben [Anm. 4] angegebenen Literatur die ausgezeichnete Studie von G. Rudberg, Textstudien zur Tiergeschichte des Aristoteles, Upsala 1908, darin: Das erste Buch der aristot. Tiergesch. nach d. Übers. W. v. Moerbekes, insb. Kap. II, 27−50, die unter anderem auch eine genaue Untersuchung derjenigen Fälle enthält, in denen sich aus Moerbekes Übersetzung nichts über die griechische Quelle ausmachen läßt (47−49). Siehe dazu auch: Archimedis Opera omnia cum commentariis Eutocii, iter. ed. I. L. Heiberg, Leipzig 1910−15, Bd. III, Prolegomena, XLVI−XLVII.

[15] Clagett, op. cit. [Anm. 4]; vgl. 36−60 und den detaillierten Kommentar zu Moerbekes Behandlung des griechischen Textes, 431−587. Das Autograph (Ott. lat. 1850) war von V. Rose, Archimedes im Jahr 1269, in: Deutsche Literaturzeitung 5 (1884) 210−213 entdeckt und von J. L. Heiberg, Neue Studien zu Archimedes, in: Abh. z. Gesch. d. Math. 5 (1890) 1−84, und in seiner oben [Anm. 14] zitierten Ausgabe benutzt worden. Zur Geschichte, Identifikation und Rekonstitution der einen der beiden von Moerbeke benutzten griechischen Vorlagen (Handschrift „A") vgl. Heiberg, op. cit. [Anm. 14], Bd. III, IX−LVIII, und Clagett, op. cit. Siehe auch unten, S. 151−153.

2. Vergleichsgrundlagen

Die Vergleichsgrundlage bildet, auf der lateinischen Seite, Moerbekes Übersetzung nach dem für die Edition vorbereiteten Text[16]. In den neu-übersetzten Büchern (K, M, N) wird der gesamte Text berücksichtigt, in den Revisionsbüchern (A–I, Λ) können dagegen nur die Änderungen Moerbekes gegenüber der Translatio Anonyma in Betracht gezogen werden. An den ungeänderten Stellen läßt sich im allgemeinen weder positiv noch negativ etwas über sein griechisches Modell aussagen. Das Vorhan-densein einer ungeänderten Lesart der Translatio Anonyma in der Revision Moerbekes kann nämlich auf mehreren Gründen beruhen: 1. die Lesart entsprach seiner griechischen Vorlage, er hat dies festgestellt und sie akzep-tiert (sei es, daß die Übersetzungsmethode in der lateinischen Vorlage seiner eigenen entsprach, sei es, daß sie nicht seiner sonst befolgten Methode entsprach, er sie jedoch guthieß), 2. die Lesart entsprach nicht seiner griechischen Vorlage, aber er hielt sie, gegen seine griechische Vor-lage, für richtig (d. h. er benutzte seine lateinische Vorlage an dieser Stelle zur Korrektur seines griechischen Exemplars), 3. er hat die Lesart unge-ändert belassen, ohne sie in seinem griechischen Exemplar zu verifizieren. – Und auch hinsichtlich der Änderungen muß eine gewisse Vorsicht gelten: es ist durchaus möglich, daß Moerbeke in einigen Fällen, bei offensichtlich korrupten Lesarten seiner griechischen Vorlage, dem lateinischen Text und dessen griechischer Tradition glaubte, aber trotzdem eine stilistische oder grammatikalische Änderung am lateinischen Ausdruck vornahm[17]. Im Revisionsteil sind also nur die Änderungen zu berücksichtigen, und zwar nur diejenigen, die einen deutlichen Rückgriff auf den griechischen Text verraten. Andererseits haben diese, als ausdrückliche Entscheidungen des Revisors gegen seine lateinische Vorlage – und häufig auch deren griechi-sche Tradition – besonderes Gewicht.

Auf der griechischen Seite des Vergleichs muß man zu einer ersten Orien-tierung die Ausgaben von Bekker, Ross und Jaeger heranziehen. Alle anderen Ausgaben kann man insofern vernachlässigen, als sie gegenüber den hier genannten weder zusätzlich neue Handschriften noch neue Kolla-tionen bereits benutzter Handschriften enthalten. In diesen Ausgaben, die sich gegenseitig ergänzen, hat man – im Prinzip – eine vollständige Aus-wertung der drei Haupthandschriften, Paris. gr. 1853, 10. Jh. (E), Vind. phil. gr. 100, 9. Jh. (J), Flor. Laur. 87.12, 12./14. Jh. (A^b), die auf die beiden getrennten, aus zwei verschiedenen antiken Ausgaben stammenden Überlieferungszweige α(EJ) und β(A^b) zurückgehen[18]; außerdem findet

---

[16] Siehe oben, Anm. 6.

[17] Vgl. unten, Anm. 38.

[18] Ein dritter Überlieferungszweig ist durch den Alexander-Kommentar bezeugt, vgl. Ross, CLXI sqq.

man in ihnen Zeugnisse einer Reihe von jüngeren Handschriften, deren Lesarten durchgehend, Vat. gr. 256 (T), oder in einzelnen Büchern, hauptsächlich durch den Apparat von Bekker, angegeben sind, und die ebenfalls in irgendeiner Weise der Tradition der beiden Überlieferungszweige zugehören.

Vergleicht man den Text Moerbekes (g) mit den hier ausgewerteten Handschriften, so fällt sofort auf, daß 1. eine außerordentlich enge Beziehung von g zu den Lesarten von J besteht, und daß es 2. keine andere Handschrift gibt, die daneben offensichtlich besondere Gemeinsamkeiten mit g aufweist. So stimmen z. B. in Buch B – als Beispiel für den Revisionsteil – alle Änderungen in g mit Lesarten von J überein; unter diesen sind neben Fehlern, die J mit anderen Handschriften teilt, sechs Sonderfehler, die sich nur in J und in keiner der übrigen verwendeten Handschriften finden. In den ersten vier Kapiteln von Buch K – als Beispiel für den Neuübersetzungsteil – entsprechen, außer vier Auslassungen eines einzelnen griechischen Wortes und dem Zusatz eines lateinischen *aut* in g, alle Lesarten von g den Lesarten von J, insbesondere sind alle Fehler von J, unter denen sich vier Sonderfehler gegenüber der übrigen zitierten Tradition befinden, in g wiedergegeben. Es fällt 3. auf, daß g an Korrekturstellen von J im allgemeinen die korrigierte Lesart von J wiedergibt, daß aber Übereinstimmungen mit Sonderfehlern von J sowohl ante wie post corr. vorkommen. Wir müssen also unsere nähere Untersuchung zunächst auf J (und auf eventuell mit J verwandte Handschriften) richten.

Der Kodex Vind. phil. gr. 100 ist die älteste erhaltene Handschrift der Metaphysik. Sie ist merkwürdigerweise von den Aristoteles-Editoren lange übersehen worden, und wurde erst, nachdem A. Gercke in einem kurzen Artikel 1892 auf ihre Bedeutung aufmerksam machte, berücksichtigt und in die Textausgaben aufgenommen[19]. Es ist eine Pergamenthandschrift aus der Mitte des 9. Jh.[20]. Sie enthält, der Metaphysik vorausgehend, die Schriften Phys., Cael., Gener. Corr., Meteo., und das sogenannte Metaphysische Fragment des Theophrast, dessen Ende verloren ging und später ergänzt wurde (f. 137). Der Text der Aristotelischen Metaphysik beginnt auf f. 139 mit α2, 994a6. Buch A fehlt ganz, der Anfang von Buch α ist

---

[19] A. Gercke, Aristoteleum, in: Wiener Studien 14 (1892) 146–148. Vgl. auch: F. H. Fobes, A Preliminary Study of Certain Mss. of Aristotle's Meteorology, in: Class. Review 27 (1913) 249–252; id., Textual Problems in Aristotle's Meteorology, in: Class. Philol. 10 (1915) 188–214, und die Einleitungen zu den neueren griechischen Textausgaben der in dem Kodex enthaltenen Schriften. Beschreibung des Kodex in: Katal. d. gr. Handschriften d. Österr. Nationalbibliothek, Teil 1: Codices hist., philos. et philol., v. H. Hunger, Wien 1961, 208–209.

[20] Zur neuesten Datierung siehe J. Irigoin, L'Aristote de Vienne, in: Jahrb. d. Oesterr. Byz. Ges. 6 (1957) 5–10; id., Pour une étude des Centres de copie byzantins, in: Script. 12 (1958) 208–227, 13 (1959) 177–209, cf. 205.

später (italogriechische Hand, um 1300[21]) nachgetragen worden (f. 138). Der Kodex enthielt ursprünglich noch weitere Aristotelische Schriften, sicherlich die Hist. An. und möglicherweise damit zusammen die übrigen Tierbücher: ein Fragment von zwei Blättern, das Hist. An. VI 7–16 umfaßt und sich heute im Paris. suppl. gr. 1156 (ff. 13,14) befindet, stammt ursprünglich aus der Wiener Handschrift[22]. Die Schrift ist reine, leicht nach links geneigte Minuskel. Die Zwischenräume zwischen den Buchstaben entsprechen noch sehr häufig nicht den Worttrennungen wie auch umgekehrt, und die Fehler, die auf Scriptio continua im Archetyp zurückgehen, sind zahlreich. Die Akzentuation – Spiritus und Akzente in eckiger Form – ist sehr unvollständig. Zu den ersten Kapiteln von Buch Δ gibt es eine Reihe von Randglossen[22a], die vom Schreiber selbst eingetragen und mit Zeichenverweisen auf die entsprechenden Textstellen bezogen wurden. In den übrigen Metaphysikbüchern finden sich keine Scholien. Es gibt jedoch gelegentlich Korrekturen zum Text, und zwar interlinear, marginal oder in Rasuren des Textes selbst. Es lassen sich zwei ältere Korrekturstadien unterscheiden. Der größere Teil der Korrekturen stammt zunächst vom Schreiber selbst[23]. Daneben läßt sich eine andere Hand erkennen, die unter

---

[21] Mitteilung von P. Moraux. Zum verlorenen Teil der Handschrift (Ende MetTheophr/ Anfang MetArist) und zum Ergänzungsbinio siehe unten S. 157–158, 168–172, 193–196.

[22] Bereits F. H. Fobes hatte bemerkt, daß dieses Blatt nach Schrift, Format und Blatteinteilung aus der Wiener Handschrift stammt, vgl. Textual Problems [Anm. 19], 189 n. 1. D. Harlfinger hat sich neuerdings vorsichtiger ausgedrückt: „die von ein und demselben Kopisten und sicher für ein und denselben Auftraggeber angefertigten Vind. Phil. 100 und Par. Suppl. 1156“, D. Harlfinger, Einige Grundzüge der Aristoteles-Überlieferung, in: D. Harlfinger, Die Textgeschichte der pseudo-arist. Schrift Περὶ ἀτόμνων γραμμῶν, Amsterdam 1971, 55 (jetzt in: Griech. Kodikologie und Textüberl., hg. v. D. Harlfinger, Darmstadt 1980, 456). Ich glaube, daß diese Vorsicht nicht nötig ist; es gibt nämlich eine Eintragung auf dem letzten Blatt verso des heute erhaltenen Teils der Wiener Handschrift, aus der man schließen kann, daß sich ursprünglich an die Metaphysik, mit der die Handschrift heute endet, die Hist. An. angeschlossen haben muß: Der Schreiber von J hat, wie auch bei den vorausgegangenen Schriften, die mit dem Ende der Metaphysik begonnene Seite freigelassen; auf deren unterem Teil befindet sich eine Notiz, die, nach Mitteilung von P. Moraux, auf das 11./12. Jh. zu datieren ist; sie stellt in einem diagrammförmigen Schema die ersten Sätze der Hist. An. einander gegenüber, was sich sicherlich auf den Text der ursprünglich folgenden Seite bezog, auf deren Rand für die auseinandergezogene graphische Darstellung nicht genug Platz war. Ursprünglich, und mindestens bis zum Zeitpunkt der Eintragung, hat also die Wiener Handschrift, anschließend an die physikalischen Traktate und die Metaphysik, auch die Hist. An. und möglicherweise die übrigen Tierbücher enthalten.

[22a] Es handelt sich im wesentlichen um Exzerpte aus dem Kommentar des Asklepios.

[23] Hierzu gehören, wie mir nach Einsicht in die Handschrift selbst scheint, auch die nachträglichen Korrekturen (in Rasur) gegen Schluß der Metaphysik, die sich, wie D. Harlfinger hervorgehoben hat, in auffälliger Weise mit dem Text in Ps.-Alexander decken (z. B. 1093 b 12/13, 13, cf. Jaeger, app. crit.), und die er dem Kopisten selbst oder einer zeitgenössichen Hand zuschreibt. Sie können, aus zeitlichen Gründen, wohl kaum aus dem Ps.-Alexander-Kommentar selbst stammen, gehen aber vermutlich auf dessen Quelle zurück. Vgl. D. Harlfinger, Zur Überlieferungsgesch. d. Metaph., in: Études sur la Métaph. d'Arist., Actes du VIᵉ Symp. Arist., publiés par P. Aubenque, Paris 1979, 7–36, cf. 30–31.

anderem häufig auch Akzent- und Zeichensetzung korrigierte und, wie
J. Irigoin gezeigt hat, noch dem 9. Jh. angehörte[24].

Was die Geschichte des Kodex angeht, so ist sicher, daß er byzantinischen Ursprungs ist; J. Irigoin hat ihn mit dem Kreis um den Philosophen
und Mathematiker Leon und dessem etwas jüngeren Zeitgenossen Photius,
die beide in Konstantinopel lehrten, in Beziehung gebracht; in indirekter,
äußerer Weise ist er mit einer wenig später entstandenen, noch dem 9. Jahrhundert angehörenden philosophischen Sammlung verknüpft, die eine
Reihe von verschiedenen, aber aus ein und demselben byzantinischen
Kopierzentrum stammenden Handschriften — es handelt sich vor allem um
Platonische und neuplatonische Werke, aber auch Handschriften mit
Aristoteleskommentaren und Texten des Alexander von Aphrodisias und
des Simplicius gehörten dazu — umfaßt: die gleiche, von J. Irigoin identifizierte Hand des 9. Jh., die Randnoten und Korrekturen in J eingetragen
hat, ist in den meisten Handschriften dieser philosophischen Sammlung
vertreten. Der Kodex J hat sich also mit den Handschriften dieser Kollektion zusammen in den Händen derselben Person — eines Kopisten oder
Gelehrten — befunden, und es gibt andererseits Gründe dafür anzunehmen,
daß diese Kollektion dem Photius gehörte. Aus dem weiteren Schicksal
von J ist noch zu vermerken, daß er auf dem letzten Blatt verso des heute
erhaltenen alten Teils (f. 201 v) Eintragungen einer Familienchronik zu den
Jahren 1447—1452 enthält, und auf einem jüngeren, später hinzugefügten
Blatt (f. 202) Bemerkungen zu den Jahren 1507—1513. Um die Mitte des
16. Jahrhunderts muß sich die Handschrift ebenfalls in Konstantinopel
befunden haben: sie wurde von Augier Ghislain de Busbeck, Botschafter
Ferdinands des I. am Hof Solimans II. von 1555—1562, in Konstantinopel
gekauft, 1562 nach Wien gebracht und 1576 von ihm mit seiner Sammlung
griechischer Handschriften dem Kaiser Maximilian geschenkt. Dies Geschenk wurde jedoch erst 1583, nach längeren Verhandlungen, von Ru-
dolph II. für die Kaiserliche Bibliothek angenommen, in der die Handschrift sich seitdem befindet[25].

---

[24] J. Irigoin, L'Aristote [Anm. 70], 7 sqq. Es gibt außerdem noch ganz vereinzelte Korrekturen (Alternativvarianten am Rand) von sehr viel späterer Hand (15. Jh.?), die ich jedoch
im folgenden außer acht lasse, da sie aus zeitlichen Gründen nicht in die Vorlage Moerbekes
eingegangen sein können (z. B. f. 160ʳ, vgl. 1029 b 22, Ross, app. crit.).

[25] Zur Geschichte des Kodex J vgl. die oben angeführte Beschreibung von H. Hunger
[Anm. 19]; siehe auch: Aristote, Du Ciel, Texte établi et trad. par P. Moraux, Paris 1965,
CLXXVIII; zu der Verbindung von J mit der philosophischen Sammlung aus dem 9. Jh.
siehe J. Irigoin, L'Aristote [Anm. 20], 7—8, 10; id., Survie et renouveau de la littérature
antique à Constantinople (IX siècle), in: Cahiers de civilis. médiev. 5 (1962) 287—302, bes.
298—301, dort auch die Literaturhinweise zu der von T. W. Allen identifizierten philosophischen Kollektion. — Zu neuen und noch unveröffentlichten Erkenntnissen über die Geschichte
des Kodex J von P. Moraux, siehe unten, S. 168—172.

Will man die Beziehung von Moerbekes Übersetzung zu J näher untersuchen und insbesondere individuelle Lesarten von J gegenüber der übrigen
griechischen Überlieferung bestimmen, so ergibt sich zunächst eine Schwierigkeit, die im Mangel an Vergleichsmaterial liegt. In den oben genannten
Ausgaben sind von den insgesamt 53 Handschriften aus dem 9.−16. Jh.
(von denen allerdings kaum mehr als fünf oder sechs sicher oder möglicherweise älter sind als g) nur 13 ganz oder teilweise ausgewertet, die Über-
lieferungszusammenhänge nur für die Haupthandschriften untersucht worden. Hier gibt jedoch die kürzlich erschienene Untersuchung von D. Harlfinger, die sich auf das gesamte überlieferte Handschriftenmaterial stützt,
eine ausgezeichnete Hilfe[26]; und zwar erstens wegen der darin veröffentlichten Kollationsproben, die nach Ausscheidung der codices descripti die
verbleibenden 18 ganz oder teilweise voneinander unabhängigen Handschriften in zwei kurzen Textabschnitten erfassen, zweitens wegen der
zusätzlichen Angaben über Sonderlesarten von J in einem weiteren Textabschnitt, drittens aber vor allem durch die Erkenntnisse über den stemmatischen Zusammenhang der Handschriften. Das Hauptergebnis der Untersuchung, das Überwechseln von A^b ab Λ7, 1073a1 (andere Hand, 14. Jh.)
zum Überlieferungsarm α und die Möglichkeit, den Überlieferungsarm β
von dieser Stelle an durch zwei andere Handschriften zu rekonstituieren,
soll hier nur erwähnt werden. Für unseren Zusammenhang sind die folgenden Feststellungen, die man dem Stemma und den Untersuchungen
Harlfingers entnehmen kann, wichtig:

1. Es gibt kein Apograph von J. Die einzige Handschrift, die − in gewissen Elementen − von J abstammt, ist der durchgehend von Bekker zitierte Vat. gr. 256,
a. 1311/12−1320/21 (T). Er ist jedoch eine ausgesprochene Mischhandschrift, kontaminiert zwischen E, J und E^b (Marc. gr. 211, 13./14. Jh.). T selbst kommt schon
aus zeitlichen Gründen als Vorlage für g nicht in Frage. Eine ältere Quelle, aus der
T eine Abschrift wäre, ist wegen der zahlreichen Elemente, die nicht aus J, sondern
aus E oder E^b stammen, als mögliche Vorlage für g ebenfalls auszuschließen. Wichtig ist jedoch die Folgerung, daß Lesarten von J, die sich auch in T, aber nicht in
den übrigen Überlieferungszweigen finden, als Sonderlesarten von J gewertet werden können.

2. J gehört zusammen mit E dem Überlieferungsarm α an. Dieser führt auf der
einen Seite auf E und die von E abhängige Tradition, auf der anderen Seite auf einen
Hyparchetyp γ, der wiederum in zwei Zweige gespalten ist: der eine Zweig ist durch
J repräsentiert, der andere führt auf einen verlorenen Bruderkodex δ von J, der in
einer Aufeinanderfolge von weiteren Spaltungen durch eine Reihe von jüngeren
Handschriften repräsentiert ist. Eine der höchsten Handschriften in dieser Ab-
stammungsreihe ist E^s (Escor. Y III 18, 13. Jh. 1. Hälfte), die von Harlfinger −
zusammen mit J − zur Rekonstruktion von γ vorgeschlagen wurde. Relativ hoch

---

[26] D. Harlfinger, Überlieferungsgesch. [Anm. 23].

steht dabei außerdem noch die Handschrift E^b, von der wir wissen, daß sie auch in dem voraufgehenden Metaphysikfragment des Theophrast eine enge Bindung an J innerhalb der von E und J repräsentierten Tradition aufweist, was auch durch die Reihenfolge der beiden Schriften in J und E^b bestätigt wird[27]. Nach Λ 7, wo A^b mit dem Wechsel des Kopisten zum Überlieferungsarm α überschwenkt, bildet A^b ein erstes Glied in der Spaltungsreihe, die auf den verlorenen Bruderkodex δ von J zurückgeht. Von den bei Bekker stückweise ausgewerteten Handschriften gehören außer E^b noch H^a, I^b und f, allerdings nach einer Reihe von kontaminierten Zwischengliedern, dieser von δ abstammenden Überlieferungsreihe an. Ein aus dem Stemma Harlfingers abgeleitetes und vereinfachtes Schema mag die in unserem Zusammenhang wichtigen Beziehungen verdeutlichen:

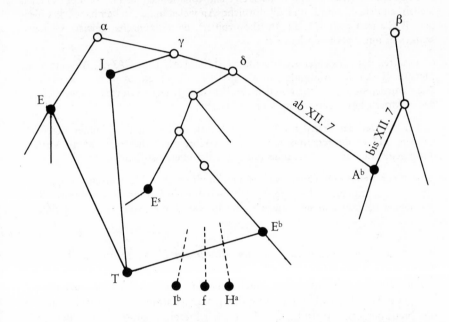

Für unsere Fragestellung folgt daher, daß Lesarten, in denen J gegen (die Übereinstimmung von) E, A^b, E^s und E^b (und die außerdem im Apparat von Bekker zitierten Handschriften, außer T) abweicht, d. h. Lesarten, die sich nur in J (und eventuell auch in T), aber nicht in E, A^b, E^s, E^b (und den außerdem bei Bekker zitierten Handschriften) finden, als Sonderlesungen (im allgemeinen individuelle Fehler) von J angesehen werden können.

Die in der folgenden Untersuchung dargelegten Beispiele und Ergebnisse stützen sich daher auf den Vergleich von Moerbekes Übersetzung bzw. Revision (g) mit:

---

[27] Vgl. unten S. 175, 182, 197.

1. den Lesarten von E, J, A^b nach den Editionen von Ross und Jaeger (die sich gegenseitig ergänzen);

2. der Handschrift J außerdem nach eigenen Kollationen, vorwiegend aus Photokopie, z. Teil nachgeprüft in Autopsie (die Angaben bei Ross und Jaeger sind nicht vollständig und sind in einigen Fällen inkorrekt); die beiden erwähnten älteren Korrekturstadien gebe ich unterschiedslos mit J^2 an, da beide Arten von Korrekturen durch g überliefert sind (J^1 = J ante corr., J^2 = J post corr.)^{28};

3. den darüber hinaus bei Bekker angeführten Handschriften;

4. den bei Harlfinger mitgeteilten Kollationen;

5. den Handschriften E^s und E^b nach eigenen Kollationen (aus Photokopie) an allen Stellen, an denen J von E und A^b abweicht. An vielen dieser Stellen habe ich außerdem I^b (Paris. Coisl. 161, 14. Jh.) kontrolliert, da ich zunächst gewisse Gemeinsamkeiten mit g vermutet hatte^{29};

6. Lesarten des Alexander-Kommentars (Al.^{c} und Al.^{p}) aus CAG I, Alexander, In Metaph. (I–V), Ps.-Alexander, In Metaph. (VI–XIV), ed. M. Hayduck; die Lesarten wurden nur an solchen Stellen verglichen und, wenn relevant, angegeben, an denen Moerbekes Übersetzung von J abweicht;

7. den Lesarten der Translatio Anonyma (a), die im Revisionsteil immer angeführt werden, im Neuübersetzungsteil nur dort, wo ihre vermutliche griechische Vorlage mit g gegen die vulg.-Lesart oder mit g gegen J übereinstimmt;

8. in einer Reihe von Fällen war es aufschlußreich, die Textentscheidungen der modernen Editionen zu beachten; ich habe dafür die Editionen von Bonitz, Ross und Jaeger benutzt und sie entweder einzeln oder durch „edd." gekennzeichnet.

3. Übereinstimmungen von Moerbekes Übersetzung mit J

Ich gebe im folgenden den Nachweis für den spezifischen Zusammenhang von Moerbekes Übersetzung mit J, zunächst im Revisionsteil, dann in der Neuübersetzung. In beiden Teilen wird je ein kleineres Textstück vollständig ausgewertet, für den restlichen Text werden nur die wichtigeren Stellen angeführt.

Revision:

α 2, 994a6 – Γ 30, 1025a34. – Alle Änderungen Moerbekes stimmen – bis auf eine Ausnahme^{30} – mit Lesarten von J überein. Die Translatio Anonyma, die Moerbeke korrigierte, beruhte auf einer stark kontaminier-

---

^{28} So handelt es sich z. B. 1059b2 (vgl. unten, S. 126) um eine (fehlerhafte) Korrektur des Schreibers selbst, 1006b9 (vgl. S. 125) um die von Irigoin beschriebene zweite Hand.

^{29} Vgl. 1088a25, 1093b4 (unten, S. 145).

^{30} 1029a23, vgl. unten, S. 146.

ten griechischen Tradition, in der mehrere Quellen zusammengeflossen sind: in der Hauptsache stammt sie von E (J) her, enthält jedoch nicht unerhebliche Elemente von A^b und, innerhalb der jüngeren Handschriften, von T, H^a u. a., und weist auch Einflüsse aus dem Alexander-Kommentar auf. Die Änderungen Moerbekes, die eine von dieser lateinischen Vorlage abweichende griechische Überlieferung bezeugen, sind zahlreich; in den Fällen, in denen die griechische Lesart, auf der g beruht, durch mehrere griechische Handschriften bezeugt ist, ist J, bei jeweils wechselnden anderen Handschriften, der gemeinsame Nenner der Änderungen. Darüber hinaus stimmt eine beträchtliche Zahl der Änderungen mit Sonderlesarten von J überein. Nur diese seien hier angeführt:

994 b 27 εἶναι· εἰ δὲ μὴ vulg. (J²): *esse, sin autem* a:· εἶναι δὲ μὴ J¹: *esse autem non* g   994 b 27 τὸ ἀπείρῳ εἶναι vulg.: *infinitum esse* a: τῶι ἀπείρωι εἶναι J (E^s): *quia est infinito esse* g   994 b 32 συμβαίνουσιν vulg.: *contingunt* a: + οὖσιν J: + *entibus* g   997 a 24 εἴτ᾽ vulg.: *sive* a: ἤ τ᾽ J: *aut* g   1000 b 8 δέ τε vulg.: *et* a: δέτι [sic] J: *et adhuc* g   1000 b 14 ἀλλ᾽ ὅτε vulg.: *sed quando* a: ἄλλο τε J: *alias* (ἄλλοτε) g   1001 b 28 τίνες vulg.: *quenam* a: τινες J: *quedam* g   1002 b 19 λαμβάνῃ vulg.: *sumat* a: λανθάνηι J: *lateat* g   1002 b 34 πῶς vulg.: om. a: πως J: *aliqualiter* g   1005 a 28 περὶ τὸ ὄν vulg.: *circa ens* a: περὶ τοῦ ὄν [sic] J: *de ente* g (Moerbeke hat offensichtlich τοῦ gelesen und den entsprechenden Genitiv ὄντος ergänzt, cf. coniect. Jaeger)   1006 b 9 αὑτόν vulg.: *ipsum* a: αυτον J¹: αὐτόν J² (E^{s2}, cf. Jaeger): *se ipsum* g   1010 b 31 εἴη vulg.: *erit* a: + μονον J: + *solum* g   1012 a 35 χωρὶς λέγει τῶν λόγων ἑκάτερον τούτων vulg.: *extra orationes has utrumque dicit* a: χωρὶς λέγει τὸν λόγον ἑκάτερον τούτων J (E^{b1}?): *seorsum dicit rationem utramque horum* g   1012 b 24 ταὐτὰ vulg.: *eadem* a: ταῦτα J: *hec* g   1014 a 23 τὰ vulg.: *que* a: τὸ J (T): *quod* g   1017 b 1 τὸ ὄν τὸ μὲν vulg.: *ens quidem* a: τὸ ὄν τὸ ὄν J¹: τὸ μὲν supra ὄν² scr. J²: *ens, ens hoc quidem* g (Moerbeke hat hier die Korrektur von J² mit der Lesart von J¹ kombiniert)   1019 a 31 ἃ vulg. [A^b]: *que* a: ἢ J (E¹ E^{b1}?): *aut* g   1019 b 8 λεγόμενον vulg.: *dictum* a: λέγομεν J (E^s?): *dicimus* g   1020 b 8 ὃ . . . ὃ vulg.: om. a: ὁ . . . ὁ J: *qui . . . qui* g   1023 a 14 τι vulg.: *aliquod* a: om. J: om. g   1023 b 13 ὁπωσοῦν vulg.: *quocumque modo* a: ὁποσοῦν [sic] J: *quantacumque* g (Moerbeke hat aus ὁποσοῦν konjiziert: ὁποσαοῦν)

E 1, 1025 b 1 – I 10, 1059 a 14; Λ 1, 1069 a 18 – M 2, 1076 b 9. – Die folgenden Stellen geben eine Auswahl der wichtigeren, signifikativen Übereinstimmungen von Moerbekes Änderungen mit Sonderfehlern von J. Es handelt sich dabei vorwiegend um für J charakteristische, auf Scriptio continua und Akzentlosigkeit in der Vorlage zurückgehende Fehler oder Unklarheiten bei Worttrennung und -zusammenschreibung, unvollständige oder fehlende Akzentuierung, etc., und um spezifische Fehler, die mit der Korrektur von J zusammenhängen. Es sind auch Auslassungsfehler aufgenommen, da ihnen ausdrückliche Streichungen des Revisors entsprechen. In einigen Fällen sieht man, daß Moerbeke den Text seiner lateinischen Vorlage (a) mit der in J bezeugten Lesart kombiniert hat.

1026a32 τί vulg.: *quid* a: τις J(Eˢ?): *que* g   1029a16 ἐκεῖνο vulg.: *illud* a: ἐκείνως J: *illo modo* g   1029a30 τὴν μὲν τοίνυν vulg.: *deest* a: τὴν μέντοι νῦν J: *attamen eam que nunc* g   1029b34 ὁ δὲ vulg.: *et hic* a: om. J: om. g 1030b35 ῥινὶ σιμῇ vulg.: *naso simo* a: ῥινις [sic] εἰ μὴ J: *nasi si non* g (Moerbeke hat ῥινὸς aus ῥινις konjiziert)   1031b30 τί (τὸ τί E et alii) ἦν εἶναι ἵππῳ vulg.: *equo* a: om. J¹: τῶι τί ἦν εἶναι ἵππωι J²: *ipsi quod quid erat esse equo* g (τῶι steht nur in J², der Satz wird dadurch schwer verständlich)   1032b25 ὥσπερ vulg.: *ut* a: ὡς ὅπερ J: *ut quod* g   1034b13 οὕτως vulg.: *sic* a: om. J: om. g   1039b1 χωρὶς αὐτοῦ vulg.: *preter se ipsum* a: χωρὶς αὐτοῦ J: *sine ipso* g   1039b5 ὅταν εἴπη vulg.: *quando dicit* a: ὅτᾰν [sic] εἴπηι J(Eˢ?): *cum dixerit utique* g   1039b10 κατ' ἄλλο vulg.: *secundum aliud* a: κατ' ἄλλου J: *de alio* g   1043b11 ὕλη vulg.: *materia* a: ὕλης J: *materie* g   1049a9 τούτῳ vulg.: *hoc* a: τούτοις J: *hiis* g   1050b2 ἐνέργεια vulg.: *deest* a: + τις J²: *actus quidam* g   1054b3 ἐὰν μὴ vulg.: *si non* a: ἐὰν ἦι J: *si non sint* g   1054b26 ταὐτό vulg. (τὸ αὐτὸ sscr. E): *idem* a: τὸ ταὐτὸ J(Eᵇ): *ipsum idem* g   1070a10 οὖσα vulg.: *ens* a: οὐσία J: *substantia* g   1072b9 ταύτην vulg.: *eam* a: ταύτη [sic] J: *hac* (ταύτη coni.) g   1072b10 ἢ ἀνάγκη vulg.: *in quantum necesse* a: ἡ ἀνάγκη J: *necessitas* g   1075a2 ἡ οὐσία vulg.: *substantia* a: ἡ γὰρ οὐσία J: + *enim* g

Neuübersetzung:

K 1, 1059a18—1060a1. — Dieses Textstück ist von D. Harlfinger in sämtlichen griechischen Handschriften kollationiert worden. Die Lesarten der von ihm als unabhängig voneinander erkannten Handschriften sind in seiner Untersuchung verzeichnet[31]. Der Vergleich mit diesen Kollationsproben zeigt, daß die Vorlage Moerbekes in allen Lesarten mit J übereinstimmt. Sie hatte, neben den Fehlern, die J mit einer (1059b3) oder mehreren anderen Handschriften (1059b31, 37) teilt, den einzigen aber signifikativen Sonderfehler von J², der ein Trennfehler gegenüber der gesamten übrigen griechischen Überlieferung ist. Eine Nachprüfung an der Handschrift selbst zeigt sogar, daß hier die Übereinstimmung zwischen g und J² noch weiter geht, als dies aus der Angabe Harlfingers ersichtlich werden kann: 1059b2 εἴη ἂν ἢ vulg.: om. J¹: ἢ ἂν ἦι [sic] J²: *aut si sint* g. Ross (vgl. app. crit.) hat ἦἂν ἤ in J² gelesen, Harlfinger offenbar ἤἂν ἤ; es steht jedoch deutlich ἢ ἂν ἦι in J².

K 2, 1060a3—K 12, 1069a14; M 2, 1076b9—N 6, 1093b29. — Die folgenden Stellen geben eine Auswahl der Übereinstimmungen von Moerbekes Neuübersetzung mit Sonderlesarten von J. Es gilt dafür in entsprechender Weise das oben (S. 125) Gesagte:

1062a26 ἤ¹ vulg.: καὶ J: *et* g   1063a9 δύο, δύο δ' εἶναι vulg.: δύο δεῖν εἶναι J (cf. Jaeger): *duo oportere esse* g   1063a27 τοῦτο δὲ (vel γὰρ) vulg.: τοῦτόγε J:

---

[31] D. Harlfinger, Überlieferungsgesch. [Anm. 23], 35—36.

hoc quidem g   1063 b 9 τούτου vulg. (J¹): -ων (s. l.) J²(Eˢ): *horum* g   1065
a 20 ἐπεὶ vulg.: εἴπεϱ J: *siquidem* g   1065 b 20 γήϱανσις vulg.: πήϱανσις J: *orbatio* g   1067 b 10 ἀκίνητα vulg.: 'ἃ κίνητά [sic] J (= ἃ κινητά J¹[Eˢ], ἃ κίνητα J²): *que mobilia* g   1068 b 2 γιγνόμενον² vulg.: + ἁπλῶς J: *fiens simpliciter* g 1076 b 18 καὶ στιγμὰς vulg.: om. J: om. g   1079 a 22 κατὰ vulg.: τὰ J: *qui* g 1079 b 21 ὕστεϱος vulg.: -ον J: *posterius* g   1081 b 23 αὕτη vulg.: αὐτη [sic] J: *ipsa* g   1082 a 37 οὖσαι vulg.: οὐσίαι J: *substantie* g   1083 b 14 εἴ θ' vulg.: εἴθ' J: *deinde* g   1084 b 11 τὸ² vulg.: ὅτι J: *quia* g   1084 b 37 μονὰς τῆς δυάδος vulg.: μονὰς ἡ ἐν τῆι δυάδι τῆς δυάδος J: *unitas que in dualitate dualitate* g   1085 a 1 αὐτὴ¹ vulg.: αὕτη J: *hec* g   1085 a 5 τῷ ἑνὶ αὐτῷ vulg.: om. J¹: τὸ εἶναι αὐτῶι J²: *esse ipsi* g   1085 b 11 αὗται vulg.: αὗται J¹: αἱ αὗται J² (Al.ᴾ, edd.): *eedem* g   1085 b 12 ἢ κϱᾶσις vulg. (J²): om. J¹: om. g   1086 b 27 ὃ vulg.: om. J.: om. g   1086 b 36 δύο ὀϱθαί vulg.: δύο ὀϱθαῖς J (Eᵇ²): *duobus rectis* g   1087 b 4 ἀλλ' vulg. (J¹): + ῃι J²: *sed inquantum* g   1087 b 5 τῷ ἑνὶ vulg. (J¹): + καὶ J²: *uni aut* g (Moerbeke gibt καὶ durch *aut* wieder, *et* würde hier dem Gedankengang widersprechen)   1088 a 21 ταύτῃ vulg.: αὐτῆι J(E¹?): *ipso* g 1088 b 16 εἰ τοίνυν vulg.: ἔτι νῦν J: *adhuc nunc* g   1088 b 20 ὁτιοῦν ἄλλο vulg.: ὅτι ἄλλου J: *quia alterius* g   1089 b 18 δὲ vulg. (J¹): + εἰ J²: *autem si* g   1089 b 18 εἰ vulg.: om. J: om. g   1090 b 25 πότεϱον vulg.: πϱότεϱον J(Iᵇ²): *prius* g 1092 b 5 ἢ vulg.: om. J: om g   1092 b 27 τῷ ἐν ἀϱιθμῷ vulg.: om. J: om. g 1092 b 35 οὐκοῦν vulg. (J¹): + εἰ J²: *igitur si* g   1093 a 25 ὅτι αἱ (ὅθ' αἱ Aᵇ) vulg.: ὅταν J: *quando* g   1093 b 12 τῆς συστοιχίας vulg.: + ταύτης (i. ras.) J²(Iᵇ Al.ᴾ): *coelementationis huius*   1093 b 13–14 ἴσον vulg.: ras. J¹: ἰσάκις ἴσον καὶ J²(Iᵇ Al.ᶜ): *equaliter equale et* g   1093 b 26 μηδένα τϱόπον (τόπον T) vulg.: μηδέν ἀλλοιπὸν E: μηδὲν ἀτοπον [sic] J¹: τϱο supra -το- scr. J²: *nichil firmum* [!] g (Moerbeke hat die Worttrennung von J¹ mit der Korrektur von J² kombiniert und μηδὲν ἄτϱοπον übersetzt.)

Die letzten beiden Kapitel von Buch N (1092 a 9–1093 b 28) wurden außerdem ebenfalls von Harlfinger in sämtlichen Handschriften kollationiert. Die Kollationen sind nicht insgesamt aufgeführt. Harlfinger hat jedoch Trennfehler von J gegen den dem Kodex J stemmatisch zunächst stehenden Überlieferungszweig (und damit gegen die gesamte Überlieferung) angegeben. Diese Trennfehler sind – sofern es sich nicht um Fehler von J¹ handelt, die von J² korrigiert wurden (dazu gehört auch 1092 b 27, entgegen der Angabe bei Ross und Harlfinger) oder um Abweichungen, die sich in einer lateinischen Übersetzung nicht notwendig bemerkbar machen (1093 b 5, 14) – durch Moerbekes Übersetzung bezeugt (1092 b 5, 27).

4. Spezifische Übereinstimmungen von Moerbekes Übersetzung mit Korrekturstellen in J

Die angeführten Textvergleiche haben den außerordentlich engen Zusammenhang von Moerbekes Übersetzung mit dem Text von J zur Genüge gezeigt. Ganz besondere Aufmerksamkeit muß darüber hinaus auf die Tatsache richten, daß Moerbekes Übersetzung offensichtlich von der korrigierten Handschrift J abhängt, und daß sich sowohl die Fehler in den Korrekturen selbst wie auch Unklarheiten, die mit den Korrekturen zusammenhängen (vgl. oben z. B. 1067b10 1093b26), in Moerbekes Übersetzung widerspiegeln, daß es Fälle gibt, in denen er die Lesart von J¹ mit der von J² kombiniert hat und, wie man sehen wird, solche, in denen er zunächst zwischen beiden Lesarten geschwankt haben muß, um sich dann anschließend für eine der beiden zu entscheiden.

Moerbeke hat im allgemeinen die Korrekturen von J² übernommen. Darunter befinden sich natürlich eine ganze Reihe effektiver Verbesserungen eines ursprünglichen Fehlers von J (Zufügung von im Text ausgelassenen Worten, Akzentverbesserungen etc.), die hier nicht aufgeführt wurden, da sie wegen der Übereinstimmung mit allen oder den meisten anderen griechischen Handschriften nichts über die spezifische Beziehung von g zu J aussagen. Signifikativ dagegen sind die Sonderlesarten in den Korrekturen von J², die sich in Moerbekes Text wiederfinden: individuelle Fehler bei der Ergänzung von Worten, die J¹ ausgelassen hatte (1031b30 1059b2, 3 1085 a5), Zufügungen des Korrektors (oder seiner Vorlage) zum Text (z. B. 1050b2 1084b37 1087b4, 5 1089b16 1092b35), Alternativvarianten, individuelle Konjekturen oder Korrekturen, die auf die indirekte (Kommentar-)Tradition zurückgehen mögen (z. B. 1006b9 1063b9 1085b11).

An einigen Stellen, an denen es durch die materielle Form der Korrektur von J² nicht ganz klar ist, ob und wie sie ein in J¹ vorhandenes Textelement ersetzen oder ergänzen soll, hat Moerbeke die Lesart von J¹ mit der Korrektur von J² kombiniert (z. B. 1017b1 1093b26) — in ähnlicher Weise, wie er Lesarten seiner lateinischen Vorlage in einigen Fällen mit Lesarten von J zu ein und demselben Textelement kombiniert hat (z. B. 1054b3, aber auch an einer Reihe von anderen Stellen, die hier nicht aufgeführt wurden, da sie für die spezifische Beziehung von g und J nicht siginifikativ sind).

Es gibt daneben einige Stellen, an denen in Moerbekes Text eine (Sonder-)Lesart von J¹ gegen die Korrektur von J² wiedergegeben wird. Es ist aufschlußreich, diese Stellen zu untersuchen. Außer einem Fall, in dem die Korrektur mit der ursprünglichen Lesart so vermischt ist, daß kaum zu erkennen ist, welches die ursprüngliche und welches die korrigierte Lesart ist (1067b10), sind die Korrekturen klar als solche zu erkennen; die Auswahl von J¹ gegen die sonst bevorzugte Korrektur von J², die zunächst willkürlich erscheinen muß, wird an diesen Stellen durch den Kontext verständlich:

1079a21 (κατὰ μὲν τὴν ὑπόληψιν . . .) οὐ μόνον τῶν οὐσίων ἔσονται εἴδη ἀλλὰ καὶ ἄλλων (ἑτέρων Aᵇ) πολλῶν AᵇE², edd.: (κατὰ μὲν τὴν ὑπόληψιν . . .) ἔσονται εἴδη ἄλλωντε πολλῶν J¹: ἀλλὰ καὶ ἑτέρων πολλῶν (pro ἄλλωντε πολλῶν) marg. J²: (secundum quidem suspicionem, secundum quam aiunt esse ydeas) erunt species aliorumque [sic] multorum g. – Die Korrektur von J² (ἀλλὰ καὶ ἑτέρων πολλῶν) gibt wegen der vorausgegangenen Auslassung der Worte οὐ μόνον τῶν οὐσίων in J, die von J² nicht ergänzt wurden, keinen Sinn. Es erscheint daher sinnvoll, daß Moerbeke, der diese Worte in seiner Vorlage nicht hatte, die Korrektur von J² hier nicht berücksichtigte, sondern den syntaktisch korrekten und kohaerenten Text von J ante corr. übersetzt hat: „nach der Annahme, auf welcher, wie sie sagen, die Ideen beruhen, müßte es auch von vielen anderen Dingen Ideen geben".

1065b21 ἡ δὴ E, edd.: ηδη J¹ (ἤδη Aᵇ): ἡδὴ J²: *iam* g. – Die Korrektur von J² bezieht sich, wie E, mit ἡ auf das vorangegangene ἡ ἐντελέχεια. Dies wird jedoch im Text von J nicht verständlich, d J ᾗ ἐντελεχείᾳ hat, was Moerbeke durch *fuerit actu* wiedergegeben hatte. Moerbeke hat daher sinnvoll die unakzentuierte Form von J¹ in dem ihm vorliegenden Textzusammenhang, in welchem ἡ von J² beziehungslos war, ausgewählt und durch *iam* (ἤδη) wiedergegeben.

994b27 καὶ ἀπείρῳ οὐδενὶ ἔστιν εἶναι· εἰ δὲ μή, οὐκ ἄπειρόν γ᾽ ἐστὶ τὸ ἀπείρῳ εἶναι E²Aᵇ, edd.: *et infinito non* (οὐδὲν ut E¹J¹) *est esse; sin autem, non infinitum est infinitum esse* a: καὶ ἀπείρῳ οὐδὲν (J¹: + ι s.l. J²) ἔστιν· [sic interpunxit J] εἶναι (J¹: εἰ s.l. J²) δὲ μή, οὐκ ἄπειρον γ᾽ ἐστὶ τῶι ἀπείρωι εἶναι: *et infinito nichil est; esse autem non: non infinitum est quia est infinito esse* g. – Der Text steht innerhalb eines Argumentationszusammenhanges, der auch den modernen Editoren Schwierigkeiten bereitet hat (*verba b 24-27 . . . quid significent, non possum nisi obscura quadam divinatione assequi,* Bonitz, comm. ad loc.). Auch hier wird die Auswahl von J¹ gegen J² im Zusammenhang mit dem Kontext verständlich, in welchem wiederum ein Fehler von J den ursprünglichen Sinn verändert hat. Moerbeke hat das erste *non* seiner lateinischen Vorlage durch den genaueren Ausdruck *nichil* (οὐδὲν J¹) ersetzt, die Konditionalpartikel *si* entsprechend dem Text von J¹ (Sonderfehler) gestrichen, die damit zusammenhängende Interpunktion von J übernommen, und schließlich den Nominativ *infinitum esse,* der Dativkonstruktion von J (unkorrigierter Fehler) entsprechend, in die kausale Formulierung *quia est infinito esse* geändert. Dieser letzte Fehler von J, der nicht korrigiert ist, und der fälschlich hier eine kausale Beziehung einführt, die sich auf den nun parallelen Dativ des Anfangteils (ἀπείρῳ) überträgt, läßt, zusammen mit der Interpunktion von J, Moerbekes Interpretation und die Auswahl von J¹ gegen J² (und gegen seine lateinische Vorlage) verständlich werden: „Auf Grund von Unendlichem ist nichts; jedenfalls nichts das ist [nicht das Sein: *esse autem non*]: Unendliches ist nicht auf Grund von Unendlichsein [d. h. auf Grund des Begriffes der Unendlichkeit]".

1085b11–12 μῖξις ἢ θέσις ἢ κρᾶσις ἢ γένεσις vulg. (J²): μῖξις ἢ θέσις ἢ γένεσις J¹: *mixtura aut positio aut generatio* g. – Moerbeke hat hier mit J¹ die Worte ἢ κρᾶσις, die J² richtig am Rand ergänzt hat, ausgelassen. Der Ausdruck κρᾶσις bedeutet hier jedoch ebenfalls eine Art von Mischung; es ist zu vermuten, daß Moerbeke, wenn er die Ergänzung gesehen hat, sie als Alternativvariante für das Wort μῖξις, das er bereits durch *mixtura* übersetzt hatte, aufgefaßt und daher nicht dem Text hinzugefügt hat.

Es zeigt sich also an Hand der Korrekturstellen in J erstens, daß Moerbekes Übersetzung von der in dieser individuellen Weise korrigierten Handschrift J abhängt, und darüber hinaus, daß Moerbeke offenbar zwischen den Lesarten von J¹ und J² abgewogen hat, daß er sie gelegentlich miteinander kombiniert hat, daß seine Auswahl durch den in der Handschrift gegebenen Kontext verständlich und sinnvoll erscheint.

Es gibt nun an einigen Stellen ein deutliches Zeugnis dafür, daß Moerbeke bei Korrekturen in J zwischen den beiden Lesarten geschwankt haben muß, sei es, daß er zunächst der einen Lesart folgte und sie anschließend durch die andere ersetzte, sei es, daß er beide notierte und eine von beiden zugunsten der anderen später tilgte. In der Handschrift Pal. lat. 1060 (Da)[32], die einen der zwei (bzw. drei) unabhängigen Überlieferungszweige der lateinischen Tradition repräsentiert, und die in den Partien, in denen sie den Moerbekeschen Text erhalten hat, die für die Textkonstitution beste Handschrift darstellt, gibt es einzelne Lesarten, die sich nur auf diese Weise erklären lassen, und die ein früheres Textstadium (g-prius) gegenüber einem durch die übrigen Handschriften bezeugten späteren Textstadium (g-post.) verraten:

1056 b 10 ἔτι εἰ (om. A^b et alii) ὡς ἐν μήκει τὸ μακρὸν vulg.: *amplius sicut* (cf. A^b) *in longo productum* a: ἔτι εἰ ὡς ἐν μὴ κεῖται τὸ μακρὸν J^1: ἐν μήκει τὸ (marg. scr.) J^2: *vel adhuc si ut unum non ponitur longum, amplius si ut in longitudine productum* g-prius (Da): *amplius si ut in longitudine productum* g-post. (cett.). – Bei der Lesart von J^1 handelt es sich um die typischen, durch Akzentlosigkeit und Scriptio continua in der Vorlage entstandenen Fehler von J, die wir an dieser Stelle in keiner der übrigen griechischen Handschriften finden. Es ergibt sich ein abweichender, aber grammatisch korrekter Text. Moerbeke hat diese Lesart gesehen. Er hat ebenfalls die Korrektur gesehen. Seine lateinische Vorlage entsprach an dieser Stelle der Vulgata-Lesart, nach der J^2 korrigiert hat. Moerbeke hat den lateinischen Text seiner Vorlage entsprechend dem griechischen Text von J bzw. J^2 verbessert, indem er das Wort *sicut* von a nach der Lesart εἰ ὡς von J in *si ut* änderte und das substantivierte Adjektiv *longo* von a durch das dem griechischen Substantiv μήκει von J^2 (et vulg.) korrespondierende lateinische Substantiv *longitudine* ersetzte. Da die Lesart J^1 eine wesentlich andere Version des Satzteiles gab, muß er sich zunächst unschlüssig gewesen sein: er hat den Satzteil in dieser Version neu übersetzt (typisch der Ausdruck *adhuc*), ihn wahrscheinlich am Rand seiner korrigierten lateinischen Vorlage notiert, sich anschließend für die Lesart von J^2 entschieden und den Satzteil, der J^1 entsprach, getilgt. In der Handschrift Da ist noch die doppelte Lesart überliefert, während die übrigen Handschriften den Text im endgültigen Zustand, nach der Auswahl zwischen den beiden Lesarten, vorlegen.

1058 b 30 δόξειεν vulg.: *opinatum est* a: δείξειεν J^1: δόξειεν (marg. scr.) J^2: *ostendetur* g-prius (Da): *videbitur* g-post. (cett.). – Bei der Lesart von J^1 handelt es sich hier ebenfalls um einen Sonderfehler von J – durch den sich J von der übrigen Überlieferung unterscheidet –, der abweichend, aber nicht sinnlos ist. Moerbeke hat sicherlich den ursprünglichen Text und vermutlich auch die Korrektur gesehen. Seine lateinische Vorlage gibt den Vulgata-Text, dem die Korrektur von J^2 entspricht, wieder, jedoch in einer etwas ungenauen Formulierung. Moerbeke korrigiert das *opinatum est* seiner Vorlage in ein dem Griechischen (vulg. J^2) genau

---

[32] Siehe oben, Anm. 6.

entsprechendes lateinisches Äquivalent: *videbitur* (gr. Optativ mit ἄν: lat. Futur). Er war sich aber offenbar unschlüssig über den Wert der beiden Alternativvarianten und hat daher zunächst auch die Lesart von J¹ übersetzt (*ostendetur*), diese dann später getilgt. Es ist auch möglich, daß er zunächst seine Übersetzung von J¹ als die gültige gekennzeichnet hat und später, vielleicht durch eine Kontrolle mit einer anderen Überlieferung, seine Entscheidung zugunsten von J² änderte. In Da ist jedenfalls ein ursprüngliches Stadium mit der einem Sonderfehler von J (J¹) entsprechenden Lesart *ostendetur* erhalten, in den übrigen Handschriften das endgültige Stadium der Übersetzung.

1009a20 ἀπάντησις vulg. (J²): *obviatio* a: ἀπάτησις J¹: *deceptio* g-prius (Da): *obviatio* g-post. (cett.). – Die Lesart von J¹ (Sonderfehler!) ist sinnvoll, wie man sich am Text überzeugen kann, und Moerbeke konnte über den Wert der Korrektur zunächst im Zweifel sein.

1050a14 οὐχὶ AᵇEγρ. et alii, edd.: *non* a: οὐχ ἧι J¹ (E¹): οὐχι J²: *non in quantum* g-prius (Da): *non* g-post. (cett.). – Die Lesart von J¹ ist hier kein Sonderfehler, da sie auch in E (ante corr.) enthalten ist, aber es ist wiederum deutlich, daß Moerbeke diese Lesart gesehen und zunächst wiedergegeben hat, sie dann anschließend zugunsten der Korrektur getilgt haben muß.

Die beiden folgenden Stellen müssen auf die gleiche Weise erklärt werden, nur mit dem Unterschied, daß hier die endgültig adoptierte Lesart diejenige von J¹ ist, während es die ursprünglich übersetzte Lesart von J² ist, die aufgegeben wurde:

1057b19 πρῶτα vulg.: *prima* a: πρῶτα J¹: ov supra scr. J²: *primo* g-prius (Da): *prima* g-post. (cett.). – Hier handelt es sich bei der Lesart von J² um einen Fehler gegenüber der mit dem vulg.-Text übereinstimmenden Lesart von J¹. Moerbeke hat die Variante von J², die eine etwas andere aber durchaus sinnvolle Konstruktion ergibt, gesehen und zunächst adverbial durch *primo* wiedergegeben – sei es als Korrektur für das ihm vorliegende und mit J¹ übereinstimmende *prima* seiner lateinischen Vorlage, sei es als Alternativvariante am Rande. In der Folge hat er sich dann für die mit dem vulg.-Text übereinstimmende Lesart von J¹ entschieden und die zunächst notierte Übersetzung der Lesart von J² getilgt. In Da ist wiederum ein früherer Zustand erhalten, der hier einer (fehlerhaften) Lesart von J² entspricht, in den übrigen Handschriften der endgültige Zustand.

1038b10 ἤ vulg.: *que* a: ἤ vel η J¹: ἧι J²: *in quantum* g-prius (Da): *que* g-post. (cett.). – Hier ist es ebenfalls eine fehlerhafte, jedoch im Textzusammenhang nicht sinnlose Lesart von J² (Sonderfehler von J²), die Moerbeke gesehen haben muß, zunächst als gültige oder mögliche Variante übersetzte, anschließend aber zugunsten der ursprünglichen Lesart von J, mit der seine lateinische Vorlage übereinstimmte, wieder aufgegeben hat.

Wenn man diese beiden Stellen mit den vier vorangehenden vergleicht, ist man versucht anzunehmen, daß die endgültige Entscheidung Moerbekes für die eine oder die andere Lesart durch Einsicht in einen „Korrektur"-Text erfolgt ist, der an allen angeführten Stellen wie die übrige griechische

Überlieferung und seine lateinische Vorlage den vulg.-Text hatte, der also in den ersten vier Fällen gegen die Lesart von J^1 für diejenige von J^2 sprach, an den beiden letzten Stellen umgekehrt gegen J^2 für J^1 den Ausschlag gab. Aus dem erhaltenen Autograph der Archimedes-Übersetzung wissen wir, daß Moerbeke eine Reihe von Stellen, an denen er über die Richtigkeit seiner griechischen Vorlage im Zweifel war oder zwischen zwei Lesarten schwankte, am Rande notierte, − sei es, daß er im Text selbst zunächst eine Lücke ließ, sei es, daß er einen vorläufigen Terminus einsetzte −, und dann später die endgültige Entscheidung traf und die auszuscheidende Lesart in irgendeiner Weise zu tilgen versuchte[33]. Die hier angeführten Beispiele deuten auf dieselbe Arbeitsweise hin. Es sind keineswegs die einzigen dieser Art, und wir werden im folgenden (S. 147−151) darauf zurückkommen. Hier sollten jedoch zunächst nur diejenigen herausgegriffen werden, die die spezifische Übereinstimmung von Moerbekes Übersetzung mit der korrigierten Handschrift J nachweisen, und die zeigen, daß er nicht nur spezifische Fehler der verschiedenen Korrekturen in J übernommen hat, sondern darüber hinaus sowohl die ursprüngliche wie die korrigierte Lesart nebeneinander gesehen, miteinander kombiniert, gegeneinander abgewogen haben muß.

5. Differenzen zwischen Moerbekes Übersetzung und J

Aus dem bisher vorgelegten Material ergibt sich, daß Moerbekes Übersetzung in engster Weise mit der Handschrift J zusammenhängt. Auch die Art des Zusammenhangs ist bereits in bestimmter Weise festgelegt: Selbst wenn, wie sich herausstellen wird, Moerbekes Übersetzung nicht alle Fehler von J wiedergibt, und wenn sie außerdem eigene Fehler aufweist, ist es nicht möglich anzunehmen, daß sie auf einen „Bruderkodex" von J zurückgeht, den man theoretisch in einem solchen Fall ansetzen könnte, da gezeigt wurde, daß sie von der in dieser individuellen Weise korrigierten Handschrift J abhängt. Sie muß − zur Hauptsache − in direkter Linie auf J zurückgehen, und es stellt sich nur die Frage, ob J selbst die Vorlage Moerbekes war oder eine Abschrift von J. Die bloße Feststellung, daß es Differenzen gibt, läßt noch keine Entscheidung zu. Sie kann die Möglichkeit, daß J selbst die Vorlage Moerbekes war, nicht ausschließen. Es wäre absurd anzunehmen, daß bei irgendeiner Art von nicht-mechanischer Wiedergabe eines so langen und komplizierten Textes − sei es durch eine Abschrift, sei es durch eine Übersetzung − keine Differenzen zwischen Vor- und Abbild auftreten könnten. Die oben dargelegte Art und Weise, wie an den Korrekturstellen die jeweiligen Lesarten von J^1 bzw. J^2 in die

---

[33] M. Clagett, op. cit. [Anm. 4], 37−42.

Übersetzung eingegangen sind, macht dagegen die Annahme einer dazwischenliegenden Abschrift fraglich: Entweder hätte der Abschreiber in einer größeren Zahl der Korrekturfälle sowohl die ursprüngliche wie die korrigierte Lesart und in eben der Form wie seine Vorlage bringen müssen – was ungewöhnlich wäre –, oder er hätte eine intelligente Auswahl treffen müssen, die auf Verständnis des umliegenden Textes und Beurteilung eines größeren Sinnzusammenhangs beruhte, was aber sehr viel weniger vom Abschreiber als vom Übersetzer zu erwarten ist, und wozu dieser geradezu gezwungen ist. Man muß daher die Zahl und die Art der Differenzen untersuchen und zusehen, ob darin der Hinweis auf eine Antwort gefunden werden kann.

Unter Differenzen von g gegenüber J verstehe ich solche Stellen, aus denen nach der sonst üblichen Übersetzungsmethode Moerbekes hervorgeht, daß er (a) eine in J befindliche Lesart entweder nicht hatte oder versehentlich nicht gelesen oder versehentlich nicht wiedergegeben hat, oder (b) statt einer in J befindlichen Lesart eine andere gesehen hat oder zu sehen glaubte (sich verlesen hat) oder konjizierte, oder (c) eine in J fehlende griechische Lesart gesehen oder konjiziert hat.

Buch K:

Als Paradigma für eine vollständige Untersuchung der Differenzen sei Buch K gewählt, da es sich hier nicht nur um eine Neu- sondern um eine Erstübersetzung Moerbekes handelt – K existierte, wie gesagt, in lateinischer Form bis dahin nicht – und daher hier Einflüsse durch die Translatio Anonyma oder eine andere lateinische Übersetzung ausgeschlossen sind, und da außerdem die Textkonstitution hier besonders gut gesichert ist, indem die drei unabhängigen Überlieferungszweige durch die handschriftliche Tradition – der eine durch die bereits erwähnte Handschrift Da – repräsentiert sind.

Ich führe zunächst 1. diejenigen Differenzen zu J an, die g mit keiner anderen griechischen Textüberlieferung teilt, sodann 2. diejenigen, in denen g in Übereinstimmung mit anderen griechischen Textzeugen von J abweicht. Stellen, an denen der ursprüngliche Text von g (g-prius) mit J übereinstimmt, die jedoch nachträglich vom Übersetzer (g-post.) gegen J geändert wurden, sind hier ausgespart, sie werden unten (vgl. S. 147ff.) zusammenhängend behandelt. Im Anschluß an die Aufzählung der Differenzen gebe ich jeweils kurze Erläuterungen zu den einzelnen Stellen.

1. Individuelle Abweichungen

1060a8 εἶναι J (vulg., edd.): om. g   1060b31 ἐστιν J (vulg., edd.): om. g   1061a1 λέγομεν J (vulg., edd.): om. g   1061a27 ὑπάρξει J (vulg., edd.): inest (ὑπάρχει?) g   1061b14 ἀνάγεται J (vulg., edd.): om. g   1062b22 γεγενῆσθαι J (vulg., edd.): om. g   1064b9 κοινή J (vulg., edd.): communiter g   1066b21 τὸ ἄρτιον [accus.] J (vulg., edd.): parem (τὸν?) g   1066b32 ἐστι J (vulg., edd.): om. g   1068b12 τί . . . τί J (Aᵇ et alii, edd., sed cf. Jaeger, adn.): aliquid . . . aliquid g

1061a27: Im allgemeinen gibt Moerbeke das griechische Futur im Lateinischen wieder; es gibt jedoch Ausnahmen.

1064b9: Der Satz lautet *Mathematicarum quidem enim unaqueque circa unum aliquod genus determinatum est, que autem universalis, communiter de omnibus.* Die wörtliche Übersetzung *de omnibus* für περὶ πάντων verlangt im Lateinischen den adverbialen Ausdruck (*communiter*). Die adjektivische Übersetzung „*communis de omnibus*" wäre nicht möglich.

1066b21: Es ist möglich, daß Moerbeke τὸν las oder verlas. Es ist jedoch auch möglich, daß er absichtlich *parem* [sc. *numerum*] statt *par* (Akkus.) schrieb, um verständlich zu machen, daß es sich hier um den Pythagoreischen Begriff der geraden Zahl handelt.

1068b12: Mit Sicherheit eine Konjektur, die durch einen vorangegangenen Fehler von J bedingt wurde. Die beiden Pronomina können syntaktisch nur indefinit verstanden werden wegen eines kurz davor in J zugefügten τί, das ebenfalls nur in indefiniter Form eine syntaktisch korrekte Konstruktion ergibt. Die Übersetzung des ganzen Satzes (1068b11−12), der auch den modernen Editoren Schwierigkeiten bereitet hat (*locus impeditus*, cf. Jaeger, ad loc.) lautet: *Que igitur erit?* (sic interpunx. J, cf. Jaeger, ad loc.) *Quemadmodum alterabile corpus aut anima aliquid* (τί [sic] J: om. vulg., edd.), *sic aliquid* (τί J et vulg.) *quod fit motus et generatio, et aliquid* (τί J et vulg.) *in quod movetur*: „Welche wird die zugrundeliegende Materie sein? In derselben Weise wie es etwas gibt, das veränderlicher Körper oder Seele ist, so gibt es auch etwas, das Bewegung und Entstehen wird, und etwas, in das die Bewegung mündet". Das von J gegenüber dem vulg.-Text zugefügte erste τί kann innerhalb der Satzkonstruktion nur als indefinites Pronomen sinnvoll wiedergegeben werden und macht gleichzeitig dieselbe Interpretation für die beiden folgenden τί notwendig.

2. Abweichungen in Übereinstimmung mit anderen griechischen Textüberlieferungen

1059b38 συναναιρειτι J: *cointerimuntur* (συναναιρεῖται vulg., edd.) g   1060b29 εἴδει ἀριθμῶι J: *specie aut* (ἢ vulg., edd.) *numero* g   1061b26 τί J (vulg.): *aliquid* (τι Al. ᴾ, edd.) g   1062a5 εἴπερ ἐστι J: *si quidem erit* (ἔσται vulg., edd.) g   1062a17−18 τούτου . . . τούτου J: *hoc non* (τοῦτ'οὔ vulg., edd.) . . . *hoc* (τοῦτο vulg., edd.) g   1063b18 λύουσιν J (ETEˢEᵇ¹): *resolventibus* (ἀναλύουσιν Aᵇ et alii, Al.ᶜ, edd.) g   1064b1 ἂν εἴ [sic] J: *utique erit* (εἴη vulg., edd.) g   1065a31 ταῦτα J: eadem (ταὐτὰ E, edd.) g   1065b25 τ'αυτῶι J: idem (ταὐτὸν vulg., edd.) g   1066b27 οἷον ὔειέναι [sic] J: *possibile esse* (οἷόν τ'εἶναι vulg., edd.) g

1059b38: Die Lesart von J (συναναιρειτι = συναναιρεῖ τι) ist syntaktisch möglich, widerspricht aber offensichtlich der Argumentation, zu der das Satzstück gehört. Eine Konjektur in συναναιρεῖται ist durch den Kontext, in dem die Form kurz vorher gebraucht wurde, sehr leicht möglich.

1060 b 29: *utrum* (πότερον) *principia specie aut* (om. J) *numero eadem*. Das disjunktive Fragewort verlangt notwendig eine Ergänzung der in J ausgefallenen Partikel ἤ (*aut*).

1061 b 26: *inquantum horum unicuique aliquid* (τί J) *accidit, non intendit*. Da bereits ein vom Hauptsatz (*non intendit*) abhängiges Fragewort vorhergeht (*inquantum*), muß τί hier, wie bei Alexander und den modernen Editoren, indefinit, d. h. wie τι (*aliquid*), verstanden werden.

1062 a 17–18: Die beiden Lesarten von J sind syntaktisch möglich, aber im Argumentationszusammenhang sinnlos, die Konjektur sehr leicht zu finden: *dicens itaque esse hoc et non esse, hoc quod totaliter esse dicit, non dicit, quare quod significat nomen, hoc non* (τοῦτ᾽οὗ: τούτου J) *inquit significare; hoc* (τοῦτο: τούτου J) *autem impossibile*.

1063 b 18: *ad principium resolventibus* (λύουσιν J) *rationes*. Moerbeke übersetzt λύω in der Regel durch *solvo*. Hier ist jedoch durch den Bezug auf *ad principium* (die Begriffe des konträr Entgegengesetzten bis auf ihren Ursprung aufzulösen) die Übersetzung durch *resolvere* so naheliegend, daß sie sehr wohl auch direkt, d. h. ohne Umweg über eine andere griechische Lesart (vgl. A[b], Alex.[c]) gewählt worden sein kann.

1064 b 1: Die Lesart von J ist offensichtlich korrupt; eine Konjektur ergibt sich ohne weiteres aus dem vorangehenden Text: *et siquidem est aliqua talis natura in entibus, hic* (ἐνταῦθ᾽) *utique erit* (ἂν εἴη) *alicubi et quod divinum, et hec* (sc. *natura*) *utique erit* (ἂν εἴη: ἂν εἴ [sic] J) *primum et principalissimum principium*. εἰ = *si* wäre hier nicht möglich, εἴη ergibt sich sofort wegen des vorangehenden ἂν und der kurz vorher, syntaktisch parallel gebrauchten Formel ἂν εἴη und ist bereits durch den Akzent in J (εἴ) vorgegeben.

1065 b 25: Die Lesart von J ist syntaktisch abwegig. Eine Konjektur ergibt sich sofort aus der Satzkonstruktion und der Wiederholung der Formulierung *non enim idem* (ταὐτὸ: τ᾽αυτῶι J) . . . ., *quoniam si idem* (ταὐτὸ J) . . . .: *non est autem idem* (ταὐτὸ J. vulg.).

1066 b 27: Die Lesart von J ist korrupt und unübersetzbar. Der Satz lautet in J: οὔτε γὰρ σύνθετον οἷον ὑειέναι [sic] οὔθ᾽ ἁπλοῦν. Ein Übersetzer war hier gezwungen zu konjizieren oder mit Hilfe eines anderen Textes zu korrigieren: *neque enim compositum possibile esse* (οἷόν τ᾽ εἶναι vulg.) *neque simplex*. Obwohl die Formel οἷόν τ᾽εἶναι geläufig ist, und die Verschreibung in J auf ein εἶναι in der Vorlage hindeutet, ist die Konjektur hier vielleicht nicht ganz so naheliegend wie in den oben angeführten Fällen. Sicher ist nur, daß ein Übersetzer die Lesart von J weder weglassen noch wiedergeben konnte, sondern eine geeignete Korrektur finden mußte.

Welche Beobachtungen lassen sich an Hand dieser Aufstellung der Abweichungen machen, und welche Folgerungen kann man daraus ziehen hinsichtlich der Frage, ob die Differenzen in g gegenüber J auf den Übersetzer selbst zurückgehen, auf seine möglichen Fehler, Konjekturen und Korrekturen, oder auf eine dazwischenliegende Abschrift und deren Abweichungen und Textänderungen gegenüber ihrer Vorlage?

Was zuerst ins Auge fällt: Es gibt zwei und nur zwei Arten von Differenzen, nämlich einerseits individuelle Fehler (bzw. Abweichungen) von g gegenüber „guten" und mit der übrigen griechischen Tradition (und der Textentscheidung der modernen Editoren) übereinstimmenden Lesarten von J — es sind die in der 1. Liste aufgeführten Differenzen —; andererseits Konjekturen oder Korrekturen in Übereinstimmung mit anderen griechischen Textzeugen (und der Textentscheidung der modernen Editoren) gegenüber Fehlern von J — es sind die in der 2. Liste aufgeführten Differenzen. Es gibt jedoch kein fehlerhaftes Zusammengehen von g mit einer anderen griechischen Textüberlieferung gegen offensichtlich einwandfreie Lesarten von J. Alle Übereinstimmungen mit anderen Handschriften oder einer anderen Textüberlieferung sind Korrekturen oder Konjekturen gegenüber einer fehlerhaften Lesart von J.

Betrachten wir zunächst die erste Liste, die „Fehler" von g gegenüber guten Lesarten von J. Als eigentlicher Fehler auszuscheiden ist auf jeden Fall 1068b12, da es sich hier um eine durch einen vorangegangenen Fehler von J notwendig gewordene Konjektur handelt (ob durch eine hypothetische Abschrift oder durch den Übersetzer selbst, sei dahingestellt), sicherlich auch 1064b9, da die lateinische Sprache hier eine Änderung (Adjektiv in Adverb) verlangte. Auch 1066b21 ist möglicherweise kein „Fehler", sondern absichtliche Interpretation. Es bleiben also sieben, höchstens acht Fehler in dem relativ langen Buch K (1059a17—1069a14). Diese Zahl erscheint bereits zu gering, um neben der Fehlerquelle, die der Übersetzer selbst darstellt, noch eine zweite Fehlerquelle, die einer Abschrift, anzusetzen.

Aufschlußreich ist außerdem die Art der Abweichungen. Auslassungen eines einzelnen Wortes überwiegen in auffälliger Weise die übrigen Abweichungen; innerhalb der Auslassungen überwiegen wiederum in derselben Weise die Auslassungen von Hilfsverben, d. h. der Kopula oder eines kopulativen Verbs. Dies läßt sich sehr gut erklären, wenn man an die möglichen Fehler denkt, die einem Übersetzer unterlaufen können. Er wird eher einzelne Worte, und zwar solche, die im Sinnzusammenhang nicht unbedingt notwendig sind, übersehen oder vergessen niederzuschreiben, als Lesefehler machen, die ihm in den meisten Fällen auffallen müßten, weil sie die Syntax oder den Sinn stören. Wir finden dies auch in anderen Übersetzungen Moerbekes. Im I. Buch des Alexanderkommentars zur Meteorologie ist sechsmal die Kopula, viermal ein anderes kopulatives Verb ausgefallen, in De Int. sind unter 13 Auslassungen eines einzelnen Wortes 8 Auslassungen der Kopula[34]. Solche Auslassungen wurden bisher im allgemeinen der — rekonstituierten — griechischen Vorlage Moerbekes

---

[34] Vgl. die griechisch-lateinischen Apparate in den beiden oben [Anm. 4] zitierten Ausgaben.

zugeschrieben. Man muß jedoch fragen, ob hier nicht eher oder ebensogut typische Übersetzungsflüchtigkeiten vorliegen, und im Fall der Kopula vielleicht sogar eine gewisse Eigentümlichkeit, sie auszusparen. Dies würde im übrigen zu der merkwürdigen Sorgfalt passen, mit der Moerbeke im Revisionsteil unserer Übersetzung die in seiner lateinischen Vorlage häufig gegenüber dem griechischen Text zugefügte Kopula entfernt hat[35].

Die übrigen Abweichungen, die auf eine mögliche Abschrift zurückgehen könnten — es sind ja insgesamt nur vier —, müssen oder können, bis auf eine Ungenauigkeit in der Tempusbildung (1061a27), wie wir bereits gesehen haben als übersetzungsbedingt (1064b9) oder als durch den Kontext veranlaßte Konjekturen des Übersetzers verstanden werden (1066b21 1068b12). Weder Zahl noch Art der individuellen Abweichungen befürworten die Hypothese einer zwischen J und g liegenden Abschrift.

Betrachten wir die zweite Liste. Sämtliche Abweichungen gegenüber Lesarten von J sind Korrekturen von Fehlern in J, und zwar, mit Ausnahme einer Abweichung in der Tempusbildung (1062a5), von Fehlern, die den Text grammatisch, syntaktisch oder im unmittelbaren Argumentationszusammenhang auffallend stören. Die Korrekturen können in den meisten Fällen durch sehr naheliegende Konjekturen gewonnen sein, sie können natürlich auch, alle oder einzelne darunter, auf einen Vergleich mit einer anderen griechischen Textüberlieferung zurückgehen. Es ist jedoch nicht ersichtlich auf welchen spezifischen Überlieferungszweig, da es sich meistens um Übereinstimmungen mit dem vulg.-Text handelt. Eine ganz leichte Nähe könnte man durch 1063b18 (falls man diese Abweichung nicht für eine Konjektur oder übersetzungsbedingt hält) und 1062a5 zum Alexander-Kommentar (= Ps.-Alexander) feststellen. Diese Frage soll jedoch zunächst noch nicht untersucht werden.

Entscheidend ist die Feststellung, daß die Korrekturen solche Fehler von J betreffen, die mit dem Kontext in keiner Weise zusammenpassen und außerdem durch Konjektur leicht zu heilen waren. Wenn sich hier bereits ein bestimmter methodischer Zug abzeichnet, so können wir doch erst dann ein vollständiges Bild erhalten, wenn wir auch die Komplementär-Stellen, nämlich diejenigen, in denen Fehler von J, und insbesondere individuelle Fehler von J, unverändert wiedergegeben wurden, im Kontext betrachten und beurteilen. Wir haben bereits an den in J selbst korrigierten Stellen gesehen, in welcher Weise in der Übersetzung die Auswahl von Alternativvarianten durch den Sinnzusammenhang des umliegenden Textes bedingt ist, daß Fehler von J¹ gegen gute Korrekturen von J² übernommen wurden an Stellen, an denen die Korrektur wegen voraufgehender oder nachfolgender Fehler von J nicht verständlich werden konnte, daß das

---

[35] Vgl. z. B. in dem oben, S. 106—107, angeführten Text die Streichungen der Kopula 1076a 13, 14, 32.

Schwanken zwischen J¹ und J² in solchen Fällen festzustellen war, in denen
beide Lesarten einen möglichen Sinn ergaben. Wenn wir nun unter den
oben (S. 126–127) aufgeführten Übereinstimmung zwischen g und individuellen Lesarten von J diejenigen Stellen in Buch K untersuchen, an
denen in J eine einzige fehlerhafte Lesart vorliegt – sei es, daß J nicht
korrigiert ist, sei es daß J² ein in J¹ ausgelassenes Textstück fehlerhaft korrigierte –, so können wir feststellen, daß keine dieser Stellen in direktem
syntaktischen oder gedanklichen Widerspruch zum Kontext steht, daß
einige von ihnen natürlich Deteriorierungen des Textes bewirken, ihn jedoch nicht unverständlich machen, und daß gerade in diesen Fällen eine
Korrektur durch Konjektur nicht ganz leicht zu finden ist. Es würde zu
weit führen, dies hier für jeden einzelnen Fall darzustellen, es läßt sich
leicht an Hand des griechischen Textes nachprüfen. Hier sei nur ein Beispiel
herausgegriffen:

1059b1–2 lautet der Aristotelische Text nach der vulg.-Lesart εἰ γὰρ περὶ ἄλλας,
ἢ περὶ τὰ εἴδη εἴη ἂν ἢ περὶ τὰ μαθηματικά: „denn wenn [die gesuchte Wissen-
schaft] über andere [als die sinnlichen] Dinge [handelt], dann würde sie entweder
über die Ideen oder über die mathematischen Dinge sein [handeln]". Die Übersetzung Moerbekes nach J: *Si enim circa alias, aut circa species, aut si sint* (ἢ ἂν ἦι J²:
om. J¹: εἴη ἂν ἢ vulg.), *circa mathematica*; „denn wenn sie über andere Gegenstände [handelt], dann entweder über die Ideen, oder, wenn es sie gibt, über die
mathematischen Dinge". Durch den Fehler von J ist der Text natürlich verändert,
aber keineswegs unzusammenhängend, widersprüchlich oder unverständlich; er
zwingt nicht zur Korrektur, die sich im übrigen hier durch Konjektur nicht ohne
weiteres ergibt.

Der Vergleich mag zeigen, daß die und nur die Fehler von J in g korrigiert sind, die den Text so verderben, daß er im unmittelbaren Satzzu-
sammenhang syntaktisch oder gedanklich unverständlich oder inkohaerent
wird, und daß sich in den meisten Fällen diese Korrekturen durch naheliegende Konjektur finden lassen. Die in der 2. Liste angeführten Abweichungen stellen also diejenigen Änderungen dar, zu denen jemand, der
einerseits den Text der Handschrift möglichst getreu abbilden will, der aber
andererseits den Text gedanklich verfolgen und in syntaktisch und logisch
verstehbarer Form wiedergeben muß, gezwungen ist. Diese Änderungen
gehen sicher nicht auf einen gewöhnlichen Kopisten zurück. Wenn man sie
dem Übersetzer sozusagen nicht gönnen möchte, dann könnte man sie
höchstens einem Leser oder Korrektor einer hypothetischen Abschrift,
deren Annahme jedoch bereits fraglich erschien, zuschreiben. Dies ist aber
ebenfalls eher unwahrscheinlich, denn hier sind, wie wir gesehen haben,
weder gelegentlich Varianten eingedrungen, noch ist systematisch eine
andere Überlieferung verglichen worden. Es ist sehr viel plausibler anzunehmen, daß die Korrekturen vom Übersetzer stammen.

Die Bücher α−I, Λ (Revision) und M, N (Neuübersetzung):

Die in Buch K gewonnenen Feststellungen gelten in ähnlicher Weise für die übrigen Bücher. Wir haben, sowohl im Revisionsteil wie in den beiden anderen, neu übersetzten Büchern die gleiche Zweiteilung der Differenzen, die man in K beobachten konnte: einerseits individuelle Abweichungen von g gegenüber „guten" Lesarten von J, andererseits Korrekturen in Übereinstimmung mit Lesarten anderer griechischer Überlieferungszweige − meistens auch mit der Textentscheidung der modernen Editoren − gegenüber fehlerhaften oder zum mindesten problematischen Lesarten von J. Es gibt, − bis auf eine Ausnahme[36] − keine fehlerhaften Übereinstimmungen mit anderen griechischen Handschriften gegen „gute" Lesarten von J. Da man die Differenzen, wie sich gezeigt hat, im Zusammenhang des umliegenden Textes untersuchen muß, würde eine vollständige Darstellung hier zu weit führen. Ich gebe daher nur die Stellen an und greife einzelne Gesichtspunkte und einzelne Beispiele heraus, die die in K gewonnenen Erkenntnisse unterstützen, ergänzen oder modifizieren.

1. Individuelle Abweichungen

α−I, Λ (Revision): 1027a4 συνέβη J(vulg.): *accidit* a: *accidens* g   1033a11 λέγεται J(vulg.): *dicitur* a: *dicimus* g   1047a4 πῶς J(vulg.): *quomodo* a: *aliqualiter* g   1049a6 βουληθέντος J(vulg.): *volente* a: *volitum* g   1051b19−20 ὅταν ... ἐὰν J(vulg., exc. A^b): *quando ... si* a: *quando ... quando* g[37]

M, N (Neuübersetzung): 1076b16 πάλιν J(vulg.): *palam* g   1076b37−39 παρ' − ἀριθμῶν J(vulg.): om. g   1077a20 ποτ' J(πότ' vulg.): *qualiter* g   1078 a31 καλὸν J(vulg.): *malum* g   1079b10 εἶναι J(vulg.): om. g   1080b22 τὸν τῶν εἰδῶ J(vulg.): *eorum qui specierum* g   1081b31 εἶτ' J(vulg.): *sive* (εἴτ') g   1082a2 ἡ δεκάς J(vulg.): om. g   1082a24 μονάδας J(vulg.): *du-*

---

[36] Siehe unten, S. 145, 1092b21.

[37] Außer den hier angeführten Differenzen gibt es noch eine individuelle Abweichung im Revisionsteil, die jedoch sicherlich nicht auf eine von J verschiedene griechische Variante zurückzuführen ist: 1041a2 ᾔδειμεν J (vulg., edd.): *iocundamur* [sic] a: *videremus* g. Die selten vorkommende Form hat offensichtlich beiden Übersetzern Schwierigkeiten gemacht. Moerbeke, der die gleiche Form in seiner De Fato-Übersetzung durch griechische Buchstaben wiedergibt (vgl. die oben, Anm. 4, zitierte Ausgabe, 98.96), sie also offenbar nicht übersetzen kann, hat sie hier von der Bedeutung εἶδον, nicht von der Bedeutung οἶδα, abgeleitet, was durch eine kurz vorher und im Zusammenhang parallel gebrauchte Form von ὁράω (1041a1 ἐωράκειμεν: *videremus* a g) zu einer sinnvollen Wiedergabe des Textes führt: *quamvis utique si nos videremus* (ἐωράκειμεν) *astra, non minus, existimo, forent substantie sempiterne preter eas quas nos videremus* (ᾔδειμεν); es ist auch zu berücksichtigen, daß hier das Wort *scio*, das Moerbeke im allgemeinen für οἶδα verwendet, schlecht passen würde, und daß *video* außerdem eine übertragene Bedeutung von geistiger Wahrnehmung hat. Es scheint mir abwegig, annehmen zu wollen, daß Moerbeke hier εἴδωμεν oder εἴδομεν (vgl. Ross, app. ad loc.!) gelesen haben soll.

alitates g　　1084a25 ἄνθρωπος J(vulg.): *numerus* g　　1084b6 ὁ δ' ὡς εἶδος
J(vulg.): om. g　　1091b6 ἤ ὠκεανόν J(vulg.): om. g　　1091b9 μὴ J(vulg.):
om. g　　1092a26 οἱ δὲ J(vulg.): *neque* (οὐδὲ) g　　1093a7 καὶ ἴσους J(vulg.):
om. g　　1093b7 επαι νουμέναι [sic] J (ἐπαινούμεναι vulg.): *septennate* g

　　Die Zahl dieser Abweichungen ist gering. Sie entspricht in den beiden
neuübersetzten Büchern M und N (insgesamt 16) relativ zum Textum-
fang der in K festgestellten Zahl (10). Im gesamten Revisionsteil gibt es
jedoch nur 5 individuelle Fehler, d. h. nur fünf Stellen, die darauf zurückgeführt werden können, daß Moerbeke eine von der guten Lesart der
Handschrift J ebenso wie von derjenigen seiner lateinischen Vorlage abweichende Lesart entweder gesehen (Hypothese einer dazwischenliegenden
Abschrift) oder verlesen oder „konjiziert" hat (Hypothese von J als unmittelbarer Vorlage Moerbekes). Auffällig ist außerdem, daß sich
Auslassungsfehler (insgesamt 6) nur in den neuübersetzten Büchern finden.
　　Diese Tatsache und ein bloßer Vergleich der Fehlerzahlen kann aber bereits dazu beitragen, zwischen den beiden Hypothesen abzuwägen. Der
Vergleich, in den wir hier auch K mit einschließen, soll an Hand der folgenden Tabelle erläutert werden:

		Revision α−I, Λ	Neuübersetzung K, M, N
A	In g übernommene Sonderfehler von J:	56	54
	davon Auslassungsfehler　　　　　　　:	5	8
B	Individuelle Sonderfehler in g (d. h. Sonderfehler einer Abschrift von J oder des Übersetzers)　　　　　　　　:	5	25
	davon Auslassungsfehler　　　　　　　:	−	13

　　Es sei vorausgeschickt, daß der bloße Umfang der beiden Textteile –
Revision und Neuübersetzung – und dessen gegenseitiges Verhältnis für
den Vergleich keine Rolle spielt; der Umfang des Revisionsteils, der als
solcher zwar mehr als dreimal so groß ist wie der der drei neuübersetzten
Bücher, ist hinsichtlich der Moerbekeschen Textelemente, da in ihm nur die
Änderungen in Betracht kommen, erheblich geringer als der Umfang der
drei übrigen Bücher zusammen. Ich beziehe mich hier jedoch nicht auf den
absoluten Umfang der beiden Textteile, sondern auf die Zahl der im einen
und anderen Teil des Moerbekeschen Textes enthaltenen Sonderfehler von J
einerseits (d. h. der oben, im 3. Abschnitt, angeführten Übereinstimmungen von g mit individuellen Fehlern von J), auf die Zahl der darüber hinaus
im einen und anderen Textteil enthaltenen zusätzlichen Sonderfehler (d. h.

die Fehler einer Abschrift von J oder des Übersetzers selbst) andererseits, und ich vergleiche das Verhältnis der Sonderfehler von J in g zwischen Revision und Neuübersetzung einerseits (Spalte A) mit dem Verhältnis der zusätzlichen, individuellen Sonderfehler in g zwischen Revision und Neuübersetzung (Spalte B) andererseits. Diese beiden Verhältnisse sind nun, wie man aus der Tabelle ablesen kann, in ganz auffallender Weise voneinander verschieden. In der Spalte A haben wir (ca.) 56 Sonderfehler von J im Revisionsteil Moerbekes, (ca.) 54 im Neuübersetzungsteil, d.h. ein Verhältnis von etwa 1:1. In der Spalte B haben wir 5 zusätzliche, individuelle Sonderfehler im Revisionsteil, 25 im Neuübersetzungsteil, d.h. ein Verhältnis von 1:5. Eine entsprechend große Differenz besteht hinsichtlich der Auslassungsfehler, die sich jedoch nicht in Proportionszahlen ausdrücken läßt, da hier im Revisionsteil gar keine individuellen Auslassungsfehler zusätzlich zu denen von J vorkommen. Auffallend ist darüber hinaus im Neuübersetzungsteil (was wir schon in K bemerkt hatten) der hohe Anteil an Auslassungsfehlern innerhalb der zusätzlichen Sonderfehler in g — 13 von 24 —, d.h. in Verhältniszahlen 1:2, gegenüber dem entsprechenden Verhältnis innerhalb der von J in g übernommenen Fehler — 8 von 54 —, d.h. in Verhältniszahlen 1:7.

Wenn wir annehmen, daß die zusätzlich zu J enthaltenen individuellen Fehler in g (Spalte B) auf eine zwischen J und g liegende Abschrift zurückgehen, so ist die hier vorgefundene Sachlage unverständlich. Wenn man annimmt, daß Moerbeke für seine Übersetzung — Revision und Neuübersetzung — eine Abschrift von J benutzte, so muß man natürlich voraussetzen, daß diese ihre Fehler nicht nur ausgerechnet in den von Moerbeke neuübersetzten Büchern K, M, N, gemacht hat, sondern in ungefähr ähnlicher Zahl und Art auch in den übrigen Büchern; Moerbeke konnte aber natürlich nicht zwischen den individuellen, zusätzlich zu J gemachten Fehlern dieser Abschrift (Spalte B) und denen, die sie von J überliefert hat (Spalte A) unterscheiden; es gäbe also keinen Grund, warum im Revisionsteil die Sonderfehler dieser Abschrift nicht in etwa dem gleichen Verhältnis hinsichtlich der Neuübersetzung erscheinen sollten (d.h. etwa 1:1), wie die von J übernommenen Sonderfehler. Dasselbe gilt insbesondere auch für die Auslassungsfehler. Es ist unverständlich, warum Moerbeke im Revisionsteil nur bei Auslassungsfehlern von J selbst den Text seiner lateinischen Vorlage getilgt haben soll (die hier übernommenen Auslassungsfehler sind ja ausdrückliche Streichungen gegenüber der lateinischen Vorlage), jedoch nicht bei Auslassungsfehlern der Abschrift von J, da er doch nicht zwischen den beiden verschiedenen Fehlerquellen unterscheiden konnte.

Wenn man jedoch umgekehrt annimmt, daß die zusätzlich zu J in g enthaltenen individuellen Fehler (Spalte B) auf den Übersetzer zurückgehen, so ist der Textbefund verständlich. Da Moerbeke seine Korrekturen in ein Exemplar der Translatio Anonyma eingetragen hat, konnten im Revisionsteil keine Auslassungsfehler durch Überlesen oder Flüchtigkeit bei der Niederschrift des Textes vorkommen. Umgekehrt ist im Neuübersetzungsteil das hohe Verhältnis von Auslassungsfehlern zu übrigen Fehlern bei den individuellen Fehlern von g (1:2) gegenüber dem davon sehr verschiedenen Verhältnis innerhalb der von J übernommenen Sonderfehler (1:7) erklärlich: es sind gerade Auslassungsfehler (Überlesen oder Vergessen niederzuschreiben), und zwar die von einzelnen Worten, die beim Übersetzen am leichtesten passieren und am ehesten unbemerkt bleiben konnten. Auch Verlesungsfehler oder Fehlkonjekturen (die in M und N vorkommen) konnte er im Revisionsteil kaum begehen, da er ja ständig zwei Texte — den lateinischen und J — miteinander verglich, während in den neuübersetzten Büchern die Hilfe durch den lateinischen Text wegfiel. Die große Differenz der beiden Fehler-Verhältnisse zwischen Revisionsteil und Neuübersetzung (1:1 übernommene Sonderfehler von J, 1:5 zusätzliche individuelle Fehler) ist unter dieser Voraussetzung einleuchtend.

In der Tat handelt es sich auch bei den fünf „Fehlern" im Revisionsteil nicht um Verlesungs- oder Flüchtigkeitsfehler; in einem Fall liegt eine intelligente Konjektur vor, die durch einen vorausgegangenen Fehler von J — der sich im übrigen auch in a befindet — bedingt ist:

1047a3–4 ὅταν παύσηται, οὐχ ἕξει τὴν τέχνην, πάλιν δ' (ὃ J: ὁ E: οὖν Eˢ) εὐθὺς οἰκοδομήσει πῶς λαβών vulg., Ross, Jaeger: *quando quiescet, non habebit artem, iterum quod* (ὃ J) *statim edificabit quomodo accipiens* a: *quando cessaverit, non habebit artem, iterum qui* (ὃ [= ὅς] J) *statim edificabit aliqualiter* (πως coniec. g: πῶς J, vulg.) *accipiens* g. — Im Textzusammenhang ist klar, daß es sich hier nicht um das, was jemand bauen wird (*quod edificabit*, wie a übersetzt), handeln kann, sondern nur um den, der bauen wird. Die richtige Lesart δ' ist auf der Basis des Textes von J (ὃ) durch Konjektur schwer zu finden. Die einzig mögliche Weise, die fehlerhafte Lesart von J sinnvoll im Text unterzubringen, ist, sie als erste Person des Relativpronomens zu verstehen, wie Moerbeke dies getan hat: ὃ [= ὅς] = *qui (edificabit)*. Das kurz darauf folgende Fragewort πῶς, das ohnehin schon in komplizierter syntaktischer Struktur angeschlossen ist (cf. Bonitz, Ross, comm. ad loc.), ist aber nur im Zusammenhang mit der Lesart δ' sinnvoll: durch die Relativkonstruktion ὃ οἰκοδομήσει = *qui edificabit* (das gilt ebenso für ὃ = *quod*) bezieht sich nämlich das Wort πάλιν = *iterum* nicht mehr auf das Verb οἰκοδομήσει, sondern auf die Gruppe πῶς λαβών; da keine andere Frage vorherging, ist das unverständlich. Die einzig mögliche und dem Sinn wieder nahekommende Interpretation ist die von Moerbeke hier angebrachte Änderung auf Grund einer Akzentkonjektur: *aliqualiter* (πως) statt *quomodo* (πῶς). Jetzt lautet der ganze Satz: „Wenn es unmöglich ist, solche Künste (wie die Baukunst) zu besitzen, ohne sie irgendwann zu lernen, und sie nicht zu besitzen, ohne sie einmal verloren zu haben, so wird [nach Meinung der Megariker], wenn jemand aufhört, die Tätigkeit auszuüben, er die Kunst nicht haben, wiederum, wer sogleich danach bauen wird, sie auf irgendeine Art erwerben".

Was die übrigen vier Stellen angeht, so ist es sehr viel wahrscheinlicher, daß wir es hier, bedingt durch den Textzusammenhang, mit Fällen von

„freier" Übersetzung zu tun haben, als daß sie Schreib- oder Lesefehler des Griechischen repräsentieren. Sie müßten daher eigentlich, wenn man das zugibt, ebenso wie der in Anm. 37 angeführte Fall, aus der Liste der Differenzen gestrichen werden. Es sei nur ein Beispiel angeführt:

1049a6−7 ὅταν βουληθέντος γιγνήται μηθενὸς κωλύοντος τῶν ἐκτός J(vulg. edd.): *quando volente fit nullo exteriorum prohibente* a: *quando volitum fit nullo exteriorum prohibente* g. − Aristoteles gibt hier die Bedingungen an, die dafür nötig sind, daß ein Vernunftprodukt (etwas auf Denkkraft Beruhendes) aus dem Vermögen in die Wirklichkeit übergeht: es muß (erstens) auf Grund eines Wollens bzw. eines Wollenden (βουληθέντος) geschehen, und (zweitens) darf kein äußeres Hindernis vorhanden sein (μηθενὸς κωλύοντος . . .). Die sehr verkürzte Ausdrucksweise verführt durch die syntaktisch parallel gebrauchten ablativischen Genitive der beiden Partizipien, ganz besonders in der wörtlichen lateinischen Wiedergabe von a (*volente . . . nullo exteriorum prohibente*), dazu, *prohibente* auf *volente* zu beziehen, was natürlich zur Sinnentstellung des Textes führen würde. Moerbeke hat hier sicherlich weder eine andere Variante (βουλόμενον [!]) gelesen noch verlesen, sondern hat durch eine intelligente Änderung (*volente fit = volitum fit*) bewirkt, daß die syntaktische Mißinterpretation ausgeschlossen wurde und der Sinn klar und eindeutig wiedergegeben ist.

Die Lage, die sich bei der Untersuchung der individuellen Abweichungen in Buch K gezeigt hatte, finden wir im Revisionsteil wieder: Zahl und Art der individuellen Abweichungen unterstützen die Hypothese einer Abschrift nicht, sondern weisen eher auf den Übersetzer selbst hin.

Betrachten wir die individuellen Fehler bzw. Abweichungen in den Büchern M und N. Unter den Auslassungsfehlern haben wir hier eine − die einzige − längere Auslassung (1076b37−39). Sie ist durch Homoioteleuton bedingt. Die beiden gleichlautenden Worte, die die Auslassung verursacht haben (ἀριθμῶν 1076b36, 39) stehen in der Handschrift J (mit einer dazwischenliegenden Textzeile) genau untereinander; das Überspringen läßt sich von daher einfach erklären. Auf der anderen Seite verursacht das Fehlen des übersprungenen Stückes, wie man sich am griechischen Text überzeugen kann, keine syntaktische oder gedankliche Inkohaerenz und konnte daher leicht unbemerkt bleiben. Die übrigen Auslassungen (insgesamt 6 in den beiden Büchern) lassen sich als Flüchtigkeitsfehler beim Lesen des griechischen oder Niederschreiben des lateinischen Textes verstehen. Sie sind jedoch gewichtiger als die Auslassungen in K, die fast nur die Kopula betrafen.

Auch die eigentlichen Abweichungen (insgesamt 9) erscheinen auf den ersten Blick schwerwiegender als in K. Aber wenn man den jeweiligen Textzusammenhang untersucht, findet man auch hier wieder − wenn auch fehlgehende, so doch offensichtlich überlegte Konjekturen, die mit einer Schwierigkeit des Textes zusammenhängen:

1077 a 20 καὶ ποτ᾽ J (πότ᾽ vulg., Ross, Jaeger): *et qualiter* (καὶ πῶς) g. – Eines der Aristotelischen Gegenargumente gegen die abgetrennte Existenz der mathematischen Dinge besagt, daß überhaupt nicht ersichtlich ist, wodurch (τίνι) die mathematischen – quantitativen, teilbaren – Größen Einheit haben könnten. Im griechischen Text der Handschriften ist an die Frage wodurch (τίνι) angeschlossen die Frage: καὶ πότ᾽. Diese zusätzliche Frage „und wann?" ist sehr merkwürdig und paßt nicht in den Zusammenhang. Es wird nach der Ursache, und natürlich nicht nach der Zeit der Einheit von mathematischen Größen gefragt. Bonitz hat daher τίνι καί ποτ᾽ = „wodurch auch in aller Welt" geschrieben, was jedoch durch das καί eine sprachliche Schwierigkeit enthält (cf. Ross, comm. ad loc.). Jaeger hält es für wahrscheinlich, daß hier eine Kontamination von verschiedenen Lesarten stattgefunden hat. Moerbekes Übersetzung *quo et qualiter* (πῶς) *erunt unum mathematice magnitudines* zeigt, daß er die Schwierigkeiten gesehen hat und so verstand, daß eine zweite zusätzliche Frage hier nur eine solche sein konnte, die dem Sinn nach der ersten entspricht. Seine Übersetzung hat sicherlich nicht den ursprünglichen Aristotelischen Text erschlossen, verrät aber eine intelligente Konjektur. (πῶς statt ποτ᾽ wäre auch in einer griechischen Handschrift an dieser Stelle kein Schreibfehler sondern eine Konjektur.)

Auch bei den Abweichungen 1078 a 31 1080 b 22 1082 a 24 1084 a 25 1092 a 26 könnte es sich um – zwar fehlgehende, aber absichtliche – Konjekturen handeln, die durch die Schwierigkeiten in der Argumentationsführung, der Syntax (1092 a 26), scheinbare Inkohaerenzen mit dem voraufgegangenen Text (1084 a 25) bedingt sind. Die Dunkelheit und Schwierigkeit der beiden letzten Aristotelischen Bücher, insbesondere die Sphären- und Zahlentheorie, die bis heute die Forschung vor Probleme stellt und sich, in Einzelheiten, dem Verständnis zu widersetzen scheint, mußte sich auch und gerade in einer Übersetzung bemerkbar machen und hier in höherem Maße zu Versuchen der Textadaption führen, als dies z. B. in Buch K der Fall war.

Als eigentliche Verlesung bzw. Akzentverwechslung, die jedoch den Sinn nicht wesentlich beeinflußt, ist sicherlich 1081 b 31 (εἴτ᾽ J: *sive* g) anzusehen. – Verlesung oder Fehlkonjektur dürfte für 1093 b 7 (επαι νουμέναι [sic.] J: *septennate* g) vorliegen: Die Verlesung von επαι in επτα ist bei der Schreibweise von J, die π und τ ineinanderzieht, das Fehlen des Akzents und die Worttrennung leicht möglich; das Wort „sieben" wird kurz vorher mehrmals im Zusammenhang mit der Pythagoreischen Zahlenlehre gebraucht, auf den siebenjährigen Rhythmus einiger Tierarten wird angespielt; das Wort ἐπαινέω kommt dagegen in der Metaphysik nur an dieser Stelle vor und ist auch sonst nicht sehr häufig. – Die Abweichung 1076 b 16 (πάλιν J: *palam* g) beruht dagegen wahrscheinlich nicht darauf, daß eine andere Variante gelesen oder verlesen (Fehler πάλιν – δῆλον ist unwahrscheinlich) oder konjiziert wurde, sondern darauf, daß zur Verdeutlichung statt des Wortes, das die Wiederholung bezeichnet, der zu wiederholende Terminus selbst eingesetzt wurde.

2. Abweichungen in Übereinstimmung mit anderen griechischen Textüberlieferungen

α-I,Λ (Revision): 1029a23 ἑκάστη J (EEˢ): *singula* a: ἑκάστῃ Aᵇ et alii, edd.: *unicuique* g   1049a28 τὸ εἶναι J (T): *esse* a: τῷ εἶναι vulg., edd.: *per esse* g   1058a18 ταῦτα δὲ εἴδει J: *ea vero specie* a: ταὐτὰ δὲ εἴδη vulg., edd.: *eadem vero specie* g[38]

M, N (Neuübersetzung): 1077a31 τίς J (vulg.): τις Al.ᵖ, edd., a: *quedam* g 1077b14−15 οὐδὲν J (Aᵇ): οὐδ᾽ ἐν vulg., edd.: *neque in* g   1080b3 τῶν μὲν . . . τὸν δὲ μὴ J: τὸν μὲν . . . τὸν δὲ μὴ vulg., edd., a: *hunc quidem . . . hunc autem non* g 1080b15 κεχωρισμένων JE¹Aᵇ: -ον E²Eˢ et alii, Al.ᵖ, edd., a: *separatum* g 1082b21 πλείω JEAᵇ: πλείων EˢEᵇ, recc., Al.ᶜ, edd., a: *amplior* g   1087a14 κἀληθές J: οὐκ ἀληθές vulg., edd.: *non verum* g   1088a25 εἰ J (vulg., Ross): ἢ εἰ Jaeger: ἢ Iᵇ, Al.ᵖ (Eˢ?): *aut* g   1092b21 οὐκ ἔτι J: οὐκέτι vulg., edd.: οὐκ ἔστιν EAl.ᶜ: *non est* g   1093b4 ἰσότης J (EAᵇEˢ): ἴσος recc. (Eᵇ²Iᵇ), edd.: *equalis* g

Es handelt sich, ebenso wie in Buch K, in fast allen Fällen um Korrekturen von fehlerhaften, den Zusammenhang störenden Lesarten von J. Es seien nur zwei Beispiele, das erste aus dem Revisionsteil, das zweite aus der Neuübersetzung, angeführt:

---

[38] Außer den hier angeführten Differenzen gibt es noch drei Stellen im Revisionsteil, an denen Moerbekes Übersetzung sowohl von seiner lateinischen Vorlage wie von der in J bezeugten Lesart abweicht, die jedoch nichts über eine von J verschiedene griechische Vorlage aussagen, sondern nur bezeugen können, daß Moerbeke hier − wie an vielen anderen Stellen, an denen er die lateinische Vorlage gegen Fehler von J ungeändert ließ − seine lateinische Vorlage hinsichtlich der von ihr bezeugten griechischen Lesart als Korrekturtext gegenüber seiner griechischen Vorlage benutzt hat: 1008b9−10 ταῦτά . . . ταῦτα Aᵇ, edd.: *ea . . . ea* a: *hec . . . hec* g: ταυτά . . . ταυτὰ JE. − Aristoteles argumentiert hier, im Zusammenhang mit dem Satz vom Widerspruch: Jemand, der meint, daß alle in gleicher Weise irren und die Wahrheit sagen, sagt überhaupt nichts, weil er zugleich „dieses und nicht dieses sagt", *hec et non hec dicit*, wie Moerbeke übersetzt. Es ist offensichtlich, daß hier die Lesart von J(E) ταυτά, verstanden als ταὐτά = „*eadem*", in der speziellen Form, in der hier der Aristotelische Gedanke ausgedrückt ist, beziehungslos ist; denn Aristoteles sagt hier nicht, wie an anderen Stellen, daß jemand dasselbe zugleich bejaht und verneint − in diesem Falle wäre ταὐτά sinnvoll −, sondern daß jemand zugleich etwas und dessen Verneinung behauptet. Die richtige Akzentinterpretation (ταῦτα) war für Moerbeke sofort durch den Terminus *ea* seiner lateinischen Vorlage zu erschließen, den er jedoch, wie immer, in den von ihm bevorzugten und genaueren Terminus *hec* ändert. − Dasselbe gilt an der Stelle 1030a32 ταῦτα vulg., edd.: *ea* a: *hec* g: om. J¹: ταὐτὰ J². − Die dritte Stelle ist auf die gleiche Weise zu erklären: 1047b32 τοῦ αὐλεῖν vulg.: *tibicinandi* a: *fistulandi* g: τοῦ λύειν J. − Aristoteles gibt hier als Beispiel eines durch Übung erworbenen Vermögens das Beispiel des Flötenspiels (τοῦ αὐλεῖν). Die Lesart von J, τοῦ λύειν „des Lösens", gibt keinen Sinn. Aus der lateinischen Vorlage, die *tibicinandi* hat, ist die offensichtlich korrekte Lesart gegenüber J sofort zu erschließen. Moerbeke ändert hier nur die lateinische Ausdrucksweise seiner Vorlage in *fistulandi*, entsprechend der von ihm stets für αὐλεῖν oder stammverwandte Wörter gebrauchten lateinischen Vokabel (vgl. die griechisch-lateinischen Indizes zu den folgenden, in Anm. 4 zitierten Ausgaben: Arist. Lat. XXXI 1−2, Rhet.; Alexandre, Comm. Météo.; Simplicius, Comm. Catég.; Thémistius, Comm. de l'âme).

1029a22−23 ᾧ [sc. τῇ ὕλῃ] τὸ εἶναι ἕτερον καὶ τῶν κατηγοριῶν ἑκάστῃ J (EE⁵): *cui est esse diversum et cathegoriarum singula* a: *cui est esse alterum et cathegoriarum unicuique* (ἑκάστῃ Aᵇ et alii, edd.) g. − Aristoteles spricht hier davon, daß es etwas gibt, von dem letztlich alle Prädikate ausgesagt werden (es ist die Materie gemeint: die anderen Kategorien werden von der Substanz ausgesagt, diese wird von der Materie ausgesagt) und dessen (d. h. der Materie) Sein verschieden ist von dem Sein jeder einzelnen der Kategorien. Das wird durch die Übersetzung der Translatio Anonyma, die der Lesart von JE entsprechend *singula* schreibt, nicht klar; es entsteht vielmehr ein zwar syntaktisch korrekter, aber unsinniger Satz, der besagt, daß für die Materie das Sein einerseits und jede einzelne der Kategorien andererseits etwas Verschiedenes sind. Moerbeke gibt hier mit dem Dativ *unicuique*, der parallel zu dem Dativ *cui* steht, die richtige Lesart (ἑκάστῃ), die sich in Aᵇ (und anderen Handschriften) findet und auch durch Konjektur leicht zu erschließen ist, und die nun, mit dem vorausgehenden und nachfolgenden gedanklichen Zusammenhang übereinstimmend sagt, daß das Sein für die Materie ein anderes ist als das für jede einzelne der Kategorien.

1087a14 ἔστι μὲν ὡς ἀληθὲς . . . ἔστι δ᾽ὡς κἀληθές J: *est quidem ut verum . . . est autem ut non* (οὐκ vulg., edd.) *verum* g. − Die Lesart von J, die eine Übersetzung „*est quidem ut verum . . . est autem ut et verum*" verlangt hätte, ist offensichtlich korrupt. Eine Textkorrektur ist notwendig. Die Aristotelische Formel *est quidem ut . . . est autem ut non* ist so geläufig, daß eine Konjektur οὐκ (*non*) statt κ᾽ fast selbstverständlich erscheinen muß.

Auch wenn man die anderen oben angeführten Stellen in ihrem Textzusammenhang untersucht, stellt man fest, daß die Änderungen gegenüber J dort angebracht wurden, wo die Lesart der Handschrift problematisch (z. B. 1088a25, vgl. die Konjektur von Jaeger, Bonitz, comm. ad loc.), unverständlich oder widersprüchlich im Kontext ist. Dies wird in der Liste bereits dadurch deutlich, daß die Version Moerbekes hier, bei wechselnden Übereinstimmungen mit je anderen Handschriften, in fast allen Fällen mit der Entscheidung der modernen Editoren gegen J, zum Teil auch gegen J und die gesamte direkte Überlieferung, identisch ist. Die einzige Ausnahme bildet 1092b21. Die Abweichung ist jedoch geringfügig, Verlesen von ἔτι in ἔστι leicht möglich, und eine zufällige Übereinstimmung mit der Lesart von EAl.ᶜ nicht auszuschließen, so daß man aus dieser Stelle allein keine Folgerungen hinsichtlich der Herkunft der Abweichungen von J ziehen kann.

Das Ergebnis von K scheint sich zu bestätigen: Es ist sicherlich auszuschließen, daß die hier angeführten Abweichungen auf die − hypothetische − Abschrift von J als solche zurückgehen, d. h. daß einem Kopisten durch genaues gedankliches Verfolgen des Textes diese Fehler von J aufgefallen sind, und er sie noch während bzw. vor der Niederschrift mit Hilfe einer anderen Überlieferung oder durch eigene Konjektur verbessert hat. Es kann sich nur um nachträgliche Korrekturen eines aufmerksamen Benutzers dieser − hypothetischen − Abschrift handeln oder um Korrekturen bzw. Konjekturen des Übersetzers selbst. Es scheint jedoch auch hier kein systematischer Vergleich mit einer anderen Überlieferung durch: die Korrekturen sind selten, es gibt keine eigentlichen Kontaminationen und in den Übereinstimmungen mit anderen griechischen Überlieferungszweigen gegen J wechseln ständig die Partner − falls nicht die gesamte Überlieferung vertreten ist −: g mit A^b gegen JEE^s, g mit E^s gegen JEA^b, g mit E^{b2}I^s gegen JEE^{s}A^b, g mit E und Al. gegen JE^{s}A^b usw. Die einzige Nähe, die sich eventuell finden läßt, ist die, die sich bereits in K angedeutet hatte, d. h. eine gewisse Verwandtschaft mit Lesarten des Alexander- (bzw. Ps.-Alexander-)Kommentars. In den meisten Fällen sind aber, von der griechischen Schreibweise oder dem syntaktischen Zusammenhang her, Konjekturen sehr naheliegend.

6. Übersetzerkorrekturen

Die Tatsache, daß der Übersetzer den Text hinsichtlich seiner griechischen Lesart beurteilt und an einigen fraglichen Stellen (nachträglich) korrigiert hat, haben wir bereits bei der Untersuchung seiner Auswahl zwischen Alternativvarianten an Stellen, an denen J selbst korrigiert war, festgestellt. Er hat dies aber auch an Stellen getan, an denen der Text der Handschrift J selbst unkorrigiert und eindeutig war. Es sollen drei Fälle angeführt werden, die eine solche Übersetzerkorrektur hinsichtlich einer griechischen Lesart von J nachweisen. Sie geben ein anschauliches Zeugnis von Moerbekes Arbeitsweise und liefern, wie ich glaube, den Schlüssel für die Beurteilung der bisher untersuchten Differenzen:

1057b7 (Revision): ἐκ γὰρ τοῦ γένους καὶ τῶν διαφορῶν τὰ εἴδη vulg., edd.: *ex genere et differentiis species* a: εἰ [sic] γὰρ τοῦ γένους etc. J: *si generis et differentiarum species* g-prius (*al' ex genere si generis et differentiarum species* Da): *ex genere enim et differentiis species* g-post. (cett.). − Moerbeke wollte offensichtlich hier zunächst seine lateinische Vorlage nach der Lesart von J (Sonderfehler von J) korrigieren, zum mindesten hat er die Lesart von J εἰ = *si* und die dementsprechende Rückänderung der beiden lateinischen Ablative von a in Genitive (*generis . . . differentiarum*) vorläufig notiert. Dieses Stadium ist durch Da erhalten bzw. zu erschließen. Die Lesart von J wird jedoch durch den darauf folgenden Text falsifiziert, da es zu dem Konditionalsatz der Version von J keinen Folgesatz gibt. Bei der Übersetzung bzw. Revision der folgenden Sätze mußte das auffallen. Moerbeke hat seine ursprüngliche Korrektur von a bzw. die von ihm zunächst parallel notierten, J entsprechenden Lesarten wieder rückgängig gemacht, den Text von a übernommen, jedoch das hier fehlende γὰρ = *enim* hinzugefügt. Dieses Stadium ist in den übrigen Handschriften erhalten. Ob ihm die lateinische Vorlage hier dazu gedient hat, eine sich im Kontext als inkohaerent erweisende Lesart von J, die er zunächst adoptiert hatte, wieder auszuscheiden, oder ob er die Bestätigung für seine lateinische Vorlage und gegen J aus einer anderen Quelle bezogen hat, läßt sich nicht entscheiden; das erstere ist wahrscheinlicher.

1062b28 (Neuübersetzung): ἐκ μὴ ὄντος λευκοῦ J (vulg., edd.): *ex non ente albo*
g-prius (Da): *ex non ente non albo* (ἐκ μὴ ὄντος μὴ λευκοῦ E γρ.) g-post. (cett.). –
In K 6, 1062b24–33 geht es um die Frage nach der Entstehung aus nicht-Seiendem. Aristoteles führt zunächst eine (Fehl-)Argumentation vor, die dazu führt,
daß einige annehmen, daß etwas aus nicht-Seiendem entstehen kann, und er gibt
dann anschließend einen Hinweis auf seine eigene, modifizierende und die Schwierigkeit beseitigende Lösung. Der Text der griechischen Handschriften ist jedoch in
den Zeilen 26–29, in denen die (Fehl-)Argumentation vorgeführt wird, offensichtlich korrupt, es ist ihm, in seiner überlieferten Form, kein Sinn abzugewinnen (vgl.
edd. ad loc.). Es gibt zwei Möglichkeiten, den Gedankengang wieder herzustellen
(vgl. Ross, comm. ad loc.). Die eine gibt die Argumentation in der klarsten Weise
wieder, sie erfordert jedoch einen größeren Eingriff in den überlieferten Text,
nämlich die Tilgung von mehreren Worten an zwei verschiedenen Stellen: es ist die
von den modernen Editoren angenommene Konjektur. Die Argumentation lautet
dann in abgekürzter Form (ich füge den abweichenden Text der Handschriften in
eckigen Klammern hinzu): „Weil Weißes nicht aus vollkommen Weißem und nirgends nicht-Weißem entsteht (d. h. weil Weißes aus in irgendeiner Weise nicht-
Weißem entsteht), [+ nun aber nicht-Weißes vorhanden ist *codd.*], so würde
Weißes [nicht-Weißes *codd.*] aus nicht-seiend-Weißem entstehen, und darum,
nach jenen, aus nicht-Seiendem". – Die zweite Möglichkeit besteht darin, den
vollständigen Text der Handschriften zu übernehmen; in diesem Fall muß jedoch
in Zeile 28 eine Negation hinzugefügt werden: es ist genau die oben angegebene,
von Moerbeke nachträglich hinzugefügte Negation. Die Argumentation lautet
dann: „Weil Weißes nicht aus vollkommen Weißem und nirgendwo nicht-Weißem
entsteht (d. h. weil Weißes aus in irgendeiner Weise nicht-Weißem entsteht), nun
aber nicht-Weißes vorhanden ist, so müßte nicht-Weißes (entsprechend umgekehrt)
aus nicht-seiend-nicht-Weißem (*non ente non albo* g-post.) [μὴ ὄντος λευκοῦ vulg.:
non ente albo g-prius] entstehen, und darum, nach jenen, aus nicht-Seiendem".
Der Gedankengang ist im Prinzip der gleiche, die Argumentationsweise, die zu der
(Fehl-)Schlußfolgerung führt, daß etwas aus nicht-Seiendem entsteht, ist etwas
komplizierter als bei der zuerst angegebenen Möglichkeit, der Eingriff gegenüber
dem überlieferten Text jedoch wesentlich geringer.

   Die Stelle zeigt, daß Moerbeke hier zunächst den Text von J übersetzte.
Dieses Stadium ist in Da erhalten (es handelt sich hier sicher nicht um
einen Auslassungsfehler von Da, da Da auch in allen anderen Fällen die
ursprüngliche Lesart Moerbekes bzw. die doppelten Lesarten erhalten hat).
Der in J – in Übereinstimmung mit der übrigen Überlieferung – an dieser
Stelle vorliegende Text ist grammatisch-syntaktisch scheinbar in Ordnung.
Der Sinnzusammenhang im Kontext ist jedoch verdorben. Einem Schreiber
konnte dies (wie die einheitliche handschriftliche Überlieferung zeigt)
wegen der komplizierten Argumentationsweise nicht ohne weiteres auffallen. Jemand, der den Text verstehen wollte und mußte, war jedoch,
genauso wie die modernen Editoren, zu einer Änderung gezwungen. Moerbekes Korrektur durch Zufügung einer Negation ist, wie wir gesehen
haben, die einzig mögliche Weise, den gegebenen Text vollständig zu
übernehmen und eine kohaerente Gedankenfolge wiederherzustellen. Die

Übereinstimmung mit der Graphetai-Lesart in E[39] ist daher nicht bindend. Eine spezifische Verwandtschaft von g mit E oder Graphetai-Lesarten in E war auch in den bisher untersuchten Differenzen zu J nicht ersichtlich und kann von dieser Stelle her nicht begründet werden. Es ist nicht auszuschließen, daß Moerbekes Korrektur auf eine Kommentar-Quelle zurückgeht — die gleiche, aus der die Graphetai-Lesart in E stammen würde —, es ist jedoch wahrscheinlicher, daß es sich um eine eigene Konjektur Moerbekes handelt.

1077b36—78a1 (Neuübersetzung): ᾗ δ' ἔστιν ὑγιεινόν, ἀλλ' ἐκείνου ᾗ ἐστὶν ἑκάστου, (+ εἰ J², Al.ᶜ) ὑγιεινὸν ὑγιεινοῦ J (vulg.): *inquantum autem est salubre, sed illius inquantum est uniuscuiusque, si* (= J²) *salubre salubris* g-prius (Da): *hec* (ἡ edd.) *autem est salubris* (ὑγιεινοῦ Eγρ., Al.ᶜ, edd.) *sed illius cuius* (οὗ Eᵇ² et alii, Al.ᶜ, edd.) *est unaqueque* (ἑκάστη Al.ᶜ, edd.), *si* (εἰ J²Al.ᶜ, edd.) *salubre salubris* g-post. (cett.). —

Der Text der gesamten Stelle ist in der Vulgata-Lesart unverständlich (vgl. Bonitz und Ross, comm. ad loc.). Es zeigt sich hier folgendes: Moerbeke hat den Text zunächst nach der Handschrift J, in der sich bereits eine — in der direkten Überlieferung sonst nicht belegte — Korrektur (die Zufügung von εἰ) befand, übersetzt. Dieses Stadium seiner Übersetzung ist in Da erhalten. Der Text ergab jedoch, trotz der Korrektur von J, keinen Sinn. Eine Verbesserung der Stelle war notwendig. Die Korrektur konnte jedoch, wie man sich am Text überzeugen kann, durch Konjektur kaum gefunden werden. Es ist offensichtlich, daß Moerbekes nachträgliche Version auf Ps.-Alexander bzw. eine mit diesem zusammenhängende Quelle zurückgeht. Die von Alexander zitierten Lesarten brachten bereits eine wesentliche Verbesserung des Textes. Es blieb jedoch eine korrupte Lesart zurück, die nun aber durch Konjektur leicht zu verbessern war; es genügte, das erste ᾗ als ἡ = *hec* zu lesen, um nun endgültig eine sinnvolle Interpretation des ganzen Satzes zu haben:

Et sicut et alias scientias simpliciter verum dicere huius esse, non accidentis (puta quia albi, si salubre album, hec autem est salubris) sed illius cuius est unaqueque, si salubre, salubris, si autem in quantum homo, hominis, — sic et geometriam g-post.: „So wie es von den anderen Wissenschaften gilt, daß sie von einem bestimmten Gegenstand handeln, nicht von dem was ihm zufällig zukommt (wie z. B. vom Weißen, wenn das Gesunde weiß ist, die Wissenschaft aber die Gesundheit zum Gegenstand hat) sondern von jenem, was der Gegenstand jeder einzelnen

---

[39] Die zitierte Graphetai-Lesart (Par. gr. 1853, f. 285ᵛ) steht in einer der zahlreichen und zum Teil langen Scholien, die von einer Hand des 13. Jahrhunderts(?) auf den Rändern des Textes in E notiert wurden. Die Frage der Quelle dieser Scholien ist noch nicht untersucht worden. Teile daraus wurden von Ch. A. Brandis, Scholia in Aristotelem, Berlin 1836, 518ff., zusammen mit Scholien anderer Hände, („cod. Reg.") veröffentlicht.

Wissenschaft ist; wenn das Gesunde ihr Gegenstand ist, vom Gesunden, wenn der Mensch insofern er Mensch ist, ihr Gegenstand ist, vom Menschen, – so gilt das auch von der Geometrie".

Es ist erstaunlich, wie Moerbeke hier, durch seine Korrektur im Zusammenhang mit dem Ps.-Alexander-Kommentar einerseits, durch seine zusätzliche eigene Konjektur – sie ist offenbar weder in der direkten noch in der indirekten (Kommentar-) Überlieferung bezeugt – andererseits, genau den Text hergestellt hat, den alle modernen Editoren an dieser Stelle gegen die direkte handschriftliche Tradition adoptiert haben.

Es handelt sich in diesen Beispielen, ebenso wie an einigen der oben angeführten Stellen, an denen J selbst zwei Lesarten aufwies, um nachträgliche Korrekturen des Übersetzers. Dies bedeutet jedoch nicht, daß Moerbeke die Korrekturlesart selbst erst nachträglich, d. h. in einem größeren zeitlichen Abstand zur Niederschrift der Übersetzung, gefunden und eingetragen hat; es bedeutet nur, daß seine Entscheidung für die Korrekturlesart und die Tilgung der fehlerhaften oder von ihm als fehlerhaft beurteilten Lesart erst nachträglich, d. h. in gewissem zeitlichen Abstand erfolgte. Es ist sogar eher wahrscheinlich, daß er die später endgültig adoptierte Lesart noch während der Niederschrift des Textes und vielleicht in den Text selbst eintrug, während er die ihm fehlerhaft scheinende, aber doch authentische Lesart am Rande notierte, und diese Randnotizen dann später ausradierte. Da, bzw. die Quelle aus der Da stammt, hat den Zustand der Übersetzung „in Arbeit", vor der endgültigen Entscheidung gesehen und hat möglicherweise in einigen Fällen die Randlesarten für Korrekturen des Textes gehalten und nur diese überliefert, in anderen beide Lesarten abgeschrieben. In Da sind nämlich auch in zwei Fällen vom Übersetzer (am Rande?) notierte griechische Worte zusammen mit dem lateinischen Terminus überliefert[40]. In dem Autograph der Archimedes-Übersetzungen hatte Moerbeke zunächst ziemlich häufig am Rande griechische Worte notiert, diese dann jedoch später zu einem großen Teil wieder ausradiert – sie sind heute durch ultraviolettes Licht lesbar –, wenn er sich für ein lateinisches Äquivalent der betreffenden Termini entschieden hatte[41]. Ein größerer zeitlicher Abstand zwischen ursprünglicher und Korrekturlesart wird jedenfalls durch den uns vorliegenden handschriftlichen Befund nicht bezeugt.

Es ist im übrigen auch nicht sicher, daß alle nachträglichen Korrekturen Moerbekes überliefert sind. Es ist durchaus möglich, daß sich unter den oben angeführten Differenzen zu J ebenfalls nachträgliche Textentscheidungen befinden, insbesondere im letzten Teil von M (ab 1084a5) und in

---

[40] 1068a7 *edentulum* νωδον Da: *edentulum* cett.; 1069a11 συμφυσισ *connascentia* Da: *connascentia* cett.

[41] M. Clagett, op. cit. [Anm. 4], 38–41, Liste B und C.

Buch N, da in diesem Textteil das Zeugnis der Handschrift Da fehlt[42], die in den übrigen Fällen jeweils die ursprünglich aus J übernommene Lesart allein oder neben der endgültigen Lesart erhalten hatte. Diese Fragen sind jedoch hier nicht entscheidend.

Entscheidend ist, daß wir in diesen nachträglichen und mit Sicherheit auf den Übersetzer zurückgehenden Korrekturen genau die Arbeitsweise bezeugt finden, die in der Untersuchung der Differenzen offenbar wurde, und daß sich weiterhin die einzige Verbindung zu einer von J abweichenden griechischen Textüberlieferung, die in der Untersuchung der Differenzen zum Vorschein kam – die Nähe zum Alexander-Kommentar oder einer mit diesem zusammenhängenden Quelle – hier sicher ausmachen läßt. In den angeführten Beispielen haben wir ein direktes Zeugnis dafür, 1. daß Moerbeke den Text seiner griechischen Vorlage hinsichtlich gewisser Lesarten korrigierte, 2. daß er ihn an Stellen korrigierte, an denen die Lesart syntaktisch oder gedanklich unverständlich war, 3. daß er ihn sowohl auf Grund eigener Konjektur wie auch mit Hilfe einer anderen Quelle korrigiert hat, 4. daß er für seine Korrektur den Alexander-Kommentar oder eine mit diesem zusammenhängende Tradition benutzt hat. Das Bild, das sich bei der Untersuchung der Differenzen abzeichnete, spiegelt sich hier wider, und die Annahme, sie als Korrekturen des Übersetzers anzusehen, wird von hier aus unterstützt.

7. Textkorrekturen in den Archimedes-Übersetzungen

Die hier am Text der Aristotelischen Metaphysik sichtbar gewordene Arbeitsmethode Moerbekes hinsichtlich der griechischen Lesarten seiner Vorlage ist, in Ansätzen, die gleiche, die in seinen Archimedes-Übersetzungen bezeugt ist, – in diesen späten, und mit einem technisch zuhöchst komplizierten Text konfrontierten Übersetzungen jedoch in erheblich größerem Umfang. Seine Mittel waren dort ebenfalls, nur in wesentlich größerem Ausmaße, Konjekturen; in einigen Schriften, von denen ihm zwei griechische Exemplare zur Verfügung standen, außerdem der Vergleich der beiden Textzeugen. Seine Zweifel hinsichtlich bestimmter Lesarten an schwierigen, unverständlichen oder ihm unklaren Stellen und seine dementsprechenden Konjekturen sind oft ausdrücklich formuliert, öfter noch stillschweigend gemacht, sie sind oft richtig, gehen bisweilen aber

---

[42] Da bringt ab 1084a5 nicht mehr den Text Moerbekes sondern den der Translatio Anonyma. Dies ist jedoch nicht darauf zurückzuführen, daß Da hier ein Stadium der Moerbekeschen Arbeit nach seiner Revision der Translatio Anonyma und vor der Neuübersetzung der letzten beiden Bücher repräsentierte, sondern auf Kontamination in der Handschrift Da oder ihrer Vorlage, da ein großer Teil der Neuübersetzung von Buch M (1079b9−1084a5) noch von Da überliefert ist.

auch fehl. Bereits I. L. Heiberg gibt in den Prolegomena der griechischen Archimedes-Edition eine ausgezeichnete Übersicht und Aufschlüsselung der ausdrücklichen und stillschweigenden, guten und fehlgehenden Konjekturen Moerbekes hinsichtlich der einen seiner beiden griechischen Vorlagen, der historisch identifizierbaren und aus Abschriften rekonstruierbaren Handschrift A[43]. Er zeigt an einer Reihe von Beispielen, wie Moerbeke – *rerum haud imperitus . . . rationemque demonstrationum non male adsecutus* – 1. offensichtlich fehlerhafte Lesarten von A auf griechisch oder durch deren lateinische Äquivalente am Rand seiner Übersetzung, – häufig mit der Bemerkung *falsum* versehen, – notiert, im Text dann eine – häufig richtige, manchmal fehlgehende – Konjektur durch eigene Übersetzung gibt, oder 2. im Text die falsche Lesart von A wiedergibt, am Rand dagegen, häufig mit der Bemerkung *forte*, seine eigene – oft richtige, manchmal falsche – Konjektur, oder 3. zunächst eine falsche Lesart von A wiedergibt, sie anschließend im Text selbst auf Grund einer guten Konjektur korrigiert, oder 4. eine in A fehlende Lesart ergänzt und auf den eigenen Zusatz am Rande mit der Bemerkung *supplevi* hinweist, oder 5. an einer Vielzahl von Stellen den fehlerhaften Text seiner Vorlage sofort und stillschweigend durch Konjektur ändert, meistens richtig, manchmal ebenfalls und auf andere Weise fehlerhaft, 6. auch unnötige und fehlerhafte Konjekturen macht. Die Beispiele Heibergs muß man an Hand der Edition von Clagett[44] verifizieren, sie sind jedoch in fast allen Fällen zutreffend. Die ganze Fülle der Konjekturen Moerbekes hinsichtlich des griechischen Textes – auf einer einzigen Seite seines Autographs (z. B. f.27ʳ) haben wir mehr als 10 Konjekturen gegenüber A[45] – kann man dem Vorwort und dem Kommentar Clagetts entnehmen. Ich gebe hier nur fünf Beispiele, die denjenigen Schriften entnommen sind, in denen Moerbeke nur eine einzige griechische Quelle, die Handschrift A, benutzt hat:

11 vP: Moerbekes griechische Vorlage hatte ουτω. Moerbeke notierte am Rand seiner Übersetzung: ουτω *forte* ουπω. Im Text schrieb er: *non nunc*[46].

25 vR: Moerbekes griechische Vorlage hatte, fehlerhaft, ος. Moerbeke schrieb zunächst *qui*, korrigierte dann aber, richtig, in *quod* [=ὅ][47].

36 vT: Moerbeke notierte den Text seiner griechischen Vorlage mit folgender Bemerkung am Rande: *falsum est* του καρκινω διαπειραζειν τασ απο του Κ ισα προσ το Κ, Z. Im Text schrieb er: *quam regula* [sic] *probare equales a K ad D* [sic], Z. Er konjizierte hier, fälschlich, *regula* (= κανονι, das kurz vorher gebraucht wurde) an Stelle

---

[43] I. L. Heiberg, op. cit. [Anm. 14], Bd. III, Prolegomena, XLIII–LXXIII, insb. XLVII–LI.

[44] M. Clagett, op. cit. [Anm. 4].

[45] M. Clagett, op. cit., 183–185, 470–471.

[46] M. Clagett, op. cit., 84, 387, 434.

[47] M. Clagett, op. cit., 176, 401, 468; I. L. Heiberg, op. cit., I, 60. 8.

von καρκινω, zweitens, richtig, D (= Δ) an Stelle von K. Die Randbemerkung wurde anschließend ausradiert[48].

39rL: Moerbekes griechische Vorlage hatte τω περιεχομενω. Moerbeke hat den Fehler bemerkt und übersetzt, richtig, *eum qui continetur* (= τὸν περιεχόμενον)[49]. Eine ebenfalls richtige Konjektur in umgekehrter Richtung (εφ᾽ ο A: = ἐφ᾽ ᾧ) hatte Moerbeke kurz vorher, 38 vG gemacht[50].

51vD: Moerbeke notiert am Rand die – richtige – Lesart seiner griechischen Vorlage: ανομοιωσ, die er offensichtlich für fehlerhaft hält. Er schreibt im Text: *utique similiter*, woraus hervorgeht, daß er irrtümlicherweise annahm, es hätte hier ἂν ὁμοίως stehen müssen[51].

Die von uns durchgeführte Interpretation der Differenzen zwischen Moerbekes Metaphysikübersetzung und Lesarten der Handschrift J konnte unter dem Aspekt der bisher üblichen Beurteilung solcher Abweichungen vom griechischen Text in den Übersetzungen Moerbekes gewagt erscheinen. Sie mag durch diesen Vergleich mit seinem Autograph der Archimedes-Übersetzungen eine äußere Rechtfertigung erhalten.

8. *J selbst die Vorlage von Moerbekes Übersetzung (?)*

(vgl. hierzu Korrekturzusatz auf S. 208)

Die Untersuchung der Übereinstimmungen von Moerbekes Übersetzung mit Sonderlesarten von J, insbesondere mit Sonderlesarten der verschiedenen Korrekturstellen in J selbst, hatte gezeigt, daß seine Vorlage entweder die Handschrift J selbst war oder eine direkte Abschrift von J. Es wurden beide Hypothesen an ihren unmittelbaren Folgen, nämlich an der entsprechend verschiedenen Erklärung der Herkunft der Differenzen geprüft. Bereits auf Grund der Übereinstimmungen hatte sich die Hypothese einer dazwischenliegenden Abschrift als fraglich erwiesen, denn man hätte annehmen müssen, daß diese hypothetische Abschrift, wenn sie nicht eine „Photokopie" von J gewesen sein sollte, in höchst überlegter und intelligenter Weise in einigen Fällen zwischen den Lesarten von J[1] und J[2] hätte auswählen, in anderen beide Lesarten erhalten müssen.

Die Untersuchung der Differenzen zwischen der Übersetzung und J hat sodann gezeigt, daß diese Differenzen die Hypothese einer Abschrift nicht, wie man zunächst vermuten sollte, unterstützen, sondern ihr vielmehr zu widersprechen scheinen, und daß umgekehrt die Annahme, daß die Differenzen auf den Übersetzer selbst zurückgehen, eine einheitliche, verständliche und geschlossene Arbeitsmethode zum Vorschein bringt, die

---

[48] M. Clagett, op. cit., 240, 408, 470; I. L. Heiberg, op. cit., I, 82. 24.

[49] M. Clagett, op. cit., 252, 501; I. L. Heiberg, op. cit., III, 108. 25.

[50] M. Clagett, op. cit., 249, 500; I. L. Heiberg, op. cit., III, 98. 4.

[51] M. Clagett, op. cit., 330, 420, 556; I. L. Heiberg, op. cit., I, 414. 1.

die Zahl, die verschiedene Verteilung und die Art der Differenzen erklärt, und die sowohl im Text der Metaphysikübersetzung selbst, durch nachträgliche eigene Korrekturen des Übersetzers, als auch von seinen späteren Übersetzungen her bezeugt ist.

Wenn man dieser Argumentation zustimmt, muß man schließen: Moerbeke hat sowohl für seine Revision wie für seine Neuübersetzung J selbst benutzt. Er hat versucht, alles, was er in J fand, so genau wie möglich wiederzugeben. Außer in Fällen, in denen es die lateinische Sprache notwendig machte, hat er nur selten freiere Übersetzungswendungen gewählt. Er hat aber seine griechische Vorlage nicht mechanisch übertragen, sondern hat an einigen korrupten, schwierigen und unverständlichen Stellen, und an solchen mit Alternativvarianten, den Text beurteilt und mit seinen Mitteln „ediert", um ihn zu übersetzen. Er hatte zwei Texthilfen: zunächst natürlich den lateinischen Text, den er korrigierte, der ihm aber andererseits auch als Gegenkorrektur bei offensichtlich fehlerhaften Lesarten von J diente; in diesem Text fehlte ohnehin Buch K, in dem ihm zur Verfügung stehenden Exemplar fehlten außerdem höchstwahrscheinlich fast das ganze Buch M und Buch N. Daneben hatte er offensichtlich die Möglichkeit, den Alexander-Kommentar oder eine mit diesem zusammenhängende Quelle einzusehen, und er hat diesen, in einem Fall sicher, in anderen möglicherweise, zu Hilfe genommen. – Zur Hauptsache waren seine Mittel jedoch das sehr genaue gedankliche Verfolgen des Textes und damit zusammenhängende Konjekturen. Unter diesen Konjekturen beruhen die Mehrzahl auf sehr einfachen Akzent- oder Spiritusänderungen, Änderungen der Wortzusammenschreibung oder Worttrennung – Änderungen, die ihm gerade durch seine direkte Bekanntschaft mit J erlaubt und vertraut sein mußten, da die Schreibweise von J ja schon von sich aus hier häufig zur Interpretation zwang –, Zufügungen oder Weglassungen eines Buchstabens, Änderungen von ω in ο oder umgekehrt. Daß er mit seinen Konjekturen nicht immer das Richtige traf, ist nicht verwunderlich. Es ist eher erstaunlich, wie häufig diese Konjekturen mit Textentscheidungen und Konjekturen der modernen Editoren zusammentreffen. Im Revisionsteil gibt es keine eigentlichen Fehler – außer einer zwar fehlerhaften, aber durch einen vorangegangenen Fehler von J bedingten Konjektur; in Buch K beschränken sich die eigentlichen Fehler fast ausschließlich auf Auslassungen einzelner Worte, und auch hierbei handelt es sich vorwiegend nur um die Kopula oder kopulative Verben. Eigentliche Fehler, d. h. Fehler, die man als Verlesungen oder Fehlkonjekturen zu Lesarten von J ansehen müßte, befinden sich nur in den letzten beiden Büchern. Sie lassen sich, wie ich glaube, durch die besondere Dunkelheit und Schwierigkeit dieser letzten beiden Aristotelischen Metaphysikbücher erklären.

Ich bin mir darüber im klaren, daß ein Versuch, auf indirektem Weg eine überlieferte griechische Handschrift als Quelle einer Übersetzung zu identifizieren, von vornherein abgelehnt werden kann: die Hypothese einer

Abschrift, die einer Photographie gleichkommt, läßt sich auf diesem Wege nicht ausschließen. Man kann, darüber hinaus, das Vorhandensein von Differenzen − Fehlern und Korrekturen − als zureichenden Grund zum Zweifel, wenn nicht zum Widerspruch, ansehen. Die vorliegende Untersuchung liefert keinen Beweis. Ich glaube nur gezeigt zu haben, daß die Annahme, daß J selbst das Modell Moerbekes war, eine verständliche und kohaerente Erklärung der Gegebenheiten − der Übereinstimmungen und Differenzen zwischen dem uns vorliegenden Text der Handschrift J und der Revision bzw. Neuübersetzung Moerbekes, wie sie sich aus den lateinischen Handschriften rekonstituieren läßt − erlaubt.

Wenn man unsere Annahme, daß J selbst die Vorlage Moerbekes war, auf Grund der Differenzen für zweifelhaft hält, so kann sich dieser Zweifel nur − das mag aus der Untersuchung genügend deutlich geworden sein − auf die letzten beiden Bücher (und die fehlerhaften Abweichungen in ihnen) stützten. Ich möchte daher hier noch eine dritte Hypothese erwähnen, von deren Möglichkeit ich bisher nicht gesprochen habe. Es wäre denkbar, daß Moerbeke seine Übersetzung − Revision der Translatio Anonyma und Neuübersetzung von Buch K − nur bis zum Anfang von Buch M (1076b9) nach der Handschrift J selbst angefertigt hat; daß er an dieser Stelle durch einen äußeren Umstand unterbrochen wurde, der ihn hinderte, des weiteren J selbst zu benutzen; daß er sich eine Kopie des Textes, oder zum mindesten der letzten beiden Bücher, von J anfertigen ließ und zu einem späteren Zeitpunkt nach dieser Kopie − die dann für die oben (S. 139f.) angeführten Fehler, oder einige davon, verantwortlich wäre − übersetzte. In diesem Falle sollte man, um die Zufälle nicht zu häufen, annehmen, daß der Grund für den Abbruch der Revision (und den radikalen Wechsel zur Neuübersetzung) an der genannten Stelle nicht die Unvollständigkeit seines lateinischen Exemplars der Translatio Anonyma war, sondern eben dieser andere äußere Umstand (Ortswechsel oder dergleichen), und daß ihm bei Wiederaufnahme seiner Arbeit die Translatio Anonyma entweder insgesamt nicht mehr zur Verfügung stand oder er sie nun absichtlich vernachlässigte und nur noch seine griechische Quelle benutzte[52]. Ich halte diese Hypothese, obgleich sie das Vorhandensein der Fehler in den letzten beiden Büchern ebenso wie ihre Abwesenheit in den vorangehenden erklä-

---

[52] In diesem Fall müßte man einen zeitlichen Abstand zwischen Revision und Neuübersetzung von Buch K einerseits und der Neuübersetzung der letzten beiden Bücher andererseits annehmen, vgl. oben, S. 113 u. 115. Dieser zeitliche Abstand, bzw. diese beiden Stadien der Übersetzung − bis zu den letzten beiden Büchern nach der Vorlage J selbst, in den letzten beiden Büchern nach einer Abschrift von J − lassen sich, wenn man sie annimmt, jedoch nicht mit den bisher besprochenen und aus der handschriftlichen Überlieferung bezeugten Stadien der Moerbekeschen Übersetzung − vorläufiger und endgültiger Text − in Zusammenhang bringen, da das Nebeneinander von vorläufigem und korrigiertem Text sowohl vor wie in den letzten beiden Büchern festzustellen war.

ren würde und auch den abrupten Wechsel von Revision zu Neuübersetzung plausibel machen kann, wegen der Kohaerenz aller übrigen Merkmale, die das Verhältnis von Moerbekes Text zu seiner griechischen Quelle
in den letzten beiden Büchern in gleicher Weise wie in den vorangehenden
charakterisieren, für nicht sehr wahrscheinlich, möchte aber ihre Möglichkeit nicht ausschließen.

Wir müssen uns nun in jedem Falle, mit allen nötigen Vorbehalten, die
Frage stellen, welche Konsequenzen sich aus der aufgewiesenen Verbindung von Moerbekes Übersetzung zum Kodex Vind. gr. 100 (J) ergeben,
und zwar in Hinblick auf unsere Kenntnis der griechischen Textüberlieferung einerseits, in Hinblick auf die historischen Umstände − Ort und
Zeit − von Moerbekes Übersetzung andererseits[53].

---

[53] Die aufgewiesene Verbindung von Moerbekes Metaphysikübersetzung zur Handschrift
J führt noch auf einen anderen Gesichtspunkt, den man nach dem derzeitigen Stand unserer
Textkenntnisse nur andeuten kann: J enthält, der Metaphysik vorausgehend, die physikali-
schen Abhandlungen, Physik, De Caelo, De generatione et corruptione, Meteora. Drei dieser
Schriften (Phys., Cael., Mete.) sind sicher, eine wahrscheinlich (zu der Frage von Gener.
Corr. gibt es Kontroversen in der Forschung) von Moerbeke übersetzt oder an Hand von
älteren Übersetzungen nach dem Griechischen revidiert worden. Die Texte sind jedoch
bisher noch nicht in kritischer Form ediert. Außerdem gibt es, zum mindesten bereits für die
Physik wie für De Caelo, Probleme durch handschriftliche Divergenzen, die auf mehrere
Rezensionen Moerbekes, eventuell sogar auf Grund verschiedener griechischer Überliefe-
rungen, hindeuten. Nach Mitteilung von F. Bossier gibt es eine bestimmte, nur in wenigen Handschriften erhaltene und auf Moerbeke zurückgehende Rezension der Translatio
Nova von De Caelo, die in ganz ähnlicher Weise mit J zusammenzuhängen scheint, wie das
hier für die Metaphysik festgestellt wurde. Die Korrekturen sind in auffälliger Weise nach
Lesarten − und auch hier Sonderlesarten bzw. Sonderfehlern − von J vorgenommen. Auch
hier scheint das griechische Modell beinahe mit J identisch zu sein. Auch hier gibt es jedoch
Divergenzen, d. h. Änderungen des älteren lateinischen Textes, die nicht einer Lesart von J
entsprechen. Ähnlich wie in der Metaphysikübersetzung eine Verbindung zum Kommentar
des Alexander festzustellen war, finden sich hier einige merkwürdige Übereinstimmungen mit Lesarten des Simplicius-Kommentars. Auch in einer bestimmten Form der Translatio Nova der Physik (Recensio Matritensis) konnte F. Bossier − es handelt sich um noch
vorläufige Beurteilungen − einen spezifischen Zusammenhang mit J feststellen. Zur Meteora-
übersetzung (Übersetzung des Textes, die sich von der Übersetzung der im Kommentar des
Alexander enthaltenen Lemmata unterscheidet) gibt es einige Informationen von F. H. Fobes,
Mediaeval Versions of Aristotle's Meteorology, in: Class. Philol. 10 (1915) 297−314, bes.
304−305, der das vierte Buch in Moerbekes Übersetzung auf der Basis von vier lat. Handschriften mit dem griechischen Text verglichen hat. Neben einer allgemeineren Verwandtschaft
zu einer Gruppe von vier griechischen Handschriften; zu denen auch J gehört, ist als einziger
spezifischer Zusammenhang in den von Fobes gegebenen Beispielen ein solcher mit J sichtbar.
Ob dieser auf Kontamination beruht, wie Fobes annimmt, läßt sich auf Grund des von ihm
mitgeteilten Materials nicht nachprüfen.
Es gibt also Hinweise darauf, daß Moerbeke möglicherweise das gleiche griechische
Modell, das ihm für seine Revision und Neuübersetzung der Metaphysik diente, auch noch
− was im übrigen plausibel wäre − für seine Arbeit an anderen Aristotelischen Schriften
benutzt hätte. Ob sich diese Hinweise konkretisieren werden, und ob sie dann darüber hinaus
die Vermutung, daß dieses Modell J selbst war und nicht eine Abschrift von J, verstärken oder

9. Der in J fehlende Anfang der Metaphysik

Es ist hier nur derjenige Teil der Metaphysik behandelt worden, der in der Handschrift J erhalten ist, d. h. der gesamte Text ab α 2, 994 a 6. Es sei jedoch erwähnt, daß dem Übersetzer wahrscheinlich noch der heute in J fehlende Anfang der Metaphysik aus eben dieser Handschrift vorgelegen hat[54]. Moerbeke hat in diesem, heute in J verlorenen Anfangsteil, seine lateinische Vorlage in genau derselben Weise korrigiert wie im anschließenden Text. Seine Korrekturen an der Translatio Anonyma verraten, daß er sie 1. aus einer griechischen Quelle bezog, daß 2. diese Quelle einer anderen griechischen Überlieferung angehörte als die des von ihm korrigierten lateinischen Textes, daß 3. diese Quelle außerdem eine gleiche stemmatische Stellung innerhalb der überlieferten griechischen Handschriften, insbesondere hinsichtlich E, A^b, E^s, E^b, einnahm wie J im erhaltenen Teil des Textes, und daß 4. diese Quelle eigene Fehler hatte, und unter diesen hauptsächlich solche auf Grund mangelhafter Akzentuierung, Fehlen von Iota subscriptum etc. Darüber hinaus gibt es in einigen Handschriften von Moerbekes Übersetzung ein Scholion zum ersten Buch (A) der Metaphysik, das aus dem Griechischen stammt, und dessen Herkunft, aus anderen Gründen, auf J verweist[55]. Wenn man die These, daß J selbst die Vorlage Moerbekes war, akzeptiert, so ist es auch unwahrscheinlich, daß er, wenn ihm dieses Anfangsstück gefehlt hätte, trotzdem dort die lateinische Vorlage korrigieren wollte, dann eine andere, aber J im Überlieferungszusammenhang ähnliche Handschrift für dieses Anfangsstück gefunden hätte, diese dann aber mit dem Einsetzen von J völlig wieder fallengelassen hätte. − Aber auch wenn man die These nicht akzeptiert, ist sicher, daß ihm das heute verlorene Anfangsstück der Metaphysik in einer J ähnlichen Überlieferung vorgelegen hat, d. h. für den Fall der dazwischenliegenden Abschrift würde dasselbe gelten.

---

vielmehr in Frage stellen, kann sich erst durch die kritischen Editionen der Texte herausstellen.

Sicher ist eine negative Feststellung, nämlich daß Moerbeke die Historia Animalium, die ursprünglich, und mindestens bis zum 11./12. Jahrhundert (s. oben S. 120 u. Anm. 22) im Kodex J enthalten war und später abgetrennt wurde, nicht nach dem gleichen Modell − weder nach J selbst noch nach einer Abschrift von J − übersetzt hat. Ich habe das Fragment aus J im Paris. suppl. gr. 1156, ff. 13−14, das cap. 7−16 des VI. Buches enthält, und die in der Textausgabe von Dittmeyer angeführten Lesarten der anderen griechischen Handschriften mit der Pariser Handschrift von Moerbekes Übersetzung (Paris. Nat. lat. 14 727) verglichen: die Differenzen zwischen der lateinischen Übersetzung und J einerseits, die Übereinstimmungen mit anderen griechischen Handschriften gegen J andererseits, die bereits in diesem kurzen Textstück (das nur zum Teil auf den beschädigten Blättern lesbar ist) erscheinen, schließen jede besondere Verwandtschaft zwischen Moerbekes Übersetzung und J in dieser Aristotelischen Schrift aus.

[54] Zu dem verlorenen Anfang siehe auch unten, S. 192−196.

[55] Siehe unten, Teil III.

Man kann daher wohl annehmen, daß dem Übersetzer der authentische Anfang direkt – oder indirekt – noch zugänglich war, und daß die Blätter der Handschrift erst verlorengingen, nachdem Moerbeke – oder die zwischen J und ihm liegende Abschrift, wenn man an deren Hypothese festhalten will –, sie benutzt hatte. Der fehlende Anfang von Buch α wurde – von italogriechischer Hand – um 1300 ergänzt[56]. Der Verlust der Blätter müßte also in den letzten Jahrzehnten des 13. Jh.[57], möglicherweise durch Orts- oder Besitzerwechsel der Handschrift[58], erfolgt sein.

Was unsere Kenntnis der griechischen Überlieferungsgeschichte des Aristotelischen Textes angeht, so kann sie durch Moerbekes Übersetzung für den in J erhaltenen Teil natürlich nicht erweitert werden. Für den heute in J verlorenen Teil, d. h. Buch A und den Anfang von Buch α, könnte man jedoch durch Moerbekes Übersetzung Lesarten von J rekonstituieren, allerdings nur an denjenigen Stellen, an denen Moerbeke seine lateinische Vorlage durch Rückgriff auf den griechischen Text korrigiert hat, also nur gewissermaßen in Sprüngen. Da J auf Grund seines Alters eine der wichtigsten Handschriften ist, kann diese, wenn auch höchst unvollständige Ergänzung ihres verlorenen Teils eine gewisse Bedeutung haben. Man sollte daher die Korrekturen Moerbekes in diesem Teil, mit der gebotenen Vorsicht einer Übersetzung gegenüber, als Zeugnis für Lesarten von J verwerten. An der Konstitution des griechischen Textes dürfte sich jedoch durch diese sporadisch bezeugten Lesarten kaum etwas ändern. Bedeutsam ist die Verbindung von Moerbekes Übersetzung zu dem heute verlorenen Teil von J außerdem wegen des schon erwähnten Scholions und dessen merkwürdiger und folgenreicher Verwechslungsgeschichte; es wird in der III. Untersuchung gesondert behandelt.

---

[56] Man könnte sich zunächst fragen, ob die Ergänzung von Kleinalpha ad hoc gemacht wurde, oder ob es sich um die Einfügung eines aus einem anderen Kodex genommenen Blattes handelt; in dem zweiten Fall könnte die Einfügung – und dementsprechend auch der vorangehende Verlust der Blätter – später erfolgt sein. Ich hatte zunächst an diese Möglichkeit gedacht: der ergänzte Text auf f. 138ᵛ ging nämlich ursprünglich um mehrere Zeilen weiter als die Anschlußstelle 994 a 6, und der überflüssige Text, der bereits auf dem aus der ursprünglichen Handschrift erhaltenen f. 139ʳ vorhanden war, ist bis zur Anschlußstelle nachträglich ausradiert worden (der ausradierte Text ist zum Teil mit ultraviolettem Licht noch lesbar). Aber P. Moraux hat sicherlich recht (briefliche Mitteilung), wenn er annimmt, daß der Anfang von Kleinalpha ad hoc ergänzt wurde, und der Kopist, der etwas zerstreut war und einige Zeilen zuviel abgeschrieben hatte, sie später ausradierte: der nachträglich ausradierte Text ging nämlich nicht ganz bis zum unteren Rand von f. 138ᵛ, sondern hörte etwas oberhalb, d. h. oberhalb des normalen Textspiegels, auf.

[57] Der terminus ante quem von Moerbekes Übersetzung ist das Jahr 1272, die Übersetzung ist aber vermutlich früher beendet gewesen, siehe unten S. 160ff.

[58] Siehe dazu den Nachtrag auf S. 168–172.

10. Zu den historischen Umständen von Moerbekes Übersetzung

Am interessantesten sind die Perspektiven, die sich — wenn man unsere These, daß Moerbeke J selbst benutzte, akzeptiert — in Hinblick auf die historischen Umstände von Moerbekes Übersetzertätigkeit ergeben. Ich möchte sie hier andeuten, und zugleich ihre Möglichkeit an einigen, von anderer Seite kommenden Informationen prüfen.

Da die Handschrift J aus byzantinischer Tradition des 9. Jahrhunderts stammt, da sie sich im 15. und zu Anfang des 16. Jahrhunderts in griechischem Besitz und Mitte des 16. Jahrhunderts, wie wir wissen, noch in Konstantinopel befand, müßte man, wenn man nicht allzu bewegte Hin- und Herreiseschicksale der Handschrift annehmen will[59], folgern, daß Moerbeke sie im griechisch-byzantinischen Umkreis gesehen und dort benutzt hat.

Wir haben wenige Zeugnisse aus dem Leben Moerbekes[60], aber doch einige Anhaltspunkte, insbesondere kennen wir Orte und Zeitpunkte von einer Reihe seiner Übersetzungen. Er stammte vermutlich aus der Stadt Moerbeke in Flandern, das Geburtsjahr ist unbekannt, es wird in sehr variabler Weise zwischen 1215 und 1235 angenommen. Über Zeitpunkt des Ordenseintritts, Studium usw. wissen wir nichts. Die ersten sicheren Daten führen in den griechischen Osten. Er befand sich im Frühjahr des Jahres 1260 in Nicaea, der damaligen Hauptstadt des byzantinischen Kaiserreiches, und beendete dort seine Übersetzung des Meteorakommentars von Alexander von Aphrodisias. Im Dezember des Jahres 1260 hielt er sich in der Stadt Theben auf — dort gab es um diese Zeit bereits, wie auch in Konstantinopel, eine Niederlassung des Dominikanerordens —, wo er seine Übersetzung von De partibus animalium[61] fertigstellte. Über Beginn

---

[59] Nach den bisher bekannten Gegebenheiten — nämlich dem Umstand, daß die Handschrift im 9. Jahrhundert in Konstantinopel entstanden und im 16. Jh. von Konstantinopel nach Wien gebracht wurde — lag es nahe, anzunehmen, daß die Handschrift sich auch in der Zwischenzeit im näheren oder weiteren Umkreis Konstantinopels befunden hat (vgl. dazu auch D. Harlfinger, Die Textgeschichte [Anm. 22], 169). Nach den neuesten Beobachtungen P. Moraux's hat die Handschrift aber zwischen (spätestens) dem Ende des 13. und der Mitte des 15. Jh. eine ungewöhnliche und weit ausgedehnte Hin- und Herwanderung gemacht. Die Mitteilungen P. Moraux's und die Ergänzungen, die sich daraus zu den hier folgenden Überlegungen ergeben, sind in einem Nachtrag, S. 168—172, dargestellt.

[60] Vgl. zum folgenden die neuesten, kurzen Darstellungen mit Literaturangaben bei M. Clagett, op. cit. [Anm. 4], 3—13 und L. Minio-Paluello, Art. Moerbeke [Anm. 4]. Umfassendes Material, wenn auch in bestimmten Hinsichten zu korrigieren, in M. Grabmann, op. cit. [Anm. 4], 1—84.

[61] Es handelt sich sehr wahrscheinlich nicht um die einzelne Schrift Part. An., sondern um den gesamten Liber de animalibus (Hist. An., Mot. An., Prog. An., Part. An., Gener. An.). Vgl. dazu die scharfsinnige Untersuchung der vieldiskutierten Frage bei R. A. Gauthier in seiner Einleitung zu: Saint Thomas d'Aquin, Contra gentiles, livre premier, Intr. R. A. Gauthier, Paris 1961, 41—44.

und Ende des Aufenthalts im griechischen Osten ist nichts bekannt. Aus dem Jahr 1266 datiert seine Übersetzung des Kategorienkommentars von Simplicius; der Ort ist jedoch unbekannt. Ab 1267 sind die Informationen reicher. Wir haben eine Reihe von Übersetzungen — es handelt sich, mit einer Ausnahme, um nicht direkt Aristotelische Schriften —, die mit Ort und Datum versehen sind und bezeugen, daß Moerbeke von 1267—1277 häufig und für längere Zeiten in Viterbo, wo sich der päpstliche Hof unter Clemens IV. (1265—1268) befand, gearbeitet haben muß. Wir wissen außerdem, daß er, nachdem er von spätestens 1272 bis 1278 das Amt eines päpstlichen Poenitentiars innehatte, 1278 zum Erzbischof von Korinth ernannt wurde, wo er bis zu seinem Tode — sein Nachfolger übernahm das Amt im Oktober 1286 — weilte. Auch aus dieser dritten erfaßbaren Periode seiner Tätigkeit und zugleich dem zweiten griechischen Aufenthalt sind Übersetzungen — es handelt sich hier um Werke des Proklos — erhalten.

Über ein genaues Datum seiner Metaphysikübersetzung wissen wir jedoch nichts, außer daß sie mit Sicherheit vor 1272 entstanden ist — der Kommentar des Thomas von Aquin war zu diesem Zeitpunkt vollendet —[62], und daher keinesfalls in den zweiten griechischen Aufenthalt Moerbekes fallen kann. Wenn man der Bemerkung in einer der überlieferten Hand-

---

[62] Dieser terminus ante quem auf Grund einer datierbaren Benutzung der Übersetzung Moerbekes ist sicherlich zu hoch gegriffen. Klarheit über die sehr komplizierte Entstehungsgeschichte des Metaphysikkommentars von Thomas, die Benutzung der verschiedenen älteren Übersetzungen und das Auftreten derjenigen Moerbekes, deren Verteilung innerhalb des Kommentars, die zeitliche Aufgliederung der Redaktion und die Frage einer doppelten Bearbeitung auf Grund der Kenntnis der neuen Übersetzung wird erst von der kritischen Edition des Textes in der Leonina-Ausgabe zu erwarten sein. Aus der Fülle der bisherigen Diskussionen zu diesen Fragen seien nur einige Beiträge herausgegriffen: A. Mansion, Pour l'hist. du Comm. de S. Thomas sur la Métaph. d'Aristote, in: RNP 27 (1925) 274—295; A. Dondaine, S. Thomas et les traduct. lat. des Métaph. d'Aristote, in: BThom 1 (1931—33) 199*—213*; D. Salman, S. Thomas et les traduct. lat. des Métaph. d'Aristote, in: AHDLM 7 (1932) 85—120; Th. Käppeli, Mitteil. über Thomashandschr. in der Bibl. Naz. in Neapel, in: Ang. 10 (1933) 111—125, bes. 116—125; F. Pelster, Die Übers. der arist. Metaph. in den Werken des hl. Thomas v. Aquin, in: Greg. 16 (1935) 325—348, 531—561, 17 (1936) 377—406; A. Mansion, Date de quelques comment. de s. Thomas sur Aristote, in: Studia Mediaev. in hon. R. Martin, Bruges 1949, 271—287, bes. 283—287; J. J. Duin, Nouvelles précisions sur la chronol. du Comm. in Metaph. de S. Thomas, in: RPL 53 (1955) 511—524. — Man hat auch versucht in anderen, zeitlich vorhergehenden Werken des Thomas — De unitate intellectus (1270), I^a Pars der S. Theol. (im allgemeinen 1267—68, vielleicht jedoch später: 1269—70, vgl. R. A. Gauthier [Anm. 61], 24 n. 30) — die Benutzung der Moerbekeschen Metaphysikübersetzung nachzuweisen. Dies hat jedoch auf Grund von Unzuverlässigkeiten der zugänglichen Texte und durch den Umstand, daß gerade Zitate leicht späteren Verfälschungen ausgesetzt sind, mehrfach dazu geführt, daß zunächst gezogene Schlüsse sich nachträglich als unzutreffend erwiesen haben (vgl. zu De unitate intellectus F. Pelster, op. cit. 16, 327—333, 17, 404—405; id., Neuere Forsch. über die Aristoteles-Übers. des 12. und 13. Jh., in: Greg. 30 (1949) 46—77, bes. 59—60; vgl. die Praefatio zur Edition des Textes in S. Thomae de Aquino Opera Omnia, T. XLIII, Roma 1976, bes. 281—282). Auf diese Fragen kann hier nicht eingegangen werden.

schriften, Cantabr. Dom. Petr. 22 (A. L. 247) 13./14. Jh., Glauben schenken will, gibt es jedoch einen Hinweis auf den Ort seiner Übersetzung. In dieser Handschrift sind die Buchanfänge mit kurzen Angaben versehen, die der Schreiber wohl aus seiner Vorlage entnommen hat, da sie in den Text integriert sind. Die meisten dieser Buchanfänge sind beschädigt, bzw. abgeschnitten worden. Die Angaben zum I. und zum IX. Buch sind jedoch teilweise erhalten und rekonstruierbar:

f. 1ʳ: *Aristotilis philosophi de greco translatus in lat⟨inum⟩ a fratre w. de morbect ⟨metaphysice liber primus incipit⟩.*

f. 240ʳ: *Aristotilis phi⟨losophi de greco⟩ in lat⟨inum translatus a Gui⟩lelm⟨o de Morbeca de or⟩dine ⟨fratrum predicatorum⟩ Nice⟨e⟩* (oder: *⟨apud⟩ Nice⟨am⟩*) *⟨Metaphysice⟩ liber IX ⟨incipit⟩.*

Die Buchstaben *Nice* sind deutlich lesbar. Ein Vergleich mit anderen Buchstabenformen der Handschrift zeigt, daß es sich nicht um *Hite*, wie Lacombe als Alternative vorschlägt[63] handeln kann. Wenn man diese Bemerkung für glaubwürdig hält, dann wäre die Übersetzung, ebenso wie die Übersetzung des Alexander-Kommentars zu den Meteora in Nicaea entstanden und würde dann wohl mit dem von dorther bezeugten Aufenthalt Moerbekes im Jahre 1260 in dieser Stadt zusammenhängen. Die Bemerkung, die sich in einigen Handschriften des Meteorakommentars findet, lautet in gewisser Weise ähnlich: *translata de greco in latinum apud Niceam urbem grecie anno Christi 1260*[64]. Die Angabe zur Metaphysikübersetzung ist sicherlich nicht aus einer irrtümlichen Übertragung auf Grund kodikographischer Gruppierung der Texte (Meteorakommentar – Metaphysik) entstanden, da diese Schriften nirgendwo in Zusammenhang überliefert sind. Ob die Angabe auf den Übersetzer selbst zurückgeht, läßt sich nicht sagen. Die Tatsache, daß sie sich nur in dieser einen Handschrift – die zu einer großen stemmatischen Gruppe gehört –, befindet, spricht eher dagegen, obwohl die Transmission solcher Bemerkungen, auch in den authentischen Fällen, sich häufig nicht in der gleichen Weise vollzieht wie diejenige des Textes selbst, und es sehr oft nur vereinzelte und nicht die besten Handschriften sind, die sie erhalten. Aber auch wenn sich nicht entscheiden läßt, ob die Information direkt aus der Niederschrift des Übersetzers stammt, muß sie darum nicht falsch sein.

M. Grabmann[65] meint, es könnte sich bei dem Wort *Nice* um einen Lese- oder Schreibfehler eines Kopisten handeln, das Wort hätte ursprünglich *Vite* . . . geheißen, und er will die Übersetzung in den Aufenthalt Moerbekes in Viterbo verlegen (den er, ohne historischen Beleg, schon 1265 be-

---

[63] Vgl. Arist. Lat., Codices, Pars Prior [Anm. 4], 65–66.
[64] Alexandre d'Aphrodise, Comm. Mété. [Anm. 4], XI.
[65] M. Grabmann, op. cit. [Anm. 4], 99.

ginnen läßt). Die Vermutung Grabmanns ist erstens paläographisch nicht sehr wahrscheinlich – in den Übersetzungen, die bezeugtermaßen aus Viterbo stammen, steht *Viterbii* (mit *t*), auch *V-ite* ist, bei Großbuchstaben, nicht leicht in *N-ice* zu verlesen –, sie beruht aber zweitens auf einer Reihe von weiteren und allgemeineren Annahmen, die Grabmann nicht allein vertrat, sondern die lange Zeit hindurch die Forschung orientiert haben und sich explizit oder implizit bis in die jüngste Zeit in ziemlich der gesamten Sekundärliteratur finden, die aber historisch nicht gesichert sind, und die man allmählich in Frage zu stellen beginnt. Da sie in unserem Zusammenhang eine Rolle spielen, seien sie hier genannt[66]: 1. Moerbeke hat den größten Teil seiner Übersetzungen, insbesondere die der Aristotelischen Schriften, im Auftrag des Thomas von Aquin (*ad instantiam fratris Thomae*) verfaßt, mit dem er in direkter Beziehung stand; 2. die Zusammenarbeit muß schon am Hof Urbans des IV. in Orvieto (1261–1264) stattgefunden haben; 3. die beiden in Nicaea und Theben übersetzten Schriften stehen am Anfang der Übersetzertätigkeit Moerbekes und sind sozusagen terminus a quo für die undatierten Übersetzungen[67]; 4. der größte Teil der Aristotelischen Übersetzungen (Neuübersetzungen und Revisionen älterer Übersetzungen) ist von Moerbeke am päpstlichen Hof, zunächst in Orvieto (ab 1262), sodann in Viterbo (ab 1265) verfaßt worden; 5. er fand die griechischen Handschriften in der päpstlichen Bibliothek oder mußte sie sich in diesem Umkreis beschaffen können; 6. Thomas hatte schnell Kenntnis von Moerbekes Übersetzungen; seine Unkenntnis oder unvollständige Kenntnis einzelner Aristotelischer Werke in der Version Moerbekes zu einem bestimmten Zeitpunkt macht wahrscheinlich, daß die Version zu diesem Zeitpunkt noch nicht vorhanden oder noch nicht abgeschlossen war[68].

Was die Annahme angeht, Moerbeke haben seine Übersetzungen im Auftrag und zum Gebrauch des Thomas von Aquin verfaßt, die den Schlüssel zu der gesamten Interpretation bildet, so ist inzwischen, vor allem durch die Untersuchungen von R. A. Gauthier, deutlich geworden, daß es

---

[66] loc. cit., z. B. 41–48, 62–87. Ich führe Grabmann hier nur als Beispiel an. Man findet das gleiche Interpretationsschema im größten Teil der älteren und neueren Literatur.

[67] Vgl. z. B. M. Grabmann, op. cit., 90–91, 112.

[68] Vgl. z. B. hinsichtlich der Metaphysikübersetzung A. Mansion, Quelques travaux récents sur les versions lat. des Ethiques et d'autres ouvrages d'Aristote, in: RNP 39 (1936) 92: „il en résulte [d. h. aus der Untersuchung von D. Salman, vgl. oben Anm. 61] que la traduction du livre XI lui [S. Thomas] est parvenue entre 1270 et 1272 et il n'y a guère de raison de croire qu'elle soit d'une date notablement antérieure, la traduction ayant été faite probablement à son intention"; id., Les prémices de l'Aristoteles Latinus, in: RPL 44 (1946) 120: „Mais cela [d. h. daß, nach Pelster in Greg. 17, 333, Thomas kurz nach 1265 in der Iᵃ Pars der Summa einen Text nach der Moerbekeschen Metaphysikübersetzung anführt] même n'implique pas par ailleurs, que cette version de la Métaphysique ait été complète: le livre XI, qui n'existait pas dans les traductions latines antérieures, peut n'avoir été traduit que plus tard par Guillaume de Moerbeke, ce livre n'apparaît, en effet, dans les oeuvres de saint Thomas qu'à partir de 1271"; vgl. auch Grabmann, op. cit., 99.

sich dabei um eine „fromme Legende" handelt, eine hagiographische Tradition, von der Gauthier gezeigt hat, daß ihr nicht nur die historischen Stützen fehlen, sondern daß ihr eine Reihe von Fakten widersprechen[69]. Auch L. Minio-Paluello hat darauf hingewiesen: „It is a commonplace, repeated ad nauseam by almost all historians and scholars concerned with either Aquinas or Moerbeke, that the latter was prompted by the former to undertake his work as a translator, especially as translator of Aristotle. This is most probably nothing more than a legend originating in hagiography, when 'evidence' was offered by William of Tocco, a confrère of Aquinas, for the latter's canonization, about forty years after his death". Eine persönliche Bekanntschaft von Moerbeke mit Thomas nahe oder bei Rom um das Jahr 1269 oder zwischen 1271—1274 ist nicht auszuschließen, es gibt jedoch kein Zeugnis dafür. „What remains true is that Aquinas, like other philosophers of his time, used some — by no means all — of Moerbeke's translations soon after they were made."[70] Die oben erwähnte und häufig zu Datierungsversuchen verwandte negative Implikation — aus der Nicht-Benutzung von Übersetzungen Moerbekes ihr Noch-nicht-Vorhandensein zu folgern — muß aus den Erörterungen ausgeschlossen werden (dies gilt für Thomas in gleicher Weise wie für andere Autoren, Albert zum Beispiel). Für einen Aufenthalt Moerbekes am päpstlichen Hof Urbans IV. in Orvieto gibt es kein Zeugnis[71]. Wir wissen weder, wo Moerbeke sich zwischen 1260, als er im griechischen Osten weilte, und 1267, als seine Anwesenheit in Viterbo bezeugt ist, aufgehalten hat[72], noch wo er vor 1260 war. Die stillschweigend gemachte Voraussetzung, daß die Übersetzertätigkeit Moerbekes 1260 mit denjenigen Übersetzungen begonnen habe, von denen uns die ersten Daten überliefert sind, ist bei einer so großen Zahl von nichtdatierten Revisionen und Neuübersetzungen auch keineswegs evident. Es gibt eher Gründe, die Übersetzung des schwierigen Meteorakommentars Alexanders nicht für die erste Arbeit Moerbekes zu halten. Daß die Übersetzung des Meteoratextes derjenigen des Meteorakommentars — und zwar wahrscheinlich in gewissem zeitlichen Abstand — vorausging, hat A. Smet bereits aus inneren Kriterien erschlossen[73]. Dies mag aber auch noch für Übersetzungen anderer Aristotelischer Schriften gelten[74].

---

[69] R. A. Gauthier, op. cit. [Anm. 60], 34—37; id., Saint Thomas et l'Ethique à Nicomaque, in: S. Thomae de Aquino Opera Omnia, T. XLVIII, Romae 1971, XVIII—XIX.

[70] L. Minio-Paluello, Art. Moerbeke [Anm. 4], 435.

[71] Gauthier hat den Zirkelschluß, der zu dieser Annahme führte, sehr klar aufgedeckt, op. cit. [Anm. 60], 35.

[72] Diese Bemerkung wurde schon vor langer Zeit von D. Salman, BThom 3 (1930—33) 1015—1016, gemacht, ohne jedoch Beachtung zu finden.

[73] A. J. Smet, Alexander van Aphrodisias en S. Thomas van Aquino; in: TPh 21 (1959) 108—141, insb. 112 n. 21.

[74] Auch für die Translatio Nova von De anima ist auf Grund von Zitaten im De anima-Kommentar Alberts (1254—1256) ein früheres Datum — d. h. vor diesem Kommentar —

Zu der Annahme, daß Moerbeke die griechischen Quellen für seine Übersetzungen, insbesondere für die Übersetzungen der Aristotelischen Schriften, am päpstlichen Hof gefunden habe oder finden konnte, sei hier eine
Beobachtung erlaubt. Wenn man den von L. Minio-Paluello[75] zusammen-
gestellten Katalog der Übersetzungen Moerbekes, der nach Autoren grup-
piert ist, und in dem die handschriftlich belegten Daten und Orte der
Übersetzungen verzeichnet sind, mit den beiden päpstlichen Bibliotheks-
katalogen von 1295 und 1311, aus denen wir Informationen über den Bestand an griechischen Handschriften bis zu dieser Zeit gewinnen können,
vergleicht, so fallen einige merkwürdige Umstände ins Auge. Unter den
Übersetzungen Moerbekes haben wir einerseits die große Gruppe der Aristotelischen Schriften, andererseits eine fast ebenso große „Gruppe" von
nicht-Aristotelischen Schriften, und zwar (1) Aristoteles-Kommentare, (2)
Werke des Archimedes, Eutokios, Ptolemaios und einige andere mathematische, medizinische, astronomische Schriften, (3) Werke des Proklos.
Unter den etwa 30 Aristotelischen Übersetzungen sind nur zwei direkt datiert (Part. An.: Theben 1260[76]; Poet.: 1278). Von den etwa 26 nicht-Aristotelischen Übersetzungen sind jedoch merkwürdigerweise fast alle,
nämlich 22, datiert, in mehreren Fällen mit Angabe des Ortes. Außer dem
Meteorakommentar Alexanders, dessen Übersetzung 1260 in Nicaea beendet wurde, betreffen sämtliche Daten dieser „Gruppe" die Jahre ab 1266,
die meisten die Jahre zwischen 1266—1277; wenn hier zugleich der Ort
angegeben ist, so handelt es sich um Viterbo; drei zusammenhängende Pro-
klosschriften und der Parmenideskommentar sind in der Korinther Zeit,
nämlich 1280 und 1286 übersetzt worden. — Die päpstliche Bibliothek umfaßte, soweit wir sie aus den beiden Katalogen kennen[77], bis 1311 etwa 33
griechische Handschriften, von denen der größte Teil, nämlich mindestens
21[78], aus einer Sammlung der Normannen- und Hohenstaufenkönige in

angenommen worden, vgl. B. Geyer, Die von Albertus Magnus in ‚De anima' benutzte Aristo-
telesübersetzung und die Datierung dieser Schrift, in: RThAM 22 (1955) 322—326. Aber
auch hier kann erst die kritische Edition der Übersetzung eine sichere Grundlage für den
Nachweis ihrer Benutzung geben, vgl. dazu A. Dondaine, Les secrétaires de S. Thomas, Rom
1956, 195—198.

[75] L. Minio-Paluello, Art. Moerbeke [Anm. 4], 436—438.

[76] Vgl. dazu oben, Anm. 60.

[77] Vgl. zum folgenden: F. Ehrle, Zur Geschichte des Schatzes, der Bibliothek und des
Archivs der Päpste im 14. Jh., in ALKGMA 1 (1885) 1—48, 228—364, insb. 40ff.; id.,
Historia Bibliothecae Roman. Pont. tum Bonifat. tum Avenion., Vol. I, Rom 1890, vgl.
95—99; A. Pelzer, Addenda et emendanda ad F. Ehrle Hist. Bibl. Rom. Pont. I, Rom 1947,
insb. 23—24, 91—95; I. L. Heiberg, Les premiers manuscrits grecs de la bibliothèque papale,
in: Bull. de l'Académie Royale Danoise des Sciences et des Lettres pour l'année 1891, Copenhague 1892, 305—318; id., in: Hermes 45, S. 66, und 46, S. 215, und in den Prolegomena
zu Archimedis Opera Omnia [Anm. 14], LVII—LVIII; R. Devreesse, Le fonds grec de la
Bibl. Vat. des origines a Paul V, Citta del Vatic. 1965, 2—4.

[78] Es sind die Nummern 597, 598, 605—607, 612—615, 617—620, 624, 625, 628 nach dem
Katalog von 1311, vgl. A. Pelzer, Historia [Anm. 77], 93; I. L. Heiberg, Les premiers manu-

Sizilien stammte, die über Erbschaft an Karl von Anjou gelangte und 1266 von diesem dem Papst geschenkt wurde. Diese Sammlung, die sich also zur Zeit von Moerbekes Aufenthalt in Viterbo am dortigen päpstlichen Hof befunden haben muß, trug einen ganz spezifischen Charakter. Außer drei Wörterbüchern enthielt sie (1) Aristotelica, jedoch, mit einer Ausnahme (De anima), nur Aristoteleskommentare, (2) mathematische, astronomische und verwandte Schriften, darunter solche von Euklid, Archimedes, Ptolemaios, (3) zwei Schriften des Proklos, nämlich den Parmenides- und den Timaioskommentar. Die Übereinstimmung des allgemeinen Charakters der Sammlung mit den zum größten Teil zeitlich (nach 1266) und örtlich (Viterbo, Korinth) fixierten nicht-Aristotelischen Übersetzungen Moerbekes ist bereits auffallend. Mehrere der Titel sind darüber hinaus effektiv identisch[79], und in einigen Fällen konnten die griechischen Exemplare Moerbekes mit den in dieser Sammlung beschriebenen Handschriften identifiziert werden[80]. Außer den sicher auf die Sammlung zurückgehenden und damit sicher ab 1266 in der Bibliothek vorhandenen Texten gibt es noch einige andere Titel in den Katalogen von 1295 und 1311, von denen man natürlich nicht sagen kann, seit wann sie sich im päpstlichen Besitz befanden. Darunter sind wiederum Aristoteleskommentare, und insbesondere der De anima-Kommentar des Philoponos[81], den Moerbeke ebenfalls, im Jahre 1268, teilweise übersetzt hat, und ein Kommentar (oder Kommentare?) zu De interpretatione[82], deren Autor nicht genannt ist, unter dem man aber vielleicht den Kommentar des Ammonios zu dieser Schrift, den Moerbeke 1268 übersetzte, vermuten könnte. Es sind jedoch nur zwei Schriften des Aristoteles genannt, nämlich die Rhetorik und die Physik[83].

Unter den etwa 30 Aristotelesübersetzungen, von denen nur zwei überhaupt datiert sind, und nur eine nach 1266, gibt es also nur drei Titel, die mit Titeln von Werken übereinstimmen, die sich sicher oder möglicherweise in der päpstlichen Bibliothek um die Zeit von Moerbekes Aufenthalt am päpstlichen Hof befunden haben. Unter den 26 anderen Übersetzun-

---

scrits [Anm. 77], 307—312. Diese Handschriften sind in den Beschreibungen des Katalogs von 1311 mit der Bezeichnung „And" (= Andegavensis) versehen, vgl. A. Pelzer, Addenda [Anm. 77], 91—94.

[79] Themistius, In De anima, Übersetzung datiert Viterbo 1267: Nr. 618; Simplicius, In De caelo, Übersetzung datiert Viterbo 1271: Nr. 601; Proclus, In Platonis Parmenidem, Übersetzung Korinth 1286: Nr. 597; Proclus, In Platonis Timaeum, Teilübersetzung, nicht datiert: Nr. 598.

[80] Für die Übersetzungen der Schriften des Archimedes, Eutokios, der Catoprica des Hero von Alexandrien, De analemnate des Ptolemaios, die alle 1269 datiert sind: Nr. 608, 612; vgl. I. L. Heiberg, Les premiers manuscrits [Anm. 77], 308—309, 314—315; ders. in Archimedis Opera Omnia [Anm. 14], LVII—LVIII; vgl. auch M. Clagett, Archimedes [Anm. 4], 54—60.

[81] Nr. 427 (Katalog von 1295).

[82] Nr. 439 (Katalog von 1295).

[83] Nr. 423, 424 (Katalog von 1295).

gen, von denen 22 datiert und 21 nach 1266 datiert sind, befinden sich dagegen 16 (vielleicht 17) Schriften, die mit Titeln des päpstlichen Katalogs
übereinstimmen, oder deren griechische Vorlage sogar direkt mit einer der
im päpstlichen Katalog genannten Handschriften identifiziert werden
konnte. Moerbeke hat also den Bestand der päpstlichen Bibliothek an griechischen Handschriften, der sich zur Hauptsache nach 1266 konstituierte,
benutzt und geradezu ausgenutzt. Eigentlich Aristotelische Schriften konnte
er jedoch dort, bis auf ganz wenige Ausnahmen, nicht finden.

Daß er überhaupt um diese Zeit im norditalienischen Raum — außer in
der immer wieder zitierten päpstlichen Bibliothek — eine Sammlung von
Aristoteleshandschriften finden konnte, ist völlig unwahrscheinlich. Die
Überlieferung der Aristotelischen Texte lag zu dieser Zeit fast ausnahmslos
im griechisch-byzantinischen und, in kleinerem Maße, auch im süditalienischen, vorwiegend sizilianischen Bereich. Das Vorhandensein von Aristoteleshandschriften ist außer in den byzantinischen Zentren nur noch in
Sizilien, woher ja auch der Bestand der päpstlichen Bibliothek zur Hauptsache stammt, und vereinzelt in Süditalien — im Kloster Hagios Nikolaos
von Casole muß sich eine Handschrift der Sophistici Elenchi befunden
haben —, nachzuweisen[84]. Über einen etwaigen Aufenthalt Moerbekes in
Sizilien wissen wir nichts[85], eine Berührung mit der Ostküste Süditaliens
auf dem Hin- oder Rückweg seiner griechischen Reisen ist dagegen durchaus möglich und wahrscheinlich[86]. Der Kontakt mit Aristoteleshandschriften dürfte jedoch, direkt oder indirekt, im wesentlichen auf seinen griechischen Aufenthalt zurückgehen; er mag sie dort gefunden und dort benutzt haben, oder sich eventuell Texte von dorther mitgebracht oder beschafft haben.

Wenn wir zur Frage der Herkunft seiner Metaphysikübersetzung zurückkehren, so ist also die Angabe Nice[a] in der oben erwähnten Handschrift durchaus ernst zu nehmen. Nicaea war, nach der Einnahme Konstantinopels durch die Lateiner (1204) bis zur Rückeroberung durch die
Griechen (1261), nicht nur die Hauptstadt des byzantinischen Exil-Kaiserreichs und zugleich der Ort von Gesandtschaften und Unionsverhandlungen zwischen den beiden Kirchen geworden, sondern außerdem ein Zentrum literarischer und philosophischer griechischer Tradition. Eine große
Zahl von griechischen Gelehrten war nach der Einnahme Konstantinopels

[84] Vgl. D. Harlfinger, Die Textgeschichte [Anm. 22], 59—63, 150.
[85] Merkwürdigerweise ist seine Übersetzungstechnik derjenigen des Bartholomaeus von
Messina, seines Zeitgenossen am Hof Manfreds, so auffallend ähnlich, daß man bereits eine
Art von Schulverhältnis zwischen beiden vermutet hat, vgl. L. Minio-Paluello, Guglielmo
[Anm. 4], 46. Ob dieser Umstand auf einen Aufenthalt in Sizilien hindeutet, ist aber fraglich.
[86] Es sollte hier vielleicht — nur als möglicher Hinweis — erwähnt werden, daß Moerbeke
in erstaunlichem Maße mit dem dorischen Dialekt vertraut war, vgl. M. Clagett, Archimedes
[Anm. 4], 49. Konnte er ihn um diese Zeit noch anderswo als in Süditalien (oder Sizilien)
lernen?

dorthin ausgewandert; die Laskariden-Kaiser Vatatzes (1225–1254) und sein Sohn Theodor II. (1254–1258), Schüler des Nikephoros Blemmydes und selbst Verfasser philosophisch-theologischer Schriften, hatten Schulen und Bibliotheken gegründet – Blemmydes war von Vatatzes nach Thrakien, Macedonien und zum Berg Athos auf Handschriftensuche für diese Bibliotheken ausgeschickt worden –, und die Stadt hatte in den Augen Theodors II. die, wenn auch sicher sehr übertriebene, Reputation einer Art erneuerten antiken Athens bekommen, wo man „Aristotelische, Platonische und Sokratische Wissenschaft" mit christlicher Theologie verbunden studieren konnte[87]. Daß Moerbeke – aus welchem Grunde auch immer er dorthin gekommen war – um diese Zeit (1260) in dieser Umgebung nicht nur den Meteorakommentar des Alexander, sondern auch Originalschriften des Aristoteles finden und benutzen konnte, ist sehr gut möglich. Aus dem Vermerk in der Cambridger Handschrift folgt deshalb natürlich nicht, daß Moerbeke in Nicaea die Handschrift J gefunden und übersetzt hat. Der Vermerk liefert – wenn man ihm Glauben schenkt – nur eine gewisse Unterstützung von anderer Seite für die Annahme, daß Moerbeke die Metaphysik im Umkreis der Herkunft von J gefunden und übersetzt hat, und zeigt, daß sie weniger unwahrscheinlich ist, als man, nach den bisher üblichen Vorstellungen über die historischen Umstände von Moerbekes Übersetzertätigkeit, glauben würde.

Wenn man annimmt, daß Moerbeke die Schrift während seines griechisch-byzantinischen Aufenthalts übersetzte, so muß man, da es sich bei dieser Übersetzung zum Teil um eine Revision handelt, auch annehmen, daß ihm ein Exemplar der zugrundegelegten älteren lateinischen Übersetzung zu diesem Zeitpunkt und an diesem Ort zur Verfügung stand. Da er es kaum dort finden konnte, würde das bedeuten, daß Moerbeke sich ein Exemplar der Translatio Anonyma der Metaphysik – und möglicherweise auch Exemplare älterer Übersetzungen anderer Aristotelischer Schriften – mitgebracht hatte, zum Zweck dort die griechischen Originale zu finden und mit deren Hilfe die lateinischen Texte zu verbessern. Selbst wenn die Übersetzertätigkeit nicht das einzige Ziel seiner Reise gewesen ist – es mögen diplomatische[88] oder Ordensmissionen auch im Spiel gewesen sein –, so war sie doch wohl kaum ein Zufallsprodukt, und jeder, der heute unter ähnlichen Umständen die gleiche Aufgabe bewältigen wollte, würde in genau derselben Weise handeln, wie wir dies von Moerbeke voraussetzen müßten.

---

[87] Vgl. Nicephori Blemmydae curriculum vitae et carmina, ed. A. Heisenberg, Leipzig 1906, bes. XVII–XVIII, 35–37; J. B. Pappadopoulos, Théodore II. Lascaris, Empereur de Nicée, Paris 1908, bes. 9–17, 85–89; B. Tatakis, La philosophie byzantine, in: E. Bréhier, Histoire de la philosophie, II. fasc. suppl., Paris 1949, bes. 228–239.

[88] Vgl. die Vermutung von A. Dondaine, Les secretaires [Anm. 74], 196–197.

Nachtrag

Nach Abschluß dieses Manuskriptes hat mir Prof. Paul Moraux freundlicherweise jüngste und noch unveröffentlichte ergänzende Beobachtungen
zur Handschrift J mitgeteilt, die auf die Geschichte des Kodex ein neues
Licht werfen und für die Verbindung zu Moerbeke bedeutsam sind. Seine
Feststellungen betreffen das in J nachträglich eingefügte Bifolium, auf dem
der Anfang von Buch α der Metaph. des Aristoteles (f. 138) und das Ende
der vorangehenden Metaph. des Theophrast (f. 137) ergänzt wurden, und
auf dem sich außer den Textergänzungen noch Randeintragungen befinden.
Ich gebe zunächst seine briefliche Mitteilung (in fast unveränderter Form)
wieder:

„Das ergänzte Bifolium (ff. 137/138). Das kleine Format des Ergänzungsbinios und
die dort befindlichen groben Einstiche deuten auf Süditalien. Die verschiedenen
Hände lassen sich noch einigermaßen chronologisch ordnen:

(a) f. 138^{rv}: Anfang von Kleinalpha. Italogriechisch, Gegend von Otranto, um 1300.

(b) f. 137^{rv}: Ende Theophrast. Griechisch, aus dem 14. Jh.

(c) f. 137^v, linker Rand: Liste der Hippokrates-Schriften. Humanistenhand des 15.
Jh. (1. Hälfte?). Die Vorlage dieser Liste = Vat. gr. 276 (Hippokrates-Schriften).

(d) f. 138^v, unten (fortgesetzt auf f. 139^r oben, dem ersten Blatt des erhaltenen Teils
von Metaph. α): Asklepios, 120. 5−24. Wohl dieselbe (byzantinische?) Hand wie
die der Eintragungen aus den Jahren 1446−1456 auf f. 201^v.

Daraus darf man wohl schließen, daß J etwa Ende des 13. Jh. (bzw. schon früher)
nach Süditalien kam und sich dort noch in der 1. Hälfte des 15. Jh. befand (Humanistenhand, Vat. 276 als Modell für die Hippokratesliste)[89]. Kurz vor der Mitte
des 15. Jh. ging J nach Konstantinopel zurück, wo Busbeck den Kodex Mitte des
16. Jh. erwarb."

Die vorliegende Untersuchung hat, wie ich glaube, gezeigt, daß Moerbeke
− mit Sicherheit − entweder die Handschrift J selbst oder eine direkte Abschrift daraus für seine Metaphysikübersetzung benutzt hat, und daß es −
wahrscheinlich − die Handschrift J selbst war. Es ist natürlich möglich, daß
die durch die Feststellungen P. Moraux's zutagegetretene Wanderung der
Handschrift J nichts mit Moerbekes Aktivitäten zu tun hat, und daß die
Handschrift aus anderweitigen Gründen zu irgendeinem Zeitpunkt vor 1300
nach Italien kam. Die Koinzidenz zwischen der Wanderung der Handschrift einerseits, Moerbekes Reisen und Aktivitäten andererseits, und dem
aufgezeigten überlieferungsgeschichtlichen Zusammenhang der Texte ist

---

[89] In diesem Fall müßte man wohl annehmen, daß die Theophrast-Ergänzung auf f. 137^{rv},
die von griechischer Hand aus dem 14. Jh. stammt, ebenfalls in Italien gemacht wurde −
was natürlich durchaus möglich ist.

aber doch auffallend. Sie macht, wenn man annimmt, daß Moerbeke die Handschrift J selbst benutzt hat, einen Zusammenhang zwischen der Wanderung der Handschrift und Moerbekes erster griechischer Reise und Rückkehr nach Italien naheliegend, wie sie im übrigen, wie ich meine, auch die Vermutung, daß Moerbeke nach der Handschrift J selbst und nicht nach einer Abschrift von ihr gearbeitet hat, verstärkt.

Wenn man der oben besprochenen Notiz hinsichtlich des Entstehungsortes der Übersetzung – Nicaea – Glauben schenkt, so könnte man annehmen, daß Moerbeke J in Nicaea gefunden oder zum mindesten benutzt hat, dort seine Metaphysikübersetzung ganz oder zu einem großen Teil fertigstellte, dann die Handschrift J, um die Übersetzung zu vollenden oder andere in J enthaltene Schriften zu übersetzen[90], als Leihgabe, Kauf oder Geschenk nach Italien mitgenommen hat.

Daß Moerbeke im Besitz eines anderen griechischen Kodex – ebenfalls ein Vetustissimus – war, wissen wir durch den von L. Labowsky entdeckten Eigentumsvermerk Moerbekes auf dem später Bessarion gehörigen Venet. Marc. gr. 258, 9. Jh.[91]. Der Kodex enthält unter den Opuscula des Alexander von Aphrodisias dessen von Moerbeke übersetzte Schrift De fato sowie das damit zusammenhängende und ebenfalls von Moerbeke übersetzte letzte Kapitel von De anima II[92], und wurde, wie L. Labowsky vermutet, von Moerbeke auf seiner ersten Griechenlandreise erworben und mitgebracht (der Eigentumsvermerk bezeichnet Moerbeke als Poenitentiar des Papstes: *liber fratris guillelmi de morbeka ordinis predicatorum penitentiarii domini pape*)[93]. Besonders auffallend ist darüber hinaus die Tat-

---

[90] Siehe oben, Anm. 53.

[91] L. Labowsky, William of Moerbeke's Manuscript of Alexander of Aphrodisias. Bessarion Studies III, in: Mediaeval and Renaissance Studies 5 (1961) 155–162.

[92] Der Marc. gr. 258 enthält folgende Schriften Alexanders: 1. Quaestiones IV (Ἠθικὰ προβλήματα), 2. Quaestiones I (σχολικῶν φυσικῶν ἀποριῶν καὶ λύσεων ᾱ), 3. De anima I–II (das letzte Kapitel von II enthält eine andere, abgekürzte Version von De fato), 4. De fato ad imperatores, 5. Quaestiones II–III (σχολ. φυσικ. ἀποριῶν καὶ λύσεων β̄γ̄), 6. Zacharias von Chalkedon, De tempore; vgl. die Editionen der Texte und Beschreibungen der Handschrift in: Alexander Aphrodisiensis, Praeter Commentaria Scripta Minora, ed. I. Bruns, Suppl. Arist., II, Berlin 1887–1892; K. Oehler, Zacharias von Chalkedon über die Zeit, in: Byzant. Ztschr. 50 (1957) 31–38; G. E. Ferrari, E. Mioni, Manoscritti e Stampe Venete dell'Aristotelismo e Averroismo, in: Catalogo di Mostra . . . XII Congr. Intern. di Filos., Venedig 1958, Sez. I, n. 37, p. 22. – Moerbekes Übersetzung der beiden De fato-Texte ist ediert in: Alexandre d'Aphrodise, De fato [Anm. 4], Paris 1963, von P. Thillet. Die Frage, ob der Marc. gr. 258 – Stammvater der griechischen Textüberlieferung von De fato – nicht doch die Vorlage Moerbekes für seine Übersetzung war, muß nach der Entdeckung, daß dieser Kodex nachweislich Moerbeke gehört hat – und im Zusammenhang mit dem, was wir inzwischen durch das Autograph seiner Archimedes-Übersetzungen über seine Konjekturen wissen – sicherlich neu gestellt und untersucht werden, vgl. P. Thillet, op. cit., 14–19, 62.

[93] L. Labowsky, op. cit., 159. Eine alternative Vermutung L. Labowsky's scheint mir dagegen problematisch; sie nimmt als andere Möglichkeit an, daß der Kodex in den päpstlichen Verzeichnissen von 1295 und 1311, und zwar in der Rezension der Sizilianischen Sammlung wiederzufinden sei, so daß er also auf dem Weg über die päpstliche Bibliothek an

sache, daß in der Vorgeschichte dieser Handschrift eine Beziehung zum Vind. gr. 100 besteht: der Marc. gr. 258 gehörte nämlich zu der oben erwähnten philosophischen Sammlung, die sich, wie J. Irigoin gezeigt hat, im 9. Jh. gemeinsam mit J in den Händen bzw. in der Bibliothek ein und derselben Person — es mag, wie J. Irigoin für möglich hält, der Mathematiker und Philosoph Leon oder der Patriarch Photius gewesen sein — befunden hat[94]. Die gleiche Quelle, aus der Moerbeke in den Besitz des Marc. gr. 258 kam, konnte ihm also — wenn man annimmt, daß die äußere Verbindung der beiden Kodizes in der Zwischenzeit nicht unterbrochen wurde — auch den Vind. gr. 100 geliefert haben.

Aber auch wenn man der Notiz bezüglich Nicaea keinen Glauben schenkt, und wenn man überdies — was nicht notwendig daraus folgt — annehmen will, daß Moerbeke die Metaphysikübersetzung nicht während seines ersten griechischen Aufenthaltes sondern später in Italien gemacht hat, so ist es, nach den Beobachtungen Moraux's über die Wanderung von J einerseits, dem Parallelfall des Marc. gr. 258 andererseits, naheliegend anzunehmen, daß der Kodex durch ihn selbst oder auf seine Veranlassung — aus der gleichen Quelle wie der Marc. gr. 258 — nach Italien gekommen ist.

In beiden Fällen könnte man sich fragen, ob er die Handschrift — nachdem er sie ausgewertet hatte — auf seiner zweiten und jedenfalls letzten Griechenlandreise 1278 nach Korinth, auf der ihn sein Weg (wie im übrigen ebenso sein Rückweg auf der ersten Griechenlandreise) fast zwangsläufig über Apulien führen mußte, in der Gegend von Otranto gelassen hat, wo sich im Kloster Hagios Nikolaos von Casole um diese Zeit ein Scriptorium und eine Art Zentrum byzantinischer Kultur befand[95]. Die Blätter mit dem Anfang MetArist (ebenso wie mit dem voraufgehenden Ende MetTheophr), von deren Text Moerbekes Übersetzung, wie wir annehmen mußten, noch Zeuge ist, wären im Verlauf dieser Ortswechsel oder vielleicht bei anschlie-

---

Moerbeke gekommen sei. Es ist, wie sie auch zugibt, nicht leicht verständlich, wie Moerbeke einen der päpstlichen Bibliothek gehörigen Kodex als sein persönliches Eigentum betrachten konnte, aber darüber hinaus scheint mir vor allem die Identifikation der Hs mit den beiden Titeln der Sammlung (n. 433 in Kat. 1295, n. 628 in Kat. 1311) fragwürdig, da der Marc. gr. 258 nicht den Vermerk „And" trägt, den man in anderen, aus der Sammlung heute noch erhaltenen Handschriften identifizieren konnte.

[94] Siehe oben, S. 121 und Anm. 25.; vgl. insb. J. Irigoin, L'Aristote [Anm. 25], 7—8, 10; id., Survie et renouveau [Anm. 25], 298—300 und die dort angegebene Literatur. Vgl. dazu auch P. Thillet, Insertions d'onciales et abbreviations dans le cod. Venetus Marc. gr. 258, in: Miscellanea marciana di studi bessarionei, Padua 1976, 387—406, der aber in Hinblick auf die Zugehörigkeit des Kodex zu der erwähnten philosophischen Sammlung und seiner Datierung nichts Neues bringt.

[95] Vgl. N. G. Wilson, The Libraries of the Byzantine World, in: Greek, Roman, and Byzantine Studies 8 (1967) 53—80, jetzt in: Griech. Kodikologie und Textüberl. [Anm. 22], 276—309, vgl. 295—299; D. Harlfinger, Die Textgeschichte [Anm. 22], 62, 149—150; in beiden Arbeiten weitere Literaturhinweise.

ßenden Manipulationen der Handschrift verlorengegangen, der Anfang von Buch α dann dort um 1300 ergänzt worden. − Vorläufig sind das natürlich nur gewagte Hypothesen, und es sind durchaus auch andere Möglichkeiten denkbar.

Was das weitere Schicksal von J angeht, so ergeben sich noch einmal, wenn auch indirekte und vorläufig noch vage, Möglichkeiten einer Beziehung, die in der Nachgeschichte auf Moerbeke zurückführen könnte. P. Moraux hat festgestellt, daß die Vorlage für die von Humanistenhand in der Mitte des 15. Jh. auf f. 137^v von J eingetragene Hippokratesliste der Vat. gr. 276 war. Daraus entsteht die Frage, unter welchen Umständen diese humanistische Hand in J Zugang zum Vat. gr. 276 gehabt haben könnte. Ohne hier näheren Nachforschungen vorgreifen zu wollen und ohne jeden Anspruch auf Ausschöpfung der vorhandenen Dokumentation, seien hier nur zwei Bemerkungen erlaubt:

1. Der Vat. gr. 276 (Hippokrates-Schriften), 12. Jh. − von Bartholomaeus von Messina für die Übersetzung einiger Texte benutzt − trägt den Vermerk „And" (= Andegavensis)[96]; das läßt darauf schließen, daß er, obgleich er nicht in den Verzeichnissen von 1295 und 1311 aufgeführt ist, zu der sizilianischen Sammlung gehört hat, die Karl von Anjou 1266 dem Papst schenkte[97]. Sollte Moerbeke die Handschrift J der päpstlichen Bibliothek, die er zwischen 1267−1277 benutzte, überlassen haben (aber wie ist dann die Ergänzung des verlorenen Anfangs von Buch α um 1300 in der Nähe von Otranto zu erklären?), oder sollte J, nach Moerbekes Tode, sozusagen als sein Nachlaß aus Otranto an die päpstliche Bibliothek gekommen sein? So wäre ein späteres Nebeneinander von J und Vat. gr. 276 und die Eintragung in J erklärbar.

2. Bedeutsamer scheint ein anderer Umstand, besonders deshalb, weil hier noch einmal der oben erwähnte und Moerbeke gehörige Marc. gr. 258 begegnet: Vat. gr. 276 gehörte zu einer Gruppe von Handschriften der päpstlichen Bibliothek, die zwischen 1455 und 1458 an den Kardinal Bessarion ausgeliehen worden waren. Drei dieser Handschriften wurden bis 1458 nicht von Bessarion zurückgegeben, darunter der Vat. gr. 276[98]. Der Kodex befand sich also um die Mitte des 15. Jh. für längere Zeit in der Bibliothek oder zum mindesten der Umgebung Bessarions. In der Bi-

---

[96] I. Mercati, P. Franchi de' Cavalieri, Codices Vaticani graeci, I, codices 1−329, Rom 1923, 362−365; vgl. die Hinweise bei A. Pelzer, Addenda [Anm. 77], 93 und R. Devreesse, le fonds grec [Anm. 77], 4 n. 19.

[97] Siehe oben, S. 164 f. u. Anm. 78. Dazu auch: J. Irigoin, L'Italie méridionale et la tradition des textes antiques, in: Jahrb. Österr. Byzantinistik 18 (1969) 37−55, jetzt in: Griech. Kodikologie [Anm. 22], 234−258, vgl. 251.

[98] R. Devreesse, Le fonds grec [77], 40−41. Spätestens 1475 muß aber Vat. gr. 276 wieder in der päpstlichen Bibliothek gewesen sein, da er im Verzeichnis von 1475 aufgeführt ist, vgl. J. Devreesse, op. cit., 58.

bliothek Bessarions befand sich aber auch – wie aus seinem Besitzvermerk hervorgeht – die oben erwähnte, mit der Eigentumsnotiz Moerbekes versehene Handschrift Marc. gr. 258[99]. Auch eine der besten lateinischen Handschriften der Metaphysikübersetzung Moerbekes, Marc. lat. 1639 (Z. L. 235) – eine der drei Handschriften, durch die das bereits erwähnte und, wie gezeigt werden soll, auf J zurückgehende ,Theophrastscholion' im Text Moerbekes bezeugt ist[100] – finden wir in der Bibliothek Bessarions[101]. Bessarion hatte also eine Verbindung zur Hinterlassenschaft Moerbekes. Er könnte, ebenso wie den Kodex mit den Alexander-Schriften, auch die Aristoteleshandschrift J aus Moerbekes ,Nachlaß' erhalten haben. Unterstützt wird diese Annahme noch durch den Umstand, daß der Bestand griechischer Handschriften in der Bibliothek Bessarions, soweit er nicht direkt auf in Griechenland erworbene Kodizes oder unter Bessarions Leitung hergestellte Abschriften zurückgeht, eine bemerkenswerte Erweiterung aus dem Kloster Hagios Nikolaos von Casole bei Otranto erfuhr[102] – aus derselben Gegend also, und vielleicht demselben Ort, an dem, wie P. Moraux gesehen hat, die Ergänzung auf f. 138 der Handschrift J geschrieben worden war. Wenn man also diese Annahme – die mir durch die Überschneidung von mehreren, unabhängig voneinander beobachteten bzw. bezeugten Fakten keineswegs abwegig erscheint – macht, so hätten sich J und der Vat. gr. 276 längere Zeit hindurch um die Mitte des 15. Jh. in der Bibliothek Bessarions nebeneinander befunden, und die Eintragung der Liste der Hippokrates-Schriften in J nach dem Modell des Vat. gr. 276 um eben diese Zeit wäre auf diese Weise erklärlich. – Man müßte in diesem Fall annehmen, daß J anschließend, kurz nach der Mitte des 15. Jh., durch Bessarion bzw. seine Umgebung – in seinem Umkreis befanden sich zahlreiche griechische Emigranten – nach Konstantinopel zurückgekommen wäre.

---

[99] L. Labowsky, op. cit. [Anm. 91].

[100] Siehe unten, S. 173 ff.

[101] Vgl. Arist. Lat., Codices, Pars post. [Anm. 4], Nr. 1636.

[102] In seinem Bericht über das Nikolaos-Kloster und dessen Bibliothek schreibt Antonio Galateo von Lecce (um 1500): *Non parva pars* [i. e. bibliothecae] *Romam ad Bessarionem cardinalem deportata est et inde Venetias; partem quae superfuerat Turcarum qui monasterium populati sunt bella absumpserunt*, De situ Iapygiae, Basel 1558, 45, zitiert nach: N. G. Wilson, op. cit. [Anm. 95], 296, vgl. 297–298. Siehe auch R. Sabbadini, Le scoperte dei codici greci (sec. XV), in: R. Sabbadini, Le scoperte dei codici latini e greci ne' secoli XIV e XV, Firenze 1905, jetzt in deutsch. Übers. in: Griech. Kodikol. [Anm. 22], 353–388, vgl. 367. Vgl. dazu auch L. Labowsky, Bessarion's Library and the Biblioteca Marciana. Six Early Inventories, Roma 1979, bes. 9–12. Man hat bisher keinen Eigentumsvermerk des Klosters in den Handschriften aus Bessarions Bibliothek gefunden. L. Labowsky (loc. cit.) will daher nur dem ersten, nicht dem zweiten Teil des zitierten Berichtes Glauben schenken und nimmt an, daß Bessarion die Bücher des Klosters zu Studien- und Kopierzwecken in seine Römische Residenz bestellt hat und dann später wieder zurückgab. N. G. Wilson (op. cit., 297 und n. 52) will eher annehmen, daß die Bibliothekare des Klosters nicht die Gewohnheit hatten, ihr Eigentum zu kennzeichnen.

III. Das Theophrast-Scholion und seine Verwechslung

1. Textzeugnisse

In drei der über 200 Handschriften, in welchen die Metaphysikübersetzung Moerbekes überliefert ist, findet man, in zwei voneinander abweichenden Formen, folgendes Scholion, das sich auf das I. Buch (A) bezieht:

[1]

Hunc librum primum ,Omnes homines natura scire etcetera' Andronicus [Andronicus in ras. scr. m²] Hemippus [sic] ignorant. Neque enim ipsius memoriam faciunt omnino in enumeratione librorum Aristotilis. Nicholaus autem in theorica methaphysice Aristotilis memoratur ipsius, dicens eum esse Theophrasti. Et stilus eius in greco non assimilatur stilo Aristotilis. Quia tamen vulgus habet eum pro libro Aristotilis, et Olimpiadorus [sic] in commento super Gorgiam Platonis inducit quedam verba ipsius tamquam sicut Aristotilis, nolumus eum a methaphysica Aristotilis hic deesse. Flor. Laur. S. Cruc. Plut. XII Sin 7 (A. L. 1363), s. XIV, f. 3ʳ (Fv). Das Scholion ist von derselben Hand geschrieben wie der Text selbst und steht im Text vor dem Anfang des I. Buches (A).

Prologus in libro methaphysice Aristotilis fratris Guillielmi de Noperca ordinis fratrum predicatorum[103]. *Primum ,Omnes homines' Andromachus et Herminus ignorant. Neque enim ipsius memoriam omnino fecerunt in enumeratione librorum Aristotilis. Nicholaus autem in theorica methaphysice memoratur eum dicens esse Theofrasti, cum in greco non assimilatur stilo Aristotilis. Quia tamen vulgus habet eum pro libro Aristotilis et Olimpiodorus in commento super theorica Platonis dicit quedam verba tamquam sint Aristotilis, nolumus eum methaphysica Aristotilis hic deesse. Incipit liber methaphysice Aristotilis.* Patav. Univ. 453 (A. L. 1517), s. XIV, f. 88ᵛ (Pt). Auf den Text der Metaphysik, der in dieser Handschrift mit dem XII. Buch (Λ) auf f. 86ᵛ endet, folgt ein Bifolium, dessen drei erste Seiten leer sind; auf der letzten, f. 88ᵛ, steht, von anderer Hand als der Text der Metaphysik, das Scholion, das durch den angeführten Vorsatz, in dem der Übersetzer genannt wird, eingeleitet ist.

[2]

Hunc librum primum Andonicus [sic] quidem et Ermippus ignorant. Nec enim memoriam ipsius omnino fecerunt in numeratione librorum Theofrasti. Nicholaus autem in theoria methaphysice Aristotilis memoratur ipsius, dicens esse Theofrasti. Venet. Marc. 1639 (A. L. 1636), s. XIV, f. 1ʳ (Zl). Das Scholion steht am Rand, neben dem Beginn des I. Buches und stammt von derselben Hand wie der Text und wie eine ganze Reihe von Interlinear- und Marginalkorrekturen.

---

103 Der Text dieses Vorsatzes ist in der Handschrift durch Rasur stark beschädigt und war in der Photokopie zum Teil unleserlich. G. Piaia und P. Marangon (Padua) haben ihn freundlicherweise mit der Quarzlampe für mich entziffert. Die Angabe in Arist. Lat., Codd., Pars Prior [Anm. 4], 66 n. 2, muß entsprechend korrigiert werden.

Dieses lateinische Scholion zum I. Buch der Metaphysik des Aristoteles muß in Zusammenhang gebracht werden mit einem griechischen Scholion zum Ende der Metaphysik des Theophrast:

[3]

Τοῦτο τὸ βιβλίον Ἀνδρόνικος μὲν καὶ Ἕρμιππος ἀγνοοῦσιν, οὐδὲ γὰρ μνείαν αὐτοῦ ὅλως πεποίηνται ἐν τῇ ἀναγραφῇ τῶν Θεοφράστου βιβλίων· Νικόλαος δὲ ἐν τῇ θεωρίᾳ τῶν Ἀριστοτέλους Μετὰ τὰ φυσικὰ μνημονεύει αὐτοῦ, λέγων εἶναι Θεοφράστου. εἰσὶ δ' ἐν αὐτῷ οἷον προδιαπορίαι τινὲς ὀλίγαι τῆς ὅλης πραγματείας. Usener 12 a 4–12 b 5; Ross–Fobes, 38–39[104].

Die Metaphysik des Theophrast – Titel: Θεοφράστου τῶν [sic] μετὰ τὰ φυσικὰ – ist in 17 Handschriften überliefert[105]. Die beiden ältesten Handschriften sind, ebenso wie für die Metaphysik des Aristoteles, der Vind. phil. gr. 100, 9. Jh. (J) und der Paris. gr. 1853, 10. Jh. (E Bekker; P Ross–Fobes). Die Überlieferung gliedert sich in zwei Zweige. Der eine Zweig ist durch den Paris. gr. 1853 repräsentiert; der andere Zweig ist in zwei Gruppen aufgespalten, deren eine den Vind. phil. gr. 100 (J) und die aus einer gemeinsamen Zwischenquelle stammenden Marc. gr. 211, 13 Jh. (E^b Bekker, C Ross–Fobes) und Laur. gr. 28, 45, 15. Jh. (L Ross–Fobes) umfaßt; alle übrigen Handschriften (und die Ausgabe des Aldus Manutius, Bd. IV, 117^r bis 121^v, 1497) gehören zu der zweiten Gruppe (Σ Ross–Fobes und W. Burnikel), als deren Stammvater sich der Vat. gr. 1302, 1. Hälfte 14. Jh.[106] (A Ross–Fobes) erwiesen hat[107]. Das Scholion befindet sich im Par. gr. 1853 einerseits, in den Handschriften (und Aldina) der zuletzt genannten Gruppe Σ andererseits[108]. Es fehlt offenbar – dies wird jedoch im folgenden noch zu präzisieren sein – in der durch J, E^b und L gebildeten Gruppe. Es gibt einige wenige Varianten innerhalb der Textüberlieferung des Scholions, die jedoch hier nicht von Bedeutung sind. Die Stellung des Scholions ist einheitlich am Ende der Schrift. Im Par. gr. 1853, dem ältesten

---

[104] Theophrasti de prima philosophia libellus, ed. H. Usener, Bonn 1890; Theophrastus Metaphysics, with transl., comm. and intr. by W. D. Ross and F. H. Fobes, Oxford 1929.

[105] Die folgende Zusammenfassung der Überlieferungsgeschichte der MetTheophr stützt sich im wesentlichen auf die grundlegende Arbeit von W. Burnikel, Textgeschichtliche Untersuchungen zu neun Opuscula Theophrasts, Wiesbaden 1974 (= Palingenesia, hg. v. O. Lendle und P. Steinmetz, Bd. 8), die wichtige Ergänzungen zu Ross-Fobes liefert, vgl. bes. 112–130.

[106] Die vielumstrittene Frage der Datierung dieser Handschrift ist von J. Wiesner, Ps.-Aristoteles, MXG: Der historische Wert des Xenophanesreferats, Amsterdam 1974, 344–346, durch die Identifizierung des Kopisten gelöst worden.

[107] Vgl. W. Burnikel, op. cit., bes. 75–76, 84–91.

[108] Es ist nur in einer einzigen Handschrift der Gruppe Σ ausgefallen (Vat. Ottob. gr. 153, 15. Jh.). In diesem Punkt wird man durch die Ausgabe von Ross-Fobes irregeführt, nach der es scheint, als ob das Scholion, außer im Par. gr. 1853, nur noch in insgesamt drei weiteren Handschriften enthalten sei.

Zeugen des Scholions, steht es auf f. 312^r, am Ende der Schrift, integriert in den Text und stammt vom Schreiber des Grundtextes. Es gehört, wie der gesamte erste Teil der Handschrift, zu dem alten Teil dieses Kodex, einer aus dem 10. Jh. stammenden byzantinischen Kollektion von Aristoteles-schriften[109]. Die kodikographische Umgebung ist in diesem Fall von besonderer Bedeutung. In der uns erhaltenen griechischen Überlieferung ist die Theophrastische Metaphysik mit der Aristotelischen verbunden, und zwar so, daß man auf Grund der stemmatischen Einordnung der handschriftlichen Zeugen schließen kann, daß die Überlieferungsgemeinschaft bereits im Archetyp — eine byzantinische Ausgabe vermutlich vom Beginn des 9. Jh. — vorlag. Die Überlieferungsgemeinschaft ist durch den Par. gr. 1853 (MetTheophr unmittelbar nach MetArist) einerseits, durch J und E^b (MetTheophr unmittelbar vor MetArist) andererseits bezeugt. Erst nachträglich, zwischen dem 10. und 13. Jh., wurde in einem Vorläufer der Gruppe Σ die MetTheophr aus dieser Überlieferungsgemeinschaft ausgesondert und einem bereits bestehenden Korpus von Theophrastschriften eingefügt[110]. Von der handschriftlichen Überlieferung der Aristotelischen Metaphysik her gesehen, ist die Überlieferungsgemeinschaft im α-Zweig der Tradition, und nur in diesem bezeugt, d.h. sie kann — nur — bis zur gemeinsamen byzantinischen Quelle von E, J, E^b (und anderen) zurückverfolgt werden. — In der indirekten Textüberlieferung der Aristotelischen Metaphysik — dies sollte vielleicht auch bemerkt werden — d.h. in den Kommentaren des Alexander, Ps.-Alexander, Syrianos und Asklepios wird, während jedenfalls bei Alexander andere Schriften des Theophrast mehrfach zitiert werden, die Metaphysik des Theophrast, zum mindesten mit Namen und Titel, nicht erwähnt. Auch in anderen spätantiken Aristoteleskommentaren findet sich, nach den Indices ihrer Editionen im CAG zu urteilen, keine Erwähnung der Schrift. — Die Schrift des Theophrast existierte aber noch in einer griechisch-lateinischen Übersetzung, die von Bartholomaeus von Messina aus der Mitte des 13. Jh. stammt und im Kodex Patav. Anton. XVII 370, 13. Jh., erhalten ist. Hier hat sie jedoch den Titel *Aristotilis De principiis* (= Ἀριστοτέλους περὶ ἀρχῶν), sie steht innerhalb

---

[109] Siehe dazu P. Moraux, Le Parisinus graecus 1853 (Ms. E) d'Aristote, in: Scriptorium 21 (1967) 17–41, vgl. 26 und unten, Anm. 162.

[110] W. Burnikel, op. cit., 144–145. In der Tradition der Gruppe Σ ist also — bis auf zwei Ausnahmen — die MetArist nicht enthalten. Die beiden Ausnahmen sind die Editio princeps (Aldina) und der von ihr abgeschriebene (!) Vat. Regin. gr. 124, 15. Jh. (u Ross-Fobes, Harlfinger); in der Aldina, die für die MetTheophr von einer Handschrift der Gruppe Σ abstammt, ist die Schrift wieder aus dem Corpus des Theophrast herausgelöst und in das Aristotelische (nach MetArist) eingefügt worden (entsprechend auch in u). Zur stemmatischen Einordnung dieser beiden Textzeugen, die jedoch hinsichtlich der Überlieferungsgemeinschaft auszusparen sind, vgl. für MetTheophr W. Burnikel, op. cit., 22–42, für MetArist D. Harlfinger, Überlieferungsgeschichte [Anm. 23], 26–28.

einer Sammlung von Übersetzungen ps.-Aristotelischer Schriften[111]. Die
griechische Vorlage des Bartholomaeus, die sich aus seiner Übersetzung
erschließen läßt, ist von den überlieferten griechischen Handschriften zu
trennen und geht, wie W. Burnikel gegen F. Dirlmeier gezeigt hat[112], auf
einen Zustand vor der byzantinischen Edition zurück. Das Scholion fehlt —
wie zu erwarten — in der Übersetzung, in deren Titel ja Aristoteles als
Verfasser der Schrift genannt ist, was sicherlich aus der griechischen Quelle
der Übersetzung stammt[113].

Es ist offensichtlich, daß das lateinische Scholion zur Metaphysik des
Aristoteles mit dem griechischen Scholion zur Metaphysik des Theophrast
zusammenhängt. Der Wortlaut in den verschiedenen Formen des lateinischen entspricht, wenn auch mit einigen wichtigen Unterschieden, dem
Wortlaut des griechischen Scholions. Das griechische Scholion besagt:
„Andronikos und Hermippos kennen dieses Buch [d.h. MetTheophr] zwar
nicht, denn sie haben es in der Aufzählung der Bücher des Theophrast
überhaupt nicht erwähnt. Nikolaos [d.h. Nikolaos von Damaskos] hat es
aber in der Theorie über die Metaphysik des Aristoteles erwähnt und gesagt, es sei von Theophrast. Es gibt aber in ihm [d.h. MetTheophr] in etwa
einige wenige Vorfragen der ganzen Abhandlung". Der letzte Satz des griechischen hat keine Entsprechung im lateinischen Scholion. Das lateinische
Scholion in der Form [1] besagt: „Andronikos und Hermippos kennen
dieses erste Buch [d.h. erste Buch MetArist] nicht, denn sie haben es in der
Aufzählung der Bücher des Aristoteles [sic] überhaupt nicht erwähnt. Nikolaos hat es aber in der Theorie über die Metaphysik des Aristoteles erwähnt und gesagt, es sei von Theophrast". Die Fortsetzung des lateinischen

---

[111] Die Übersetzung des Bartholomaeus wurde ediert von W. Kley, Theophrasts Meta-
physisches Bruchstück und die Schrift περὶ σημείων in der lat. Übers. des Bartholomaeus
von Messina, Diss. Berlin 1936, Würzburg 1936; vgl. dazu die Rezension von F. Dirlmeier,
in: Gnomon 14 (1938) 129–137.

[112] W. Burnikel, op. cit., 128–130 (gegen Dirlmeier, der in der oben zitierten Rezension
die Ansicht vertrat, daß die Übersetzung auf den gleichen Archetyp zurückzuführen sei, aus
dem die erhaltenen griechischen Handschriften stammen).

[113] Die Schrift des Theophrast existiert außerdem in einer (unvollständig erhaltenen) arabischen Übersetzung, auf die D. S. Margoliouth, Remarks on the Arabic Version of the Metaphysics of Theophrastus, in: Journal of the Royal Asiatic Society, N. Ser. 24 (1892) 192–201,
aufmerksam gemacht hat, die jedoch weder von Ross-Fobes noch von W. Burnikel berücksichtigt wurde. Sie stammt, nach Margoliouth, wahrscheinlich von Yaḥyā ibn ʿAdiy (893–974)
— dessen literarische Tätigkeit sich auch auf die Metaph. des Aristoteles erstreckte, vgl. M.
Bouyges, Averroès, Notice, Beyrouth 1952, CXXII — der sie wahrscheinlich direkt aus dem
Griechischen übersetzt hat. Sie ist erhalten in der Handschrift Oxford, Bodl. Ouseley 95,
ff. 92ᵛ–95ᵛ, jedoch nur unvollständig. Die Handschrift ist beschädigt und in ihrer Vorlage schien
bereits der Anfang zu fehlen. Nach der Untersuchung Margoliouths, der Belegmaterial angibt,
ist sie vom Archetyp der überlieferten griechischen Handschriften unabhängig und geht auf
eine bessere Quelle zurück. Nach Mitteilung von C. Wakefield (Oxford) ist das Ende leider
auch beschädigt, und es ist nur das Wort maqāla (= βιβλίον) auszumachen. Dies deutet
zwar auf eine Subscriptio hin, ob es das Scholion war, muß aber völlig offen bleiben.

Scholions, die sich nur in [1] findet, hat keine Entsprechung im griechischen: „Und sein Stil [Buch A MetArist] ähnelt im Griechischen nicht dem Stil des Aristoteles. Da es jedoch allgemein für ein Buch des Aristoteles gehalten wird, und Olympiodorus in seinem Kommentar zum Gorgias des Plato einige Worte daraus als die von Aristoteles anführt, wollen wir nicht, daß es hier [in der MetArist] fehlt. – Die Form [2] bezieht sich wie [1], im Unterschied zum Griechischen, auf „dieses erste Buch [d. h. Buch A MetArist]", ist aber durch den Ausdruck *librorum Theophrasti*, wo [1] vom Griechischen abweicht, mit dem Griechischen identisch. Der letzte Satz des griechischen Scholions fehlt in [2], ebenso fehlt in [2] der lateinische Zusatz der Form [1].

2. Bisherige Interpretationen

Das Scholion ist in seiner griechischen Form häufig besprochen worden[114]. Es gibt, in dieser Form, einen Hinweis auf die Überlieferungsgeschichte der Schrift des Theophrast; es ist eine der wenigen Quellen für unsere Kenntnis von Listen der Werke des Theophrast bei Hermippos (um 200 v. Chr.) und Andronikos (1. Jh. v. Chr., 1. H.); es nennt einen Titel aus dem nur in Fragmenten einer syrischen Übersetzung erhaltenen Werk des Nikolaos von Damaskos (um 25 v. Chr.) „Über die Philosophie des Aristoteles"[115]; es wird als Zeugnis für eine der frühesten Verwendungen des Titels τὰ μετὰ τὰ φυσικά für beide Schriften, die des Theophrast und die des Aristoteles, angesehen[116].

Das lateinische Scholion ist ebenfalls schon lange bekannt und mehrfach in der Forschung behandelt worden. Die wichtigsten Erklärungen, die auf den Zusammenhang zwischen griechischem und lateinischem Text eingehen – sie beziehen sich übereinstimmend auf die Form [1][117] –, finden sich bei V. Rose, W. Jaeger und H. J. Drossaart Lulofs[118].

---

[114] Vgl. u. a. H. Usener, Analecta Theophrastea, Bonn 1858, 22–24; id., Zu Theophrasts Metaphysischem Bruchstück, in: Rhein. Mus. 16 (1861) 259–281, bes. 259–260; V. Rose, Aristoteles Pseudepigraphus, Leipzig 1863, 183–185; Theophrastus Metaphysics, ed. W. D. Ross, F. H. Fobes [Anm. 104], IX–X; W. Jaeger, Rezension von Ross-Fobes, Theophrastus Metaphysics, in: Gnomon 8 (1932) 289–295, vgl. 289–291; O. Regenbogen, Art. Theophrastos, in: RE, Suppl. VII, Stuttgart 1940, 1354–1562, vgl. 1363–1370, 1378–1379, 1389–1390; Aristotelis Metaphysica, ed. W. Jaeger, Oxford 1957, VI–VII; G. Reale, Teofrasto, Brescia 1964, 21–27; Nicolaus Damascenus, On the Philosophy of Aristotle, Fragments of the first five books transl. from the Syriac with an intr. and comm. by H. J. Drossaart Lulofs, Leiden 1965, 27–30; W. Burnikel, op. cit. [Anm. 91], vgl. 123–130.

[115] Vgl. dazu H. J. Drossaart-Lulofs, op. cit.

[116] Vgl. P. Moraux, Les listes anciennes des ouvrages d'Aristote, Louvain 1951, 314.

[117] Die Form [2] ist inzwischen auch bekannt, vgl. Arist. Lat., Codices, Pars Posterior [Anm. 4], Nr. 1636, und W. Burnikel, op. cit., 124 n. 36.

[118] Es werden im folgenden nur diejenigen Interpretationen dargestellt, die für den Zusammenhang zwischen griechischem und lateinischem Scholion und die Geschichte der

Nach V. Rose[119] hat Andronikos das Buch des Theophrast deshalb nicht in seiner Liste der Werke des Theophrast aufgeführt, weil er es für ein Buch des Aristoteles hielt. Das geht aus folgendem hervor: In den Listen des Diogenes Laertius, die auf Andronikos zurückgehen und in denen in der Tat die Metaphysik unter den Büchern des Theophrast nicht erwähnt wird, ist das Werk unter den Büchern des Aristoteles aufgeführt. Sein eigentlicher antiker Titel war nämlich περὶ ἀρχῆς (Diog. Laert. V,23) oder περὶ ἀρχῶν (cf. Hesychios περὶ ἀρχῶν ἢ φύσεως ᾱ), wie durch die lateinische Übersetzung des Bartholomaeus von Messina bezeugt wird, in der die Schrift des Theophrast unter dem Namen des Aristoteles mit dem Titel *De principiis* überliefert ist[120]. In den griechischen Handschriften ging die Metaphysik des Theophrast im allgemeinen − vulgo, so Rose − der Metaphysik des Aristoteles unmittelbar voraus[121]. Der Autor der mittelalterlichen lateinischen Übersetzung der Metaphysik des Aristoteles hat das Scholion in seiner griechischen Handschrift am Ende der Schrift des Theophrast gefunden und es fälschlich auf den nachfolgenden Text, d. h. Buch A der Metaphysik des Aristoteles bezogen. Die letzten Worte hat er selbst hinzugefügt. Sein Irrtum kann eine, von Jourdain[122] zitierte Bemerkung Alberts des Großen erklären, die besagt, daß die Araber das

Verwechslung von Bedeutung sind; auf die Diskussion zu den übrigen Fragen, die mit dem Scholion zusammenhängen, Titel des Werks, Vollständigkeit der Schrift etc., wird im allgemeinen nur in den Anmerkungen hingewiesen.

[119] V. Rose, op. cit. [Anm. 114].

[120] In dem Schriftenverzeichnis der Werke des Theophrast bei Diog. Laert. V 42−50 fehlt, als einziges der sonst bekannten Werke, die Metaphysik. Das Schriftenverzeichnis geht wahrscheinlich über Andronikos auf Hermippos zurück (für die Zurückführung auf Hermippos wird allerdings das Scholion als eine der Begründungen angeführt); vgl. H. Usener, Analecta [Anm. 114], 1−24; E. Howald, Die Schriftenverzeichnisse des Aristoteles und des Theophrast, in: Hermes 55 (1920) 204−221; O. Regenbogen, op. cit. [Anm. 114], 1363−1370; P. Moraux, Les listes [Anm. 116], 246−247. In der philologischen Forschung sind zwei verschiedene Versuche gemacht worden, die Schrift mit Titeln der antiken Schriftenverzeichnisse zu identifizieren: A. B. Krische, Die theol. Lehren der Griech. Denker, Göttingen 1840, 343 und neuerdings G. Reale, op. cit. [Anm. 114], 23−26 haben sie mit dem im Verzeichnis der Theophrastischen Schriften bei Diog. Laert. (V 46) angeführten Titel περὶ τῶν ἁπλῶν διαπορημάτων ᾱ identifizieren wollen. Der Versuch Roses, sie mit den erwähnten Titeln der Aristotelischen Schriftenverzeichnisse (Diog. Laert. V 23; Hesychios = Anon. Menag. A. 21) zu identifizieren, war lange Zeit umstritten, wird aber jetzt, durch W. Burnikel, op. cit., 125 unterstützt; auch der Umstand, daß die griechische Vorlage der Übersetzung des Bartholomaeus auf eine offenbar sehr alte Quelle zurückgeht, scheint dieser Interpretation günstig zu sein. Die beiden erwähnten Titel sind bisher mit keiner anderen Aristotelischen Schrift identifiziert worden. Zu den Schriftenverzeichnissen des Aristoteles bei Diog. Laert. und bei Hesychios und ihrer Herkunft, sowie zu den beiden erwähnten Titeln, siehe P. Moraux, Les listes [Anm. 116], 15−288; bes. 83, 201; id., Der Aristotelismus bei den Griechen, I, Berlin 1973, 4−5; I. Düring, Aristotle in the Ancient Biogr. Trad., Göteborg 1957, 13−93; R. Stark, Der Ursprung des Schriftenverzeichnisses, in: R. Stark, Aristotelesstudien, ²München 1972, 160−164.

[121] Rose nennt als Beispiele den Vind. phil. gr. 34 (jetzt = 100) und den Marc. gr. 211. Dies sind aber in Wirklichkeit die beiden einzigen Handschriften mit dieser Reihenfolge.

[122] A. Jourdain, Recherches crit. sur l'âge et l'origine du trad. lat. d'Aristote, ²Paris 1843, 38, 177, 357.

erste Buch der Aristotelischen Metaphysik deshalb nicht gehabt hätten, weil sie annahmen, daß es von Theophrast stamme[123].

Nach Jaeger[124] ist die Verfasserschaft des Theophrast für das sogenannte Metaphysische Fragment[125] bezeugt durch das Scholion. Der Scholiast war ein peripatetischer Gelehrter, der die Form der Schrift (προδιαπορίαι) und ihren systematischen Ort in Hinblick auf die Aristotelische Metaphysik zu bestimmen suchte[126]. Der Scholiast war noch so gut unterrichtet, daß er wußte, daß die Schrift weder in den ältesten (Hermippos) Katalogen der Werke des Theophrast und des Aristoteles enthalten war, noch in dem des Andronikos, sondern erstmals von einem etwas jüngeren Peripatetiker, Nikolaos von Damaskos (Geschichtsschreiber und Kanzler des Königs Herodes) in seinem Buch über die Aristotelische Metaphysik erwähnt wurde. Ob die Schrift, wie Rose glaubte, mit dem Titel der Diogenes- bzw. Hesychios-Liste zu identifizieren ist, bleibt unsicher. Es ist möglich, daß sie, ebenso wie Buch α der Metaphysik des Aristoteles, erst in der Zeit zwischen Andronikos und Nikolaos (d. h. im letzten Viertel des 1. Jh. v. Chr.) bekannt wurde. Seit der Erwähnung des Nikolaos wurde Theophrast als Autor der Schrift angesehen, und sie wurde von da an im Zusammenhang mit der Aristotelischen Metaphysik überliefert. Sie muß schon in einer antiken Ausgabe vor der Metaphysik des Aristoteles gestanden haben, und zwar aus folgenden Gründen: Das lateinische Scholion

---

[123] Siehe unten, S. 199 ff.

[124] W. Jaeger, Gnomon [Anm. 114], 289−291.

[125] Man hat die Schrift lange Zeit als Fragment angesehen, entsprechend den ebenso in ihrem Titel (Θεοφράστου τῶν [!] μετὰ τὰ φυσικά) wie im letzten Satz des Scholions (προδιαπορίαι τῆς ὅλης πραγματείας) gebrauchten Formulierungen, durch die sie als Teil eines Ganzen bezeichnet wird. Ross−Fobes, op. cit., X, haben zuerst ausdrücklich darauf hingewiesen, daß es sich um einen abgeschlossenen kleinen Text handelt, was dann von W. Theiler, Die Entst. der Metaph. des Arist., in: Mus. Helv. 15 (1957) 102, durch eine Reihe von Einzelbelegen erwiesen wurde. Die in Titel und Scholion ausgedrückte Ansicht, daß es sich um einen unvollständigen Text handele, dürfte, wie Theiler glaubhaft gemacht hat, auf ein Mißverständnis der letzten Sätze der Schrift (11 b 24) zurückgehen. Aber in der durch Titel und letzten Satz des Scholions ausgedrückten Teilbezeichnung steckt noch eine andere Unstimmigkeit. Der Titel bezeichnet die Schrift offenbar − und so wurde er auch weiterhin verstanden − als Teil einer (nicht vorhandenen, und wie W. Burnikel, op. cit., 126, geltend gemacht hat, auch wohl kaum geplanten) Theophrastischen Metaphysik. Andererseits hat man den letzten Satz des Scholions, der offen läßt um welche „ganze Abhandlung" es geht, so gedeutet, daß er sich auf die Aristotelische Metaphysik bezieht − zu der die Theophrastische Schrift als Vorfragenteil angesehen werden soll. Wenn man Titel und letzten Satz des Scholions in Zusammenhang sieht und beides auf Nikolaos zurückführt, so ist es naheliegend, eine einheitliche Erklärung zu versuchen. W. Burnikel schlägt vor, den Titel als „Theophrasts Anteil an der Metaphysik des Aristoteles" zu interpretieren, wodurch er dann das gleiche ausdrücken würde wie der letzte Satz des Scholions. W. Burnikel macht geltend, daß man Nikolaos kaum zutrauen dürfte, den Titel μετὰ τὰ φυσικά, der ihm noch als Ortsbezeichnung innerhalb einer Aristotelesausgabe geläufig sein mußte, auf einen anderen Autor zu übertragen. Diese Argumentation hat dann aber die, vielleicht bedenkliche, Konsequenz, daß W. Burnikel annehmen muß, daß Nikolaos die Schrift örtlich vor der Metaphysik des Aristoteles in einer Aristoteles-Ausgabe (natürlich nicht unter dem Namen des Theophrast) vorgefunden haben muß, so daß − nach Burnikel − die Zusammenstellung und Reihenfolge der beiden Schriften bereits vor Nikolaos festlag, vgl. W. Burnikel, op. cit., 126−127.

[126] Vgl. Anm. 125.

bezeugt, daß die Subscriptio des Theophrasttextes fälschlich auf das ihr nachfolgende I. Buch (A) des Aristoteles bezogen wurde. Urheber der Verwechslung kann aber nicht irgendein obskurer mittelalterlicher Schreiber oder Übersetzer gewesen sein, denn die irrtümliche Meinung, daß das I. Buch der Metaphysik des Aristoteles von Theophrast stamme, war offenbar weit verbreitet, wie die Stelle bei Albertus über das Fehlen des I. Buches in den arabischen Übersetzungen bezeugt. Der Irrtum müßte also im Abendland und Orient unabhängig voneinander entstanden sein. Dies ist jedoch unwahrscheinlich. Es gibt außerdem eine antike Überlieferung, die bei Alexander von Aphrodisias im Kommentar zu B 2, 997 b 3 ff.[127] erwähnt ist und nach der manche das I. Buch (A) der Metaphysik für unecht erklärten. Alexander widerlegt eine solche Ansicht durch den Hinweis auf den Zusammenhang zwischen Buch A und Buch B durch Stil und Ethos, insbesondere auch darin, daß die Rede von der Platonischen Ideenlehre in „Wir-Form", in der man anscheinend einen Grund für die Athetese von A suchte, sich nicht nur in A sondern auch in B finde. – Alle diese Fakten lassen sich am besten erklären, wenn man annimmt, daß der Grund für die Athetese schon in der römischen Kaiserzeit durch die falsche Beziehung der Subscriptio des Theophrasttextes auf das ihm nachfolgende I. Buch der Metaphysik des Aristoteles gewesen ist. Die Schrift des Theophrast muß also schon vor Alexander in einer Aristotelesausgabe unmittelbar vor den Anfang der Metaphysik eingeschoben worden sein. Diese Anordnung – d. h. MetTheophr (+ Scholion) – MetArist – ist, so Jaeger, durch den Paris. gr. 1853 bezeugt[128]. Der Verfasser des Scholions war also, so schließt Jaeger, der Urheber der perpipatetischen, erweiterten Aristoteles-Ausgabe, in die vor die Metaphysik des Aristoteles diejenige des Theophrast eingefügt war.

Diese Schlußfolgerung behält Jaeger in der Praefatio zu seiner Metaphysikausgabe[129] bei, obwohl er als Begründung dafür jetzt nur noch den Inhalt des griechischen Scholions als solchen angibt, und nicht mehr – wie oben – den durch das lateinische Scholion bezeugten falschen Bezug auf Aristoteles und die Verwechslungsreihenfolge: MetTheophr vor MetArist. Offenbar deshalb, weil die tatsächliche Reihenfolge der beiden Schriften im Par. gr. 1853 die umgekehrte ist, nämlich MetArist vor MetTheophr.[130]. Die um den Theophrasttext mit Scholion erweiterte Aristotelesausgabe (von Jaeger Andronicus auctus genannt), auf die der Par. gr. 1853 zurückgeht, stammt von einem Peripatetiker der Kaiserzeit, der dem Urteil

---

[127] Vgl. unten, S. 198 u. Anm. 163, 164.

[128] Dies ist ein Irrtum Jaegers (übernommen von O. Regenbogen, op. cit. [Anm. 114], 1389); die Handschrift hat die umgekehrte Reihenfolge: MetArist-MetTheophr (+ Scholion). Auf Jaegers Irrtum hat H. J. Drossaart Lulofs, op. cit. [Anm. 114], 30 aufmerksam gemacht, hat jedoch – seinerseits irrtümlich – als Quelle dafür nicht die Gnomon-Rezension Jaegers sondern die Praefatio seiner Metaphysik-Ausgabe, S. VI angegeben, was Anlaß für weitere Mißverständnisse wurde, siehe Anm. 130.

[129] Aristotelis Metaphysica, Oxford 1957, VI–VII.

[130] Jaeger hat hier ganz offenbar die richtige Reihenfolge von E gemeint, wenn er schreibt *testis est scholium ad Theophrasti Fragmentum Metaphysicum, quod in E sub calcem Metaphysicorum Aristotelis additur* (VI) und es ist ein Mißverständnis W. Burnikels (op. cit. [Anm. 105], 119, Anm. 16) hier einen neuen Fehler Jaegers, mit der Reihenfolge MetArist-Scholion-MetTheophr herauszulesen: *quod* muß natürlich auf *Theophrasti Fragmentum*, und nicht auf *scholium* bezogen werden.

des Nikolaus von Damaskos folgend, die Ausgabe des Andronikos um das Theophrastfragment erweitert hat. Welche Reihenfolge die beiden Schriften in dieser Ausgabe (Andronicus auctus) hatten, läßt Jaeger hier offen.

H. J. Drossaart Lulofs[131] bespricht das Scholion ebenfalls ausführlich: Es bezeugt, daß Nikolaos von Damaskos ein echtes, dem Andronikos unbekanntes Buch des Theophrast identifizierte. Die Entdeckung des Nikolaos kann damit zusammenhängen, daß er aus dem Orient stammte, wo sich zahlreiche griechische Handschriften mit seltenen oder anderswo unbekannten Texten befanden. Die Behauptung des Scholiasten, daß Nikolaos es in seiner Theoria über die Aristotelische Metaphysik erwähne, läßt sich an Hand der nur fragmentarisch überlieferten Texte seines Kompendiums „Über die Philosophie des Aristoteles", von dem die Theoria über die Metaphysik ein Teil war, nicht nachprüfen. Möglicherweise ist die Schrift des Theophrast in zwei der aus der Theoria des Nikolaos überlieferten Fragmente benutzt worden. Es ist höchstwahrscheinlich, daß der überlieferte Titel der Schrift (Θεοφράστου τῶν μετὰ τὰ φυσικά) von Nikolaos eingeführt wurde. Der letzte Satz des Scholions, nämlich die Feststellung, daß das Buch einige Vorfragen zu der „ganzen Abhandlung" enthält − es kann in diesem Zusammenhang damit nur die Aristotelische Metaphysik gemeint sein[132] − dürfte ebenfalls auf Nikolaos zurückgehen. Diese Bemerkung scheint der Grund dafür gewesen zu sein, daß die Editoren der römischen Kaiserzeit den Text des Theophrast vor den des Aristoteles gesetzt haben. Später wurde das Scholion an den Anfang der Metaphysik des Aristoteles verschoben und gab so Anlaß zu der kuriosen Meinung, daß das erste Buch der Metaphysik nicht von Aristoteles sei, sondern von Theophrast. Dieser Irrtum könnte auch der Grund für das Fehlen von Buch A in der arabischen Übersetzung des Asṭāt gewesen sein[133]. Die von Jaeger Andronicus auctus genannte Ausgabe ist allerdings nicht durch den von Jaeger irrtümlicherweise als Zeugen angeführten Paris. gr. 1853 repräsentiert, da diese Handschrift in Wirklichkeit die umgekehrte Reihenfolge hat.

Wenn man diese Erklärungen, insofern sie den Zusammenhang zwischen dem griechischen und dem lateinischen Scholion betreffen, zusammenfaßt, ergibt sich:

1. Die Beziehung des griechischen Scholions auf Theophrast wird übereinstimmend als die ursprüngliche angesehen. Die Beziehung des lateinischen Scholions auf das I. Buch MetArist ist ein Irrtum.

2. Der Irrtum entstand dadurch, daß zu irgendeinem Zeitpunkt in einer griechischen Ausgabe der Text des Theophrast dem des Aristoteles unmittelbar vorausging und das Scholion vom Ende des einen Textes an den Anfang des folgenden geriet.

3. Nach Rose ist der lateinische Übersetzer für den Irrtum verantwortlich.

---

[131] H. J. Drossaart Lulofs, Nicol. Damasc. [Anm. 114], 27−30.
[132] Vgl. oben, Anm. 125.
[133] Siehe unten, S. 201−203.

4. Nach Jaeger (Gnomon-Rezension) geht der Irrtum auf eine antike Aristotelesausgabe zurück, aus einer Zeit zwischen Nikolaos und Alexander, in der die durch Nikolaos identifizierte Schrift des Theophrast der Metaphysik des Aristoteles hinzugefügt und vorangestellt worden war. Seine Gründe: (a) peripatetische Herkunft des Scholions als solchen; (b) die durch das lateinische Scholion bezeugte Verwechslung war der gemeinsame Grund für die schon Alexander bekannte Meinung über die Unechtheit von Buch A, für das Fehlen von Buch A in der arabischen Tradition und für die bei Albertus erwähnte Meinung, daß es von Theophrast stamme; (c) die Verwechslungsreihenfolge ist, zusammen mit dem Scholion selbst, im Paris. gr. 1853 erhalten.

In der Praefatio wird (c) berichtigt, (b) nicht ausdrücklich erwähnt, die Schlußfolgerung auf eine peripatetische Ausgabe – *Andronicus auctus* – wird beibehalten, die Reihenfolge der Schriften darin nicht spezifiziert.

5. Drossaart Lulofs schließt sich der Meinung Jaegers (Gnomon) an, indem er ebenfalls eine um das Theophrastfragment erweiterte kaiserzeitliche Aristotelesausgabe mit der Reihenfolge MetTheophr vor MetArist annimmt. Seine Begründung: Der letzte Satz des Scholions geht vermutlich auf eine Bemerkung des Nikolaus selbst zurück; diese war der Anlaß, den Theophrasttext dem Aristotelischen hinzuzufügen und voranzustellen. Der Irrtum, bedingt durch diese Reihenfolge, entstand später, wahrscheinlich aber vor der ältesten arabischen Metaphysikübersetzung – der des Asṭāt (vor 870) – in der Buch A möglicherweise auf Grund des irrtümlich verstandenen Scholions weggelassen worden war.

Die hier dargestellten und in wesentlichen Punkten übereinstimmenden Interpretationen haben einen Schönheitsfehler: Für die Reihenfolge Met Theophr vor MetArist, in der die Verwechslung geschehen konnte, und die Rose mit *vulgo* bezeichnet, gibt es nur die beiden von Rose angeführten handschriftlichen Zeugen, den Vind. gr. 100 (J) und den Marc. gr. 211 (C MetTheophr, Eb MetArist), die jedoch beide offenbar das Scholion nicht haben; außer in der Gruppe Σ, in der die MetTheophr aus der Überlieferungsgemeinschaft herausgelöst wurde, ist das Scholion nur im Paris. gr. 1853 (P MetTheophr, E MetArist) enthalten, der aber beide Schriften in der umgekehrten Anordnung bringt. Es wird sich zeigen, daß die Untersuchung des lateinischen Scholions hier eine Ergänzung liefern kann.

3. Textrekonstitution

Wenn zwei Texte in mittelalterlichen Handschriften überliefert sind, ein griechischer Text einerseits, ein lateinischer andererseits, der lateinische Text offensichtlich aus dem Griechischen übersetzt ist, sich aber von der griechisch überlieferten Form in einigen wichtigen Punkten unterscheidet, so ist es nicht von vornherein selbstverständlich, daß die griechische Überlieferung als Zeugnis für das Original der lateinischen vorzuziehen ist und dementsprechend das Auswahlkriterium für Varianten innerhalb der lateinischen Tradition darstellt. Hinzukommt in diesem Fall, daß die Stellung des griechischen Scholions — nämlich am Ende der Schrift — merkwürdig ist, während das lateinische Scholion einer in der spätantiken Kommentarüberlieferung bezeugten Gewohnheit entspricht, Echtheitsfragen jeweils am Anfang der betreffenden Schrift zu erörtern[134].

Man könnte also versucht sein zu fragen, ob die Verwechslung nicht umgekehrt geschehen sein könnte. Wenn man sich jedoch die drei verschiedenen Textformen [1], [2] und [3] zunächst rein auf innere Kriterien hin ansieht, nämlich daraufhin, daß hier jemand etwas über die Autorschaft eines Bezugstextes sagt und wieweit er das logisch zusammenhängend formuliert, so sieht man sofort, daß Form und Inhalt der Argumentation im griechischen Scholion [3] völlig kohaerent sind, während sie in den lateinischen Texten mehr oder weniger auseinanderfallen. Die drei verschiedenen Textformen haben die gleiche syntaktische Struktur: (a) negative Einschränkung (μὲν ... ἀγνοοῦσιν: quidem ... ignorant); (b) Begründung der Einschränkung (γὰρ: enim); (c) affirmativer Gegensatz (δὲ: autem). In der griechischen Form [3] ergibt die syntaktische Struktur zusammen mit dem Wortinhalt in Hinblick auf den Bezugstext (MetTheophr) eine völlig logische Argumentation: es wird zunächst ein Gegenargument gegen die Autorschaft gegeben, dieses wird begründet, anschließend wird, durch Hinweis auf eine Autorität, das den Zweifel aufhebende Argument für die Autorschaft gegeben. In der lateinischen Form [1] fügen sich (a) und (b) in Hinblick auf den Wortinhalt (librorum Aristotelis) und den Bezugstext (I. Buch MetArist) noch gut zusammen, aber mit (c) wird durch autem inhaltlich kein positiver Gegensatz eingeleitet, sondern ein weiteres Argument gegen die Autorschaft gegeben; in der lateinischen Form [2] paßt darüber hinaus, mit librorum Theophrasti, schon (b) nicht mehr recht zu (a) in Hinblick auf den Bezugstext (I. Buch MetArist). Die griechische Überlieferung gibt also den authentischen Text wieder und muß das Auswahlkriterium bei der Rekonstitution des lateinischen Textes aus seinen

---

[134] Die Frage nach der Echtheit einer Schrift (γνήσιον bei den griechischen Kommentatoren, „an germanus propriusque liber sit" bei Boethius) gehörte, ebenso wie die Frage nach ihrem Ziel (σκοπός), ihrem Nutzen (χρήσιμον), ihrem Platz im Korpus (τάξις), ihrem Titel (ἐπιγραφή), in eine Reihe von sechs (bis sieben oder acht) ganz bestimmten, festgelegten Vorfragen, welche — je nach Erfordernis der betreffenden Schrift — die Kommentatoren in den Einleitungen zu den kommentierten Schriften erörterten. Vgl. P. Moraux, La critique d'authenticité chez les commentateurs grecs d'Aristote, in: Melanges Mansel, Ankara 1974, 265−288, bes. 265−266; P. Moraux, Anecdota graeca minora, I: Anonyme Einleitung zu Aristoteles' Metaphysik, in: Ztschr. f. Papyrol. und Epigr. 40 (1980) 59−75, bes. 61; grundlegend dazu: M. Plezia, De commentariis isagogicis, Archiwum Filologiczne, 23, Kraków 1949, 1−112, vgl. 9−30.

verschiedenen Varianten, insbesondere für den Hauptunterschied *librorum Aristotelis – librorum Theophrasti*, bilden.

Ich möchte zunächst die Rekonstitution des lateinischen Textes voranstellen, diese dann kurz begründen, und anschließend versuchen nachzuweisen, daß Wilhelm von Moerbeke das Scholion im Zusammenhang mit dem Text der Aristotelischen Metaphysik übersetzt hat, und daß seine griechische Quelle dafür im heute verlorenen Teil der Handschrift Vind. gr. 100 (J) anzusetzen ist.

1 *Hunc librum primum Andronicus quidem et Ermippus ignorant. Neque*
2 *enim memoriam ipsius omnino fecerunt in enumeratione librorum*
3 *Theofrasti. Nicholaus autem in theoria methaphysice Aristotilis*
4 *memoratur ipsius, dicens esse Theofrasti.*
5 *[Et stilus eius in greco non assimilatur stilo Aristotilis. Quia*
6 *tamen vulgus habet eum pro libro Aristotilis et Olimpiodorus in*
7 *commento super Gorgiam Platonis inducit quedam verba ipsius*
8 *tamquam sint Aristotilis, nolumus eum methaphysice Aristotilis*
9 *hic deesse.]*

ZlFvPt   1 *hunc librum* om Pt   *primum* + *omnes homines natura scire etcetera*
Fv: + *omnes homines* Pt   *Andronicus* scr. cum Fv²: *Andonicus* Zl: *Andromachus*
Pt: ///// Fv¹   *quidem* om. FvPt   *et* om. Fv   *Hemippus* Fv: *Herminus* Pt[135]
nec Zl   2 *ipsius memoriam* tr. FvPt   *faciunt* (ante *omnino* tr.) Fv
numeratione Zl   3 *Theofrasti*] *Aristotilis* FvPt   *theorica* FvPt   4 *ipsius* om.
Pt   *dicens* + *eum* (ante *dicens* Pt) FvPt   5 *et* (cum Pt) – 9 *deesse* om. (an
recte?) Zl   *stilus eius* om. Pt: [Zl]   7 *Gorgiam*] *theorica* Pt: [Zl]   *dicit* Pt:
[Zl]   *ipsius* om. Pt: [Zl]   8 *sint*] *sicut* Fv: [Zl]   *methaphysice*] *a metha-*
physica Fv: [Zl]

Wenn man die verschiedenen lateinischen Lesarten mit dem griechischen Text vergleicht, ergibt sich: Alle drei Handschriften gehen auf ein und dasselbe aus dem Griechischen übersetzte lateinische Original zurück. Sie haben keine gemeinsamen Fehler, die auf einen Hyparchetypus schließen lassen[136]. Zl geht in direkter Linie auf das Original zurück, während FvPt eine gemeinsame Zwischenquelle haben. Dies geht aus einigen kleinen gemeinsamen Fehlern und Textadaptationen hervor: *quidam* om., *ipsius memoriam* tr., *theorica, dicens* + *eum*. Auch die Orthographie *Ermippus* in *Zl* weist auf direkte Transkription aus einer spirituslosen griechischen Vorlage hin, während die Versionen von FvPt auf die nachträgliche, „gelehrte" Zufügung des *H-* in einer gemeinsamen Quelle zurückgehen dürften. Der Hauptunterschied zu Zl und dem Griechischen ist die Lesart

---

[135] Der Namensentstellung könnte eine Verwechslung von Hermippos mit Herminos, einem Peripatetiker und Lehrer des Alexander von Aphrodisias, zugrundeliegen.

[136] Über den gemeinsamen Zusatz von *primum* gegenüber dem Griechischen und den Fortfall des letzten griechischen Satzes, siehe unten, S. 191–192.

Aristotilis (Z. 3, statt *Theofrasti*) in FvPt, die nicht durch einen Fehler entstanden sein kann, sondern absichtliche Änderung und Angleichung an den Bezugstext des lateinischen Scholions (MetArist) verrät; sie ist ebenfalls einer Zwischenquelle — und nicht etwa einer anderen griechischen Vorlage — zuzuschreiben. Dasselbe gilt von den erläuternden Zusätzen zu *primum*. Ohne hier vorläufig auf die lateinische Fortsetzung des Scholions, die sich nur in FvPt findet, einzugehen, sieht man, daß die gemeinsame Zwischenquelle der beiden Handschriften neben einigen Fehlern absichtliche Textänderungen und „Verbesserungen" enthielt. Daß Zl nicht von FvPt abhängen kann, ist offensichtlich, umgekehrt können aber auch FvPt, bzw. ihre Zwischenquelle, nicht auf Zl zurückgehen, da sie mit *e-numeratione* (ἀνα-γραφῇ) sicherlich, mit *neque* (Z. 1) sehr wahrscheinlich[137] die richtige Lesart gegen Zl bewahrt haben. Es sind also zwei voneinander unabhängige Überlieferungszweige vorhanden, von denen der eine, Zl, das Original getreuer wiedergibt als der andere, FvPt.

4. Übersetzer

Der Übersetzer des Scholions ist ohne Zweifel Moerbeke selbst. Das Scholion ist zwar nur in drei von über 200 Handschriften bezeugt, aber die stemmatische Einordnung der beiden Handschriften Zl und Fv — Pt kommt für diesen Gesichtspunkt nicht in Frage — im Überlieferungszusammenhang des gesamten Textes und speziell des I. Buches spricht dafür. Probekollationen von 173 der 211 überlieferten Handschriften — ausgeschieden wurden im wesentlichen nur die Handschriften des 15. Jh. — haben ergeben, daß der allergrößte Teil der Handschriften zu einer Gruppe (P = Pariser Gruppe) gehört, der auch alle Petienhandschriften zuzuordnen sind, und die unter anderem durch eine Reihe von offensichtlichen Fehlern charakterisiert ist. Eine von dieser Gruppe unabhängige Tradition, durch die sich die Fehler der Gruppe korrigieren lassen, ist nur in sehr wenigen Handschriften, und auch in diesen nur in mehr oder weniger großen Teilen des Textes und in mehr oder weniger reiner Form erhalten. Es sind dies im wesentlichen folgende fünf Handschriften:

Scorial. monast. f. II. 1 (A.L. 1217), s. XIV (Si): Hauptzeuge der unabhängigen Tradition für fast den gesamten Umfang des Textes, nämlich ab A 6, 987 b 6 bis N; der Anfang des Textes bis 987 b 6 stammt jedoch aus einer anderen, zu P gehörigen Quelle. — Venet. Marc. 1639 (Z. L. 235; A. L. 1636), s. XIV (Zl): unabhängige Tradition im Text selbst von Buch H–N; kontaminiert mit P, aber zahlreiche Elemente der unabhängigen Tradition in den Korrekturen erster Hand (Zl[post.]) von A–Z. Vat. Pal. lat. 1060 (A. L. 1791), s. XIV (Da): unabhängige Tradition in

---

[137] Siehe oben, S. 112–113.

mehreren größeren Teilen des Textes, insbes. α 2, 994 a 10 – Z 13, H 4 – Θ, K, M 1–8 (1084 a 5); in den übrigen Teilen des Textes kontaminiert mit der Translatio Anonyma bzw. durchgängig (ab 1084 a 5) Translatio Anonyma. – Flor. Laur. Cruc. Plut. XII Sin 7 (A. L. 1363), s. XIV in. (Fv): Elemente der unabhängigen Tradition in A–Λ, zahlreicher in den ersten Büchern, jedoch kontaminiert mit P (in der Handschrift fehlen die Bücher M, N). – Flor. Laur. Cruc. Plut. XIII Sin 6 (A. L. 1367) s. XIII ex., (Fz): Elemente der unabhängigen Tradition in A–Λ, aber zahlreicher nur in den ersten Büchern; kontaminiert mit P.

Ich gebe einige Beispiele von offensichtlichen Fehlern der Gruppe P gegenüber den richtigen Lesarten, die in einigen oder allen der genannten fünf Handschriften bewahrt sind:

983 a 8 τῶν αἰτίων: *causarum* Zl$^{post.}$Fz: *causare* P   983 a 14 ταὐτόματα: *automata* Zl$^{post.}$Fz: *autonomata* P   985 b 33 τοῖς ἀριθμοῖς: *numeris* SiFvFz: *-us* P 986 a 2 πάντων: *cunctorum* ZlFv: *concretorum* P   986 a 32 διωρισμένας: *determinatas* SiZlFvFz: *-tis* P   1007 b 4 τοῦτο λευκὸν: *hoc album* SiDaFv: *homo albus* P   1007 b 20,23,24,8 a 2 τριήρης: *trieris* SiDaZlFvFz: *triens* P   1007 b 18 ἅμα: *simul* SiDaZl$^{post.}$FvFz: om. P   1029 b 31 ἄλλῳ: *alii* SiDaZlFvFz: om. P   1033 a 34 οἶον: *ut* SiDaZl$^{post.}$Fv: *aut* P   1065 a 10 καὶ οὐ: *et cuius* SiZlFvFz: *etcetera* P   1074 a 9 ἔσονται: *erunt* SiZl: + *et* P   1074 a 14 μὲν: *quidem* SiZl: om. P   1076 b 22 ἅμα: *simul* SiDaZl: om. P   1084 b 15 οὐ: *non* SiZl: *enim* P 1084 b 26 καὶ – στιγμὴ: *et principium posuerunt unitas enim punctus* SiZl: om. P

Aus der oben gegebenen Beschreibung der Handschriften ergibt sich, daß für den Anfang des ersten Buches (bis 987 b 6), für den sowohl Si als auch Da als Zeugen ausfallen, die unabhängige Tradition nur noch (unvollständig) durch drei Handschriften repräsentiert ist. Zwei von diesen, Zl$^{(post.)}$ und Fv, bringen das Scholion. Sie haben im übrigen Text keine gemeinsamen Sonderfehler, die auf eine spezifische Verwandtschaft oder eine gemeinsame Zwischenquelle hindeuten würden. Ihre Übereinstimmung, die außerdem noch einem griechischen Zeugnis entspricht, läßt also darauf schließen, daß wir es hier mit einem ursprünglich der Übersetzung Moerbekes angehörigen Text zu tun haben, der in P ausgefallen ist oder weggelassen wurde.

Eine genauere Untersuchung der beiden Handschriften – d. h. Zl$^{post.}$ und Fv – innerhalb des Überlieferungszusammenhanges erlaubt noch einen weiteren Schluß. Wir hatten bereits gesehen, daß die Handschrift Da eine Sonderstellung innerhalb der Überlieferung einnimmt, insofern sie Elemente eines ursprünglichen Stadiums von Moerbekes Übersetzung – vorläufige oder doppelte Lesarten, die er anschließend getilgt haben muß – erhalten hat[138]. Nun zeigt sich, daß auch Zl – in den Korrekturen erster Hand – und Fv Elemente dieses ursprünglichen Stadiums enthalten.

---

[138] Siehe oben, S. 130–132, 147–151.

Zl$^{post.}$ enthält diese Elemente in größerem Maße, teils selbstständig, teils gemeinsam mit Da, jedoch ohne daß hier durch spezifische gemeinsame Fehler eine Sonderbeziehung zu Da zu erkennen wäre, während in Fv, die aus einer stark kontaminierten Tradition stammt, spezifische Bindefehler mit Da darauf hindeuten, daß die Elemente des ursprünglichen Übersetzungsstadiums in Fv aus einer mit Da verwandten Quelle stammen. Ich gebe nur einige Beispiele:

982 b 23 ῥᾳστώνην: *pigritiem* a (= Transl. Anon.): *validitudinem* DaZl$^{post.}$: *voluptatem* cett. — Es handelt sich hier um drei mögliche Übersetzungen des griechischen Terminus. Ob Moerbeke, der seine lateinische Vorlage hier verwarf, sie sofort durch zwei Alternativvarianten korrigiert hat, läßt sich nicht sagen; sicher scheint, daß er *validitudinem* zu einem früheren Zeitpunkt hatte und dann anschließend für *voluptatem* aufgab.

1002 b 19 λαμβάνῃ vulg.: *sumat* a DaZl$^{post.}$: λανθάνῃ J: *lateat* cett. — Die Lesart von DaZl$^{post.}$ ist nicht auf nachträgliche Kontamination mit der Translatio Anonyma in der lateinischen Überlieferung zurückzuführen. Zl$^{post.}$ ist nicht mit a kontaminiert. Es handelt sich hier um eine Stelle, an der Moerbekes griechische Quelle von der Lesart, die er aus seiner lateinischen Vorlage erschließen konnte, erheblich abwich, so daß er zwischen der Gültigkeit der beiden differierenden Lesarten schwanken mußte und möglicherweise zunächst diejenige der lateinischen Vorlage noch gelten ließ, bevor er sich für die seiner griechischen Vorlage entschied.

1014 a 35 παραπλησίως: *similiter* a: *propinque* DaZl$^{post.}$: *similiter* cett. — Hier muß Moerbeke ursprünglich *propinque* als Alternativübersetzung gegenüber *similiter* in seiner lateinischen Vorlage notiert und anschließend wieder getilgt haben.

1015 a 16 τὸ φύεσθαι vulg.: *generari* a: *nasci* Zl$^{post.}$: *generari vel* [sic] Si: *generari* cett. — Die Lesart von Si *generari vel* zeigt deutlich, daß Moerbeke hier ursprünglich eine Alternativübersetzung — nämlich den von Zl$^{post.}$ überlieferten Terminus *nasci* — erwogen, aber anschließend wieder getilgt hat, wobei nur noch *vel* stehen blieb, das in Si erhalten ist, aber in der übrigen Überlieferung, da es keinen Sinn mehr ergab, ausfiel.

1029 a 20 μηκέτι E γρ.: *nullatenus* a: μήτε τι J (vulg.): *nullatenus neque quid* SiDaFv: *neque quid* cett. — Diese Stelle ist analog zu 1002 b 19 zu erklären.

1036 b 19–20 αὐτὸ εἶδος vulg.: *speciem* a: *ipsam per se speciem* Si Zl$^{post.}$ Fv: *per se speciem* cett. — Zl$^{post.}$ und Fv haben (wie Si) ein ursprüngliches Stadium, in dem Moerbeke zwischen den beiden möglichen Übersetzungen *ipsam* und *per se* schwankte, bewahrt; es kommt keine Kontamination mit der Translatio Anonyma in Frage, da hier der Terminus αὐτὸ nicht übersetzt ist. Moerbeke hat dann vermutlich *ipsam* getilgt — zum mindesten taucht es in der übrigen Überlieferung nicht mehr auf.

Die Stellung der beiden Handschriften und insbesondere die der nachträglichen Korrekturen erster Hand von Zl legt also den Schluß nahe, daß das Scholion ebenfalls auf ein ursprüngliches Stadium der Moerbekeschen Übersetzung zurückgeht, daß es zunächst vom Übersetzer wiedergegeben, anschließend aber getilgt wurde, so daß es — wie eine Reihe von anderen ursprünglichen Elementen der Übersetzung — in die übrige Tradition nicht mehr eingehen konnte.

Die Handschrift Pt konnte bei der stemmatischen Untersuchung nicht berücksichtigt werden, da hier das Scholion außerhalb des Textzusammenhangs von anderer Hand auf ein Einzelblatt geschrieben wurde. Immerhin ist es interessant, daß Pt, gerade eben in Zusammenhang mit dem Scholion, als der eine von den zwei einzigen handschriftlichen Zeugen, den Namen des Übersetzers nennt[139].

Vom Gesichtspunkt des Überlieferungszusammenhangs aus hat sich also bereits ergeben, daß das Scholion dem Original der Übersetzung angehört haben muß. Unter dem Gesichtspunkt der Übersetzungsmethode kommt man zu dem gleichen Ergebnis. Man kann natürlich aus einer Bemerkung von drei Sätzen keine sicheren Schlüsse ziehen, aber immerhin findet man nichts, was gegen die Methode Moerbekes spricht, und andererseits gibt es eine Reihe von Anzeichen, die eben genau dieser Methode entsprechen[140]: (a) Genauigkeit in der Reihenfolge der Worte; die einzigen Umstellungen gegenüber dem Griechischen — *librorum Theofrasti, methaphysice Aristotilis* — sind durch den lateinischen Gebrauch für die Wortstellung von subjektiven Genitiven bestimmt und entsprechen im übrigen der Stellung des im Griechischen zum Substantiv gehörigen und durch den zwischengeschobenen Genitiv von ihm getrennten Artikels; (b) Genauigkeit in der Wiedergabe der Verbformen; (c) Genauigkeit in der Wiedergabe der Konjunktionen, Pronomina und Partikel; (d) das Moerbekesche Vokabular: οὗτος — *hic*, μέν — *quidem*, γάρ — *enim*, δέ — *autem*, αὐτός — *ipse*, οὐδέ — *neque* (nur in FvPt). Auch *theoria* wird von Moerbeke häufig für das gleichlautende griechische Wort gewählt, während andere Übersetzer, z. B. Boethius, Jakob von Venedig, Robert Grosseteste das Wort *theoria* nur ganz selten oder gar nicht verwenden, sondern *speculatio* oder *consideratio* gebrauchen[141].

5. Lateinischer Zusatz

Es bleibt die Frage der lateinischen Fortsetzung des Scholions, die sich nur in FvPt findet. Daß es sich um einen ursprünglich lateinischen Zusatz handelt, ist bereits durch die Worte *in greco* nahegelegt. Aber auch wenn man diese Worte zunächst ausklammert — es könnte ja sein, daß nur die

---

[139] Siehe oben, S. 173; zum zweiten Zeugnis vgl. S. 161.

[140] Zur Übersetzungsmethode Moerbekes vgl. die in Anm. 4 genannte Literatur.

[141] Zur Wiedergabe des Wortes θεωρία bei Boethius, Jakob von Venedig und Robert Grosseteste vgl. die griechisch-lateinischen Indices der entsprechenden Editionen im Aristoteles Latinus.

Worte *in greco* lateinische Zufügung wären –, verraten andere Wendungen, wie *vulgus habet eum pro* oder *in commento super*, den lateinischen Ursprung. Ob dieser Zusatz von Moerbeke selbst stammt oder von der oben erwähnten gemeinsamen Zwischenquelle der beiden Handschriften FvPt, läßt sich nicht mit Sicherheit entscheiden. Es wäre zunächst naheliegend anzunehmen, daß der Übersetzer, nachdem er die Athetese des I. Buches gefunden und wiedergegeben hat, nun selbst erklärt, warum er es dennoch aufnimmt bzw. nicht wegläßt. Dasselbe könnte aber auch auf den „gelehrten" Schreiber in der Zwischenquelle der beiden Handschriften zutreffen, der bereits durch gewisse Erweiterungen und eine sinnvolle, wenn auch falsche konjekturale Änderung seine Überlegung und sein Interesse am Inhalt des Textes bekundet hat.

Zwei Umstände scheinen zunächst für Moerbeke zu sprechen, lassen aber letztlich keinen sicheren Schluß zu: 1. Der erste Satz enthält eine Äußerung über den griechischen Stil des Aristoteles. Er müßte also, wenn er ein eigenes Urteil wiedergibt, von jemandem stammen, der den griechischen Text der Metaphysik kannte und beurteilte. Die Aussage selbst ist verwunderlich: wie konnte der Übersetzer, wenn er es war, den Stil von Buch A als unaristotelisch bezeichnen? Sie braucht allerdings nicht ganz so töricht zu sein, wie Jaeger meint[142]. Es dürfte sich hier sicherlich nicht, ebensowenig wie in der spätantiken Tradition von Echtheitserwägungen zum Aristotelischen Korpus[143], um eine philologische Stilbetrachtung in unserem heutigen Sinne handeln. Eher könnte sich diese Bemerkung auf einen ähnlichen Zweifel beziehen, wie er in der bereits erwähnten Stelle bei Alexander indirekt zum Ausdruck kommt[144]: nämlich auf eine Verdächtigung von Buch A wegen der Redeweise, durch die Aristoteles sich hier mit der Ideenlehre identifiziert, von der er sich, an anderen Orten des Textes, nicht nur dem Sinn nach sondern auch durch die Ausdrucksweise differenziert. Es ist auch durchaus nicht sicher, daß die Bemerkung ein eigenes Urteil wiedergibt: Hinweise mit scheinbar direkter Referenz auf den griechischen Text, die aber in Wirklichkeit nur durch eine Reihe von Umwegen mit ihm in Verbindung stehen, sind in der lateinischen Kommentarliteratur des 13. Jh. nicht selten zu finden[145]. 2. Auch die Erwähnung des Gorgias-Kommentars von Olympiodoros scheint direkte griechische Textkenntnis zu verraten: die Schrift existierte nicht in lateinischer Übersetzung. Es ist naheliegend, an Moerbeke, den späteren Übersetzer neuplatonischer Kommentare, zu denken. Die Äußerung selbst ist jedoch

---

[142] W. Jaeger, Gnomon-Rezension [Anm. 114], 291.
[143] Vgl. P. Moraux, La critique [Anm. 134], 287.
[144] Oben, S. 180; vgl. unten, S. 198.
[145] Vgl. z. B. die Diskussion einiger Texte von Thomas bei R. A. Gauthier, S. Thomas d'Aquin [Anm. 61], 37–38.

nicht zutreffend, wenn sie auch eine gewisse Bekanntschaft mit dem Kommentar bezeugen mag. Neben zwei Anspielungen auf Gedanken aus Buch A die jedoch schwer als solche erkenntlich sind[146], bringt Olympiodoros ein fast wörtliches Zitat der berühmten Anfangsworte der Metaphysik[147]; an keiner der drei Stellen ist jedoch der Name des Aristoteles — wie behauptet wird — oder der Titel der Schrift erwähnt. Eine ausdrückliche Nennung der MetArist findet sich nur an einer einzigen Stelle, nämlich in Zusammenhang mit dem etwas paraphrasierten, aber deutlich erkennbaren, ebenfalls berühmten Gleichnis von der Sonne und den Nachtvögeln aus Buch α[148]. Die Behauptung in der lateinischen Fortsetzung des Scholions hat also eine gewisse Grundlage im zitierten Kommentar, trifft aber nicht zu. Sie ist, wenn überhaupt aus unmittelbar eigener Lektüre, aus dem Gedächtnis gemacht. Sie kann aber ebensogut auf indirekte und zufällige Information zurückgehen, denn sie verrät eher Unkenntnis als Kenntnis griechischer Quellen: jemand, der für die Echtheit von Buch A eine — überdies nicht zutreffende — Zitierung bei Olympiodoros anführt, hat von griechischen Kommentaren zur Aristotelischen Schrift und insbesondere dem des Alexander, nie etwas gehört.

Die beiden angeführten Bemerkungen des ,lateinischen Scholiasten' geben also auf die Frage, ob Moerbeke hier selbst spricht, keine sichere positive Antwort, sondern lassen gewisse Zweifel entstehen. Ein weiterer und gewichtiger Grund zum Zweifel liegt in der handschriftlichen Überlieferung. Die Handschrift Zl, in der die Fortsetzung fehlt, hat das Original im übrigen Text sehr viel reiner bewahrt als die gemeinsame Vorlage von FvPt, in der sich nicht nur Kopistenfehler, sondern Zeichen für einen rezensierenden Eingriff finden. Es ist nicht verständlich, warum der Schreiber von Zl (oder seine Vorlage) diese ihm offenbar wichtige Bemerkung nur zum Teil wiedergegeben haben soll, vor allem aber, warum er genau nur den Teil wiedergegeben haben soll, der dem ursprünglichen griechischen Scholion entspricht, und genau den Teil fortgelassen haben soll, der lateinische Fortsetzung ist; denn er (oder seine Vorlage) konnte den griechischen Ursprung des ersten Teils ja nicht erkennen.

Man kann es daher — trotz der im lateinischen Zusatz angesprochenen griechischen Referenzen — für wahrscheinlicher halten, daß der Zusatz in der ,gelehrten' Zwischenquelle der beiden Handschriften FvPt hinzugefügt wurde, als daß er von Moerbeke selbst stammt — ohne jedoch die letztere Möglichkeit gänzlich auszuschließen.

---

[146] Olympiodori in Platonis Gorgiam Commentaria, ed. L. G. Westerink, Leipzig 1970, 18.23−24, 24.21−25.7.

[147] ibid., 191.4−5.

[148] ibid., 156.16−22.

6. Die griechische Quelle

Was kann man aus dem eigentlichen Text selbst über die griechische Form des Scholions, die Moerbeke vorgelegen hat, und die Handschrift, in der es sich befand, schließen?

Sicher muß man voraussetzen, daß das Scholion durch seine Stellung bereits eindeutig auf den Aristotelischen Text bezogen war. Das Scholion paßt in seiner ursprünglichen Form, in der Moerbeke es wiedergab, nämlich mit den Worten *librorum Theofrasti* — d. h. in der Form [2], nicht in der Form [1], wie man bisher glaubte[149] —, so glatt in den Bezug auf MetTheophr und ist so merkwürdig in seiner Argumentation, wenn man es auf MetArist bezieht, daß die Verwechslung nur durch materielle Umstände beim konsekutiven Abschreiben der beiden Texte geschehen konnte.

Wenn man nun den rekonstituierten lateinischen Text mit der griechischen Form [3] vergleicht, stellt man zwei und nur zwei Unterschiede fest: Das Wort *primum* in der ersten Zeile des lateinischen Textes hat kein wörtliches Äquivalent im griechischen; der letzte Satz des griechischen Textes fehlt dagegen im lateinischen. Das Wort *primum*, mit dem die Verkehrung des Theophrast-Bezugs in den Aristoteles-Bezug explizit gemacht wird, steht in allen drei Handschriften, es stand sicher im lateinischen Original. Obgleich Moerbeke nur selten Worte relativ zum Griechischen hinzufügt, ist in diesem Fall anzunehmen, daß er es nicht seiner griechischen Vorlage — τοῦτο τὸ βιβλίον ᾱ (?) — entnommen, sondern von sich aus hinzugesetzt hat, und zwar aus folgendem Grunde: Im Griechischen ist mit dem Wort βιβλίον in der Kommentarliteratur ein einzelnes Buch und nicht die mehrere Bucheinheiten umfassende Abhandlung (πραγματεία) gemeint, d. h. im griechischen Text des Scholions konnte es, wenn es einmal an den Anfang von MetArist geraten war, keinen Zweifel darüber geben, daß mit dem Ausdruck τοῦτο τὸ βιβλίον das unmittelbar folgende erste Buch der Abhandlung gemeint war[150]. In der lateinischen Wiedergabe dagegen wäre durch die wörtliche Übersetzung *hunc librum* ohne nähere Kennzeichnung eine Zweideutigkeit — die im Griechischen nicht vorlag — entstanden; der Ausdruck hätte sowohl die gesamte Abhandlung wie auch das nächstfolgende erste Buch bezeichnen können. Durch das Wort *primum* wird diese Zweideutigkeit vermieden, und es ist nicht im eigentlichen Sinne als Zufügung anzusehen, sondern eher als ein, durch die Verschiedenheit der beiden Sprachen geforderter Bestandteil

---

[149] Die Form [2] ist erwähnt bei W. Burnikel, op. cit. [Anm. 105], 124 n. 35.

[150] Auch im ursprünglichen Bezug des Scholions wird durch den anschließenden Text klar, daß der mit βιβλίον bezeichnete Text des Theophrast als Teil einer „ganzen Abhandlung" verstanden ist.

einer äquivalenten Übersetzung des griechischen Ausdrucks. Der letzte
Satz in der griechischen Überlieferung des Scholions – der besagt, daß
„dieses Buch" einige Vorfragen „der ganzen Abhandlung" enthält –, der
im lateinischen Text fehlt, dürfte dagegen bereits in der griechischen Vorlage Moerbekes ausgefallen sein. Diese Bemerkung, in der es mit Bezug auf
MetTheophr nicht ganz deutlich ist, um welche „ganze Abhandlung" es
sich handelt[151], hätte dagegen paradoxerweise in den Aristoteles-Bezug des
Scholions vorzüglich gepaßt. Moerbeke hat den übrigen Text so sorgsam,
Wort für Wort, wiedergegeben, daß er diesen aufschlußreichen Satz kaum
– weder absichtlich noch versehentlich – weggelassen haben dürfte. Der
Satz könnte natürlich auch erst in der lateinischen Überlieferung des Textes
ausgefallen sein, da es aber sonst in dieser Überlieferung keine gemeinsamen Fehler gibt, ist eher anzunehmen, daß er bereits in der griechischen
Vorlage Moerbekes, vielleicht in Zusammenhang mit dem Umstand, der
die materielle Verschiebung des Scholions an MetArist verursacht hat, ausgefallen war.

Das griechische Scholion, das Moerbeke vorlag, befand sich also 1. – das
ist nach den bisherigen Erörterungen evident – in einer Handschrift (der
Metaphysik des Aristoteles), die die Reihenfolge MetTheophr–MetArist
entweder selbst hatte oder auf eine solche zurückging, 2. es gehörte, seiner
Stellung nach, bereits eindeutig zum Text des Aristoteles, 3. es schloß
vermutlich mit der Feststellung über die Zuschreibung des Textes durch
Nikolaos an Theophrast. – Die Vorlage Moerbekes war also sicher nicht
E (Paris. gr. 1853) oder eine von E stammende Handschrift (die Handschriften der Gruppe Σ kommen, da in ihrem Vorläufer die MetArist ausgeschieden worden war, von vornherein nicht in Frage).

Ich möchte behaupten, daß die griechische Quelle Moerbekes für das
Scholion der Vind. gr. 100 (J) – die älteste erhaltene Handschrift sowohl
für den Theophrast- wie für den Aristotelestext – war.

Im II. Teil dieser Untersuchung ist gezeigt worden, in welcher Weise
Moerbekes Übersetzung mit J zusammenhängt, daß sie in gerader Linie auf
J zurückgeht, möglicherweise über eine dazwischenliegende Abschrift
– deren Annahme sich jedoch als fraglich erwiesen hatte –, vermutlich
aber, wenn man die oben vorgebrachten Argumente akzeptiert, ohne Zwischenglied direkt auf die Handschrift J selbst. Es gab keine Spuren einer
Kontamination mit einem anderen Zweig der handschriftlichen griechischen Überlieferung. Eine einzige, höchst seltene Querverbindung konnte
man zum Kommentar des Alexander (oder einer mit ihm zusammenhängenden Textüberlieferung) vermuten, der jedoch als Quelle für das
Scholion nicht in Frage kommt. Der Anfang des Aristotelischen Textes in
J ist heute verloren. Der terminus ante quem für den Verlust der Blätter

---

[151] Siehe oben, Anm. 125.

liegt jedoch später als die Übersetzung Moerbekes[152]. Wir können sie daher als Zeugen für J in diesem Teil des Textes verwerten. Dies gilt hinsichtlich des Scholions im übrigen auch, wenn man die These „J ipsum" für fraglich hält und eine dazwischenliegende Abschrift annimmt: Da sich das Scholion in E befindet, und zwar integriert in den Text, also mindestens aus der Vorlage von E stammt, und da es sich durch Moerbekes Übersetzung in der direkten Deszendenz von J befindet, muß es, nach der Überlieferungslage der griechischen Handschriften für MetTheophr und MetArist[153], über J selbst auf die gemeinsame Quelle von E und J zurückgehen. Die Überlieferungslage weist also bereits aus sich selbst her auf J als Quelle für das Scholion in Moerbekes Übersetzung hin.

Wie sieht es aus, wenn man nun diese Folgerung an der Handschrift J selbst prüft? Die beiden einzigen Handschriften, die die Reihenfolge MetTheophr—MetArist haben, sind der Marc. gr. 211 (C Theophr, E^b Arist) und der Vind. gr. 100 (J)[154]. Aus der Edition der MetTheophr von Ross-Fobes geht hervor, daß weder E^b noch J das Scholion haben, und in diesem Sinne hat auch Jaeger, bei seinen Erwägungen über das Scholion, die Überlieferungslage beurteilt. Aus der Edition geht jedoch nicht hervor, daß das Nichtvorhandensein des Scholions in J sich nicht auf die ursprüngliche Handschrift J bezieht, sondern auf eine sehr viel später eingeschobene Ergänzung. Die ursprüngliche Handschrift enthält, anschließend an die physikalischen Abhandlungen und vor der MetArist, die auf f. 139^r oben mit α 2, 994 a 6 einsetzt, von f. 134^v—136^v die Metaphysik des Theophrast, jedoch unvollständig, der ursprüngliche Text bricht auf f. 136^v unten mit den Worten εἰ δὲ μὴ τοῦθ' (§ 31, 11 a 1 Usener) ab. In dem heute erhaltenen Zustand von J fehlt also zwischen ff. 136^v und 139^r nicht nur der ursprüngliche Anfang von MetArist, sondern auch das ursprüngliche Ende (§§ 31—34, 11 a 1—12 a 2 Usener) von MetTheophr. In die Lücke ist ein Bifolium kleineren Formats eingeschoben worden, auf dem der Anfang von Buch α MetArist (f. 138) und das Ende von MetTheophr (f. 137) von zwei verschiedenen Händen und zu verschiedenen Zeitpunkten (MetArist α um 1300, Ende MetTheophr 14. Jh.[155]) ergänzt wurden. In der Edition von Ross-Fobes wird jedoch an keiner Stelle zwischen dem ursprünglichen Text von J und der — etwa fünfhundert Jahre später — zugefügten Ergänzung unterschieden; es sind die Lesarten aus dieser Ergänzung, die — ab 11 a 1 — als Lesarten von J aufgeführt werden[156].

---

[152] Vgl. oben S. 157—158, Anm. 56 und den Nachtrag, S. 168.

[153] Siehe oben, S. 122—123 und S. 174—175. Zu MetTheophr vgl. Ross-Fobes [Anm. 104], XXX und W. Burnikel [Anm. 105], 122; zu MetArist vgl. D. Harlfinger, Überlieferungsgeschichte [Anm. 23], 27.

[154] Siehe oben, S. 174—175.

[155] Siehe oben, S. 168.

[156] In den früheren Beschreibungen der Handschrift J von F. H. Fobes, auf die im Vorwort der Edition, S. XXVI, verwiesen wird, ist zwar das Bifolium erwähnt und in der Zählung aus-

Die negative Feststellung vom Fehlen des Scholions in J ist somit ungül-
tig. Aus der Handschrift selbst ist auf direktem Wege kein Urteil möglich.
Es gibt jedoch, aus der Handschrift selbst, ein — wenn auch schwaches
und indirektes — Indiz für die umgekehrte positive Behauptung.

Man kann zunächst nur vermuten, daß J in seinem ursprünglichen
Zustand in der heutigen Lücke die beiden fehlenden Stücke von Met-
Theophr und MetArist, und zwar aneinander anschließend, enthielt. Daß
diese Vermutung zutrifft, läßt sich aber nachweisen, wenn man die Kom-
position der Handschrift und den Umfang des fehlenden Text untersucht.
Dabei wird nun sogar wahrscheinlich, daß auf dem fehlenden Blatt, auf
dem Buch A der MetArist begann, eine nicht zu dem Text dieses Buches
selbst gehörige Bemerkung von mehreren Zeilen gestanden haben muß.

Die Handschrift ist auf Quaternionen (je vier aufeinandergelegte und in
der Mitte gefaltete Lagen = 8 Blätter) geschrieben, mit Ausnahme eines
Binios am (heutigen) Ende der Handschrift und eines unvollständigen
Binios (ff. 147—149), das zwischen dem 19. und 20. Quaternio ohne Text-
verlust eingereiht ist. Der Text des Theophrast bricht auf dem letzten Verso
des 17. Quaternios ab, der Text des Aristoteles beginnt auf dem ersten Recto
eines neuen Quaternios. Es ist also zu vermuten, daß genau ein Quaternio verlorengegangen ist. Diese Vermutung wird bestätigt, wenn wir den
Umfang des fehlenden Textes mit den Zeilen der Handschrift vergleichen.
Die Blätter sind absolut regelmäßig beschrieben; der Schriftspiegel, Länge
der Zeilen und Anzahl der Zeilen (41) pro Seite ist durch eine der
Transkription voraufgegangene Markierung bestimmt und vom Kopisten
sorgfältig eingehalten worden[157]. Zum Ende jedes Werkes ist der jeweils
auf der Seite verbleibende Platz freigelassen, das neue Werk wird auf dem
Anfang der nächstfolgenden Seite begonnen. Für den Titel wird jeweils eine
Zeile beansprucht. Die verschiedenen Bücher derselben Abhandlung schließen dagegen aneinander an[158] und sind durch zwei oder drei Zeilen (Unter-

gelassen, die Unvollständigkeit des Theophrasttextes hinsichtlich der ursprünglichen Handschrift geht jedoch — ebensowenig wie die des Aristotelestextes — aus seinen Beschreibungen
nicht hervor (vgl. F. H. Fobes, A Preliminary Study [Anm. 19], 249—250). Sie ging nur aus der
ersten Beschreibung von A. Gercke, Aristoteleum [Anm. 19], 146 hervor; sie ist neuerdings
den Veröffentlichungen von J. Irigoin, L'Aristote [Anm. 20], 6 und H. Hunger, Katalog d. gr.
Handschriften [Anm. 19], 208—209 zu entnehmen und von W. Burnikel, op. cit. [Anm. 105],
115—118 im Zusammenhang mit der Ergänzung und deren stemmatischer Einordnung ausführlich behandelt worden, vgl. dazu unten, Anm. 158.

[157] Genauere Beschreibung und Bestimmung des Linienschemas (Typus I 2c von K. und
S. Lake) bei J. Irigoin, L'Aristote [Anm. 20], 5—6.

[158] Bis auf eine Ausnahme, auf die P. Moraux mich hingewiesen hat (briefliche Mitteilung):
„Das Ms. ist zweifellos in mehreren Arbeitsgängen entstanden. Beweis: Metaph. Γ endet
f. 149^v, der untere Teil der Seite bleibt jedoch frei, und Metaph. Δ beginnt f. 150^r mit einem
neuen Quaternio. Die Tinte bis f. 149^v ist eine andere als ab f. 150^r. Ferner: Nach dem vollständigen Quaternio ff. 139—146 findet sich ein nicht signierter, unvollständiger Binio, ff. 147

bzw. Überschrift der Buchtitel, Schmuckleiste) voneinander getrennt. Was zunächst die MetTheophr betrifft, so entspricht der Umfang einer Seite der Handschrift dem Umfang von ca. 74 Zeilen bei Usener. Das fehlende Ende des Theophrast-Textes bemißt 44 Zeilen bei Usener, es beanspruchte also etwas mehr als eine halbe Seite von J, d. h. (als Abschluß eines Werkes mit dem Freiraum) das erste Recto des verlorenen Quaternios. Was den Aristoteles-Text angeht, so habe ich den Umfang von je einer Seite von J mit dem entsprechenden Umfang von Bekkerzeilen, um sicher zu gehen, für insgesamt 32 Seiten (= 2 Quaternionen) der Handschrift verglichen. Der Umfang schwankt zwischen 57 und 62 Bekkerzeilen pro Seite der Handschrift, der Durchschnitt liegt bei 59 (allenfalls 2 Zehntel höher), und dieser Wert gilt bereits für eine kleinere Einheit von Seiten, d. h. einen Quaternio. Der Umfang des fehlenden Textes von MetArist beträgt (Überschrift und Zwischenraum zwischen Buch A und α mitgerechnet) 874 Bekkerzeilen. Bei dem oben angegebenen Durchschnittswert wird dieser Umfang, wie man nachrechnen kann, durch vierzehn volle Seiten der Handschrift erfaßt, auf eine fünfzehnte entfallen dann noch 48 Bekkerzeilen, d. h. 33 Zeilen von J (während eine volle Seite von J 41 Zeilen enthält). Wenn wir vom Beginn des Aristotelischen Textes in J, d. h. vom Ende der heutigen Lücke an, zurückrechnen, so kommen wir für den Anfang von Buch A auf das erste Blatt verso eines acht Blätter enthaltenden Quaternios, dessen erstes Blatt recto, wie wir sahen, dem verlorenen Ende des Theophrasttextes entsprach[159]. Es bleibt auf dem ersten Blatt

---

bis 149, mit der Naht zwischen ff. 148/149. Das vierte Blatt ist abgeschnitten worden, weil es eben keinen Text enthielt: Für Metaph. Δ hatte man bereits einen anderen Quaternio vorgesehen. Sonst folgen die anderen Metaphysikbücher direkt hintereinander, auf demselben Blatt."

[159] Zu dem Ergebnis, daß der fehlende Text (Ende MetTheophr + Anfang MetArist) genau einem Quaternio von J entsprach, auf dessen erstem Recto die MetTheophr endete und auf dessen erstem Verso die MetArist begann, ist schon W. Burnikel, op. cit. [Anm. 205], 116–117, gekommen. Da beide Berechnungen unabhängig voneinander gemacht wurden (die Berechnung Burnikels war mir erst nachträglich bekanntgeworden), können sie als gegenseitige Probe gelten. Die Folgerung, die W. Burnikel aus dieser Berechnung zieht, scheint mir jedoch nicht zutreffend. Wenn er aus dem Umstand, daß auf dem ersten Recto das Ende von MetTheophr und auf dem letzten Verso der Anfang von Buch α MetArist gestanden haben muß, und daß außerdem die Ergänzung von MetTheophr aus einer J ähnlichen Überlieferung stammt, schließt, daß die Schreiber der beiden Ergänzungen ihren Text den Außenblättern (bzw. den äußeren Seiten der Außenblätter) des heute verlorenen Quaternios entnommen haben, so scheint das von vornherein etwas unwahrscheinlich: er muß dazu nämlich annehmen, daß zunächst die sechs Innenblätter des Quaternios verlorengegangen waren, während die beiden Außenblätter noch erhalten waren, daß dann zwei verschiedene Schreiber − unabhängig voneinander − beschlossen, den Text der jeweiligen Außenseiten, weil er unleserlich zu werden drohte, durch Abschrift zu retten, und daß dann anschließend auch diese Außenblätter verlorengingen. Daß diese Annahme für die Ergänzung von MetArist α (f. 138) sicher nicht, für die Ergänzung von MetTheophr (f. 137) wahrscheinlich nicht zutrifft, ergibt sich aber aus folgendem: Der Schreiber der Ergänzung von MetArist α hatte, wie oben

verso, vor dem Anfang von Buch A, ein freier Platz von 8 (± 2) Zeilen, der sicherlich eine auf den Text bezogene Eintragung enthielt[159a] — daß es das Theophrast-Scholion war, können wir nur vermuten.

Vier voneinander unabhängige Feststellungen überschneiden sich: 1. das Vorhandensein des irrtümlich auf MetArist bezogenen Scholions in der Übersetzung Moerbekes; 2. die überlieferungsgeschichtliche Abhängigkeit dieser Übersetzung von J; 3. die „Verwechslungsreihenfolge" der beiden Metaphysikabhandlungen in J (und außerdem nur noch in dem J nahestehenden Marc. gr. 211, in dem das Scholion nachweislich fehlt); 4. die Korrespondenz des fehlenden Textumfangs mit dem — zu erschließenden — Umfang des verlorenen Quaternios von J, die den Platz für das Scholion im Textteil von MetArist, und vermutlich zu dessen Anfang, einschloß. Im Zusammenhang mit den dargestellten überlieferungsgeschichtlichen Gegebenheiten erlauben sie, wie ich glaube, zu schließen, daß das Scholion sich in der Handschrift J befand, und zwar in einer Form, in der die Verwechslung bereits geschehen war und die Bemerkung, ihrer Stellung nach, nicht mehr zu der Schrift des Theophrast gehörte, sondern sich auf Buch A der Aristotelischen Abhandlung zu beziehen schien[160].

(Anm. 56) bereits ausgeführt wurde, durch Unaufmerksamkeit zunächst mehr Text abgeschrieben, als zur Ergänzung notwendig war (und den überflüssigen Text später ausradiert); das konnte ihm aber nur passieren, wenn auf den Blättern seiner Vorlage der Text anders verteilt war als auf den ursprünglichen Blättern von J, und wenn der Text seiner Vorlage an der Stelle, wo er seine Ergänzung hätte abbrechen müssen, ohne materiellen Einschnitt, wie ihn ein Blattende darstellt, fortlief; wenn er das ursprüngliche Blatt von J durch seine Abschrift ersetzen wollte, hätte er auf keinen Fall durch Unachtsamkeit mehr als bis zum Ende des Blattes abschreiben können; das letzte Blatt des heute verlorenen Quaternios (bzw. dessen Verso) kann also nicht die Vorlage der Ergänzung von MetArist α gewesen sein, sondern war zum Zeitpunkt dieser Ergänzung schon verloren; die Ergänzung von MetTheophr ist aber vermutlich später gemacht worden als die Ergänzung von MetArist (siehe oben, S. 62), es ist also höchst unwahrscheinlich, daß sich das erste Außenblatt des Quaternios, das ja mit dem letzten eine — materielle — Einheit bildete, zu dieser Zeit noch im Kodex befand; es ist eher anzunehmen, daß der gesamte Quaternio zusammenhängend verlorenging.

[159a] Der Schreiber von J hat nirgendwo innerhalb des Textspiegels, weder zwischen zwei Büchern desselben Werkes noch zwischen zwei verschiedenen Werken, textfremde Eintragungen vorgenommen, wie dies zum Beispiel EII, der Schreiber von MetArist und MetTheophr in der Hs E, mehrmals getan hat. Daß sich der Platz mit der Eintragung nicht vor A, sondern zwischen A und α oder etwa mitten im Text befand, ist ganz unwahrscheinlich. Es gibt zwar in E und einigen anderen Metaphysikhandschriften zwischen A und α das Pasikles-Scholion, jedoch befindet sich dieses in E am Rande, die übrigen Handschriften, die es enthalten, gehen auf E zurück, und es gibt kein Anzeichen dafür, daß sich dieses Scholion in der gemeinsamen Vorlage von E und J befunden hat (vgl. dazu den unten, Anm. 164, angeführten Aufsatz), während es für das Theophrastscholion ein solches Anzeichen gibt.

[160] Wenn W. Burnikel „mit einiger Sicherheit" ausschließen will, „daß der verlorene Teil des alten Codex das Scholion gehabt hat" (op. cit. [Anm. 205], 116 n. 12), so läßt sich das durch die Überlieferungslage des Theophrasttextes nicht begründen, da die Vorlage der Ergänzung von MetTheophr in J eben vermutlich nicht der ursprüngliche Text von J gewesen ist (Siehe Anm. 159). Aber selbst wenn dies, wie Burnikel annimmt, so gewesen wäre, ließe

Damit wäre, auf dem Weg über die Übersetzung Moerbekes und ihrer Überlieferung, ein Glied in der Kette der merkwürdigen Geschichte dieser Bemerkung gefunden, das in den bisherigen Deutungen noch fehlte.

Zusammenfassend kann man folgendes feststellen:

Das Scholion selbst, in seinem ursprünglichen Bezug zum Ende von MetTheophr, geht auf die gemeinsame Vorlage von E (P MetTheophr) und J zurück, d. h. vermutlich auf eine Handschrift aus der frühen Minuskelzeit vor oder um den Anfang des 9. Jh. – die byzantinische ἔκδοσις Jaegers –, in der die Metaphysik des Aristoteles mit der gleichnamigen kurzen Schrift des Theophrast verbunden war. Daß das Scholion selbst aus antiker, peripatetischer Zeit stammt, wie Jaeger annimmt, ist eine mögliche Hypothese, die von der Überlieferungsgeschichte her nicht beweisbar ist und durch sie eher fraglich erscheint, da sich die Überlieferung des Scholions ebenso wie die des Textes von MetTheophr selbst und seiner Verbindung mit der Aristotelischen Schrift nur bis zu dieser gemeinsamen Quelle von E und J, d. h. nur bis in die Vorlage des α-Zweiges der Aristotelischen Texttradition zurückverfolgen läßt, und da außerdem das Schweigen in der indirekten Textüberlieferung[161] – bis auf den Bericht über Nikolaos, der durch das Scholion selbst gegeben wird – darauf hindeuten könnte, daß die Schrift des Theophrast (trotz ihrer Identifikation durch Nikolaos) den spätantiken griechischen Kommentatoren unbekannt war, und daß die von ihnen benutzten Ausgaben sie nicht enthielten.

Welche Reihenfolge die beiden Schriften in der gemeinsamen Vorlage von E und J hatten, läßt sich auf Grund der erhaltenen Textzeugen nicht sagen. E und J stehen für diesen Gesichtspunkt gleichwertig einander gegenüber; der Marc. gr. 211 (C resp. E^b), der ebenfalls die „Verwechslungsreihenfolge" von J hat, gehört – sowohl für MetTheophr wie für MetArist – in eine mit J gegenüber E zusammenhängende Tradition und kann daher keinen Ausschlag geben. Eine gewisse Wahrscheinlichkeit spricht dafür, daß die von J repräsentierte Reihenfolge die ursprüngliche war: die kodikographische Umgebung, in der sich die beiden Schriften in E befinden, nämlich mitten zwischen den zoologischen Traktaten, spiegelt sicher nicht eine von alters her überkommene Gruppierung wider[162],

---

sich daraus nur schließen, daß der verlorene Teil des alten Kodex das Scholion nicht am Ende von MetTheophr gehabt hat. – Wenn man, nach unserer Argumentation, das Vorhandensein des Scholions in J zum Anfang von MetArist annimmt, so ist es, hinsichtlich der Überlieferungsgeschichte von MetTheophr wahrscheinlich, daß der Fehlbezug und die Unvollständigkeit des Scholions in J einerseits, der gänzliche Ausfall des Scholions in den beiden Handschriften Marc. gr. 211 (C bzw. E^b) und Florent. Laur. 28, 45, die auf einen verlorenen Bruderkodex von J zurückgehen (siehe oben, S. 174), andererseits, zusammenhängen.

161 Siehe oben, S. 175.
162 Der alte Teil der Handschrift besteht, wie P. Moraux gezeigt hat, aus zwei ursprünglich getrennt gewesenen Bänden, die aber noch im 10. Jh. zusammengefügt wurden. Der erste Band enthält die physikalischen Traktate und An.; im zweiten Band befinden sich die beiden

während ihre Stellung in J, im Anschluß an die physikalischen Traktate, eher den überkommenen Ordnungs- und Sammlungsgesichtspunkten entspricht.

Das Scholion in seiner mißbezogenen Form und der damit ausgedrückte Zweifel an der Echtheit von Buch A MetArist und die Zuschreibung des Buches an Theophrast gehen, über das Zeugnis von Moerbekes Übersetzung, auf die Handschrift J − bzw. auf einen möglicherweise zwischen J und der gemeinsamen Vorlage von E und J liegenden unmittelbaren Vorgänger von J − d. h. wohl etwa in die erste Hälfte ds 9. Jh. zurück. Die Verwechslung kann also keinesfalls, wie Jaeger annahm, der Grund für die in der Antike, bei Alexander (und später Syrianos) bezeugte Meinung über die Unechtheit von Buch A der Metaphysik sein.

7. Nachgeschichte der Verwechslung

Wenn man eine Geschichte von Echtheitserwägungen zum ersten Buch der Aristotelischen Metaphysik nachzeichnen wollte, so schließt sich die durch einen Irrtum bezeugte Meinung von der Autorschaft des Theophrast durch reinen, materiellen Zufall und in einfacher zeitlicher Nachfolge an eine Reihe von sehr vereinzelten, spätantiken Nachrichten an, die, sozusagen als Elemente einer Geschichte von Meinungen, uns Zweifel an der Echtheit des ersten Aristotelischen Buches überliefern. Zu diesen Nachrichten gehört, neben den von W. Jaeger angeführten Texten des Alexander und Syrianos[163], auch ein Bericht des Asklepios, der von der Zuschreibung dieses Buches an Pasikles, den Neffen des Eudemos von Rhodos, gehört hat; ein Bericht, den man lange Zeit als einen Irrtum des Asklepios angesehen hat − er habe die Bücher Groß- und Kleinalpha hier verwechselt − der aber wahrscheinlich doch die authentische Version dieser vielbesprochenen Athetese darstellen dürfte[164]. Diese Nachrichten stehen jedoch mit dem durch ein Versehen entstandenen Bericht von der Zuschreibung des ersten Buches an Theophrast in keinerlei sachlicher oder ursächlicher Verbindung.

Metaphysikschriften in folgender Umgebung: Sens., Mem., Somn., Div. Somn., Mot. An., Metaph. + Metaph. des Theophrast + Scholion, Col., Part. An.; vgl. P. Moraux, Le Parisinus [Anm. 109], bes. 18, 37−41. Durch die kodikologische Untersuchung von P. Moraux wird verständlich, daß E und J nur für die beiden Metaphysikschriften und nicht auch für die physikalischen Traktate aus einer gemeinsamen Quelle schöpften.

[163] Alex., In Metaph., 196.20−24; Syrianos, In Metaph., 23.8−11.

[164] Ascl., In Metaph., 4.17−35. Näheres dazu, ebenso wie zu den Texten des Alexander und Syrianos, in einem in den Akten des 9. Symposium Aristotelicum (Berlin 1981) erscheinenden Aufsatz: Anmerkungen zum Pasikles-Bericht und zu Echtheitszweifeln am Größeren und Kleineren Alpha in Handschriften und Kommentaren.

Nachdem das Versehen aber einmal geschehen war – in der Handschrift J oder ihrer Vorlage – und nachdem es später durch die Übersetzung Moerbekes weitergeleitet wurde, konnte es historische Urteile beeinflußt und explizite oder implizite Echtheitszweifel ausgelöst oder unterstützt haben. Ich möchte daher hier – ohne Anspruch auf Vollständigkeit – einige Materialien zusammenstellen, die auf das verwechselte Scholion zurückgehen oder zurückgehen könnten, und die sicher oder möglicherweise in seine Nachgeschichte gehören.

1. Eine sicherlich mit dem verwechselten Scholion zusammenhängende Information gibt, wie bereits von Rose erwähnt wurde, Albertus Magnus im I. Buch der Analytica Posteriora. Nachdem er dargelegt hat, in welcher Weise das natürliche Wissensbegehren zum aktuellen Wissen führt, schreibt er:

Et hanc probationem ponit Theophrastus qui etiam primum librum (qui incipit Omnes homines scire desiderant) Metaphysicae Aristotelis traditur addidisse: et ideo in Arabicis translationibus primus liber non habetur[165].

Eine Feststellung muß man sogleich an Hand dieses Textes treffen, die den bisherigen Gebrauch, den man von dieser Stelle gemacht hat, etwas modifiziert: Aus den Worten Alberts geht nicht klar hervor, ob in der von ihm zitierten „Überlieferung" nur berichtet ist, daß Theophrast einen Text – von Aristoteles oder wem auch immer –, der ursprünglich nicht zur Metaphysik gehörte, dieser Abhandlung als erstes Buch hinzugefügt hat, oder ob berichtet ist, daß Theophrast eine eigene Schrift – das erste Buch – der Metaphysik des Aristoteles hinzugefügt habe. Es ist möglich, daß letzteres gemeint ist, dem genauen Wortlaut kann man nur die erste Interpretation entnehmen. Auf jeden Fall ist festzustellen, daß Albert sich hier keineswegs so präzise ausdrückt wie der Text des – verwechselten – Scholions es erlauben würde.

Die genaue Quelle, auf die Albert sich hier bezieht, und die letztlich natürlich auf das verwechselte Scholion zurückgeht, ist noch nicht ermittelt. Der Kommentar ist in der Editio Coloniensis noch nicht erschienen, in den älteren Ausgaben findet sich kein Hinweis. Und es entsteht hier ein merkwürdiges Problem: Der Kommentar zu den Anal. Post., dessen zeitliche Einordnung – wie die der übrigen Logikkommentare – in das gesamte Kommentarwerk Alberts zu Aristoteles bisher noch nicht gelungen ist, muß auf jeden Fall vor dem Kommentar zur Metaphysik, einem der spätesten Kommentare Alberts (nach Geyer: kurz nach 1262/1263[166]),

---

[165] Albertus Magnus, Anal. Post. I, tr. II, c. 1, ed. Borgnet II, 22.

[166] Alberti Magni Opera Omnia (Editio Coloniensis), T. XVI 1: Metaphysica. Libros quinque priores ed. B. Geyer, Münster 1960, T. XVI 2: Metaphysica. Libros VI–XIII ed. B. Geyer, Münster 1964, vgl. T. XVI 1, VIII.

geschrieben worden sein: an zehn Stellen seiner Metaphysikparaphrase verweist Albert ausdrücklich auf seine eigene Erklärung der Anal. Post. und
zitiert daraus[167]. Bei der Abfassung seines Metaphysikkommentars kannte
jedoch Albert die Übersetzung Moerbekes noch nicht: sie ist nirgendwo
benutzt, von der Existenz von Buch K weiß er nichts, er folgt dem Text der
Translatio Anonyma und zieht im übrigen die Translatio Composita
(„Vetus") und die arabisch-lateinische Übersetzung heran – den Kommentar des Averroes hat er ständig vor Augen[168]. Entweder ist also die interessante und schockierende (Fehl)information des verwechselten griechischen
Scholions auch noch auf anderen Wegen als durch die Übersetzung Moerbekes weitergeleitet worden und so zu Albert gelangt, oder die Stelle in den
Analytica Posteriora ist eine Interpolation, die – nach Bekanntwerden
von Moerbekes Übersetzung – von Albert selbst hinzugesetzt oder über
eine Randbemerkung in den Text geraten ist. Da eine kritische Untersuchung der handschriftlichen Überlieferung noch nicht vorliegt, läßt
sich die Frage vorläufig nicht entscheiden. Nachprüfungen an drei Handschriften ergaben, daß der zitierte Text mit unwesentlichen Varianten dort
steht[169]. Trotzdem scheint mir eine nachträgliche Zufügung nicht ausgeschlossen: merkwürdig ist nämlich erstens, daß der Titel der Aristotelischen Abhandlung hier mit *Metaphysica* bezeichnet ist, während im übrigen Kommentar zu Anal. Post. und insbesondere in der unmittelbaren
Umgebung der zitierten Stelle, die Metaphysik des Aristoteles, die mehrfach zitiert wird, ausnahmslos unter dem Titel *Prima Philosophia* angeführt
wird[170]; zweitens, daß Albert in seiner Metaphysikparaphrase, und speziell im Kommentar zu Buch A, mit keinem Wort die „überlieferte"
Theophrastzuschreibung erwähnt.

Was den letzten Satz des zitierten Textes angeht, in dem die schon mehrfach angesprochene Verbindung zur arabischen Überlieferung gezogen
wird, ist hier ebenfalls eine Präzisierung notwendig: Die Folgerung, die
Albert aus der von ihm zitierten Überlieferung zieht, nämlich daß auf
Grund des Berichts über Theophrasts Anteil am ersten Buch der Aristotelischen Metaphysik dieses Buch in den arabischen Übersetzungen fehle,
stammt – nach seiner Ausdrucksweise – nicht mehr aus der zitierten
Überlieferung, sondern scheint seine eigene Meinung wiederzugeben. Die

---

[167] Vgl. die im Index zu T. XVI 2, 600 (Auctores ab Alberto ipso allegati) angeführten
Stellen.
[168] Vgl. B. Geyer, ed. cit., T. XVI 1, VIII–XI.
[169] Herr P. Dr. W. Fauser SJ (Albertus-Magnus-Institut Bonn) war so freundlich, folgende
drei Handschriften, deren stemmatische Qualität allerdings noch nicht untersucht ist, nachzu-
prüfen: Erfurt, Wissensch. Allgemeinbibl. der Stadt, CA 2° 17, 13. Jh. (der Text befindet sich
auf f. 116vb); Vat. lat. 2118, a. 1424 (der Text auf f. 122ra); Salamanca, Bibl. Univ. 2627, 14. Jh.
(der Text auf f. 138ra).
[170] In Anal. Post. I wird die Metaphysik insgesamt sechsmal, stets unter dem Titel „Prima
Philosophia" zitiert.

Frage, worauf sich Alberts Meinung gründen könnte, und worauf sie sich überhaupt bezieht – was Albert nämlich mit „arabischen Übersetzungen" und, in diesem Zusammenhang mit „erstem Buch" meint – ist schwer zu beantworten. Das Problem wird sichtbar, wenn man Alberts Hinweis nachgeht:

2. Über die arabischen Übersetzungen der Metaphysik des Aristoteles oder einzelner Bücher daraus sind wir bis heute nur durch indirekte Zeugnisse und Zitationen informiert: durch einen Bericht von Ibn an-Nadīm im Kitāb al-Fihrist, durch Erwähnungen bei al-Fārābī, durch das Fragment einer lateinischen Übersetzung, und – zur Hauptsache – durch den Kommentar des Averroes, insbesondere durch die Folge der Textabschnitte, auf die er sich bezieht, die Lemmata, die er enthält, und die sehr wichtigen, auf die Übersetzungen bezogenen Informationen und Textfragmente in den Randscholien des Leidener Kodex (Leid. or. 2074), durch den der Kommentar überliefert ist.

Nach dem heutigen Forschungsstand läßt sich folgendes zur Existenz von Buch A in der arabischen Metaphysiküberlieferung sagen[171]:

a. Die älteste und wichtigste Übersetzung der Metaph., über die wir unterrichtet sind, stammt von Asṭāt aus dem 9. Jh. Sie ging direkt auf eine griechische Quelle zurück. In dieser Übersetzung fehlte das I. Buch (A); sie begann mit dem Buch Kleinalpha und erstreckte sich mindestens bis Λ[172].

b. In der kurzen Metaphysikerklärung von al-Fārābī († 950) läßt sich ebenfalls das Fehlen von Buch A feststellen: was dort vom „ersten" Buch gesagt wird, bezieht sich auf das Buch Kleinalpha, was vom „zweiten" Buch gesagt wird, auf Buch Beta[173].

c. Die zweite Hälfte von Metaph. A (ab A 5, 987a5–6) – und wahrscheinlich nur diese – wurde von Naẓīf ibn Ayman (10. Jh., 2. Hälfte) vermutlich direkt aus dem Griechischen übersetzt. Der abrupte Beginn in der Mitte eines Kapitels läßt vermuten, daß die griechische Vorlage des arabischen Übersetzers unvollständig war[174].

d. Es muß jedoch eine arabische Übersetzung vom Anfang von Buch A existiert haben: Im ms. Vat. Ottob. lat. 2058, 13. Jh. (Mitte), ist auf f. 112 der Anfang einer lateinischen Übersetzung von Metaph. A (A 1, 980a21–981b13) erhalten, die nicht direkt auf den griechischen Text, sondern auf eine arabische Zwischenquelle zurück-

---

[171] Die folgenden Angaben sind, mit Ausnahme von d. und e., dem umfassenden Einleitungsband (Notice) von M. Bouyges zur Edition des Averroes-Kommentars entnommen: M. Bouyges, Averroès, Tafsîr Mā baʿad aṭ-Ṭabîât, Notice, Beyrouth 1952. Dort findet man auch weitere Literatur und Quellenangaben.

[172] M. Bouyges, op. cit., CXVIII–CXIX, CXXVII–CXXXI, CLXXVI–CLXXVII.

[173] M. Bouyges, op. cit., CXXIX.

[174] M. Bouyges, op. cit., CXXII–CXXIII, CXXVIII–CXXIX, CLX–CLXI.

geht. Über den Übersetzer, den Zeitpunkt und den Umfang dieser aus dem lateinischen Zeugnis zu erschließenden arabischen Übersetzung ist nichts bekannt[175].

e. Die zweite Hälfte von Metaph. A (ab A 5, 987a5–6) wurde von Averroes (1126–1198) im sogen. Großen Metaphysikkommentar (dieser Kommentar ist eines seiner letzten Werke) nach der Übersetzung von Naẓīf erklärt und ist in den Textus und Lemmata seines Kommentars enthalten. Es findet sich, im Gegensatz zu den anderen Büchern, in diesem Teil kein Hinweis auf eine andere Übersetzung, und zwar weder im Kommentar selbst, noch in den Randscholien der Leidener arabischen Handschrift. Nirgendwo im Kommentar ist eine direkte Kenntnis der ersten Hälfte von Metaph. A festzustellen, und umgekehrt weisen Erklärungsmängel darauf hin, daß dem Averroes die erste Hälfte des Buches nicht bekannt war. Der Kommentar – Textus und Erklärung – beginnt mit dem Buch Kleinalpha, unter der Bezeichnung Alif ṣuġrā (Klein-Alif), daran schließt sich die zweite Hälfte von Großalpha (ab 987a5–6) unter der Bezeichnung Alif kubrā (Groß-Alif) an. Es findet sich jedoch im Kommentar weder eine Erklärung über die Reihenfolge der beiden Bücher, noch eine Betrachtung über ihre Echtheit oder Unechtheit, ebensowenig wie ein ausdrücklicher Hinweis auf die Unvollständigkeit des Buches „Groß-Alif". Der Name Theophrast wird im Kommentar nicht erwähnt[176].

f. Es gibt aber in der Leidener Handschrift des Kommentars zum Ende von Buch „Klein-Alif" eine nicht zum Text selbst gehörige, möglicherweise aber auf das Original zurückgehende Randnotiz mit folgendem, interessantem Inhalt: „Ich habe in einer Handschrift folgendes gefunden: ‚Dies ist alles, was wir gefunden haben von dieser Abhandlung in arabischer Sprache; und es folgt dieser Abhandlung eine mit dem Buchstaben Großalpha, sie existiert aber nicht eigentlich im Arabischen; es folgt dann die Abhandlung mit dem Buchstaben B, die nach Kleinalpha kommt; wir haben diese Abhandlung hinter Kleinalpha gestellt, weil Großalpha nicht vorhanden ist'"[177]. Der Schreiber der Randnotiz gibt also eine Bemerkung wieder, die er „in einer Handschrift" gefunden hat. Der Urheber dieser Bemerkung war offenbar weder ein arabischer Übersetzer des Textes – er würde sonst nicht nach „dieser Abhandlung in arabischer Sprache" suchen – noch der Kommentator Averroes selbst – ihm war ja (ein Teil von) Buch Großalpha unter diesem Namen in arabischer Sprache zugänglich –, sondern vermutlich ein gelehrter Abschreiber einer arabischen Übersetzung (vielleicht derjenigen des Asṭāt), der von der Existenz des Buches (im Griechischen) gehört hatte, es aber in der arabischen Überlieferung nicht fand. Merkwürdig ist seine Angabe, daß das Buch Großalpha, das er doch im Arabischen nicht gefunden hat, auf Buch Kleinalpha folgen müßte.

---

[175] Vgl. L. Minio-Paluello, Aristotele dal mondo arabo a quello latino, in: Sett. di Stud. del Centro Ital. di Studi sull'Alto Medioevo, Spoleto 1965, II, 603–637; jetzt in: L. Minio-Paluello, Opuscula [Anm. 4], 501–535, vgl. 518–520. Siehe dazu die Bemerkung zum sogen. „Fragmentum Vaticanum" in Arist. Lat., Codd. [Anm. 4], Pars Prior, 66 und 152–153.

[176] M. Bouyges, op. cit., XVIII, XXIII–XXV, LVII, CXXVIII–CXXIX, CXLIX–CLI; zum arabischen Titel der beiden Bücher vgl. auch den ersten Band der Textausgabe, Averroès, Tafsīr Mā baʿad aṭ-Ṭabīʿat ou „Grand Commentaire" de la Métaphysique d'Aristote. Texte arabe inédit, établi par M. Bouyges, vol. I, Beyrouth 1938, 3.4, 55.3.

[177] Averroès, Tafsīr [Anm. 176], I, 54.3–5; für die Übersetzung des Textes danke ich E. Meyer und R. Hoffmann (Köln). Zur Herkunft der Randnotizen vgl. M. Bouyges, op. cit.

g. In die arabisch-lateinische Übersetzung des Kommentars, die wahrscheinlich von Michael Scottus stammt und im 2. Viertel des 13. Jh. bekannt wurde, ist die Unvollständigkeit von Buch A ebenso wie die Reihenfolge der beiden Bücher (Kleinalpha vor Großalpha, 2. Hälfte) übergegangen. Das Gleiche gilt für die sogenannte Metaphysica Nova, eine Herauslösung und Zusammenstellung der Textus des Kommentars aus dieser lateinischen Übersetzung[178]. Auch in der lateinischen Übersetzung findet sich, abgesehen von späteren Randbemerkungen in einigen Handschriften, kein Hinweis auf die Unvollständigkeit oder gar etwa Unechtheit von Buch A, ebensowenig wie eine Bemerkung über die Reihenfolge der beiden ersten Bücher.

Ob Albert im Zusammenhang mit seinem Hinweis auf die „arabischen Übersetzungen" nur den im Kommentar des Averroes (bzw. seiner lateinischen Übersetzung) fehlenden Teil des ersten Buches meint, oder ob er tatsächlich − und dann aus einer anderen Quelle als sie der Averroes-Kommentar darstellen kann − etwas von dem gänzlichen Fehlen des ersten Buches in der älteren arabischen Tradition gehört hat, läßt sich seiner Bemerkung nicht entnehmen. Auch für die ursächliche Verbindung, die er zwischen Theophrast-Attribution und Ausfall des ersten Buches zieht, gibt es bis jetzt noch keinen konkreten Anhaltspunkt. Die Unvollständigkeit von Metaph. A in der Übersetzung Naẓīfs und, damit zusammenhängend, im Kommentar des Averroes und dessen lateinischer Übersetzung ist sicherlich, wie M. Bouyges vermutet[179], auf materielle Gründe zurückzuführen und dürfte kaum etwas mit Echtheitserwägungen und sicherlich nichts mit der Theophrast-Legende zu tun haben. Daß das gänzliche Fehlen von Buch A in der älteren arabischen Tradition mit dem verwechselten Theophrast-Scholion zusammenhängen könnte, ist zwar vom zeitlichen Gesichtspunkt her möglich, ist aber, solange die Theophrast-Legende auf arabischem Boden nicht nachgewiesen werden kann − die Bemerkung Alberts führt, wie wir gesehen haben, nicht weiter − eine eher unwahrscheinliche Hypothese. Wenn der Fortfall des Buches mit einer Athetese zu tun hat, so könnte dies eher mit den diesbezüglichen Erwähnungen der griechischen Kommentatoren − Alexander, Syrianos oder Asklepios − zusammenhängen.

Auf lateinischem Boden hat die Verwechslungslegende jedoch, wie die drei folgenden Texte bezeugen, nachweislich weitergewirkt. Zunächst ein Zeugnis, das mit dem Metaphysikkommentar Sigers von Brabant zusammenhängt:

[Anm. 171], L; es ist merkwürdig, daß die Notiz selbst im zitierten Einleitungsband von M. Bouyges nicht besprochen wird.

[178] Vgl. M. Bouyges, op. cit., LXVI−LXXIX; id., Annotations à l'Aristoteles Latinus relativement au Grand Commentaire d' Averroès sur la Métaphysique, in: Revue du Moyen Age latin 5 (1949) 211−232.

[179] M. Bouyges, op. cit., CXLIX sqq.

3. Die Quaestiones in Metaphysicam des Siger von Brabant[180] sind uns in fünf Handschriften überliefert, die sowohl dem Umfang als dem Inhalt nach mehr oder weniger verschiedene Reportationen seiner Metaphysikvorlesungen (um 1273) enthalten[181]. Eine der Reportationen ist in der Handschrift Monac. Clm 9559, ff. 93^r–118^v enthalten und zusammen mit der Kurzfassung Gottfrieds von Fontaines (im Paris. nat. lat. 16297) von A. C. Graiff ediert worden. Die unter den erhaltenen Versionen am meisten abweichende Form findet sich in der Handschrift Cambrai 486, ff. 42^r–88^r; abweichend vor allem dadurch, daß in ihr 43 Quästionen zum I. Buch (A) enthalten sind, während alle anderen Versionen, soweit ihr Umfang ein Urteil zuläßt, dieses Buch auslassen, es durch eine Einleitung von 8 Quästionen ersetzen und dann sofort zum II. Buch übergehen. Die Echtheit der Rezension des ms. Cambrai 486 ist jedoch noch nicht gesichert; entweder handelt es sich bei diesem Text um die Reportation einer anderen, und dann wahrscheinlich früheren, Vorlesung Sigers, oder er ist als Werk eines seiner Schüler bzw. eines Verfassers aus seinem Umkreis anzusehen[182]. In der Erörterung dieser Frage hat das Fragment eines Kommentarstücks zum II. Buch, das sich in dem oben erwähnten Monac. Clm 9559, ff. 93^r–94^v – von der gleichen Hand wie der vorangehende und folgende Text der Quaestiones – befindet, eine wichtige Rolle gespielt[183]. Das Fragment, über dessen Echtheit ebenfalls noch diskutiert wird[184], beginnt zunächst mit einer Gruppierung der von der *theoria de veritate* zu behandelnden Fragen und gibt dann eine interessante, damit zusammenhängende Übersicht über die vierzehn Bücher der Metaphysik. An letzter Stelle dieser Übersicht und vor Beginn des eigentlichen Kommentars wird das I. Buch (A) mit folgender Bemerkung erwähnt:

---

[180] Zum folgenden vgl.: C. A. Graiff, Siger de Brabant, Questions sur la Métaphysique. Texte inédit, Louvain 1948 (= Philos. Médiév. 1); A. Maurer, Ms. Cambrai 486: Another Redaction of the Metaphysics of Siger de Brabant?, in: Med. Stud. 11 (1949) 224–232; J. J. Duin, La doctrine de la providence dans les écrits de Siger de Brabant. Textes et étude, Louvain 1954 (= Philos. Médiév. 3); A. Dondaine, J. Bataillon, Le manuscrit Vindob. lat. 2330 et Siger de Brabant, in: Archiv. Fratr. Praed. 36 (1966) 153–261; W. Dunphy, A. Maurer, A Promising New Discovery for Sigerian Studies, in: Med. Stud. 29 (1967) 364–369; F. Van Steenberghen, Maître Siger de Brabant, Louvain-Paris 1977 (= Philos. Médiév. 21).

[181] Zur Datierung siehe C. A. Graiff, op. cit., XXVI; J. J. Duin, op. cit., 296–297; F. Van Steenberghen, op. cit. 96, 432–433.

[182] Vgl. A. Maurer, op. cit., 228–229; J. J. Duin, op. cit., 232–233.

[183] Ediert von C. A. Graiff, op. cit., 26 sqq.

[184] Für die Echtheit hat, nach M. Grabmann und F. Van Steenberghen, C. A. Graiff, op. cit., XI–XII, mehrere Argumente angeführt, und man ist seiner Meinung bisher im wesentlichen gefolgt. W. Dunphy hält jedoch die Argumente Graiffs für nicht zureichend, um die Echtheit zu beweisen, W. Dunphy, Siger de Brabant, Quaestiones in Metaphysicam, Édition revue de la reportation de Munich, texte inédit de la reportation de Vienne, Louvain-la-Neuve 1981 (= Philos. Médiév. 24), 10–11; das Fragment wird im Anhang des Textes auf S. 417 bis 425 neu ediert., vgl. 418.

Iᵘˢ autem dicitur fuisse Theophrasti non Aristotelis, et hoc dicunt expositores graeci; et ideo ad IIᵘᵐ librum nos transferamus[185].

In der Forschung hat man in dieser Bemerkung (vorausgesetzt, daß sie auf Siger selbst zurückgeht) einen möglichen Grund dafür gesehen, daß Siger die Quästionen zum I. Buch, von denen die Rezension von Cambrai (ihre Echtheit vorausgesetzt) Zeugnis ablegt, in seinen späteren Vorlesungen, die von den übrigen Handschriften reportiert werden, fallenließ und durch Einleitungsfragen ersetzte, nachdem er von der Zuschreibung des Buches an Theophrast erfahren hatte[186]. Ob diese Erklärung zutrifft und ob das Fragment der Münchner Handschrift auf Siger selbst zurückgeht, muß hier dahingestellt bleiben. Dem Text läßt sich für unseren Zusammenhang jedenfalls entnehmen, daß die Nachricht bezüglich der Autorschaft des Theophrast im Umkreis des Siger von Brabant wieder aufgetaucht ist. Die Vermittlung über die Übersetzung Moerbekes, bzw. ihren „Prolog", dürfte hier außer Frage stehen. Nach dem Verfasser des Textes sind es „griechische Kommentatoren" (*expositores graeci*), die das Buch dem Aristoteles ab- und dem Theophrast zugesprochen haben; damit sind, ohne Zweifel, die im Scholion erwähnten Namen, Andronikos, Hermippos und Nikolaos, gemeint. Der Autor selbst hat dieser Nachricht offensichtlich geglaubt; er hat sie zum Anlaß genommen, entgegen dem allgemeinen Gebrauch das erste Buch in seiner Erklärung zu übergehen und mit dem zweiten Buch zu beginnen.

4. Petrus von Auvergne – von Tolomeus von Lucca als *fidelissimus discipulus Sancti Thomae* bezeichnet, Aristoteleskommentator und Lehrer an der Pariser Artistenfakultät von ca. 1273–1290[187] – weiß ebenfalls von der Theophrast-Attribution, schenkt ihr aber, im Gegensatz zu dem Verfasser aus dem Siger-Kreis, keinen Glauben. Sein Metaphysikkommentar stammt, wie seine übrigen Aristoteleskommentare, aus der Zeit seiner Lehrtätigkeit an der Pariser Artistenfakultät. Der Kommentar ist in acht Handschriften überliefert, aus denen bisher nur einige Quästionen und das Prooemium ediert wurden[188]. In diesem Prooemium geht Petrus von

---

[185] C. A. Graiff, op. cit., 27. 41–43.

[186] A. Maurer, op. cit., 228–229; J. J. Duin, op. cit., 286–290.

[187] Vgl. P. Glorieux, Répertoire des Maîtres en Théologie de Paris au XIIIᵉ siècle, Paris 1933, 412–413; id., La Faculté des Arts et ses Maîtres au XIIIᵉ siècle, Paris 1971, 275–278; W. Dunphy, The Similarity Between Certain Questions of Peter of Auvergne's Commentary on the Metaphysics and the Anonymous Commentary on the Physics Attributed to Siger of Brabant, in: Med. Stud. 15 (1953) 159–168, vgl. 159, n. 1.

[188] Edition des Prooemiums und einiger Quästionen bei A. Monahan, Quaestiones in Metaphysicam Petri de Alvernia, in: Nine Mediaeval Thinkers, ed. J. R. O'Donnell, Toronto 1955, 145–181; Teiledition von zwei weiteren Quästionen bei W. Dunphy, Two Texts of Peter of Auvergne on a Twofold Efficient Cause, in: Med. Stud. 26 (1964) 287–301. Beide Teileditionen stützen sich auf sieben bis dahin bekannten Handschriften. Von A. Zimmermann

Auvergne auf die Verfasserfrage ein. Nach längeren Ausführungen über die metaphysische Wisenschaft, ihre Ordnung innerhalb der anderen Wissenschaften, ihre Namen, ihren Gegenstand, und Betrachtungen über die Methode des Aristoteles (*ex evidentioribus semper processit, et a sensibilibus non recessit*), als dessen entschiedenen Anhänger er sich erklärt, schreibt er:

Ex omnibus quae praedicta sunt manifestum est quid ponendum est subjectum in hac scientia, quoniam ens subjectum est vel substantiae divinae et immateriales. Patet etiam quis est efficiens hujus scientiae, quoniam Aristoteles; quamvis tamen aliqui dixerunt, quod non saltem secundum totum; immo Theophrastus, discipulus ejus, dicitur tradidisse primum librum hujus[189].

Die Formulierung des Petrus (*aliqui dixerunt*) läßt vermuten, daß die Meinung, Aristoteles sei nicht der Urheber der ganzen Metaphysikabhandlung gewesen, inzwischen auf Grund der überlieferten Zuschreibung des Buches an Theophrast, einige Anhänger gefunden hat (*aliqui dixerunt*): Wer diese Meinung vertritt, und auf wen die Zuschreibung des ersten Buches an Theophrast zurückgeht, wird nicht gesagt. Für Petrus ist es offensichtlich, daß sie falsch ist. Er führt zwei Gründe an: 1. das Buch wird in den folgenden Büchern häufig zitiert:

Hoc tamen non videtur esse verum, quoniam in aliis libris sequentibus multotiens mentionem facit de his quae recitata sunt in primo hujus. Signum est igitur quod liber ille sit de intentione (varia lectio: *traditione*) *ejus*[190];

2. der Stil ist der des Aristoteles:

Iterum hoc ostendit modus locutionis Aristotelis, qui fuit sub connectione verborum et intellectuum. Unde sicut Simplicius narrat hic, tenuit ipse in tota philosophia connectionem, scilicet verborum et intellectuum. Iterum, verborum obscuritatem immiscuit. Cujus ratio duplex est: Una quidem quia philosophi noluerunt idiotis manifestare scientiam suam sine labore et studio, ne contemnetur. Et ideo philosophiam suam quidam sub aenigmatibus tradiderunt, ut Plato; quidam autem sub fabulis veritatem suam occultaverunt; magis autem praeelegit Aristoteles obscuritatem sermonis. Alia causa est exercitatio audientium; magis enim exercitant se audientes quoniam ad plenam intellectionem verborum sine labore attingere non possunt. Iterum, brevitatem verborum elegit; saepe enim per pauca verba et brevia intentionem suam exprimit quam aliquis per plura et longiora exprimeret[191].

Für seine Ausführungen über den Stil des Aristoteles verweist Petrus selbst auf seine Quelle: Simplicius. Die Charakterisierungen der Aristotelischen Redeweise finden sich, in allen Einzelheiten, im Kategorienkommentar des Simplicius (In Cat., 6.19—7.15), der durch die Übersetzung

---

wurden seitdem noch zwei weitere Textzeugnisse des Kommentars (das eine davon befindet sich zusätzlich in einer der bereits bekannten Handschriften, das andere in einer neuen, achten Handschrift) identifiziert, vgl. A. Zimmermann, Ontologie oder Metaphysik?, Leiden—Köln 1965, 211 n. 1.

[189] A. Monahan, op. cit., 151.   [190] ibid.   [191] ibid.

Moerbekes in lateinischer Sprache bekanntgeworden war. Der Stil des Aristoteles wird von Petrus — nach Simplicius — durch drei Merkmale gekennzeichnet: 1. Zusammenhang von Worten und Gedanken; 2. eine — gewollte — Dunkelheit der Sprache; sie soll durch Mühe und Anstrengung den Zugang zur metaphysischen Wissenschaft um ihrer Würdigung willen erschweren — die früheren Philosophen haben sie deshalb in Rätsel und Fabeln verhüllt —, und eben dadurch gleichzeitig die Hörer einüben und ausbilden; 3. eine im Vergleich zu anderen Autoren hervorstechende Kürze und Knappheit der Ausdrucksweise. Diese Merkmale finden sich, so muß der Leser nun schließen, in dem fälschlich angezweifelten ersten Buch der Metaphysik. Petrus weist diese Feststellungen im einzelnen nicht mehr nach, ebensowenig wie er die Rückverweise konkret angegeben hatte. Seine ausführliche Widerlegung läßt aber vermuten, daß der irrtümlichen Theophrast-Zuschreibung ernsthaft Glauben geschenkt wurde, und daß das oben angeführte Zeugnis aus dem Siger-Kreis nicht völlig vereinzelt war, sondern ein allgemeiner verbreitetes Urteil wiedergab. In den zahlreichen, noch ungedruckten oder unzugänglichen Metaphysikkommentaren aus dieser und späterer Zeit läßt sich vermutlich noch weiterer Aufschluß über eine solche Diskussion gewinnen.

5. Die Geschichte der vermeintlichen Zuschreibung des Anfangsbuches der Aristotelischen Metaphysik an Theophrast ist jedenfalls mit dem 13. Jh. nicht beendet. Der Bericht über diese Zuschreibung, der nun wieder mit den Anomalien in der arabischen Überlieferung in Verbindung gebracht wird, taucht Ende des 15. Jh. wieder auf: im Vorwort des Nicoletus Vernia zum Metaphysikband in der zweiten Edition der lateinischen Arist.-Aver.-Ausgabe, Venedig 1483 (III, 1, f. 1^r). Vernia hält die Reihenfolge der ersten beiden Bücher in der arabisch-lateinischen Übersetzung für den Irrtum des lateinischen Übersetzers oder eines Kopisten, den er korrigieren will, und schreibt (ich übersetze die etwas verschachtelte Argumentation):

„Denn da Averroes den Prolog der Metaphysik nicht erklärt hat — denn von jenem Prolog glaubte man, wie Alexander von Aphrodisias (wie ich von vertrauenswürdigen Griechen weiß) im ersten Buch des Metaphysikkommentars berichtet, daß er nicht von Aristoteles sei, sondern von Theophrast — sondern seine Erklärung anfing mit dem Traktat der beginnt „in opinionibus antiquorum", schien es dem Übersetzer besser, mit dem Beginn des zweiten Buches anzufangen als am angegebenen Ort, denn jener Ort schien absolut kein Anfang zu sein, und besonders deshalb weil Averroes seine Erklärung nicht mit dem Beginn des Traktates anfängt, sondern eine Reihe von Meinungen der älteren Philosophen ausläßt. Ich habe daher entschieden, zuerst den Prolog — von wem immer er auch sein mag — vorauszuschicken, und dann den Text bis zur Erklärung des Averroes, und schließlich den Text mit dem Kommentar, den er zum ersten Buch geschrieben hat. Wer will, mag in dem Prolog und jenem kleinen Textstück des Traktates, das nicht von Averroes erklärt wurde, die Erklärung des Hl. Thomas oder Albert heranziehen."

Aus dem Text Vernias geht hervor: 1. Mit „Prolog" ist weder das ganze erste Buch noch der gesamte bei Averroes fehlende Teil des ersten Buches gemeint, sondern mit Sicherheit die beiden Anfangskapitel des I. Buches (A 1–2), die bereits in den lateinischen Kommentaren des 13. Jahrhunderts als Einleitung angesehen und mit *prooemium* bezeichnet wurden. 2. Die Zuschreibung an Theophrast soll jetzt – nach der von Vernia wiedergegebenen Nachricht – nicht mehr für das ganze I. Buch, sondern für diesen „Prolog" gelten. 3. Die Nachricht ist offenbar durch griechische (mündliche?) Überlieferung an Vernia vermittelt worden. 4. Als Quelle für die Nachricht hat man ihm – von dieser „zuverlässigen" griechischen Seite – das I. Buch des Metaphysikkommentars von Alexander genannt. 5. Die ursächliche Verbindung der berichteten Nachricht mit dem Fehlen dieses Prolog-Teils im Kommentar des Averroes gehört – ähnlich wie bei Albertus – offensichtlich nicht zur berichteten Überlieferung, sondern ist, jedenfalls der Ausdrucksweise nach, die eigene Erklärung des bemühten Herausgebers. 6. Die Frage, wer nun in Wirklichkeit der Urheber dieses „Prologs" zur Aristotelischen Metaphysik gewesen ist, will Vernia dagegen nicht entscheiden.

Korrekturzusatz

Nachdem das Manuskript bereits gedruckt vorlag, ist mir ein Detail in der Handschrift J aufgefallen, das bis jetzt nicht bekannt war, und das mit größter Wahrscheinlichkeit die materielle Spur von Moerbekes Benutzung darstellt: Auf f. 163^v, Z. 14 v. u., steht über dem griechischen Wort μέρος (Met. Z 10, 1035 b 31) eine kleine, aber deutlich lesbare lateinische Bemerkung: *scilicet anima* (vgl. Abb. 3 u. 4). Die Bemerkung ist sinnvoll. Die Schrift, die man, mit aller Vorsicht, wohl für 13. Jh. (2. H.?) halten würde, ist darüber hinaus zweifellos derjenigen, die uns aus dem Autograph von Moerbekes Archimedes-Übersetzungen bekannt ist, höchst ähnlich (vgl. den Duktus von *a, s, i,* und den leicht gerundeten Kürzungsquerstrich mit der Schriftprobe aus dem Autograph bei M. Clagett [Anm. 4], Pl. II). Mehr läßt sich auf Grund der wenigen Buchstaben nicht sagen. – Das bedeutet aber: Es hat jemand, dessen Schrift auf 13. Jh. weist und derjenigen Moerbekes gleicht, der selbst lateinisch sprach, aber über sehr gute – um diese Zeit bei den Lateinern höchst seltene – griechische Kenntnisse verfügte und sich mit der Metaphysik des Aristoteles beschäftigte, den Text in der griechischen Handschrift J aufmerksam im Wortlaut gelesen. Da in der vorgelegten Untersuchung gezeigt wurde, daß Moerbeke für seine Metaphysikübersetzung entweder J oder eine Abschrift – und wahrscheinlich J selbst – benutzt hat, dürfen wir wohl in dieser Bemerkung ein direktes Zeugnis dafür sehen, daß J selbst die Vorlage Moerbekes war.

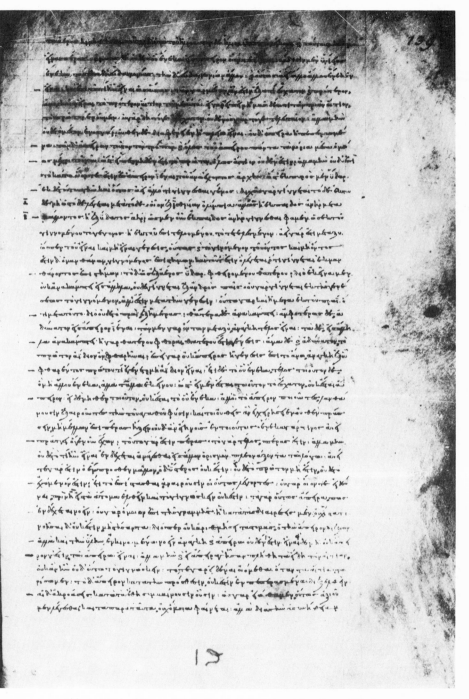

Abb. 1: Vind. phil. gr. 100, 9. Jh.; f. 139ʳ: Arist., Metaph. α, 994 a 6 sqq.

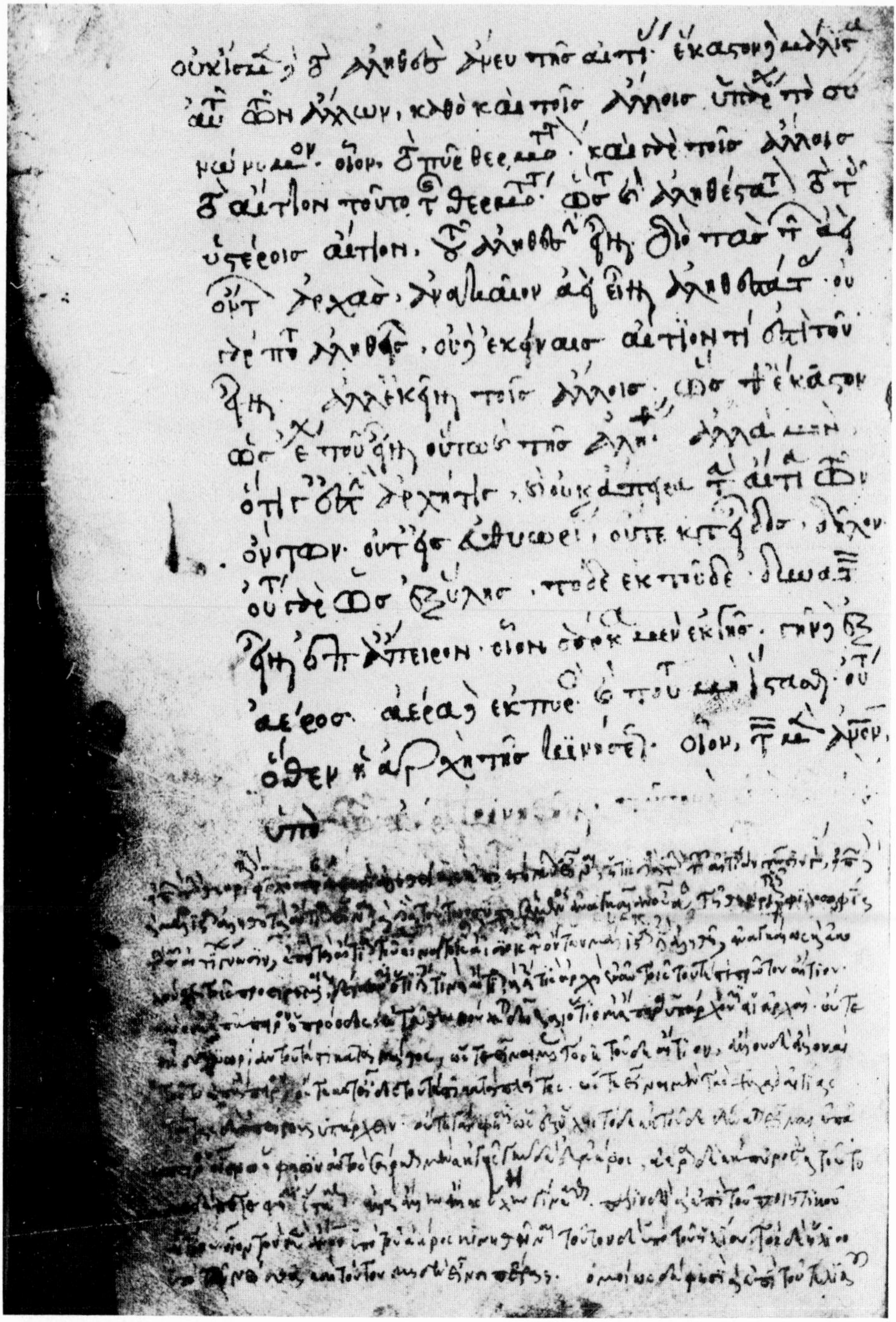

Abb. 2: Vind. phil. gr. 100, 9. Jh.; f. 138ᵛ (später eingeschobenes Bifolium), oben (um 1300): Arist., Metaph. α, 993 b 23−994 a 6, anschließend Rasur; unten (15. Jh. 2. H.): Ascl., In Metaph., 120.5 sqq.

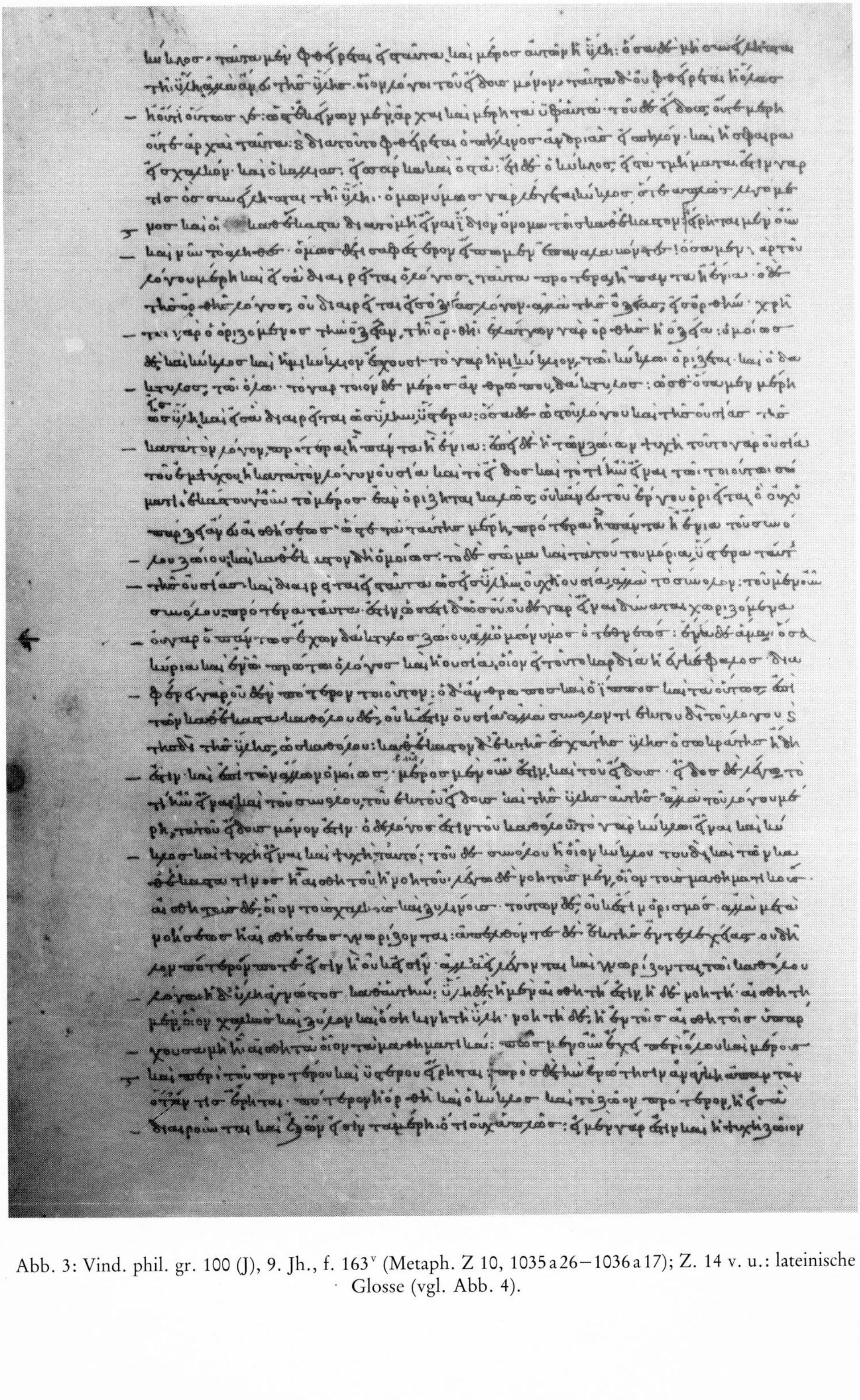

Abb. 3: Vind. phil. gr. 100 (J), 9. Jh., f. 163ᵛ (Metaph. Z 10, 1035 a 26—1036 a 17); Z. 14 v. u.: lateinische Glosse (vgl. Abb. 4).

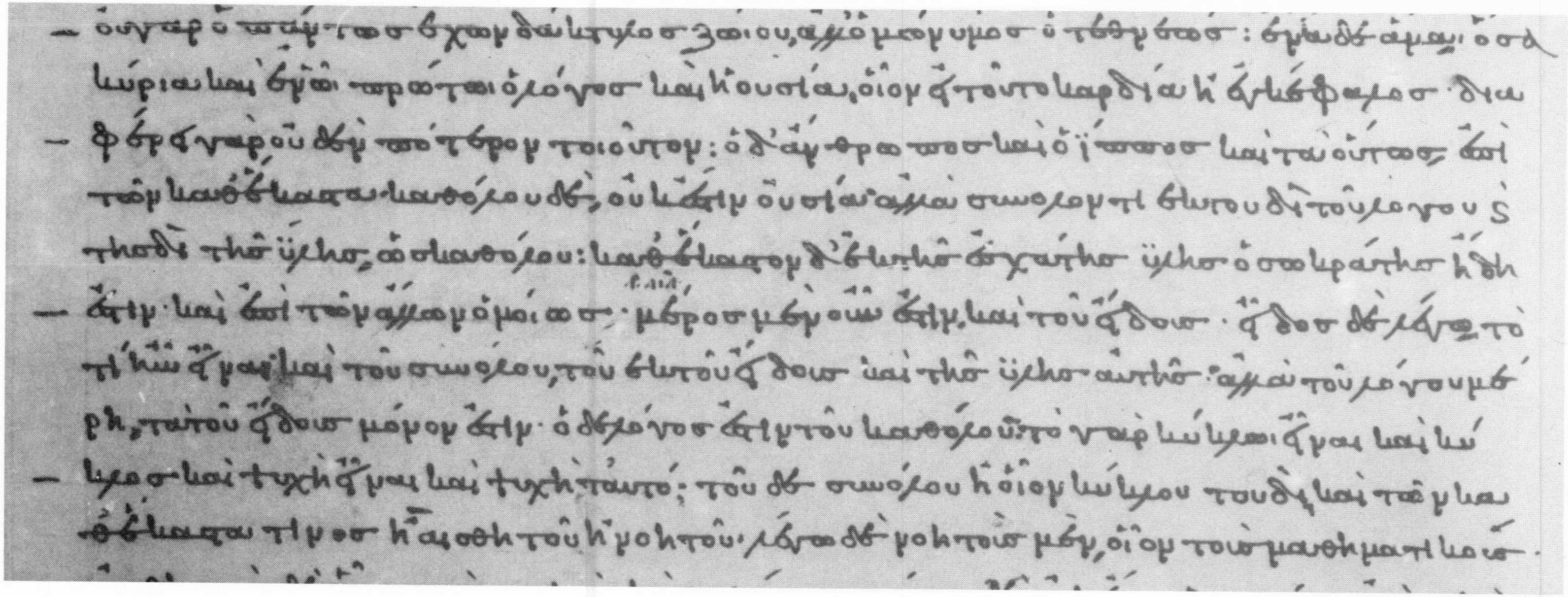

Abb. 4: Vind. phil. gr. 100 (J), 9. Jh., f. 163ᵛ; Ausschnitt mit lateinischer Glosse (ſ. aïa = *scilicet anima*) zu Metaph. Z 10, 1035 b 31, vermutl. Hand Moerbekes.

GOTTFRIED VON FONTAINES ALS ZEUGE DER ECHTHEIT DER THEOLOGISCHEN SUMME DES ALBERTUS MAGNUS

von Robert Wielockx

Es ist bekannt, daß die Werke des Albertus Magnus in dem erhaltenen Nachlaß aus der Bibliothek des Gottfried von Fontaines — heute in der Nationalbibliothek zu Paris — einen nicht geringen Platz einnehmen[1]. Ich möchte an dieser Stelle nur einige Bemerkungen zu den bis jetzt unentdeckten Auszügen aus Alberts Summa theologiae machen, die in der ehemaligen Bibliothek Gottfrieds erhalten sind.

In der öfters beschriebenen Hs. Paris Nat. lat. 16096 stehen am Schluß des Codex (f. 237ra-252rb) eine Reihe Quaestiones, denen von M.-Th. d'Alverny die Überschrift *Quaestiones de aeternitate, de veritate, de bono, de Trinitate* beigegeben worden ist[2]. Wie ein einfacher Textvergleich ergibt, handelt es sich tatsächlich um Auszüge aus dem ersten Teil der Summa theologiae Alberts[3]. Sie umfassen den Teil des Textes, der vom V. Tractatus (q. 22) bis zum IX. Tractatus (q. 39) läuft. Es sind nicht nur in dem Sinne Exzerpte, daß man auszugsweise einige Texte aus diesem ganzen Teil (q. 22—q. 39) abgeschrieben hat. Auch der Text dieser einzelnen Exzerpte ist gekürzt. Diese Tatsache verwundert nicht bei einem Codex aus dem Nachlaß des Gottfried von Fontaines[4]. Die Schrift stammt von einer sorgsamen Hand, die den ganzen Codex geschrieben hat und der wir in der Bibliothek Gottfrieds öfters begegnen, so auch etwa im berühmten recueil „scolaire"[5]. Die Entstehungszeit wird von M.-Th. d'Alverny mit „c. 1280"

---

[1] J. Duin, La bibliothèque philosophique de Godefroid de Fontaines, in: Estud. Lulianos 3 (1959) 21—36, 137—160.

[2] J. Duin, op. cit., 151—160; M.-Th. d'Alverny, Avicenna latinus, in: AHDLMA 29 (1962) 220—222 (mit ausführlicher Bibliographie).

[3] Der Vergleich mit der sogenannten Summa Alexandri weist aus, daß Gottfrieds Auszüge nicht aus der franziskanischen, sondern aus Alberts Summe stammen.

[4] J. Duin, La doctrine de la providence dans les écrits de Siger de Brabant, Louvain 1954, 130—135, 167—170 und passim (= Philosophes médiévaux 3); P. Wilpert, Ein Compendium des 13. Jahrhunderts (Gottfried von Fontaines als Abbreviator), in: Mittellat. J 2 (1965) 165—180; J. Pinborg—H. Roos—S. Skovgaard Jensen, Boethii Daci Opera. Modi significandi sive quaestiones super Priscianum maiorem, København 1969, XI—XII (= Corpus philosophorum Danicorum medii aevi 4,1); N.-G. Green Pedersen—J. Pinborg, Boethii Daci Opera. Topica-Opuscula, København 1976, X—XI, XVIII—XIX (= Corpus philosophorum Danicorum medii aevi 6,1).

[5] P. Glorieux, Un recueil scolaire de Godefroid de Fontaines, in: RThAM 3 (1931) 37 bis 53.

angegeben[6]. Die Abschrift ist gewiß ein nicht unwichtiger Zeuge des Textes, und zwar sowohl wegen der einmalig frühen Entstehungszeit als auch wegen des Besitzers, obwohl selbstverständlich das Abkürzungsverfahren ihren Wert, besonders in Bezug auf eine kritische Feststellung des Textes, relativiert.

Viel wichtiger sind die Auszüge aus der Summa theologiae Alberts in den ebenfalls aus Gottfrieds Bibliothek stammenden Hss. Paris Nat. lat. 15355 und Paris Nat. lat. 15848[7]. Bevor ich über diese wichtigen Auszüge berichte, ist es jedoch erforderlich einige Bemerkungen zur Beschreibung dieser beiden Handschriften einzuschieben.

In ihrer heutigen Form gehen die beiden Handschriften auf 1281−1282 zurück. Es wurde aber schon von R. Macken darauf hingewiesen, daß sie nicht unmittelbar als Ganzes angefertigt wurden, sondern vielmehr stufenweise und allmählich entstanden sind[8]. Die Entstehungsgeschichte der beiden Codices kann nunmehr genauer bestimmt werden, denn eindeutig lassen sich die ursprüngliche Sammlung und die früheste zwischenzeitliche Sammlung rekonstruieren, aus denen die endgültige Sammlung, d.h. die beiden Codices in ihrer heutigen Form, gewachsen ist. Die ursprüngliche Sammlung umfaßte vier Werke: die Summe (art. 1−26) des Heinrich von Gent, das erste Buch eines Sentenzenkommentars (ohne den Prolog), die dem Heinrich von Gent zugeschriebene Lectura ordinaria, und das Quodlibet I des Heinrich von Gent. Die früheste der zwischenzeitlichen Sammlungen umfaßte, neben den vier Werken der ursprünglichen Sammlung, weiter noch den Prolog zum schon genannten Sentenzenkommentar und darüberhinaus das zweite Quodlibet des Heinrich von Gent. Über die Zusammenstellung und die Entstehungszeit der ursprünglichen Sammlung und der frühesten zwischenzeitlichen Sammlung kann kaum ein Zweifel bestehen. Die Zusammenstellung der ursprünglichen Sammlung stützt sich, neben der durchlaufenden Numerierung der Lagen (a bis x) − in der rechten unteren Ecke der Rectoseite von einer zeitgenössischen Hand mit Bleistift angebracht −, auf die Einheit der Dekoration und des Ausmaßes des je pro Folio beschriebenen Raumes, eine Einheit, die ausschließlich dieser ursprünglichen Sammlung im Ganzen der beiden Codices zukommt. Die Zusammenstellung der ersten zwischenzeitlichen Sammlung wird, neben anderen Kriterien, hauptsächlich von der durchlaufenden Numerierung der Lagen (1 bis 10 und 1 bis 14) bezeugt. Sie ist in der rechten oberen Ecke der Rectoseite von einer zeitgenössischen Hand mit Tinte angebracht worden. Der *terminus ad quem* der ursprünglichen Sammlung ergibt sich aus dem gut gesicherten Datum der frühesten zwischenzeitlichen

---

[6] M.-Th. d'Alverny, op. cit., 221.

[7] Allgemeines zur Beschreibung bietet R. Macken, Bibliotheca manuscripta Henrici de Gandavo, Leiden-Leuven 1979, 595−598, 620−628 (= Henrici de Gandavo Opera Omnia 1).

[8] R. Macken, op. cit.

Sammlung. Wie gesagt enthält diese zwischenzeitliche Sammlung als letztes
Werk das zweite Quodlibet des Heinrich von Gent. Dies nun wurde kurz
vor Weihnachten 1277 gehalten, und die Abschrift des Werkes, die sich am
Schluß der frühesten zwischenzeitlichen Sammlung befindet, war bereits in
den ersten Monaten von 1278 vollendet. In der kritischen Ausgabe ist dieser
Zusammenhang ausführlich dargestellt worden[9]. Es ist deshalb sicher, daß
die ursprüngliche Sammlung vor Anfang 1278 entstanden ist. Es ist sogar
höchst wahrscheinlich, daß sie in den ersten Monaten von 1277 zusammengestellt vorlag. Die Abschrift des ersten Quodlibet des Heinrich von Gent,
die die Sammlung abschließt, geht ja spätestens auf diese Monate zurück,
wie R. Macken in der kritischen Ausgabe hinreichend dargelegt hat[10]. Das
Datum der frühesten zwischenzeitlichen Sammlung ergibt sich aus dem
schon Gesagten. Wir können für diese zwischenzeitliche Sammlung die
ersten Monate des Jahres 1278 ansetzen.

Kommen wir jetzt auf Albert den Großen zurück. Auf den Rändern der
ursprünglichen und der frühesten zwischenzeitlichen Sammlung begegnen
uns insgesamt 42 Auszüge aus dem ersten Teil der theologischen Summe
des Albertus Magnus[11]. Verschiedene unter ihnen sind von bedeutendem
Umfang. Die Auszüge sind alle einem Textteil entliehen, der sich vom Prolog bis zum IV. Tractatus (q. 21) erstreckt. Dabei fällt sofort auf, daß diese
Auszüge auf den Rändern der Hss. Paris Nat. lat. 15355 und Paris Nat. lat.
15848 genau da aufhören (Tractatus IV, q. 21), wo die Auszüge in den
Kolumnen der Hs. Paris Nat. lat. 16096 anfangen (Tractatus V, q. 22). Da
die Exzerpte der Summa theologiae eben den ganzen Codex Paris Nat. lat.
16096 abschließen, ist hiermit ein wichtiges Argument für die Datierung
dieses Codex gegeben. Wir kommen noch darauf zu sprechen. Es sei hier
hervorgehoben, daß die Auszüge auf den Rändern der Hss. Paris Nat. lat.
15355 und Paris Nat. lat. 15848 sich ausschließlich in der ursprünglichen
und in der frühesten zwischenzeitlichen Sammlung befinden, und zwar so,
daß 14 Auszüge auf den Rändern der Summe (art. 1–26) des Heinrich von
Gent eingetragen wurden, 28 auf den Rändern des Sentenzenkommentars
vorliegen. Von diesen 28 sind 24 auf den Rändern des ersten Buches zu
lesen, dessen Abschrift zur ursprünglichen Sammlung gehört, die vier
übrigen auf den Rändern des Prologs, dessen Abschrift hinzugefügt wurde,
als die früheste zwischenzeitliche Sammlung zustande kam.

Wesentlich ist nun, daß von diesen 42 Auszügen 23 ausdrücklich dem
Albertus zugeschrieben werden, daß ein autorisierter Zeuge, Gottfried von

---

[9] R. Wielockx, Henrici de Gandavo Quodlibet II (im Druck) (= Henrici de Gandavo
Opera Omnia 6).

[10] R. Macken, Henrici de Gandavo Quodlibet I, Leiden-Leuven 1979, LXIX–LXXXI
(= Henrici de Gandavo Opera Omnia 5).

[11] Um die Darstellung nicht unnötig zu belasten, sind am Schluß dieses Aufsatzes die
Belege in einem Anhang gesammelt.

Fontaines nämlich, sie Albert zuschreibt, und daß er dies spätestens 1277 bis 1278 tut, also zu einem Zeitpunkt, der der Abfassungszeit – bzw. der frühen Verbreitungszeit – der Summe Alberts ganz nahe kommt. Betrachten wir all dies Schritt für Schritt ein wenig genauer.

Wie gesagt, werden 23 Auszüge ausdrücklich dem Albertus Magnus zugeschrieben. So geht 22 Auszügen das Zeichen .Al. voran und einem weiteren Auszug das Zeichen .A. An und für sich braucht die Abkürzung .Al. nicht „Albertus" zu bedeuten. Die dieser Abkürzung nahestehende Abkürzung a. l. taucht in Gottfrieds Bibliothek mehrfach auf. So hat Gottfried, wie man weiß, die Ränder seines Exemplars der lateinischen Übersetzung der Metaphysik des Avicenna durchlaufend mit den konkurrierenden Lesarten dieser Übersetzung versehen und dabei die *alia lectio* mit der Abkürzung a. l. vermerkt, was eindeutig „*alia lectio*" bzw. „*littera*" bedeutet[12]. Das Zeichen, das den Auszügen aus der Summe Alberts vorangeht, das übrigens etwas vom Zeichen für „*alia lectio*" verschieden ist, hat natürlich nur den Sinn, die betreffenden Auszüge dem Albertus zuzuschreiben. Daß Gottfried von Fontaines die Ränder seiner Bücher gerne mit Auszügen aus Parallelwerken versieht, daß er den jeweiligen Autor identifiziert und daß er dazu Abkürzungen benützt wie .t. (= Thomas), .Se. (= Segerus), .Boe'. (= Boëthius), .alm̄. (= Almonius), ist eine übrigens gut bekannte Tatsache[13]. Das Abkürzungszeichen, das uns vor den Auszügen aus der Summa theologiae des Albertus Magnus begegnet, will im Lichte dieses in Gottfrieds Büchern geläufigen Verfahrens verstanden werden.

Durchaus wichtig ist überdies die Tatsache, daß die betreffenden Auszüge, einschließlich der ihnen vorangehenden Zuschreibungen an Albertus, nicht von der Hand des Kopisten, sondern von Gottfrieds eigener Hand stammen. Die Identität der Hand erhöht bedeutend den Wert, der auf diese Zuschreibungen gelegt werden muß.

Außerdem hat Gottfried nicht erst später die Albertusexzerpte in die Abschrift der Summe Heinrichs (art. 1–26) und des Sentenzenkommentars eingetragen, sondern kurz nach deren Anfertigung, teilweise sogar, ehe noch die betreffenden Abschriften vollständig hergestellt waren.

---

[12] M.-Th. d'Alverny, op. cit., 222; S. Van Riet, Avicenna latinus. Liber de philosophia prima sive scientia divina I–IV, Leuven-Leiden 1977, 131*.

[13] G. Verbeke, Ammonius. Commentaire sur le Peri Hermeneias d'Aristote. Traduction de Guillaume de Moerbeke. Édition critique et étude sur l'utilisation du commentaire dans l'œuvre de saint Thomas, Louvain 1961, CIII (= Centre De Wulf-Mansion. Corpus latinum Commentariorum in Aristotelem Graecorum 2); J. Pinborg, Zur Philosophie des Boethius de Dacia. Ein Überblick, in: Stud. Mediewistyczne 15 (1974) 178; N.-G. Green Pedersen, Boethii Daci Opera. Topica-Opuscula, København 1976, VII–IX (= Corpus philosophorum Danicorum medii aevi 6, 2). – Man weiß, daß Gottfried von Fontaines in seiner Abschrift der Metaphysik des Avicenna, besser gesagt, auf den Rändern seiner Abschrift, ein langes Zitat aus dem Metaphysikkommentar Alberts des Großen angebracht hat. Dazu: S. Van Riet, op. cit., 126*.

Zum einem fällt sofort in die Augen, daß nur die ältesten Teile der endgültigen Sammlung, d.h. der beiden heutigen Hss. Paris Nat. lat. 15355 und 15848, derartige Albertusexzerpte aufweisen.

Des weiteren zeigt eine etwas eingehendere kodikologische Untersuchung, daß Gottfried die Albertusexzerpte schon eingetragen hatte, noch bevor er die durchlaufende Korrektur des Sentenzenkommentars vornahm. An Stellen nämlich, wo die Ränder des Kommentars völlig mit Albertusexzerpten und weiteren Randglossen ausgefüllt waren, hat Gottfried die bei der Korrektur nachgetragenen Textergänzungen nicht an ihrer richtigen Stelle — da standen schon die Albertusexzerpte —, sondern auf einer anderen Seite angebracht. Ein klares Beispiel befindet sich auf f. 196^v der Hs. Paris Nat. lat. 15848. Die Ränder sind mit Albertusexzerpten und weiteren Randglossen ausgefüllt. Die Textergänzung, die eigentlich zu f. 196vb gehört, begegnet uns tatsächlich auf f. 196rb.

Es gibt übrigens gute Gründe anzunehmen, daß die Prologabschrift des Sentenzenkommentars erst beendet wurde, nachdem die Albertusexzerpte schon auf den Rändern der ursprünglichen Sammlung eingetragen waren. Die Abschrift des Prologs bietet einen anscheinend besonders gekürzten Text. Manche fehlende Stelle wurde nämlich nachgetragen. Da die Objektionen, die die Quaestiones eröffnen, systematisch weggefallen waren und dadurch ihre Beantwortung, die ab und zu trotzdem mitabgeschrieben worden war, nicht mehr recht verständlich sein konnte, hat Gottfried das, was ihm in den Objektionen wesentlich schien, mehrfach auf den Rändern, unmittelbar neben den Antworten auf die betreffenden Objektionen, nachgeholt. Ein Verfahren, das gewiß nicht einen Einzelfall in Gottfrieds Büchern darstellt, und das auf jeden Fall gut die Eignersfreiheiten ins Licht rückt[14]. Der in der ganzen Abschrift des Prologs spürbare Raummangel, der sich aus dem einer besonders eingehenden Kürzung entsprechenden Nachholbedarf zeigt, tritt klar am Schluß dieser Prologabschrift zutage. Die zwei zur Verfügung stehenden Doppelblätter der Lage genügten nicht, um den geplanten Text, obschon eingekürzt, auf den Kolumnen unterzubringen. Der Kopist schreibt noch neun Zeilen auf dem unteren Rand der letzten Lageseite. Dem Korrektor genügten aber diese neun Zeilen nicht. Zuerst fügte er drei Zeilen auf dem Unterrande der letzten Lageseite hinzu. Dann aber hat er den Unterrand der Rectoseite dieses letzten Lageblattes in Anspruch genommen, wo er noch acht weitere Zeilen niederschrieb und dabei die volle Seitenbreite ausnützte. Warum haben weder der Kopist noch der Korrektor auf dem unteren Rande der ersten Lageseite von Buch I diesen Prologabschluß ergänzt? Wäre dies nicht natürlich gewesen, und hätte es nicht die Lesbarkeit vereinfacht? Anscheinend haben sie nur deshalb den Benutzer dazu genötigt, den Prologabschluß auf der Rectoseite

---

[14] J. Duin, op.cit. (Anm. 4), 178—179, 197—198; F. Van Steenberghen, Maître Siger de Brabant, Louvain-Paris 1977, 220 (= Philosophes médiévaux 21).

des letzten Lageblattes zu suchen und, mit ein wenig Glück, auch zu finden, weil eben der untere Rand der ersten Seite von Buch I schon ausge-
nützt worden war. Den verfügbaren Raum dieses Unterrandes füllen nun
aber zwei längere Albertusexzerpte und zwei kürzere Textergänzungen aus.
Gottfried hatte also die Auszüge aus der Summa theologiae des Albertus
Magnus in die Lagen der ursprünglichen Sammlung eingetragen, noch
bevor die Abschrift des Sentenzenkommentars durch Vollendung der Prologabschrift vollständig hergestellt war, also noch bevor die früheste zwischenzeitliche Sammlung zusammengestellt wurde. Da aber diese zwischenzeitliche Sammlung spätestens Anfang 1278 entstanden sein kann, können
wir schließen, daß Gottfried von Fontaines 38 von seinen 42 Albertus-
auszügen noch während des Jahres 1277 in die ursprüngliche Sammlung
eingetragen hat. Der Umstand ist gewiß nicht unbedeutend, weil ja der
Augenblick, in dem Gottfried diese Auszüge der Summa theologiae dem
Albertus zuschreibt, nahe an die Entstehungszeit des Werkes heranreicht[15].

Indessen dürfen wir nicht übersehen, daß die Herausgeber der Summa
theologiae auf die Anregung Geyers hin den Anteil eines Mitarbeiters
(socius) an der Redaktion einzelner Stellen der Summa theologiae keineswegs ausschließen, sondern ihn sogar positiv für wahrscheinlich halten[16].
Sollen wir deshalb die hier erworbenen Ergebnisse richtig zusammenfassen,
so werden wir unterscheiden müssen. Je nachdem wir nämlich alle Fragmente der Summa theologiae und jedes Fragment im einzelnen betrachten
oder aber nur das Ganze der Summa, werden wir das Zeugnis des Gottfried
von Fontaines unterschiedlich einzuschätzen haben.

Zur Lösung der Fragen um die Echtheit von Fragmenten im einzelnen
wird Gottfrieds Zeugnis uns kaum weiterbringen. Zunächst einmal gehen
Gottfrieds ausdrückliche Zuweisungen nur denjenigen Auszügen voran, die
einem relativ kurzen Teil der Summa theologiae entnommen sind. Die diesbezüglichen Auszüge stammen alle aus dem Anfang des Werkes, genauer gesagt aus dem Prolog und den vier ersten Traktaten einschließlich q. 21.
Zweitens sind 19 von den 42 Auszügen nicht ausdrücklich zugewiesen. Da
nun die Einwände gegen die Echtheit vor allem Stellen aus dem zweiten
Buch betreffen, kann aus Gottfrieds Zeugnis nichts Entscheidendes geschlossen werden hinsichtlich der Authentizität des Werkes in allen seinen
einzelnen Fragmenten[17].

---

[15] D. Siedler(−P. Simon)−W. Kübel−H. G. Vogels, Alberti Magni ordinis fratrum prae-
dicatorum Summa theologiae sive de mirabili scientia Dei libri I pars I. Quaestiones 1−50 A,
Münster 1978, XVI−XVII (= Alberti Magni Opera Omnia 34, 1).

[16] B. Geyer, Albertus Magnus und der Averroismus nach dem Opusculum de XV Problematibus, in: Ursprung und Abglanz. Beiträge zu einer Synopse von Weltgestalt und Glau-
benswirklichkeit. Festgabe für Herbert Doms zum 80. Geburtstag, hg. J. Tenzler, Regens-
burg 1972, 191; D. Siedler(−P. Simon)−W. Kübel−H. G. Vogels, op. cit., XII.

[17] O. Lottin, in: BThAM 9 (1963) 387−388; A. Hufnagel, Zur Echtheitsfrage der Summa
theologiae Alberts d. Gr., in: ThQ 146 (1966) 8−39; B. Geyer, op. cit., 191; F. Van Steen-

Betrachten wir aber die Summa im ganzen, so ist der Wert Gottfrieds ausdrücklicher und 23mal wiederholter, autorisierter und zeitgenössischer Zuschreibung des Werkes an Albert wohl kaum zu überschätzen. Es handelt sich hier nämlich nicht mehr um einen negativen Beweis der Echtheit, d. h. um eine Beweisführung, in der man sich bemüht zu zeigen, daß die bis jetzt vorgetragenen Argumente gegen die Echtheit nicht schlüssig sind. Auch geht es nicht mehr darum, von der inneren Kritik her, wie etwa von den Albert eigenen doktrinellen Schwankungen oder von seiner Benützung der sogenannten Summa Alexandri her, zu zeigen, daß die Echtheit durchaus wahrscheinlich ist. Gottfrieds Zeugnis vermittelt uns nunmehr einen positiven Beweis, und zwar auf Grund äußerer Kriterien. Es kommt somit der Echtheitshypothese, wie sie von den Herausgebern der Summa theologiae überzeugend vertreten wird, wirksam zu Hilfe, und macht wohl aus dieser Hypothese eine Gewißheit.

Abschließend möchte ich nur noch ein weiteres Resultat hervorheben. Wie oben angezeigt wurde, fangen am Schluß der Hs. Paris Nat. lat. 16096 die Auszüge aus der Summe des Albert genau da an (Tractatus V, q. 22), wo in den Hss. Paris Nat. lat. 15355 und 15848 die von Gottfrieds eigener Hand stammenden Auszüge aufhören (Tractatus IV, q. 21). Die Albertusauszüge am Schluß der Hs. Paris Nat. lat. 16096 bilden somit die natürliche Fortsetzung der von Gottfried mit eigener Hand geschriebenen Albertusexzerpte. Da sich aber Gottfried seine Exzerpte spätestens 1277 bis 1278 angelegt hat, können wir mit einem hohen Wahrscheinlichkeitsgrad schließen, daß die Hs. Paris Nat. lat. 16096 wohl um dieselbe Zeit (1278) abgeschlossen sein wird. Dieses chronologische Ergebnis ist ziemlich wichtig, da eben die Hs. Paris Nat. lat. 16096 gleichsam die Weiterführung der vorletzten Lage des berühmten recueil „scolaire" des Gottfried von Fontaines darstellt. Schon J. Duin hatte richtig bemerkt, daß der Physikkommentar des Aegidius von Rom aus der Hs. Paris Nat. lat. 16096 nichts anderes ist als die natürliche Ergänzung des ersten Teiles dieses Kommentars, der nämlich in der vorletzten Lage des recueil „scolaire" angefangen wurde[18]. Neuerdings gelang es mir herauszustellen, daß auch die Abschrift des Kommentars des Aegidius zu De generatione, die in der vorletzten Lage des recueil „scolaire" anfängt, gerade in der Hs. Paris Nat. lat. 16096 ergänzt und abgeschlossen wird[19]. Die Chronologie der Hs. Paris Nat. lat. 16096 bietet deshalb einen interessanten Anhaltspunkt bei der Festlegung des *terminus ad quem* der vorletzten Lage des recueil „scolaire" und ist ein

---

berghen, Die Philosophie im 13. Jahrhundert, München–Paderborn–Wien 1977, 257; D. Siedler(–P. Simon)–W. Kübel–H. G. Vogels, op. cit., V–XVI.

[18] J. Duin, op. cit. (Anm. 1), 159.

[19] R. Wielockx, Le ms. Paris Nat. lat. 16096 et la condamnation du 7 mars 1277, in: RThAM 48 (1981) 232.

erster, wichtiger Schritt zu einer zuverlässigen Gesamtchronologie dieses in geschichtlicher Sicht so aufschlußreichen recueil des neo-aristotelischen Magisters.

Anhang

Als Beleg, werden zunächst zwei Auszüge aus der Summa theologiae des Albertus Magnus angeführt. In der linken Kolumne werden sie abgedruckt in der Originalform; in der rechten Kolumne befinden sie sich in der Form, in der sie von Gottfried von Fontaines notiert wurden. Ich habe diese zwei Auszüge gewählt aus verschiedenen Gründen. Zunächst sind die beiden Auszüge ziemlich kurz und werden deshalb das Vergleichen mit dem Originaltext beschleunigen. Außerdem ist wohl der erste Auszug ausdrücklich Albert zugeschrieben, nicht aber der zweite. Diese zwei Exzerpte erbringen somit den klaren Beweis, daß nicht nur ausdrücklich zugeschriebene, sondern auch andere Randglossen in den betreffenden Fällen aus der Summa theologiae des Albertus stammen. Schließlich wurden diese zwei Exzerpte gewählt, weil sie eindeutig zeigen, daß nicht die sogenannte Summa Alexandri — eine der wichtigsten Quellen der Summe Alberts —, sondern tatsächlich die Summa theologiae des Albertus Magnus von Gottfried exzerpiert wurde. Im Fall des ersten Auszugs wurde die sogenannte Summa Alexandri zur Kollation herangezogen. Im Fall des zweiten Auszugs war die Kollationierung mit der franziskanischen Summe überflüssig, weil eine Parallele in der sogenannten Summa Alexandri fehlt.

„Alexander"
Ed. Quar. I, 6–7.

Non est eadem scientia rerum et signorum, immo dividuntur scientiae reales, quae sunt de rebus, contra scientias sermocinales, quae sunt de signis rerum; ergo non est una scientia rerum et signorum . . . .

Ad illud vero quod obicitur de unitate scientiae quae non est rerum et signorum : respondendum quod hoc est ubi est separata ratio considerationis rei et signorum. Hic vero non separatur consideratio, cum sit relatio considerationis ad unum, quod est reformatio hominis ad similitudinem Dei seu conformatio hominis ad Deum per opus reparationis a Christo.

Albert
Ed. Colon. 34,1,10–11.

Sed contra hanc positionem videtur esse, quod signum et res non videntur esse ordinabilia sub uno genere subiecti. Unde in aliis scientiis scientiae de signis ut de sermonibus distinguuntur a scientiis de rebus. Sermocinales enim a realibus scientiis distinguuntur. Ergo videtur, quod et in ista scientia non possit esse una scientia de rebus et de signis . . . .

Ad id ergo, quod primo contra hanc positionem obicitur, dicendum quod aliae scientiae considerant signa secundum principia, quae signa faciunt esse signa, et non secundum principia, secundum quae signa fiunt significata; et ideo diversa est consideratio signorum a significatis. Theologia autem considerat signum sub ratione utilis rei, et ideo in generali consideratione signum comprehendit cum re; et si distinguit ab ipso, particulari consideratione hoc facit, quae particularis consideratio scientiam secundum se in species non dividit.

Albert (Rez. Gottfrieds)
Paris Nat. lat. 15355, 33vb.

.Al.

Signum et res non videntur ordinabilia sub uno genere subiecti. Unde in aliis scientiis scientiae de signis ut sermonibus distinguuntur a scientiis de rebus etc.

Dicendum quod aliae scientiae considerant signa secundum principia quae faciunt illa esse signa, et non secundum principia secundum quae signa fiunt significata; et ideo diversa est consideratio signorum a significatis. Theologia autem considerat signum sub ratione utilis rei, et ideo in generali consideratione signum comprehendit cum re; et si distinguit ab ipso, particulari consideratione hoc facit, quae particularis consideratio scientiam secundum se in species non dividit.

Albert
Ed. Colon. 34, 1, 12–13.

Ad hoc dixerunt QUIDAM, quod omnia quae tractantur in sacra scriptura, sub una forma stant, quae est revelabile esse, et sic de ipsis est sacra scriptura ut una. Et quod hoc falsum sit, statim patet . . .

Adhuc, forma, quae unit scientiam secundum ARISTOTELEM, forma est, quae facit subiectum esse unum et solum et totam causam passionis . . . Nisi enim talis forma uniret subiectum, omnia quae demonstrantur de subiecto, demonstrarentur per accidens. Revelatio autem sive revelabilitas non est forma sic uniens ea quae in sacra scriptura determinantur. Revelatio enim non est aliquid ponens in eo quod revelatur, sed in eo cui fit revelatio. Ergo nihil est dicere, quod ab unitate revelationis una dicatur scientia . . .

Haec autem, quia concludunt de necessitate, concedimus dicentes, quod theologia una scientia est ab unitate formae unum facientis subiectum, secundum quod substat et causa est passionum, quae determinantur de subiecto, quod secundum primam intentionem subiecti dicitur. Iam enim HABITUM est, quod signum reducitur ad utile, utile autem refertur ad fruibile. Dicit autem PHILOSOPHUS, quod ubi unum propter alterum, utrobique tantum. Et est sensus, quod finis et non aliud quam finis inspicitur et quaeritur et in seipso et in eo quod est ad finem ipsum, et ita utrobique quaeritur finis; et sic in utili quaeritur fruibile et stat sub forma fruibilis. Et haec unitas non est generis nec speciei, sed principii, quod simpliciter est in uno, et in aliis est secundum modum, quo respiciunt in ipsum per analogiam unicuique determinatum; et talis unitas est primae philosophiae et theologiae.

Albert (Rez. Gottfrieds)
Paris Nat. lat. 15848, 192va.

Forma quae unit scientiam est forma quae subiectum facit unum.

Revelatio autem sive revelabilitas non est forma uniens ea quae determinantur in hac scientia. Revelatio enim non est ponens aliquid in eo quod revelatur, sed in eo cui fit revelatio.

Unde dicendum quod ⟨. . . (quaedam glutinator abscidit)⟩ una ab unitate formae unum facientis subiectum, secundum quod substat et causa est passionum quae determinantur de subiecto.

Nam omnia ad fruibile referuntur; nam etiam ipsum signum ad utile reducitur, utile autem ad fruibile refertur.

Et sic in omnibus quaeritur fruibile et omnia stant sub forma fruibilis. Et haec unitas non est generis nec speciei, sed principii.

Um die Belege zu ergänzen, werden in der nun folgenden Liste die 42 Auszüge verzeichnet, die Gottfried von Fontaines aus der Summa theologiae des Albertus Magnus abgeschrieben hat. Die Reihenfolge ist die, in der die Auszüge in Gottfrieds Hss. Paris Nat. lat. 15355 und 15848 aufeinander folgen. Wenn der Nummer eines Auszugs ein * folgt, bedeutet dies, daß der diesbezügliche Auszug von Gottfried ausdrücklich Albert zugeschrieben wird. Bei jedem Auszug wird sofort nach der Nummer zunächst die Fundstelle des Auszugs in den Hss. Gottfrieds angegeben; danach werden in der zweiten Zeile Incipit und Explicit des Auszugs (in der Version Gottfrieds) vermerkt; schließlich werden dann, in der dritten Zeile, Seiten und Zeilen angezeigt, an denen sich die entsprechende Stelle in der Ed. Colon. befindet. Falls Gottfried innerhalb eines Auszugs eine Kompilation verschiedener Albertusstellen bietet, und die Fragmente dieser Kompilation, verglichen mit den entsprechenden Stellen des Originals, entweder zu weit auseinander liegen oder in einer verschiedenen Reihenfolge vorkommen, so sind Incipit und Explicit der betreffenden Fragmente und die entsprechenden Seiten und Zeilen der Ed. Colon. je in einem eigenen Abschnitt notiert. Die Abkürzung P 15355, bzw. P 15848, bedeutet „Paris Nat. lat. 15355", bzw. „Paris Nat. lat. 15848". Die Abkürzung Ed. Colon. bedeutet „Ed. Colon., 34, 1".

1*. P 15355, 33vb i. m. inf.

 Signum et res . . . scientiis de rebus.
 Ed. Colon., 10, 22−25.

 Dicendum quod aliae . . . species non dividit.
 Ed. Colon., 11, 13−22.

2*. P 15355, 34vb i. m. inf.
 Cum dicit Philosophus . . . unitatem scientiae communis.
 Ed. Colon., 13, 9−15.

3*. P 15355, 36rb i. m.

 Ista scientia separatur . . . signi et utilis.
 Ed. Colon., 15, 17−23.

 Unde licet in . . . quantum talia sunt.
 Ed. Colon., 15, 55−62.

4*. P 15355, 36va i. m. inf.

 Modus poeticus modus . . . ut plurimum utantur etc.
 Ed. Colon., 17, 46−66.

 Dicendum quod sacra . . . infallibilis est. Ideo etc.
 Ed. Colon., 18, 11−50.

5*. P 15355, 47rb i.m.inf.
Sacra Scriptura practica . . . caritatem summa bonitate.
Ed. Colon., 13, 58–65.

6*. P 15355, 47rb i.m.inf.
Quaeritur ad quid . . . prima veritate consequatur.
Ed. Colon., 23, 3–90.

7. P 15355, 72vb, *dein* 72va, i.m.inf.
Circa modum huius . . . in mysterio absconditam.
Ed. Colon., 16, 3 – 17, 40.

8*. P 15355, 73^{va-b} i.m.inf.

I Cor. XV . . . positio defendi potest.
Ed. Colon., 19, 31–72.

Licet etiam thologia . . . et rationem crediti.
Ed. Colon., 19, 9–11, *dein* 19, 84–86.

Licet enim ratio . . . quo ad nos.
Ed. Colon., 19, 77–80.

Cum dicitur secundum . . . omnia non disputat.
Ed. Colon., 19, 13–16, *dein* 19, 88–20, 8.

9. P 15355, 76va i.m.
In theologia enim . . . nec figurabile est.
Ed. Colon., 18, 61–66.

10*. P 15355, 77ra i.m.inf.
Quattuor modi sunt . . . ad quem tendimus.
Ed. Colon., 21, 44–54.

11*. P 15355, 87va i.m.inf.
Aliquando Scriptura indecentibus . . . quam quod patet.
Ed. Colon., 22, 5–51.

12. P 15355, 94rb i.m.inf.
Dicitur per se . . . se notum omnibus etc.[20].
Ed. Colon., 85, 45–65.

13. P 15355, 95^{ra-b} i.m.inf.

Utrum non posse . . . sit Deo proprium.
Ed. Colon., 95, 89–90.

---

[20] Zur Zusatzglosse *quibus notum est quid Deus, quid esse etc.*, die sich am Rand der Hauptglosse befindet, cf. Ed. Colon., 35, 66–68.

Videtur quod non . . . aliquando non esse.
Ed. Colon., 96, 12−22.

Dicendum quod secundum . . . ad non esse habet.
Ed. Colon., 96, 43−86.

Licet ergo potentia . . . cogitari non esse.
Ed. Colon., 97, 31−38.

14.   P 15355, 96ra i. m. inf.

Aliquid dicitur demonstrabile . . . inconvenientia et impossibilia.
Ed. Colon., 84, 76 − 85, 3.

Medium enim in . . . effectibus Dei. Ergo etc.
Ed. Colon., 84, 3−35.

Sed ex hoc . . . sed persuasionis sufficientis.
Ed. Colon., 85, 29−32.

15.   P 15848, 191va i. m.
Theologia non est . . . sed per analogiam.,
Ed. Colon., 14, 29−48.

16.   P 15848, 192va i. m.
Forma quae unit . . . speciei, sed principii.
Ed. Colon., 12, 51 − 13, 4.

17.   P 15848, 192vb i. m. inf.
Sine lumine illustrante . . . cognoscentis et cogniti.
Ed. Colon., 81, 9−20.

18.   P 15848, 193rb i. m.

Certitudine simpliciter nihil . . . facie ad faciem.
Ed. Colon., 79, 67−85.

Bonum est autem . . . ut firmius adhaereatur.
Ed. Colon., 80, 17−38.

19*. P 15848, 194ra−b i. m. inf.
Utrum frui sit . . . consequens ad ipsam.
Ed. Colon., 24, 18 − 25, 57.

20*. P 15848, 194rb i. m. inf.

Utrum frui consistat . . . in voluntate est.
Ed. Colon., 25, 73 − 26, 45.

Frui enim proprie . . . apprehensio immediata est.
Ed. Colon., 31, 59−63.

21*. P 15848, 194rb i.m.
Fruitio proprie secundum . . . inferiori efficitur sensibiliter etc.
Ed. Colon., 26, 80 − 27, 36.

22*. P 15848, 194rb i.m.
Utile non intelligitur . . . tendendum in finem.
Ed. Colon., 29, 20−84.

23*. P 15848, 194vb i.m.inf.

Si omni creatura . . . veniale nec indifferens.
Ed. Colon., 33, 72−79.

Dicendum quod omnis . . . hoc esset indifferens.
Ed. Colon., 34, 55−75.

24. P 15848, 195ra i.m.
Quamvis enim dilectum . . . dilectum secundum intellectum.
Ed. Colon., 35, 86 − 36, 3.

25. P 15848, 195ra i.m.inf.

Arguitur : fruens indiget . . . beati nullo indigent etc.
Ed. Colon., 35, 51−52.

Dicendum quod beatus . . . et homo humanitate.
Ed. Colon., 36, 52−66.

26. P 15848, 195ra i.m.inf.
Frui strictissime acceptum . . . uti cum gaudio etc.
Ed. Colon., 35, 54−65, *dein* 35, 80−81.

27. P 15848, 195rb i.m.inf.
Uti propriissime est . . . quod est frui.
Ed. Colon., 37, 29−42.

28*. P 15848, 196ra i.m.inf.

Utrum Deus sit cognoscibilis a creatura.
Ed. Colon., 38, 19.

Hugo super Caelestem . . . et intellectus finitus.
Ed. Colon., 40, 12 − 41, 45.

Quaecumque enim sunt . . . capacitatem finiti suscipientis.
Ed. Colon., 42, 28−33.

Cum arguitur : in . . . sua infinitate apprehendatur.
Ed. Colon., 42, 5−8, *dein* 42, 59−72.

Si arguitur secundum . . . quiescere in primis.
Ed. Colon., 3, 29−43.

Secundum Philosophum VI . . . causatum et effectum.
Ed. Colon., 89, 27–28, *dein* 89, 81 – 90, 9.

29*. P 15848, 196va i.m.

Utrum Deus cognoscibilis sit a malis.
Ed. Colon., 52, 43–44.

Sic, longinqua cognitione . . . creaturae in natura.
Ed. Colon., 52, 85 – 53, 6, *dein* 53, 12–13, *dein* 53, 36–39.

30*. P 15848, 196va i.m.
Multiplex est Dei . . . sed non comprehendi.
Ed. Colon., 51, 6 – 52, 21.

31*. P 15848, 196va i.m.

Intellectus nullius rei . . . altioris luminis sublevetur.
Ed. Colon., 43, 78–88.

Licet ergo secundum . . . investigari non possunt.
Ed. Colon., 44, 70–73.

32*. P 15848, 196va i.m., *dein* i.m.inf.

Quid est Deum . . . et sine medio.
Ed. Colon., 44, 76–77.

Facies communiter potest . . . ad immediate videre.
Ed. Colon., 46, 3 – 47, 27.

33*. P 15848, 196vb i.m.sup.
Vestigium proprie est . . . extremum Dei est.
Ed. Colon., 60, 49–95.

34. P 15848, 196vb i.m.inf.

Utrum Deus cognoscatur per medium.
Ed. Colon., 57, 27–28.

Est medium ex . . . divinae lucis excellentiam.
Ed. Colon., 58, 52–67.

Huiusmodi medium est . . . qua Deus demonstratur.
Ed. Colon., 58, 39–41.

35. P 15848, 197ra i.m.
Et dicitur in . . . nullum per privationem.
Ed. Colon., 64, 74–76.

36. P 15848, 197ra i.m.inf.
Cum in omni . . . terminentur, dicitur mensura.
Ed. Colon., 62, 51–79.

37*. P 15848, 197rb i. m. inf.

Imago est commensuratio . . . sunt partes eius.
Ed. Colon., 66, 57—85.

Ex memoria enim . . . se formare intelligentiam[21].
Ed. Colon., 69, 9—43.

38*. P 15848, 198rb i. m. inf.

Potentiae animae sunt . . . simplicitatis cum Deo.
Ed. Colon., 71, 81—89.

Arguitur ad principale . . . aliae potentiae. Ergo etc.
Ed. Colon., 71, 30—57.

Item idem secundum . . . idem secundum idem etc.
Ed. Colon., 71, 69—71, *dein* 71, 59—69, *dein* 71, 70—71.

Ad id quod . . . cum ipsa materia.
Ed. Colon., 71, 7—10, *dein* 73, 1—11.

Dicendum ergo quod . . . nisi per potentias.
Ed. Colon., 72, 73—76, *dein* 72, 81—82, *dein* 72, 78—79.

39*. P 15848, 198va i. m. inf.
Alius est ordo . . . sicut in aliis.
Ed. Colon., 74, 5—73.

40. P 15848, 204rb, *dein* 204ra, i. m. inf.

Utrum alia a . . . naturalis generis proprietas.
Ed. Colon., 94, 46 — 95, 8.

Et ex hoc . . . quaestio terminabilis est.
Ed. Colon., 95, 57—60.

Quod arguitur in . . . dependent ad alterum.
Ed. Colon., 95, 14—21, *dein* 95, 45—54.

Item arguitur : cum . . . ipsam creatum aliud.
Ed. Colon., 95, 24—38, *dein* 95, 61—82.

41. P 15848, 206ra i. m. inf.
Soli Deo convenit . . . est mutabile est.
Ed. Colon., 113, 75—88.

---

[21] Der Schluß dieses Fragmentes *patri attribuitur, cui proprium est ab alio non esse in ordine personarum* (Ed. Colon., 41—43) lautet bei Gottfried: *Patri attribuitur, cuius actus est ex se formare intelligentiam.*

42.   P 15848, 207rb i. m. inf.

Simplicitas divina non . . . Deus summe simplex.
Ed. Colon., 101, 46 − 102, 32.

Unde eodem realiter . . . demit, nihil variat.
Ed. Colon., 106, 40−55.

Est ergo Deus . . . ibi diminuunt simplicitatem.
Ed. Colon., 107, 76 − 108, 16.

Et sic omne . . . termino simplicitatis simplex.
Ed. Colon., 108, 46−58.

ALBERT LE GRAND ET THOMAS D'AQUIN
DANS LA CENSURE PARISIENNE DU 7 MARS 1277

par Roland Hissette

Dans sa récente biographie de S. Thomas, le P. Weisheipl, à la suite de P. Mandonnet, rapproche de l'enseignement du saint docteur 16 des 219 articles censurés le 7 mars 1277 par l'évêque de Paris, Étienne Tempier[1]. Fort ancienne, cette idée d'une implication de Thomas dans la censure parisienne de 1277 se retrouve, entre autres, dans deux publications récentes de M. Wippel[2]. Et dans la recension qu'il a consacrée à mon ouvrage portant principalement sur les sources du grand syllabus de Tempier[3], M. Saranyana s'appuie sur ces auteurs pour se demander si je n'ai pas affirmé trop vite de façon catégorique que le décret de 1277 n'atteint qu'indirectement quelques thèses de la doctrine de S. Thomas[4]. Ce faisant, M. Saranyana confirme, en lui donnant écho, une remarque de M. Van Steenberghen prévoyant la contestation de ceux qui « malgré les indications du prologue . . . persisteront à penser que la commission théologique de Tempier a visé plusieurs doctrines de S. Thomas et que plusieurs articles ont été tirés de ses écrits; le choix du 7 mars, anniversaire de la mort du saint docteur, ne serait pas fortuit »[5]. Sans doute, en écrivant cela, M. Van Steenberghen songeait-il notamment à Mgr Delhaye. En effet, dans son rapport sur le mémoire que j'avais déposé à l'Académie royale de Belgique pour le concours annuel de 1977, Mgr Delhaye avait proposé quelques

---

[1] J. A. Weisheipl, Friar Thomas d'Aquino. His Life, Thought and Works, New York 1974, 336–337. Voir aussi la nouvelle traduction allemande de l'ouvrage: Thomas von Aquin. Sein Leben und seine Theologie, Graz 1980, 305–307; je n'utiliserai désormais que cette traduction.

[2] J. F. Wippel, The Condemnations of 1270 and 1277, dans: Journal of Medieval and Renaissance Studies 7 (1977) 169–201; The Metaphysical Thought of Godfrey of Fontaines. A Study in Late Thirteenth-Century Philosophy, Washington 1981, 381–382.

[3] R. Hissette, Enquête sur les 219 articles condamnés à Paris le 7 mars 1277, Louvain 1977 (= Philos. médiév. 22).

[4] "¿no será, además, demasiado precipitado afirmar tan rotundamente que el Decreto de 1277 sólo afectó indirectamente a unas pocas proposiciones de la doctrina de Santo Tomás?"; J. I. Saranyana, C. R. dans: Scripta theologica 12 (1980) 639.

[5] Contrairement à ce qu'écrit M. Saranyana, M. Van Steenberghen a fait cette remarque dans son compte rendu de la RHE 73 (1978) 703, et non dans sa communication à l'Académie royale de Belgique: Siger de Brabant et la condamnation de l'aristotélisme hétérodoxe le 7 mars 1277, dans: Acad. Belgique, Bull. Classe Lettres et Sciences morales et polit., série V, 64 (1978) 72–74.

«corrections ou additions . . . mineures», puis demandé «une mise au point plus importante»: «M. Hissette veut fermement maintenir saint Thomas en dehors de cette affaire (par exemple p. 453). Il répète souvent que la condamnation vise seulement les artiens, d'après le prologue d'Étienne Tempier lui-même (page (8) de l'introduction). À mon sens, c'est là fausser le sens du document. Il ne s'agissait pas seulement de mettre de l'ordre dans l'enseignement de certains professeurs de philosophie. Cela, c'est la surface découverte, avouable du document. Mais le fonds (*sic*) des choses est essentiellement une lutte entre des théologiens qui défendent le platonisme chrétien de S. Augustin, en théologie comme en philosophie, et une théologie nouvelle charpentée d'après l'aristotélisme et souvent inspirée par lui. Et en ce cas, le premier visé, à certains moments, ne peut être que maître Thomas d'Aquin. C'est d'ailleurs ce que M. Hissette avait fort bien dit lui-même, p. 439, en rappelant que les artiens faisaient grand cas de l'enseignement de S. Thomas . . . Si S. Thomas n'est pas visé au moins *in obliquo*, je demande pourquoi l'évêque de Paris (en même temps d'ailleurs que l'archevêque de Cantorbury (*sic*), Kilwardby) a choisi précisément l'anniversaire de la mort du professeur, 3 ans auparavant, pour publier sa condamnation. Pourquoi aussi, Étienne de Bourret, évêque de Paris, dût(*sic*)-il annuler la condamnation de 1277, le 14 février 1325, dans la mesure où elle atteignait frère Thomas, que l'on ne voulait pas canoniser tant qu'il était suspect? Je ne vois d'ailleurs le mal qu'il y aurait à reconnaître que saint Thomas a été égratigné par un décret épiscopal parisien dont la force probatoire devant l'historien des doctrines comme devant l'herméneutique théologique est évidemment fort légère.»[6]

En revoyant le texte de mon mémoire en vue de la publication, j'ai introduit presque toutes les corrections ou additions mineures proposées par mon savant critique[7]. Mais j'ai cru devoir maintenir que, même si plusieurs thèses censurées atteignent certainement l'enseignement de Thomas, «le décret de Tempier a visé d'abord et à titre principal des artiens»[8]. La réaction de Mgr Delhaye ne se fit pas attendre: «Ma formule manque peut-être de diplomatie, mais l'expérience pénible faite dans le cas de M. Hissette m'oblige à parler clair. J'avais dit ‹oui mais à condition qu'on tienne compte de telle et telle correction›. Ce ‹oui, mais› a été transformé en un ‹oui› pur et simple.»[9]

[6] Ph. Delhaye, Rapport sur le mém. de M. R. Hissette, dans: Acad. Belgique, Bull. . . . (cf. n. 5) 63 (1977) 117—118.

[7] Comparer à ce sujet le traitement des art. 200, 202, 206, 207, 210 dans: Recherches sur la condamnation du 7 mars 1277, Louvain 1976, 419, 420, 424 (et non 206; cf. Ph. Delhaye, ibid., 116), 425, 429 (= mém. dactylographié), et dans: Enquête . . . (cf. n. 3) 292, 293, 296, 297, 299.

[8] Enquête . . . (cf. n. 3) 316.

[9] Ph. Delhaye, Rapport sur le mém. de M. R. Claix, dans: Acad. Belgique, Bull. . . . (cf. n. 5) 65 (1979) 93.

Je me propose donc de reprendre à nouveau la question, pour m'expliquer non seulement avec Mgr Delhaye, mais avec le P. Weisheipl, M. Wippel et M. Saranyana[10].

D'autre part, selon Mandonnet, la censure de Tempier atteignait également «sur plusieurs points l'enseignement philosophique d'Albert le Grand»[11]. C'est normal, constatent le P. Weisheipl et Mme Craemer-Ruegenberg, car malgré certaines différences de détail dans leurs enseignements respectifs, Albert et Thomas défendaient avant tout les grands principes de l'aristotélisme; Albert pouvait donc se sentir atteint là où l'était Thomas[12]. Du reste, indépendamment de cette affinité doctrinale avec Thomas, une série de propositions peuvent certainement être rapprochées de l'enseignement d'Albert[13]. Avait-on voulu aussi s'en prendre directement à ses écrits? La question mérite d'être posée, car, comme pour Thomas d'Aquin, des arguments peuvent être formulés en faveur de cette hypothèse.

En effet, en commentant le syllabus de 1277 au livre III de son Oeconomica (traité I: De regimine domus scholastice, chap. 13 à 15), Conrad

---

La protestation ici exprimée par Mgr Delhaye repose sur un double malentendu: 1. Les corrections demandées par les commissaires de l'Académie ne sont pas des conditions mises à l'octroi du prix, mais à la publication du mémoire dans les collections de l'Académie; or mon mémoire n'a pas été publié dans ces collections. 2. La «mise au point plus importante» demandée par Mgr Delhaye exprime une opinion personnelle, qui n'est partagée ni par le premier Commissaire, ni par moi-même. Je n'avais donc aucune obligation de m'y rallier.

[10] Bien qu'elle soit le thème de sa dissertation, la question n'a été abordée que de manière superficielle, très insuffisante par M. H. F. Nardone, St. Thomas Aquinas and the Condemnation of 1277, Washington 1963 (= The Cath. Univ. of America. Philos. Stud. 209 [mém. dactylographié]).

[11] P. Mandonnet, Siger de Brabant et l'averroïsme latin au XIIIe siècle. 2e éd., vol. 1, Louvain 1911, 231.

[12] I. Craemer-Ruegenberg, Albertus Magnus, Munich 1980, 16 (= Beck'sche Schwarze Reihe 501): „Soweit Thomas betroffen war, sah sich auch Albert betroffen, denn Thomas hatte sich . . . ganz im Sinne seines Lehrers Albert darum bemüht, das aristotelische System des gesamten Wissens mit den Lehrsätzen des christlichen Glaubens in Übereinstimmung zu bringen" (lire, ibid., 219 Thesen, au lieu de 1219). J. A. Weisheipl, The Life and Works of St. Albert the Great, dans: Albertus Magnus and the Sciences. Commemorative Essays 1980, éd. J. A. Weisheipl, Toronto 1980, 43 (= Studies and Texts 49): le voyage d'Albert à Paris au début de 1277, retenu par certains, aurait eu pour fin "to protest the rumoured condemnation of some of Thomas' teachings (and his own)". Les caractères espacés sont de moi. Dans une autre étude: Thomas d'Aquino and Albert his Teacher, Toronto 1980, 16 (= The Etienne Gilson Series 2), le P. Weisheipl établit que: "when all is said and done, and exaggerations and misunderstandings discounted, all the disagreements between Albert and Thomas are really minor compared to the basic Aristotelian sympathy of these two men".

[13] Voir à ce sujet les notices relatives aux prop. 173, 200, 202, 217, 218 dans: R. Hissette, Enquête . . . (cf. n. 3) 268–269, 292–293, 310–311. Dans un ouvrage récent, M. G. Wieland réfère également la prop. 218 (120) à Albert: Ethica – Scientia practica. Die Anfänge der philosophischen Ethik im 13. Jahrhundert, Munster (W.) 1981, 220 (= Beiträge z. Gesch. d. Philos. u. Theol. des Mittelalters. N. F. 21).

de Megenberg, «polygraphe du milieu du XIVe siècle»[14], n'a pas hésité à rapprocher l'enseignement d'Albert de l'article 193: *Quod possibile est ut naturaliter fiat diluvium universale*[15]. En outre, d'après Maître Eckhart, les maîtres en théologie de Paris auraient reçu l'ordre d'enquêter conjointement dans les écrits d'Albert et dans ceux de Thomas[16]; sans doute dans le contexte des événements de 1277, précisent à juste titre J. Koch[17] et A. Zimmermann[18]. De plus lors du procès de canonisation de Thomas, Barthélemy de Capoue a rapporté avoir été informé directement par Hugues de Lucques du voyage à Paris qu'Albert aurait entrepris en compagnie de ce dernier pour défendre les écrits de Thomas[19]; cette démarche, ajoute M. Zimmermann, aurait permis à Albert de justifier également ses propres positions[20]. Peut-être le témoignage de Barthélemy pourrait-il être appuyé par une phrase mutilée des Annales Basileenses, rédigées «par un dominicain inconnu du XIIIe siècle»[21].

Albert n'est pas le seul en cause dans ces témoignages: Thomas l'est même davantage. Ce n'est pas surprenant, car d'autres indications invitent à envisager l'hypothèse de son implication dans la censure de Tempier.

D'abord, on l'a vu, selon Mgr Delhaye, la date même du 7 mars, 3e anniversaire de la mort du saint docteur, pourrait être significative[22]; elle le

---

[14] A. Pelzer (†), Études d'histoire littéraire sur la scolastique médiévale. Louvain 1964, 555 (= Philos. médiév. 8).

[15] R. Hissette, Albert le Grand et l'expression «diluvium ignis», dans: Bull. philos. médiév. 22 (1980) 78—81.

[16] . . . *merito dicam cum psalmo: «ego autem in flagella paratus sum», maxime cum jam pridem magistri theologie Parisius nostris temporibus mandatum habuerint superioris de examinandis libris preclarissimorum virorum sancti Thome de Aquino et domini fratris Alberti, tanquam suspectis et erroneis*; G. Théry, Éd. critique des pièces relatives au procès d'Eckhart, dans: AHDLMA 1 (1926—1927) 185.

[17] J. Koch, Philosophische u. theologische Irrtumslisten von 1270—1329, dans: Kleine Schriften, vol. 2, Rome 1973, 433 (= Storia e letteratura. Raccolta di studi e testi, 128).

[18] A. Zimmermann, Albertus Magnus u. der lateinische Averroismus, dans: Albertus Magnus. Doctor Universalis 1280/1980, éd. G. Meyer et A. Zimmermann, Mayence 1980, 469 et 474.

[19] Albertus Magnus. Ausstellung zum 700. Todestag, Cologne 1980, 108—109, notice relative au n° 125.

[20] A. Zimmermann, Albertus Magnus . . . (cf. n. 18) 469.

[21] F. Van Steenberghen, Maître Siger de Brabant, Louvain 1977, 26 (= Philos. médiév. 21). Voici le passage qui pourrait viser Albert: *«Rex Franciae 300 magistros pro eo quod contra catholicam fidem quosdam articulos defendere nitebantur. . . . Albertus Magnus lector Coloniae.* Le nombre 300 est évidemment erroné: il faut probablement lire *tres* ou *quosdam.* Après *nitebantur* manque un mot, qui devait signifier ‹bannir› ou ‹exiler›. La phrase qui suit est manifestement incomplète; peut-être rappelait-elle qu'Albert le Grand se rendit de Cologne à Paris, après la condamnation du 7 mars, pour y défendre les doctrines de son ancien disciple Thomas d'Aquin» (ibid., n. 18).

[22] Ci-dessus, p. 227. Voir aussi: W. A. Hinnebusch, The History of the Dominican Order, t. 2: Intellectual and Cultural Life to 1500, New York 1973, 149: "The choice of March 7, the anniversary of Thomas' death in 1274, as the date of publication betrayed the animus behind this move."

serait même d'autant plus que l'archevêque de Cantorbéry, Robert Kilwardby, aurait appuyé, en la confirmant, l'intervention de Tempier[23]. Ensuite, d'après le P. Weisheipl, en demandant, dans la lettre du 28 avril 1277 à Tempier d'enquêter non seulement à la faculté des arts, mais encore en théologie, le pape Jean XXI pourrait aussi avoir eu en vue Thomas d'Aquin[24]. En outre, plusieurs auteurs scolastiques ont explicitement rapproché certaines propositions censurées, de l'enseignement de Thomas. Ainsi, peu après le 7 mars, le franciscain Guillaume de la Mare: dans ses Declarationes[25], puis dans son Correctorium fratris Thomae[26], il réprouve respectivement 60 et 118[27] passages de l'œuvre de Thomas; il en dénonce

---

[23] Ph. Delhaye, ci-dessus, p. 227. Voir aussi: M.-D. Chenu, Les passions vertueuses. L'anthropologie de saint Thomas, dans RPL 79 (1974) 11; P. Glorieux, Pro et contra Thomam. Un survol de cinquante années, dans: Sapientiae Procerum Amore. Mélanges J.-P. Müller, éd. Th. W. Köhler, Rome 1974, 260 (= Studia Anselmiana 63); É.-H. Wéber, Dialogue et dissensions entre saint Bonaventure et saint Thomas d'Aquin à Paris (1252–1273), Paris 1974, 19, n. 7 (= Bibl. thomiste 41); F. J. Kovach et R. W. Shahan, Introduction, dans: Albert the Great. Commemorative Essays, éd. F. J. Kovach et R W. Shahan, Norman 1980, XIV; Albertus Magnus. Ausstellung . . . (cf. n. 19) 109. H. Ley, Geschichte der Aufklärung u. des Atheismus, Vol. 2/2, Berlin (Est) 1971, 219, situe erronément la condamnation de Kilwardby en 1276.

[24] J. A. Weisheipl, Thomas von Aquin (cf. n. 1) 305: „Offenbar nahm Johannes XXI. die anmaßende Handlung Tempiers nicht übel, denn in einem zweiten Brief, der am 29. April 1277 datiert ist, scheint er die Maßnahme gutzuheißen; er bemerkt, daß diese Irrtümer nicht nur durch Philosophen, sondern auch durch Theologen verbreitet werden, ‚die sich herausnehmen, Irrtümer gegen die Reinheit des wahren und katholischen Glaubens zu Dogmen zu erheben'. Das scheint zu zeigen, daß Johannes dabei nicht nur an die Philosophen Siger von Brabant und Boethius von Dacia, sondern auch an den Theologen Thomas von Aquin dachte" (Les caractères espacés sont de moi; au début de la citation, lire 28 avril au lieu de 29; cf. A. Callebaut, Jean Pecham et l'augustinisme. Aperçus historiques (1263–1285), dans: Archiv. Francisc. Hist. 18 (1925) 458–461). Avec M. F. Van Steenberghen, Maître Siger . . . (cf. n. 21) 146, rappelons que le pape n'avait pas demandé à Tempier une condamnation mais une enquête, contrairement à ce qu'on peut lire dans: B. E. Bykhovskii, Siger of Brabant. A Beam of Light in the Darkness of Scholasticism, dans: Soviet Studies in Philos. 17 (1978) 92. Même erreur dans l'ouvrage ancien de C. E. Bulaeus [du Boulay], Historia Univ. Paris., t. 3: Ab an. 1200 ad an. 1300, Paris 1666, 443: . . . Johannes XXI. Stephano Episcopo dedit in mandatis, ut in eos [errores] inquireret, damnarique curaret. Par ailleurs, puisqu'il est ici question de Jean XXI, rappelons que ses Summulae logicales sont notablement antérieures à 1277, contrairement à ce qu'écrivent F. J. Kovach et R W. Shahan, Introduction (cf. n. 23) XIV; cf. L. M. De Rijk, Peter of Spain. Tractatus called afterwards Summulae logicales. First critical Edition with an Introduction, Assen 1972, LVII (= Philos. Texts and Studies 22): "We seem to have good reasons to date the Tractatus not later than the 1230's".

[25] Éd. F. Pelster, Munster (W.) 1956 (= Opuscula et textus. Series scholastica 21).

[26] Éd. P. Glorieux, Les premières polémiques thomistes: I – Le correct. corruptorii «Quare», Kain 1927 (= Bibl. thomiste 9).

[27] Cf. ibid., la table des articles, 433–437; Guillaume conteste bien 118 articles et non 123, comme on le lit dans: P. Glorieux, Pro et contra Thomam (cf. n. 23) 262; dans cette même page, lire quelques lignes plus bas: «De virtutibus, 1; De potentia, 4», au lieu de: «De virtutibus, 4». Cette seconde erreur explique sans doute pourquoi 117 articles au lieu

souvent l'incompatibilité avec le syllabus de 1277, dont il invoque au total 35 articles[28]. En 1296 ou 1297[29] dans son Quodlibet XII (q. 5), Godefroid de Fontaines discute 11 articles qui, comme beaucoup d'autres, lui semblent tirés des écrits de Thomas[30]. Un peu plus tard, dans son sixième Quodlibet (q. 2), Jean de Naples analyse également 9 articles imputés à frère Thomas[31]. De plus, dans la liste des propositions censurées qu'on trouve dans le ms. de Florence: Bibl. naz. Conv. S. Maria Novella, E. 5.532, une main du XIVe siècle a ajouté, à côté de plusieurs articles, la mention *contra Thomam*[32]. À ce dossier, que M. Bourke croit pouvoir compléter par l'apport de Servais (Gervais) du Mont-Saint-Éloi[33], pourrait encore être versé le témoignage de Dante: d'après M. Zimmermann, Dante n'ignorait pas que des thèses provenant des écrits de Thomas figuraient dans la censure de Tempier[34]. Enfin à tout cela s'ajoute le fait qu'en 1325, 19 mois après la canonisation de Thomas en 1323, Étienne de Bourret annula la condamnation de son prédécesseur[35] dans la mesure où elle touchait les

---

de 118 sont mentionnés par W. A. Hinnebusch, The History of the Dominican Order, t. 2 (cf. n. 22) 150.

[28] Les Declarationes invoquent 32 articles du syllabus du 7 mars, et le Correctorium 13. Parmi ceux-ci, 3 seulement n'étaient pas mentionnés dans les Declarationes. Voir à ce sujet les notes des éditions respectives (cf. ci-dessus, n. 25 et 26).

[29] J. F. Wippel, The Metaphysical Thought . . . (cf. n. 2) 382.

[30] *Articuli supra positi et quam plures alii videntur sumpti esse ex his, quae tantus doctor [Frater Thomas] scripsit in doctrina tam utili et solemni*, éd. J. Hoffmans, Louvain 1932, 102 (= Philos. Belges 5). Comme l'a noté P. Glorieux, Pro et contra Thomam (cf. n. 23) 276, Godefroid avait déjà fait allusion à la censure de 1277 antérieurement: cf. Quodl. v, q. 6; VI, q. 13 et 16; VII, q. 11 et 18; mais on ne trouve là aucune allusion à Thomas.

[31] Cette seconde question est ainsi intitulée: Utrum licite possit doceri Parisius doctrina fratris Thome quantum ad omnes conclusiones eius; éd. C. Jellouschek, dans: Xenia thomistica III, Rome 1925, 73−104 (texte 88−101). Selon Jellouschek, cette question appartient au 1er Quodl., qu'il date de 1315−1317 (ibid., 85). J'ai repris ces vues de Jellouschek dans: Enquête . . . (cf. n. 3) 33, 106 et 227, et dans: Note sur la réaction «antimoderniste» d'Ét. Tempier, dans: Bull. philos. médiév. 22 (1980) 91. En réalité, la question en cause doit provenir du Quodl. VI, difficile à dater avec certitude: P. Glorieux, La littérature quodlibétique, t. 2, Paris 1935, 159 et 164 (= Bibl. thomiste 21).

[32] A. Pelzer, Godefroid de Fontaines. Les mss. de ses Quodl. conservés à la Vaticane et dans quelques autres bibl., dans: Rev. Néo-Scol. Philos. 20 (1913) 381.

[33] V. J. Bourke, Aquinas' Search for Wisdom, Milwaukee 1965, 222, n. 10 (= Christian Culture and Philos. Series). Comme P. Glorieux et H. Denifle, M. Bourke retient la graphie G e r v a i s pour le nom de l'auteur; avec le P. Bataillon, B. Hauréau et la Gallia Christiana, je crois toutefois préférable la graphie S e r v a i s; cf. R. Hissette, Une question quodlibétique de Servais du Mont-Saint-Éloi sur le pouvoir doctrinal de l'évêque, dans: RThAM 49 (1982) 234 et 235 n. 1.

[34] A. Zimmermann, Thomas v. Aquin u. Siger v. Brabant im Licht neuer Quellentexte, dans: Literatur und Sprache im Europäischen Mittelalter. Festschrift K. Langosch, éd. A. Önnerfors, J. Rathofer, F. Wagner, Darmstadt 1973, 418−419.

[35] Cf. R. Hissette, Étienne Tempier et ses condamn., dans: RThAM 47 (1980) 247, n. 86. Contrairement à ce qu'écrit M. Mathon, la condamnation a donc été rapportée par une procédure distincte de la canonisation, qu'il situe aussi à tort en 1319; G. Mathon,

doctrines de Thomas[36]. On l'a vu, cette annulation est pour Mgr Delhaye un argument décisif[37], que semble renforcer la présence de copies de l'acte d'Étienne de Bourret dans des œuvres qui invoquent des doctrines de Thomas[38] ou les défendent résolument[39], et dans certaines éditions anciennes[40]. N'est-ce pas suffisant pour croire que vraiment le saint docteur fut visé par la censure?

Si Thomas a été visé directement par Tempier, des propositions du syllabus doivent avoir été tirées de ses écrits. Dans cette hypothèse, les témoignages de Guillaume de la Mare, de Godefroid de Fontaines et de Jean de Naples sont précieux, notamment à cause des listes d'articles qu'ils renferment. Mais celles-ci ne sont guère unanimes; elles n'ont même que . . . deux propositions communes: la 43e et la 147e [41]. Elles sont néanmoins significatives pour d'autres raisons. Guillaume avait intérêt à opposer le plus de thèses possibles de Tempier à l'enseignement de Thomas, dont il voulait dénoncer l'hétérodoxie. Godefroid devait faire de même pour un autre motif: démontrer l'inopportunité de la condamnation de 1277[42].

L'œuvre historique, théologique et pastorale de Mgr Glorieux, dans: Mélanges Science relig. 37 (1980) 138.

[36] Chart. Univ. Paris., éd. H. Denifle et A. Chatelain, t. II, Paris 1891, 280–282. Il ne s'agit donc pas d'une annulation pure et simple du décret de Tempier, comme l'a écrit B. E. Bykhovskii, Siger of Brabant (cf. n. 24) 97, n. 32. Notons que, d'après cet auteur, 31 propositions du syllabus du 7 mars sont «about reason» et «10 about miracles» (ibid., 92); en fait, les 31 prop. en question concernent «les intelligences séparées ou les anges» et les 10 autres l'éthique: F. Van Steenberghen, Maître Siger . . . (cf. n. 21) 152.

[37] Ci-dessus, p. 227.

[38] C'est notamment le cas d'un écrit d'Armand de Bellovisu, datant de 1333; à ce sujet: R. Hissette, Note sur la réaction . . . (cf. n. 31) 92.

[39] Comme, par exemple, l'œuvre de Jean Capreolus; cf. R. Hissette, ibid., 90. Voir aussi: C. du Plessis d'Argentré, Collectio judiciorum de novis erroribus, t. 1, Paris 1724, 223–225.

[40] C. du Plessis d'Argentré, ibid., 223.

[41] Voici le tableau des propositions invoquées par Guillaume, Godefroid et Jean. Les *italiques grasses* désignent les prop. communes aux trois auteurs; les **grasses droites**, celles communes à Guillaume et Godefroid; les *italiques simples*, celles communes à Guillaume et Jean.

Guillaume: dans les Declarationes: 15, 27, 39, **42**, *43*, 44, *46*, 47, 48, **55**, 69, 71, 73, 75, 89, 110, 117, 126, 135, 142, *147*, 149, 160, *162*, **163**, 164, 165, **166**, 196, 197, 208, 209;
dans le Correctorium: *43*, 44, 48, 51, *53*, 55, 69, *147*, 161, 163, 164, 165, 219. On constate que seules les prop. 51, 53 et 161 ne figurent pas dans les Declarationes (cf. n. 28).

Godefroid: 9, 10, **42**, *43*, 54, **55**, 101, *147*, **163**, **166**, 169.

Jean: *43*, *46*, *53*, 74, 79, 146, *147*, *162*, 169.

[42] Godefroid avance plusieurs raisons de critiquer l'acte de Tempier, notamment celle-ci: les articles *sunt etiam in detrimentum non modicum doctrinae studentibus perutilis reverendissimi et excellentissimi doctoris, scilicet Fratris Thomae, quae ex praedictis articulis minus iuste aliqualiter diffamatur*; éd. Hoffmans, 102. Notons qu'outre cette atteinte aux doctrines de Thomas, Godefroid reprochait au syllabus des contradictions; ibid., 101–102. Sur ce point, dans sa Collectio judiciorum . . . (cf. n. 39) 208[b] et 216[b]–217[a], C. du Plessis d'Argen-

Enfin la liste minimale de Jean de Naples peut s'expliquer comme suit: partant du principe qu'aucune thèse de Thomas n'a été, en vérité, sanctionnée par la censure, il n'a retenu que celles à propos desquelles la suggestion d'un rapprochement était inévitable[43]. Ces divergences importent d'ailleurs assez peu ici, l'essentiel étant d'enregistrer t o u s les articles mentionnés, en vue de dresser une liste, la plus complète possible, qui permette d'examiner l'hypothèse d'une implication de Thomas dans la condamnation. On aboutit ainsi au nombre de 43 articles[44], qui peut encore être augmenté de 10 unités, selon les indications d'historiens modernes[45]. Il en résulte que le dossier de propositions retenues contre Thomas est plus fourni que celui de Boèce de Dacie – et non de Suède[46] –, dont je n'ai pu jusqu'ici rapprocher que 42 propositions[47], selon une présomption plus ou moins assurée[48]. Au banc des accusés, Thomas suit donc immédiate-

---

tré a pris le parti d'Henri de Gand contre Godefroid; à ce sujet: R. Hissette, Enquête . . . (cf. n. 3) 104–105.

[43] Pour Jean de Naples: *videtur salvo meliori iudicio, quod nullus articulus Parisius pro errore dampnatus sit contra doctrinam fratris Thome beatissimi et per consequens, quod possit licite eius doctrina doceri Parisius sicut alibi tanquam catholica nichil contra fidem aut contra bonos mores continens et probabiliter vera. Quod patet discurrendo per illos articulos condempnatos, qui videntur esse precise contra eius doctrinam, et ostendendo, quod secundum veritatem non contrariantur eius doctrine, sed bene concordant*; éd. C. Jellouschek (cf. n. 31) 88–89, l. 16–23.

[44] Les articles qui portent la mention *contra Thomam* dans le ms. de Florence cité cidessus (p. 231) sont les suivants: 53, 74, 79, 146, 147, 162, 163, 169 (cf. n. 32); ils sont donc repris dans le tableau de la n. 41.

[45] Cf. art. 50, 52, 80, 115, 116, 151, 152, 157, 187, 213, dans: R. Hissette, Enquête . . . (cf. n. 3) 101–103, 143–146, 187–191, 231–237, 241–250, 277–280, 304–307. Une lecture superficielle des commentaires de C. du Plessis d'Argentré au chap. VII de sa Collectio judiciorum . . . (cf. n. 39) 207^b–208^b, pourrait suggérer d'augmenter encore la liste de quelques unités. À tort cependant, car la numérotation suivie là – qu'on retrouve aussi dans l'Historia Univ. Paris., t. 3, de C. E. du Boulay (cf. n. 24) 436–437 – n'est pas conforme à celle que du Plessis d'Argentré a lui-même publiée antérieurement (191^a–192^b). Il faut donc lire, 207^b–208^b: art. 4, 5, 7, 13, 17, 25 et 27, au lieu de: art. 3, 4, 6, 12, 16, 24 et 26.

[46] Comme on le lit encore sous la plume de F. J. Kovach et R. W. Shahan, Introduction dans: Albert the Great (cf. n. 23) XIV. En outre, contrairement à ce que disent ces auteurs (ibid.), Boèce n'est pas le compagnon de Siger en Italie – cf. R. Hissette, Ét. Tempier et ses condamn. (cf. n. 35) 262 – et le départ du maître brabançon n'est pas consécutif à la condamnation de Tempier, comme l'a écrit également A. Solignac, C.R., dans: Archives Philos. 42 (1979) 653. D'autre part, contrairement aux affirmations de B. E. Bykhovskii, Siger of Brabant (cf. n. 24) 93, le légat n'a pas imposé l'exil à Siger, et celui-ci n'a pas été condamné à une «lifelong incarceration . . . under the eye of a monk, an agent of the Inquisition». Sur tout ceci, voir: F. Van Steenberghen, Maître Siger . . . (cf. n. 21) 158–165, et L.-J. Bataillon, Bull. d'hist. des doctrines médiév.: le treizième siècle (fin), dans: Revue sciences philos. théol. 65 (1981) 107. Par ailleurs, en ce qui concerne le silence de l'inquisiteur à propos de Boèce de Dacie, voir également: L.-J. Bataillon (ibid., 105), dont les explications me paraissent plus satisfaisantes que les miennes, dans: Boèce de Dacie et les Questions sur la Physique du Clm 9558, dans: RThAM 39 (1972) 75.

[47] R. Hissette, Enquête . . . (cf. n. 3) 314–315.

[48] J'ai préféré écrire que 13 propositions p a r a i s s e n t viser directement Boèce de Dacie

ment Siger de Brabant, à la charge duquel quelque 90 propositions peuvent être imputées[49]. Nul doute qu'en procédant ainsi, on ait toutes les garanties de ne pas rester en-deçà du nombre de propositions visées par Godefroid de Fontaines, lorsqu'il mentionne 11 articles et bien d'autres (*quam plures*) comme repris à Thomas[50].

Or pour 47 des 53 articles versés au dossier de Thomas, j'ai trouvé des rapprochements possibles avec des assertions de maîtres ès arts et ces rapprochements sont parfois beaucoup plus éloquents que ceux établis à partir des écrits de Thomas. Seuls 6 des 53 articles (10, 74, 75, 79, 163, 169) n'ont pas été retrouvés jusqu'ici dans la littérature issue de la faculté des arts. D'autre part, il est évident que certaines références à l'œuvre du saint docteur suggérées par Guillaume de la Mare étaient tout à fait injustes,

---

(ibid.), car, sauf en de rares cas (cf. p. ex. art. 1 et 2, ibid., 15—20), l'attribution ne peut être assurée avec une certitude mathématique. En effet, même si quelques unes semblent être des reprises littérales (cf. p. ex. art. 51, ibid., 103), la plupart des propositions sont plutôt des «freie Wiedergaben der beanstandeten Lehren»; J. Koch, Philos. u. theol. Irrtumslisten (cf. n. 17) 433; dans le même sens: J. Miethke, Papst, Ortsbischof u. Universität in den Pariser Theologenprozessen des 13. Jahrhunderts, dans: Die Auseinandersetzungen an der Paris. Univ. im XIII. Jahrhundert, éd. A. Zimmermann, Berlin 1976, 86 (= Miscellanea Mediaev. 10). Le P. Weisheipl est donc trop catégorique, quand il affirme: «Solche Sätze wurden normalerweise wortgetreu aus geschriebenen Werken exzerpiert», dans: Thomas v. Aquin (cf. n. 1) 305.

[49] Aux 86 que j'ai rapprochés de l'enseignement de Siger (Enquête . . . − cf. n. 3 − 314—315), on peut certainement ajouter les art. 180, 181, 182 et 183, voire 1 et 2, comme y invitent respectivement le P. Maurer et M. Wieland: cf. A. Maurer, Siger of Brabant on Fables and Falsehoods in Religion, dans: Mediaeval Studies 43 (1981) 515—530; G. Wieland, Ethica-Scientia practica (cf. n. 13) 220. Ce qui vient d'être dit concernant l'attribution des propositions à Boèce (ci-dessus, n. 48) vaut évidemment aussi pour celles imputées à Siger. Rien d'étonnant, dès lors, si de nouvelles recherches dans les écrits des artiens ont révélé entre ceux-ci et des propositions du syllabus une parenté aussi accusée, sinon plus, qu'entre ces propositions et les écrits de Siger. Voir à ce sujet les nombreux passages du commentaire à la Physique de Paris Maz. 3493 (fol. 85ra—90vb), où l'immutabilité divine sert d'argument en faveur de l'éternité de la création: cf. H. Schmieja, Das Problem der Ewigkeit der Welt in drei anonymen Kommentaren z. Phys. des Arist. Inaug.-Dissert. z. Erlangung d. Doktorgrades d. Philos. Fakultät d. Univ. Köln, Cologne 1978, 27—84; sur l'antériorité possible de ce commentaire à 1277, cf. ibid., 147—152. Voir aussi les rapprochements significatifs opérés par M. R. Wielockx entre les art. 108 et 123 et des commentaires aristotéliciens de Paris Nat. lat. 16096: R. Wielockx, Le ms. Paris Nat. lat. 16096 et la condamnation du 7 mars 1277, dans: RThAM 48 (1981) 227—237. Y noter spécialement ce passage d'un commentaire aux Anal. Post.: *in quorum substantia potentia realiter non differt ab actu, non est proprie causa effectiva alia ab eis, sed finalis potissima causarum primum decens principium. Et ideo Philosophus in VIII° Metaphysicae, ut tactum est, arguendo per oppositum ad substantiales materiales dicit substantias immateriales non habere causam effectivam ut sint* (ibid., 234). Ceci atteste donc, contrairement à ce que j'ai écrit dans: Ét. Tempier et ses condamn. (cf. n. 35) 249, qu'il y avait aussi des maîtres parisiens «qui, croyant s'appuyer sur Aristote, lequel ignore la causalité créatrice et fait donc coïncider causalité efficiente et causalité motrice, allaient jusqu'à nier expressément la causalité créatrice de Dieu sur les êtres exempts de matière» (ibid., 235).

[50] Cf. ci-dessus, n. 30 et 41.

comme l'ont montré déjà les promptes répliques des défenseurs de Thomas
aux accusations du maître franciscain[51]. Ceci s'applique particulièrement
à l'imputation faite à Thomas de l'article 75, qui, rappelons-le, figure parmi
les 6 non repérés jusqu'ici chez les artiens[52]. On peut aussi s'étonner de
trouver au nombre des articles retenus par Godefroid les propositions 9
et 101, qui visent l'ontologisme[53] et le déterminisme universel[54], et n'ont
donc rien à voir avec l'enseignement de Thomas. Peut-être d'ailleurs ne
faut-il pas prendre trop littéralement l'expression de Godefroid: *articuli
supra positi . . . videntur sumpti esse ex his quae tantus doctor (Frater
Thomas) scripsit*[55], et comprendre avec P. Glorieux que, des articles cités,
« un bon nombre » seulement « ont été extraits de l'enseignement . . .
de ce grand docteur »[56]. Quoi qu'il en soit, l'origine des propositions 9
et 101 doit certainement être cherchée à la faculté des arts[57].

On est ainsi amené à prendre de plus en plus au sérieux la déclaration
du prologue, selon laquelle les thèses censurées émanent de la faculté des
arts[58]. Non parce que j'aurais décidé *a priori*, par « principe de méthode »,
que le syllabus « ne vise que des erreurs émanant de la faculté des arts »[59],
mais parce que, dans près de neuf cas sur dix, j'ai pu v é r i f i e r le bien-
fondé de l'affirmation du prologue[60].

---

[51] On trouve un bon aperçu de cette littérature polémique dans: P. Glorieux, Pro et
contra Thomam (cf. n. 23) 261−287. Voir aussi: C. du Plessis d'Argentré, Collectio judiciorum . . . (cf. n. 39) 218ª−225ᵇ.

[52] Voici l'énoncé de l'art. 75: *Quod anima caeli est intelligentia, et orbes caelestes non
sunt instrumenta intelligentiarum sed organa, sicut auris et oculus sunt organa virtutis sen-
sitivae*; R. Hissette, Enquête . . . (cf. n. 3) 136.

[53] *Quod Deum in hac vita mortali possumus intelligere per essentiam*; ibid., 30.

[54] *Quod nullum agens est ad utrumlibet, immo determinatur*; ibid., 171.

[55] Éd. Hoffmans (cf. n. 30) 102.

[56] P. Glorieux, Pro et contra Thomam (cf. n. 23) 277.

[57] R. Hissette, Enquête . . . (cf. n. 3) 30−32 et 171.

[58] Selon le prologue: . . . *nonnulli Parisius studentes in artibus propriae facultatis limites
excedentes quosdam manifestos et exsecrabiles errores, immo potius vanitates et insanias falsas
in rotulo seu cedulis, praesentibus his annexo seu annexis contentos quasi dubitabiles in scholis
tractare et disputare praesumunt*; ibid., 13.

[59] L. Elders, C.R., dans: Divus Thomas (Plaisance) 82 (1979) 93.

[60] Plutôt que d'envisager comme sources possibles de certains articles, des écrits philosophiques de l'antiquité, des œuvres telles que le De amore ou le traité de géomancie
dénoncés par le prologue, ou même des écrits cathares, comme le propose la Rassegna di
Letteratura tomistica 12 (1979) 311 et 312, l'exhumation de nouveaux écrits de Siger et
d'autres artiens (cf. ci-dessus, n. 49) invite à continuer les recherches dans la production
littéraire de la faculté des arts. À propos des thèses touchant la morale, cf. R. Hissette,
Ét. Tempier et les menaces contre l'éthique chrétienne, dans: Bull. philos. médiév. 21 (1979)
68−72. Voir surtout les très intéressants rapprochements opérés par M. Wielockx entre le
commentaire au De anima de Paris Nat. lat. 16096, fol. 160ʳᵃ et la prop. 145, non identifiée
dans: Enquête . . . (cf. n. 3) 225: « Après avoir parlé de l'intellect possible, l'auteur continue
au sujet de l'intellect agent en ces termes: *Intellectus in quo non possunt vicissim suscipi
contraria, tantum intelligit se ipsum. Et intelligendo se, intelligit alia et est semper actu et
separatus ab omni materiali conditione*. Voici l'énoncé de l'article 145 (115) du syllabus du

Quant à l'article 213: *Quod finis terribilium est mors. — Error, si excludat inferni terrorem qui extremus est*[61], j'ai reconnu avec le P. Gauthier que cet article avait comme source la Tabula libri Ethicorum, composée par un secrétaire de S. Thomas selon les directives de son maître[62]. Mais j'ai ajouté que ce fait ne dément pas nécessairement l'affirmation du prologue de Tempier, selon lequel le syllabus vise des erreurs professées à la faculté des arts: on peut le montrer, soit en reprenant l'hypothèse du P. Gauthier (la Tabula aurait été mise en circulation par la faculté des arts[63]), soit en supposant que la formule suspecte *finis terribilium est mors* avait été reprise par un artien. Cette seconde hypothèse est-elle dénuée de toute vraisemblance, alors que «les artiens faisaient grand cas de l'enseignement de S. Thomas»[64]? D'autant plus que l'idée de Thomas, selon laquelle la mort est le mal suprême, se retrouve dans des commentaires à l'Éthique[65]. À l'exception peut-être du commentaire dû probablement à Jacques de Douai, ceux-ci pourraient être postérieurs à 1277[66]; mais ils dépendent d'une

---

7 mars 1277: *Quod anima intellectiva cognoscendo se cognoscit omnia alia. Species enim omnium rerum sunt sibi concreatae. Sed haec cognitio non debetur intellectui nostro secundum quod noster est, sed secundum quod est intellectus separatus* (*separatus*: mss. et éd.: *agens*). Vu la lettre des énoncés, impossible, ici aussi, de considérer le commentaire comme la source de l'article 145 (115). La correspondance des doctrines est cependant frappante, puisque, de part et d'autre, c'est précisément en tant qu'agent ou séparé que l'intellect accède à une connaissance souverainement libre, dans laquelle une connaissance de soi suffit à la connaissance du reste.» R. Wielockx, Le ms. Paris Nat. lat. 16096 . . . (cf. n. 49) 229.

[61] R. Hissette, Enquête . . . (cf. n. 3) 304. M. J. I. Saranyana avait sans doute en tête cette proposition en écrivant: «ninguna [tesis] es atribuible a Tomás de Aquino, salvó quizá la n. 157»; C. R. (cf. n. 4) 638.

[62] R. Hissette, ibid., 305–307. À noter que la Rassegna di Letteratura tomistica 12 (1979) 310 doute «che il Tabula sia opera di S. Tommaso». Mais dans une lettre du 9 nov. 1981, le P. Gauthier a attiré mon attention sur les *addenda et emendanda* afférents à son édition de la Tabula (= éd. léonine 48). On y constate (cf. B 50) «que l'expression *finis terribilium* est familière à S. Thomas, qui l'emploie 7 fois (en dehors de la Tabula)». Comme l'écrit le P. Gauthier, ceci renforce sa démonstration «en montrant qu'il s'agit d'une expression typiquement thomiste».

[63] R. Hissette, ibid., 306.

[64] Ph. Delhaye, cité ci-dessus, p. 227. Notons que, comme la première, cette seconde hypothèse a été jugée recherchée et inutile par la Rassegna . . . (cf. n. 62) ibid., sans aucun doute, parce que la Tabula n'y est pas reconnue œuvre de Thomas. Mais si elle n'est pas de Thomas, elle émane presque certainement de la faculté des arts et la Rassegna abonde dans mon sens. J'émets une légère réserve concernant cette origine probable, parce que, des dix Tabulae relatives à l'Éthique signalées par le P. Gauthier (éd. léon. 48, B 56 – B 57), deux seulement ne sont pas anonymes et ont pour auteurs des théologiens, respectivement Jean Bernier de Fayt et Pierre Storch; cf. M. Grabmann, Methoden u. Hilfsmittel des Aristotelesstudiums im Mittelalter, dans: Gesammelte Akademieabhandlungen, éd. Grabmann – Institut d. Univ. München, Paderborn 1979, 1585–1601 (= Veröffentlichungen d. Grabmann-Institutes, N. F. 25).

[65] R. Hissette, Enquête . . . (cf. n. 3) 305–307.

[66] Id., Ét. Tempier et les menaces . . . (cf. n. 60) 71, n. 30 (fin).

source commune vraisemblablement antérieure à cette date[67]. Ainsi s'explique aussi pourquoi après avoir cité des textes de Thomas, j'ai néanmoins prudemment renoncé à identifier avec ceux-ci la proposition 10[68].

Une première conclusion paraît donc acquise: conformément à l'affirmation du prologue de Tempier, le décret de 1277 vise d'abord et à titre principal des artiens et les thèses censurées ont été extraites de leurs écrits[69].

Est-ce à dire que Thomas n'a pas été atteint par la censure? Assurément non. Ses positions doctrinales sont certainement touchées − peut-être à tort, comme le pense Jean de Naples[70] − à travers les propositions 10, 27, 42, 43, 46, 53−55, 74, 79, 80, 110, 142, 146[71], 147, 157, 162, 163, 164, 166, 169, 187 et 213[72]. Je préfère ne pas maintenir dans la liste les propositions 50, 52, 115[73], 151 et 152[74], et la première partie de la proposition 116[75]. Ces six propositions n'ont d'ailleurs pas été retenues par Godefroid de Fontaines, ni Jean de Naples, ni même Guillaume de la Mare[76]. Mais jusqu'à preuve du contraire, je doute qu'aucune des propositions retenues ait été prélevée directement dans les écrits de Thomas, pas même la 213e. C'est d'ailleurs ce que confirment les recherches récentes de M. Wielockx sur la censure de Gilles de Rome[77]. Celle-ci a porté sur 51 articles et a eu lieu « entre le 7 mars 1277 et le 28 mars de la même année[78]; ... des 51 articles de la censure, 30 atteignent et, de façon indirecte, visent Thomas d'Aquin, tandis que la censure reflète bien les positions d'Henri de Gand et de la majorité de la faculté en 1277. On peut donc dire que

---

[67] Id., Enquête . . . (cf. n. 3) 13.

[68] Ibid., 32−34; voir à ce propos les reproches de Mgr Delhaye, dans Rapport . . . (cf. n. 6).

[69] Cf. n. 8.

[70] Ci-dessus, n. 43. Ce jugement concerne les prop. 43, 46, 53, 74, 79, 146, 147, 162 et 169 (cf. n. 41). Voir aussi: C. du Plessis d'Argentré, qui, dans sa Collectio judiciorum . . . (cf. n. 39) 205−210, prend la défense de Thomas à propos d'articles qui lui ont été imputés.

[71] Pour cette dernière, contre l'avis de M. Wippel, The Condemnations . . . (cf. n. 2) 191; à ce sujet, cf. R. Hissette, C.R., dans: BThAM 12 (1978) 350, n° 952.

[72] Voir l'examen de ces prop. dans: Enquête . . . (cf. n. 3). D'où la conclusion que « . . . plusieurs thèses condamnées atteignent certainement » l'enseignement de Thomas; ibid., 316.

[73] Pour cette dernière, contrairement à ce que proposent M. Wippel et le P. Weisheipl à la suite de Mandonnet; J. F. Wippel, The Condemnations . . . (cf. n. 2) 191; J. A. Weisheipl, Thomas von Aquin (cf. n. 1) 306.

[74] R. Hissette, Enquête . . . (cf. n. 3) 101−103, 187−188, 231−237.

[75] Cf. ci-dessus, n. 73; à ce sujet: R. Hissette, Enquête . . ., 190, n. 8.

[76] Voir ci-dessus, n. 41.

[77] R. Wielockx, La censure de Gilles de Rome, dans: Bull. philos. médiév. 22 (1980) 87−88.

[78] Ibid., 87. Ceci confirme le bien-fondé des réserves que j'avais émises à propos des vues de M. Miethke concernant Gilles de Rome, dans: Ét. Tempier et ses condamn. (cf. n. 35) 242−247.

la censure de Gilles de Rome est, pour l'essentiel, la revanche de la faculté de théologie sur l'allié de Thomas d'Aquin . . . En 1277, Thomas n'est pas directement visé, ni le 7 mars, ni lors de la censure de Gilles. C'est une procédure séparée qui est alors intentée contre lui. Et l'on sait que Tempier ne voulut pas agir sans être d'abord assuré de l'accord du pape, puisqu'il renvoie la cause de Thomas à la Curie »[79].

Ces dernières phrases nous invitent à préciser l'attitude de Tempier et de ses théologiens à l'égard de Thomas d'Aquin au cours de l'année 1277.

Les auteurs du décret de 1277 savaient fort bien que plusieurs thèses philosophiques censurées étaient communes aux artiens et à frère Thomas. Ils savaient donc aussi que le décret atteignait certaines de ses positions doctrinales.

D'autre part, déjà pendant le dernier séjour de S. Thomas à Paris, la thèse de l'unicité de la forme substantielle avait été débattue au cours d'une séance qui avait opposé Thomas à l'évêque et à la majorité des théologiens[80]. Une conséquence théologique de la thèse de la forme unique, mettant en cause des doctrines christologiques, est également énoncée dans un des quinze articles que, vers 1273–1276, Gilles de Lessines demande à Albert le Grand de réfuter[81]. Au témoignage d'Henri de Gand, on sait aussi que la thèse de l'unicité de la forme a fait l'objet d'âpres discussions dans le monde universitaire de Paris en 1277[82].

Et cependant, cette thèse n'a pas été sanctionnée par le décret du 7 mars Pourquoi? Est-ce en raison du prestige dont jouissait déjà le saint docteur? J'ai retenu ce motif comme vraisemblable[83]. Mais des réserves me paraissent s'imposer, car la thèse de la forme unique est présente dans le procès que Tempier ouvre contre Gilles de Rome, moins de trois semaines après le 7 mars[84]. Henri de Gand rapporte également qu'il a été mis en demeure, par le légat pontifical, Simon de Brion, de condamner ouvertement cette doctrine dans son enseignement[85].

Par ailleurs, le 18 mars 1277, une dizaine de jours après la grande condamnation parisienne, la thèse de l'unicité de la forme fut censurée à Oxford par l'archevêque de Cantorbéry, Robert Kilwardby[86]. Il n'est guère pro-

---

[79] Cf. n. 77.

[80] C'est ce qu'affirme Jean Pecham dans une lettre à l'évêque de Lincoln datée du 1er juin 1285; voir à ce sujet: R. Hissette, Ét. Tempier et ses condamn. (cf. n. 35) 233, n. 11.

[81] F. Van Steenberghen, Maître Siger . . . (cf. n. 21) 125–129.

[82] R. Hissette, ibid., 234.

[83] Ibid., 247; aussi Enquête . . . (cf. n. 3) 316.

[84] Je dois cette précision concernant la présence de la thèse de la forme unique dans la censure de Gilles de Rome à une lettre de M. R. Wielockx, datée du 8 nov. 1981.

[85] R. Hissette, Ét. Tempier et ses condamn. (cf. n. 35) 234; dans sa lettre du 8 nov., M. Wielockx m'invite à rectifier les indications chronologiques de cette p. 234, en situant après le 7 mars cette rencontre d'Henri avec le légat, rencontre à laquelle prirent part également l'évêque Tempier, Ranulphe d'Homblières et le chancelier Jean d'Orléans.

[86] R. Hissette, Ét. Tempier et ses condamn. 247.

bable que cette action ait été inspirée par celle de Tempier, non seulement
en raison du trop bref intervalle qui sépare les deux censures, mais parce
que leur contenu est tout à fait différent[87]. Par contre, l'initiative de
Kilwardby trouva un écho favorable à Paris, car Tempier, enhardi sans
doute par l'intervention de son collègue dominicain, songea à étendre à
Paris les interdictions d'Oxford[88]. Il se heurta toutefois au veto des car-
dinaux réunis en Conclave après la mort accidentelle de Jean XXI[89].

Une seconde conclusion se dégage de tout ceci: plusieurs doctrines
de S. Thomas ont été atteintes par le décret de 1277 et les auteurs
de ce décret ne l'ignoraient certainement pas; ils ont cependant évité
de s'attaquer ouvertement au maître défunt.

À la lumière de ces faits et du «climat» qu'ils évoquent, les arguments
avancés en faveur de l'implication directe de S. Thomas dans la censure
de 1277 perdent toute consistance, car on peut parfaitement rendre compte
des faits invoqués, sans admettre une implication directe.

La date du 7 mars? Personnellement il me paraît peu vraisemblable
qu'elle ait été choisie à dessein: Thomas avait quitté Paris depuis cinq ans
et il était mort en Italie depuis trois ans. Peut-on imaginer que la date
de sa mort occupait à ce point les esprits dans les milieux parisiens? Il est
bien plus plausible que la coïncidence du 7 mars a été fortuite. Si l'on
tenait absolument à penser le contraire, il faudrait voir dans le choix du
7 mars une malice de mauvais goût de la part de Tempier, voulant insinuer
qu'en frappant les artiens, il infligeait en quelque sorte une seconde mort
à leur «complice», Thomas d'Aquin.

La condamnation d'Oxford? On vient de dire que cette intervention de
Kilwardby est probablement sans rapport avec le décret parisien du 7 mars.

La lettre de Jean XXI en date du 28 avril? C'est une demande d'enquête
sur l'enseignement actuel des facultés des arts et de théologie[90]. Le pape
ne saurait donc viser la personne de Thomas d'Aquin décédé depuis
trois ans. Mais avait-il en vue certaines de ses doctrines présentes dans
le syllabus du 7 mars et défendues, entre autres, par le théologien Gilles
de Rome[91]? Impossible de le savoir à partir de la lettre elle-même, dont

---

[87] Ibid., 247–249. Dans une lettre du 20 août 1981, le P. L.-J. Bataillon m'écrit: «Pour
la relation entre les actes d'Oxford et de Paris, il me semble qu'il n'y a à envisager ni
coordination ni rencontre fortuite. Les relations entre Oxford et Paris ont dû suffire à faire
que des idées analogues se soient répandues (cf. l'influence d'Adam de Bocfeld sur le jeune
Siger), que des craintes analogues aient germé, que l'idée d'une condamnation ait circulé
et donc que les évêques aient agi à peu près simultanément. Mais les textes restent très
différents.»

[88] R. Hissette, Note sur la réaction . . . (cf. n. 31) 94, n. 30.

[89] F. Van Steenberghen, Maître Siger . . . (cf. n. 21) 149.

[90] Voir le texte intégral de cette lettre dans: A. Callebaut, Jean Pecham . . . (cf. n. 24)
459–460.

[91] Comme Thomas, Gilles de Rome défendait l'unicité de la forme substantielle (cf.

l'explication ne requiert nullement que Thomas soit directement impliqué dans la censure des 219 thèses.

Les rapprochements opérés par plusieurs scolastiques entre des thèses censurées et des doctrines de Thomas? Ils n'imposent pas davantage de voir en celles-ci la source immédiate des premières. Guillaume de la Mare entend dénoncer les erreurs de la Summa theologiae et d'autres œuvres de Thomas, non seulement en fonction de la condamnation de 1277, mais encore de celle de 1270[92], voire de celle de Guillaume d'Auvergne en 1241, par laquelle Thomas n'aurait pu être visé[93]. Les coïncidences relevées par Godefroid de Fontaines, Jean de Naples, l'anonyme de Florence, voire Dante, soulignent bien que Thomas fut atteint — éventuellement à tort — par la condamnation, mais n'impliquent nullement qu'il y ait été visé directement[94]. Godefroid de Fontaines ne dit d'ailleurs pas que les articles ont été prélevés dans les écrits de Thomas, mais qu'il semble en être ainsi[95]; son témoignage est du reste sujet à caution, du fait de l'invraisemblable imputation à Thomas des articles 9 et 101 qui y est contenue[96]. D'après M. Bourke, Servais du Mont-Saint-Éloi aurait également envisagé l'implication de Thomas dans la censure de Tempier[97]. Là cependant, où dans ses Quodlibets il traite de cette censure, en l'occurrence dans la question intitulée: Utrum si primas vel episcopus condempnavit aliquos articulos illicite, successor suus teneatur illos revocare[98], il n'y a aucune

---

n. 84). C'était aussi le cas de Siger de Brabant, à la faculté des arts; F. Van Steenberghen, Maître Siger . . . (cf. n. 21) 98, 268, 328, 342.

[92] Cf. les Declarationes, éd. Pelster (cf. n. 25) 21, art. 27; ibid., 18, n. 23: Pelster renvoie à tort à la condamnation de 1270, art. 8; lire plutôt « D 19, 544 », au lieu de « D (Steph. 1270), n. 432. 8, 487 ». À propos de la condamnation de 1270, H. Ley écrit erronément qu'on y trouve: « sechs Sätze, die nicht der Gruppe um Siger von Brabant, sondern Thomas von Aquino zugehören »; Geschichte der Aufklärung . . . (cf. n. 23) 188. Sur les sources de cette condamnation, cf. F. Van Steenberghen, Maître Siger . . . (cf. n. 21) 74—79.

[93] Cf. les Declarationes, ibid., 18, art. 19 (y lire, l. 6: « 4 capitulo », au lieu de 3; dans la note 20, ibid., lire « C. 4 », au lieu de « C. 3 »; voir C. du Plessis d'Argentré, Collectio judiciorum . . . — cf. n. 39 — 187ª) et 30, art. 58. Voir aussi le Correctorium, éd. P. Glorieux (cf. n. 26) 92 et 394. Ce recours à la censure de Guillaume d'Auvergne avait déjà été relevé par C. du Plessis d'Argentré, ibid., 187ᵇ.

[94] Cf. ci-dessus, p. 231.

[95] Ci-dessus, n. 30. À ce sujet, voir aussi: J. F. Wippel, The Metaphysical Thought . . . (cf. n. 2) 114: « some of the condemned propositions appear to touch on the views of Aquinas » (les caractères espacés sont de moi); voir également dans le même sens, ibid., 369, 382, 384.

[96] Ci-dessus, p. 235.

[97] Ci-dessus, n. 33.

[98] P. Glorieux, La littérature quodlibétique, t. 1: De 1260 à 1320, Kain 1925, 137 (= Bibl. thomiste 5); selon Glorieux, cette question se rapporte à l'acte de Jean Peckham qui, après avoir « le 29 octobre 1284 renouvelé à Oxford les condamnations de son prédécesseur, Robert Kilwardby, . . . venait en outre, le 30 avril 1286, de censurer et de condamner un certain nombre de thèses, thomistes d'inspiration, soutenues par Richard Knapwell O.P. »; P. Glorieux, Les Quodl. de Gervais du Mont-Saint-Éloi, dans: RThAM 20 (1953) 133. On

allusion à Thomas; il n'y est d'ailleurs «pas question de la teneur même des articles, mais seulement de la licéité juridique de telles condamnations de la part d'un évêque»[99].

Quant à l'annulation de 1325 et son utilisation ultérieure pour justifier l'usage de textes de Thomas, elle s'explique aussi parfaitement si le saint docteur fut seulement visé *in obliquo* par Tempier. Rappelons d'ailleurs que cette rétractation d'Étienne de Bourret a suivi de 19 mois la canonisation du saint[100], ce qui ruine d'autant l'argument invoqué par Mgr Delhaye[101].

En va-t-il différemment des témoignages d'Eckhart et de Barthélemy de Capoue? Comme ceux-ci font apparaître Albert le Grand aux côtés de Thomas, voyons d'abord en quoi et de quelle manière le maître de Cologne fut atteint par la censure.

On a signalé déjà que plusieurs propositions du syllabus du 7 mars atteignent certainement l'enseignement d'Albert[102]. D'abord, comme l'ont bien vu le P. Weisheipl et Mme Craemer-Ruegenberg, plusieurs articles imputables à Thomas le sont aussi à son maître[103]. Ensuite, comme l'avait noté Mandonnet, plusieurs propositions peuvent être référées à l'enseignement philosophique du maître de Cologne[104]. Est-ce à dire alors que, d'une manière ou d'une autre, Albert fut visé par Tempier? L'animosité de celui-ci contre le saint docteur pourrait être compréhensible. Certaines de ses doctrines, en effet, étaient semblables à celles de Thomas, et, comme ce dernier, il pouvait à bien des égards passer pour un allié des artiens[105].

---

ne peut toutefois exclure une allusion à la condamnation de Tempier: cf., à ce sujet, R. Hissette, Une question quodlibétique . . . (cf. n. 33) 235—236.

[99] L.-J. Bataillon, lettre citée ci-dessus, n. 87.

[100] Cf. ci-dessus, p. 231.

[101] Ph. Delhaye, ci-dessus, p. 227.

[102] Ci-dessus, p. 228.

[103] Ci-dessus, n. 12.

[104] Ci-dessus, n. 13. Conrad de Megenberg l'avait fait déjà à propos de l'art. 193; cf. ci-dessus, p. 228—229.

[105] À cause de la défense résolue de l'orthodoxie dans laquelle étaient engagés Albert et Thomas, on peut comprendre en un certain sens l'affirmation de H. Ley, Geschichte der Aufklärung . . . (cf. n. 23) 180: «Gegen Sigers Einfluß bot der Klerus in den 70er Jahren die beiden größten ihm zur Verfügung stehenden Theoretiker auf»; de même la remarque de B. E. Bykhovskii, Siger of Brabant (cf. n. 24) 83: «Two names, those of St. Thomas Aquinas and Siger of Brabant, symbolize the standpoints of the conflicting currents' antithetical views»; voir aussi, ibid., passim. Mais ces auteurs exagèrent manifestement la prétendue unité de vue entre Thomas et Albert, d'une part, et Tempier, d'autre part. En outre, l'interprétation matérialiste qu'ils proposent les conduit à des aberrations: identifier Thomas à un aristotélicien dualiste, et Siger à un aristotélicien déplatonisé, athée, matérialiste et moniste, partisan de la double vérité. Cf. R. Hissette, Ét. Tempier et ses condamn. (cf. n. 35) 256—261; voir aussi concernant la crise intellectuelle traversée par Siger, précisément parce qu'il est toujours resté croyant: B. C. Bazán, La réconciliation de la foi et de la raison était-elle possible pour les aristotéliciens radicaux?, dans: Dialogue 19 (1980) 235—254.

Ceux-ci d'ailleurs n'avaient aucune peine à se réclamer de lui, entre autres quand ils revendiquaient l'autonomie par rapport à la théologie des disciplines profanes dans leur domaine propre[106], ou défendaient une conception élitiste du bonheur réservé au philosophe[107]. Toutes proportions gardées, c'est précisément le cas de Boèce de Dacie dans son De aeternitate mundi[108] – où il est également tributaire de Thomas d'Aquin[109] –, et dans son De summo bono[110]. L'influence d'Albert est d'ailleurs sensible aussi dans le De somno et vigilia du maître danois[111] et dans son commentaire « sur le quatrième livre des Météorologiques d'Aristote »[112]. On sait aussi qu'aux yeux de Siger de Brabant, Albert et Thomas étaient *praecipui viri in philosophia*[113]. Rien d'étonnant dès lors, si les propositions référées ici à l'enseignement d'Albert ont pu toutes, à l'exception de l'article 193,

---

[106] À ce sujet, cf. A. Zimmermann, Albertus Magnus . . . (cf. n. 18) 475, 478–482.

[107] G. Wieland, Ethica-Scientia practica (cf. n. 13) 206–207, 215.

[108] Comme l'a bien vu M. G. Fioravanti, « Scientia », « fides », « theologia » in Boezio di Dacia, dans: Atti Accad. Scienze Torino, Classe Scienze morali, storiche e filolog. 104 (1970) 533, 540, 603 sv.

[109] T. B. Bukowski et B. Dumoulin, L'influence de Thomas d'Aquin sur Boèce de Dacie, dans: Revue Sciences philos. théol. 57 (1973) 627–631.

[110] Ci-dessus, n. 107.

[111] G. Fioravanti, La « scientia sompnialis » di Boezio di Dacia. Atti Accad. Scienze Torino (cf. n. 108) 101 (1966–67) 332: le commentaire au De somno et vigilia fait partie, entre autres, « di tutto il mondo intellettuale » qui, dans les développements du De sompniis de Boèce de Dacie, « è confluito, che in essi è stato riplasmato originalmente, o, discusso e respinto, è servito, all'autore per chiarire le proprie autonome posizioni ». Voir aussi l'apparat des sources de Boèce dans l'édition du De sompniis par N.-G. Green-Pedersen, Copenhague 1976, 382–383 (= Corpus Philos. Danicorum Medii Aevi 6,2).

[112] L.-J. Bataillon, Bull. hist. doctrines . . . (cf. n. 46) 104. Le P. Bataillon poursuit (ibid.): « Boèce de Dacie s'inspire assez volontiers d'Albert le Grand, profitant au besoin de ses ‹digressions›; ainsi quand il déclare (q. 64) que les philosophes doivent préférer les mets bouillis aux rôtis, à l'inverse des travailleurs manuels (q. 63). Sur ce dernier point, comme chez Albert, question et solution viennent de la *translatio vetus*; alors que la *nova* comprend avec Aristote qu'il est plus difficile de rôtir convenablement que de bouillir: *opus est manu artificum maius assare quam elixare*, le premier traducteur avait écrit: *Opus est in eis qui manibus victum querunt magis assare quam elixare*; Adam de Bocfeld, qui utilise la *vetus*, a compris comme Albert et Boèce, alors que Siger de Brabant (Wien 2330), Jacques de Douai et Pierre d'Auvergne ont compris le passage correctement. » Voir aussi la référence aux nombreux emprunts à Albert dans l'édition-même de ces Qq. super IVum Meteorologicorum par G. Fioravanti, Copenhague 1979, 123 (= Corpus Philos. Danicorum Medii Aevi 8). D'où mon étonnement de lire sous la plume de M. Zimmermann, Albertus Magnus . . . (cf. n. 18) 472: « In den Werken des Boethius von Dacien ist ein besonderer Einfluß Alberts nicht zu erkennen. » Mais M. Zimmermann se reprend aussitôt (ibid.): « Ein endgültiges Urteil über die Beziehungen zwischen Boethius von Dacien und Albert kann aber erst nach näheren Untersuchungen der Texte gefällt werden. » Ces « Untersuchungen » sont désormais choses faites.

[113] Cf. De anima intellectiva, éd. B. C. Bazán, Louvain 1972, 81, l. 79 (= Philos. médiév. 13). Au sujet de cette citation, voir aussi: A. Zimmermann, Albertus Magnus . . . (cf. n. 18) 471; F. Van Steenberghen, Thomas Aquinas and Radical Aristotelianism, Washington 1980, 89.

être retrouvées dans des écrits de maîtres ès arts[114], entre autres dans trois
commentaires à l'Éthique[115], peut-être postérieurs à 1277, comme on l'a
dit déjà[116]. On y constate l'influence d'Albert, en même temps qu'un
écart notable par rapport à ses explications; ceci accuse leur dépendance
vis-à-vis d'une source commune qui les rapproche de l'aristotélisme radical[117]; il est vraisemblable que ce soit cette source, et non Albert, qui ait
été visée directement par Tempier. Il y a d'ailleurs gros à parier que qui-
conque ne connaîtrait pas le De aeternitate mundi de Boèce de Dacie ou
le De anima intellectiva de Siger de Brabant serait tenté de rapprocher
parmi d'autres les propositions 216 et 218 de l'enseignement d'Albert[118].
Bref, pas plus que Thomas, Albert ne semble avoir été la cible immédiate
de l'évêque de Paris, ce qui, une fois encore, concorde avec les indications
du prologue.

Mais cela est-il compatible avec la mention par Eckhart d'un procès
contre Albert et Thomas? Il semble bien que oui, car la présence indiscu-
table de thèses défendues par Albert et par Thomas dans le syllabus de
Tempier suffit à expliquer l'allusion d'Eckhart. Du reste, on peut aussi
se demander si Eckhart n'avait pas plutôt en vue les procédures posté-
rieures contre Gilles de Rome et Thomas d'Aquin, dans lesquelles, en
raison d'affinités doctrinales évidentes, il pouvait croire Albert également
impliqué. Eckhart mentionne en effet un ordre d'enquête[119], et l'on sait
qu'en 1285, le pape Honorius IV enjoignit aux maîtres parisiens de reprendre, avec le procès de Gilles, l'examen du dossier relatif à Thomas[120].

---

[114] R. Hissette, Albert le Grand . . . (cf. n. 15). Aussi la source de la proposition 193
est-elle à chercher dans des écrits de provenance parisienne, plutôt que dans un ouvrage
de Restoro d'Arezzo, comme y invite la Rassegna di Letteratura tomistica 12 (1979) 312.

[115] Ci-dessus, n. 13.

[116] Ci-dessus, p. 236.

[117] Cf. n. 115.

[118] Comme le signale M. A. Zimmermann, Albertus Magnus . . . (cf. n. 18) 479, n. 54,
on lit dans le commentaire d'Albert aux Sentences (IV, d. 43a, art. 3): *amentes sunt qui
reprehendunt Philosophos non loquentes de resurrectione, quia per philosophiam non potest
probari resurrectio, sed potius per principia fidei* (éd. A. Borgnet, vol. 30, Paris 1894, 509[b]);
comparer avec l'art. 216 du syllabus de Tempier: *Quod resurrectio futura non debet concedi
a philosopho, quia impossibile est eam investigari per rationem. – Error, quia etiam philosophus debet captivare intellectum in obsequium Christi*; R. Hissette, Enquête . . . (cf. n. 3)
309. De même, l'art. 218 est intitulé: *Quod nihil potest sciri de intellectu post eius separa-
tionem* (R. Hissette, ibid., 310); comparer avec les textes suivants d'Albert relevés respectivement par M. G. Wieland, Ethica-Scientia practica (cf. n. 13) 198, n. 282 et M. A. Zimmermann, ibid., 479, n. 55: *Dicendum quod hoc, quod animae defunctorum remaneant post
mortem, non potest per philosophiam sufficienter sciri* (Super Ethica commentum et quaestiones, I, 13; ed. Coloniensis, vol. 14, pars 1, Munster (W.) 1968–1972, 71[b], l. 73–75); *Philosophus nihil habet considerare de statu animae separatae, quia non potest accipi per sua
principia. Unde qualiter se habeat anima separata ad ea quae fiunt hic et qualiter iuvatur
per ea, nihil pertinet ad philosophum, sed ad theologum* (ibid., I, 14, 72[b], l. 58–62).

[119] Cf. ci-dessus, n. 16.

[120] Je dois à M. R. Wielockx (lettre citée ci-dessus, n. 84) cette dernière précision con-

Que penser du voyage d'Albert à Paris, dont parle Barthélemy de Capoue? Avant d'examiner la question, quelques remarques s'imposent.

D'abord l'unanimité des érudits est loin d'être assurée au sujet de ce voyage. Certains n'y voient qu'une légende[121]. Le P. Weisheipl leur emboite le pas et avance trois arguments. Selon lui, le témoignage de Barthélemy de Capoue est sujet à caution, à cause de la sénilité et de l'affaiblissement de la mémoire que, dès l'année 1277, il impute à Albert; or entre le 26 septembre 1277 et le 18 août 1279, Albert a encore négocié plusieurs cas litigieux et rédigé son testament, *sanus et incolumis*. Ensuite, poursuit le P. Weisheipl, Barthélemy prête à Albert la volonté de défendre les écrits de Thomas, qu'il aurait cru principalement menacés par la répression doctrinale de 1277; or celle-ci était d'abord dirigée contre des artiens et Albert devait bien savoir que des écrits de Thomas n'étaient pas principalement en cause. Enfin, conclut le P. Weisheipl, aucune source germanique ni aucun milieu parisien concerné par la censure de 1277 ne parle d'une intervention d'Albert[122].

Mais ces arguments paraissent fort discutables. En effet, la sénilité d'Albert se manifeste déjà dans le De quindecim problematibus qu'il envoie à Gilles de Lessines vers 1276; comme l'écrit M. Van Steenberghen, la réponse d'Albert, «mordante dans le ton, inégale et souvent obscure quant au contenu, tout à fait inadaptée à la situation qu'elle prétend affronter, semble bien être l'œuvre d'un vieillard, dont la perspicacité, la lucidité d'esprit et la maîtrise de soi commencent à décliner»[123]. Cela n'est pas incompatible, vu son âge, avec son testament, où il se déclare sain de corps et d'esprit. Quant aux autres prestations invoquées par le P. Weisheipl, elles n'ont rien de comparable aux fatigues d'un voyage à Paris pour y défendre Thomas devant l'évêque et l'université[124]. Le deuxième argument du P. Weisheipl n'est pas plus solide: sans doute, le décret de 1277 visait directement les artiens; mais pourquoi Albert n'aurait-il pas pu croire les écrits de Thomas menacés, surtout s'il était au courant des procédures

cernant la réouverture du «dossier Thomas» en 1285; au sujet de l'ordre d'Honorius IV, cf. R. Hissette, Ét. Tempier et ses condamn. (cf. n. 35) 245, n. 74.

[121] Voir à ce sujet la fin de la notice relative au n° 125 dans: Albertus Magnus. Ausstellung . . . (cf. n. 19) 109.

[122] J. A. Weisheipl, The Life and Works . . . (cf. n. 12) 43—45; voir aussi, du même auteur, Thomas d'Aquino . . . (cf. n. 12) 19—21.

[123] F. Van Steenberghen, Le «De quindecim problematibus» d'Albert le Grand, dans: Introduction à l'étude de la philos. médiévale, Louvain 1974, 454 (= Philos. médiév. 18).

[124] Voir à ce sujet: P. v. Loë, De vita et scriptis B. Alberti Magni, dans: Analecta Bollandiana 20 (1901) 307—309. Il est question ici (308) de la présence d'Albert à Colmar le 28 octobre 1278; mais cette indication repose sur une confusion entre le saint docteur et l'évêque de Bâle; cf. H. Ch. Scheeben, Albert der Große. Zur Chronologie seines Lebens, Vechta 1931, 122 (= Quellen u. Forschungen z. Geschichte d. Dominikanerordens in Deutschland 27): «Die Gebweiler Chronik verwechselt hier also offenbar den Bischof von Basel mit Albert.»

dirigées contre Gilles de Rome et Thomas lui-même? Enfin quant à l'absence de témoignages germaniques, on peut se demander si les Annales Basileenses, dont il a été question précédemment, n'évoquent pas le voyage d'Albert à Paris.

Si l'on suppose que le maître de Cologne avait été informé du procès contre Gilles et Thomas, son voyage serait postérieur au 7 mars. C'est l'hypothèse à laquelle M. Van Steenberghen s'est rallié[125]. On peut l'appuyer par un fait assuré: le 6 avril 1277, Albert a tranché un litige en faveur de l'abbaye de Saint-Trond, dans l'actuel Limbourg belge[126]. N'était-ce pas précisément en passant par là à son retour de Paris? C'est possible, estiment à juste titre les auteurs du catalogue de l'exposition qui, à Cologne, a marqué la célébration du 7ᵉ centenaire de la mort de S. Albert[127]. Ces auteurs s'abstiennent toutefois de trancher et soutiennent même implicitement une autre hypothèse, retenue d'ailleurs par plusieurs historiens: celle de la venue d'Albert à Paris avant le 7 mars[128]. Deux arguments sont invoqués: Thomas n'est pas nommé dans le syllabus de Tempier et la thèse thomiste de l'unicité de la forme ne figure pas parmi les 219 articles[129]. Mais ni Siger de Brabant, ni Boèce de Dacie ne sont nommés dans l'acte de Tempier[130]; et si la thèse de l'unicité de la forme n'est pas sanctionnée par le syllabus du 7 mars, d'autres thèses de Thomas et d'Albert le sont assurément; ceci s'accorde mal avec l'hypothèse d'une influence quelconque d'Albert sur Tempier, d'autant plus que la thèse de la forme unique apparaît, moins de trois semaines plus tard, dans la censure de Gilles de Rome.

Bref, antérieur ou non au 7 mars, le voyage du maître de Thomas pouvait être motivé par sa propre défense et par celle de son disciple, puisque l'un et l'autre étaient réellement compromis dans la répression doctrinale orchestrée par Tempier et ses partisans[131].

Ainsi, contrairement à ce que pensent Mgr Delhaye et M. Saranyana, je n'ai jamais mis en question l'implication de Thomas dans la censure du 7 mars 1277. Pas davantage celle d'Albert le Grand, bien qu'il soit peu

---

[125] F. Van Steenberghen, Maître Siger . . . (cf. n. 21) 149.

[126] Cf. Albertus Magnus. Ausstellung . . . (cf. n. 19) 120, notice relative aux nᵒˢ 143 et 144.

[127] Ibid., 109ᵇ.

[128] Cf. H. F. Nardone, St. Thomas Aquinas . . . (cf. n. 10) 59; M.-D. Chenu, Les passions vertueuses (cf. n. 23) 11; I. Craemer-Ruegenberg, Albertus Magnus (cf. n. 12) 16; F. J. Kovach et R. W. Shahan, Introduction (cf. n. 23) XIV (Si, comme on le lit sous la plume de ces derniers, ibid., « Ulrich of Strasbourg . . . died on March 7, 1277 », il y avait alors 3 ans, et non 2, que Thomas était mort).

[129] Albertus Magnus. Ausstellung . . . (cf. n. 19) 109ᵃ.

[130] La mention de Siger et de Boèce à propos du syllabus du 7 mars est le fait d'un catalogue des écrits de Raymond Lulle datant de 1311, et du manuscrit de Paris, Nat. lat. 4391, fol. 68; R. Hissette, Enquête . . . (cf. n. 3) 11–12.

[131] Contrairement à une indication de B. E. Bykhovskii, Siger of Brabant (cf. n. 24) 92, ceux-ci ne comptaient pas seulement des franciscains, puisque le séculier Henri de Gand était du nombre; cf. R. Hissette, Ét. Tempier et ses condamn. (cf. n. 35) 234–237.

probable que le souvenir du vieux maître de Cologne ait réellement motivé l'intervention de Tempier[132].

Mais mon vrai désaccord avec Mgr Delhaye porte sur la signification profonde de la censure du 7 mars 1277. Pour lui, le décret de Tempier trahit « essentiellement » une querelle de théologiens; la condamnation des artiens n'est qu'une façade; dès lors le premier visé est Thomas d'Aquin. Pour moi, la portée de l'intervention de l'évêque de Paris est beaucoup plus grande: comme l'a montré M. Van Steenberghen, « le décret de 1277 est le dénoûment de la crise de l'intelligence chrétienne, crise provoquée dès l'aube du siècle par l'invasion massive du savoir païen et surtout de la philosophie d'Aristote »[133]. Et plus loin: « la condamnation de 1270 et surtout celle de 1277 sont des réactions des défenseurs attitrés de [l'] orthodoxie contre la menace d'un nouveau paganisme au plan du savoir. Plus concrètement, sur le terrain de la vie universitaire de Paris, métropole intellectuelle de la chrétienté, ces censures sont des réactions de défense de la faculté de théologie contre les audaces doctrinales de certains maîtres de la faculté des arts »[134].

Ces vues me paraissent s'imposer à la lumière de l'évolution de la pensée au cours du XIIIᵉ siècle, et elles sont pleinement confirmées par l'étude des 219 articles censurés[135].

Le décret de 1277 vise d i r e c t e m e n t et e x p r e s s é m e n t les erreurs professées à la faculté des arts et relevées dans les écrits des artiens. Certaines doctrines d'Albert le Grand et de Thomas d'Aquin sont r é e l l e m e n t a t t e i n t e s par la censure, mais eux-mêmes ne paraissent pas avoir été d i r e c t e m e n t visés.

---

[132] Selon une remarque de M. G. Fioravanti, « Scientia », « fides », « theologia » (cf. n. 108) 609: « non si può negare che ad avere avuto noie con i censori ecclesiastici sia stato proprio lui [= Boezio], e non certo Domenico Gundissalino, Pietro Ispano o A l b e r t o M a g n o » (les caractères espacés sont de moi).

[133] F. Van Steenberghen, Maître Siger . . . (cf. n. 21) 154.

[134] Ibid., 155.

[135] Contrairement à ce qu'à écrit le P. L. Elders, C. R. (cf. n. 59) 93—94, il n'y a aucun désaccord entre M. Van Steenberghen et moi sur la manière de comprendre la crise des années 1270—1277 et l'implication de Thomas dans la censure de 1277. La seule réserve formulée par M. Van Steenberghen à propos de mon ouvrage concerne mon jugement sur Étienne Tempier, jugement que M. Van Steenberghen estime trop sévère. Cette réserve ne se lit pas dans: Maître Siger . . . (cf. n. 21), qui est antérieur à mon Enquête . . . (cf. n. 3), mais dans une communication à l'Académie royale de Belgique (cf. n. 5). Voir ma réponse dans: Ét. Tempier et ses condamn. (cf. n. 35) 267.

BEMERKUNGEN ZU THOMAS VON AQUIN,
QUAEST. DISP. DE VERITATE I

von Albert Zimmermann

Zahlreiche Abhandlungen zeigen, daß die Frage nach der Bedeutung des Wortes „Wahrheit" das philosophische Denken nach wie vor besonders herausfordert. Die Diskussion darüber, welche „Wahrheitstheorie" die angemessene und am besten begründete ist, wird ständig mit großem Scharfsinn geführt. Ein Ende zeichnet sich nicht ab. Somit wird man dieses Bemühen einmal in ähnlicher Weise als einen Beitrag zum nie abreißenden Gepräch der Philosophen werten, wie wir in den „Quaestiones disputatae De veritate" des Thomas von Aquin einen solchen Beitrag sehen. Kein Versuch, eine Antwort zu finden, sollte übergangen werden; denn jeder kann bei der stets neuen Suche helfen. Deshalb wird im folgenden an einige Gedanken aus „De veritate" des Thomas erinnert. Im ersten Teil wird dargestellt, wie Thomas zur Lehre des Anselm von Canterbury über die Wahrheit von Aussagen Stellung nimmt. Im zweiten Teil kommen Überlegungen zur Sprache, die sich ergeben, wenn man Bertrand Russells berühmten Aufsatz „Wahrheit und Falschheit" auf dem Hintergrund von Lehren des Thomas zu lesen versucht.

I. Was heißt „Wahrheit einer Aussage"?
Thomas von Aquin zu einer Lehre des Anselm von Canterbury

Thomas von Aquin hat bei seinen Erörterungen über die Wahrheit die Schrift „De veritate" des Anselm von Canterbury ständig im Auge. Das zeigt sich bereits bei einem Vergleich der Fragen, die in den Artikeln der ersten Quaestio der Quaestiones disputatae De veritate diskutiert werden, mit den von Anselm behandelten, und es zeigt sich auch in den zahlreichen Zitaten aus Anselms Werk. An einem Beispiel soll dargetan werden, wie er Lehren Anselms aufgreift, durchdenkt und auslegt.

1. Die Frage

Im Artikel 6 der Quaestio 1 wird die Frage gestellt: „Ist eine geschaffene Wahrheit unveränderlich?"[1] Die Diskussion beginnt wie üblich mit einer

---

[1] S. Thomae de Aquino Quaestiones disputatae De veritate 1,6: *Sexto quaeritur an veritas creata sit immutabilis*. Ed. Leonina, XXII, Vol. I, Fasc. 2, S. 22.

ersten vorläufigen Antwort. Diese besteht in der These, es gebe unveränderliche geschaffene Wahrheiten. Um sie zu beweisen, werden sechs Argumente angeführt, und in den ersten vier tritt Anselm als Gewährsmann auf. Das zweite Argument und die Antwort, die Thomas darauf gibt, verdienen besondere Aufmerksamkeit.

Das Argument lautet: „Wenn sich die Wahrheit einer Aussage ändert, so am ehesten entsprechend einer Veränderung des Dinges (über das etwas ausgesagt wird). Aber auch wenn dieses Ding sich ändert, bleibt die Wahrheit der Aussage erhalten. Also ist die Wahrheit einer Aussage unveränderlich. Der Untersatz wird so bewiesen: Gemäß Anselm ist Wahrheit eine gewisse Rechtheit, insofern etwas das erfüllt, was es im göttlichen Geist empfangen hat. Der Satz: ‚Sokrates sitzt' hat aber im göttlichen Geist empfangen, daß er das Sitzen des Sokrates bedeutet, und das bedeutet er auch, wenn Sokrates nicht sitzt. Also bleibt in ihm Wahrheit auch, wenn Sokrates nicht sitzt, und somit ändert sich die Wahrheit dieses Satzes nicht, auch wenn das Ding sich ändert."[2]

Durch dieses Argument soll bewiesen werden, daß jeder Aussage eine unveränderliche Wahrheit eignet. Diese besteht darin, daß eine Aussage etwas bedeutet, daß sie einen Sinn hat, und zwar unabhängig davon, ob sie bei einer tatsächlichen Verwendung wahr ist oder nicht. Die unveränderliche Wahrheit, die einer Aussage zukommt, ist also zu unterscheiden von der Wahrheit, die bedeutet, daß die Aussage richtig verwendet wird. Nur aufgrund der ihr an sich und unveränderlich innewohnenden Rechtheit oder Wahrheit vermag eine Aussage richtig verwendet zu werden, so daß man sie im Hinblick auf ihre Verwendung wahr oder falsch nennen kann. Da Aussagen nun geschaffene Dinge sind, stellen sie jedenfalls etwas Geschaffenes dar, dem eine unveränderliche Wahrheit eignet.

2. Anselms Lehre

Die Unterscheidung dieser beiden Bedeutungen, die mit dem Ausdruck „Wahrheit einer Aussage" verbunden werden, legt Anselm im Kapitel 2 von „De veritate" dar, und er greift mehrfach auf sie zurück. Verfolgen wir als erstes nun seine Überlegungen.

Anselm beginnt seine Erschließung der Bedeutungen des Wortes „Wahrheit" mit einer Untersuchung des Wesens von Aussagen. Auf Aussagen

---

[2] a. a. O.: *Praeterea, si veritas enuntiationis mutatur, maxime mutatur ad mutationem rei; sed re mutata veritas propositionis manet, ergo veritas enuntiationis est immutabilis. Probatio mediae: veritas secundum Anselmum est rectitudo quaedam in quantum aliquid implet hoc quod accepit in mente divina; sed haec propositio ‚Socrates sedet' accepit in mente divina ut significaret sessionem Socratis, quam significat etiam Socrate non sedente; ergo etiam Socrate non sedente manet in ea veritas, et ita veritas praedictae propositionis non mutatur etiam si res mutetur.*

nämlich werden die Prädikate „wahr" und „falsch" meistens bezogen, und deshalb läßt sich von hier aus am ehesten der Zugang zum Verständnis des Begriffs der Wahrheit finden[3]. Ein erster Überlegungsschritt ergibt: Die Wahrheit einer Aussage kann nicht die Sache oder das Ding sein, über welches etwas ausgesagt wird. Diese Sache oder das Ding stellt vielmehr eine Ursache der Wahrheit der Aussage dar[4]. Also muß die Wahrheit in der Aussage selbst gesucht werden. Nun ist jede Aussage ein bezeichnender Ausdruck. Sie bezeichnet oder zeigt an, daß ist, was ist, oder daß nicht ist, was nicht ist. Dieses Anzeigen macht ein Sprachzeichen zu einer Aussage, und wo es nicht vorliegt, ist ein Sprachzeichen keine Aussage. Es ist also notwendiges Merkmal des Begriffs einer Aussage. So „muß" eine bejahende Aussage anzeigen, daß ist, was ist[5]. Entsprechendes gilt für eine verneinende Aussage: Sie bringt zum Ausdruck, daß nicht ist, was nicht ist, und dies „muß" sie tun[6]. Insofern nun eine Aussage die ihr eigentümliche Bezeichnungsfunktion ausübt, − und das tut sie aufgrund der ihr eigentümlichen Struktur − ist sie etwas „Rechtes", und diese „Rechtheit" muß man ihr zuerkennen. Zugleich ist diese Rechtheit aber als Wahrheit zu begreifen: „Dasselbe ist für sie (die Aussage) recht und wahr sein, das heißt anzeigen, das ist, was ist"[7]. In seinem Buch „The Logic of St. Anselm" nennt Desmond P. Henry diesen Begriff von Wahrheit einer Aussage die „innere Wahrheit der Bezeichnung". Er sieht darin eine Parallele zu dem modernen Begriff eines „wohlgeformten Ausdrucks"[8]. Ein solcher liegt vor, wenn ein Sprachzeichen aufgrund seiner Struktur eine Bezeichnungsfunktion erfüllt. Die Rechtheit, die nach Anselm jeder Aussage eignet und deren „innere Wahrheit" ausmacht, besteht also darin, daß eine Aussage einen Sinn hat, der erfaßt werden kann, daß sie als Zeichen verstanden werden kann, daß sie einen Gedanken ausdrückt, daß sie einen Sachverhalt bedeutet.

Von dieser „inneren Wahrheit" der Aussage muß nun gemäß Anselm ein anderer Wahrheitsbegriff unterschieden werden. Dieser ist gemeint, wenn man dem üblichen oder alltäglichen Sprachgebrauch folgend davon spricht, eine Aussage sei „wahr". Wir nennen in diesem Sinne eine Aussage „wahr" genau dann, wenn der durch sie bezeichnete Sachverhalt nicht nur verstanden wird, sondern als wirklich bestehend erkannt ist. Entsprechend nennen wir eine Aussage „falsch", wenn der durch sie bezeichnete Sach-

---

[3] Anselm von Canterbury, De veritate, c. 2, Lateinisch-deutsche Ausgabe von P. F. S. Schmitt, Stuttgart 1966, S. 38: *Quaeramus ergo primum, quid sit veritas in enuntiatione, quoniam hanc saepius dicimus veram vel falsam.*

[4] a. a. O.: *Unde non eius veritas, sed causa veritatis eius dicenda est.*

[5] a. a. O., S. 40: *Cum ergo significat esse quod est, significat quod debet.*

[6] a. a. O.: *Similiter est, cum enuntiatio significat non esse quod non est.*

[7] a. a. O.: *Idem igitur est illi et rectam et veram esse, id est significare esse quod est.*

[8] Desmond P. Henry, The Logic of St. Anselm, Oxford 1967, S. 231: „Anselms *intrinsic* truth of signification is somewhat akin to the concept of the ‚well-formed formula', so familiar in modern logic . . .".

verhalt nicht besteht. Daß es sich hier um eine von der „inneren Wahrheit" verschiedene Bedeutung des Wortes „wahr" handelt, hebt Anselm nachdrücklich hervor; denn auf die Bemerkung des Schülers: „Aber wenn eine Aussage im Anzeigen dessen, was sie anzeigen muß, recht und wahr ist, wie du gezeigt hast, ist die Rede wahr, auch wenn sie aussagt, daß ist, was nicht ist" sagt der Lehrer: „Wahr pflegt sie zwar nicht genannt zu werden, wenn sie anzeigt, daß ist, was nicht ist; sie hat jedoch Wahrheit und Rechtheit, weil sie tut, was sie muß"[9]. Ist eine Aussage „wahr" gemäß dem üblichen Sprachgebrauch, dann kommt also zu der ihr als verstehbarem Zeichen innewohnenden Wahrheit eine weitere Rechtheit hinzu: „Wenn sie aber anzeigt, daß ist, was ist, tut sie doppelt, was sie muß"[10]. Sie bezeichnet dann nicht nur einen Sachverhalt, den zu bezeichnen „sie empfangen hat", sondern sie wird auch in der rechten Weise verwendet. Im gewöhnlichen Sprachgebrauch bezieht man die Begriffe „wahr" und „falsch" auf Aussagen nur im Hinblick auf die rechte Verwendung, während die „innere Wahrheit" zwar stillschweigend vorausgesetzt, nicht jedoch ausdrücklich beachtet wird. Nun hat dieser gewöhnliche Sprachgebrauch natürlich seine Berechtigung, insofern er sein Maß vom Zweck einer Aussage hernimmt. Dieser Zweck liegt ja gerade in der rechten Verwendung. „Denn mehr schuldet sie (eine Aussage), um dessentwillen sie die Anzeige empfangen hat, als um dessentwillen sie diese nicht empfangen hat."[11] Der Zweck einer Aussage ist eben dadurch erkennbar, daß deren „innere Wahrheit" erfaßt wird. Aber dadurch ist eine nicht-zweckentsprechende Verwendung nicht ausgeschlossen. Die Struktur einer Aussage als eines rechten und wahren Zeichens reicht nicht aus, um auch jeden Verstoß gegen den erkennbaren Zweck zu verhindern. Als Grund dafür läßt sich nur feststellen, daß „es ihr nicht gegeben werden konnte, nur dann zu bezeichnen, daß etwas ist, wann es ist, oder daß etwas nicht ist, wann es nicht ist"[12]. Die Wahrheit, die darin liegt, daß eine Aussage ihrem Zweck entsprechend gebraucht wird und die in der gewöhnlichen Ausdrucksweise gemeint ist, nennt Henry „äußere Wahrheit"[13].

Anselm verdeutlicht den Unterschied zwischen den beiden Wahrheiten einer Aussage an folgendem Beispiel: Sagt man: „Es ist Tag", dann drückt man mit dieser Aussage einen Gedanken aus, nämlich den Gedanken, daß

---

[9] Anselm . . ., a. a. O., S. 42: *D. At si quod debet significando, recta et vera est, sicut ostendisti: vera est oratio, etiam cum enuntiat esse quod non est. M.: Vera quidem non solet dici, cum significat esse quod non est; veritatem tamen et rectitudinem habet, quia facit quod debet.*

[10] a. a. O.: *Sed cum significat esse quod est, dupliciter facit quod debet.*

[11] a. a. O.: *Plus enim debet propter quod accepit significationem, quam propter quod non accepit.*

[12] a. a. O.: *quia non potuit illi dari tunc solummodo significare esse, quando est, vel non esse, quando non est.*

[13] The Logic . . ., S. 230 f.

Tag ist. Tut man dies nun, wenn wirklich Tag ist, dann gebraucht man diese Aussage ihrem Zweck entsprechend und zu Recht, weil nämlich dieser Gebrauch derjenige ist, zu dem sie „geschaffen ist", während sie nicht dazu geschaffen ist, verwendet zu werden, wenn es nicht Tag ist. Also zu Nachtzeit zu sagen: „Es ist Tag", ist ein Mißbrauch dieser Aussage, und wegen dieses Mißbrauchs heißt sie dann falsch[14]. Wenn also auch mit dem Gedanken „Es ist Tag" der rechte Gebrauch der ihn bezeichnenden Aussage nicht gewährleistet ist, so ist dieser Gedanke aber für den rechten Gebrauch maßgebend. Er ist als „innere Wahrheit" der Aussage Maß der „äußeren Wahrheit", und ebenso der Falschheit, die in der nicht-zweckentsprechenden Verwendung besteht.

Es gibt Aussagen, denen, wann immer sie gebraucht werden, beide Arten von Wahrheit zukommen. Das gilt etwa von der bejahenden Aussage: „Der Mensch ist ein Lebewesen", und es gilt von der verneinenden Aussage: „Der Mensch ist kein Stein". Derartige Aussagen lassen sich zu keinem Zeitpunkt falsch gebrauchen[15]. Sie sind, wann immer sie gebraucht werden, gemäß beiden Bedeutungen wahr. Es handelt sich um Aussagen, die man − wie Henry bemerkt − in modernen Theorien „analytische Wahrheiten" zu nennen pflegt[16].

Für Anselm hat nun offensichtlich die einer Aussage inhärierende Wahrheit, also die Eigenschaft, einen Gedanken auszudrücken, Vorrang vor der äußeren Wahrheit, die in der richtigen Verwendung liegt. Im Schlußkapitel von „De veritate" führt er seine Überlegungen an ihr Ziel, indem er dartut, „daß eine einzige Wahrheit in allem Wahren ist"[17]. Grundlage des Gedankengangs ist die Wahrheit, die Aussagen unabhängig von ihrem Gebrauch zukommt, „die Rechtheit, ohne die die Anzeige nicht recht sein kann"[18]. Der hier sichtbare Vorrang wird bereits im zweiten Kapitel herausgestellt. Die „innere Wahrheit" kommt, wie es hier heißt, jeder gesprochenen Aussage unveränderlich zu, während die „äußere Wahrheit" veränderlich ist. Die „innere Wahrheit" ist immer mit einer Aussage gegeben, die äußere dagegen nicht immer. Die „innere Wahrheit" ist „von Natur" mit der Aussage verbunden, die äußere ist in ihr nur zufällig[19]. Recht nachdrücklich wird dieser Vorrang noch einmal im fünften Kapitel

---

[14] Anselm . . ., a. a. O., S. 42: *Nam cum dico: ,dies est' ad significandum esse quod est, recte utor huius orationis significatione, quia ad hoc facta est; et ideo tunc recte dicitur significare. Cum vero eadem oratione significo esse quod non est, non ea recte utor, quia non ad hoc facta est; et idcirco non recta tunc eius significatio dicitur.*

[15] a. a. O.: *Quamvis in quibusdam enuntiationibus inseparabiles sint istae duae rectitudines seu veritates; ut cum dicimus: ,homo est animal', aut: ,Homo lapis non est'.*

[16] The Logic . . ., S. 231: „his doctrine that certain propositions are structured in such a way that they can never signify as being so that which is not so, appears to resemble certain recent theories about the nature of ,analytic' truth".

[17] Anselm . . ., a. a. O., [c. 13,], S. 88: *Quod una sit veritas in omnibus veris.*

[18] a. a. O., S. 90: *constat esse rectitudinem, sine qua significatio recta nequit esse.*

[19] a. a. O., c. 2, S. 42: *ista immutabilis est ipsi orationi, illa vero mutabilis. Hanc namque*

unterstrichen: Die „innere Wahrheit" kann nicht von einer Aussage getrennt werden. Der Satz: „Es ist Tag" „tut die Wahrheit, indem er aussagt, daß Tag ist, sei es, daß Tag ist oder daß nicht Tag ist, weil er dies zu tun naturhaft empfangen hat"[20]. Demnach ist die innere Wahrheit notwendigerweise auch in der falschen Rede; denn nur sie macht es ja möglich, einen falschen Gebrauch von einer Aussage zu machen. So wird denn auch am Ende des fünften Kapitels als Ergebnis festgehalten: „Jetzt sehe ich zum ersten Male die Wahrheit in einer falschen Rede"[21].

3. Die Erwiderung des Thomas

Was sagt Thomas zu dem eingangs angeführten Argument, das sich auf diese Lehre Anselms stützt? Seine Erwiderung lautet: „Weil der Verstand sich auf sich selbst zurückbeugt und sich selbst so erkennt wie auch andere Dinge, wie es im dritten Buch „Von der Seele" heißt, deshalb kann, insofern es den Sinngehalt von Wahrheit angeht, das zum Verstand Gehörende in zweifacher Weise betrachtet werden: Erstens insofern es sich dabei um gewisse Dinge handelt. So betrachtet sagt man von ihm (dem zum Verstand Gehörenden) Wahrheit aus wie von den anderen Dingen, nämlich so: Ein Ding heißt wahr, weil es das erfüllt, was es im göttlichen Verstand empfangen hat, indem es seine Natur bewahrt. Entsprechend wird eine Aussage wahr genannt, die ihre eigene Natur bewahrt, welche ihr im göttlichen Geist zuerteilt ist. Diese ihre Natur kann ihr nicht genommen werden, während die Aussage selbst bleibt. Zweitens: Das zum Verstand Gehörende kann betrachtet werden als auf die verstandenen Dinge bezogen. So betrachtet heißt eine Aussage wahr, wenn sie einem Ding angeglichen ist, und eine solche Wahrheit ändert sich, wie dargelegt wurde"[22].
Auch Thomas lehrt also, daß man eine Aussage in zweifacher Weise „wahr" nehmen kann. Jeder Aussage kommt erstens Wahrheit zu, insofern sie etwas Seiendes ist, das – wie jedes Seiende – auf den schöpferischen

---

semper habet, illam vero non semper. Istam enim naturaliter habet, illam vero accidentaliter et secundum usum.

[20] a. a. O., c. 5, S. 52: *ita et haec oratio, scilicet ‚dies est', veritatem facit, cum significat diem esse, sive dies sit sive non sit; quoniam hoc naturaliter accepit facere.*

[21] a. a. O.: *Nunc primum video in falsa oratione veritatem.*

[22] Thomas . . ., a. a. O., ad 2, S. 24: *quia intellectus reflectitur in se ipsum et intelligit se sicut et alias res ut dicitur in III De anima, ideo quae ad intellectum pertinent, secundum quod ad rationem veritatis spectat, possunt dupliciter considerari: uno modo secundum quod sunt res quaedam, et sic eodem modo dicitur de eis veritas sicut de aliis rebus, ut scilicet, sicut res dicitur vera quia implet hoc quod accepit in mente divina retinendo naturam suam, ita enuntiatio dicatur vera retinendo naturam suam quae est ei dispensata in mente divina nec potest ab ea removeri enuntiatione ipsa manente; alio modo secundum quod comparantur ad res intellectas, et sic dicitur enuntiatio vera quando adaequatur rei, et talis veritas mutatur ut dictum est.*

Verstand Gottes bezogen und als solches ein Wahres ist. Davon zu unterscheiden ist die Wahrheit, die in der Entsprechung von Aussage und demjenigen, worüber etwas ausgesagt ist, besteht. Allerdings bestreitet Thomas, es lasse sich durch diese Unterscheidung die These begründen, die durch das Argument bewiesen werden soll, daß es nämlich, da die erstgenannte Wahrheit einer Aussage, sobald und solange es diese gibt, unveränderlich zukommt, eine unveränderliche geschaffene Wahrheit gebe. Eine Aussage ist etwas Wahres in der ersten Bedeutung einzig und allein aufgrund der Wahrheit, die im göttlichen Verstand ist, so wie jedes Seiende ein Wahres ist aufgrund seiner Angeglichenheit an den maßgebenden schöpferischen Verstand. In diesem Sinne wird aber jedes Seiende wahr genannt von der ungeschaffenen Wahrheit her. Diese ist unveränderlich. Die den Dingen innewohnende Angeglichenheit an den göttlichen Verstand ist jedoch veränderlich, wie die Dinge selbst veränderlich sind[23]. Das gilt auch für alles „zum Verstand Gehörende". Versteht man dagegen unter Wahrheit einer Aussage deren Entsprechung zu dem Ding, über das etwas ausgesagt ist, so ist für diesen Begriff von Wahrheit das Verhältnis der Aussage zum Ding oder Sachverhalt als zu dem Maßgebenden entscheidend. Daher ist über diese Wahrheit nichts auszumachen ohne Hinblick auf das Ding und seine Beschaffenheit. Über Veränderlichkeit oder Unveränderlichkeit der Wahrheit in diesem Sinne kann also nur befunden werden, indem die „verstandenen Dinge" als Maß genommen werden.

Offensichtlich deckt sich diese Unterscheidung eines zweifachen Sinnes des Ausdrucks „Wahrheit einer Aussage" nicht mit derjenigen, die Anselm im Auge hat; denn die mit jeder Aussage unlösbar verknüpfte Rechtheit, von der Anselm spricht, die „innere Wahrheit", besteht ja darin, daß die Aussage Träger eines Sinnes ist, daß sie einen Gedanken ausdrückt. Sobald sie so aufgefaßt wird, liegt gemäß Thomas aber bereits die zweite Betrachtungsweise vor, bei welcher die „verstandenen Dinge" mit im Blick stehen; denn den in einer Aussage enthaltenen Gedanken verstehen heißt ja, dasjenige zu erfassen, worüber etwas ausgesagt ist. Gewiß hat jede Aussage wie jedes Seiende eine Natur, aufgrund deren sie das ist, was sie ist, und diese Natur kommt ihr, solange es sie gibt, notwendigerweise zu. Nennt man sie deshalb ein Wahres, so ist jedoch abgesehen von der Wahrheit, die ihr aufgrund der Beziehung zu dem Ding, über welches sie etwas aussagt, eignet. Wird die Wahrheit einer Aussage dagegen im Hinblick auf den ausgesagten Sachverhalt aufgefaßt, so ist allein dieser das Maß. Ob diese Wahrheit veränderlich ist oder nicht, hängt also nicht von der Natur der Aussage, sondern von den Dingen ab. Somit reicht eine Betrachtung, die sich nur auf die Aussage und deren Natur richtet, nicht aus, um das zu erkennen. Notwendige Bedingung dafür, einer Aussage eine unveränderliche „innere

---

[23] a. a. O., c, S. 23: *res creatae variantur quidem in participatione veritatis primae, ipsa tamen veritas prima secundum quam dicuntur vera nullo modo mutatur . . .*

Wahrheit" im Hinblick auf den ausgesagten Sachverhalt zuzusprechen, ist
die Unveränderlichkeit dieses Sachverhalts selbst. Diese läßt sich aber
niemals durch eine Untersuchung der Aussage und ihrer Struktur ausmachen, sondern nur durch Betrachtung, bei der der bezeichnete Sachverhalt berücksichtigt wird. Will man also die „innere Wahrheit" als eine
solche der Beziehung zwischen Aussage und Sachverhalt verstehen, dann ist
man genötigt, in irgendeiner Weise das Bestehen des Sachverhalts anzunehmen. Dafür gibt es offenbar nur zwei Möglichkeiten: Man könnte
– erstens – den Sachverhalt, den die Aussage anzeigt, als einen gedachten
auffassen. Die „innere Wahrheit" gründete sich dann auf etwas bloß
Gedachtes. Das aber kann nicht zutreffen; denn die Aussage zeigt ja an,
„daß ist, was ist" oder „daß nicht ist, was nicht ist", und das bedeutet
etwas anderes als „das gedacht ist, was gedacht ist" oder „daß nicht gedacht
ist, was nicht gedacht ist". Die zweite Möglichkeit: Dem in einer Aussage
ausgedrückten Gedanken entspricht ein im Denken Gottes bestehender
Sachverhalt. Thomas gibt nicht zu erkennen, daß er eine solche Deutung
für sinnvoll hält. Wir sind, wenn wir von der Wahrheit einer Aussage im
Hinblick auf das, worüber etwas ausgesagt wird, sprechen, auf die Dinge
verwiesen, die uns in der uns gegebenen Wirklichkeit begegnen. Sie sind
das Maß dieser Wahrheit. Jeder Versuch, davon abzusehen, muß dazu
führen, das Verhältnis zwischen Aussage und Dingen umzukehren, so daß
schließlich der durch eine Aussage ausgedrückte Gedanke zum Maß der
Wirklichkeit wird.

Nun ist der Erwiderung des Thomas deutlich zu entnehmen, warum
seine Unterscheidung zweier Wahrheiten einer Aussage von derjenigen
Anselms abweicht. Es darf nicht unbeachtet bleiben, auf welche Weise wir
überhaupt Erkenntnisse über Aussagen und deren Natur gewinnen. Gewiß,
eine Aussage kann uns gegeben sein so wie die Dinge, die uns begegnen
und um deren Erkenntnis wir uns bemühen. Aber jede Aussage geht zurück
auf die Tätigkeit des menschlichen Verstandes[24]. Sie ist Produkt eines
Aktes, in welchem der menschliche Verstand zusammensetzend oder tren-
nend Dinge erkennt. Eine Aussage verdankt ihre Wirklichkeit, ihre Natur
als Zeichen und damit ihre Erkennbarkeit also einem Urteilsakt, den der
Mensch vollzieht und dessen Ausdruck sie ist. Das erste, das es beim
Nachdenken über Aussagen zu berücksichtigen gilt, ist also, daß dabei
über „etwas zum menschlichen Verstand Gehörendes" nachgedacht wird.
Unser Verstand vermag sich auf seine eigene Akte und auf das, was durch
diese Akte hervorgebracht wird, zu richten. Das wiederum vermag er, weil
er sich auf jedwedes Seiende richten kann. Gegenstand seiner reflexiven
Erkenntnis ist das, was als Vollzug des Verstandes oder Resultat eines
solchen Aktes wirklich ist. Wenn wir also – wie Anselm es tut – Erwägun-

---

[24] a. a. O., 1, ad 7, S. 7: *oportet illud de quo propositio formatur esse apprehensum ab intellectu.*

gen über Aussagen anstellen, dann denken wir über etwas nach, das Produkt menschlichen Verstehens ist. Wenn wir über die Wahrheit einer Aussage nachdenken, dann müssen wir im Auge behalten, daß diese von dem der Aussage zugrunde liegenden Verstandesakt her zu begreifen ist[25]. Von der Wahrheit eines solchen Aktes kann aber nur gemäß der beiden von Thomas angeführten Betrachtungsweisen gesprochen werden: Er ist als etwas Wirkliches dem göttlichen Verstand angemessen und insofern wahr wie jedes Seiende, und er ist als Akt menschlichen Verstehens wahr, insofern er dem Ding, auf das er gerichtet ist, angeglichen ist. Entsprechendes gilt von jeder Aussage, die durch einen solchen Akt zustande kommt; denn ihm verdankt sie, daß sie einen Gedanken ausdrückt. Wird sie also als Zeichen für einen Sachverhalt verstanden, dann ist sie wahr oder unwahr in derselben Weise, wie der Verstandesakt wahr oder unwahr ist, und das wiederum hängt davon ab, ob dieser Akt dem vom Verstand erfaßten Ding entspricht oder nicht[26].

Wer Anselms Unterscheidung zweier Wahrheiten einer Aussage philosophisch zu begreifen versucht, hat zu beachten, wodurch es möglich ist, daß wir Aussagen und deren Natur erkennen und daß wir über ihre Wahrheit sprechen. Möglich ist das, weil der menschliche Verstand offen ist für jedes Seiende, auch für die eigenen Akte und deren Produkte. Wahrheit als Angeglichenheit des menschlichen Verstandes und des Seienden ist also die Voraussetzung auch unserer Erkenntnis von Aussagen und von deren Natur. Will man die Tragweite der Lehre Anselms philosophisch angemessen würdigen, darf man also diese Voraussetzung nicht übersehen. Man stößt dann auf die Bedeutung des Wortes „Wahrheit", die in keiner philosophischen Wahrheitstheorie übersprungen werden darf: Wahrheit als Angeglichenheit des Verstandes und des Seienden. Dieser grundlegende Sinn zeigt sich immer wieder, wenn wir den Bedeutungen, die mit dem Wort „Wahrheit" verbunden sind, nachspüren. In einer philosophischen Erörterung der Frage nach der Wahrheit gebührt ihr deshalb der Vorrang, den Thomas in seiner Erwiderung so deutlich herausstellt.

II. Wahrheit und Bewußtsein. — Bertrand Russells Aufsatz „Wahrheit und Falschheit" im Licht alter Lehren

1. Über eine grundlegende Voraussetzung von Wahrheit

Als Thomas von Aquin die Disputationen „Über die Wahrheit" veranstaltete, hatte er wohl von den damals bekannten Lehren einen ähnlichen

---

[25] a. a. O., 6, c, S. 23 f.: *comprehenditur . . . veritas enuntiationis sub veritate intellectus quam significat.*
[26] a. a. O., 3, c, S. 11: *quando adaequatur ei quod est extra in re, dicitur iudicium verum.*

Eindruck wie alle, die sich heute um die Klärung des Sinnes des Wortes
„Wahrheit" bemühen, von der gegenwärtigen Diskussion. Der Befund,
von dem jede philosophische Wahrheitstheorie auszugehen hat, wird von
Alfred Tarski so beschrieben: „Das Wort ‚wahr' ist wie andere Wörter
unserer Umgangssprache sicher nicht eindeutig. Und mir scheint nicht, daß
die Philosophen, die diesen Begriff erörtert haben, geholfen hätten, seine
Mehrdeutigkeit zu verringern"[27]. Thomas stellt häufig fest, das Wort
„Wahres" und entsprechende Wörter würden von mehrerem und in ver-
schiedenem Sinn ausgesagt. Er nimmt nun die Sprache als unmittelbaren
Ausdruck menschlichen Verstehens stets sehr ernst. Das gilt gerade angesichts derjenigen Mehrdeutigkeiten, die sich offenbar gar nicht vermeiden
lassen. Über sie muß der Philosoph gründlich nachdenken mit dem Ziel,
sie zu erklären, indem er die Verknüpfung der verschiedenen Bedeutungen
aufzuhellen trachtet. Genau so verfährt Thomas bei seinem Versuch, die
Bedeutungen der Wörter „Wahrheit", „wahr", „Wahres" zu erschließen.
Dabei ist die wichtigste Aufgabe, herauszufinden und bewußt zu machen,
von welcher Grundbedeutung jede der verschiedenen sinnvollen Verwendungen dieser Wörter abhängt. Dieses Ziel wiederum ist am ehesten
dadurch zu erreichen, daß man fragt, ob das Wort „wahr" und verwandte
Ausdrücke nicht überflüssig sind. Die Disputation im ersten Artikel
der Quaestio 1 nimmt von einer solchen „Redundanztheorie" ihren Ausgang. Das Wort „Wahres", so wird gesagt, bedeutet dasselbe wie das Wort
„Seiendes", und deshalb kann man auf es verzichten[28]. Wer — dem
altehrwürdigen Sprachgebrauch folgend — diese Auffassung nicht teilt,
muß also dartun, daß Wörter wie „Wahres", „wahr", „Wahrheit" einen
eigenständigen Sinn haben, der ihren Gebrauch nicht nur rechtfertigt,
sondern unumgänglich macht, und er muß deutlich machen, wie sich dieser
Sinn unterscheidet von dem, was das Wort „Seiendes" und mit ihm verwandte Wörter ausdrücken.

Thomas lehrt bekanntlich, daß mit dem Wort „Wahres" etwas gemeint
ist, was das Wort „Seiendes" nicht ausdrückt, was aber mit dem Erkennt-
nisinhalt, der seinen sprachlichen Ausdruck im Wort „Seiendes" findet,
aufs engste verbunden ist. „Wahres" bezeichnet eine Seinsweise dessen,
was ist. Sie läßt sich erkennen, wenn man darauf achtet, daß jedes uns
begegnende und von uns erkannte Seiende eines unter vielen ist. Jedes
Seiende ist also von solchem, was es nicht selbst ist, getrennt. Rückt dieses
Getrenntsein in unser Bewußtsein, so drücken wir diese Erkenntnis durch
das Wort „anderes" (aliud quid = aliquid) aus[29]. „Ein anderes sein" ist eine

[27] Alfred Tarski, Die semantische Konzeption der Wahrheit und die Grundlagen der
Semantik. In: Wahrheitstheorien. Eine Auswahl aus den Diskussionen über Wahrheit im 20.
Jahrhundert, hrsg. von G. Skirbeck, Frankfurt a. M. 1977, S. 142.
[28] De veritate 1,1, a. a. O. S. 3: *Videtur autem quod verum sit omnino idem quod ens.*
[29] a. a. O., c, S. 5: *Si autem modus entis accipiatur . . . secundum ordinem unius ad*

Seinsweise, die jedem Seienden im Hinblick auf das, was es nicht selbst ist, zukommt. Das „Anderssein" ist jedoch nicht die einzige Seinsweise, die einem Seienden als einem unter vielen eignet. Es kann außer dem Getrenntsein auch das Übereinstimmen eines Seienden mit einem anderen geben. Ein Seiendes kann einem anderen entsprechen, es kann ihm angeglichen sein[30]. Eine derartige Übereinstimmung ist nun als Seinsweise, die jedem Seienden zukommt, nur unter einer Bedingung möglich: Es muß innerhalb der Vielheit des Seienden etwas geben, das nicht nur von anderem getrennt ist, sondern mit jedem Seienden übereinzustimmen vermag. Es muß ein Seiendes geben, das so beschaffen ist, daß es selbst jedes Seiende zu werden vermag, indem es erkennt. Dies ist die notwendige Voraussetzung dafür, daß man sinnvoll von „Wahrheit" als allgemeiner Seinsweise spricht. Thomas führt sie ausdrücklich und unmißverständlich an, wobei er sich auf eine schon von Aristoteles formulierte Einsicht stützt: „Möglich ist das jedoch nur, wenn etwas angenommen wird, das mit jedem Seienden übereinstimmen kann. Dies aber ist die Seele, welche ,gewissermaßen alles ist', wie es im dritten Buch ,Von der Seele' heißt"[31]. Was also auch immer über die vielfältigen Bedeutungen des Wortes „wahr" ausgemacht werden kann, der grundlegende Sinn, der dabei mit im Blick steht, ist nur zu begreifen, wenn ein Seiendes mitgedacht wird, welches das Getrenntsein von anderem zu überwinden vermag: Eine Seele, die ein Vermögen zu erkennen oder die Verstand besitzt[32].

Thomas greift bei allen Erklärungen des Wahrheitsbegriffs auf diese dessen grundlegenden Sinn bestimmende Voraussetzung zurück. So heißt es − um ein Beispiel anzuführen: „Deshalb würden die Dinge, auch wenn es keinen menschlichen Verstand gäbe, dennoch wahr genannt in ihrer Hinordnung auf den göttlichen Verstand. Ließe sich jedoch denken, daß beide Verstandesvermögen zugleich aufgehoben wären und die Dinge blieben − was allerdings unmöglich ist −, so bliebe keinerlei Sinngehalt von Wahrheit übrig"[33].

An diese Lehre wird man erinnert, wenn man verfolgt, wie Bertrand Russell in einem Aufsatz „Wahrheit und Falschheit" von 1912 den Sinn dieser Begriffe zu erschließen versucht. Russell stellt zuerst den Unterschied zwischen der Frage nach Wahrheitskriterien und derjenigen nach

---

alterum, hoc potest esse dupliciter. Uno modo secundum divisionem unius ab altero, et hoc exprimit hoc nomen aliquid: dicitur enim aliquid quasi aliud quid.

[30] a. a. O.: *Alio modo secundum convenientiam unius entis ad aliud.*

[31] a. a. O.: *et hoc quidem non potest esse nisi accipiatur aliquid quod natum sit convenire cum omni ente; hoc autem est anima, quae ,quodam modo est omnia', ut dicitur in III De anima.*

[32] a. a. O.: *convenientiam . . . entis ad intellectum exprimit hoc nomen verum.*

[33] a. a. O. 2, c, S. 9: *Unde, etiam si intellectus humanus non esset, adhuc res verae dicerentur in ordine ad intellectum divinum; sed si uterque intellectus, rebus remanentibus per impossibile, intelligeretur auferri, nullo modo ratio veritatis remaneret.*

„der Natur der Wahrheit"-heraus. Sein Ziel ist es, letztere zu beantworten. Dann formuliert er drei Forderungen, denen jede zureichende Antwort gerecht werden muß. Die zweite dieser Forderungen lautet: „Es ist wohl klar, daß es weder Wahrheit noch Falschheit geben könnte, wenn es keine Meinungen gäbe"[34]. Unter einer Meinung versteht er das, was seinen sprachlichen Ausdruck in Aussagen findet. Aussage und Meinung sind unmittelbar miteinander verknüpft, und zwar so, daß „Wahrheit und Falschheit Eigenschaften von Meinungen und Aussagen" sind[35].

Ohne Meinungen gibt es also weder Wahrheit noch Falschheit. Was aber ist mit dem Satz: „Es gibt Meinungen" gesagt? Russell läßt keinen Zweifel daran, daß mit seiner zweiten Forderung eine weitreichende Aussage über die Wirklichkeit gemacht ist; denn er beschreibt, was man unter einer Welt zu verstehen hat, in der keine Meinungen anzutreffen wären. Sie wäre eine „bloß materielle Welt", in der es nur stoffliche Dinge und Beziehungen zwischen ihnen gäbe. Für eine so beschaffene Welt gilt: „deshalb könnte eine bloß materielle Welt — eben weil sie keine Meinungen oder Aussagen enthielte — auch keine Wahrheit oder Falschheit enthalten"[36]. Die derart verdeutlichte Forderung besagt also, daß von Wahrheit und Falschheit sinnvoll nur unter der Voraussetzung gesprochen werden kann, daß es außer Stofflichem auch etwas gibt, das nicht materiell ist. Russell nennt dies auch „Bewußtsein", manchmal auch „Subjekt". „Die Existenz von Meinungen bzw. Urteilen hängt vom Bewußtsein ab"[37], und zwar insofern, als das Bewußtsein „Urteile und Meinungen hervorbringt"[38]. Demnach ist eine notwendige Voraussetzung für Wahrheit und Falschheit die Existenz eines Bewußtseins, dem Meinungen und Urteile ihre Wirklichkeit verdanken. Russells Überlegungen gehen also in dieselbe Richtung wie die des Thomas: Es muß, wenn das Wort „Wahrheit" einen Sinn hat, ein Seiendes geben, das „Bewußtsein" besitzt, von Thomas im Anschluß an die Tradition „Seele" genannt.

2. „Komplexe Einheit" und urteilender Verstand

Einige andere Gedanken Russells erinnern ebenfalls an eine alte Lehre, die Thomas vertritt und die er zu erklären und zu begründen versucht: Wahrheit als Übereinstimmung von verstehendem Bewußtsein und Seiendem ist primär im zusammensetzenden und trennenden (im urteilenden) Verstand zu finden, nicht dagegen in der dem Urteil zugrunde liegenden

---

[34] Bertrand Russell, Wahrheit und Falschheit, in: Wahrheitstheorien . . ., S. 64.
[35] a. a. O.
[36] a. a. O.
[37] a. a. O. S. 71.
[38] a. a. O. S. 72.

bloß passiven Aufnahme eines Was oder eines Begriffsinhalts[39]. Erst im Vollzug eines Aktes, der darin besteht, daß erfaßte Inhalte miteinander zusammengesetzt oder voneinander getrennt werden, kommt menschlichem Verstehen Wahrheit oder Falschheit zu. Der hier beabsichtigte Vergleich mit Russells Theorie erlaubt es, die Aufmerksamkeit auf den Urteilsakt zu beschränken, den Thomas „Zusammensetzung" nennt. Sicherlich muß es sich bei solchem, was miteinander zusammengesetzt wird, um etwas handeln, das sich irgendwie voneinander unterscheidet. Der Akt des Zusammensetzens hat es also mit einer Vielheit zu tun, auf die er sich richtet, und durch ihn wird diese Vielheit zu einer Einheit zusammengefügt. Man kann also mit Russell das Resultat dieses Verstandesaktes formal als eine „komplexe Einheit" beschreiben. Thomas begründet seine Lehre durch folgende Überlegung: Wahrheit als Übereinstimmung oder Angeglichenheit von Verstand und Seiendem bedeutet, daß eine gewisse Gleichheit beider vorliegt. Gleichheit ist nun nicht Identität, sondern sie setzt voneinander Verschiedenes voraus. Diese Voraussetzung ist, da Verstand und Ding als je für sich seiend voneinander verschieden sind, erfüllt. Wie aber kann eine Gleichheit zwischen beiden zustande kommen? Das ist nur möglich, insofern dem Verstand über das eigene Sein, durch das er ein anderes ist als das Ding, hinaus etwas nur ihm Eigenes zukommt, also etwas, das sich nicht auch im Ding findet, dem aber etwas im Ding entsprechen kann, und zwar so, daß eine Gleichheit beider entsteht[40]. Dieses nur zum Verstand Gehörende und nur ihm Eigene ist nun der Akt des Urteils, der im Zusammensetzen (oder Trennen) besteht. Nicht das Ding setzt ja zusammen oder trennt, nicht das Ding urteilt, sondern nur der Verstand. Demnach ist ein solcher Akt notwendige Voraussetzung dafür, daß sich der Verstand dem Ding angleichen oder daß er eine Angleichung verfehlen kann[41].

Auch nach Russell ist es das Urteil oder das urteilende Bewußtsein, dem Wahrheit oder Falschheit zukommen. Das Urteil beschreibt er als eine Beziehung, die das Bewußtsein mit mindestens zwei Gegenständen oder Objekten verbindet. Wesentlich für diese Beziehung ist, daß sie nicht zwischen dem Bewußtsein und jedem Gegenstand für sich genommen besteht, sondern daß die Gegenstände zusammen das eine Glied dieser Beziehung bilden. Im Urteil treten nämlich die Gegenstände in einer gewissen Ordnung auf. „Othellos Urteil, daß Cassio Desdemona liebt, ist ein anderes Urteil als daß Desdemona Cassio liebt, obgleich beide dieselben Konstituenten haben; denn die Urteilsbeziehung ordnet die Konstituenten im

---

[39] De veritate 1, 3, c, a. a. O. S. 10: *verum . . . per prius invenitur in actu intellectus componentis et dividentis quam in actu intellectus quiditatem rerum formantis.*

[40] a. a. O. S. 11: *unde ibi primo invenitur ratio veritatis in intellectu, ubi primo intellectus incipit aliquid proprium habere quod res extra animam non habet, sed aliquid ei correspondens inter quae adaequatio attendi potest.*

[41] a. a. O.: *ipsum iudicium intellectus est quoddam proprium ei quod non invenitur extra in re; sed quando adaequatur ei quod est extra in re, dicitur iudicium verum.*

ersten Falle anders als im zweiten."[42] Man darf nun die Beziehung zwischen dem Subjekt und den Objekten, in welcher das Urteil oder die Meinung besteht, nicht verwechseln mit derjenigen, die im Urteil als Beziehung zwischen den Gegenständen vorkommt. Letztere ist vielmehr selbst „Objekt des Urteils". Sie fügt die Gegenstände zu einer „komplexen Einheit" zusammen. Hält man sich diese Struktur des Urteils vor Augen, vermag man zu verstehen, was Wahrheit als Übereinstimmung und Falschheit als Nichtübereinstimmung bedeuten. Die im Urteil vorkommende „komplexe Einheit" (zu der nur die Gegenstände gehören) kann nämlich auch unabhängig vom Urteilsakt bestehen oder nicht bestehen. Diese Analyse führt Russell zu folgender Definition: „Urteilen . . . ist eine gewisse komplexe Einheit, zu deren Konstituentien ein Bewußtsein gehört; wenn die übrigen Konstituentien in der Anordnung, die sie im Urteil haben, eine komplexe Einheit bilden, ist das Urteil wahr; wenn sie keine solche komplexe Einheit bilden, ist das Urteil falsch"[43].

Aus dieser Erklärung ergibt sich, daß die im Urteil vorkommende „komplexe Einheit" der Gegenstände vom Bewußtsein hervorgebracht ist. Die Tätigkeit, in welcher das Urteil besteht, ist also das Verbinden mehrerer verschiedener Gegenstände zu einer Einheit. Der Urteilsakt ist demnach nichts anderes als ein Zusammensetzen, und sein Resultat ist die „komplexe Einheit", der eine vom Bewußtsein unabhängig bestehende komplexe Einheit entspricht oder der keine derartige Einheit entspricht. Wie Thomas trifft also auch Russell beim Nachdenken über Wahrheit und Falschheit von Aussagen oder Meinungen auf eine zusammensetzende Tätigkeit des Bewußtseins als notwendige Bedingung für die Entsprechung oder Nichtentsprechung, die den Sinngehalt von wahr und falsch ausmachen.

Allerdings muß auf einen sehr wichtigen Unterschied hingewiesen werden. Die Eigenart dieser Tätigkeit zeigt sich nach Thomas darin, daß „der Verstand urteilt, daß etwas ist oder nicht ist"[44]. Damit ist nun sicherlich nicht dasselbe gemeint wie das bloße Hervorbringen einer „komplexen Einheit". Genauer gesagt: Es ist mehr gemeint. Das läßt sich an dem von Russell gewählten Beispiel erläutern: Urteile ich: „Cassio liebt Desdemona", so füge ich gemäß Russells Beschreibung die Gegenstände „Cassio", „Desdemona" und „lieben" zu der komplexen Einheit „Cassio liebt Desdemona" zusammen. Mit dieser zweifellos richtigen Feststellung über das Urteil scheint aber der Sinn dieses Aktes noch nicht hinreichend erschlossen zu sein. Das Wesen des Urteilens ist gemäß der Beschreibung des Thomas nicht nur das Hervorbringen einer komplexen Einheit

---

[42] Bertrand Russell, a. a. O. S. 69.

[43] a. a. O. S. 71.

[44] Thomas . . ., a. a. O.: *tunc autem iudicat intellectus de re apprehensa quando dicit aliquid esse vel non esse, quod est intellectus componentis et dividentis.*

mit ihrer Struktur, es ist nicht das Ordnen von erkannten Objekten, sondern es liegt darin, daß der Verstand, indem er zusammensetzend eine solche Einheit hervorbringt, wirkliches Bestehen oder Sein des von ihm Erfaßten nachvollzieht und sich dadurch der von ihm unabhängigen Wirklichkeit angleicht oder sich ihr nicht angleicht. Erst so kann es zur Entsprechung oder Nichtentsprechung des Verstehens und einer *wirklichen* „komplexen Einheit" kommen. Thomas drückt dies oft aus, indem er sagt, die zusammensetzende und trennende Verstandestätigkeit berücksichtige „das Sein der Dinge"[45].

Eine wichtige Stelle in Russells Aufsatz läßt sich gewiß besser verstehen, wenn man diesen Gedanken des Thomas zu Hilfe nimmt. Russell erklärt den Begriff „Tatsache, die dem Urteil entspricht" wie folgt: „Wenn es nun eine komplexe Einheit, . . . gibt, in der die Objektglieder in der gleichen Ordnung, die sie im Urteil haben, miteinander verbunden sind, dann nennt man diese komplexe Einheit *die Tatsache, die dem Urteil entspricht*"[46]. Er scheint also in der Strukturgleichheit der „komplexen Einheiten", die im Urteil einerseits und in der Wirklichkeit andererseits vorkommen, das Wesentliche der Übereinstimmung zu sehen. Aber der nächste Satz läßt erkennen, daß damit die Entsprechung, in der die Wahrheit besteht, doch nicht vollständig erklärt ist: „Ein Urteil ist also wahr, wenn es eine ihm entsprechende Tatsache gibt, und falsch, wenn es keine solche Tatsache gibt"[47]. Hier wird nämlich als Bedingung der Wahrheit eines Urteils angeführt: „wenn es eine ihm entsprechende Tatsache gibt", während zuvor „die dem Urteil entsprechende Tatsache" ausdrücklich gekennzeichnet ist als etwas, das „es gibt". Es zeigt sich also, daß die Wahrheit, um deren Erklärung Russell sich bemüht, offenbar doch nicht hinreichend als Strukturgleichheit von Beziehungen zwischen Gegenständen zu begreifen ist. Der Urteilsakt ist wahr, er überwindet das nicht aufhebbare Anderssein von Verstand und Seiendem, insofern er auf das Sein der Gegenstände gerichtet ist. Mit den Worten: „wenn es eine entsprechende Tatsache gibt", wird von Russell das letzten Endes Maßgebende der Wahrheit oder Falschheit des Urteils benannt. Die Gleichheit oder Ungleichheit, welche die Wahrheit und Falschheit des Urteilsaktes ausmachen, kommt also erst ganz in den Blick, wenn die Zusammensetzung verstanden wird als Akt, dessen Maß das ist, was Thomas als das Sein des Verstandenen bezeichnet und was Russell mit „es gibt" beschreibt. Die von Thomas aufgegriffene alte Analyse des Urteils und deren Erklärung verdient es, nicht vergessen zu werden, weil sie etwas deutlich zu machen versucht, was in manchen Wahrheitstheorien übersehen wird.

---

[45] So z. B. In I Sent., d. 19, 5,1, ad 7: *secunda operatio* (d. h. die ‚*compositio vel divisio propositionis*') *respicit esse ipsius rei.*

[46] Bertrand Russell, a. a. O. S. 71.

[47] a. a. O. S. 71 f.

EIN KURZER FEHLSCHLUSSTRAKTAT:
DIE FALLACIAE BREVES (AD MODUM OXONIAE)

London, British Museum, Royal MSS 12 F XIX, 104 rb–105 vb

von Clemens Kopp

Die Bedeutung des Oxforder Logik-Traktates „*Cum sit nostra*" beschreibt L. M. de Rijk in seiner Logica modernorum wie folgt: „The tract *Cum sit nostra* was widely used in schools"[1]. Die Edition der *Logica „Cum sit nostra"* in Band II–II der Logica modernorum endet mit dem V. Kapitel *de terminis*[2].

In vier Handschriften folgt jedoch auf diesen Logiktraktat, der in einer Handschrift[3] *Summulae ad modum Oxoniae* genannt wird, ein Fehlschluß-traktat, der entweder vom gleichen Verfasser stammt oder einem Schüler. Dieser Fehlschlußtraktat, der ähnlich wie die Logica „*Cum sit nostra*" als „*Fallaciae ad modum Oxoniae*" bezeichnet wird, findet sich in folgenden vier Handschriften: London, British Museum, Royal MSS 12 F XIX, ff. 98 rb–104 ra; Oxford, Bodleian Library, Digby 2, ff. 46 r–67 v; Digby 24, ff. 31 vb 17–45 va; F. Auct 5,23 173 va 33–178 vb 34.

Auf diese *fallaciae* folgen in der Londoner Handschrift noch die *fallaciae breves*, die de Rijk als „the same tract on fallacies in a shorter version" bezeichnet[4]. *Diese fallaciae breves* sind in den Oxforder Handschriften nicht enthalten.

Im folgenden sollen diese *fallaciae breves* ediert werden, anschließend soll der Unterschied zu dem ausführlichen Text untersucht werden. Es wird sich zeigen, daß die *fallaciae breves* mehr sind als nur eine gekürzte Fassung der *fallaciae ad modum Oxoniae*[5].

---

[1] L. M. de Rijk, Logica modernorum, Band II–I, Assen 1967, 438.

[2] L. M. de Rijk, Logica modernorum, Band II–II, Assen 1967, 413–451.

[3] Oxford, Bodleian Library, MS F. Auct 5. 23 siehe hierzu auch Peter of Spain, Tractatus, ed. by L. M. de Rijk, Assen 1972, XCIV und LXIX.

[4] L. M. de Rijk, Logika modernorum, Band II–I, 38.

[5] Eine (synoptische) Edition der fallaciae ad modum Oxoniae ist in Vorbereitung. Dort werden genauere Untersuchungen zu den fallaciae angestellt.

Text

de quattuor generibus disputationum

Secundum Philosphum primo Elenchorum quattuor sunt genera disputationum, scilicet disputatio doctrinalis, dialectica, temptativa, et sophistica[6].

Doctrinalis est illa, quae procedit ex primis et veris et immediatis, et sic disputat geometer.

Dialectica est illa, quae procedit ex probabilibus.

Tempatativa est illa, quae procedit ex illis, quae videntur respondenti, et pertinet ad ex⟨per⟩imentum ignorantiae.

Sophistica est illa, quae procedit ex apparenter probabilibus, et pertinet ad inanem gloriam quoad opponentem et ad deceptionem quoad respondentem.

de quinque metis sophisticae disputationis

Et quinque sunt metae de quibus intendit sophista, scilicet redargutio, falsum, inopinabile, soloecismus et nugatio.

Redargutio est praeconcessi negatio vel praenegati concessio ab eodem, in eodem tempore, et hoc vi argumentationis.

Falsum est, quando opponens ducit respondentem ad aliquod manifeste falsum.

Inopinabile est, quando opponens ducit respondentem ad aliquod, quod est contra opinionem sapientum, ut solem non esse maiorem tota terra.

Soloecismus est, quando opponens ducit respondentem ad aliquod vitium contra artem grammaticam.

Nugatio est inutilis repetitio unius et eiusdem ex eadem parte orationis, ut homo, homo currit.

de modis arguendi et de divisionibus fallaciarum

Modi arguendi sunt duo, unus in dictione, alius extra dictionem.

Penis primum modum sex sunt fallaciae, scilicet aequivocatio, amphibolia, compositio, divisio, accentus et figura dictionis. Et dicuntur ‚in dictione', quia in eis accidit deceptio ex parte vocis.

Quod sex sunt fallaciae in dictione sic patet, quia omnis fallacia in dictione aut operatur actualem multiplicitatem, aut potentialem, aut phantasticam.

Si actualem, hoc dupliciter: aut in voce incomplexa et sic est aequivocatio, aut in voce complexa, et sic amphibolia.

---

[6] Soph. El. 165a 38ff.

Si potentialem, hoc dupliciter: aut in voce complexa, et sic compositio et divisio, aut in voce incomplexa, et sic accentus.

Si phantasticam, sic est figura dictionis.

Et est actualis multiplicitas, quando dictio vel oratio manens eadem secundum materiam et formam, hoc est secundum litteras et syllabas et modum proferendi, [et][6a] significat plura.

Potentialis multiplicitas est, quando dictio vel oratio manens eadem secundum materiam solum, significat plura.

de fallacia aequivocationis

Aequivocatio est diversa significatio alicuius termini positi in oratione.

Causa apparentiae est identitas vocis. Causa non existentiae est diversitas significatorum eiusdem vocis.

Huius fallaciae tres sunt modi.

Primus modus est, quando aliqua dictio significat plura aeque primo, et iste modus est in puris aequivocis ut hic:

> Omne, quod est substantia animata sensibilis, est animal,
> arbor est substantia animata sensibilis,
> ergo arbor est animal.

104va Consequentia patet. Maiorem probo, quia hic praedicatur definitum de definitione. Minor patet, quia arbor est aptum natum sentiri, ergo est sensibilis.

Solutio: dicendum, quod ,sensibile' est aequivocum; uno modo est sensibile, quod est aptum natum sentire, et sic est maior vera, alio modo, quod est aptum natum sentiri, et sic est minor vera.

Secundus modus huius fallaciae est, quando aliqua dictio significat unum proprie et aliud transumptive et iste secundus modus est in analogis ut hic:

> Omnis homo est animal rationale,
> homo depictus in pariete[7] est homo,
> ergo animal rationale.

Solutio: haec est distinguenda, ex eo quod li ,homo' potest teneri pro homine vivo, sic est maior vera, vel pro homine depicto et sic minor est vera.

Tertius modus est, quando aliqua dictio significat unum simplex, sed ex adiunctione eius cum alio significat plura, et iste modus est in puris univocis ut hic:

[6a] et *i. m.*

[7] in pariete *s. l.*

> Quicumque surgebat, stat,
> sedens surgebat,
> ergo sedens stat.

Solutio: minor est distinguenda, ex eo quod li ‚sedens‘ potest significare praesens tempus, et sic est maior vera, si praeteritum tempus, sic minor est vera.

de fallacia amphiboliae

Amphibolia est multiplicitas orationis. [Et][8] Dictiur enim ab ‚amphi‘, quod est ‚dubium‘ et ‚bule‘ ‚sententia‘, quasi ‚dubia sententia‘.

Causa apparentiae est unitas vocis complexae. Causa non existentiae est diversitas sententiarum.

Ista fallacia fit tribus modis.

Primus modus est, quando aliqua oratio manens eadem secundum materiam et formam significat plura aeque primo, ut hic:

> Socrates et Plato vident se,
> ergo Socrates videt se et Plato similiter.

Suppono, quod Socrates videat Platonem, et Plato Socratem, et nullus seipsum.

Solutio: haec est distinguenda ex eo quod li ‚se‘ potest habere resolutionem transitivam vel reciprocam; si transitivam, sic est iste sensus: Socrates et Plato vident se, hoc est, Socrates videt Platonem et Plato Socratem. Si reciprocam, sic est iste sensus: Socrates et Plato vident se, hoc est, Socrates videt Socratem, et Plato Platonem, et in isto sensu sequitur: Socrates et Plato vident se, ergo Socrates videt se et Plato similiter, in alio sensu non sequitur.

Secundus modus est, quando aliqua oratio significat unum proprie et aliud transumptive, ut hic:

> Iste arat litus,
> ergo est iuxta aquam.

Solutio: haec est distinguenda ex eo quod potest significare propriam significationem et sic consequentia est bona, vel transumptivam, et sic significat idem quod amittere laborem, et ideo non valet consequentia.

Tertius modus est, quando aliqua oratio significat unum de se, sed ex adiunctione eius cum alio significat plura ut hic:

> Si Socrates est prudens,
> scit saeculum.

---

[8] et s. l.

Solutio: haec est distinguenda ex eo quod li ‚saeculum' potest construi a parte 104 vb ante de li ‚scit' et sic est falsa, vel a parte post, et sic est vera.

de fallacia compositionis et divisionis

Sequitur de compositione et divisione, et de illis simul tractandum est, quia istae fallaciae sunt multum annexae. Causa apparentiae compositionis est similitudo orationis compositae ad orationem divisam.

Causa apparentiae divisionis est similitudo orationis divisae ad orationem compositam.

Causa non existentiae est diversitas significatorum in uno sensu et in alio. Compositio fit tribus modis.

Primus modus est, quando plura ponuntur a parte subiecti ad quae praedicatum potest comparari coniunctim vel divisim ut hic:

> Sedentem ambulare est possibile.

Solutio: haec est distinguenda ex eo quod praedicatum potest componi ad subiectum coniunctim vel divisim; si coniunctim, sic est falsa, si divisim, sic est vera. Secundus modus est, quando aliqua determinatio ponitur inter duo determinabilia, quae possunt indifferenter determinare unum vel reliquum ut hic:

> Quicumque scit litteras, nunc didicit illas.

Solutio: haec est distinguenda ex eo quod li ‚nunc' potest determinare li ‚didicit' vel dividi ab eo. Si primo modo, falsa est, si secundo modo, vera.

Tertius modus est, quando plura ponuntur a parte praedicati, ad quae subiectum potest comparari coniunctim vel divisim ut hic:

> Quod unum solum potest ferre, unum et aliud et tertium potest ferre.

Solutio: haec est distinguenda ex eo quod subiectum potest comparari ad praedicatum coniunctim vel divisim; si coniunctim, falsa, si divisim, vera.

Primus modus divisionis est, quando plura ponuntur a parte praedicati ad quae subiectum potest comparari coniunctim vel divisim ut hic:

> Quicumque sunt duo et tria, sunt paria et imparia,
> quinque sunt duo et tria,
> ergo quinque sunt paria et imparia.

Solutio: haec est distinguenda ex eo quod praedicatum potest comparari ad subiectum coniunctim vel divisim; si coniunctim, vera, si divisim, falsa.

Secundus modus est, quando plura ponuntur a parte subiecti, quae possunt comparari ad praedicatum coniunctim vel divisim ut hic:

> Quod est tantundem et amplius est maius.

Solutio: haec est distinguenda ex eo quod subiectum potest comparari ad praedicatum coniunctim vel divisim; si coniunctim vera, si divisim, falsa.

Tertius modus est, quando aliqua determinatio ponitur inter duo determinabilia, quae indifferenter potest determinare unum vel reliquum ut hic:

> Quadraginta virorum centum reliquit dives Achilles
> in bello.

Solutio: haec est distinguenda ex eo quod li ‚virorum‘ potest componi cum li ‚centum‘ et sic vera, vel dividi ab eo, et sic falsa.

de fallacia accentus

Sequitur de fallacia accentius, quae per Philosophum efficacior est ad decipiendum in scripto quam in prolatione[9], 105 ra et hoc est verum penes aliquem sui modum.

Causa apparentiae est unitas vocis manentis eadem secundum materiam tantum. Causa non existentiae est diversitas significationis sub uno accentu et sub alio.

Ista fallacia fit tribus modis.

Primus modus est, quando prima syllaba alicuius dictionis potest corripi vel produci ut patet in hac dictione ‚malum‘.

Secundus modus est, qui ex eo quod aliquid potest accipi cum aspiratione vel sine, et hoc est penes spiritum[9a].

Tertius modus est ex hoc quod media syllaba alicuius dictionis potest corripi vel produci, et hoc secundum tenorem, ut patet in hac dictione ‚pendere‘.

Alius modus accipitur ex his, quod aliquid potest esse dictio vel oratio, ut patet in hoc exemplo:

> Quicumque est christianus, est christi vetula.

de fallacia figurae dictionis

Sequitur de fallacia figurae dictionis. Causa apparentiae est similitudo dictionis ad dictionem. Causa non existentiae est diversitas assumptorum.

Ista fallacia fit tribus modis.

Primus modus est ex simili terminatione ut:

> Musa et scanna similiter terminantur,
> sed musa est feminini generis,
> ergo etc.

Secundus modus est, quando res unius praedicamenti mutatur in rem alterius ut hic:

---

[9] Soph El. 166 b 1 ff.
[9a] spiritum *scr.*: speciem.

> Quicquid heri emisti, hodie comedisti,
> carnes crudas heri emisti,
> ergo carnes crudas hodie comedisti.

Solutio est, quoniam commutatur hic quid in quale.

Tertius modus est, quando commutatur quale quid in hoc aliquid ut hic:

> Homo est species,
> Socrates est homo,
> ergo Socrates est species.

Solutio est, quoniam commutatur hic quale quid in hoc aliquid.

de fallaciis extra dictionem

Sequitur de fallaciis extra dictionem, quae sunt septem, scilicet accidens, secundum quid et simpliciter, ignorantia elenchi, petitio principii, consequens, secundum non causam ut causam, secundum plures interrogationes. Unde ad habendum numerum fallaciarum extra dictionem, sciendum, quod quaedam fallaciae sunt principales, et quaedam annexae.

Principales sunt quattuor, scilicet accidens, secundum quid et simpliciter, ignorantia elenchi, petitio principii.

Fallaciae annexae sunt tres, scilicet consequens, secundum non causam ut causam, secundum plures interrogationes.

Si sit fallacia principalis, deficit ab elencho, aut quia non infert, et sic est fallacia accidentis, aut quia non contradicit, et sic sunt duae fallaciae, secundum quid et simpliciter et ignorantia elenchi, aut quia non probat, et sic est petitio principii.

Si sit fallacia annexa, deficit ab elencho, aut quia non infert, et sic est consequens, aut quia non probat, et sic est secundum non causam ut causam, aut quia non contradicit, et sic est secundum plures interrogationes.

de fallacia accidentis

Sciendum quod accidens, secundum quod hic sumitur, est quaedam extraneatio unius termini in comparatione ad alium terminum. 105 vb

Causa apparentiae[10] est unitas rei significatae per terminum variatum[11]. Causa non existentiae est diversitas rei sic significatae. Unde in hac fallacia ut in pluribus maior extremitas dicitur attributum, minor extremitas res subiecta, medius terminus accidens, unde sufficit, quod aliqua comparatio alicuius termini ad alium terminum in discursu <variatur>.

Huius fallaciae est unus modus formaliter loquendo, ut quando aliquis terminus sub extranea comparatione comparatur ad unum terminum et ad alium ut hic:

---

[10] apparentiae *scr.*: apparententiae.
[11] variatum *scr.*: variaratum.

> Veniens cognoscitur a te,
> Coruscus est veniens,
> ergo etc.

Solutio: Etsi Coruscus cognoscitur a te, tamen Coruscus[12] inquantum veniens nbn cognoscitur a te.

de fallacia secundum quid et simpliciter

Sequitur de fallacia secundum quid et simpliciter[13].

Causa apparentiae est similitudo alicuius rei secundum quid ad seipsam simpliciter. Causa non existentiae est diversitas earundem.

Istius fallaciae sunt duo modi secundum quod [q.] communiter dicitur.

Primus modus est, quando proceditur ab aliquo negato[14] simpliciter ad seipsum negatum secundum quid ut hic:

> Aethiopus non est albus,
> ergo non est albus secundum dentes.

Secundus modus est, quando proceditur ab aliquod sumpto secundum quid ad idem sumptum simpliciter ut:

> Aethiopus est albus secundum dentes,
> ergo est albus.

Sed bene sequitur: Socrates est homo albus, ergo Socrates est homo.

Propter quod sciendum est, quod quaedam est determinatio, quae ponit suum subiectum ut ,homo albus, ergo homo', quaedam est determinatio, quae destruit suum subiectum ut ,homo mortuus', quaedam est determinatio, quae neque ponit, neque destruit ut ,opinabile'.

Unde arguendo duobus ultimis modis committitur fallacia, primo modo non.

de fallacia secundum ignorantiam elenchi

Sequitur de fallacia secundum ignorantiam elenchi, quae duplex est, scilicet generalis et specialis. Secundum ignorantiam generalem dicuntur omnes fallaciae, sed ignorantia elenchi specialis solum peccat contra istas particulas ,secundum idem' et ,ad idem', ,similiter' et ,in eodem tempore'.

Causa apparentiae istius fallaciae est similitudo alicuius accepti uno modo ad seipsum acceptum alio modo. Causa non existentiae est diversitas earundem.

Istius fallaciae sunt quattuor modi.

Primus modus est, quando non arguitur secundum idem ut hic:

---

[12] Coruscus *s. l.*
[13] Sequitur de fallacia secundum quid et simpliciter *hoc dupl.*
[14] negato s. l.

> Hoc est duplum ad hoc secundum longitudinem
> et non secundum latitudinem,
> ergo est duplum et non duplum.

Secundus modus est, quando non arguitur ad idem ut hic:

> Hoc est duplum ad hoc, et non est duplum ad illud,
> ergo est duplum et non duplum.

Tertius modus est, quando non arguitur similiter ut hic:

> Iste scribit velociter et non scribit bene,
> ergo scribit bene et non 105va scribit bene.

Quartus modus est, quando non arguitur respectu eiusdem tempori ut hic:

> Iste scribit hora nona et non scribit hora tertia,
> ergo scribit et non scribit.

de fallacia petitionis principi

Sequitur de fallacia petitionis principii, et est, quando aliquid per minus notum est probatum vel per aequaliter ignotum[15].

Causa apparentiae est diversitas alicuius, quod praemittitur ad illud, quod concluditur.

Primus modus est, quando aliquid petitur sub eodem nomine vel sub nomine synonymo.

Exemplum primi:

> Marcus currit,
> ergo Marcus currit.

Exemplum secundi:

> Marcus currit,
> ergo Tullius currit.

Secundus modus est, quando universale petitur in suis singularibus ut:

> Iste homo currit, et iste et sic de singulis,
> ergo omnis homo currit.

Tertius modus est, quando singulare petitur in suo universali ut:

> Omnis homo currit,
> ergo Socrates currit.

---

[15] ignotum: ig s. l.

Quartus modus est, quando coniunctum petitur in suis divisis ut:

> Socrates est sanus et est aeger,
> ergo est sanus et aeger.

Quintus modus est, quando unum convertibile petitur in suo convertibili ut:

> Homo currit,
> ergo risibile currit.

de fallacia consequentis

Sequitur de fallacia consequentis.

Causa apparentiae est similitudo inter antecedens et consequens. Causa non existentiae est diversitas earundem.

Unus est modus tantum istius fallaciae formaliter loquendo, et semper arguitur a positione consequentis, sed quia arguitur aliquando affirmative, aliquando negative, ideo duo modi solent assignari, sed quando arguitur affirmative, arguitur a positione consequentis ut hic:

> Animal currit,
> ergo homo currit.

Unde quia ista ‚animal currit‘ habet multas causas veritatis, aut quia leo currit, aut quia bos currit, et sic de singulis. Unde quia arguitur a propositione habente plures causas veritatis ad unam illarum, est fallcia consequentis a positione consequentis.

Secundus modus esse potest, quando arguitur a destructione antecedentis, ut hic:

> Quod est factum habet principium,
> ergo quod non est factum, non habet principium,
> sed mundus non est factus,
> ergo non habet principium,
> et quod non habet principium, non habet finem,
> et omne tale est infinitum,
> ergo mundus est infinitus.

Solutio: hic est fallacia consequentis a destructione antecedentis; ⁺sic similiter⁺ duplex est principium, scilicet factionis et magnitudinis, unde esse factum et habere principium factionis se consequuntur, sed non sic de principio magnitudinis.

de fallacia secundum non causam ut causam

Sequitur de fallacia secundum non causam ut causam. Causa apparentiae[16] est similitudo inter causam et illud, quod non est causa. Causa non existentiae est diversitas inter causam et non causam.

Ars autem paralogizandi penes istam fallaciam est, quod si aliquis vult probare aliquid esse falsum, oportet quod dicas istam propositionem, quam vis probare cum ambabus propositionibus inter quas <una quae>non conveniat cum conclusione in aliquo termino; et tunc ex hoc inferas 105 vb falsum, et dicas conclusio est falsa, ergo illud, ex quo sequitur, sed illud est ista propositio (+)determinata propositione vera(+) ut hic:

> Si tu es homo et asinus, tu es leo et capra,
> ergo ex opposito sequitur oppositum:
> non es leo nec capra, ergo non es homo nec asinus.

Hinc dicitur, quod hic est fallacia secundum non causam ut causam, quia haec propositio ‚tu es homo‘ non est causa conclusionis, et ex opposito conclusionis habes solum inferre oppositum istius propositionis, quae fuit causa conclusionis, Unde oppositum est disiunct<iv>a habens partes contradicentes partibus copul<ativ>ae, et ideo ex opposito sic debet inferri oppositum suum,<si>tu es homo et asinus, tu es leo et capra‘ ‚tu non es leo vel capra, ergo non es homo vel asinus‘.

de fallacia secundum plures interrogationes

Sequitur de fallacia secundum plures interrogationes[17]. Causa apparentiae est similitudo inter interrogationem, quae plures est et inter interrogationem unam. Causa non existentiae est diversitas earundem.

Ista fallacia fit tribus modis.

Primus modus est, quando plura interrogantur de uno ut hic:

> Estne Socrates homo et asinus?

Si dicatur quod sic, inferatur, quod Socrates est asinus. Si dicatur quod non, inferatur quod Socrates non est homo.

Secundus modus est, quando unum interrogatur de pluribus ut hic:

> Estne hic et hic homo,
> demonstrato Socrate et Platone?

Si dicatur quod sic, ergo qui percutit hunc et hunc, non percutit hominem sed homines. Si dicatur quod non, ergo Socrates non est homo.

Tertius modus est, quando plura interrogantur de pluribus, ut si demonstrato bono et non bono, quaeratur:

> Suntne ista bona et non bona?

---

[16] apparentiae *scr.*: apparentientiae.
[17] plures interrogationes *s. l.*

Si dicatur quod sunt bona, inferatur ergo ‚bonum est non bonum‘, nam per Philosphum ad propositionem, quae plures est, respondenti affirmative accidit verus elenchus, et respondenti negative contingit apparens elenchus[18].

Sequitur quod ad propositionem, quae plures est, plures dandae sunt responsiones[19].

EXPLICIUNT FALLACIAE BREVES.

Zum Vergleich zwischen den *fallaciae* und den *fallaciae breves*

Es bleibt nun zu untersuchen, worin sich die *fallaciae breves* von den *fallaciae* unterscheiden. Es scheint so, daß im Unterschied zu den *fallaciae*, die sich wie die ganze *Logica „Cum sit nostra"* an Anfänger wenden, der Adressatenkreis der *fallaciae breves* aus solchen besteht, die schon Vorkenntnisse der Fallacien-Lehre haben, d. h. aus Fortgeschrittenen.

Dies wird deutlich durch die kurze und knappe Art und Weise, wie in den *fallaciae breves* Fehlschlüsse aufgelöst werden.

Hierzu als Beispiel eine *fallacia divisionis*, die in Anlehnung an Aristoteles' Beispiel *„quinquaginta virorum centum reliquit dives Achilles in bello"*[20] konstruiert wurde.

fallaciae f. 101 rb, 4—17

Quoscumque reliquit dives Achilles in bello, sunt centum,
sed quadraginta virorum centum reliquit dives Achilles in bello,
ergo quadraginta sunt centum.

Solutio: hic est fallacia divisionis in minori propositione eo quod li ‚virorum‘ potest dividi de li ‚centum‘ et sic est divisa et falsa et est sensus: quadraginta virorum centum reliquit dives Achilles in bello, hoc est, de numero quadraginta virorum centum reliquit centum, et hoc est impossibile, cum ex minori numero non relinquitur maior. Si li ‚virorum‘ dividatur ab hoc numero ‚quadraginta‘ et componatur cum li ‚centum‘, sic est composita et vera et est sensus: dives Achilles reliquit quadra-

fallaciae breves f. 104 vb 38—41

Quadraginta virorum centum reliquit dives Achilles in bello.

Solutio: hic est distinguenda ex eo quod li ‚virorum‘ potest componi cum li ‚centum‘ et sic est vera, vel dividi ab eo et sic falsa.

---

[18] Soph. El. 169a 17—19.
[19] responsiones *scr.*: responceones.
[20] Soph. El. 166a 37f.

ginta de numero centum virorum, et hoc
est impossibile, cum ex minori numero
possibile sit relinquere numerum mino-
rem ut quadraginta de maiori numero
sicut de centum.

In den *fallaciae breves* wird dieser Fehlschluß kurz und bündig aufgelöst:
Wenn *virorum* mit *centum* zusammengesetzt wird, ist der Satz wahr,
werden *virorum* und *centum* getrennt, ist der Satz falsch.

Anders in den *fallaciae*. Hier scheint diese Auflösung nicht zu reichen.
Zunächst wird gesagt, daß eine *fallacia divisionis* vorliegt: wenn *centum* von
virorum getrennt wird, ist der Schluß falsch. In einem weiteren Schritt wird
erläutert, was denn heißt, daß *centum* von *virorum* getrennt wird: Von
vierzig von (ursprünglich) hundert ließ Achilles hundert im Krieg zurück. Nach dieser Erklärung folgt die Feststellung: das ist unmöglich, weil
von einer kleineren Zahl nicht eine größere zurückgelassen werden kann.

Knapper, technischer und präziser, so könnte man die Sprache der *fallaciae breves* im Vergleich mit der ausführlichen Sprache der *fallaciae*
bezeichnen. Zwei Beispiele hierzu:

Als erstes die Beschreibung des zweiten Modus der Aequivokation.

fallaciae f. 99vb 13—15

Sequitur de secundo modo aequivoca-
tionis, et est, quando aliqua dictio tran-
sumitur a propria significatione ad im-
propriam . . .

fallaciae breves 104va 6—8

Secundus modus huius fallaciae est,
quando aliqua dictio significat unum
proprie et aliud transumptive, et iste
secundus modus est in analogis.

Während in den *fallaciae* dieser Modus umgangssprachlich erklärt wird,
nämlich: ein Fehlschluß der zweiten Art liegt dann vor, wenn ein Wort
aus der eigentlichen in die ineigentliche Bedeutung übernommen wird,
heißt es in den *fallaciae breves* fachsprachlicher, daß der zweite Modus der
Aequivokation dann vorliegt, wenn ein Wort einmal etwas eigentlich und
ein anderes *transumptive* bezeichnet. Und zugleich folgt noch eine
Zusatzbemerkung: Dieser zweite Modus kommt bei Analoga vor. Damit
wird dieser zweite Modus noch weiter präzisiert.

Ein weiteres Beispiel: der erste Modus der Amphibolie.

fallaciae 100ra 27—29

Amphibolia fit tribus modis sicut aequivocatio. Primus modus est, quando aliqua oratio primo et principaliter significat plura.

fallaciae breves 104vb 24f.

Ista fallacia fit tribus modis. Primus
modus est, quando aliqua oratio manens
eadem secundum materiam et formam
significat plura aeque primo, . . .

Während es bei den *fallaciae* nur heißt, daß dann eine Amphibolie vorliegt,
wenn irgendeine Rede zuerst und hauptsächlich mehrere bezeichnet,

heißt es in den *fallaciae breves*, daß eine Amphibolie dann vorliegt, wenn eine Rede dieselbe bleibt in bezug auf Materie und Form und mehreres gleich dem ersten bezeichnet.

Das Bedürfnis nach Präzision findet sich noch an mehreren Stellen. So führen die *fallaciae breves* biem ersten Modus der *fallacia petitionis principii* eine Differenzierung durch, die in den *fallaciae* nicht vorhanden ist:

fallaciae 103 rb 21—23	fallaciae breves 105 va 7—9
Primus modus est, quando idem probatur per seipsum secundum rem[21] ut:	Primus modus est, quando aliquid petitur sub eodem nomine vel sub nomine synonymo.
	Exemplum primi:
	Marcus currit,
	ergo Marcus currit.
	Exemplum secundi:
Marcus currit,	Marcus currit,
ergo Tullius currit	ergo Tullius currit.

An einigen Stellen weichen die *fallaciae* und die *fallaciae breves* sogar stärker voneinander ab. Bei der *fallacia accentus* findet sich in den *fallaciae* die geläufige Einteilung, die *fallaciae breves* teilen anders ein.

fallaciae f. 101 va 18—24	fallaciae breves f. 105 ra 4—12
Ista fallacia fit tribus modis. Primus modus est ex eo quod aliqua dictio potest corripi vel esse sub uno accentu vel sub alio, hoc est secundum tempus. Secundus modus est, quando aliqua dictio potest proferri cum aspiratione vel sine, hoc est secundum spiritum[22].	Ista fallacia fit tribus modis. Primus modus est, quando prima syllaba alicuius dictionis potest corripi vel produci, ut patet in hac dictione ‚malum‘. Secundus modus est, qui ex eo quod aliquid potest accipi cum aspiratione vel sine, et hoc est penes spiritum[23].
	Tertius modus est ex hoc, quod media syllaba alicuius dictionis potest corripi vel produci, et hoc secundum tenorem, ut patet in hac dictione ‚pendere‘.
Tertius modus est quando aliqua dictio potest sumi dictionaliter vel orationaliter, hoc est secundum tenorem.	Alius modus accipitur ex his, quod aliquid potest esse dictio vel oratio, ut patet in hoc exemplo: . . .

Was bei den *fallaciae* als erster Modus gefaßt wird, differenziert der Verfasser der fallaciae breves, jenachdem ob die erste oder mittlere Silbe betrof-

---

[21] secundum rem *s. l.*

[22] spiritum *scr.*: tempus.

[23] spiritum *scr.*: species.

fen ist, liegt eine *fallacia accentus* des ersten oder des dritten Modus vor. Das hat zur Folge, daß der Fehlschluß:

> Iustum est iustos viros pendere,
> sed non est iustum iustos viros pendere,
> ergo idem est iustum et non iustum.

in den *fallaciae* (101 va 29—31) zum ersten Modus der *fallacia accentus* gehört, in den *fallaciae breves* gehört er zum dritten Modus.

Ein besonders deutlicher Unterschied zwischen den beiden Fehlschluß-traktaten findet sich in der Einteilung der *fallaciae extra dictionem*. Der Verfasser der *fallaciae breves* versucht, ähnlich wie die von Alexander[24] eingeteilten *fallaciae in dictione* (nach *actualis, potentialis* und *phantastica multiplicitas)* eine Einteilung der *fallaciae extra dictionem* zu liefern, indem er sie zunächst in *fallaciae principales* und *fallaciae annexae* gliedert und dann wie folgt weiter unterteilt:

fallaciae f. 102 rb 36—41

Sequitur de fallaciis extra dictionem, quae sunt septem, scilicet accidens, secundum quid et simpliciter, ignorantia elenchi, petitio principii, consequens, non causa ut causa, secundum plures interrogationes ut unam facere.

fallaciae f. 105 ra 25—41

Sequitur de fallaciis extra dictionem, quae sunt septem, scilicet accidens, secundum quid et simpliciter, ignorantia elenchi, petitio principii, consequens, secundum non causam ut causam, secundum plures interrogationes.

Unde ad habendum numerum fallaciarum extra dictionem sciendum, quod quaedam fallaciae sunt principales et quaedam annexae.

Principales sunt quattuor: scilicet accidens, secundum quid et simpliciter, ignorantia elenchi, petitio principii. Fallaciae annexae sunt tres, scilicet consequens, secundum non causam ut causam, secundum plures interrogationes.

Si sit fallacia principalis, deficit ab elencho, aut quia non infert, et sic est fallacia accidentis, aut quia non contradicit, et sic sunt duae fallaciae, secundum quid et simpliciter et ignorantia elenchi, aut quia non probat, et sic est petitio principii.

Si sit fallacia annexa, deficit ab elencho, aut quia non infert, et sic est conse-

[24] Siehe St. Ebbesen, Commentators and Commentaries on Aristotle's Sophistici Elenchi, Leiden 1981, Vol. 2: 395 sqq., Vol. 1: 286 sqq. Ich danke Sten Ebbesen (Kopenhagen) und Rudolf Hoffmann (Köln) für wertvolle Hinweise.

quens, aut quia non probat, et sic est
secundum non causam ut causam, aut
quia non contradicit, et sic est secundum plures interrogationes.

Gerade an diesem letzten Beispiel läßt sich verdeutlichen, daß die *fallaciae breves* mehr sind als nur eine kürzere Version der *fallaciae*. Sie setzen die *fallaciae* voraus und sind so vielleicht eine Kurzfassung für schon fortge-schrittenere Logikschüler. Sie sind anspruchsvoller, geben nur kurz und präzise die Auflösungen von Fehlschlüssen an und führen an einigen Stellen über die *fallaciae* hinaus.

AUSFÜHRUNGEN ZUR *TERMINATIO MATERIAE PRIMAE* IN EINEM PHYSIK-KOMMENTAR DES 14. JAHRHUNDERTS

von Ingrid Craemer-Ruegenberg

1. Einleitende Bemerkungen

Die bedeutenden Arbeiten von A. Maier, die eingehende Untersuchung von E. J. Dijksterhuis und eine Vielzahl weiterer Studien zur Geschichte des naturwissenschaftlichen Denkens im Mittelalter[1] haben seit längerem klargestellt, daß die „Mechanisierung des Weltbildes" in der spätmittelalterlichen Philosophie, insonderheit in den Kommentaren zu den naturphilosophischen Schriften des Aristoteles vorbereitet wurde. Ein Ende der Forschung ist hier allerdings bei weitem noch nicht abzusehen, denn die Arbeit allein der Registrierung der Handschriftenbestände ausschließlich von Aristoteleskommentaren in den europäischen Bibliotheken steckt noch in bescheidenen Anfängen[2]. Aussagen über die allgemeine Struktur und den genauen Ablauf dieser spätmittelalterlichen „Revolution" im – bis dahin aristotelisch geprägten – Nachdenken über Natur sind somit notgedrungen fragmentarisch, fußen auf häufig zufallsbedingten Textfunden und betreffen sachlich wie historisch nur Details der Problementwicklung.

Ein solches Detail ist die Umgestaltung des aristotelischen Begriffs der „ersten Materie". Ein reizvolles Dokument dieser Umgestaltung findet sich im ersten Buch eines Physik-Kommentars, der dem Buridan-Schüler Johannes Marsilius von Inghen zugeschrieben wird[3]. Obgleich es über die Autor-

---

[1] A. Maier, Studien zur Naturphilosophie der Spätscholastik, 1–4, Storia e Letteratura 22, 37, 41, 52, 69, Rom 1949–1958; A. Maier, Ausgehendes Mittelalter. Ges. Aufs. z. Geistesgesch. d. 14. Jh.s, 1 und 2, Rom 1964 u. 1967; E. J. Dijksterhuis, Die Mechanisierung des Weltbildes (dtsch v. H. Habicht), Berlin-Göttingen-Heidelberg 1956; und u. a.: M. Clagett, The Science of Mechanics in the Middle Ages, London – Oxford Univ. Pr. 1961.

[2] Vgl. die Zusammenstellung von Ch. Lohr (in der anonyme Kommentare gar nicht mit angeführt werden) in: Traditio 23–30 (1967–1974); dazu: A. Zimmermann, Verzeichnis ungedruckter Kommentare zur Metaphysik und Physik des Aristoteles aus der Zeit von etwa 1250–1350, Leiden-Köln 1971. Mündliche Auskünfte bekam ich von M. Bauer, Stuttgart, der z. Zt. ein Verzeichnis von Aristoteles-Kommentaren in Deutschland für den Druck vorbereitet.

[3] Questiones subtilissime Iohannis Marcilii Inguen: Super octo libros physicorum secundum nominalium viam, Lyon 1518, unveränd. Nachdr. Frankfurt a. M. 1964.

schaft eine Diskussion gegeben hat[4], muß dieser Kommentar von seiner Sprache und Methode her eindeutig in die zweite Hälfte des 14. Jahrhunderts eingeordnet werden. Des weiteren scheint der Kommentar ein recht eigenständiges Werk zu sein (dessen Zugehörigkeit zur Buridan-Schule freilich unbestreitbar ist). Die Quästio 20 im ersten Buch, die hier zu untersuchen ist, trägt den Titel: *Utrum materia prima sit cognoscibilis*, und sie ist besonders umfangreich; sie umfaßt nahezu fünf engbeschriebene Kolumnen des Frühdrucks. Im Physik-Kommentar des Johannes Buridan wird diese Frage überhaupt nicht erörtert[5]. Ein Vergleich mit einschlägigen Kommentaren, die derzeit zugänglich oder bereits bearbeitet worden sind, wie auch ein Überblick über die Quästionentitel weiterer Kommentare aus dem 13. und 14. Jahrhundert, führen zu dem Ergebnis, daß die Frage, ob und wie die erste Materie durch Erkenntnis bestimmt werden könnte, kein Topos der Physik-Kommentare ist und daß sie, wo sie dennoch auftritt, gewöhnlich recht kurz abgehandelt wird[6].

Die Diskussion (mutmaßlich des Marsilius) zu der auf den ersten Blick harmlosen Frage nach der Erkennbarkeit der ersten Materie ist philosophisch und wissenschaftsgeschichtlich bedeutsam. Hier wird nämlich die − platonistische − These des Aristoteles von der Unbestimmtheit und Unbestimmbarkeit schlechthin jenes letzten Zugrundeliegenden, das „erste Materie" genannt wird, schrittweise unterlaufen. Bei ausdrücklicher Würdigung der Autorität des Aristoteles werden die einschlägigen Auffassungen dieser Autorität unausdrücklich einer scharfen Kritik unterzogen. Angelpunkt der Kritik ist der Gedanke, daß wir unter bestimmten physikalisch-kosmologischen Voraussetzungen nach Materie fragen und daß diese Voraussetzungen eine Reihe von Aussagen über Materie implizieren. Die Implikate der aristotelischen Voraussetzungen werden entwickelt. Dabei findet eine Verschiebung statt. Die Materie-Form-Dichotomie der überlieferten Theorie wird aufgebrochen: Bestimmtsein (der Materie) ist nicht ausschließlich Bestimmtsein durch Form, sondern auch Bestimmtsein durch Ort, durch Quantität generell und durch die Grundarten der Bewegung der materiellen Körper; diese Auffassung von der *terminatio materiae primae* eröffnet den Weg zur Mathematisierung auch der nicht wahrnehmbaren ersten Materie. Die Gesamtkonzeption weist methodische Ansätze auf, die durchaus noch in den Verfahrensweisen der modernen Physik wiedererkannt werden können. Dazu werde ich zum Schluß noch einiges ausführen.

---

[4] Vgl. A. Maier, Studien . . ., 2, Zwei Grundprobleme der scholastischen Naturphilosophie, 276 sqq., 277, Anm. 7; Studien . . . 3, Das Problem der Gravitation, 170, Anm. 60.

[5] Acutissimi philosophi reverendi Magistri Iohannis buridani subtilissime questiones super octo phisicorum libros Aristotelis, Paris 1509, unveränd. Nachdr. Frankf. a. M. 1964.

[6] Vgl. A. Zimmermann, op. cit., 146−301.

2. Die kommentierte Theorie

Bezugspunkt der hier behandelten Quästio 20 des ersten Buches ist eine Stelle in Phys. I 7, 191 a 8 f.: „Die zugrundeliegende Wesenheit aber wird erkennbar aus einer Verhältnisgleichung. So wie sich die Bronze zum Standbild, das Holz zum Bettgestell oder wie sich [die Materie und] das Ungeformte, bevor es Form erlangt, zu anderem, was bereits Form hat, verhält, so verhält sich diese zur Substanz, zum konkreten Gegenstand und zum Seienden."[7]

Dem vorangegangen ist die Beweisführung des Aristoteles, daß es zwei, bzw. drei Prinzipien der Natur („Natur" verstanden als Inbegriff der bewegbaren Dinge) geben müsse: die Form mit ihrem Korrelat Beraubung und die Materie. Als Form und Beraubung klassifiziert Aristoteles die einander entgegengesetzten Bestimmungen, die in den überlieferten Kontrarietätstafeln aufgeführt werden, z. B. Wärme – Kälte, Feuchtigkeit – Trockenheit, Schwärze – Weiße[8]. Jegliche Bewegung oder Veränderung spielt sich nach Aristoteles im Rahmen einer solchen Kontrarietät ab. Warmes wird kalt oder umgekehrt, und so weiter. In allen Fällen von Bewegung oder Veränderung muß ein Träger der wechselnden Bestimmtheit angenommen werden. Das Prinzip „Materie" ist das Prinzip des ebenso relativ wie absolut Zugrundeliegenden für alle jene Prozessualität, die für Natur konstitutiv ist[9]. Da das, was über die in Veränderung befindlichen Dinge ausgesagt werden kann, von der jeweiligen Kontrarietätsskala her ausgesagt wird, da also die Dinge ausschließlich aufgrund ihres Form-Momentes erkannt werden, liegt die Frage, wie nun jenes Zugrundeliegende erkannt werden könne, nahe. Aristoteles antwortet: Es kann mithilfe einer Proportionalitätsanalogie erkannt werden.

Im zweiten Buch der Physik wird die Materie vor allem in ihrem Bezug zur Substantialform gedeutet. Die Materie ist sekundär „Natur in den Dingen" – als Prinzip von deren Bewegung und Ruhe –, weil sie das Material darstellt, welches zur Form passen muß, wenn die Form ihrerseits, und zwar primär, festlegt, was ein Ding von sich aus wirken (und erleiden) kann und unter welchen Bedingungen es einen Zustand natürlicher Ruhe erreicht[10]. Weiterhin ist Materie „Materialursache", das „Woraus" des Bestehens von etwas[11]. Ihr Gegenpol, die Substantialform als Formalursache

---

[7] ἡ δὲ ὑποκειμένη φύσις ἐπιστητὴ κατ' ἀναλογίαν. ὡς γὰρ πρὸς ἀνδριάντα χαλκὸς ἢ πρὸς κλίνην ξύλον ἢ πρὸς τῶν ἄλλων τι τῶν ἐχόντων μορφὴν [ἡ ὕλη καὶ] τὸ ἄμορφον ἔχει πρὶν λαβεῖν τὴν μορφήν, οὕτως αὕτη πρὸς οὐσίαν ἔχει καὶ τὸ τόδε τι καὶ τὸ ὄν.

[8] Vgl. Met. IV 2, 1004 b 27–31; Phys. III 2, 201 b 25; De Gen. et Corr. I 3, 319 a 15; Met. XII 7, 1018 a 25 sqq.

[9] Vgl. Phys. I 7, II 1; weitere Erläuterungen finden sich u. a. bei: B. Jones, Aristotle's Introduction of Matter, in: The Philosoph. Review 83 (1974) 474–500.

[10] Phys. II 2, 194 a 12 sqq.

[11] Phys. II, 3.

(εἶδος, μορφή, τὸ τί ἦν εἶναι), erscheint bei Aristoteles als zielgebendes Wesensprinzip. Die Substantialform qualifiziert ein Naturseiendes nicht nur vollständig, sie legt darüber hinaus auch den Zielzustand, den Höhepunkt seines Werdens (biologisch: seiner Entwicklung) fest. „Die Natur macht nichts vergeblich", das ist die Form-Natur[12]. Die Materie ist demgegenüber ein an sich Unqualifiziertes, ein ateleologisches Moment[13]. Materie, gedeutet als an sich qualitätsloses, ateleologisches Moment, kann weder wahrnehmbar noch überhaupt erkennbar sein, ja sie ist schlechterdings ‚irrational‘.

Weitere Gedanken aus dem aristotelischen Opus zum Thema „Materie" – „erste Materie" werden in unserem Kommentar offensichtlich als bekannt vorausgesetzt, so etwa die Ausführungen in Metaph. Z 3: „Ausgeschlossen werden dort von der ‚Hyle an sich‘ alle positiven Seinsbestimmungen (Kategorien), aber auch die Negationen dieser Bestimmungen, um die völlige Unbestimmtheit der Hyle möglichst scharf herauszuarbeiten. Was übrigbleibt, ist nicht Nichts, sondern die ‚Bestimmbarkeit an sich, Möglichkeit an sich‘."[14] Als bekannt vorausgesetzt werden auch die Ergebnisse von De Caelo IV und De Gen. et Corr. II: Die erste Materie ist der unentstehbare und unvergängliche Urstoff, aus dem letztlich alles, was entstehen kann, entsteht, in den hinein letztlich alles Vergehbare vergeht. Sie ist ebenfalls der absolut elementare Urstoff für die „einfachen Körper", die sogenannten Elemente: Feuer, Luft, Wasser und Erde. Die Bestimmtheitsgegensätze „heiß – kalt" und „feucht – trocken" qualifizieren in bestimmten Kombinationen zu allererst die erste Materie und bewirken so die Gestaltung jener „einfachen Körper", aus welchen alle anderen Körper im Bereich des Werdens und Vergehens zusammengesetzt sind[15]. Die Ausgestaltetheit und Geformtheit der Materie in den einfachen und in den zusammengesetzten Naturkörpern gilt dabei nicht als endgültig; vielmehr kann alles, was geworden ist (durch Zusammensetzung), auch wieder vergehen, und die Quasi-Elemente können prinzipiell ineinander umgewandelt werden[16].

A. Meier hat ausführlich dargelegt, welche Schwierigkeiten diese Theorie der Entstehung der Naturkörper den Kommentatoren gemacht hat: Die aristotelische Auffassung von der jeweils individuierenden und die einzelne Substanz durchqualifizierenden Substantialform, scheint hier inkonsistent zu werden[17]. Daß auch der aristotelische Begriff der ersten Materie in die-

---

[12] Vgl. dazu von Verf., Der Begr. des Naturzwecks bei Aristoteles, in: H. Poser (Hg.), Formen teleologischen Denkens, TUB-Dokumentation 11, Berlin 1981, 17–29.

[13] Vgl. H. Happ, Hyle. Studien z. aristotel. Materiebegriff, Berlin 1971, 704 sqq., 917–918.

[14] H. Happ, op. cit., 707.

[15] H. Happ, op. cit., 298–309, 778–784.

[16] Ibid., 778–779.

[17] A. Maier, Studien . . . 3, Die Struktur der materiellen Substanz, in: An der Grenze von Scholastik u. Naturwiss., Rom 1952.

sem Zusammenhang problematisch wird, das zeigt unsere Quästio in dem
dem Marsilius von Inghen zugeschriebenen Physik-Kommentar.

3. Der Aufbau der Quästio

Die Quästio 20: *Utrum materia prima sit cognoscibilis*, ist, wie bereits
erwähnt, besonders ausführlich. Wie bei allen Quästionen dieser Schule
wird in ihr die klassische Quästionenform im Prinzip beibehalten, die
Gedankengänge der *responsio* jedoch sind in sich wieder in Pro- und
Contra-Argumentationen und Teilergebnisse aufgegliedert. Da ich hier
nicht jeden einzelnen Gedankengang der Quästio berücksichtigen kann,
soll die Gesamtgliederung im folgenden kurz skizziert werden.

In den einleitenden *obiectiones* wird die These vertreten (und durch
Argumente gestützt), daß die erste Materie nicht erkennbar sei, weil sie als
„reine Möglichkeit" Nichtseiendes sei, bzw. ein – unmögliches – Mittleres zwischen den kontradiktorischen Gegensätzen „seiend" und „nichtseiend", weil sie ferner nicht wahrnehmbar ist und überhaupt von sich her
über keinerlei Qualität verfügt, die auf unser Erkenntnisvermögen einwirken könnte. – Dem wird (als *sed contra*) die oben zitierte Stelle (Phys. I 7,
191a) entgegengehalten.

Die *responsio*, in deren erstem Teil schon einige der Einwände widerlegt
werden, verläuft als Erörterung über sechs *conditiones materiae*, welche
Aristoteles und „der Kommentator"[18] der Materie zuweisen. Es handelt
sich um folgende „Bedingungen von Materie":

1) Die erste Materie ist reine Möglichkeit, und zwar in dem Sinne, daß
„sie von sich her zu allen Formen vermögend ist"[19].

2) Die erste Materie wird erkannt entsprechend ihrem Verhältnis zur
Form, d.h. diskursiv und in Beweisführungen, die auf Prämissen beruhen,
die ihrerseits aus Wahrnehmungserkenntnis einsehbar sind[20].

3) „Die Materie ist immerwährend"[21], und das ist so zu verstehen, daß
Entstehen und Vergehen ihr nicht wie den aus Form und Materie zusammengesetzten Körpern zugeschrieben werden können.

---

[18] Der Terminus *conditio materiae* ist an den „Materie"-Stellen der Venediger Ausgabe
der lat. Übersetzung des Kommentarwerks des Averroes nicht zu finden. Inhaltliche Bezüge
sind jedoch sicher. Man vgl. Aristotelis De Physico Auditu Libri Octo cum Averrois Cordubensis variis in eosdem Commentariis, Bd. 4 der Gesamtausgabe Venedig 1562, Nachdr.
Frankf. a.M. 1962, Comm. Magnum 46 L–M, 47 A–C; Comm. Medium 440 E–I; Ar.
Met. libri XIV cum Av. Cordub. in eosdem Commentariis (Venedig 1562), Lib. VII, Comm.
8 u. 9, 159 C–160 A.
[19] Op. cit., fol 19 r a; r b: *Ipsa de se est potens ad omnes formas.*
[20] 19 r b: *Secunda conditio est quod materia est cognoscibilis secundum analogiam ad
formam.*
[21] 19 v a: *Alia conditio est quod materia est perpetua.*

4) Die erste Materie ist formlos.

5) Die erste Materie ist numerisch eine in allem, was entstehen und vergehen kann.

6) „Die Materie ist das Prinzip jeder naturhaften Umwandlung."[22] Dies ist zweifach zu verstehen. Einmal ist die erste Materie das Prinzip aller Veränderung im sublunaren Bereich; zum anderen kann der Begriff der „Materie" weiter gefaßt werden, und dann ist eine (intelligible) Materie auch Grundlage für naturhafte Veränderung an Dingen, die nicht zur Klasse der entstehbaren und vergehbaren Seienden gehören.

Die Diskussion zu der vierten und fünften *conditio materiae* enthält die entscheidenden „revolutionären" Gedanken. Deshalb wird im folgenden auf diese Textstücke genauer eingegangen werden.

Den Abschluß der Quästio bilden sehr kurz gefaßte Erwiderungen zu den zuvor noch nicht mit-widerlegten Einwänden.

4. Ist die erste Materie wirklich absolut formlos?

Die vierte „Bedingung", die der Formlosigkeit der ersten Materie, wird zunächst ganz orthodox-peripatetisch diskutiert. Die erste Materie, so heißt es, kann nicht eine ihr von Natur her eigene Form haben, denn dann wäre sie selbst ein konkretes Wirklich-Seiendes und nicht reine Möglichkeit. Außerdem müßte diese Ur-Form der Materie als ein Akzidens (ähnlich den primären Qualitäten) aufgefaßt werden, durch dessen Vermittlung dann alle übrigen (Substantial-)Formen aufgenommen werden könnten. Eine von sich her geformte Materie wäre überdies wieder Teil einer noch weiter zugrundeliegenden ersten Materie. Andererseits aber darf die erste Materie auch nicht wie ein für sich bestehendes Etwas von der Form schlechthin getrennt werden; Materie ist ja Möglichkeit mit Bezug auf Form, ist das Formbare als solches. Also darf die Existenz einer für sich unabhängigen Materie nicht behauptet werden, sondern „wenn durch die Einbildungskraft alle Formen, sowohl die Substantialformen als auch die akzidentellen Formen, von der Materie getrennt worden wären, dann wäre die erste Materie gegeben, und sie wäre vermögend, die Form aufzunehmen"[23].

Auf diese Explikation folgen drei Einwände: „Dagegen wird eingewendet, daß die Körperlichkeit eine Form ist und daß die Materie sich bestimmt, körperlich zu sein (*determinat sibi, quod sit corporea*). Zweitens [wird] durch den Kommentator in ‚De substantia orbis' [eingewendet], wo er sagt, daß unbestimmte Dimensionen ewiglich in der Materie sind, was

---

[22] 20 r a: *Cuiuslibet transmutationis naturalis materia est principium.*

[23] 19 v b: *Si per imaginationem omnes formae tam substantiales quam accidentales essent separatae a materia, adhuc materia prima esset potens recipere formam.*

nicht der Fall wäre, wenn die Materie sich nicht jene Dimensionen zube-
stimmen würde (*determinaret sibi illas dimensiones*). Die Materie bestimmt
sich, drittens, die größte Dünnheit zu, unter der sie vorkommen kann.
Denn wenn sie unter der Form des Feuers ist, kann sie nicht unter größerer
Dünnheit sein; wenn sie unter der Form der Erde ist, nicht unter größerer
Dichte."[24]

Diese Einwände sind bemerkenswert. Sie besagen: Wir wissen vorweg
einiges über die erste Materie, denn wir grenzen ihr Vorkommen und ihre
Vorkommensweisen von vornherein ein. Erste Materie wird als Zugrundeliegendes ausschließlich von Körpern im Bereich des Werdens und Vergehens gedacht. Demnach muß eine Beziehung bestehen zwischen der
Form, von der Körper generell sind, und jener Materie, die Materie nur für
Körper ist. Diese Überlegung wird durch das zweite Argument, gestützt
auf die Autorität des Averroes, vertieft: Körperlichkeit ist, wenn man von
der Eigennatur der gegebenen Körper absieht, wesentlich durch Dimensionalität bestimmt, durch Länge, Breite und Höhe in den jeweils variierenden
Ausmaßen. Demnach müßte Materie wenigstens durch variable Dimensionalität geformt sein. Darüber hinaus ist noch zu konstatieren, daß alle diejenigen Körper, deren letztes „Woraus" Materie sein soll, verschiedene
Aggregatzustände auf einer in den Grenzwerten festgelegten Skala zwischen „dicht" und „dünn" einnehmen. Im schwersten Körper, Erde, ist
zugleich ein nicht überschreitbares Maximum an Dichte erreicht. Entsprechendes gilt für den leichtesten und dünnsten Körper, das Feuer. Daraus
kann wiederum erschlossen werden, daß die erste Materie durch die Grenzwerte der *maxima raritas* und *maxima densitas* bestimmt ist.

Daß der Autor diese Einwände für wichtig hält, ergibt sich aus der
Antwort: „Darauf wird man antworten, erstens hinsichtlich der Quantität,
daß die gesamte Materie sich, sofern sie von sich her ist, keine feste Quantität, Gestalt, Ort, Dünnheit oder Dichte zubestimmt. Folglich könnte,
was die Gesamtmasse der ersten Materie betrifft, ein Teil von ihr den Ort
einnehmen, den jetzt der ganze Himmelskörper einnimmt, und es widerstreitet ihr nicht, unter jedem beliebigen vorstellbaren Maß an Dünnheit

---

[24] Ibid.: *Sed contra obicitur, quia corporeitas est quaedam forma, et tamen materia
determinat sibi quod sit corporea; secundo per Commentatorem in De substantia orbis, quo
dicit, quod dimensiones interminatae sunt aeternaliter in materia, quod non esset, nisi materia
determinaret sibi illas dimensiones; tertio quia materia sibi determinat maximam raritatem,
sub qua potest esse, quia quando est sub forma ignis, non potest esse sub maiori raritate,
quando est sub forma terrae, non potest esse sub maiori densitate.*
Bezogen auf: Av. Cordub. Sermo de Substantia Orbis, Venedig 1562 (Bd. 9), 4 B—C:
*Et quia invenit omnes formas communicare in dimensionibus non terminatis, scivit quod
prima materia nunquam denudatur a dimensionibus non terminatis, quia si denudaretur,
tunc corpus esset ex non corpore et dimensio ex non dimensione.*

oder Dichte vorzukommen. Also widerstreitet ihr auch nicht, daß sie insgesamt ein Punkt wäre."[25]

Die lehrgetreue Antwort würde demnach lauten: Die erste Materie ist hinsichtlich ihrer Ausdehnungsgröße und ihrer Gestalt wie auch hinsichtlich ihres Ortes, ihrer Dünnheit und Dichte in keiner Weise festgelegt. Aus dieser Antwort jedoch folgen Absurditäten. Wenn die Materie keinerlei Ortsbestimmtheit hat, dann ist widerspruchsfrei denkbar, daß die erste Materie − teilweise − den Ort der Himmelskörper einnimmt. Das wären die Himmelssphären, die außerhalb der Kugel der sublunaren Welt liegen. Werden und Vergehen jedoch gibt es nach Aristoteles bei den Himmelskörpern nicht, deswegen kann sich am Ort der Himmelskörper auch grundsätzlich keine Materie (qua erste Materie) befinden. Damit ist indirekt bewiesen, daß der Ort der ersten Materie nicht beliebig ist. Ein stark abgekürzter indirekter Beweis wird bezüglich der beliebig großen Dichte oder Dünnheit der ersten Materie gegeben. Wäre hier keinerlei Bestimmtheit, dann könnten in der Tat Körper entstehen, die dünner sind als Feuer und dichter als Erde. Das jedoch widerspricht der Lehre des Aristoteles, daß die „einfachen Körper" in ihrer Anzahl und Artbestimmtheit notwendig begrenzt sind. Erde und Feuer legen die Grenzwerte von „dicht" und „dünn" absolut fest. − Entsprechendes gilt für die erste Materie im Verhältnis zur Ausdehnungsgröße. Wäre die Materie in dieser Hinsicht völlig unbestimmt, dann wäre immerhin denkbar, daß die „Gesamtmasse der Materie" auf einen Punkt zusammenschrumpft. Mit dieser Annahme würde jedoch die Ausgangsfeststellung, daß die erste Materie immer Materie für − per definitionem − ausgedehnte Naturkörper (im sublunaren Bereich) ist, aufgehoben.

Widerspricht demnach Aristoteles sich selbst und seinem kosmologischen System, wenn er behauptet, die erste Materie sei gänzlich formlos? − Diese Folgerung zieht der Verfasser der Quästio nicht. Im unmittelbar nachstehenden Text heißt es: „Daraus folgt, daß die gesamte Bestimmtheit (*terminatio*) der ersten Materie vom Ort her erfolgt oder von der Form her. Insofern bildet die erste Materie von Orts wegen eine kugelförmige Gestalt und befindet sich in der Wölbung des Mondkreises gleichsam so an ihrem Ort, daß sie nicht an einem größeren oder kleineren Ort sein kann. Von der Form her aber wird sie bestimmt" hinsichtlich des jeweiligen Maximums an Dünnheit oder Dichte. „Zu den Einwänden bezüglich der Körperlichkeit sage ich, daß Körperlichkeit keine Form ist. . . . Zum zweiten und

---

[25] 19 v b: *Ad ista respondetur primo de quantitate, quod tota materia, quantum est ex parte sui, non determinat sibi aliquam quantitatem, figuram, locum, raritatem aut densitatem. Immo quantum est ex parte sui tota massa primae materiae, immo etiam pars eius posset occupare locum quem nunc occupat totum corpus caeleste, non repugnat sibi esse sub quantalibet raritate vel densitate, immo non repugnat sibi, quin tota esset punctus.*

dritten [Einwand] sage ich, daß der Kommentator gemeint hat, die Materie
bestimme sich dazu, immer irgendwiegroß zu sein, sie bestimme sich aber
nicht zu einer festen Größe.''[26]

Die These des Aristoteles bleibt scheinbar unangetastet: Die erste Materie
hat keine Form. Von den Voraussetzungen des aristotelischen Materie-
gedankens her muß jedoch konstatiert werden: Es gibt eine *terminatio
primae materiae*. Die Materie ist, erstens, örtlich bestimmt, denn sie muß
die ganze Kugel des sublunaren Teils des Universums ausfüllen und darf
keinen größeren und keinen kleineren Ort einnehmen. Weiterhin wird sie
von den Formen der einfachen Körper her dazu bestimmt, ein festgelegtes
Maximum an Dichte, bzw. Dünnheit, nicht zu überschreiten. – ,,Körper-
lichkeit ist keine Form'', heißt es dann. Diese These bleibt unerläutert. Es
wird nicht gesagt, was ,,Körperlichkeit'' anderes bedeuten könnte. Ich ver-
mute, daß ,,Körperlichkeit'' hier verstanden wird als dreidimensionale Aus-
gedehntheit; die Materie ist dazu bestimmt, Materie von dreidimensionalen
Körpern (von bestimmter Dichte und Dünnheit) zu sein; das jedoch ist eine
terminatio der ersten Materie, nicht etwa deren Substantialform. Die Explikation des averroischen Gedankens stützt diese Deutung. Die erste Materie
muß immer in Ausdehnungsgrößen vorkommen, aber von sich her ist sie
nicht darauf festgelegt, Materie für diese oder jene bestimmte Ausdehnungsgröße zu sein.

Was hier eingeführt wird, ist eine ,,Bestimmtheit der Materie'', die nichts
mehr mit dem aristotelischen Begriff der ,,Form'' zu tun hat.

Wenn wir zusammenfassen, was sich bislang über jene Bestimmtheit der
ersten Materie ergeben hat, können wir sagen: Der Ort des Vorkommens
der ersten Materie ist eindeutig festgelegt; die erste Materie ist grundsätzlich dreidimensional strukturiert, wenngleich sie in beliebig vielen verschieden großen dreidimensionalen Körpern Zugrundeliegendes sein kann; daraus wäre zu schließen, daß es eine Geometrie oder Stereometrie geben
müßte, durch die Materie als System von Variablen beschrieben werden
könnte, die innerhalb eines bestimmten Raumes nach bestimmten Regeln
anordenbar wären. Eine solche Geometrie haben sich die Kommentatoren
des 14. Jahrhunderts freilich nicht ausgedacht. Jedoch die Fundamente
ihrer Denkbarkeit sind gelegt, und das ist viel. Im weiteren ist noch zu

---

[26] Ibid.: *Ex quibus sequitur, quod tota terminatio materiae primae provenit ex parte loci
aut ex parte formae. Unde propter locum materia prima est figurae sphaericae et est in con-
cavo orbis lunae tamquam in loco ita, quod non potest esse in loco maiori vel minori; sed
propter formam determinatur ad certam raritatem vel densitatem, ut quando est sub forma
ignis in optima sui dispositione, est sub tanta raritate quod non potest esse sub maiori, et
quando est sub forma terrae, est sub maxima densitate. – Ad istas de corporeitate dico, quod
corporeitas non est aliqua forma, immo non sunt tales formae ordinatae secundum ordina-
tionem praedictorum in quid. Ad secundam et ad tertiam dico, quod Commentator intelligit,
quod materia prima determinat sibi, quod semper sit quantalibet, nullam quantitatem sibi
determinat.*

resümieren, daß die Bestimmtheit der ersten Materie durch die extremen Aggregatzustände derjenigen Körper, für die sie Materie ist, ein Koordinatensystem gewissermaßen für die qualitative Variabilität von Materie hergibt. Auch hier legt sich Berechnung, Mathematisierung, nahe, aber sie wird nur angelegt, nicht ausgeführt.

5. Ist die numerisch eine Materie ein Kontinuum?

Die Frage nach der Kontinuität oder Diskontinuität der ersten Materie tritt auf im Zusammenhang der Diskussion um die fünfte *conditio materiae*: „Die erste Materie ist numerisch eine in allem, was entstehen und vergehen kann." Daß es nur eine einzige erste Materie geben könne, wird begründet mit dem Hinweis darauf, daß sich andernfalls nicht alle einfachen Körper ineinander umwandeln könnten. Im Anschluß an die Sicherung der numerischen Einheit der ersten Materie wird folgende Überlegung vorgetragen: „Es wird aber bezüglich der These gezweifelt, ob die Gesamtmasse der ersten Materie ein einheitliches Kontinuum sei. − [Dafür], daß es so sei, wird folgendermaßen argumentiert: Wenn sie kein Kontinuum wäre, dann wäre dies so wegen der Verschiedenheit der Formen. Aber die Verschiedenheit der Formen ist für Diskontinuität nicht hinreichend. Das wird auf zwei Weisen bewiesen. Erstens, ist ein Teil ein und desselben Zweiges trocken, der andere grün und belebt. Zweitens, wenn an zwei Wirkende ein einziges Erleidendes herangebracht wird, dem einen Wirkenden natürlich an einem Ende des Erleidenden, dem anderen am anderen, dann können beide Wirkende ihre eigene Form in jenes nicht diskontinuierliche Erleidende einführen. − Dagegen: Da jene kein Kontinuum bilden, deren Bewegungen unterschiedlich sind, es aber verschiedene Bewegungen der verschiedenen Teile der ersten Materie, insofern auch der unmittelbar benachbarten Teile gibt, also −. Der Obersatz erhellt aus der Definition der Kontinua, der Untersatz ist offenkundig für die Erfahrung. Zweitens scheint es nicht gut möglich zu sein, daß ein schnell durch die Luft ziehender Pfeil mit der Luft ein Kontinuum bildet. Folglich behaupte ich, daß die Gesamtmaterie nicht deswegen kein Kontinuum ist, weil sie, wie in zwei Gründen dargelegt wurde, verschiedene Formen hat, sondern wegen der Verschiedenheit der Bewegungen der Materie, wie in der Argumentation angedeutet wurde."[27]

---

[27] 19 v b − 20 r a: *Sed dubitatur de facto, utrum tota massa materiae primae sit unum continuum. − Et arguitur quod sic, quia si non esset unum continuum hoc esset propter diversitatem formarum, sed diversitas formarum non sufficit ad discontinuationem. Quod probatur dupliciter, primo, quia eiusdem virgae continuae una pars est arida et alia virens et animata; secundo quia si duobus agentibus applicetur unum passum, uni scilicet in uno extremo passi et alteri in alio, tunc quodlibet istorum agentium potest inducere formam suam in illo passo non discontinuato. − Sed contra, quoniam illa non sunt continua, quorum motus*

Bereits die vorgetragene Zweifels-Alternative ist bedeutsam. Mit der
Frage, ob die erste Materie kontinuierlich sei oder nicht, kommt die Mathe-
matisierbarkeit der Materie unmittelbar ins Spiel. Diskrete Größen sind
abzählbare Größen; ein Kontinuum ist potentiell unendlich und kann nur
geometrisch (bzw. stereometrisch) dargestellt werden. Diese Frage, die
Aristoteles selbst nicht gesehen hat, wird nun mit Mitteln der aristotelischen Philosophie diskutiert. Marsilius erwägt verschiedene Möglichkeiten,
Diskretes als solches, d.h. als für sich bestehende, gegen anderes abgeson-
derte Einheit zu identifizieren.

An zwei Beispielen zeigt er, daß die Verschiedenheit der Formen nicht
hinreicht, um Diskontinuität zu erzeugen. Ein Zweig bleibt ein kontinuier-
liches Ganzes, auch wenn er zum Teil schon vertrocknet (tot) ist, in einem
anderen Teil aber noch belebt. Ebenso können zwei unterschiedliche Wirk-
kräfte einem gegebenen Ganzen verschiedene, ja entgegengesetzte Qualitäten übermitteln, ohne daß damit die Kontinuität dieses Ganzen aufgehoben wäre. Unter „Formung" kann hier also die Veränderung eines
kontinuierlichen Trägers verstanden werden. Schon die Feststellung, daß
nicht jede gegen eine andere unterschiedene Form ein für sich bestehendes
Etwas aus einem Kontinuum herauslöst, indem sie es prägt, reicht aus zur
Begründung der These: Verschiedenheit der Form ist nicht grundsätzlich
gleichbedeutend mit Diskontinuität.

Diskontinuität vielmehr auch der ersten Materie wird durch „Verschiedenheit der Bewegung der verschiedenen Portionen der ersten Materie"
angezeigt.

Der Sinn dieser Entscheidung wird vor dem Hintergrund von Phys. V
4—6 deutlich. Dort entwickelt Aristoteles eine scharfsinnige Theorie der
Identifizierbarkeit und Unterscheidbarkeit von Bewegungen (Prozessen).
Danach wird jede Bewegung durch die Bewegungsrichtung festgelegt, sei
dies die Richtung beispielsweise einer qualitativen Veränderung (etwa von
grau zu schwarz), sei dies die Richtung einer Ortsbewegung. Hinsichtlich
der Gattung oder Art derjenigen Bestimmtheit, die den Rahmen der Bewegung abgibt, können Bewegungen als einheitlich angesehen werden. In
derselben Hinsicht kann man sie auch unterscheiden; Ortsbewegung ist
etwas anderes als Warmwerden. Die schärfste und für die numerische Identifizierung wesentliche Unterscheidung ist jedoch die Unterscheidung durch
Entgegensetzung. Als entgegengesetzt gelten Bewegungen in jeweils entgegengesetzte Richtungen. Wenn ein Körper in der Richtung von A nach B

---

sunt diversi. Sed diversarum portionum materiae primae, adhuc immediatarum motus sunt
diversi. Igitur. Maior apparet per diffinitionem continuorum, et minor apparet ad experien-
tiam. Secundo, quia non apparet bene possibile, quod sagitta velociter distracta per aerem
sit continua aere. Ideo dico quod materia tota non est unum continuum non ex eo quod
habet diversas formas per duas rationes factas, sed propter diversitatem motuum materiae,
ut tactum fuit in arguendo.

bewegt wird, ein anderer Körper hingegen in der Richtung von B nach A, dann haben wir es — laut Aristoteles — mit zwei einander konträr entgegengesetzten Bewegungen zu tun. — An dieser Stelle setzt unser Kommentator an und führt den Gedankengang des Aristoteles weiter: Nicht nur die Bewegungen sind verschieden und einander entgegengesetzt, vielmehr sind die in Bewegung befindlichen Körper selbst gegeneinander diskret. Der von A nach B bewegte Körper kann unmöglich ein Kontinuum bilden mit dem von B nach A bewegten Körper. In einem weiteren Schritt wird dieses Ergebnis für die Bestimmung der ersten Materie verwendet. Da Körper, die aus derselben zugrundeliegenden Materie bestehen, Bewegungen in entgegengesetzte Richtungen vollziehen können, z. B. nach oben und nach unten, muß die Materie portionsweise entsprechend den divergierenden Bewegungsrichtungen abgeteilt sein; es gibt diskrete, durch Bewegungsunterschiede und letztlich durch Bewegungsrichtungen individuierbare „Portionen der ersten Materie".

Die eigentlich sehr kurzen Ausführungen zum Problem der Kontinuität oder Diskontinuität der ersten Materie zeigen dieselbe Tendenz wie die zuvor behandelte Diskussion zum Thema „Formlosigkeit der Materie". Die aristotelische These, daß die erste Materie nicht schon von sich her durch Formen bestimmt sei, bleibt unangetastet, wird aber unterlaufen. Unterschiedliche Geformtheit allein erlaubt es uns nicht zu behaupten, die erste Materie liege in diskreten „Portionen" vor. Aber ‚gequantelt' ist sie dennoch, durch Diskretheit bestimmt, denn Bewegungsunterschiede und — letztlich — Unterschiede in der Gerichtetheit der Bewegung müssen unmittelbar auf die Struktur der bewegbaren ersten Materie zurückgeführt werden.

6. Paradigmatische Züge des umgestalteten Materie-Begriffs

Der im vorliegenden Kommentartext (und vielleicht auch anderswo) entwickelte Gedanke der *terminatio materiae primae* mag als Anzeige für einen Paradigmenwechsel im Sinne Th. S. Kuhns gedeutet werden[28]. Die aristotelistisch überlieferte Voraussetzung, daß einzig die (qualifizierende) Form Bestimmtheit ausmache und ineins damit Erkennbarkeit, wird abgelöst. An ihre Stelle tritt die Erwägung, daß das Naturseiende vor aller substantialen wie akzidentellen Qualifizierung in verschiedener Hinsicht quantitativ determiniert sein müsse. Diese Determiniertheit läßt sich erschließen, da sie in mehrfacher Weise mit-vorausgesetzt wird, wenn wir von einem bestimmten kosmologisch-physikalischen Modell her nach dem letzten

---

[28] Th. S. Kuhn, Die Struktur wiss. Revolutionen (übers. v. H. Vetter), Frankf. a. M. ⁴1979. Für den Hinweis auf Kuhns Begriff vom „Paradigma" im vorliegenden Zusammenhang danke ich G. Bien, Stuttgart.

Zugrundeliegenden aller Veränderung und alles Werdens und Vergehens fragen. Die entsprechenden Implikate kommen nun zum Vorschein. Obwohl das kosmologisch-physikalische Modell des Aristoteles erhalten bleibt, ändert sich dadurch die Gesamtperspektive. Das ‚irrationale' X, das Fast-Nichts der aristotelischen Konzeption, die erste Materie, wird zur prinzipiell berechenbaren Größe. Die Berechnung wird freilich noch nicht ausgeführt, denn sie setzt eine Mathematik voraus, über welche die Wissenschaftler des 14. Jahrhunderts noch nicht verfügten. Dadurch jedoch, daß Natur in ihrem Urstoff als prinzipiell berechenbar erwiesen ist, ist ein wichtiger Anlaß gegeben, Naturforschung auf den Schwerpunkt des ‚Berechnens' hin zu verschieben, und dies ist ein wesentliches Moment der „Mechanisierung des Weltbildes"[29].

Die klassische Frage nach dem Urstoff der Natur nun bewegt auch noch die moderne Forschung. In wesentlichen Ansätzen ist die moderne Forschung hier der ‚alten' Naturphilosophie verpflichtet.

So gehen wir in der Tat immer noch davon aus, daß unser Universum letztlich ein einheitliches Zugrundeliegendes für allen Wechsel, für alles Entstehen und Vergehen haben müsse. Darauf basieren sämtliche Erhaltungssätze der modernen Physik, auch der Teilchen-Physik, ebenso die Lehre von der wechselseitigen Umwandelbarkeit von Masse und Energie, die „Urknall"-Theorie und die These der Geltung des zweiten Hauptsatzes der Thermodynamik für den gesamten Kosmos. Weiterhin ist es für uns ganz selbstverständlich, daß jenes letzte Zugrundeliegende in seinem Vorkommen an keine uns bekannte körperliche Gestalt gebunden ist, daß wir es auf keine Weise wahrnehmen und nicht einmal anschaulich denken können. Mithilfe verschiedener Modelle suchen auch wir „primäre Qualitäten" (Feld- und Welleneigenschaften, Ladungs-Arten usf.), die erklärbar machen sollen, wie aus jenem Urstoff der Natur die vielfältigen Erscheinungen unseres Universums aufgebaut werden. Was diese (und weitere) Vorstellungen angeht, sind die modernen Naturforscher durchaus noch immer ‚Aristoteliker'.

Die Umgestaltung des Begriffs der „ersten Materie", wie sie in unserem Kommentar aus dem 14. Jahrhundert zu verfolgen ist, hat unser neuestes Forschen allerdings ebenfalls in entscheidenden Aspekten vor- oder mitgeprägt. Da können über die allgemeine Tendenz zur Mathematisierung und zur „Mechanisierung des Weltbildes" hinaus konkrete Übereinstimmungen aufgewiesen werden.

Entsprechend der Abfolge der im Kommentar ermittelten Bestimmtheiten der ersten Materie werde ich diese Übereinstimmungen einmal kurz skizzieren[30].

---

[29] Vgl. Anm. 1.

[30] Dabei stütze ich mich u.a. auf folgende Arbeiten: H. Ebert (Hg.), Physikalisches Taschenbuch, Braunschweig ⁵1975; G. Süßmann, N. Fiebiger (Hg.), Atome, Kerne, Ele-

1) Die erste Materie ist örtlich festgelegt. – Obwohl es abweichende Theorien gibt, vertritt man heute im allgemeinen die Auffassung, daß der Ort der Materie identisch ist mit dem Ort des Universums, so daß es außerhalb des Universums – was immer unter „außerhalb" verstanden werden mag – keine Materie (im Sinne natürlich des oben beschriebenen letztlich Zugrundeliegenden) gibt.

2) Die erste Materie hat Dimensionalität. – Die sogenannten „Elementarteilchen", die bislang nachweisbaren subatomaren Faktoren (die selbstverständlich keine „Teilchen" sind) werden in Zustandsfunktionen mathematisch dargestellt. „Zustandsfunktion" ist „dasselbe wie Wellenfunktion, aber unter Verallgemeinerung auf Mehrteilchensysteme. Ihrem nichtrealen, statistischen Charakter gemäß ist eine solche verallgemeinerte ‚Wellenfunktion' nicht im dreidimensionalen Realraum, sondern in einem höherdimensionalen Konfigurationsraum ausgebreitet"[31]. Die grundsätzliche Räumlichkeit jener bislang ermittelten subatomaren Erscheinungsweisen von ‚Materie' steht somit fest; hier gibt es eine, wenn auch nicht dreidimensionale, „Ausbreitung".

3) Die erste Materie ist durch die Maximalwerte gewisser Aggregatzustände („dicht", „dünn") bestimmt. – Von Aggregatzuständen (der Materie), „gasförmig", „flüssig", „fest", spricht man heute mit Bezug auf eine sehr große Anzahl von Atomen, bzw. Molekülen oder Ionen und unterscheidet sie entsprechend den zwischen den Teilchen wirksamen Kräften; je „fester" ein Körper ist, um so starrer ist sein Atomgitter. Als Extremwerte sind ein „Zustand größter Ordnung" und ein „Zustand größter Unordnung" vorgegeben. Obgleich hier nicht von subatomaren Teilchen die Rede ist, wird doch eine Beziehung angenommen zwischen der wahrnehmbaren Struktur der Körper und dem Muster der innerhalb der Körper stattfindenden Wechselwirkung. Der entsprechende Zustandsspielraum ist begrenzt.

4) Die erste Materie ist diskontinuierlich; sie ist „portioniert" gemäß der Unterschiedlichkeit der Bewegungen, bzw. der Bewegungsrichtungen in ihr. – Die uralte Streitfrage, ob das letzte Zugrundeliegende ein Kontinuum oder ob es ‚gequantelt' sei, ist zwar immer noch nicht entschieden, aber vorläufig sind Nuklearphysiker durchaus damit befaßt, Nukleonen oder noch elementarere „Teilchen" zu identifizieren (Quarks, Gluonen). Die „Teilchen" werden unterschieden durch die Wechselwirkungen, denen sie unterworfen sind, durch ihre Masse und durch ihre Quantenzahlen.

Die Quantenzahlen nun (für Ladung, Spin, Isospin, Parität usw.) betreffen das richtungsbestimmte Verhalten der Teilchen; die Modell-Sprache

---

mentarteilchen, Frankf. a. M. 1968; Beiträge von Sept. 1979, Juli 1979, März 1980, Februar 1981 in: Spektrum der Wissenschaft. Scientific American, Internat. Ausgabe in deutscher Sprache, Heidelberg.

[31] G. Süßmann, N. Fiebiger, op. cit., Register (mit Erläuterungen).

erwähnt „Drehimpuls", „Spineinstellung", „Projektion der Spineinstellung auf die Bewegungsrichtung", „Rechts- und Linkshändigkeit des Spin". Entsprechend den Komponenten ihres richtungsbestimmten Verhaltens werden die Teilchen nach Symmetriegruppen zusammengeordnet. Eine gewisse Ähnlichkeit mit dem Ansatz „Materieportionen werden nach ihren unterschiedlichen Bewegungen unterschieden" fällt auf.

Die angeführten Übereinstimmungen und Ähnlichkeiten beziehen sich weniger auf die einzelnen Ergebnisse als auf die Anlässe, zu bestimmten Ergebnissen zu kommen. Da habe ich allerdings den Eindruck, daß die spätmittelalterliche „revolutionäre" Einstellung zum Problem der Bestimmung der ersten Materie noch lange nicht überholt ist, daß sie in unserem Forschungsgang weiterwirkt.

WAS GEHT LAMBERT VON HEERENBERG DIE SELIGKEIT DES ARISTOTELES AN?

von Hans Gerhard Senger

„In außerordentlicher Liebe zum Philosophenfürsten Aristoteles, dessen Lehre er nach der allergetreuesten Interpretation des heiligen und engel- gleichen Gelehrten Thomas von Aquin rund vierzig Jahre in der Montaner- Burse zu Köln vertreten und mit den allereinleuchtendsten Beispielen aus- führlich erörtert hat, wie seine nachgelassenen, überaus klaren Werke be- zeugen", behandelte – wie seine Kollegen bemerken – Lambert von Hee- renberg ausgangs des 15. Jahrhunderts in einer *Quaestio magistralis* die Frage nach dem Seelenheil des Aristoteles. Die akademische Frage eines Theologen erscheint seltsam genug, um unser Staunen hervorzurufen, und hinreichend interessant, um unsere Neugierde zu wecken, was denn zu einer Zeit, als anderwärts Renaissance-Humanisten wie Pico della Miran- dola die Kompatibilität und Harmonisierbarkeit heterogener Philosophien und Theologien propagierten, einen Gelehrten die Frage kümmert, ob Ari- stoteles wohl in christlichem Verständnis ‚gerettet‘ und selig wurde.

C. Prantl war nicht der erste, der auf diese Frage aufmerksam gemacht hat, wohl aber der, der sie am gründlichsten mißverstanden hat. Vor ihm hatten bereits J. Hartzheim und noch früher Agrippa von Nettesheim kurz auf sie hingewiesen[1]. Prantl nimmt die Untersuchung Lamberts als Kuriosi- tät, deretwegen er den Autor verspottet: „Er war es auch, der die thomi- stische Verquickung des Aristotelismus mit der Orthodoxie so weit trieb, dass er förmlich eine Seligsprechung des blinden Heiden Aristoteles in Vorschlag brachte." Daß Prantls Kennzeichnung falsch ist, wird eine Ana- lyse der Quaestio zeigen; daß sein Fehlurteil entweder aus Ignoranz oder aus Böswilligkeit herrührt, wird dadurch bewiesen, daß Lamberts Abhand- lung als der Beitrag eines Thomisten im 15. Jahrhundert zu einer, zu ver- schiedenen Zeiten, von unterschiedlichen Auffassungen aus kontrovers be- handelten theologischen und philosophischen Thematik in einem größeren und prinzipiellen Fragezusammenhang vorgestellt wird. Dies geschieht hier in folgenden Punkten: I. Analyse der Quaestio und ihrer Argumentations- struktur; II. Die mit der Frage verbundene Intention Lamberts; III. Er-

---

[1] C. Prantl, Geschichte der Logik im Abendlande, 4. Band, 1870, 224; J. Hartzheim, Bibliotheca Coloniensis . . ., Köln 1747, 215ª; Heinrich Cornelius Agrippa von Nettesheim, De incertitudine et vanitate scientiarum et artium atque excellentia verbi dei declaratio, Ant- werpen 1530, cap. 54.

weis der Frage als historische Problematik aus der Väterzeit; IV. Die Behandlung der Frage als Teilfrage der Diskussion über die Unsterblichkeit im Renaissance-Humanismus. So wird sich zeigen, daß Lamberts Problem nicht das Problem einer erstarrenden, sich in Quisquilien verlierenden spätscholastischen Theologie ist, sondern daß es sich dabei um eine Frage handelt, die die Theologen der Väterzeit ebenso beschäftigte wie die weltoffenen, philosophisch argumentierenden Renaissance-Humanisten. Nur angedeutet sei hier, daß sich die weitergefaßte Problematik in philosophischen und theologischen Erörterungen bis in das 19. Jahrhundert verfolgen ließe. Dem wird aber hier nicht mehr nachgegangen.

I.

Lambert von Heerenberg war in den Jahren zwischen 1455 und 1499 Professor für Philosophie und Theologie an der Universität zu Köln[2]. Von 1480 an war er bis zu seinem Tode der dritte Rektor der thomistisch orientierten Montaner-Burse. In welchem Jahre und aus welchem Anlaß er seine Quaestio verfaßte, ist noch unbekannt[3]. Seine Abhandlung Über die Rettung des Aristoteles ist eine *quaestio magistralis*, die ausgedehnt und weitläufig (*diffuse ac amplissime*) als Vorlesung eines Magisters (*lectio ordinaria*) vorgelegt und entschieden wurde[4].

Er wolle, so versichert Lambert eingangs[5], eine solche Frage „wegen einiger" ventilieren, „die hartnäckig behaupteten, daß Aristoteles und alle heidnischen Philosophen, die zur Zeit des mosaischen Gesetzes lebten, im Zustand ewiger Verdammnis waren", sind und bleiben. Er analysiere, „was entsprechend einer ganz vernünftigen Ansicht der Gelehrten mit hinreichender Glaubwürdigkeit zur Frage des Seelenheils des Aristoteles gesagt

---

[2] Zu Lambert van 's-Heerenberg (L. de Monte Domini, de Monte Dei), um 1435 bis 1499, s. den in Kürze erscheinenden Artikel in Neue Deutsche Biographie, Berlin, Band 13.

[3] In den Aufzeichnungen des Servatius Fanckel über die theologischen Disputationen an der Kölner Universität im 15. Jh. (Hs. der Stadt- und Universitätsbibliothek Frankfurt, Ms. Praed. 102) habe ich diese Quaestio nicht verzeichnet gefunden; auch G. M. Löhr (Die theolog. Disputationen und Promotionen an der Universität Köln im ausgehenden 15. Jh., Leipzig 1926), der Auszüge daraus veröffentlichte, verzeichnet keine solche. — Eine handschriftliche Überlieferung ist bisher nicht bekannt. — Die Quaestio wurde in Köln gedruckt, wahrscheinlich 1498 bei H. Quentell; s. Hain, Repertorium bibliographicum, Nr. 11586; E. Voulliéme, Der Buchdruck Kölns bis zum Ende des fünfzehnten Jahrhunderts, Bonn 1903, Nr. 732.

[4] Fol. A II^{ra}, 2—7. Neben den bereits Genannten haben sich mit der Quaestio befaßt: M. Grabmann, Aristoteles im Werturteil des Mittelalters, in: ders., Mittelalterl. Geistesleben, Abhandlungen zur Gesch. d. Scholastik, Bd. 2, München 1936, 95 sq.; A.-H. Chroust, A Contribution to the Medieval Discussion: Utrum Aristoteles sit salvatus, in: Journal of the History of Ideas, 6 (1945) 235—236; P. Duhem, Le système du monde, Histoire des doctrines cosmologiques de Platon à Copernic, Tome 10, Paris 1959, 154.

[5] Fol. A II^{ra}, 16—21.

werden kann". Für Lambert handelt es sich also um eine kontroverse Frage, deren Pro und Kontra eine argumentative Behandlung ermöglichen. Davon wird zunächst die Rede sein.

Die Absichtserklärung, „mit den Zeugnissen der Heiligen Schrift zeigen, was nach der vernünftigen Meinung der Gelehrten mit größtmöglicher Wahrscheinlichkeit über die Rettung des Aristoteles gesagt werden kann"[6], bestimmt den Verbindlichkeitsgrad seiner Argumentation. Den Aussagen wird Wahrscheinlichkeitscharakter zuerkannt, der auf autoritative Zeugnisse, nicht auf Vernunftbeweise gründet. Denn natürliche Beweisgründe oder rationale Argumente, die nicht über die natürliche Erkenntnis hinausgehen, sind in theologischen Fragen – um eine solche handelt es sich nach Lambert – weniger überzeugend als die Zeugnisse der Autoritäten[7]. Daß er sich in der Frage positiv, das heißt für die Wahrscheinlichkeit der Rettung des Aristoteles, entscheiden wird, ist gleich eingangs verdeutlicht, indem er sich die *sanior sententia* gegen die zu eigen macht, die hartnäckig behaupten, Aristoteles und alle heidnischen Philosophen seien verloren.

Lambert geht sodann sein Thema mit der generellen, nicht auf Aristoteles speziell bezogenen Frage an, ob die Völker der Erde zu allen Zeiten vom Schöpfer aller Dinge das Heil der ewigen Seligkeit erreichen konnten[8]. Für die Beantwortung dieser Frage übernimmt er die Einteilung der Weltgeschichte in vier Zeitepochen: (1) die Zeit *sub lege naturae* – vom Weltbeginn bis zu Abraham; (2) die Zeit *ante legem veterem* – die Zeit der Beschneidung bis zum mosaischen Gesetz; (3) die Zeit *sub lege veteri* – bis zur Verkündigung des Evangeliums; (4) die Zeit *sub lege nova evangelica* – bis zum Weltende. Das Ergebnis der Untersuchung führt zu der Feststellung, daß auch in den Epochen (1) bis (3) Heiden, das heißt Ungetaufte, im Heilszustand sein konnten. Für die letzte Epoche ist eine eigene Untersuchung erforderlich, die im Schlußteil vorgelegt wird.

Für die Weiterführung der Untersuchung ist vor allem die dritte Zeit *sub lege veteri* von Bedeutung; in ihr lebten Aristoteles und viele andere Philosophen. Da die *lex vetus* aber nur für die Juden galt, ergibt sich eine Schwierigkeit, die es erforderlich macht, drei Punkte zu untersuchen: (1) Kann gezeigt werden, daß einige Heiden zu jener Zeit gerettet wurden? (2) Was sind die ausreichenden Erfordernisse für eine Rettung? (3) Wurden die nach (2) erforderlichen Kriterien von Aristoteles erfüllt?[9] Zur Entscheidung dieser Frage ist es notwendig, wiederum eine Unterteilung vorzunehmen, um (a) zu zeigen, daß Aristoteles die geforderten Merkmale erfüllte und um (b) die Argumente contra zu destruieren, aus denen hervorgehen könnte, daß er und andere Philosophen nicht im Stande des Heils ge-

---

[6] Fol. A I^r.
[7] Fol. A II^{rb}, 16 sq.
[8] Fol. A II^{ra}, 22 sq.; A II^{rb}, 13 sq.
[9] Fol. A III^{ra}, 49 – A III^{vb}, 2.

wesen sein können[10]. Zu Teil (a) des dritten Punktes werden Beweise aus
den Schriften des Aristoteles angeführt[11], daß Aristoteles, der vom *princeps
universi* (Met. XII 10), vom *primum ens, a quo derivatum est omnibus esse
et vivere* (De caelo I) und vom *primum appetibile* (Met. XII) sprach, an
den einen Gott geglaubt habe. Neben diesem ersten Kriterium erfüllte er
auch das zweite, den Glauben an Gott als Vergelter (*remunerator*); dies
wird mit Texten aus einigen (ps.-)aristotelischen Schriften und aus der Nikomachischen Ethik, aus De anima (Unsterblichkeit der Seele) und aus De
animalibus nachgewiesen. „Aus diesen Annahmen wird hinreichend klar,
daß jene kaum wahr, ja allzu vermessen reden, die hartnäckig behaupten,
Aristoteles, vergleichbare Philosophen und andere, die zur Zeit der Beschneidung und des Gesetzes lebten, seien im Stande ewiger Verdammnis
gewesen und nach dem Tode auf ewig verdammt. Sie sollen deshalb ihrem
Mund eine Wache setzen (nach Ps. 140 (141), 3) und sich davor fürchten,
daß der Teufel zu ihrer Rechten steht, der der Vater der Lüge und der
Halsstarrigkeit ist, damit sie ja nicht selbst gerechterweise empfangen, was
sie hartnäckig und ungerechtfertigterweise dem Aristoteles und anderen
Philosophen zuzuerteilen sich bemühen, deren Aussagen viele heiligmäßige
Gelehrte herangezogen haben."[12] Aus Teil (b) des dritten Punktes, in dem
der Kontroverscharakter der Frage nach der Rettung des Aristoteles besonders deutlich wird, seien von den insgesamt dreizehn Argumenten nur
folgende hervorgehoben. Gegen das zweite Argument führt Lambert den
Abweis des auf Augustinus (De civitate dei VIII 12) gestützten Polytheis-
musvorwurfs. Dabei kann er auf seinen bereits geführten Nachweis rekur-
rieren, daß Aristoteles eine monotheistische Auffassung vertreten habe. Bei
der Diskussion des vierten Arguments wird der Vorwurf der Idolatrie ab-
gewiesen und bei der des fünften Arguments wird eine Harmonisierung
aristotelischer Aussagen zur Ewigkeit der Welt mit der christlichen Schöp-
fungslehre *ex nihilo* vorgeführt. Der Abweis des Häresieverdachts in diesem Punkt wird mit der Argumentation des Thomas von Aquin geführt,
durch die jener bereits Aristoteles von diesem Verdacht freizusprechen
suchte. Lamberts, von Thomas entlehnte Argumentation entspricht den
Argumenten, die, ebenfalls mit Rückgriff auf Thomas, in der Quaestio
eines Anonymus verwendet wurden[13].

Im letzten Teil seiner Quaestio handelt Lambert über die vierte Epoche
post tempus promulgatae legis[14]. In ihm soll gezeigt werden, daß in dieser

---

[10] Fol. A V^{va}, 50 sqq.

[11] Fol. A V^{va}, 56 — A VI^{rb}, 22.

[12] Fol. A VI^{vb}, 49—57.

[13] Anonymus (= Lambert von Heerenberg), Utrum Aristoteles fuit haereticus, 14. Jh.
Vgl. V. Rose, Verzeichnis der lateinischen Handschriften der Königl. Bibliothek zu Berlin,
Vol. II, 3, Berlin 1905, 1247—1250. M. Grabmann hat bereits auf diese Quaestio hinge-
wiesen (op. cit. 94 sq.), ohne jedoch die Parallele mit Lamberts Quaestio zu erwähnen.

[14] Fol. B III^{vb}, 8 — B V^{vb}, 9.

Zeit weder Heiden noch Juden den Stand der Seligkeit erreichen. Da diese Frage aber nicht zur Hauptfrage gehöre, wird sie auf das kürzeste behandelt. Die These, daß nach Verkündigung der *lex gratiae* die *lex Christi* alle Menschen verpflichtet, wird zunächst durch Autoritäten der Schrift und der Gelehrten, dann aber auch mit Vernunftbeweisen (*rationes*) gezeigt.

Am Schluß der Quaestio folgt ein Zusatz, in dem Aristoteles, *omnium Graecorum sapientissimus*, nach dem Zeugnis des Averroes[15] eher das Attribut ‚göttlich‘ als das Attribut ‚menschlich‘ zukomme, da keiner seiner Nachfolger seinen Schriften irgend etwas hinzufügen konnte, das würdig gewesen wäre, Teil dieser Schriften zu werden, noch irgend jemand einen auch nur kleinen Irrtum bei ihm gefunden hätte. Ein solcher Vorzug bei einem einzigen Menschen sei verwunderlich und selten. Verstärkt wird diese Apotheose des Aristoteles mit der Autorität des Thomas von Aquin, der versicherte, daß die Glaubenswahrheit nicht mit aristotelischen Argumenten wirksam bekämpft werden könne und daß Aristoteles sowohl in der Frage der Ewigkeit der Welt als auch in seiner Ansicht über die Zahl der Intelligenzen nicht als häretisch anzusehen sei. Der bloße Wahrscheinlichkeitswert der Entscheidung der Frage nach der Seligkeit des Aristoteles wird zum Schluß, wie bereits im Titel der Quaestio, noch einmal betont.

Damit wird deutlich, daß der Autor sich darüber im klaren war, daß es sich weder um eine notwendig wahre Aussage noch um eine strikte Beweisführung handeln kann. Seine Abhandlung hat vielmehr den Charakter eines dialektischen Problems, das sich nicht mit Gewißheit entscheiden läßt. Lambert ist sich dessen bewußt, wie aus einem seiner Argumente hervorgeht[16], mit dem er dem Einwand begegnet, Augustinus habe Aristoteles unter die Verdammten gezählt: „Der heilige Augustinus konnte nämlich gar nicht wissen, daß Aristoteles verdammt wurde, es sei denn aufgrund einer göttlichen Enthüllung; eine solche aber erwähnt er nicht.“ Gewißheit in der vorgelegten und so entschiedenen Frage wäre also nur durch übernatürliche Kenntnis zu erlangen.

Prantl irrte, als er davon sprach, daß Lambert von Heerenberg „förmlich eine Seligsprechung des blinden Heiden Aristoteles in Vorschlag brachte“. An keiner Stelle der umfangreichen Untersuchung erwägt Lambert auch nur die Möglichkeit einer Beatifikation des Aristoteles. Dies zu tun und sich für die Beatifikation einzusetzen, blieb im 16. Jahrhundert dem spanischen Humanisten Juan Ginés de Sepúlveda vorbehalten, dem Schüler des Aristotelikers Pietro Pomponazzi in Bologna am Spanischen Collegium und späteren Aristoteles-Übersetzer am päpstlichen Hof[17].

---

[15] Prooemium in libros Physicorum; ed. Venet. 1562, fol. 5^r, A–B.

[16] Fol. B I^{rb}, 30–32.

[17] Ch. Waddington, De l'autorité d'Aristote au moyen-âge (= Séances et travaux de l'Académie des Sciences Morales et Politiques, 1877) 757.

II.

Wer sich die Mühe macht, die Behandlung der Frage Über die Seligkeit des Aristoteles in den einzelnen Argumenten zu verfolgen, wird feststellen, daß sie bis auf wenige kurze Argumentationsstücke ernst und klar durchgeführt ist. Lambert erweist sich hier als kenntnisreich; er zeigt sich in der Diskussion auf der Höhe seiner Zeit. Gewiß, er argumentiert als Theolog und nach der Methode eines spätmittelalterlichen Theologen. Neben der Schrift und den kirchlichen Autoritäten – (Ps.) Dionysius Areopagita, Eustathius von Antiochien, Gregor der Große, Hieronymus, Johannes Chrysostomus und vor allem Augustinus und Thomas von Aquin, aber auch Nikolaus von Lyra, Jacobus de Voragine, Paulus von Burgos und die Glosa ordinaria – zitiert er Rabbi Moyses, den „Hebräer" (Moses Maimonides), die Griechen Andronikos von Rhodos, Aristoteles natürlich und Diogenes Laërtius, von den Arabern Alfarabi, Avicenna und Averroes, auch den Alchoran, von den Lateinern schließlich Boethius und Vinzenz von Beauvais, die Offenbarungen der Brigitta von Schweden. Wenn er auch versichert, seine Argumentation nur *autoritative* zu begründen, so nimmt er doch mitunter auch rationale Argumente auf. „Da aber die Autoritäten der Kirchenlehrer und die des Neuen Testamentes für die Gegner, die jene nicht akzeptieren, nur wenig Beweiskraft haben, ist es notwendig, Beweise anzuführen, durch die bewiesen wird, daß das Gesetz Christi gerechter- und zutreffenderweise alle Menschen binden muß."[18]

Wer, wie Prantl, in Lamberts Quaestio nur eine Kuriosität sieht und wer, wie Chroust[19], in ihr nur einen von wenigen Beiträgen zu einer theologischen Diskussion über das letzte Schicksal des Aristoteles erkennt, verkennt die Intention und übersieht das umfassendere Anliegen des Autors. Es stimmt, daß in dieser Quaestio über die Seligkeit des Aristoteles gehandelt wird und daß dies als die *principalis quaestio*[20] bezeichnet wird. Tatsächlich ist aber nur Zweifünftel der Untersuchung dieser speziellen Frage gewidmet[21], wenn man nur die Argumentation pro nimmt, gar nur der achte Teil[22]. Grabmann erkannte richtig, daß der Verfasser „diese Frage in den Zusammenhang der dogmatischen Lehre vom Heil der Heiden" stellte[23]. So wird ja zunächst die grundlegende und generelle Frage behandelt, „ob die Völker der Erde zu allen Zeiten vom Schöpfer aller Dinge das Heil der ewigen Seligkeit erreichen konnten". Sie wird generell positiv beantwortet wie anschließend im einzelnen noch einmal für die drei oben ge-

---

[18] Fol. B IV^vb, 26–30; vgl. B IV^vb, 12 sq.
[19] A.-H. Chroust, op. cit., 231 und 235.
[20] Fol. B III^vb, 11 sq.
[21] Fol. A V^va, 50 – B III^vb, 7.
[22] A V^va, 50 – A VI^vb, 57.
[23] M. Grabmann, op. cit., 95 sq.

nannten Epochen. Lamberts Intention ist also viel weiter gespannt und seine Argumentationskette zu umfangreich, als daß sie auf die Frage der Seligkeit des Aristoteles beschränkt werden könnte. Allerdings „lebten Aristoteles und viele andere Philosophen zu jener Zeit", die unter dem mosaischen Gesetz stand, jedoch *extra circumcisionem et legem*[24]. Die Quaestio de salvatione Aristotelis ist also nur eine spezielle Frage in der generellen Fragestellung Lamberts[25]. Dies wird auch dadurch unterstrichen, daß der ganze letzte Teil[26] dem Beweis gewidmet ist, daß in der vierten Zeit von der Verkündigung des Evangeliums bis zum Weltende alle Menschen an die Beobachtung der *lex Christi* gebunden sind. Zu diesem Teil bemerkt der Autor, daß er mit der Frage nach dem Seelenheil des Aristoteles nichts zu tun hat.

Bei der Problemexplikation wird darauf hingewiesen, daß die vorliegende Frage „vom ewigen Heil" spricht und ausdrücklich darüber handelt: *ista quaestio loquitur et expresse movetur de salute aeterna*; deshalb ist sie prinzipiell zu beantworten[27]. Im Incipit, das ebenso wie das Explicit redaktionelle Zugabe zu sein scheint — vom Autor wird in der dritten Person (*magister noster Lambertus de Monte*) gesprochen —, wird referiert, daß die von Lambert gestellte und in seiner *lectio ordinaria* verfolgte Frage über das Weisheitswort *sanabiles fecit nationes orbis terrarum* (Sap. 1,14) geht und daß Lambert in der vorliegenden Quaestio spezieller *de salute Aristotelis* handelt. Diese Akzentuierung, die im Quaestionentitel noch verschärft wird, ist möglicherweise redaktionelle Bearbeitung[28]. Dieser Aspekt wirft die Frage der Datierung der Quaestio auf. Angesichts der Wahrscheinlichlichkeit, daß es sich um eine Redaktion der ursprünglichen Fassung handelt, muß in Erwägung gezogen werden, ob die Quaestio möglicherweise posthum erschien und das würde bedeuten nach April 1499[29]. Bei dieser Überlegung ist die Datierungsfrage allerdings weniger wichtig als die mög-

---

[24] Fol. A III^va, 49–52.

[25] *Tertius applicabit hoc specialiter ad Aristotelem*; fol. A III^vb, 1.

[26] *finalis pars*, fol. B III^vb, 8 – B V^vb, 9.

[27] Fol. A II^ra, 25–27.

[28] Es ist bekannt, daß in den Kölner Bursen der Montaner und Laurentianer redaktionelle Bearbeitungen von Autorenteams angefertigt wurden; Lambert von Heerenberg selbst redigierte Schriften seiner Vorgänger; s. dazu den Artikel L. v. H., demnächst in Neue Deutsche Biographie, Bd. 13, Berlin. Zu den Kölner Bursen s. meinen Beitrag Albertismus?, in: Miscelanea Mediaevalia 14 (1981) 233 sqq.

[29] Allerdings ist auch in Betracht zu ziehen, daß die umfangreichen Kommentare des Lambert zu De anima (Expositio saluberrima), eine Expositio textualis zur Physik und Positiones circa libros Physicorum et De anima 1498 erschienen. Seine Schriften wurden aber bereits seit 1480 gedruckt. – Um die gleiche Zeit, etwa 1498, erschien in Oppenheim ein Druck, der neben einem Liber de vita et morte Aristotelis auch eine Abhandlung De salute Aristotelis liber enthielt; Hain Nr. 1789. Ob es sich um die Quaestio des Lambert oder um eine andere Schrift handelt, konnte ich nicht in Erfahrung bringen.

licherweise durch die Herausgeber vorgenommene Akzentverlagerung. Die Frage kann einstweilen noch nicht entschieden werden.

Ungeachtet dessen soll nun gefragt werden, warum Lambert sich mit der Frage der Heilsmöglichkeit der Heiden, der Rechtfertigungsfrage und der Heilsfrage des Aristoteles beschäftigte. Ein erklärendes Moment, aber kein hinreichendes Erklärungsmoment ist seine im Incipit erwähnte affektive Zuneigung zum Philosophenfürst Aristoteles. Ein unmittelbarer Grund, aus dem sich die Abhandlung erklären ließe, ist nicht bekannt. Aristoteles und der mittelalterlich-scholastische Aristotelismus waren längst kathederfähig. Die kirchlichen Aristoteles-Verbote der Jahre 1210, 1215, 1231 und 1263 für die Pariser Universität waren schon Geschichte. Albertus Magnus und Thomas von Aquin hatten die Aristotelische Philosophie in ihre Lehren integriert; beider Lehren wurden an der Universität zu Köln propagiert. Die Thomisten konnten sich auf ausdrückliche päpstliche Empfehlung der Lehre des Thomas berufen[30]. Was geht Lambert von Heerenberg also die Seligkeit des Aristoteles an?

Die Thomisten der Kölner Montaner-Burse waren Aristoteliker, und zwar *secundum viam sancti Thomae de Aquino, peripateticorum interpretis veracissimi*[31]. Sie fühlten und bekannten sich als Peripatetiker, wie auch die Mitglieder der albertistisch gesinnten Laurentianer-Burse, die jedoch in Konkurrenz (und in der ersten Hälfte des 15. Jahrhunderts in offener Feindschaft) lebten. Als einer der Exponenten der thomistischen Peripatetiker des 15. Jahrhunderts hatte Lambert − wie auch alle anderen Peripatetiker seiner Zeit − ein vitales Interesse daran, daß die aristotelische Lehre als *sana et fidei conformis* galt. Widersprüche dieser Lehre mit den Glaubenswahrheiten hätten ihn als Autorität sowohl der *sancti doctores* als auch der thomistischen Peripatetiker und damit als Autorität für Lambert selbst unmöglich gemacht. Aristoteles' Wert als *princeps philosophorum* wäre nicht zu halten gewesen. Eine solche Überlegung war eine Notwendigkeit für das Selbstverständnis und für die Legitimation der thomistischen Peripatetiker, die an entscheidender Stelle der Quaestio argumentativ benutzt wird: „In nichts steht Aristoteles zur Lehre oder zum Gesetz Christi in Gegensatz, vielmehr ist er mit ihm in allem konform. Deshalb haben die heilige Römische Kirche und die heiligen Väter *studia universalia* in Philosophie eingerichtet, bei denen es ganz klar ist, daß alle Studien der Christen in Philosophie die aristotelische Lehre als der Heiligen Schrift und den Äußerungen der Heiligen konform erwählen.“[32] Die kirchlichen Verurteilungen des

---

[30] Auf dem Titelblatt seiner Expositio circa tres libros De anima beruft Lambert sich auf diesbezügliche apostolische Schreiben Papst Urbans V vom Jahre 1362 an den Erzbischof und an die Universität Toulouse; gedruckt 1498 bei H. Quentell, Köln.

[31] H. G. Senger, Albertismus?, loc. cit., 236.

[32] . . . *Arestotiles in nullo doctrine aut legi christi contrariatur, immo est ei per omnia conformis. Et ideo sancta Romana ecclesia et sancti patres instituerunt studia vniuersalia philosophie in quibus studijs luce clarius apparet omnia studia christianorum in philosophia eligere*

13. Jahrhunderts sind vergessen; übersehen oder wegdiskutiert sind die Zweifel an der Kompatibilität der aristotelischen Lehre oder entscheidender Momente in ihr, wie die Ewigkeit der Welt oder wie die Sterblichkeit der Seele, die nicht nur Albert der Große hatte, sondern die auch noch im 14. und 15. Jahrhundert von der Franziskaner-Theologie und u. a. von Petrus Johannes Olivi, Robert Grosseteste oder Heinrich von Harclay vorgetragen wurden. Lamberts Wertschätzung der aristotelischen Philosophie trifft sich dagegen mit der etwa bei Roger Bacon oder Johannes de Polliaco[33]. Man darf auch daran erinnern, daß mancherorts die aristotelische Philosophie erneut in Verruf geraten war durch die Auslegung und Fortführung, die sie durch die averroistische Richtung in Italien, besonders in Padua erfuhr. Das *princeps fatuorum*-Argument, auf Hieronymus (Ad Eustochium, cap. 11) zurückgeführt[34], war wohl doch noch ernst zu nehmen.

Die für einen Peripatetiker wie Lambert bestehende Notwendigkeit, die Lehre seines *dux philosophorum* als der Glaubenswahrheit und dem Gesetz Christi nicht widersprechend zu erweisen ist die eine Sache; eine andere ist es, argumentativ die Wahrscheinlichkeit aristotelischer Seligkeit zu vertreten. Ersteres ist für Letzteres noch keine hinreichende Erklärung. Warum macht sich also Lambert für die Seligkeit des Aristoteles stark? Die sogenannten Albertisten in Köln haben die von ‚ihrem' *Peripateticorum veracissimus interpres*[35], von Albertus Magnus nämlich, formulierten Bedenken gegen Teile der aristotelischen Lehre nicht mehr als Einwand gegen den Philosophenfürsten aufrechterhalten. Von ihrer Seite wurde Lambert von Heerenberg offensichtlich nicht zur Verteidigung des Aristoteles herausgefordert.

III.

Es muß ein anderer Grund vorgelegen haben, der Lambert zu seiner Quaestio veranlaßte. Dogmatische Streitigkeiten über diesen Punkt sind aus jener Zeit nicht bekannt. Erst im Jahre 1513 wurde auf dem fünften Laterankonzil durch die Bulle *Apostolici regiminis* überhaupt erst wieder zu Fragen der Seelenlehre Stellung genommen; in diesem Dokument, das sich gegen Lehren der Neoaristoteliker in Italien, möglicherweise gegen Pietro Pomponazzi richtete, wird die Lehre für irrig erklärt, die Unsterblichkeit der menschlichen Seele könne durch die Vernunft allein nicht bewiesen

---

doctrinam Arestotelis tanquam conformem sacre scripture ac dictis sanctorum; fol. B I^{rb}, 56—62.

[33] Siehe M. Grabmann, op. cit., 76—89.

[34] Siehe fol. B I^{va}, 26; vgl. die entsprechenden Absicherungen Lamberts gegen die arabischen Aristoteliker und gegen die *secta Machameti*, fol. B I^{va–b}.

[35] Gerhard von Harderwyck in seinem Kommentar zur Logica nova, Köln um 1494 bei U. Zell.

werden, werden die verurteilt, „die behaupten, die *anima intellectiva* sei sterblich oder nur eine in allen Menschen"[36].

Lambert hätte sich für die Konformität seiner Argumentation mit der kirchlichen Ansicht auf alte Entscheidungen berufen können, so beispiels-weise auf die Punkte des Konzils von Arles vom Jahre 473, die Lucidus zu widerrufen hatte, nämlich „daß Christus, unser Herr und Erlöser, nicht für das Heil aller gestorben sei" und „daß von Adam bis zu Christus keine Heiden durch die erste Gnade Gottes, das heißt durch die *lex naturae*, bis zur Ankunft Christi erlöst seien" und auf jene Punkte, die er unterschrieb, nämlich „daß einige durch die *lex Moysi*, andere durch die *lex naturae*, . . ., in der Hoffnung auf die Ankunft Christi gerettet wurden"[37]. Für seine Ar-gumentation hätte Lambert aber auch auf die Väter zurückgreifen können. So erklärte um das Jahr 155 Justinus, der „Philosoph und Martyrer", wie Tertullian ihn bereits nannte[38], in seiner an Kaiser Antonius Pius, an dessen Adoptivsöhne sowie an Senat und das ganze Römische Volk gerichteten Verteidigungschrift für die Christen[39], daß diejenigen, die vor Christi Ge-burt lebten, nicht der Verantwortung enthoben seien. „Die mit der Ver-nunft lebten – οἱ μετὰ λόγου βιώσαντες –, sind Christen, auch wenn sie für gottlos gehalten wurden, wie bei den Griechen Sokrates und Heraklit und andere ihresgleichen, bei den Nichtgriechen Abraham und Ananias, Azarias und Misael, Elias und viele andere . . . In gleicher Weise waren die, die einst (d.h. vor der Geburt Christi) ohne Vernunft lebten, Gott-lose und Feinde Christi und Mörder derer, die mit der Vernunft lebten. Die aber mit der Vernunft lebten und leben, sind Christen."[40] Justinus stellt hier nicht die Frage nach der Möglichkeit des Seligwerdens von Heiden, die vor Christus lebten; aber er nennt das Kriterium, nach dem seiner Mei-nung zufolge die Menschen vor Christus zu beurteilen sind. Das Leben mit oder ohne den logos ist das Kriterium, an dem jene gemessen werden. Wer wie Sokrates und Heraklit und andere ihresgleichen in vorchristlicher Zeit mit der Vernunft lebte, ist als Christ zu bezeichnen wie die Christen seiner Zeit, die bekennen, „daß Christus der Erstgeborene Gottes ist und der Logos, an dem das ganze Menschengeschlecht Anteil erhielt".

Diese These Justins griff Hippolytos von Rom um das Jahr 200 wieder auf und betonte, daß alle Menschen selig werden[41]. Beide, Justin und Hip-polyt, nehmen den im Alten wie im Neuen Testament verkündeten univer-salen Heilswillen Gottes radikal[42]. Das sich durch die Verbindung solcher

---

[36] H. Denzinger, Enchiridion symbolorum, definitionum et declarationum de rebus fidei et morum, [35]1974, Nr. 1440.

[37] Denzinger, op. cit., Nr. 332, 336 und 341.

[38] Tertullian, Adversus Valentinianos V 1, CCSL II, 156.

[39] Justinus, Apologia I pro christianis, n. 46, PG 6, col. 397 B – C.

[40] Vgl. Apologia I, n. 5, PG 6, col. 336 B.

[41] Hippolytus, Demonstratio de Christo et Antichristo 3, PG 10, col. 732 A.

[42] Z. B. Gen. 22, 18; 1 Thim. 2, 4.

mit anderen Stellen der Schrift ergebende Problem haben bereits die Väter gesehen, die fragten, was denn mit denen geschehe und ob die gerettet würden, die vor Christus als Heiden lebten. Dieses Problem blieb auch im Mittelalter valent und wurde immer wieder Gegenstand theologischer Erörterung. So berichtet beispielsweise Petrus Abailardus in den theologischen Schriften von einem gewissen zeitgenössischen *magister*, der die häretische Lehre vertritt, daß viele, die vor der Inkarnation lebten, ohne den Glauben an den zukünftigen Erlöser selig würden[43]. Gegen die Auffassung des Heilsuniversalismus in seiner radikalen Form wendeten sich Gottschalk im 9., Thomas Bradwardinus und Wiclif im 14. Jahrhundert[44], deren Haltung in dieser Frage restriktiv war. Anders die laxe Interpretation der Richtung, die als Origenismus bezeichnet wird, demzufolge der universelle Heilswille Gottes nicht konditional, sondern absolut aufgefaßt wird und die Rettung aller als Faktum angenommen wird. Von Origenes nur zögernd in Erwägung gezogen, wurde seine Apokatastasis- oder Redintregrations-Lehre, die Anhänger gefunden hatte, auf dem Konzil von Konstantinopel im Jahre 543 zurückgewiesen[45].

Lamberts Position in der Heilsfrage steht gemäßigt zwischen den beiden Extremen der rigorosen und der laxen These, ohne sich jedoch damit in direkte Kontroversen einzumischen. Die Positionen, die er angreift und abweist, sind ebenso wie die, die er autoritativ aufgreift, historische Positionen.

Grabmann hat in seiner Studie über Aristoteles im Werturteil des Mittelalters gesagt, daß „in der Theologie des 14. und 15. Jahrhunderts die Frage gestellt und erörtert wurde, ob Aristoteles gerettet wurde und im Himmel ist". Er gibt dafür drei Belege an, (1) eine kurzgefaßte anonyme Quaestio aus dem 14. Jahrhundert *Utrum Aristoteles sit salvatus*[46], (2) eine ebenfalls anonym überlieferte Quaestio *Utrum Aristoteles fuit haereticus*[47] und die *Quaestio de salvatione* des Lambert von Heerenberg. Während der Autor der ersten Quaestio in negativo gegen die Rettung des Aristoteles entscheidet[48], hält der Verfasser der zweiten Quaestio Aristoteles nicht für einen Häretiker und – so darf man nach der Ansicht des Autors der dritten Quaestio folgern – für heilswürdig.

---

[43] Petrus Abailardus, Introductio ad theologiam II 5–6, PL 178, col. 1056 B–C.

[44] Einzelheiten zur Problemgeschichte bei L. Capéran, Le problème du salut des infidèles, Essai historique, (Vol. II: Essai théologique), Paris 1912.

[45] Denzinger, op. cit., Nr. 409 und 411.

[46] M. Grabmann, op. cit., 92 sqq. – Cod. Vat. lat. 1012, fol. 127[rv].

[47] Hs. Berlin, Deutsche Staatsbibliothek, Stiftung Preußischer Kulturbesitz, Ms. theol. lat. fol. 247, beschrieben von V. Rose, in: Die Handschriften-Verzeichnisse der Königl. Bibliothek zu Berlin, XIII. Bd.: Verzeichnis der lat. Handschriften, II. Bd., 3. Abt., Berlin 1905, unter der Nr. 983, col. 1247–1250.

[48] Siehe unten, S. 308.

Die erste und Lamberts Quaestio, konträr in der Auffassung, haben keinen nachweisbaren Bezug zueinander; jedoch gehen sie nicht nur von derselben Fragestellung aus, sondern auch vom gleichen Frageschema. Auch die Quaestio in cod. Vat. lat. 1012 steht in einem thematisch umfassenderen Umfeld als es der Titel andeutet. Unmittelbar geht ihr eine weitere, mit der Heilsfrage zusammenhängende Untersuchung voraus: *Utrum praedestinatio ponat aliquam certitudinem in praedestinato*[49], weiter vorne findet sich eine Frage nach der Unsterblichkeit der Seele[50]. Mehr als ein thematischer Zusammenhang und teilweise Gleichheit der Argumente kann jedoch zwischen der anonymen und Lamberts Quaestio nicht festgestellt werden.

Die im cod. Berolinensis negativ beschiedene Frage nach der Häresie des Aristoteles aufgrund dessen Lehre von der Ewigkeit der Welt hat dagegen starke Ähnlichkeit mit Teilen aus Lamberts Frage. Ihre drei Argumentationspunkte, die die Negation begründen, sind dieselben wie die in Lamberts Quaestio[51]. Dieser wiederholt sie in seinem Kommentar zum achten Buch der Physik[52]. Beide stützen sich auf Thomas von Aquin; beide gehören eng zusammen.

Grabmann versuchte aufgrund dieser beiden Texte (und eines dritten, von dem noch zu reden ist), die Frage nach dem Seelenheil des Aristoteles als ein im 15. Jahrhundert, besonders in Deutschland, bei den Vertretern der aristotelisch-thomistischen Philosophie anstehendes Problem aufzuzeigen[53]. Dies scheint mir zu weit zu gehen.

Die Berliner Handschrift enthält nämlich zwei Schriften des Lambert von Heerenberg (De anima- und Physikkommentar) sowie die Schrift De ente et essentia seines Kölner Lehrers Gerhardus de Monte. Sie weist somit eindeutig nach Köln. Grabmann ist zudem ein offensichtlicher Fehler unterlaufen. Was er als eine eigene Quaestio *Utrum Aristoteles fuit haereticus* vorstellt, ist nur Teil des Lambert-Kommentars zum achten Buch der Physik[54] und wohl identisch mit der schon oben genannten Frage ebendieses Kommentars. Außerdem ist der Schreiber bekannt; es ist Johannes Parsow von Brandenburg, der am 21. Juni 1491 in der Kölner Artistenfakultät immatrikuliert wurde[55], wo er wohl auch Lambert hörte. Der Problemzeuge in der Berliner Handschrift kann also nicht als Zeugnis für eine weiter ver-

---

[49] Fol. 126ᵛ; s. A. Pelzer, Codices Vaticani Latini, II 1, Rom 1931, 493–499.

[50] Fol. 77ʳ: *Utrum anima rationalis sit immortalis sive incorruptibilis.*

[51] Fol. B IIᵛᵃ⁻ᵇ.

[52] Lambertus de Monte, Compilatio commentaria in octo libros Arestotelis de physico siue de naturali auditu intitulatos, Köln 1498, bei H. Quentell, Buch VIII, fol. 132ʳᵃ: *Queritur: Utrum Arestotiles posset dici hereticus ob hoc quod posuit mundum fuisse ab eterno.*

[53] M. Grabmann, op. cit., 94.

[54] V. Rose, op. cit., 1250, weist deutlich darauf hin, daß es sich um eine „im Text behandelte Frage" handelt, d.h. in Lamberts Physikkommentar.

[55] H. Keussen, Matrikel der Universität Köln, 2. Bd., Bonn 1919, 298, Nr. 171.

breitete Behandlung der Frage „im 15. Jahrhundert, besonders in Deutschland" gelten. Die Beschäftigung mit diesem Thema reduziert sich einstweilen auf Lambert (und vielleicht einige seiner Kollegen in der Montaner-Burse).

Auf das dritte von Grabmann benannten Zeugnis ist noch ein kurzer Blick zu werfen. Es handelt sich um einen Liber de vita et morte Aristotelis metrice[56], den bereits Agrippa von Nettesheim ironisierend „meinen Kölner Theologen" zuschreibt[57]. Grabmann hat darauf hingewiesen, daß in der Interlinearglossierung der Versvita sich so auffällige Parallelen zu Lamberts Quaestio finden, „daß man ihn als Verfasser dieser Glossen betrachten könnte".

Dieser Liber de vita et morte Aristotelis metrice wurde in den Jahren 1490 bis 1495 nicht weniger als siebenmal in Köln (bei H. Quentell) gedruckt. Er erscheint jedesmal als Anhang zu den ps.-aristotelischen Problemata determinantia multas quaestiones de variis corporum humanorum dispositionibus valde audientibus suaves. Frühere Drucke sind nicht bekannt[58]. Es scheint sich tatsächlich um ein Kölner Werk zu handeln. Die Metrisierung der Vita ist nicht besonders überraschend; wir wissen, daß in den Bursen Metrifikatoren arbeiteten. Die zahlreichen Epigrammata in den Kölner Drucken zeugen davon.

Die ebenfalls ps.-aristotelischen Schriften Liber de pomo et morte und Secretum secretorum (aber auch De bona fortuna), die Lambert im eigentlichen Aristoteles-Teil seiner Quaestio neben den Schriften De anima, De animalibus, De caelo, De sophisticis elenchis aber auch neben der Nikomachischen Ethik, Ökonomik, Politik, Physik und Topik heranzieht[59], um

---

[56] M. Grabmann, op. cit., 97—99. Soweit wir wissen, hat als erster der 1486 in Köln geborene Heinrich Cornelius Agrippa von Nettesheim darauf aufmerksam gemacht in seiner Schrift De incertitudine et vanitate scientiarum et artium atque excellentia verbi dei declaratio, Antwerpen 1530. Sie wurde ediert von C. A. Heumann in Bd. 3 der Acta philosophorum, Halle 1723, 345—374; erwähnt schon von Ch. Waddington, op. cit., 755 sqq.

[57] Agrippa von Nettesheim, op. cit., cap. 54.

[58] Nachweis bei Voulliéme, op. cit., Nr. 151—157; Hain, op. cit., Nr. 1721—1724; GW Nr. 2468—2474. Um 1492 erschien in Leipzig separat ein weiterer Druck (Hain Nr. 1788; GW 2498), ein weiterer Druck um 1498, der schon erwähnte Oppenheimer Druck, zusammen mit dem Liber de salute Aristotelis (Hain 1789), beide jedoch ohne die Problemata. Diese Problemata determinantia . . . sind nicht zu verwechseln mit den Problemata physica; es handelt sich um eine kleine, 20 Seiten umfassende Problemsammlung, deren Themen von De capite bis De coitu reichen, manchmal in Anlehnung an Aristoteles, aber auch durchsetzt mit Bibelzitaten und solchen aus dem Mittelalter; vgl. hierzu H. Flashar, in: Aristoteles, Werke in deutscher Übersetzung, hrsg. von E. Grumach, Bd. 19, Problemata physica, Darmstadt 1962, 374 sq. Diese spätmittelalterlichen Problemata erschienen ab 1483/84 bis 1494 siebenmal, separat ohne De vita et morte metrice, und zwar in Magdeburg, Leipzig und Antwerpen. In ihnen wird auch der ps.-aristotelische Liber de pomo et morte erwähnt, in dem Aristoteles sage, daß die Philosophie den Menschen *primo enti divinior et immortalis assimilari laborat*.

[59] Fol. A V[vb] — A VI[vb].

den Monotheismus des Aristoteles und dessen Glauben an den einen Gott als *remunerator* zu dokumentieren wie auch zum Beweis, daß er diesen seinen Glauben durch äußere Zeichen kundgetan habe, waren bereits vor Lambert als unecht erkannt[60]. Der Liber de pomo et morte, in Sizilien am Hofe König Manfreds, vielleicht vom König selbst, übersetzt, war in Spanien schon am Ende des 12. Jahrhunderts bekannt. Es ist wiederum (wie im Fall des Liber de vita et morte Aristotelis) auffällig, daß der erste bekannte Druck in Köln erschien[61]. Das dritte, in der mittelalterlichen Literatur häufig und bei Lambert mehrfach zitierte Werk Secretum secretorum sive de regimine principum ad Alexandrum ist eine arabische Fälschung aus dem 11. oder 12. Jahrhundert, die von Philipp dem Kleriker (Philippus Tripolitanus) ins Lateinische übersetzt wurde. Bereits im 13. Jahrhundert existierte eine deutsche Übersetzung. Seine Unechtheit war im Mittelalter ebenfalls bekannt. Auch dieses Büchlein, das man als Fürstenspiegel bezeichnen kann, wurde, soweit wir wissen, erstmals in Köln gedruckt[62].

Die Tatsache, daß alle vier ps.-aristotelischen Schriften, die bei der Frage nach der Seligkeit des Aristoteles eine Rolle spielen und Beweisfunktion haben, zuerst und zum Teil vielfach in Köln gedruckt wurden, wird kein Zufall sein. Daß dies auf Veranlassung Kölner Professoren und nicht allein aus unternehmerischem Interesse der Drucker geschah, ist nicht von der Hand zu weisen. Es muß interessierten Gruppen daran gelegen gewesen sein, diese Schriften zu propagieren, die geeignet schienen, den Heiden Aristoteles in die Nähe der christlichen Lehre zu rücken. Schon Agrippa von Nettesheim hatte das durchschaut. Die oben zitierte Wendung vom ,aristotelischen' *primum ens*, dem die Menschen durch die Philosophie assimiliert werden, macht diese Absicht ebenso deutlich wie folgender Bericht Lamberts[63]: „Wenn das, was allgemein gesagt wird, nicht ganz verderbt ist, darf man glauben, daß Aristoteles am Ende seines Lebens jene Worte gesagt hat, die er nach allgemeiner Meinung gesagt haben soll: ,O Seiender der Seienden, erbarme Dich meiner!' (*O ens entium, miserere mei*)"[64]. Lambert wertet dies so, daß Aristoteles Gott gegenüber seine Un-

---

[60] So in der zweiten Hälfte des 14. Jahrhunderts von Petrus de Candia, wie F. Ehrle mitteilt (Der Sentenzenkommentar Peters von Candia, des Pisanerpapstes Alexanders V., = Franziskanische Studien, Beiheft 9, Münster 1925, 66 sq.) oder von dem Anonymus der Quaestio de salute Aristotelis in cod. Vat. lat. 1012, fol. 127va, 8 sq.

[61] 1472 bei Arnold ter Hoernen (s. Hain Nr. 1786, GW Nr. 2450) zusammen mit De bona fortuna u. a. Schriften. Der zweite Druck um 1487 in Antwerpen (Hain 1785; GW 2451), ein dritter Venedig 1496 in einer Aristoteles-Ausgabe (GW 2341).

[62] Um 1472 bei Arnold ter Hoernen zusammen mit De instructione principum; weitere Drucke Löwen 1485, Antwerpen 1488, 1488 und ein Exzerpt 1491; s. GW Nr. 2481–2485.

[63] Fol. A VI[rb], 18–22.

[64] Dieses aus De pomo et morte entlehnte *nomen sacrum* − ens entium als Gottesname − kommt nicht erst bei Lambert von Heerenberg vor, wie Grabmann meinte. Schon Nikolaus von Kues verwendete ihn mehrfach in seinen Schriften, gerade in seiner Auseinander-

vollkommenheit nach Weise einer Beichte (*per modum confessionis*) anerkannt habe wie auch in gewisser Weise die Erbsünde, indem er anerkannte, daß die menschliche Natur ihres richtigen Handelns beraubt und infolge des Gegensatzes seiner beiden Strebevermögen gebrochen sei[65].

Die Vermutung, daß es sich bei den Kreisen, die an der Kompatibilität von aristotelischer und christlicher Lehre interessiert waren, eher um die thomistischen Peripatetiker der Montaner-Burse als um die albertistischen Aristoteliker der Laurentianer-Burse gehandelt haben wird, legt sich nicht allein durch die Quaestio de salvatione Aristotelis des Montaners Lambert von Heerenberg nahe. Die thomistischen Peripatetiker verfolgten einen strengeren Aristotelismus als die Aristoteliker in der Nachfolge Alberts des Großen, deren Peripatetikismus durch intensivere Übernahme arabischer und besonders neuplatonischer Einflüsse bereits aufgeweicht war[66]. Man wird die Verbreitung der apokryphen Aristoteles-Schriften in Köln also wohl auf die Thomisten zurückführen können, denen an einem Erweis der ‚Orthodoxie‘ des Philosophenfürsten gelegen war.

IV.

Was haben nun aber diese letzten Überlegungen mit unserer Frage zu tun? Lambert war als Rektor der Burse über fast zwei Jahrzehnte der führende, bedeutendste und einflußreichste Thomist, wie seine zahlreichen Lehrbücher und Kommentare zum Kanon der Philosophie zeigen. Er stand unzweifelhaft hinter der beabsichtigten Stärkung des Aristotelismus. Das ist der eine Aspekt, der aber allein noch nicht der mutmaßlichen Intention Lamberts gerecht wird. Denn die Frage nach der Rechtfertigung und Rettung des Aristoteles ist ja nur eine Teilfrage der umfassenderen theologischen Frage nach der Heilsmöglichkeit der Heiden der vorchristlichen Zeit, die durch manche Textstelle des Neuen Testaments aporetischen Charakter erhält; bei ihr spielt dann auch die Frage der göttlichen *providentia* für diese Heiden eine wichtige Rolle (Argument derselben Gerechtigkeit für alle Menschen). Die Quaestio de salvatione Aristotelis führt den Theologen Lambert *ex professo* zu den generellen Überlegungen, die schon Justin beschäftigten, als er an „die Griechen Sokrates und Heraklit und andere ihresgleichen", aber auch an „die Nichtgriechen Abraham und Ananias, Aza-

---

setzung mit der aristotelischen Philosophie, die zur *causa causarum*, zur *vita viventium*, zum *intellectus intelligentium* und zum *ens entium* führe (De ven. sap. 8, n. 19, 14 sq., Nicolai de Cusa opera omnia, vol. XII, Hamburg 1982). Plato habe die *prima causa* als *unum et bonum*, Aristoteles habe sie als *intellectus (nous) et ens entium* bezeichnet (ibid., n. 22, 12–16). Schon 1440 in De docta ignorantia II 7 n. 130, 13–15, Schriften des NvK in deutscher Übersetzung, Heft 15b, Hamburg ²1977, 52): Gott als *forma formarum, ens entium* usw.; vgl. Apologia doctae ignorantiae (1449), Leipzig 1932, 33, 22 (= Opera omnia, vol. II).

[65] Fol. A VI^{ra}, 42–46.

[66] Siehe dazu meine Untersuchung Albertismus?, 227f.

rias und Misael, Elias und viele andere" dachte. Ein aktueller dogmatischer
Anlaß für die Wiederaufnahme der Frage, die nie ganz vergessen war, bestand nicht, wie schon gezeigt wurde. Aber die Aktualität der Frage war,
wie jetzt noch zu zeigen ist, zu seiner Zeit wieder größer geworden. Wir
werden hier nicht an die eng gestellte Quaestio des anonymen Autors in
cod. Vat. lat. 1012 aus dem 14. Jahrhundert anknüpfen. Wir wollen auch
keine Verbindung konstruieren zu Dante, der mit ‚seiner' Lösung dieser
Frage Pro und Kontra herausgefordert haben könnte. Im zweiten Jahrzehnt
des 14. Jahrhunderts hatte er ja Aristoteles im Limbus genannten Vorhof
zur Hölle plaziert[67], in der „Welt der Blinden", in der „kein Klagen, aber
Seufzer allzumal" hörbar sind, die durch „Schmerzen ohne Qualen" verursacht werden:

> „Als ich die Brauen hob ein wenig höher,
> Sah ich den Meister derer, die da wissen,
> In einem Kreis von Philosophen sitzen.
> Alle bewundern ihn, es ehrt ihn jeder."

Aristoteles und seine Leidensgenossen, der „Kreis von Philosophen", Sokrates und Plato, Demokrit, Diogenes und Anaxagoras, Thales, Empe-
dokles, Heraklit und Zeno, aber auch Cicero und Seneca sowie Avicenna
und Averroes, sie alle verharren im ersten Höllenkreis ohne Aussicht auf
Änderung, nicht weil sie sündigten, sondern weil das Verdienst der dort
versammelten „Leute von hohem Wert" nicht für einen Platz im Läute-
rungsberg oder gar im Paradies ausreicht, „da noch die Taufe fehlte". Ihr
Geschick war es, daß „sie vor dem Christentume lebten; so haben sie nicht
richtig Gott verehrt." Allein dieser Defekt, nicht eigne Schuld ist der Grund
dafür, daß sie „verloren sind" und „hoffnungslos" in „unerfüllbarer Sehn-
sucht leben". Der anonyme Quaestionen-Autor des 14. Jahrhunderts sah
keine andere Möglichkeit für Aristoteles als Dante.

Anders verlief die Diskussion des Problems in Italien rund eineinhalb
Jahrhunderte später. Der italienische Aristotelismus, der kontinuierlich im
Mittelalter bestanden hatte, war im 15. Jahrhundert stärker geworden.
Neue lateinische Aristoteles-Übersetzungen wurden angefertigt[68]. In das
corpus Aristotelicum wurden auch apokryphe Schriften aufgenommen, so
der Liber de vita et morte, De bona fortuna und De pomo et morte[69].

---

[67] Dante, Divina comedia, Inferno, canto quarto; die Übersetzung nach H. Gmelin, Stuttgart 1949, 46–57.

[68] Zur aristotelischen Tradition in Italien s. P. O. Kristeller, Humanismus und Renaissance I, München (= UTB 914), bes. 40 sqq. Zu den neuen Aristoteles-Übersetzungen s.
E. Garin, Le traduzioni umanistiche di Aristotele nel secolo XV (= Atti e memorie dell'Ac-
cademia Fiorentina di Scienze Morali 16, N. S. 2, 1974), 55–104.

[69] Beispielsweise in die Ausgaben Aristotelis opera de naturali philosophia, Venedig 1482;
Aristotelis Parva naturalia cum commento S. Thomae de Aquino, hrsg. von Onofrius de
Funtania, Padua 1493 (ohne De pomo); Aristotelis opera latine, von Johannes Argyropoulos

Von den italienischen Aristotelikern wären zu nennen Ermolao Barbaro, Agnolo Poliziano, Pietro Pomponazzi, von den in Italien wirkenden Ausländern Georgios Trapezuntios, Johannes Argyropoulos oder Theodoros Gaza.

In den Diskussionen der Aristoteliker wie der Platoniker stand die Frage der Unsterblichkeit der Seele bald im Mittelpunkt der Argumentationen. Von der Stellung des Aristotelikers Pomponazzi in dieser Frage wäre hier zu reden[70]. An frühere Belege als Pomponazzis Anfang des 16. Jahrhunderts verfaßte Schrift De immortalitate animae soll erinnert werden. 1474 legte der Platoniker Marsilio Ficino seine Lorenzo Medici gewidmete Theologia Platonica – De immortalitate videlicet animorum ac aeterna felicitate libri XVIII vor, deren größerer Teil sich mit der Unsterblichkeitsfrage und mit dem Nachweis der Unsterblichkeit der menschlichen Seele befaßt[71]. In der zwischen 1474 und 1477 verfaßten Schrift De christiana religione hat M. Ficino die Erlösung der heidnischen Philosophen, besonders des Pythagoras, Sokrates und Platons bejaht. – Eine solche ‚theologia sub specie salvationis' ist bei humanistischen Platonikern nicht verwunderlich, wenn man an die platonischen Unsterblichkeitsargumente im Phaidon einerseits und an die Leugnung der Unsterblichkeit der Individualseele andererseits denkt, die von averroistischen Aristotelikern in Padua implizit mit der Lehre von der Einheit des Intellekts vertreten wurde.

Ungestraft durch Papst und Kirche konnte die Ansicht von der Rettung der heidnischen Philosophen zu jener Zeit vertreten werden. Am Allerheiligentag 1482 gab der andalusische Philosoph und Theolog Bernardino de Carvajal (1455–1523) in Anwesenheit des Papstes Sixtus IV seine Meinung kund, Anaxagoras, Zeno, Sokrates, Plato und Aristoteles sowie andere Philosophen, die einen Gott verehrten und ein tugendhaftes Leben führten, seien niemals zu den ewigen Feuerqualen verurteilt worden[72]. Den Papst kann eine solche Predigt nicht überrascht haben. Denn schon früher hatte der Bologneser Rhetorik- und Poetik-Professor (1462–1477) Marzio Galeotti (1440–1494)[73] dieselbe Ansicht vertreten und in seiner Schrift De homine interiore et corpore eius (De homine et eius partibus) gelehrt, allein

---

u. a. übersetzt. Diese Editionen sind jedoch später als die oben genannten Kölner Drucke der ps.-aristotelischen Schriften.

[70] Petri Pomponatii Tractatus de immortalitate animae, Bologna 1516.

[71] Zur Unsterblichkeitsfrage bei Ficino s. P. O. Kristeller, op. cit., 185 sq.; ders.: Die Philosophie des Marsilio Ficino, Frankfurt 1972, bes. II 5, 307–334; ibid., 15 und 346, der Hinweis auf den Geleitbrief zur zweiten Ausgabe der Schrift Della religione cristiana und die Stellenangabe.

[72] . . . *numquam opinione mea aeternis incendiis damnatos iudicabo*; gedruckt Rom, nach 1482; zitiert nach J. W. O'Malley, Praise and Blame in Renaissance Rom, Durham/North Car. 1979, 159.

[73] Zedlersches Universal-Lexicon aller Wissenschaften und Künste, Halle–Leipzig 1732 bis 1754, Bd. 10, col. 113; Michaud, Biographie universelle, Bd. 15, Paris 1856, 394[b]; L. Capéran, op. cit., 220.

durch gute Taten und ohne den rechten Glauben könnten Menschen selig werden. Galeotti mußte noch aus Bologna fliehen, in Venedig ins Gefängnis und seine irrige Meinung widerrufen. Dann konnte er allerdings auf Intervention von Sixtus IV nach Ungarn gehen und dort eine Zeit als Bibliothekar und Sekretär Königs Matthias Corvinus arbeiten; Sixtus IV war als Francesco della Rovere Schüler Galeottis gewesen.

Weitere Untersuchungen zu dieser Frage könnten gewiß mehr Licht in die Kontroverse über die Unsterblichkeit der Seele bringen und auf die Diskussion über die Heilsmöglichkeit der Heiden[74] werfen, besonders auf die in diesem Zusammenhang erörterte speziellere Frage nach dem Seelenheil des Aristoteles.

Die kurzen Hinweise auf die Behandlung dieser Probleme im italienischen Humanismus der Renaissance sollten ebenso wie die auf die Väterzeit die Frage als eine *quaestio perennis* vorstellen. Für Ficino war sie nach P.O. Kristeller[75] eine Frage nach dem Sinn des Lebens und die Begründung der Unsterblichkeit zugleich die Rechtfertigung seiner Interpretation der menschlichen Existenz als Vollzug von Kontemplation. Für Justinus und die Väter war sie eine theologisch-dogmatische Frage, die Klarheit in ein Problem bringen sollte, das so bedeutende Implikationen aufwies wie die Frage nach dem universellen Heilswillen Gottes, seiner allgemeinen Gerechtigkeit, seiner Providenz und der von Augustinus und vielen anderen so intensiv behandelten Prädestination.

Lambert von Heerenberg war mit dieser theologischen Fragestellung vertraut; er verfolgte sie bis zu den Vätern zurück. Ich habe keinen Anhaltspunkt dafür, daß er Kenntnis der humanistischen Problemstellung besaß, und kein Argument dafür, daß er überhaupt in jener Weise für sie empfänglich gewesen wäre. Daß seine Fragestellung aber nicht nur die Kuriosität eines spätmittelalterlichen Scholastikers war, ist sicher. Die Frage nach der Seligkeit des Aristoteles und nach der Chancengleichheit der Vorchristen ging ihn – wie alle hier genannten Theologen und Philosophen – an, weil auch für ihn damit die Fragen nach der Rechtfertigung und Prädestination des Menschen sowie die nach der Gerechtigkeit und Providenz Gottes gestellt waren, die sich für ihn wie für andere Philosophen und Theologen erheben, sobald der Glaube an die Unsterblichkeit der Seele auf der Grundlage der christlichen Heilslehre eine argumentative Begründung fordert.

---

[74] Ch. Trinkaus gibt im ersten Bd. seiner Untersuchung In Our Image and Likeness, London 1970, dazu einige Hinweise, zum Nominalismus (70 sq.), zu Francesco Petrarca (32), zu Coluccio Salutati (94) und zu Lorenzo Valla (142 sq.).

[75] P.O. Kristeller, Die philosophische Auffassung des Menschen in der italienischen Renaissance, in: Humanismus und Renaissance I, München (= UTB 914), 185 sq.

Aristoteles, um dessen Sache es ging, hatte es leichter als Lambert und die anderen, die für sein Seelenheil argumentierten. Für seine eigene Seele als die Seele eines Individuums erhoffte er sich keine Unsterblichkeit, weil er sie als vergänglich ansah. Unsterblich war für ihn nur der (später so bezeichnete) nous poietikos, der von außen her in die Seele eintritt und bei ihrem Tod wieder entschwindet. Dieser nous aber ist nicht die Seele des Aristoteles, deren Heil sich Lambert von Heerenberg angelegen sein ließ.

NAMENREGISTER

MISCELLANEA MEDIAEVALIA

Veröffentlichungen des Thomas-Instituts der Universität Köln
Hrsg. von Paul Wilpert; ab Band 7 hrsg. von Albert Zimmermann

Universalismus und Partikularismus im Mittelalter

Groß-Oktav. VIII, 320 Seiten, Frontispiz und 2 Bildtafeln. 1968. Ganzleinen DM 86,–
(Band 5)

Lex Sacramentum im Mittelalter

Für den Druck besorgt von Rudolf Hoffmann
Groß-Oktav. VIII, 237 Seiten. 1969. Ganzleinen DM 67,– (Band 6)

Methoden in Wissenschaft und Kunst des Mittelalters

Für den Druck besorgt von Rudolf Hoffmann
Groß-Oktav. VIII, 358 Seiten. 1970. Ganzleinen DM 103,– (Band 7)

Der Begriff der repraesentatio im Mittelalter

Stellvertretung, Symbol, Zeichen, Bild

Für den Druck besorgt von Gudrun Vuillemin-Diem
Groß-Oktav. VIII, 390 Seiten, Textabbildungen und 6 Kunstdrucktafeln. 1971.
Ganzleinen DM 126,– (Band 8)

Antiqui und Moderni

Traditionsbewußtsein und Fortschrittsbewußtsein im späten Mittelalter

Für den Druck besorgt von Gudrun Vuillemin-Diem
Groß-Oktav. XVI, 274 Seiten, 2 Abbildungen. 1974. Ganzleinen DM 155,– (Band 9)

Die Auseinandersetzungen an der Pariser Universität im XII. Jahrhundert

Für den Druck besorgt von Gudrun Vuillemin-Diem
Groß-Oktav. VIII, 400 Seiten. 1976. Ganzleinen DM 134,– (Band 10)

Preisänderungen vorbehalten

Walter de Gruyter Berlin · New York

MISCELLANEA MEDIAEVALIA
Veröffentlichungen des Thomas-Instituts der Universität Köln
Hrsg. von Paul Wilpert; ab Band 7 hrsg. von Albert Zimmermann

Die Mächte des Guten und Bösen

Vorstellungen im XII. und XIII. Jahrhundert über ihr Wirken
in der Heilsgeschichte

Für den Druck besorgt von Gudrun Vuillemin-Diem
Groß-Oktav. VIII, 548 Seiten. 1977. Ganzleinen DM 188,– (Band 11)

Soziale Ordnungen im Selbstverständnis des Mittelalters

Herausgegeben von Albert Zimmermann
1. Halbband: Groß-Oktav. X, 335 Seiten, 4 Seiten Tafeln. 1979. Ganzleinen DM 128,–
ISBN 3 11 008027 3
2. Halbband: Groß-Oktav. VIII, Seiten 337–616, 8 Seiten Tafeln, davon 6 vierfarbig. 1981.
Ganzleinen DM 128,– (Band 12/1–2)

Sprache und Erkenntnis im Mittelalter

Akten des VI. Internationalen Kongresses für Mittelalterliche Philosophie
der Société Internationale pour l'étude de la Philosphie Médiévale
29. August bis 3. September 1977 in Bonn

Herausgegeben von Jan P. Beckmann, Ludger Honnefelder, Gabriel Jüssen, Barbara Münxel-
haus, Gangolf Schrimpf, Georg Wieland, unter Leitung von Wolfgang Kluxen
1. Halbband: Groß-Oktav. XVIII, 546 Seiten. 1981. Ganzleinen DM 158,–
2. Halbband: Groß-Oktav. XII, Seiten 547–1112. 1981. Ganzleinen DM 158,–
(Band 13/1–2)

Albert der Große
Seine Zeit, sein Werk, seine Wirkung

Herausgegeben von Albert Zimmermann
Für den Druck besorgt von Gudrun Vuillemin-Diem

Groß-Oktav. VIII, 293 Seiten, 8 Tafeln. 1981. Ganzleinen DM 148,–
(Band 14)

Preisänderungen vorbehalten

Walter de Gruyter · Berlin · New York